U0930103

佛山市顺德区地方志办公室
《顺德年鉴》编辑部
编

廣東省出版集團
广东经济出版社

图书在版编目（CIP）数据

顺德年鉴．2011／佛山市顺德区地方志办公室，《顺德年鉴》编辑部编．—广州：广东经济出版社，2012.3
ISBN 978－7－5454－1184－3

Ⅰ．顺… Ⅱ．①佛…②顺… Ⅲ．顺德区－2011－年鉴 Ⅳ．Z526.53

中国版本图书馆 CIP 数据核字（2012）第 023379 号

出版发行	广东经济出版社（广州市环市东路水荫路 11 号 11～12 楼）
经销	全国新华书店
印刷	佛山市顺德区帝图印刷有限公司 （佛山市顺德区大良凤翔工业园昌宏路32号）
开本	787 毫米×1092 毫米　1/16
印张	31.5　62 插页
字数	791 000 字
版次	2012 年 3 月第 1 版
印次	2012 年 3 月第 1 次
印数	1～1 500 册
书号	ISBN 978－7－5454－1184－3
定价	150.00 元

如发现印装质量问题，影响阅读，请与承印厂联系调换。
发行部地址：广州市环市东路水荫路 11 号 11 楼
电话：（020）38306055　38306107　邮政编码：510075
邮购地址：广州市环市东路水荫路 11 号 11 楼
邮购电话：（020）37601950　邮政编码：510075
营销网址：http：//www. gebook. com
广东经济出版社常年法律顾问：何剑桥律师

编辑说明

一、《顺德年鉴》是中共佛山市顺德区委、顺德区人民政府主办，由区地方志办公室、《顺德年鉴》编辑部组织编辑的地方综合年鉴，国内外公开发行。本卷年鉴全面翔实地记载了2010年顺德区政治、经济、文化、社会等各方面的基本面貌和发展情况，为社会各界和海外人士了解和研究顺德提供基本资料。

二、《顺德年鉴》采取分类编辑法，以篇目、分目和条目组成年鉴框架结构的主体部分。全书"条目"统一黑体加【】表示，个别"条目"以下包含多方面的资料则在段首加插楷体标题提示，方便读者查阅。

三、《顺德年鉴》以出版年份为卷次名称。本卷年鉴主要收录2010年顺德经济和社会发展的基本资料，分设特载、特辑、大事记、顺德概况、党政机关、民主党派·群众团体、法制·军事、基础设施建设、城乡建设与管理、工业、商贸流通业、农业、对外经济贸易、财税金融、经济管理、科学技术、教育、文化·广电·档案、体育·卫生、社会民生、镇街概况、人物与荣誉、社会经济统计资料、文献选编共24个篇目，有127个分目、540个条目和彩版117页。

四、本卷年鉴彩版部分设有顺德2010年大事剪影、简政强镇事权改革、联谊恳亲百万行、好村居建设、工业园区建设、第十届运动会风采、美食名城、镇（街）风貌等八个专题彩色图片，图文并茂地记录顺德2010年的大事、要事，反映顺德的地方文化特色。

五、"社会经济统计资料"篇中的统计数字由顺德区发展规划和统计局提供，其余统计数字由各单位提供；因统计口径不同，如有个别数据出现不一致时，一律以"社会经济统计资料"的统计数据为准。

六、"人物与荣誉"中的各项奖励系各撰稿单位提供，编辑部鼓励各撰稿单位提供更多的适合本栏目要求的荣誉奖励，减少遗漏。

七、本卷年鉴的编辑出版工作，得到区有关领导、部门、单位、社会各界的大力支持和协助，谨在此深表谢意。因年鉴涉及面广，编辑出版工作浩繁，时间紧迫，在编印中出现的粗疏、错漏之处，敬请各界人士批评指正。

佛山市顺德区地方志办公室

佛山市顺德区《顺德年鉴》编辑部

2011 年《顺德年鉴》撰稿单位名单

（排名不分先后）

顺德区委区政府办公室（区委决策咨询和政策研究室）
顺德区委组织部（区机构编制委员会办公室）
顺德区委宣传部（区文体旅游局）
顺德区委社会工作部（区民政宗教和外事侨务局）
顺德区人大办公室
顺德区政协办公室
顺德区纪律检查委员会（区政务监察和审计局）
顺德区委政法委员会（区司法局）
顺德区人民武装部
顺德区人民检察院
顺德区人民法院
顺德区发展规划和统计局
顺德区经济促进局
顺德区教育局
顺德区财税局
顺德区国土城建和水利局
顺德区卫生和人口计划生育局
顺德区人力资源和社会保障局
顺德区环境运输和城市管理局
顺德区市场安全监管局
顺德区公安局
顺德区国家税务局
顺德区邮政局
中国电信顺德分公司
顺德区公路局
顺德区气象局
顺德烟草专卖局
广东电网公司佛山市顺德区供电局
佛山海关顺德办事处
顺德边检站
佛山海事局顺德海事处
顺德出入境检验检疫局
佛山航道局顺德航标与测绘所
顺德区路桥建设有限公司
顺德电视台
顺德电台
珠江商报社
广东省广播电视网络股份有限公司佛山顺德分公司
人民银行顺德支行
顺德农商银行

人保财险顺德支公司
人寿保险顺德支公司
中国移动公司顺德分公司
中国联通公司顺德分公司
顺德区公有资产管理办公室
顺德区公用事业管理局
顺德区档案局(区地方志办公室、区委党史研究室)
顺德职业技术学院
佛山市社会保险基金管理局顺德分局
顺德区水业控股有限公司
顺德科技工业园开发中心
顺德公安消防大队
顺德疾病预防控制中心
顺德区卫生监督所
顺德第一人民医院
顺德区中医院
顺德区妇幼保健院
大良街道办事处
容桂街道办事处
伦教街道办事处
勒流街道办事处
北滘镇镇政府
陈村镇镇政府
乐从镇镇政府
龙江镇镇政府
杏坛镇镇政府
均安镇镇政府

《顺德年鉴》编辑部

主　　编：周驭洪
副 主 编：凌　云　吴锡标　高建雄　吴彩霞
编　　辑：陈关源
编务人员：杨　力　张燕尧

彩 页 设 计：关蕴文　霍树华　何嘉雯
内页设计排版：吕华平　卢舒欣　邹祁峻

顺德区行政区划简表

镇、街道名称	面积(km^2)	社区居民委员会名称	村民委员会名称
大良街道（19个社区居委会，2个村委会）	80.34	南华、升平、府又、德和、中区、文秀、北区、金榜、新桂、顺峰、云路、新松、新滘、红岗、大门、近良、南江、苏岗、五沙	古鉴、逢沙
勒流街道（5个社区居委会，17个村委会）	92.26	黄连、勒流、光大、新城、大晚	勒北、东风、新明、江义、扶闾、稔海、上涌、江村、南水、众涌、龙眼、西华、富裕、连杜、新安、冲鹤、裕源
伦教街道（2个社区居委会，8个村委会）	59	三洲、常教	永丰、鸡洲、熹涌、霞石、荔村、新塘、羊额、仕版
容桂街道（23个社区居委会，3个村委会）	80	卫红、朝阳、东风、容新、德胜、振华、容山、桂洲、红星、细滘、海尾、幸福、红旗、四基、南区、容里、高黎、扁滘、华口、容边、上佳市、大福基、小黄圃	穗香、马冈、龙涌口
陈村镇（8个社区居委会，7个村委会）	51	旧圩、勒竹、赤花、锦龙、南涌、合成、永兴、花城	弼教、石洲、仙涌、庄头、大都、潭洲、绀现
均安镇（8个社区居委会，5个村委会）	79	均安、仓门、沙头、三华、新华、天湖、鹤峰、南沙	星槎、南浦、沙浦、天连、太平
杏坛镇（6个社区居委会，24个村委会）	122	齐杏、杏坛、罗水、吕地、雁园、马齐	海凌、桑麻、逢简、龙潭、北水、吉祐、西北、上地、高赞、新联、昌教、路涌、马宁、马东、西登、麦村、光华、古朗、东村、南华、石滘、南朗、光辉、安富
龙江镇（9个社区居委会，13个村委会）	74	龙江、龙山、苏溪、西溪、仰西、排沙、陈涌、世埠、东涌	旺岗、仙塘、沙富、集北、东海、官田、麦朗、西庆、万安、南坑、东头、左滩、新华西
乐从镇（4个社区居委会，19个村委会）	77	乐从、平步、腾冲、沙滘	新隆、葛岸、良教、上华、小布、荷村、大墩、小涌、岳步、良村、劳村、道教、大罗、路州、大闸、水藤、沙边、罗沙、杨滘
北滘镇（8个社区居委会，10个村委会）	92	碧江、北滘、槎涌、碧桂园、广教、林头、顺江、三洪奇	上僚、三桂、桃村、莘村、西海、水口、马龙、西滘、高村、黄龙

注：顺德区面积806.6平方千米，下辖4街道6镇，92个社区居委会，108个村委会

顺德区中心图
图例
顺德区政府
番禺区
南沙区
中山市
大岗镇
横沥镇
南头镇
东凤镇
小榄镇
容桂街道
图 例
★顺德区政府 县级行政中心
●杏坛镇 街道办、镇政府驻地
居委会、村委会驻地
大名 自然村
地级行政区界
县级行政区界
镇级行政区界
高速公路
铁路及车站（未建成）
国道
省道
单位
山峰/景点
主干道
一般街道
堤
桑基鱼塘
建成区
山岗、绿地
比例尺 1:45000
（注：本图界线不作为权属争议的依据；比例尺为概数比例尺，仅供参考。）

顺德区中心城区大良街道图

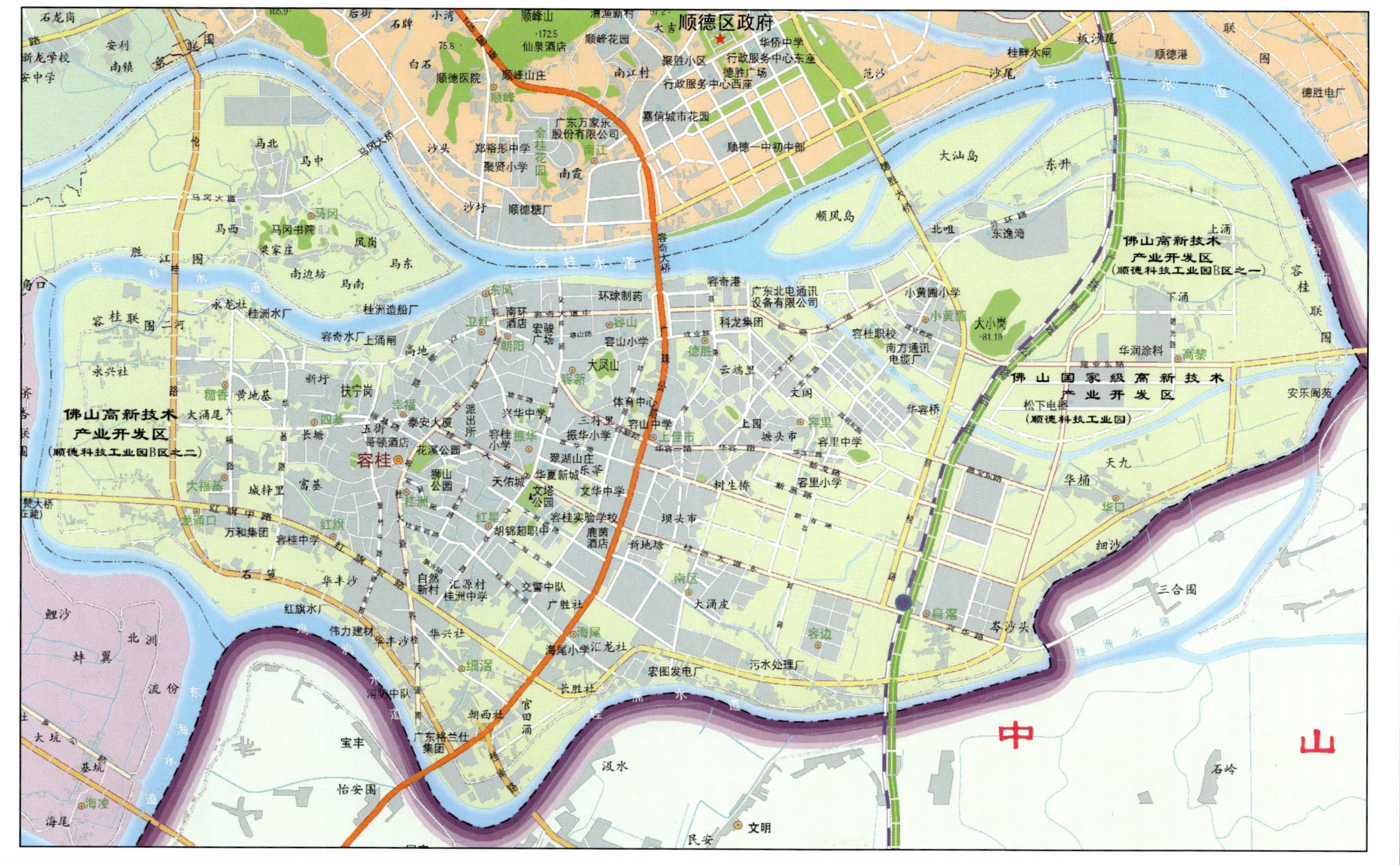

顺德区中心城区容桂街道图

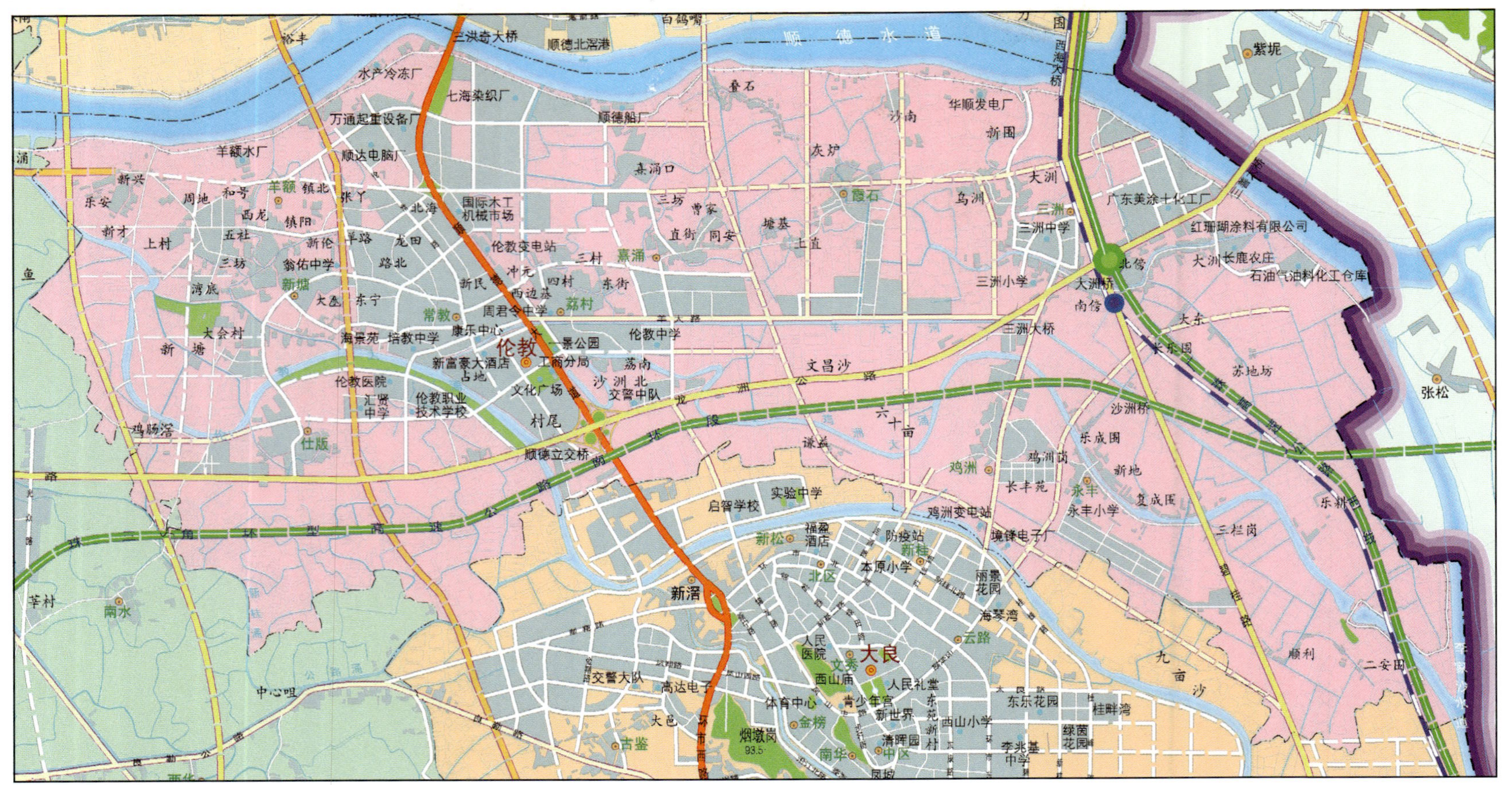

顺德区中心城区伦教街道图

大事剪影·领导关怀

2010 年 10 月 28 日，中共中央政治局委员、国务院副总理张德江（前左二），中共中央政治局委员、广东省委书记汪洋（前左三）到顺德调研时在美的集团参观

2010 年 5 月 20 日，海关总署副署长李克农（中）到佛山海关顺德办事处检查“五五”普法、行政执法责任制及内控机制建设工作

中宣部副部长、国家广电总局局长王太华（前右二）到顺德调研

2010年7月9日，国家质检总局局长王勇（右四）到顺德国通物流城视察供港澳塘鱼情况

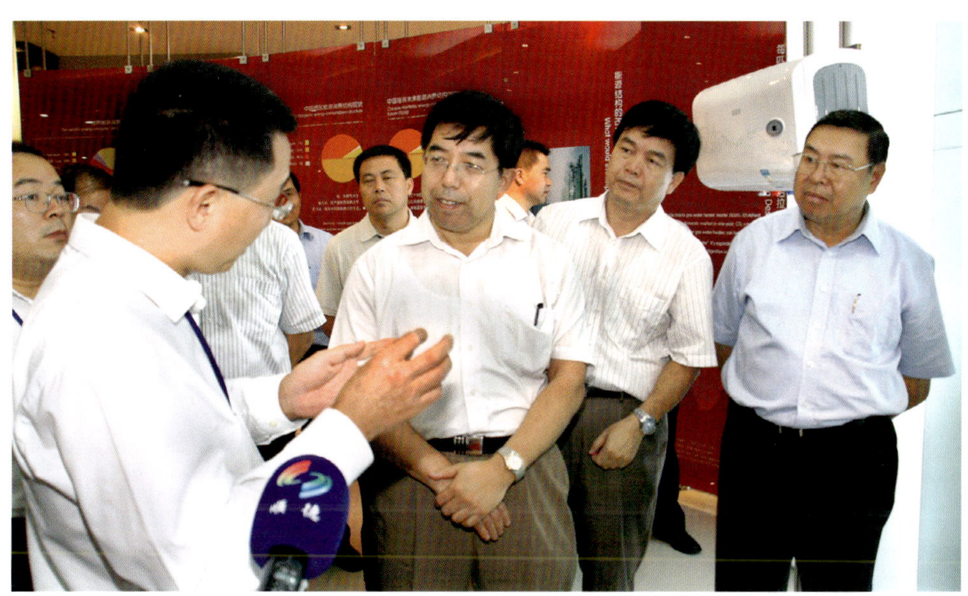

2010 年 10 月 9 日，国家统计局局长马建堂（右三）到顺德调研

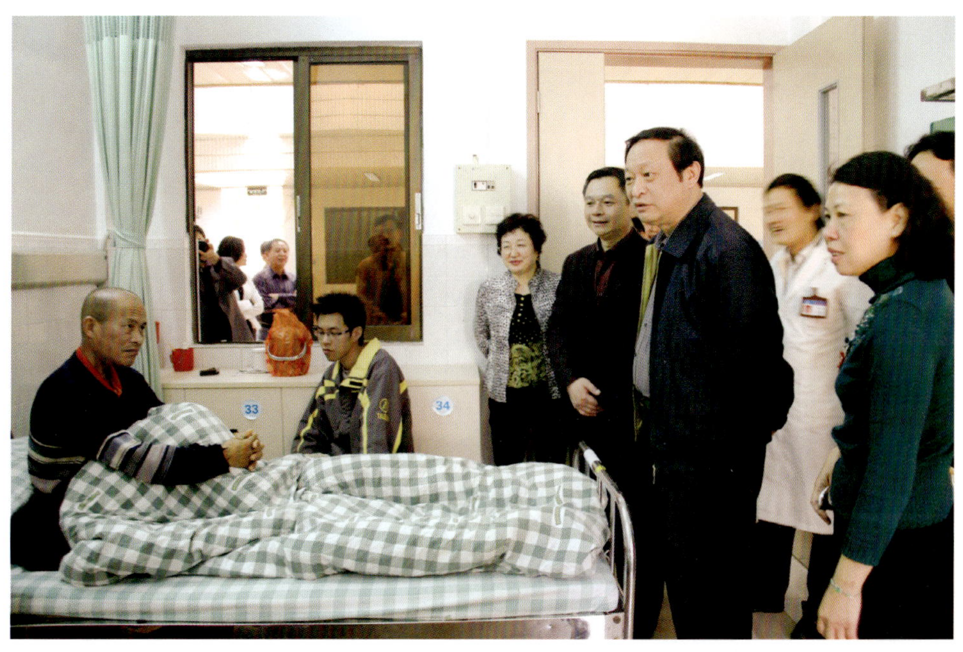

2010 年 3 月 28 日，卫生部副部长、中医药管理局局长王国强（右二）视察顺德中医院

2010年2月25日，公安部领导李东生（前左二）到世纪莲游泳跳水馆检查亚运安保筹备工作

2010年8月2日，省长黄华华（左三）到顺德调研，参观广东工业设计城

2010年8月23日，省委常委、组织部部长李玉妹（前一）在顺德开展党建工作专题调研

2010年4月12日，省委常委、常务副省长肖志恒（左一）到容桂调研“简政强镇”事权改革试点情况

2010年2月24日，副省长雷于蓝（右二）视察顺德

2010年12月18日，省纪委副书记梁万里（左二）来顺德考察，高度评价反腐倡廉工作

2010 年 4 月 29 日，省国税局局长李永恒（右二）参观容桂分局 24 小时自助办税厅

2010 年 12 月 8 日，佛山市委书记陈云贤（右一）带队到顺德开展年终调研

大事剪影·重要会议

2010 年 1 月 20 日，中共顺德区委第十一届委员会第九次全体会议召开

2010年1月27日至28日，顺德区第十四届人民代表大会第五次会议召开

2010年1月26日至28日，政协顺德区第十二届委员会第五次会议召开

2010年7月30日，中共顺德区委第十一届委员会第十次全体（扩大）会议召开

2010年2月21日，顺德召开区政府工作会议，部署落实2010年工作

2010年3月30日，中共顺德区纪委第十一届五次全体会议召开

2010年11月2日至4日，全国出口工业产品企业分类管理工作现场会在顺德召开

2010年4月29日，全省富县强镇事权改革工作现场会在顺德召开

2010年12月21日，广东省社区基层就业工作座谈会在顺德区北滘镇召开

2010 年 8 月 26 日，广东省促进高端新型电子信息产业发展现场会在顺德举行

2010 年 3 月 29 日，顺德区深化行政审批制度改革工作会议召开

2010 年 5 月 12 日，佛山市深化行政管理体制改革工作现场会在顺德召开

2010 年 3 月 10 日，顺德区纪委第十一届纪律检查委员会第五次全体会议暨党风廉政建设工作会议召开

2010 年 10 月 15 日，顺德区三旧改造暨交通绿道建设工作会议研究部署全区“三旧”改造及交通、绿道建设工作

2010 年 8 月 11 日，顺德全区领导干部纪律教育学习班开班

2010 年 8 月 26 日，中共顺德区委召开学习贯彻省委十届七次全会精神报告会

2010 年 5 月 18 日，区委宣传部举行现代产业知识专题学习培训会

2010 年 9 月 20 日，顺德区质量强区会议召开

大事剪影·城乡建设

2010年1月25日，顺德区伦桂路工程开工仪式举行

2010年2月10日，顺德举行区公共交通TC改革首批线路投入运行启动仪式

2010年3月12日上午，佛山市全民义务植树活动暨顺德区绿道建设启动仪式在陈村镇登州沙咀隆重举行

2010年3月26日，作为区委区政府重点民心工程之一的顺德区第一人民医院易地新建工程奠基

2010年1月25日，顺德区伍仲珮纪念医院扩建工程奠基

防洪工程：建设好的伦教大洲电排站

已竣工的大门污水处理厂三期工程

2010年6月23日，顺德举行碧桂路改造工程主线通车市民体验活动

广珠西线高速公路（二期）顺德段

广珠轻轨顺德站

顺峰山公园绿道

公共自行车道

大事剪影·政务经济

2010年10月22日，顺德区五套班子进行公开大接访

2010年2月1日，顺德与悉尼高嘉华市签署友好关系城市协定

2010年9月12日，顺德区公共决策咨询委员会成立

2010年4月28日，顺德区“五一”劳模慰问表彰大会，刘海书记为全国劳模游斌博士(美的集团首席工程师)颁奖

2010年8月27日，顺德法院派驻交警部门的“交通巡回法庭”及“法官工作室”正式成立

2010年12月25日，顺德区国防教育训练动员作战指挥中心奠基仪式在顺德新城区英华路举行

2010年1月25日，伦教街道综治信访维稳中心揭牌

2010年7月8日，顺德法院举行“开放法院·阳光司法”活动启动仪式暨新闻发布会

2010 年 1 月 14 日，工业和信息化部与广东省共建 OLED 产业示范基地签约暨广东省 OLED 产业联盟成立仪式在顺德举行

2010 年 12 月 16 日，顺德与英德举行区域经济合作签约仪式

2010 年 9 月 20 日，广东省质量技术监督局与顺德区人民政府签署《推动顺德建设质量强区，打造现代产业之都合作备忘录》

2010 年 6 月 30 日，顺德举行龙腾企业授牌仪式

2010 年 3 月 29 日，广东检验检疫局、顺德区政府、顺德检验检疫局三方共建三个国家级重点实验室正式落户顺德华南家电院

2010 年 7 月 20 日，中国科学院广州技术转移中心顺德基地正式挂牌

2010 年 3 月 19 日，第五届“省长杯”工业设计大赛在顺德启动

2010 年 11 月 18 日，顺德区经济促进局在顺德职院举行“杨叔子院士工作室”授牌仪式

2010 年 4 月 15 日，顺德区财税局举行 24 小时自助办税服务区启用暨网上办税服务厅升级启用仪式

2010 年初，顺德边检站启用“出入境卡片自助打印系统”

2010 年 3 月 17 日，乐从外国人管理服务中心成立

2010 年 1 月 22 日，乐从镇举办电子商务高峰论坛，会上乐从镇被授予“国家级电子商务试点”牌匾。该试点是首个镇（街）获得的国家级殊荣

2010 年 4 月 10 乐从被授予 “中国专业市场示范镇”与“中国钢铁专业市场示范区”荣誉称号

2010 年 5 月 24 日，乐从镇人民政府与北京大学信息科学技术学院签订产学研合作协议签约

2010 年 6 月 28 日，顺德第四届蓝领成长论坛在海信科龙公司举行

2010 年 1 月 1 日，容桂街道办事处与南方日报社合作，在文塔公园举行“容桂东部新区规划展”系列活动

2010 年 12 月 3 日 顺德职业技术学院举行与华南理工大学共建“研究生培养基地”签约暨揭牌仪式

2010 年 10 月 26 日，2010 年珠三角镇域经济发展论坛在容桂举行

2010 年 7 月 15 日，顺德举行彩虹集团 4.5 代 AMOLED 生产线签约仪式

2010年11月8日，彩虹（顺德）OLED项目一期试生产暨二期开工仪式举行。彩虹OLED产品“顺德造”面世

2010年10月29日，美的总部大楼落成，图为典礼现场

2010年6月23日，中国联塑香港上市

2010年11月18日，中国银行佛山顺德支行升格为顺德分行正式挂牌

2010年6月1日，中国人民财产保险顺德支公司与养殖户签订政策性生猪保险协议

大事剪影·会展盛事

2010 年 12 月 23 日上午，第三届广东省现代农业博览会在陈村镇花卉世界隆重开幕，图为开幕典礼现场

第三届广东省现代农业博览会上，省长黄华华（左二）参观顺德展区

2010 年 9 月 30 日至 10 月 3 日，由佛山市经济贸易局、顺德区人民政府共同主办的“2010 广佛迎亚运欢乐购物节”在顺德展览中心举行，图为开幕剪彩

购物节现场

2010年3月19日至21日，2010（中国）顺德厨卫生活电器暨（中国）顺德家用电器原材料、零配件采购展览会在顺德展览中心举行。图为开幕式现场

“展览会”现场

2010年12月10日至13日，第11届中国顺德（伦教）木工机械博览会在华南国际木工机械交易中心（伦教展览馆）隆重举行

2010年10月17日，2010中国顺德国际家用电器博览会开幕

2010年9月16日，第三届中国（顺德）国际工业设计创意博览会开幕。图为佛山市委书记陈云贤参观展会

大事剪影·文教体卫

2010年11月26日，2010李小龙文化节开幕

2010年8月19日，2010“顺德书香节”好学顺德图书博览会在顺德展览中心开幕

2010年1月29日，“2010顺德台湾文化风情周”在顺德大良钟楼公园广场举行

2010年7月11日，顺德举行文化金凤奖颁奖典礼

2010年7月15日至20日，顺德合唱团赴浙江绍兴参加第六届世界合唱比赛获一金四银

2010年5月31日，顺德交响乐团首次进村居在伦教常教社区演出

2010年10月30日，顺德职院举行高雅艺术进校园之交响音乐会

2010年3月27日晚，"关上灯，点亮绿色顺德"——2010年地球一小时顺德站活动举行

2010年4月25日，顺德举行教育综合改革实验区签约仪式

2010年4月8日，广东省科技厅、顺德区人民政府和西安交通大学在西安签订共建“广东西安交通大学研究院”框架协议，西安交大研究院落户顺德

2010 年 12 月 9 日，暨南大学与顺德区政府共建暨南大学医学院附属顺德妇儿医院签约

2010 年 5 月 6 日，顺德举行南方医科大学北滘医院签约暨揭牌仪式，北滘医院升格为南方医科大学直属附属医院

2010年8月21日，中国社会工作教育协会第七届年会顺德容桂分论坛在容桂举行

2010年6月29日，杏坛镇政府隆重举行“顺德区第一人民医院附属杏坛医院”签约和揭牌仪式

2010年4月6日 顺德职院与顺德饮食有限公司举行合作办学签约仪式，双方合作成立“顺德职业技术学院顺峰学院”

2010 年 1 月 23 日，顺德职院举行广东“中华文化传承基地”揭牌仪式。该校被省政府侨办、省教育厅授予第三批“中华文化传承基地”

2010 年 3 月 15 日，顺德获国家体育总局颁授“全国游泳之乡”称号

2010 年 1 月 17 日，顺德区总工会与顺德图书馆在东菱集团公司签约共建“职工书屋”

2010年10月13日，顺德区科技交流活动中心挂牌成立

2010年9月8日，顺德职业技术学院荣获“全国绿化模范单位”称号

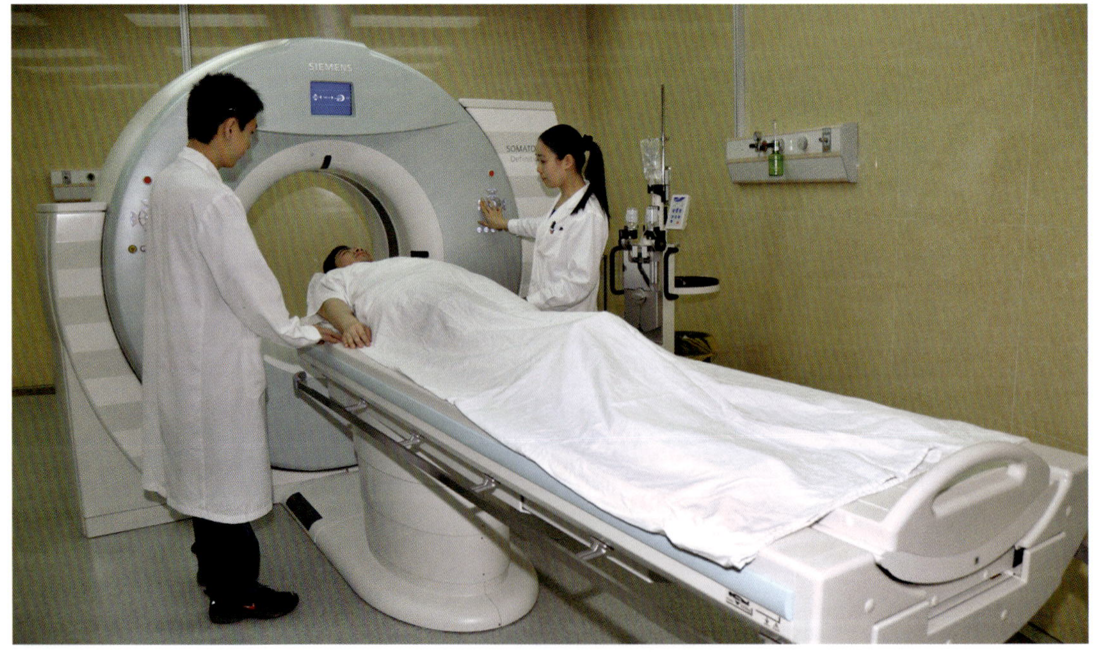

佛山首台最先进的128层螺旋CT机在顺德区第一人民医院投入使用

2010年8月16日，顺德启创青少年社工服务中心成立

2010年12月12日，顺德职业技术学院举办建校十周年庆典

2010年5月4日，"阳光顺德·好学青春"2010顺德青年读书节系列活动启动

大事剪影·民生实事

2010年1月9日，顺德区新型农村社会养老保险待遇首发仪式举行

2010年3月1日，顺德区正式向市民提供家庭病床服务

2010年6月8日，顺德平安钟助老服务启动

2010 年 1 月 16 日，顺德区 2010 年“冬日暖童心”活动启动仪式

2010 年 3 月 15 日，顺德区 15 岁以下儿童乙肝疫苗查漏补种专项工作在大良云路小学正式启动

2010 年 6 月 27 日，顺德法院与区妇联在容桂法庭启动家事合议庭试点工作

2010年10月27日，均安豸浦举行盛大敬老宴

2010年10月21日，顺德区机关单位举行2010顺德教育基金募捐活动

简政强镇事权改革全面展开

2009年9月开始，顺德作为广东省的综合改革试验区和行政管理体制改革试点，根据省委、省政府的统一部署，开展以落实科学发展观为核心的综合改革试验各项工作，重点推进区级党政机构大部制改革和简政强镇事权改革。其中简政强镇事权改革于2009年12月在容桂进行试点，2010年7月开始在其他9个镇街全面展开。

对接区的大部制改革，各镇（街）理顺机构和人事关系，将18个机构整合为13个。积极承接区下放的3197项管理权限；把握事权改革精髓，推进居（村）行政事务与自治事务的适当分离；妥善处理事权改革过程中涉及到的各种问题；完善和延伸行政服务，建设镇、村两级行政服务机构，优化办事流程，增强了对经济和社会事务的管理能力。

7月15日，顺德区召开简政强镇事权改革动员大会，各镇街简政强镇事权改革正式启动

7月下旬至8月上旬，区领导到各镇街调研，图为区委书记梁毅民在北滘调研

9月7日，顺德召开简政强镇事权改革事权调整动员大会。此次事权调整确定3197项行政管理事项划由镇街行使

7月30日，各镇街召开简政强镇事权改革动员大会。图为大良简政强镇事权改革动员大会上新机构揭牌

北滘镇简政强镇事权改革动员大会上新机构揭牌

乐从镇简政强镇新机构揭牌仪式

杏坛镇简政强镇事权改革动员大会新机构揭牌

伦教街道简政强镇事权改革动员大会上新机构揭幕

均安镇简政强镇事权改革动员大会上新机构揭幕合影

区市场安监局举行行政管理权限事项移交工作会议，向各镇街分局移交行政管理权限事项1251项

区财税局下放权力到各镇（街）

8月18日，北滘镇召开深化公共管理体制改革动员大会

4 月 26 日，容桂街道行政服务中心正式对外服务

11 月 25 日，龙江镇行政服务中心挂牌

顺德各镇（街）综治信访维稳中心挂牌成立，图为伦教街道举行挂牌仪式

世界顺德联谊总会第七届恳亲大会暨2010年顺德教育基金百万行

2010年11月5日至7日，世界顺德联谊总会第七届恳亲大会暨2010年顺德教育基金百万行在顺德举行。来自世界五大洲21个国家和地区60个社团1200余名乡贤齐聚家乡顺德，参加了本次活动。本次恳亲大会是历年来规模最大、日程最长、内容最丰富的一届，举办了包括“第五批顺德荣誉市民”颁授仪式、世界顺德联谊总会第七届恳亲大会开幕式、顺德民俗嘉年华、慈善晚会、教育基金百万行等活动。其中，“2010年顺德教育基金百万行”活动，得到各级领导、海外乡亲、相关企业、社会团体和市民的大力支持，逾万人踊跃参加，活动筹得款项约1.3亿元。

11月5日，世界顺德联谊总会第七届恳亲大会在顺德举行。图为恳亲大会开幕式现场

11月5日，梁毅民书记和梁维东区长向荣誉市民颁授证书和纪念品

11月6日，区委书记梁毅民向世界顺联新一届名誉会长颁发聘书。（摄影：陈炳辉）

区领导梁毅民、邓永强向世界顺联新一届名誉会长颁发聘书后合影留念

11月5日，第五批顺德荣誉市民与顺德区领导合影

11月6日，《顺德乡音》改版首发式现场

11月6日，第七届恳亲大会教育基金捐款赠送支票仪式（摄影：王小许）

11月7日，教育基金百万行全景（摄影：陈炳辉）

11月6日，香港凤凰卫视时事评论员、著名专栏作家杨锦麟做客世界顺德青年论坛，就《岭南文化与“顺德人精神”探寻》做主题演讲

顺德海外乡亲在百万行中

教育基金百万行在大良城区

顺德“好村居”建设

2010年，第二批“顺德好村居”试点建设工作继续围绕环境整治、公共设施建设、便民服务以及群众文化活动等四方面进行深入开展，全区共有24个村居参与创建。顺德区村居建设工作领导小组制订《部门2010年“顺德好村居”工作计划和指引》等帮扶措施，深入现场进行调研指导，调动试点村居积极性。组织区、镇、村三级考察团赴江苏、上海等地学习考察，汲取先进地区村居建设的经验，提升创建档次。搭建区、镇、村三级联动沟通平台，对接解决试点村居提出的116项需帮扶项目，多次召开专题会议研究推进落实，广泛组织24个试点村居围绕道路改造、河涌整治、环境卫生、绿化美化、旧村居改造、修建星光老人之家及其他文体设施、发展村集体经济增加村民福利等内容开展创建活动。涌现一些特色村居：如杏坛逢简村打响“顺德新十景”水乡旅游品牌；杏坛马东村建设“咏春拳”文化品牌，突显“咏春拳之乡”特色。通过“顺德好村居”创建，有效改善顺德基层的人居环境，提高村（居）民的幸福指数，促进顺德农村精神文明建设。

2009年12月11日，区长梁维东（前左一）到第一批好村居试点逢简村调研

2010 年 5 月 14 日，区委常委、区委宣传部部长梁惠英（中）到第二批好村居试点马东村调研

2010 年 5 月 31 日至 6 月 4 日，第二批“顺德好村居”考察团赴上海、江苏等地学习

好村居建设成果

龙江镇旺岗村怡乐园球场

大良云路居委会第二康乐中心

龙江镇优美的沙富村

新建成的杏坛镇逢简麦庄公园

龙江陈涌桂花村

佛山市三旧改造示范村居－大良五沙社区(改造后)

北滘余荫园老年公寓

广东省生态示范村、佛山市“十好和谐文明村居——勒流街道龙眼村

杏坛镇马东村

佛山市三旧改造示范项目——天富来国际商业城一期

工业园建设

顺德科技工业园建设

省级佛山高新技术产业开发区顺德科技工业园于2003年6月经省人民政府批准成立，总面积25平方公里，包括五沙工业园A区（10平方公里）、容桂高新技术产业园B区（10平方公里）和杏坛工业园C区（5平方公里）。其中五沙工业园区于2003年1月正式成立，由顺德科技工业园开发中心专职负责开发建设、招商引资和管理服务等工作，2008年10月移交大良街道办事处属地管理；高新技术产业园B区由容桂街道办事处开发管理；杏坛C区原规划面积10平方公里，其中5平方公里是省级高新技术产业开发区顺德科技工业园的组成部分，后经国家审定隶属佛山国家高新区“一区六园”管理范畴。C区一、二期规划总面积约7.11平方公里，由杏坛镇政府负责开发，余下未开发部分纳入顺德西部产业新区启动区，由顺德科技工业园开发中心负责开发。2010年，顺德科技工业园开发中心（以下简称“开发中心”）推动顺德西部生态产业启动区（以下简称“启动区”)建设，突出抓好启动区征地收地、规划建设、招商引资、管理服务等工作。

3月29日，区政府高层与浦项高层在华桂园召开投资洽谈会

5月19日，德国梅塞尔集团与区政府举行签约仪式，确定落户西部启动区

10 月 6 日，丰凯机械五沙园区新厂庆典举行

10 月 22 日，开发中心联同区经促局与容桂部分龙腾企业进行现场交流和沟通

8 月 27 日，园区举行劳动关系培训会

4 月 14 日，华蓥市党政代表团到欧洲工业园考察

4 月 22 日，开发中心领导到英德市东华镇考察探访“双到”扶贫工作

全民健身　阳光顺德
——顺德第十届运动会花絮

2010 年 10 月 1 日至 28 日，顺德举行区第十届运动会。本届运动会共进行了 17 个大项、419 个小项的比赛，有近 8000 名运动员、教练员、裁判员参与了本次盛会，是顺德历史上规模最大、参与最广、项目最多的一届体育盛会，共有 27 人次刷新 26 项顺德青少年纪录。运动会上，大良代表团获得成年组团体冠军，容桂和伦教代表团分别获得亚军和季军；少年组团体冠军则由容桂代表团获得，大良和伦教代表团分别获得亚军和季军。

开幕式上领导合影

10 月 1 日，顺德区第十届运动会开幕式暨龙舟比赛

顺德广播现场直播顺德区第十届运动会开幕式，区长梁维东（左一）在直播节目中接受采访

顺德区第十届运动会闭幕式

闭幕式表演

高尔夫球比赛上的获奖选手

柔道比赛

摔跤比赛

顺德区第十届运动会
电杯”篮球比赛

篮球比赛

区第十届运动会“东菱杯”羽毛球比赛
主办单位：顺德区人民政府
承办单位：顺德区委宣传部（文体旅游局）
协办单位：顺德区体育总会
广东东菱凯琴集团有限公司
佛山市顺德
体育用品
赛时间：
2010年10月
体育在线
SPORTS ONLINE
QATAR AIRWAYS

羽毛球比赛

跳远

跆拳道比赛

门球比赛

田径比赛

击剑比赛

武术比赛

目　录

顺德概况

党政机关

民主党派·群众团体

法制·军事

基础设施建设

城乡建设与管理

工业

农业

商贸流通业

对外经济贸易

财税　金融

经济管理

科学技术

教育

文化·广电·档案

体育·卫生

社会民生

镇街概况

人物与荣誉

社会经济统计资料

文献选编

特载

求真务实开展综合改革试验
真抓实干推进阳光城市幸福家园建设

——在区委十一届九次全体会议上的报告（摘要）

（2010年1月20日）

刘 海

同志们：

我代表区委常委会向全会作报告。

2009年工作情况

区委书记刘海作报告

2009年是顺德经受国际金融危机严峻考验的一年，也是我区化压力为动力、化被动为主动的一年。面对金融危机，2009年初，区委常委会提出“求实求变求发展 争当科学发展排头兵”的报告，准确判断形势，从容应对挑战，将危机变为机遇，改革发展取得新成效，经济社会呈现转型升级的良好态势。

我们扎实推进深入学习实践科学发展观活动，出台区领导班子整改方案和确定重点整改项目，在破解深层次矛盾、转变发展方式、突破体制机制障碍上取得成效。第二批学习实践活动期间，解决群众实际问题983个，较好实现了党员干部受教育、科学发展上水平、人民群众得实惠的目标，圆满完成试点任务。

我们将顺德的发展置身于珠三角和全国全球大格局中谋划，贯彻落实珠三角改革发展规划纲要，深入调查研究，广泛听取意见，编制了城乡总体规划、产业发展规划和社会发展规划，明晰了城市定位，确定了现代产业体系及社会发展的目标方向，提出了建设“阳光城市”的战略构想，思路更清晰，目标更明确，并得到了广泛认同。

我们在省、市的领导和支持下，先行先试，继续开展综合改革试验。认真贯彻省委、省政府赋予我区经济、社会、文化等方面事务地级市管理权限的精神，加强与省、市的沟通，承接好市下放的管理权限和审批事项。大刀阔斧推进行政管理体制改革和“简政强镇”事权改革试点，转变政府职能，优化组织架构和运行机制，初步理顺决策、执行和监督的关系，“砍掉了内耗，砍出了效率”，构建起新的体制优势，成为全省改革战略布局中的一大亮点，为全省县级行政管理体制改革提供了经验，得到省委、省政府和市委、市政府的充分肯定。

我们坚持应对金融危机与构建现代产业体系相结合，及时出台应对危机的系列政策措施，重点帮助企业融资、开拓市场和技术改造，企业抗风险能力得到增强，主要经济指标增幅好于预期。预计实现地区生产总值 1711.93 亿元，同比增长 14.1%；地方财政一般预算收入 89.29 亿元，增长 12.5%，城乡居民储蓄余额 1340.39 亿元，增长 14.8%。以自主创新为突破口，深化产学研合作，加大公共研发平台建设，把新技术、新产业融入传统产业链，传统产业加快转型发展。以新型显示器件、太阳能为代表的新兴产业起步良好，工业设计、现代物流、金融服务和现代商贸等服务业集聚发展，产业融合化、高新技术产业化步伐加快。预计高新技术产业产值实现 1490 亿元，增长 14.8%。

我们抓住国家实施积极财政政策和适度宽松货币政策的机遇，投资近 300 亿元，大规模推进交通、水利、医院、学校等设施建设，为未来十年、二十年发展夯实基础。目前大部分重大交通工程完工率都达到或超过 70%，内畅外通的大交通骨架已呈现在市民眼前。500 千伏变电站 9 回 220 千伏线路实现全线贯通，解决了电网“卡脖子”的问题。“三旧”改造和土地集约利用得到加强，整治内河涌 151 公里，新增和改造绿化面积 466.9 万平方米，改善水质和空气质量初见成效。

我们把改善民生作为所有工作的出发点和落脚点，加大工作力度，给人民群众带来更多实惠：加快薄弱学校改造，改善教学条件，义务教育均衡优质化和教育现代化步伐加快；出台“新农保”实施方案，推行完全被征土地农村居民基本养老保障制度，对区属企业退休干部和专业技术人员发放职级补贴、对城镇独生子女父母及无子女职工实行退休奖励和生活补助，市民保障水平逐步提高；扩大基本门诊合作医疗药品目录，实行“名医进村居”、“网上预约挂号”服务，改建和新建一批医疗服务机构，市民看病更加方便；创建就业基地，推行灵活就业模式，帮扶大学毕业生和困难群体就业；推进公交 TC（交通共同体）经营管理模式改革，增设公交线路，市民“出行难”问题得到缓解；创建顺德“好村居”，充实社区建设内涵，城乡环境逐步改善；健全文化服务网络，开展“家门口的电影院”、“家门口的图书馆”等文化服务，举办健身巡游等文体活动，群众文体生活日益丰富。同时，我们通过政策倾斜和树立法律权威，解决了一批多年来困扰发展的突出问题，社会更加和谐稳定。

我们加强自身建设，提高科学决策、民主决策的能力。各级党组织和党员干部勇于担当，主动参与改革，鼓舞了民心，形成了合力。加强农村后备干部的培养，基层组织建设得到加强。将反腐倡廉建设融入改革发展大局，推进行政问责和绩效评估，建立新型纪检监察体系，认真查处违纪违法案件，坚决纠正各种不正之风，机关作风有效转变，展现了大部门的良好形象。加强干部队伍建设，认真贯彻执行《党政领导干部选拔任用工作条例》，坚持德才兼备、以德为先的用人标准，积极探索体现科学发展观要求的干部考核评价办法。完善干部选拔任用工作机制，规范干部推荐考察程序，提高选人用人公信度。一年来，区委常委会讨论区管干部任免 19

次，票决干部733人次。全年新提拔科级干部57人，平均年龄为40.7岁，其中40岁以下23名，具有研究生或硕士学位以上的9名，各级领导班子结构进一步优化，班子整体能力得到增强。

一年来，围绕全区改革发展稳定大局，区人大积极推动全区民主法制建设，加强对重大建设和民生项目的监督检查；区政协切实履行政治协商、民主监督和参政议政职能，民主党派、工商联等积极参政议政和建言献策；宣传思想战线积极营造良好思想舆论氛围；政法系统积极维护全区和谐稳定的社会环境，社会工作部门发挥大统战功能，积极推进各领域统战工作的创新发展，工会、共青团、妇联、残联等人民团体积极参与社会管理和公共服务，发挥重要的桥梁和纽带作用；各级基层党组织与区委保持一致，积极推进地方科学和谐发展，形成了区委统筹全局，协调各方，齐心协力推进改革发展事业的良好局面。在此，我代表区委常委会，对大家表示衷心的感谢和崇高的敬意！

在充分肯定成绩的同时，我们也要清醒认识到顺德改革发展面临的新形势、新挑战，特别是各项规划的落地还需建立完善各项机制，动员全社会共同参与；长期积累起来的土地空间和人口、资源、环境的紧约束问题还没得到有效破解；转变经济发展方式的任务繁重，特别是在化危为机过程中，扶持民营经济和中小企业发展的有效措施还不够多、政策有待优化；与先进城市相比，我们在城乡管理、公共服务和民主法治建设等方面还有较大差距；解决深层次社会问题任重道远。这些问题本质上是深化改革、发展转型和人文需求问题。我们必须转变思维，走出新路。

2010年的形势和工作重点

2010年是顺德扎实推进综合改革试验、全面实施各项重大规划的落实年。分析宏观形势、审视现实基础，新的一年，我们面临重大机遇。一是我们正处于全球产业结构调整期。金融危机使全球经济发生周期性回落，同时孕育着新一轮的技术革命，催生了一批新兴产业。这为我们调整产业结构、发展新产业、新技术提供了机遇。二是我们正处于宏观经济的回暖期。尽管经济复苏的基础还不牢固，但回暖向好的势头已经形成，有利于保持经济发展的连续性和稳定性，特别是省实施扩大内需战略，为顺德中小企业渡过难关、提升竞争力带来了更多机遇。三是我们的区位优势不断优化提升。珠三角改革发展规划纲要顺利推进，广珠城际轨道、太澳高速等区域性交通设施将在年内投入使用，新武广专线已投入营运，我们正迎来“轻轨、高速、高铁”时代。这为我们跳出顺德谋划顺德发展提供了广阔空间。四是我们正处于新一轮发展佳期。近年来，我们推进一系列打基础、利长远的工作，形成了共建共享的发展氛围，顺德的生态、环境、人文、区位和体制等优势日益彰显。只要我们坚持科学发展，用足用好这些优势，顺德的发展前景一定更加广阔。

在良好发展形势面前，我们也要深刻认识到形势的复杂性和做好今年工作的艰巨性，增强忧患意识，保持锐意改革发展的精神状态，科学谋划，真抓实干，统筹做好全年工作。

总体要求是：全面贯彻落实胡锦涛总书记视察广东重要讲话和省委、市委全会精神，以转变发展方式为主线，以共建共享共利为目标，以真抓实干为一切工作的主基调，坚定不移调结构，脚踏实地促转变，突出自主创新，着力扩大内需，切实改善民生，加强党的领导，扎实推进阳光城市幸福家园建设。

以转变发展方式为主线，就是要扎实推进“三促进一保持”和“两转型一再造”，坚持工业立区，调整产业结构、消费结构、城乡结构；以自主创新、深化产学研合作作为转变发展方式的核心推动力，提升企业和产业的竞争力；发展低碳经济，引进和培植新兴产业，拉动传统产业和中小企业发展，建设现代产业体系。

以共建共享共利为目标，就是要坚持以人为本，深化各领域改革，统筹城乡发展，协调各方利益，促进市民增收；推进基本公共服务均等化，完善教育文化服务体系，提升劳动就业、医疗卫生和社会保障水平，让人民群众享有丰富文化、优质教育、充分就业、满意医疗、健全保障，使社会各阶层共享改革发展成果。

以真抓实干为主基调，就是要秉承顺德人求真务实的传统，把有限的资源、时间和精力集中到工作落实上，把创新创造力释放在干事上。抓住每一个机会，做好每一件事情，推进每一项改革，落实好每一个项目，特别要落实好企业扩能、新兴产业培植、重点城乡建设和民生实事项目，促进转型发展。

2010年的主要目标为：地区生产总值增长11%，城镇居民可支配收入和农村居民人均纯收入分别增长7%。

今年要重点落实好六方面工作：

一、以规划和政策为引领，加快转型发展

科学理论指导实践，正确规划引领未来。我们要将领先的规划化为领先的政策，将美好的愿景化为具体的行动，促进经济社会和城市转型。

健全规划引导落实体系。贯彻落实《城乡规划法》，健全“多规合一”的规划体制，实现全区目标体系、空间数据和空间管理的统一。健全规划决策、执行、评估机制。以城乡总体规划、产业发展规划、社会发展规划为基础，编制“十二五”规划、基本公共服务设施均等化规划和环境保护规划等，确定全区重点开发区域、控制区域，规划产业用地和战略发展用地，引导好重大基础设施建设。

建立促进转型发展的政策体系。加强政策文件管理，对规范性政策实行民意征集、执行评估和落实反馈机制。建立导向型公共财政体系，实行财政专项资金竞争性分配，发挥产业资金在经济建设中的最大效益。完善公有资产运营机制，发挥公有资产在新形势下支持经济社会发展的引导作用。建立有利于落实“一城三片区”规划、城乡一体化、基本公共服务均等化的财税、土地和环保等政策，提高对发展的引领能力。

打造创业创新创意发展平台。按照“一城三片区”的分区和“两转型一再造”的发展方向，打破镇街界限、统筹城乡空间布局，继续抓好总部经济园区、创意产业园、专业产业园及中小企业发展基地建设，重点加快广东工业设计城、德胜创意产业园的配套设施建设。按照“优美环境建小城、无中生有拓产业”的思路，做好轨道交通沿线、站场和沿河发展带的规划。开发城乡发展新载体，重点将顺德新城打造成为高端服务业、高层次人才和高品质人居的城市新区，将西部生态产业区打造成顺德构建现代产业体系的新引擎。

二、以一体化发展为方向，加快建设宜业宜居城乡

一体化是符合顺德实际的新型城乡形态。我们要走出一条区域一体共发展、城乡一体共繁荣的道路，实现城乡的和谐相融，历史与现代的交相辉映。

积极参与珠三角一体化发展。推进区域交通设施建设，重点确保广珠城际轨道、太澳高速、珠二环、东新高速等国家和省、市重点交通项目顺德段如期竣工。完善区内交通网络，加快实现与高速公路、轨道交通的无缝连接，抓好与广州南站等广佛重点交通枢纽的公交衔接，增强城市吸纳力。积极参与粤港澳合作和广佛肇经济圈建设，加强与周边城市的合作，承接和放大香港、广州等大城市的要素辐射，加快形成大交通、大流通格局。

启动“一城三片区”建设。落实总体规划，按照保留一片建设较好区域、改造一片建设较差区域、新增一片主导发展区域、储备一片战略预留区域的“四个一片”要求，推进顺德新城和东部、北部、中南部三大功能片区建设，加快形成产业、人口、资源、环境相协调的空间开发格局。重点发展滨河地区，实现城乡发展空间从“沿路”发展走向“沿路沿河并举”发展，凸显水乡特色。合理配置城乡公共设施，重点推进公共交通、环境治理、文化教育等基础设施建设，促进城乡一体建设更加具体化、服务更加均等化，让群众享受到城乡一体发展带来的实实在在效果。

完善城乡建设。按照城市环境容量和水乡生态特点，科学安排城乡建设项目。全力推进“三旧”改造，编制“三旧”改造规划，科学安排产业、公共设施、生活居住和绿化布局，拓展产业转型和城市再造的空间。在用足用活上级政策基础上，创新开发模式和运营方式，引导社会资金进入，建立共建共享共利的改造机制，使经济得到发展，环境得到改造，群众得到实惠。加强土地战略储备，为城市未来发展预留空间。研究从源头节能减排政策，对垃圾分类、用水、用电、污水排放等实行源头控管，推广太阳能技术在公共建筑、住宅小区的应用。推进绿心、绿网、绿道建设，重点在顺德新城和城乡未开发区域实施园林景观建设，实施顺峰山“城市绿心”工程，推进城乡道路和水系绿网的建设，高标准规划打造顺德“绿道”，让市民住得更舒服，生活更美好。

提高城乡管理水平。实行大城管、大监管，推进城市网格化管理，以完善公用事业、改善公共交通和环境治理为重点，解决市民反映强烈的车辆停放、市容景观、环境污染等热点问题。加强信访维稳工作，完善镇街综治信访维稳中心建设，形成科学有效的利益协调、诉求表达、矛盾调处、权益保障机制。强化社会治安综合治理，依法严厉打击违法犯罪活动，提高市民安全感。实施以居住证制度为核心的流动人口管理服务“一证通”制度，提升人口管理服务水平。落实安全生产责任制，加强市场监管，防范重大安全事故，确保人民群众生命财产安全。

三、以结构调整为重点，加快转变经济发展方式

制造业是顺德发展的命脉，企业是顺德发展的根基。我们要坚持工业立区、优二进三，扶持企业不断发展壮大，推进产业结构战略调整，增创现代产业发展新优势。

千方百计扩内需。把扩大内需作为今年经济工作的战略基点。优化投资结构，认真做好投资计划项目的申报、立项和征地拆迁工作，确保重点项目特别是已融资项目的顺利建设。着力破除不利于民间投资的隐形壁垒，释放民间资本。引导房地产市场健康发展，规划建设大型旅游休闲项目，改善消费环境，引导居民消费结构升级。继续落实“家电下乡”政策，协助企业开拓市场，组织企业参加各类展会和“广货全国行”，将“顺德制造”推向全国。鼓励企业在境外设立营销网络、生产基地和进行跨国并购等，促进进出口稳步回升。

提升自主创新能力。把自主创新作为经济结构调整的突破口，把营造环境、优化服务、搭建平台作为促进自主创新的主攻方向。加大财政对企业科技创新的投入，鼓励企业建设技术中心、工程中心和博士后工作站。推进公共研发平台建设，强化产学研合作，重点深化与中科院等科研机构的合作，加快科技成果转化。深入实施知识产权、品牌、标准战略，加大区域品牌、区域集体商标的创建和宣传推广力度，逐步在相关主导行业和产品领域形成顺德标准、顺德品牌和驰名著名商标群。制定有利于自主创新的人才政策，探索引进新产业和高层次人才的联动机制，重点引进带项目、带团队的领军型创新创业人才。

加快改造提升传统产业。坚持信息化与工业化融合，加快新能源、新技术和工业设计在家电、家具、机械装备等传统产业的应用，提高产品的科技含量和附加值，将家电、机械装备等传统产业发展成为生活科技、信息智能等先进制造业。扶持有实力的制造业企业从“卖产品”向“卖服务”转型，发展研发、设计和营销服务等高附加值环节；以节能减排为抓手，继续淘汰落后产能，有序转移生产环节，为发展先进制造业腾出空间。

培育战略性新兴产业集群。把握新产业发展趋势，找准与顺德传统优势产业相结合的领域，发展新能源、新材料、现代医药和绿色环保等新兴产业。重点培育太阳能产业，主攻太阳能产业链的高端环节，打造光伏系统关键部件制造基地和系统集成解决方案输出地。建设国家 OLED（有机发光二极管）产业化示范基地，推动新型平板显示产业集群发展。引入龙头项目，培育汽车制造产业链。

大力发展现代服务业。抓住“轻轨、高速和高铁时代”来临和珠三角一体化的重大机遇，以“无中生有拓产业”的思维，加强与广佛都市产业的对接，发展总部经济、产业金融，提升工业设计、现代物流、电子商务、会展等生产性服务业发展水平。重点打造广东省工业设计服务外包基地、国家级电子商务试点、华南国际采购与区域物流中心。发展健康休闲、现代商贸产业，提升顺德文化和美食品牌，建设珠三角有重要影响力的商务和休闲旅游地。

扶持企业做大做强做优。继续实施总部经济战略，依托制造业基础，发展制造业企业总部，让更多民营企业立足顺德、走向世界。引入国内外大型企业区域总部、专业型总部，打造珠三角具有影响力的总部基地。评选顺德企业 50 强、自主创新 50 强。实施“龙腾计划”，重点扶持 300 家中小企业发展。鼓励企业上市、加强资本和技术合作。成立重大项目专责组，抓好企业扩能项目和重大产业项目的落地发展。力争将顺德优势企业和项目纳入全省现代产业 500 强和自主创新 100 强，争取上级政策、资金配套和用地指标支持。

构建现代农业体系。调整优化农业结构，发展科技型、生态型和观光型农业。推进农产品流通和深加工，创建农业品牌，提高农产品附加值。深化海峡两岸农业合作试验区建设，继续培育农业专业合作社和农业龙头企业，提升农业的组织化和产业化水平。

四、以基本公共服务均等化为目标，让市民共享发展成果

市民生活的持续改善和文明程度的不断提高，是我们改革发展的目标，也是城市凝聚力、竞争力的体现。我们要不断完善基本公共服务供给制度，切实为人民群众办好事、做实事，促进人的全面发展。

推进社会文明进步。深入开展群众性精神文明创建活动，加强公民道德教育，注重对个人文明行为的引导和熏陶，培育文明新风。加强舆论宣传工作，切实做到善待、善用、善管媒体，充分发挥媒体凝聚力量、推动工作的积极作用。发展公益文化事业，广泛深入扎实开展群众性文化体育活动，让城乡群众愉悦身心、强身健体。落实文化产业发展规划，加强历史文化资源保护、传承和开发，推进重大文化项目建设，提高文化服务能力。

建设现代教育体系。加大财政投入，基本完成全区薄弱学校改造。研究好学前教育、义务教育、高中教育、职业教育的资源配置，推进义务教育均衡优质发展，让每个家庭的孩子都有机会获得良好教育。深化办学体制改革，引进优质教育资源，鼓励和规范民办教育发展。稳步推进教师待遇“两相当”。建设学习型社会，结合职业技能培训，培养技能型人才，使每一位市民都拥有充分的发展机会。

更加重视改善民生。提高社会保障水平，重点实施好新农保政策，扩大各项保障政策覆盖面；加大城乡就业统筹力度，解决农村富余劳动力、大中专毕业生、零就业家庭和其他困难群体的就业问题；改善群众居住环境，加快廉租住房和经济适用房建设，研究解决低收入阶层住房问题；完善城乡公交线路规划，推广公交TC模式，提升公共交通服务水平，更好地满足市民出行；关爱市民健康，加快区第一人民医院等区属医院的改建、扩建，合理设置社区卫生服务站，实施好“名医进村居”和“家庭病床”等便民医疗服务，提高市民医疗保障水平。

同时，我们要关注不同群体需求的差异性，一方面要发展慈善福利事业，搞好志愿服务，为老年人、残疾人、单亲家庭、失业人员、青少年和贫困阶层等群体提供更多个性化服务，特别是落实好残疾儿童康复补助政策、帮扶困难家庭子女上学等，协助他们自力更生，积极投身社会建设。另一方面要为高层次人才提供高品位的教育文化产品和服务。

五、以综合改革试验为契机，深化改革扩大开放

今年是综合改革试验全面实施年，我们要先行先试，力争在重点领域改革和区域合作上取得新突破，为发展增添新动力，为企业和市民带来更多实惠。

深化行政管理体制改革。围绕建设服务型政府，完善和理顺大部制改革后的各种关系，健全党政决策权、执行权、监督权既相互制约又相互协调的运行机制。深化行政审批制度改革，铺开“简政强镇”事权改革，营造更加高效的基层管理环境和良好的创业投资环境。加强行政服务体系建设，健全区镇村三级联动便民服务网络，方便群众办事。

深化农村管理体制改革。按照新农村建设的要求，系统研究解决农村发展深层次问题。探索行政事务和村民自治相对分离的模式，让居（村）委会回归自治职能。推进“好村居”规划建设，探索农村居民住宅建设新模式，提高土地利用效率，改

善居民生产生活和文化环境。建立基本农田保护区补贴制度。完善农村土地开发利益分配机制，推进农村土地流转和留用地开发，促进农村长远发展。

深化社会管理体制改革。建立政府行政管理、基层群众自治、社会多元参与的社会建设机制。建立和完善政府向社会组织购买服务的制度，提高公共产品的供给水平和效率。发展社会组织，加强社会工作者和志愿者队伍建设，壮大慈善事业。

深化区域合作。确立战略合作思维，拓展经济合作对象和领域，重点加强与国内外知名企业、金融机构和科研院所的战略合作，吸引国内外大企业、大机构进驻顺德、服务顺德。加强与国家和省有关部门的合作，共建新型园区、产业基地，共办论坛、博览会。以探索新型区域合作模范区为契机，研究整体走出去战略，争取上级支持，发挥顺德管理、产业、资本、品牌和人缘的整体优势，异地合作开发产业、生态和科技新城，实现互利共赢。

六、以共建共发展为路径，营造改革发展的良好氛围

建设阳光城市幸福家园是我们的共同目标。我们要凝聚各方力量，加强政府、企业、市民的衷心合作，才能更好推动改革发展。

加强民主法治建设。坚持和完善人民代表大会制度，发挥人大及其常委会在民主法制建设中的积极作用，为人大及人大代表履行监督职能、增强监督实效创造更好的条件。坚持和完善中国共产党领导的多党合作和政治协商制度，创新政治协商途径，更好发挥民主党派的参政议政和民主监督作用。坚持问政于民、问需于民、问计于民，创造更多平台，扩大公民有序政治参与，稳步推进党政决策、管理、服务、监督等领域向社会开放，推动政府各项工作在阳光下运作。树立法律权威，推进依法行政、公正司法，维护人民群众的合法权益。

鼓励企业履行社会责任。顺德拥有一批既有本土情怀、又有国际视野和社会责任感的优秀企业家，他们多年来积极回馈社会，热心公益，在社会上树立了良好风尚。我们要珍惜和激活这个重要资源，在创造条件促进企业发展的同时，鼓励企业履行社会责任，诚信经营、依法纳税、安全生产，保护环境和维护劳动者、消费者的权益。

引导市民和谐共建。加强公民的世情、国情、区情教育，引导各阶层群众正确认识个人利益和集体利益，增强主人翁意识和社会责任感。深入开展普法教育，引导群众依法维护权益、主动履行社会义务。鼓励市民通过政府与社会的必要扶助，发挥所长，回馈社会。做好新形势下对外来务工人员的管理服务，鼓励他们提升素质、融入社会。

落实十七届四中全会精神，加强和改进党的建设

事业成败，关键在党，关键在人。要按照十七届四中全会精神和省委、市委部署，全面加强和改进新形势下党的建设，为实现科学发展提供坚强有力的保障。

建设干事创业的好班子。加强领导干部的理想信念教育，开展富有实效的思想政治建设和理论武装工作，激发领导干部的内在动力，使各级、各部门领导干部都树立正确的价值追求。以完善大部制和“简政强镇”事权改革为契机，调配好干部资源，完善绩效考核，激发工作干劲。把

能力建设作为重大战略任务，建设学习型领导班子，使领导干部不断适应大发展大变革大转型的时代，提高执政水平和领导水平。

形成固本强基的好格局。基层组织强，人心就能凝聚，发展就有保证，大局就会稳定，党的执政地位才能巩固。要认真谋划好今年村（社区）党组织换届工作，着力选优配强带头人。推进“基石工程”和“种苗工程”，为新农村建设培养骨干力量，形成干部梯队。顺应城乡一体化发展趋势，统筹推进城乡党建工作，促进资源共享、协调发展。鼓励党员带头参与志愿服务，推广党员承诺制，发挥基层党员的先锋模范作用。

打造创新实干的好队伍。要坚持德才兼备、以德为先的用人标准，注重在实践中发掘优秀干部，努力形成讲党性、重品行、作表率的良好风尚。建立有利于科学发展的用人导向，培养和选拔一批适应经济社会转型、熟悉城乡社会管理、具有改革创新意识的优秀干部。加大教育培训，提高公务员业务能力。争取省深化干部人事制度改革在顺德先行先试，探索建立新型公务员管理制度，注重从专业领域和基层一线人员中招录公务员。重视年轻干部的培养和锻炼，选派年轻干部到农村、信访一线磨练，提高党员干部驾驭复杂局面能力。

完善党委统筹协调的好机制。整合党委的管理资源和力量，加强对人大、政府和政协工作的领导，集中统一处理社会事务。认真贯彻对台、侨务和外事政策，发展和壮大最广泛的爱国统一战线。做好对社会各阶层、各利益群体的联系、引导和协调工作，鼓励新社会阶层人士积极投身中国特色社会主义建设。支持工会、共青团、妇联、工商联、残联等人民团体依法和依章程开展工作，参与社会管理和公共服务。加强党对武装工作的领导。

营造风清气正的好风气。风气正、人心顺，发展才有保障，社会才能和谐。广大党员干部要树立全心全意为人民服务的思想，倍加珍惜工作岗位，廉洁从政，一身正气投身建设事业。坚持用制度管权管事管人，发挥大监管格局的优势，导入社会监管机制，提高监督效能。完善问责制，确保各级、各部门领导干部认真履职、规范行为。认真查处各种腐败行为，着力解决群众反映强烈的突出问题，以反腐倡廉的实际成果取信于民，凝聚党心民心。

同志们，“一步行动胜过一打纲领”。要将美好愿景化为现实，需要我们扎实努力工作。在新世纪第二个十年开启之际，我们一定要以高度的历史责任感，以更加昂扬的姿态，更加进取的精神，求真务实，真抓实干，为建设阳光城市幸福家园而努力工作！

政府工作报告

——2011 年 1 月 18 日在佛山市顺德区第十四届人民代表大会第六次会议上

佛山市顺德区人民政府区长　梁维东

各位代表：

我代表顺德区人民政府向大会作工作报告，请予审议，并请政协各位委员和其他列席人员提出意见。

区长梁维东做政府工作报告

五载奋斗　铸就辉煌

过去五年，极不平凡，令人振奋。发展中的顺德，经济更繁荣，城市更亮丽，生活更美好，开放包容的价值观再次升华，敢为人先的自豪感再次升腾。

五年来，城市魅力倍增。以大规划引领大发展，大规模推进交通、水利、教育、卫生、通讯等基础设施建设，大步迈进高铁、高速、城轨时代。环境再造成效凸现，花园绿地点缀街头，交通出行畅通便捷，一座充满水乡风情和都市气派的宜居城市正在崛起。

五年来，经济持续领跑。地区生产总值超过 1900 亿元、全社会工业总产值突破 5000 亿元、地方财政一般预算收入突破 100 亿元，三项指标与“十五”期末相比均实现翻番。我们坚持“工业立区”，实施“龙腾计划”、发展总部经济，区域、行业和企业品牌进一步打响，自主创新对产业结构优化的作用更加明显，专利申请量和授权量连续 14 年领跑全国县域。

五年来，生活明显改善。市民收入稳步提高，城乡居民人均储蓄存款余额达 12.3 万元，比“十五”期末增长 80%，总量达 1517.7 亿元。生活环境不断优化，城乡居民人均住房面积分别达 46 平方米和 52 平方米。社会保障日趋完善，预计 2010 年城镇户籍从业人员养老保险参保率达 91%，农村居民养老保险参保率达 92%。市民学有所教、老有所养、病有所医。文体事业蓬勃发展，社会和谐稳定。

五年来，改革再领风骚。再当改革先锋，成为全省第一批深入学习实践科学发展观活动试点，开展综合改革试验工作，省委、省政府赋予行使地级市管理权限和省直管县体制试点。推进大部制改革，41 个党政群机构整合为 16 个大部门，顺德经验在全省 25 个县（市）推广。全面推开简政强镇事权改革，镇街获县级管理权限。省人大常委会从法律层面赋予顺德地级市管理权限。与英德市政府签署共建广东顺德（英德）产业园框架协议，开创区域合作新模式。

“十一五”时期，发展硕果累累。特别是刚刚过去的2010年，在省委、省政府和市委、市政府及区委的正确领导下，突出产业和改革两大主题，以大气势、大理念、大举措推动大发展。预计全年实现地区生产总值1935.6亿元，增长14.5%；工业总产值5235.1亿元，增长21.4%；社会消费品零售总额539.7亿元，增长19.3%；财政总收入373亿元，增长11.4%；地方财政一般预算收入106.7亿元，增长19.6%，圆满完成区十四届人大五次会议确定的目标。

过去一年，我们凝神聚力，加快转型，努力打造现代产业之都、品质生活之城，各项工作渐入佳境，精彩纷呈：

这是面貌更新的一年，我们着力优化城市格局，重点设施陆续竣工，城市化迈向新里程。

规划引领不断强化。出台《深化综合改革试验领跑全国县域发展行动纲要》，明确发展目标，凝聚发展共识。探索功能分区战略构想，社会各界、各镇街对“规划引领”的认同感和参与度得到强化。编制“十二五”规划，成立区规划委员会，形成以四大规划为骨架、各专业专项规划相互衔接的“大规划”体系，一幅凝聚大众智慧的宏伟蓝图展现眼前。

城市建设呈现新亮点。确立沿路沿河并举的发展思路，德胜河一河两岸、顺德新城德胜商务区启动建设，各镇街城市建设日新月异。城市快速交通网初步成型，广珠城际铁路、太澳高速二期、珠二环高速南环段、东新高速（顺德段）建成通车，碧桂路、佛陈路快速化改造工程投入使用。2010年度40项重点水利工程如期竣工，7项电网工程建成投产。完成“三旧”改造标图建库、政策配套、规划修编等基础性工作。掀起“顺德好村居”创建高潮，新增示范点24个。

城市环境持续优化。预计单位GDP能耗下降5.7%，大气质量不断改善。公示排污企业，接受公众、媒体监督。关停14家电镀生产企业。完成内河涌整治384.3公里，试点应用生物治污技术，乡村河流更加清澈。新建和扩建污水处理厂4家，配套污水管网通水运行250公里，试点对村居垃圾收集点进行密闭化改造。精心绿化美化家园，新增、改造绿化面积164.8万平方米，建成区域绿道144公里。倡导绿色出行，试点建立公共自行车系统。

城市管理水平有效提升。出台集约利用土地政策，城市开发有序规范。开展城市管理市民满意度调查，针对市民提出的城市管理热点、盲点进行专项整治。更换853台出租车，全面展示顺德的士新形象。TC公交正式运营，优化设置29条新线路，服务素质稳步提升，站点设施和候车环境得到改善。“数字城管”在大良7个社区试运行。整合治安防范力量，实行人防、技防、群防相结合，刑事发案率持续下降。强化生产安全、食品安全以及产品质量安全管理，市民安全感得到提升。

这是蓬勃发展的一年，我们加快构建现代产业体系，企业乘势而上，发展势不可挡。

传统产业优化升级。出台“龙腾计划”，精心遴选首批300家扶持企业。企业景气指数达130.2，高新技术产品产值增长

38.3%，1~11月工业企业利润总额增长32.1%。45个项目入选广东现代产业500强，11家企业入选广东省自主创新100强，美的集团销售产值突破1000亿元。美的总部大厦投入使用，罗浮宫家具总部大厦动工建设，总部企业累计达到21家。出台扶持企业上市政策，中国联塑登陆香港股市。现代农业迈出新步伐，高档花卉大棚种植等先进技术日趋成熟，农产品流通体系更加完善。

新兴产业取得突破。部省共建OLED产业基地落户顺德，彩虹OLED首批产品成功下线，二期4.5代AM-OLED生产线项目奠基。新能源产业乘势而上，圣大逆变器、梅塞尔工业气体项目签约落户，美的微波炉厂区、顺德职院等太阳能光伏示范工程竣工验收，国家太阳能光伏产品质量检测中心加快筹建。

自主创新更富活力。中国南方智谷启动建设，广东西安交通大学研究院等10个科研项目签约入驻。中科院广州技术转移中心"顺德基地"落成。新增博士后工作站2个，院士工作室2间，国家级技术中心1家。开展质量强区系列工作，推进质量信用等级评价。参与制定国家标准、行业标准和地方标准30项，新增中国驰名商标4件、省著名商标31件、省名牌产品31个。

现代服务业异军突起。工业设计产业日趋成熟，省区共建的广东工业设计城扩容，顺德本土设计企业首获德国红点设计概念奖，在第五届"省长杯"工业设计大赛10强中占4席。探索发展阳光私募，创立股权投资基金5只，新增小额贷款公司2家。多家银行机构成功升格，顺德农商行实现跨地域发展。成立广东顺德控股集团，创新公有资产运营模式。"国家级电子商务试点"稳步推进，现代物流业加快发展。新增四星级酒店3家，金茂华美达广场酒店对外营业，多家五星级酒店加紧建设。李小龙文化节、岭南美食文化节成功举办，获评全国首个"中国美食名城"。

这是民生改善的一年，我们共建共享阳光城市幸福家园，市民得到更多实惠，生活品质不断提高。

12项民生工程扎实推进。社会民生事项支出占财政一般预算支出比重达70%。多措并举缓解停车难题。区第一人民医院易地重建工程启动。推出"家庭病床"服务并纳入职工医保报销范围，为40万市民建立健康档案。新建、扩建学校14所，教师工资福利待遇稳步提高。创建22个就业基地，解决1400多名困难人员就业问题。对全区顺德户籍80周岁以上老年人发放长者津贴，2万多名长者受惠。建成10个集贸市场整治示范点。个别跨年度项目正在加紧推进。

社会事业蓬勃发展。与中国教育学会共建教育综合改革实验区，聚集国内顶尖教育资源。建立现代社会工作制度，"社工＋义工"社会服务新模式初见成效。民族宗教、外事侨务、港澳台事务、残疾人、妇女儿童事业等工作取得新成绩。成功举办世界顺德联谊总会第七届恳亲大会，颁授第五批顺德荣誉市民。举行教育基金百万行活动，募集善款1.3亿元。成功举办区第十届运动会，顺德籍运动员在亚运会创历史最好成绩。扶贫开发"规划到户、责任到人"工作成效显著。

这是改革创新的一年，我们不断深化重点领域改革，政府服务效能稳步提高，市民办事更加便捷。

服务型政府建设取得新成效。广大公务员兢兢业业，勤勉尽责，致力为市民提供优质服务。深化行政审批制度改革，向镇街下放行政管理事项3197项。优化行政服务中心职能，推动基层行政服务体系建设。建设24小时自助办税区和网上办税服务厅。人防、气象、应急管理工作得到加强。稳定物价水平，保障粮食安全。口岸、保密、档案史志工作取得新成绩。武装、双拥优抚安置工作扎实推进。

民主法制和廉政建设不断加强。坚持重大事项向人大报告、向政协通报工作制度，自觉接受人大和政协监督，认真听取各民主党派、工商联和无党派人士的意见建议。全年共办理市、区两级人大建议和政协提案、参政议政材料291件，办复率100%。普法活动深入开展，审计、监察工作得到加强。发挥纪检监察组作用，促进廉洁、透明行政。全年立案查处违纪违法案件42宗，挽回经济损失1900多万元。

重视听民意、聚民智。委托第三方开展民意调查。组建区公共决策咨询委员会。结合民意反馈，我们客观分析形势，查找不足，对存在问题有了更深刻的认识：当前，城市规划、管理还不适应城市快速发展的需要，交通堵塞、噪音、污染等“城市病”令市民困扰。收入分配差距较大，农村居民增收困难，由土地引发的各类农村矛盾突出。下阶段政府将顺应市民热切期待，进一步利用好地级市管理权限，不断提升行政效率和服务素质，为市民带来更多实惠。

各位代表，顺德经济社会发展取得的成绩有赖于上级的正确领导，有赖于干部群众的辛勤努力，有赖于社会各界的鼎力支持。在此，我代表区人民政府表示衷心的感谢和崇高的敬意！

宏图展现　乘势向前

承继“十一五”辉煌，开创“十二五”伟业。未来五年，我们目标坚定，充满信心。我们将在发展中转方式，在改革中谋创新，在转型中惠民生，落实内涵发展、和谐共建、人文先行三大战略，让城市更美好，生活更幸福。

未来五年政府工作的指导思想是：顺应市民对美好生活的新期待，突出产业和改革两大主题，弘扬勇于创新、甘于务实、敢于负责精神，全力打造现代产业之都、品质生活之城，努力实现经济社会发展水平和市民生活质量的同步提升。

未来五年的奋斗目标是：城镇居民人均可支配收入年均增长6%以上，农民人均纯收入年均增长8%以上。到2015年，全区工业总产值达到1万亿元，总部企业达50家，上市企业达50家。

2011年政府工作主要目标是：地区生产总值增长12%，地方财政一般预算收入增长10.3%，全区登记失业率控制在2.5%以内，物价涨幅控制在4%左右。经济结构调整取得明显成效，一批优质企业成功上市，区域合作深入推进，中国南方智谷加快建设，德胜河一河两岸展露新貌，“三旧”改造强力推进，农村改革取得突破，民生工程扎实完成。

为实现上述目标，今年政府将落实下列措施：

一、拓展转型空间，建设引领发展平台

空间有限，发展无限。我们要打破行政区划限制，着眼于内涵提升，走空间盘活、区域合作之路，开辟新的发展空间。

开启滨水生活新时代。以建设德胜河

一河两岸为示范，开创城市发展新形态，塑造高品质的都市核心区。强化交通规划，畅通两岸交通连接。注重生态保育，糅合水乡风貌、岭南文化，打造十里滨河长廊。建设顺德新城德胜商务区，打造高品位的城市综合体。精心用好水乡资源，引导全区以水为媒融合发展。

建设新型区域合作模范区。异地合作建设产业新城，加快广东顺德（英德）产业园建设。由顺德主导开发建设和运营管理，制定长效利益共享机制，为顺德家电、机械装备、电子信息等优势产业拓宽发展空间，实现区域合作互利共赢。

建设中国南方智谷。实施引资引智并举，为构建现代产业体系提供智力支撑。完成中国南方智谷规划，制订鼓励科技领军人才创新创业、高端人才引进等政策措施。启动“三区一园”核心区建设，重点发展以科技研发为核心的2.5产业，建设纳米工程、物联网等一批院地合作项目，打造“创业、工作、生活、休闲”于一体的全球第三代科技创新中心。承接国家、省重大科研项目，转化一批科技成果。筹办中国民营经济发展论坛。

打造生态产业新城。加速建设顺德西部生态产业新区，打造产业内涵发展的新高地。编制景观规划，完善道路、港口、电力等基础设施。推进美的水处理等重点项目。鼓励企业建设标准厂房，促进布局集中、产业集聚、土地集约。

强力推进“三旧”改造。通过政府引领、市场运作，把“三旧”改造推向新高度。以工业区升级和旧村居改造为重点，精心打造五大引领性项目。高起点建设美好新家园，完成村居空间策略研究及20个试点村居改造规划。实行历史文化保育和拆迁改造相结合，活化伦教香云纱基地、美的工业城等历史建筑。建立特事特办审批程序，促进项目开工建设。

广珠城际轨道使顺德进入广州“10分钟经济圈”

二、优化城市环境，建设品质生活之城

享受更美好的城市生活是每一个市民的期盼。我们将进一步加快城市化进程，建设生活舒适、环境优美、功能完善、市民具有幸福感的品质生活之城。

统筹全区战略资源。确立整体观念，探索镇街行政资源、城市基础设施资源等相互融合发展新模式。推进东平新城（顺德部分）建设。完善统一协调的综合空间规划体系，高起点制定近期建设规划和分区控制大纲。制定基本公共服务均等化规划，探索建立多元化的公共服务供给制度。深化土地管理制度改革，创新工业用地出让制度。实行和谐征地，构建利益共同体。根据项目发展规模、效益、对生态的影响等因素，综合考虑供地。依法清理闲置用地，严格整治违法用地。

完善基础设施。优化路网结构，编制新型公交系统规划。启动区内首条轨道交通建设。完成高富路、325国道龙洲路口下穿立交主体工程，新建105国道环市北立交等重点工程。推进顺德新港建设。实施2011年度重点水利工程31宗，建设电网工程16项。按期推进污水处理厂及配套管网工程，城镇污水集中处理率力争达77%。统筹城乡资源，完善生活垃圾收运处理体系。

改善人居环境。完善生活小区的文体活动场所、卫生服务站、现代市场、公共交通设施配套。全面整治社区内的各类违法违章建筑，严格把好饮食店铺和娱乐服务设施的审批关，避免噪音、油烟、垃圾对居民造成不良影响。修订物业服务收费政策，加强社区公共设施的使用管理和维修养护，鼓励成立业主委员会。确保完成新建、改建公园15个以上，新增、改造绿化面积80万平方米以上，建成城市绿道286公里的目标。

建设绿色低碳城市。倡导绿色低碳生活，节约用水用电。支持清洁生产和节能环保产业发展，推动重点节能工程建设。严厉打击非法排污，淘汰落后的生产工艺和设备。开展大气污染综合治理，主城区空气质量优良天数确保达到340天以上。推广清洁能源公交，公交车废气排放随机抽查合格率力争达到86%以上。推进水环境综合治理，确保饮用水源地水质达标率100%。

提升城市管理现代化水平。引入公众和媒体评价参与机制，完善市民举报与执法查处联动机制。实施精细化管养，推进城市公共设施管理养护体制改革。完善城市网格化管理运行机制，拓展“数字城管”试点范围。以中心城区为试点，对不符合相关技术规范设置的户外广告进行清理。铁腕整治偷采河砂行为，建设水上交通视频监控系统。加强城市地下空间的规划、建设、利用和管理。

三、转变发展方式，建设现代产业之都

产业是城市发展的动力。我们将突出创新和资本两大元素，推动产业转型。

引导产业集群转型升级。实施龙腾企业软实力提升工程。支持本土优势企业扎根顺德设立总部，并全球配置资源。吸引中外大型企业在顺德设立华南总部。推动传统制造企业智能化改造。完善科技创新政策，扶持企业制定推广新的行业标准和产品标准。筹建知识产权服务中心，探索建立专利投融资试点。打造具有影响力的区域品牌，力争新增中国驰名商标2件、省著名商标10件、省名牌产品18件，实现顺德参与制定国际标准零的突破。

打造资本聚集的洼地。实施企业上市工程，落实专业引领、后备培育和奖励激励机制。发展股权投资、阳光私募，发行中小企业集合票据。完善农村金融服务体系，力争实现村镇银行零的突破。引导金融机构针对市民需求设计丰富多样的理财产品，激活民间资本，增加市民财产性收入。

培育战略性新兴产业集群。强化产业链招商，着力引进和扶持环保型、科技型、效益型项目。引导本土优势企业进入新兴产业领域，重点培育光电显示、新能源、新材料、生命医药、绿色环保装备等新兴产业。推进OLED、生命医药等引领性项目建设，吸引上下游配套企业集聚，形成新的产业链和价值链。

增创现代服务业发展新优势。完善工业设计园区的周边环境设施配套，聚集国内外顶尖工业设计资源，促进工业设计与制造业对接，发展工业设计服务外包。创新发展金融保险业，增强集聚力和辐射力，保障经济社会发展。发展科技服务业，引进科技咨询、成果转化、技术试验等服务机构。发展现代物流与电子商务，推动物联网等先进技术在物流各环节中的应用。

继续打造具有国际影响力的专业品牌展会，培育会展服务业。提升旅游休闲、商贸流通、餐饮娱乐、酒店等生活性服务业，培育新的消费热点和城市经济亮点项目。

巩固提升现代农业。拓展外延农业，继续推广现代农业技术。培育壮大一批农业龙头企业和农业专业合作社，打造优质农产品品牌。完善农产品交易市场和物流中心建设。创新农地租赁形式，发展休闲观光农业。

四、彰显魅力活力，建设岭南文化名城

文化是城市的灵魂。我们将传承顺德时代人文精神，提升城市文化品位。

塑造特色文化。进一步加强城市形象的策划与宣传，增强区域品牌和文化底蕴影响力。创建全国文明城市，开展“创文”市民教育大行动。建设普惠型的公共文化服务体系，进一步完善社区文化设施。举办“顺德书香节”，推进“农家书屋”、“书香校园”等工程，构建全民学习网络。举办丰富多彩的节庆活动，丰富市民生活。举办“邻里日”活动，搭建互助互爱的桥梁。

构建现代教育体系。推进义务教育均衡优质发展，优先解决学前教育问题。加强顺德精神文化传承教育，实施素质教育，促进学生健康成长、爱国爱乡。创新校企合作模式，培养应用型、技能型和创业型人才。把外来务工人员培训纳入教育体系，培育现代产业工人。启动梁銶琚职业技术学校异地重建、华侨中学、郑裕彤中学、教师进修学校扩建工程。推动广东工业设计研究生学院首期建设。培养一批名教师、名校长，确保“两相当”按期实现。深化办学体制改革，鼓励、规范民办教育发展。完善社区学校，满足市民对不同层次教育的需求。

打造人才高地。引进、培育高端人才和管理、技能人才并举。出台引进培养高层次人才的新政策。实行人才全球招聘制度，集聚一批海内外高层次创新创业人才和团队。完善科技激励机制，推动科技成果应用。实行校企共建，以“订单式”培养高技能型人才。力争引进本科以上学历的人才2000人以上，其中硕士以上学历的人才300人以上。

发展文化旅游产业。推动文化产业化，提升顺德美食、香云纱等独具特色的文化品牌。申报“世界美食之都”，建设“凤城食都”项目。推动长鹿农庄等旅游资源整合提升。支持旅游景点争创4A级旅游景区，完成新增2家五星级酒店的目标。加快建设广绣文化创新中心、广东流行音乐产业园。

五、保障改善民生，建设和谐幸福家园

顺德建设和谐幸福家园

对民生的关注和投入，是成熟政府的重要标准。我们将探索建立中国特色、国际水平的社会主义福利社会，让全民共享改革开放成果。

*让市民有更好的社会保障。*继续加大“大社保”扩面征缴力度，完善居民医保、新农保和完全被征地农民基本养老保障制度，提高待遇水平。确保居民医保参保率达到98%以上。鼓励公益组织建设，进一步壮大慈善事业。落实残疾人就业和残疾人就业保障金征缴政策。

*让市民享受更优质的医疗服务。*优化医疗资源布局，社区卫生服务站覆盖率力争达到90%以上。推进区第一人民医院易地重建。加强医生队伍素质建设。鼓励民营医疗机构提供特色医疗服务。开展心理健康教育和保健，建立有顺德特色的家庭医生制度。构建区域卫生信息平台，确保城乡居民健康档案建档率60%以上。落实国家基本药物制度，加强对医院费用控制、服务质量的考核和管理。在公办医疗机构对参加基本门诊医疗保险的病人实行药品零差率销售。

*让市民更有安全感。*坚决严打影响群众安全感和营商环境的黑恶势力，维护市场秩序，保障社会稳定。深化信息化建设与应用，探索社会治安打防管控新机制，提高市民对社会治安的满意度。完善应急体系，创新社会矛盾纠纷调处化解机制，保障城市公共安全。开展食品药品安全专项整治，严格执行产品质量安全标准。建立区级安全生产应急救援机构，创建国家和省安全生产标准化管理企业30家以上。

*让市民出行更安全便捷。*规划建设与城市绿道相连的中心城区慢行交通系统。科学规划建设人行天桥，保障市民出行安全。提高公交线网密度和站点覆盖率，完善接驳换乘系统和候车、停车设施。利用高新技术改造城市交通系统，完成一环南延线和南拓线交通智能系统建设。优化公共停车资源管理，增加公共停车场，提高停车位使用率，落实经营性房地产项目配套停车位的新标准及建设要求。强化早、晚高峰时段易堵路段的管控，对全区主干道路口进行监控，快速处置交通事故，及时排除交通拥堵隐患。

今年我们将继续推行去年12项民生工程中的各项惠民措施，并实施新12项民生工程，包括市民健康工程、社保升级工程、便捷出行工程、人行天桥工程、学前教育工程、食品安全工程、住房保障工程、便民服务工程、促进就业工程、关爱长者工程、垃圾处理工程和物价稳定工程（具体内容单列），并引入公众评价参与机制，接受社会监督。

六、深化综合改革试验，建设公共治理型政府

广大市民的期望就是政府努力的方向。我们要坚定不移深化综合改革试验，不断增强政府的公信力和执行力，强势引领经济社会发展，为市民提供更优质、高效的服务。

*深化行政管理体制改革。*完善大部制改革，深化简政强镇事权改革。增强组团发展意识，探索区域组团协调发展的管理新模式，提升区域竞争力。完善镇级行政服务中心服务标准规范，实现行政审批电子网络一体化。逐步减少行政审批，将部分行政管理事项交由社会组织承担。开展人事制度改革，建立能上能下、进出有度的用人机制，着力提升公务员队伍素质。开展新一轮事业单位改革，加快事业单位转型发展。

*坚定不移推进农村改革。*加强农村民

主法治建设，完善农村基层治理机构，实行村务、政务相对分离和有效衔接。完善征地补偿标准动态调整和多元化补偿制度，改革宅基地分配处置方式。探索农村集体资产公司化运营模式，理顺农村股份合作分配制度。构建农村集体资产管理交易和财务网上监控平台。

创新公共治理模式。完善现代社会工作制度，推进社会工作职业化和专业化。改善义工服务方式，提高村居义工服务站覆盖面。培育社会组织，完善社会组织工作协调机制和监督管理体系。建立健全多元参与的调解机制，发展专业化、社会化人民调解员队伍。拓宽民意表达渠道，推动网络问政制度化、规范化。完善公共政策制定的社会参与机制，逐步推进决策、服务、监督等领域向社会开放。

深化财税管理体制改革。完善公共财政预算编制、执行、监督体系。优化财政支出结构，切实保障重点项目和民生事业发展需要，促进基本公共服务均等化。扩大财政资金竞争性分配实施范围，提高财政资金使用效率。依法开展税收征管，丰富办税服务方式，构建以网上办税为主、自助办税为辅的统一工作平台。创新公有资产运营模式，发挥公有资产引导经济发展、优化公共服务的功能。

建设诚信、高效、服务型政府。自觉接受区人大及其常委会的法律监督和工作监督，主动接受区政协的民主监督，重视群众监督和舆论监督。树立法律权威、弘扬正气，依法引导和规范社会行为，维护社会和谐稳定。建立和完善政府绩效管理与考评电子系统，拓宽市民对政府工作的监督、评价渠道。强化审计监督，确保资金安全。严格执行党风廉政建设责任制，完善惩治和预防腐败体系，坚决查处各种违纪违法案件。深化节约型机关建设，强化公务员队伍教育、管理和监督，建设一支为民、务实、清廉的公务员队伍。

各位代表，全力打造现代产业之都、品质生活之城的宏伟目标已经确定，在“十二五”开局之年，让我们凝聚创造新辉煌的信心和力量，扬帆破浪，乘势向前！

附件：

佛山市顺德区人民政府2011年12项民生工程

1. 市民健康工程。对符合国家有关政策、在我区定点医疗机构住院分娩的孕产妇（已享受职工医疗保险者除外）补助500元/人。对全区准备怀孕的妇女免费增补叶酸。免费孕检对象扩大至全区常住人口，增加常规孕检4次，并提供免费产后访视服务。实施0～36月龄儿童健康管理基本服务，免费提供新生儿访视、儿童检查和血常规检测。定期为65岁以上老年人做健康检查，为确诊的高血压和糖尿病人提供免费随访和管理服务。继续实施中小学生游泳普及计划。

2. 社保升级工程。建立覆盖全区定点医疗机构的门诊结算系统，实现居民门诊

“一卡通”。把更多的慢性疾病纳入门诊特定病种保障范围。对居民医保的补助标准提高到每人每年250元以上，将家庭病床纳入居民医保报销范围。提高企业职工基本养老保险退休人员的养老金水平。提高散居孤儿和城乡“三无”老人的供养标准。

3. 便捷出行工程。扩大TC公交运营线路范围，在各镇街分阶段实施TC线路试点，新投入公交车660台以上。实现村村通公交。完善大良公共自行车系统，逐步向其他镇街推广，新增公共自行车2000辆。

4. 人行天桥工程。安排5000万财政资金并实施竞争性分配，建设人行天桥20座以上，让市民出行更安全。

5. 学前教育工程。出台促进学前教育发展的政策，新增一批优质幼儿园。普及3~6岁学前教育，每个镇街创建1~2所具备现代教育技术特色的学前教育示范园。

6. 食品安全工程。试点建设食品质量安全电子监管系统，推进食品信用监管。在全区的生猪、菜牛、活羊定点屠宰企业实现视频信息的实时可远程监控。

7. 住房保障工程。加大公租房建设力度，制订完善新型保障性住房建设和使用管理政策，新建保障性住房1000套。

8. 便民服务工程。财政投入4000万元，实现村居行政服务站全覆盖。

9. 促进就业工程。打造“天天招聘会”区域品牌。举办免费招聘会300场以上。新增就业2.5万人，解决就业困难人员就业1500人以上。推进“青年现代农业创业园”项目。创建创业带动就业基地5个以上，培训创业人员400人以上。在全区80%以上的社区创建充分就业社区。

10. 关爱长者工程。实现“平安钟”服务10个镇（街）全覆盖，为1000名以上的困难老人提供服务。

11. 垃圾处理工程。逐步更换村（社区）的垃圾收运设施，改造镇级压缩中转站。对餐厨垃圾、工业垃圾、水利垃圾、绿化垃圾实行分类收集和处理，全区垃圾无害处理率达到90%以上。改革垃圾处理费征收方式。实施生活垃圾分类收集，组织公众参与环卫保洁效果评价。

12. 物价稳定工程。依法打击各种扰乱市场行为。建立价格调节基金，通过政府干预的形式稳定市场物价。根据物价联动机制，按规定对特殊困难群体发放生活补贴。

阳光顺德幸福家园社会发展规划纲要（2009～2020年）

为深入学习实践科学发展观，贯彻落实《珠江三角洲地区改革发展规划纲要（2008～2020年）》，以规划引领和推动社会各项事业全面发展，促进顺德经济社会协调发展，让全区人民共建顺德新辉煌，共享发展新成果，不断提高全区人民的生活质量和生活水平，增强市民的幸福感，特制定《阳光顺德幸福家园社会发展规划纲要》。

一、编制纲要的意义

（一）着力社会发展，践行以人为本。

科学发展观核心是以人为本。人类社会发展既是客观历史演进的过程，又是人的价值实现的过程。社会发展的程度最终是通过人的发展程度来衡量的。编制《阳光顺德幸福家园社会发展规划纲要》是着力社会发展、以人为本的具体行动，是贯彻落实科学发展观的具体体现。社会发展必将促进人的全面而自由的发展。

（二）共享发展成果，激发发展动力。

我区历届党委政府高度重视民生工作，在关注经济发展的同时，重视对社会各项事业的投入，推出了诸多创新举措，有力地推动了社会各项事业发展，并取得了较好的成效。但是，与国内一些发达地区相比，我区的公共事业、民生事业等仍然显得滞后，特别是与顺德自身的经济发展水平不相称，与市民需求有差距。因此，必须通过编制规划和实施纲要，有计划地进一步加大社会各项事业的投入，实现社会各项事业全面、协调发展，构建“共建、共利、共享”的利益共同体，让群众看到幸福蓝图、真正得到实惠，由此进一步激发群众的积极性和创造性，推动经济社会持续协调发展。

（三）引领发展方向，统一认识行动。

本规划在专家的指导下，由各部门共同编制，充分体现政府执政为民的理念和宗旨，并广泛征求和汲取了社会各界的意见及建议，集中体现了群众的智慧和意愿，具有较好的群众基础，得到社会各界的普遍认同。通过规划和纲要的实施，建立社会发展指标体系、评价机制和保障机制，引领社会发展方向，统一全区上下的认识和行动，大家共同努力奋斗，将各项工作落到实处，让市民真正分享到改革发展成果。

二、指导思想与基本原则

（一）指导思想。

以邓小平理论和“三个代表”重要思想为指导，以科学发展观统领经济社会发展全局，以贯彻落实《珠江三角洲地区改革发展规划纲要（2008～2020年）》和省委省政府《关于佛山市顺德区开展综合改革试验工作的批复》精神为引领，进一步解放思想，深入改革开放，努力争当实践科学发展观的排头兵。坚持以人为本，民生为重，普惠百姓，更加注重人的全面发展，全面建设高水平小康社会。

（二）基本原则。

自下而上与自上而下相结合：规划的编制既集中体现群众意愿，又集合相关权威专家智慧，真实反映顺德社会发展需求；

实事求是与科学前瞻相结合：规划的编制既立足顺德经济社会综合实力和发展现状，又比照和谐幸福社会新元素，适度超前设定目标；

立足本土与放眼世界相结合：规划的编制既基于本地风土人情和优良传统，又充分解放思想、倡导国际先进理念。

三、总体目标和发展定位

（一）规划期限。

综合考虑区委、区政府的任期届限和衔接《珠江三角洲地区改革发展规划纲要（2008～2020年）》、《广东省基本公共服务均等化规则纲要（2009～2020年）》等中长期规划，我区社会发展规划的期限为2009年～2020年，分为三个阶段：第一阶段为2009年～2011年；第二阶段为2012年～2016年；第三阶段为2017年～2020年。

（二）总体目标。

不断提高经济发展综合实力，为社会发展提供坚实的经济基础和保障。到2011年，人均地区生产总值超102000元；到2016年，人均地区生产总值超160000元；2017年～2020年，人均地区生产总值年均增长10%左右，达世界中等发达国家和地区水平。通过财政投入、民间资本投资、社会捐赠等多渠道筹集资金，加大对社会各项事业的投入，以满足人的不同层次需要作为社会发展重心，以提高社会福祉作为社会发展目标，以健全的社会政策体系统领社会发展，到规划期末：将顺德打造成一个绿色环保、公平公正、充满暖意的阳光之城，不断提高顺德社会吸引力和凝聚力；给每个市民一个安居乐业、富足无忧、文明和谐的幸福家园，不断提高市民的幸福感与自豪感。

（三）发展定位。

从顺德看：全民共建共享环境优美、生活便利、保障有力、公平公正、需要满足、文明和谐的幸福社会；

从全省看：珠三角高水平社会发展的先行者、高层次人才的集结地、高质量个人社会服务的示范区；

从全国看：粤港澳优质生活圈的核心区、全国社会服务的试验区、全国宜居城市的探索区。

四、幸福图景和幸福途径

着眼市民最关心的幸福元素，立足顺德当前社会发展实际，展望未来顺德理想的社会发展图景，探索引领市民通往幸福的途径，使市民切实感受到：干事创业工作好，安居乐业保障好，全民安康身体好，教育均衡素质好，阳光城市环境好，和谐社会氛围好。

（一）干事创业工作好。

幸福图景：创业就业服务体系健全，职业技能培训得到普及，劳动权益维护机制完善。

幸福途径：

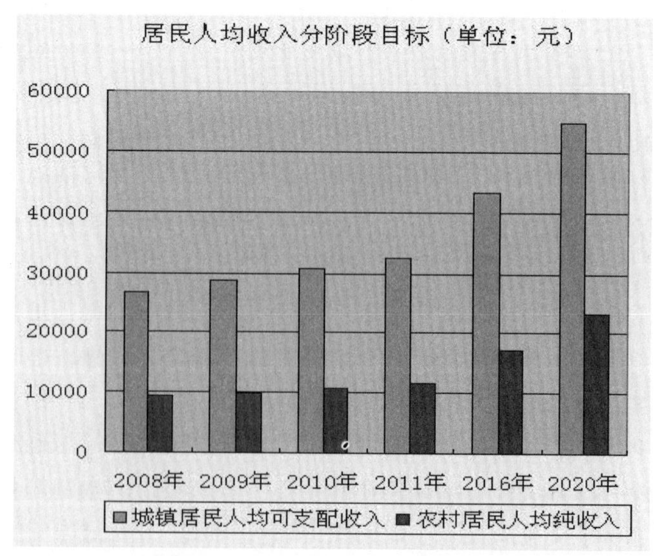

1. 完善就业服务，多渠道促进就业。

发挥我区制造业发达的优势，加快发展生产服务业和生活服务业，增加就业岗位。加强就业服务体系建设，健全和完善区、镇（街）、村（社区）三级公共就业服务机构，积极推行网络招聘、远程可视见工系统等就业服务方式，实现就业服务零距离。加快创建社区工作坊、大学生就业实践基地、农民园区等就业新形式，促进农村富余劳动力和大学毕业生就近就业，落实劳动力转移政策，促进本地劳动力转移就业；建立全征地农民的就业服务制度，健全农民失业登记制度，全面摸清全征地农民就业失业情况，鼓励企业优先招收本区劳动力特别是农村富余劳动力。加大对就业难群体帮助力度，建立健全就业难群体"一对一"人性化就业帮扶机制，提高"4050"人员的再就业成功率。

2. 落实鼓励政策，创造浓厚创业氛围。研究制定和完善政策，为创业者提供创业项目开发、创业培训、创业贷款扶持、创业后续跟踪等"一条龙"服务，扶持有条件、有能力的人士尝试创业。充分利用和发展顺德创业培训学院，免费举办创业培训班，宣传成功创业典型范例，激发民间创业激情，构建创业带动就业孵化基地。

3. 开展各种培训，提升劳动者职业技能。

加强职业培训，定期举办技师及高级技师培训班、失业人员免费技能培训班，强化农村劳动力职业技能培训，不断提升劳动者职业技能素质。大力开展订单式培训、定向式培训和定点式培训，提高培训的针对性和有效性。

4. 加强指导监管，维护劳动者合法权益。

加强对企业劳动用工的指导和管理，指导企业依法与职工签订劳动合同；制定租赁厂房的企业管理办法，治理租赁企业欠薪逃匿的现象，探讨建立我区建筑施工企业工资支付保证金制度，解决建筑业欠薪问题。加大企业工会组建力度，发挥工会组织的维权作用。

（二）安居乐业保障好。

幸福图景：社会保险全民普及，生活保障城乡统筹；社会救助日益完善，社会服务以人为本。逐步实现老有所养，幼有所护，贫有所济，弱有所助，居有其屋。

幸福途径：

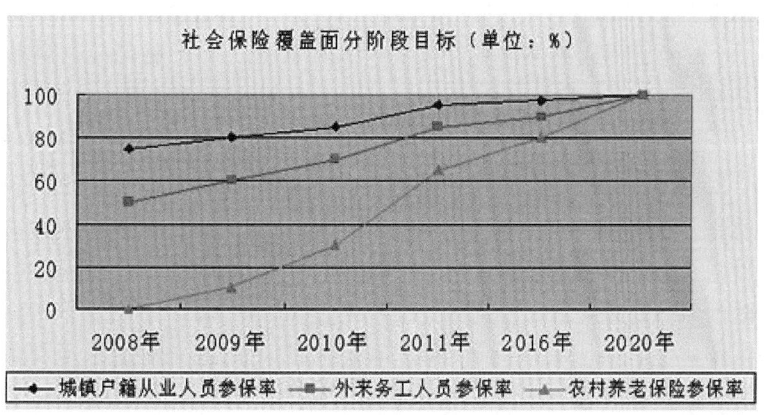

5. 提高社会保险覆盖率，完善社会保险体系。

健全养老保险制度体系，扩大基本养老保险范围，大力推进农村养老保险制度，实现城乡居民人人享有基本养老保障。完善覆盖城乡的医疗保障体系，实现全民医保。深化失业保险制度改革，扩大工伤保险和生育保险覆盖面。

6. 提高对困难群体的救助水平，完善社会救助体系。

完善以最低生活保障为基础的社会救助体系，根据低保对象的不同情况实施分类救助，低保和低保临界家庭子女全程助学覆盖率2010年后均达100%。完善基层慈善组织建设，积极发动社会各界热心人士踊跃捐赠。进一步完善优抚安置、救灾应急、法律援助等救助体系和工作机制。

7. 加快政策落实，完善住房保障体系。通过发放租赁住房补贴和实物配租方式落实廉租房政策，加快经济适用房建设，到2020年全部城镇低收入群体得到住房保障。针对社会夹心阶层的住房问题，探索限价房政策，构建我区多层次住房保障和供应体系。

8. 满足不同群体需要，发展个人社会服务体系。

发展以个人需求为导向的社会服务。一是完善安老服务。改造扩建敬老院，增加养老福利机构床位数，健全老年人综合服务支援体系，设立老年人日间护理中心，提供家务助理服务，推行老年义工计划和构建老年社区网络。二是加强青少年服务。将青少年群体作为个人社会服务的重点群体。以帮助青少年健康成长为目的，开展学校社会工作服务、外展社会工作服务、综合服务以及针对青少年的专项活动。三是健全残疾人服务。加快残疾人事业发展，为残疾人提供展能中心、庇护工场、辅助就业、残疾幼儿照顾和训练、辅助医疗服务。四是提供家庭服务，加强对家庭暴力的干预，保护妇女权益，关注单亲家庭，推进亲子活动。五是推进外来务工人员服务，提供就业、娱乐、维权、心理咨询等全方位的服务。

（三）全民安康身体好。

幸福图景：公共卫生服务覆盖社区，医疗服务高质便捷优惠；食品药品安全有效监控，公共健身设施遍布城乡；健康生活受到推崇，全民健身蔚然成风。

幸福途径：

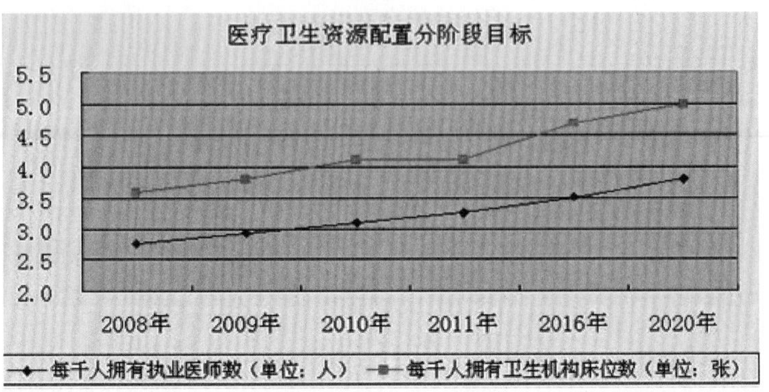

9. 落实计划生育政策，提高人口先天素质。

稳定低生育水平，大力推进免费婚检、孕检制度，加强流动人口计划生育管理，普及婴幼儿抚养和家庭教育的科学知识，分阶段建立出生缺陷一级预防网络，进一步提高出生人口素质。监督对产妇产假和哺乳期保障政策的落实，不断提高符合政策生育率和出生缺陷一级预防覆盖率。完善卫生医疗保障体系，不断提高市民期望寿命。

10. 健全公共卫生体系建设，合理布局医疗机构。

推进医疗卫生服务改革。加强疾病预防控制、妇幼保健、精神卫生、职业卫生等公共卫生机构建设，加强重大疾病防控、医疗救治和卫生监督体系建设，进一步提高突发公共卫生事件应急处置能力。合理布局医疗机构，加快社区卫生服务网络建设步伐，逐步实现“小病在社区”的目标，方便群众就医，实现病有所医、病能快医。社区卫生服务覆盖率2016年争取达100%。加快推进公立医院二次改貌工程，鼓励和支持社会力量兴办专科民营医院，积极探索推行家庭病床服务。

11. 优化配置医疗卫生资源，提高医疗服务水平。

加大高层次医学人才引进力度，注重面向基层的实用卫生人才的培养，切实提高医疗队伍整体素质；继续完善检验检查结果互认制度和门急诊病历一本通制度，借鉴香港经验，构建可控加密电子病历系统，进一步减轻群众的医疗费用负担。

12. 提高医疗保障水平，解决“看病贵”的问题。

适当提高城乡合作医疗、门诊合作医疗的筹资水平，扩大住院医疗费用报销范围，提高报销比例，逐步降低人均住院费用自付率，逐步实现公办医院免费治病。加强医疗服务监管，切实改进和提升医疗服务质量。整顿和规范药品生产流通秩序，科学合理地调整基本门诊合作医疗的药品目录，提高药品适用性和门诊医疗优惠水平。

13. 切断危害源头，确保市民身体安康。

大力开展食品安全专项整治工作，完善食品安全应急体系建设，继续推进省食品安全示范镇创建工作，巩固和加强健康“菜篮子”工程建设；做好药品经营企业的监管，开展中药材和中药饮片、无证经营、“小药店”等专项整治。强化安全生产监督管理，加强职业病防治。落实企业安全生产主体责任，大力推进企业安全规范化管理建设，建立以人为本、讲求实效的安全宣传教育培训体系，大力推进安全生产信息化建设，加强对重点行业领域的专项督查，加大对重大危险源单位的监管，遏制群死群伤恶性事故的发生。

14. 推进公共体育设施建设，鼓励市民强身健体。

加强镇（街）、社区基础体育设施建设，在城市建成区建设大型公园和生态区等，规划建设步行系统和自行车径，到2016年每个镇（街）都建有公共体育公园，每个社区都建有符合标准的公共体育设施。健全区域公共体育服务体系，促使全民体育健身活动的经常开展，并加强社会体育指导员的队伍建设，引导人民科学健身，到2016年每个镇（街）都配备必要的设备和人员，至少建设一个面向市民群众开展经常性的国民体质监测和健康指导的服务站。

（四）教育均衡素质好。

幸福图景：基础教育均衡发展，职业教育模式创新，终身教育得到推崇。文化设施深入村居，传统文化得到传承。免费上网逐步实现，数字顺德基本成型。

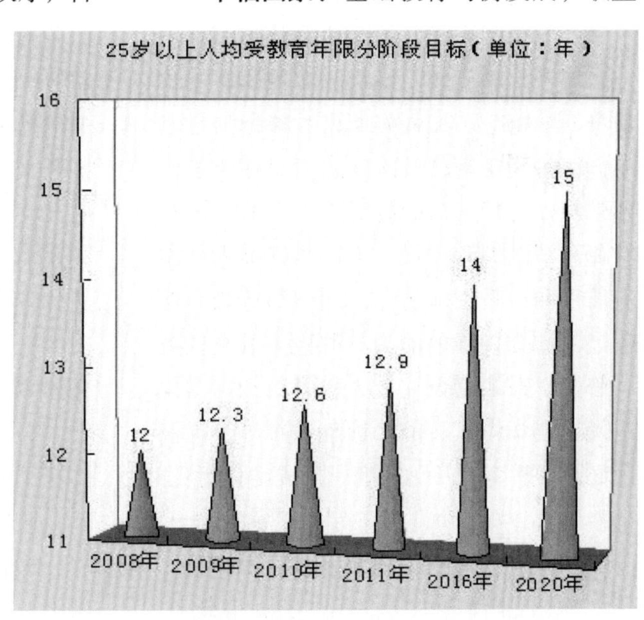

幸福途径：

15. 整合资源，推进公共教育均等化。

全面促进学前教育健康发展，重点加快农村学前教育的现代化建设，推进幼儿园上等级建设工作，提升学前教育管理水平。加强教育质量监控，进一步提高各中小学校的办学水平，促进学生的全面发展。合理配置义务教育办学资源，优化公办中小学布局，实现义务教育均衡化。健全教育经费保障机制，力争在2016年实现公办学校免费义务教育，保障本地户籍人口和居住5年以上的外来人口子女“学有其位”。拓展优质高中资源，发展国际合作教育，高水平高质量普及高中阶段教育。提升职业教育服务经济能力，创新职业教育人才培养模式，探索“政府引导、职校为主、企业参与”的多元化职业教育办学模式，形成具有顺德特色的职业教育体系。

16. 创新模式，实现高等教育大众化。努力提高顺德职业技术学院的办学质量和水平，充分利用我区的产业优势推进产学结合培养人才工作，衔接校企供需，形成自身办学特色。加强协调，积极稳妥推进南方医科大学顺德校区的建设，逐步扩大办学规模。切实抓好省级重点学科、名牌专业和精品课程建设，进一步提高人才培养质量和科技创新能力，增强高等教育服务经济社会发展的能力。积极争取全国各名牌大学在顺德设立成人教育机构，多渠道发展自学考试、网络远程教育等，提高我区高等教育普及化程度。形成结构优化、衔接畅通、发展协调的高等教育体系。

17. 健全机制，探索终身教育系统化。

积极推动和促进“学习型组织”、“学习型社区”、“学习型城市”的形成，构建继续教育的体系。大力提升社区教育，不断完善社会教育、成人教育，积极引导和鼓励市民接受继续教育，打造学习型社会。探索和建立以政府牵头推动，各用人单位及个人积极参与的继续教育运行机制；加强继续教育培训基地建设，培育和规范培训市场；健全培训项目、培训证书和培训的激励管理制度。

18. 完善基层文化设施建设，丰富市民文化生活。

加强镇（街）、社区文化设施规划建设，建立镇（街）文化工作站，加强基层公共文化服务，指导村居开展形式多样的文化活动。加强基层图书馆的建设，拓展公共图书服务领域，争取本地公共图书馆与穗港图书馆联网。

19. 积极打造文化品牌，承传优秀传统文化。

打造城市精品文化，加强文化阵地建设和队伍建设，开展城市文化培育和文艺提升工作，积极培养文艺人才，大力培育演出市场。弘扬龙舟、武术、书法、美术、曲艺等传统水乡文化品牌，组织顺德文体品牌的常规性活动。弘扬“顺商文化”，加强历史文化资源保护、传承和开发。加快推进文物维修工作，做好文物普查、非物质文化遗产和优秀传统文化的保护、传承和宣传工作，发挥文化资源和历史名人的品牌效应。鼓励社区组建篮球、武术、曲艺等文体组织，让群众开展自发性的社区文体活动，进一步丰富群众的文娱生活。

20. 推进信息化建设，拓宽文化信息传播途径。

加快建设“数字顺德”。建设“顺德通”综合信息服务平台，完善公共地理信息化平台，加快无线宽带网二期工程建设，从2009年到2020年，平均每年增设光纤10万公里，平均每年增加基站（包括3G）800个，在3～5年内实现顺德区域3G信号全覆盖。提高政府信息服务水平，从2009年到2020年，平均每年增加网上服务项目10项，每年平均建设政府互联网应用系统3个。推进电信网、互联网和广播电视网“三网融合”；加快企业网站的应用推广，推动市民上网和家庭上网，特别是着力解决“信息贫穷”问题，资助低收入家庭免费上网，互联网普及率2016年达95%，2020年达96%以上，逐步实现全民免费上网。扶持专利中介服务机构的发展，提升企业的专利创造、运用、管理和保护水平。加大鉴定开放民生档案的力度，加快可开放的民生档案的数字化进程，迅速、准确地满足广大市民的知情权需求。

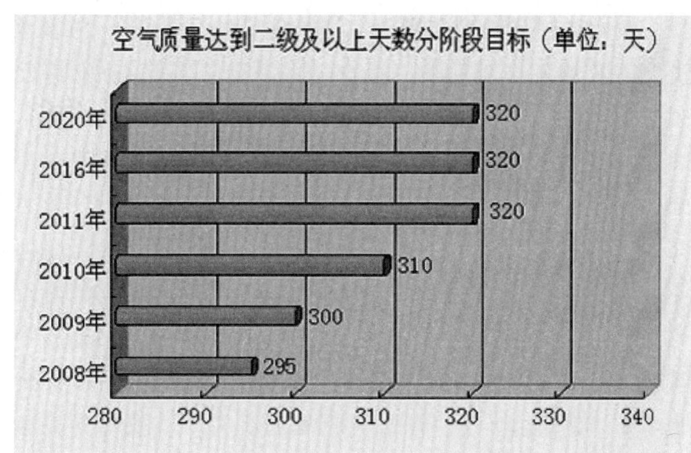

21. 提升人口专业水平，吸引人才聚集顺德。

积极打造具有“洼地”效应的培养、吸引和凝聚人才的良好环境，建立人尽其才、才尽其用的有利于人才成长的激励机制。通过政府推动、企业参与、校地合作，出台相关政策措施，加强高端人才的引进和使用，办好“金梧桐”奖和“金凤凰”奖活动，设立高端实习基地和提供发展机会，积极引进国内外著名高等院校、科研机构和大型跨国公司的高端人才，提高顺德具有海外学历人才的比重。扩大人才服务范围，探索创新人才分类管理机制，加快扶植和培育民营人才中介机构。

（五）阳光城市环境好。

幸福图景：生态环境优美宜人，百姓生活舒心；治安环境祥和安全，百姓生活放心；交通环境便利畅通，百姓生活顺心；城市管理井然有序，百姓生活开心。

幸福途径：

22. 切断污染源，防治环境污染。

提高新建项目的环保准入门槛，实行更严格的区域项目审批与排污总量控制挂钩制度，严格控制新增排污量。深化推进燃煤、燃重油企业脱硫治理工作，试行对有机废气二级处理集中运营。加快搬迁、治理环境影响大的工厂企业，完善工业园区环境整治，大力削减主要污染物排放总量。全面开展对小型企业高浓度废水的集中收运处理，逐步关停不符合条件原地保留而又不作集中搬迁的分散电镀、水洗企业和治理无望的漂染企业，提高工业废水排放达标率，不断完善污水处理厂的建设、营运和管理，推进区污泥处置中心建设。大力整治废旧塑料行业，加强建筑扬尘污染防控。加大对社会机动车排气监控治理。做好垃圾运输处理调度计划，加快推进垃圾压缩中转站的建设，增强运输和临时调度能力，加强生活垃圾无害化处理。强化对各类污染源的监控和治理，研究建立环境交易市场和环境容量有偿使用制度；充分发挥在线监控设备的监督作用，逐步将运行稳定的重点污染源的监控设备监测数据在网络上公布，实行公众监督，加大对排污单位的突击检查力度。

23. 加强水利基础设施建设，提升防洪排涝能力。

加大水利基础设施投入，不断提高防洪能力和城镇排涝标准，减少“水浸街”现象的发生。防洪能力抵御洪水位，到2011年达30至50年一遇标准；2016年达50年一遇标准；2020年，重要堤围达100年一遇标准，其他围达50年一遇标准。十年一遇24小时暴雨排涝排干标准2011年为1~2天；2016年为1天；2020年中心城区二十年一遇24小时暴雨排涝排干标准为1天，其他达十年一遇24小时暴雨1天排干。

24.加强生态环境保护，营造优美环境。

整合优化全区的供水资源，加强饮用水源的保护，稳定和提高自来水的质量；加快整治内河涌，2010年河涌水质全面达到《地表水环境质量标准（GB3838~2002)》IV类水质标准，城镇区河涌达到III类标准，2020年，所有河涌总体水质达到III类标准。建设滨河绿带。加强基塘生态整治和内河涌综合治理，致力保持我区独有的水乡环境和水网景观。加强城市公园、绿化带、片林、草坪的建设与保护，大力推广庭院、墙面、屋顶、桥体的绿化和美化，切实扩大绿化覆盖率。以公园绿地服务半径覆盖建成区为目标，争取在2011年前基本完成36个公园项目的新建、续建和扩建工作；加强山体林地保护，研究在有条件的山体实施“亮山”工程，提高城市人均公园绿地面积。

25.抓好社会治安管理，打造安全环境。

实施社区民警中队和社区警务室的整合试点，采取高科技手段加强防控能力，提高路面见警率，大力整治治安复杂地区和突出问题，切实降低重大刑事案件的发案率，增强市民的安全感。治安案件查处率2011年达到99.9%，2016年达到100%。

26.扩大公共交通覆盖面,优化出行环境。

完善公交线路网络，逐步推行交通共同体（TC）公交管理模式，由政府向运营商购买公交服务，公交运营商完全与公交票务分离。实现区内公交网与轨道交通站点的无缝衔接，加强公交首末站和换乘枢纽站的建设，推进电子站牌、公交线路电子站地图等智能公交建设。在合适路段建立快速公交通行系统（BRT)，探索设置公交车优先通行信号系统，保障公交车辆专道行驶。改革出租车管理体制，加强出租车营运管理，规范营运秩序。采用合理票价政策，鼓励市民选用公交出行，逐步提高公交出行率。

27.加强城市管理，美化城市面貌。

以现代化的理念和要求全面提升城市管理水平，重点做好建筑垃圾管理、户外广告管理、流动商贩管理、工程运输车辆管理、饮食娱乐服务业管理等关乎民生的热点、难点问题，改善市民生活环境；逐步完善“三级城管网络”体制，推行“横到边、纵到底”的网格化管理模式。加大制定车辆停放的综合管理办法，妥善解决好人流量大、车流量多的主要交通要道的车辆停放问题，查处占道经营等违法行为，还路于民。

（六）和谐社会氛围好。

幸福图景：全民共创顺德精神，共倡志愿文化，共建阳光政府，共享和谐家园。

幸福途径：

28.加强精神文明建设，培养良好社会风气。

加强市民公德教育，进一步弘扬顺德精神，形成昂扬向上的时代观念和积极奋进的精神风貌，强化幸福社会建设的市民责任，实现从个体到群体、从局部到全局的文明素质提升。通过公共秩序、社会公德、科学素养、健康意识、法律、礼仪等诸多方面的培育，引导市民进行自我学习，自我教育，自我提高，自我完善，把现代市民的素质理念融入到市民日常的工作生活之中。进一步打造“顺德好人”品牌，着力提高广大群众的主人翁意识。努力创建“顺德好村居”，重点抓好环境整治、公共设施建设、扩大便民服务和群众文化活动等环节，不断提高群众的幸福感。倡导“自我管理、相互服务、彼此理解、共同关爱”的社区精神，重视伦理道德，构建和谐的邻里关系、家人关系。加大普法宣传力度，提高市民法制观念，形成全社会自觉学法、守法、用法的良好氛围。确立顺德人的荣誉感、骄傲感，共同维护顺德形象。

29. 加强民主法治社会建设，倡导民主意识。

推进民主政治建设。扩大公民有序政治参与，畅通民情、民意渠道，保证人民群众依法行使选举权、知情权、参与权和监督权，推进决策的科学化、民主化。加快推进依法治区进程。推进依法行政，促进行政管理、决策、执法和监督机制创新，建设法治政府。建立健全教育、制度、监督并重的惩治和预防腐败体系。加大从源头上预防和治理腐败的力度，推进反腐倡廉体制、机制和制度创新，加强对权力运行的制约和监督，强化政府专门机构和社会监督，保障公民的检举权、控告权、申诉权；严肃查处违纪违法案件，坚决纠正损害群众利益的不正之风。

30. 大力培育社会服务组织，营造互助氛围。

采取多元化的公共服务供给模式，鼓励社会组织和企业参与提供公共服务，提高公共服务的能力和效率。发展社会服务组织，健全社会组织服务机制，坚持其民间性、专业化运作、政府购买原则，建立完善的民间组织监督引导制度，简化社会组织注册登记办法，夯实志愿服务和社工服务基础。

31. 壮大志愿服务队伍，宣扬奉献精神。

坚持志愿服务重心下移，向基层延伸，按照政府促进、社会协同、自我管理的三方互动机制推动志愿服务发展，加强志愿者组织的规范、引导和扶持，健全志愿者组织的规章制度，加大志愿者组织的投入力度。建立志愿服务的社会认同和激励机制，大力普及和弘扬公众志愿文化，保障志愿服务事业的社会化和可持续发展。完善志愿者组织内部管理机制，明确使命，加强战略管理和信息化建设，实施绩效评估，完善志愿者组织人力资源管理与开发机制，保障志愿者组织队伍的稳定性，提高志愿者组织的公信力。

五、评价体系

（一）建立阳光顺德幸福家园综合评价指标体系。

阳光顺德幸福家园综合评价体系由评价指标体系和社情民意调查加权构成，评价指标体系占 60%的权重，社情民意调查占 40%的权重。评价指标体系设定了 31 个一级指标，含二级指标在内一共 45 个指标。评价指标由区发展规划和统计局会同相关部门测算当年度完成情况，计算出评价指标综合指数。社情民意调查设定 8 个方面的指标，主要是通过对市民的问卷调查，反映市民的幸福感和满意度。社情民意调查综合指数，每年由区社会工作部、发展规划和统计局等部门通过问卷调查取得相关信息。

（二）建立动态的指标和目标调整机制。

通过对每年、每个阶段的指标完成情况进行评估分析，动态反映社会发展水平，评估社会发展和市民幸福感程度，发现和查找民生问题，作出预警，引起政府重视和社会关注，并针对问题进行指标和目标的调整，使其不断完善，更好指导社会发展方向。

六、保障机制

（一）领导架构。

成立顺德区社会发展规划领导小组，由主管发展规划和统计局的副区长任组长，一名副秘书长和发展规划和统计局副局长任副组长，区人大、政协、政法委、社会工作部、宣传部、教育局、公安局、财税局、人力资源和社会保障局、国土城建和水利局、卫生和人口计划生育局、市场安全监管局、环境运输和城市管理局等单位主要负责人为组成成员。领导小组下设办公室，办公室设在区发展规划和统计局，负责日常工作，由区发展规划和统计局一名局务委员兼任主任。

（二）职能分工。

区发展规划和统计局负责全面组织协调、监测总体指标目标实现情况等各项工作；各成员单位负责推进或监测相关指标的完成情况，对涉及自身职能的指标各阶段的发展目标，制定和落实各项确保完成任务的措施，区财税局积极组织财政收入，调整和优化财政支出结构，将更多的新增财力投向社会发展领域，确保各项措施有财政资金支持。

（三）定期检讨与及时调整机制。

在纲要各阶段目标实施期间，定期召开有关部门的联席会议，及时通报各部门工作的进展情况和遇到的困难，积极发挥联动作用，争取迅速解决问题；落实工作责任制，各有关单位根据人员调整情况而及时调整落实纲要的责任人，确保能稳步推进纲要各个阶段的工作。

附件：1. 阳光顺德幸福家园评价指标体系

2. 阳光顺德幸福家园评价指标解释及说明

附件 1：

阳光顺德幸福家园评价指标体系

类别	序号	指标名称	单位	2008 年实际值	第一阶段目标			第二阶段目标	第三阶段目标	责任（监测）单位
					2009 年	2010 年	2011 年	2016 年	2020 年	
干事创业工作好	1	登记失业率	%	1.7	≤3	≤3	≤2.8	≤2.5	≤2.5	区人力资源和社会保障局
	2	解决市民就业数量	人	22678	22800	23000	25000	27000	30000	区人力资源和社会保障局
	3	失业人员接受再就业技能培训比率	%	30.28	32	34	36	40	50	区人力资源和社会保障局
	4	城镇居民人均可支配收入	元	26433	28400	30600	32400	43400	54900	区发展规划和统计局
	5	农村居民人均纯收入	元	9180	9900	10700	11600	17000	23100	区委社会工作部
安居乐业保障好	6	社会保险（1）城镇户籍从业人员参保率	%	75	80	85	95	97	100	区人力资源和社会保障局
		社会保险（2）外来务工人员参保率	%	50	60	70	85	90	100	区人力资源和社会保障局
		社会保险（3）农村养老保险参保率	%	—	10	30	65	80	100	区人力资源和社会保障局
	7	每千名 60 周岁以上户籍老人接受居家养老服务人数	人	5.4	12.8	16	19.8	22.2	24.2	区人力资源和社会保障局
	8	每千名 60 周岁以上户籍老人拥有养老福利机构床位数	张	15.2	15.3	16	17	20	25	区人力资源和社会保障局
	9	低保、低保临界家庭仔女全程助学覆盖率	%	67	75	100	100	100	100	区人力资源和社会保障局
	10	城镇低收入群体住房保障率	%	50.2	65	80	90	95	100	区国土城建和水利局
	11	慈善组织筹集慈善资金	万元	2530	4000	4300	4600	6000	8000	区人力资源和社会保障局

类别	序号	指标名称		单位	2008年实际值	第一阶段目标			第二阶段目标	第三阶段目标	责任（监测）单位
						2009年	2010年	2011年	2016年	2020年	
全民安康身体好	12	健康体质	(1)符合政策生育率	%	96.4	96.5	96.8	97	97.5	98	区卫生和人口计划生育局
			(2)出生缺陷一级预防覆盖率	%	—	50	60	70	80	90	区卫生和人口计划生育局
			(3)人均期望寿命	岁	78.67	78.7	78.8	78.9	79.5	80	区卫生和人口计划生育局
	13	体育设施	(1)镇(街道)公共体育公园普及率	%	10	40	60	80	100	100	区委宣传部
			(2)社区体育设施普及率	%	20	30	40	60	100	100	区委宣传部
			(3)镇(街)国民体质监测与健身指导服务站普及率	%	0	20	50	80	100	100	区委宣传部
	14	社区卫生服务覆盖率		%	65	80	85	90	100	100	区卫生和人口计划生育局
	15	健康档案建档率		%	30	35	50	60	80	95	区卫生和人口计划生育局
	16	每千人拥有执业医师数		人	2.76	2.93	3.1	3.25	3.5	3.8	区卫生和人口计划生育局
	17	每千人拥有卫生机构床位数		张	3.6	3.8	4.1	4.1	4.7	5.0	区卫生和人口计划生育局
	18	人均住院费用自付率		%	37	36	35	34	29	25	区卫生和人口计划生育局
	19	食品和药品安全指数		—	95.3	95.8	96.3	96.8	98	99	区市场安全监管局
	20	亿元GDP生产安全事故死亡率		人/亿元	0.14	0.124	0.11	0.1	0.064	0.047	区市场安全监管局
教育均衡素质好	21	高等教育毛入学率		%	60	63	65	66	68	70	区教育局
	22	25岁以上人均受教育年限		年	12	12.3	12.6	12.9	14	15	区教育局
	23	每万人拥有人才量		人	1772	1896	2028	2153	2691	3094	区人力资源和社会保障局

类别	序号	指标名称	单位	2008年实际值	第一阶段目标			第二阶段目标	第三阶段目标	责任（监测）单位
					2009年	2010年	2011年	2016年	2020年	
教育均衡素质好	24	人均拥有公共图书藏书量	册	0.8	0.92	1	1.15	1.6	2	区委宣传部
	25	文化设施 (1)镇(街道)文化设施普及率	%	80	85	90	100	100	100	区委宣传部
		文化设施 (2)社区文化设施普及率	%	32	40	60	80	100	100	区委宣传部
	26	每百万人发明专利申请量	件	731	731	750	760	840	910	区经济促进局
	27	互联网普及率	%	83	87	91	93	95	96	区经济促进局
	28	民生档案	万卷(宗)	103	111	118	126	166	211	区档案局
阳光城市环境好	29	生态环境 (1)空气质量达到二级及以上天数	天/年	295	300	310	320	320	320	区环境运输和城市管理局
		生态环境 (2)机动车环保定期检测率	%	80.9	81	81	81	82	85	区环境运输和城市管理局
		生态环境 (3)工业废水排放达标率	%	95	95.5	95.8	96	97	100	区环境运输和城市管理局
		生态环境 (4)城镇污水处理率	%	37.5	40	60	80	85	90	区国土城建和水利局
		生态环境 (5)生活垃圾无害化处理率	%	45.2	70	75	85	90	100	区国土城建和水利局
		生态环境 (6)城市人均公园绿地面积	平米	14.4	14.6	14.9	15.2	15.8	16.3	区国土城建和水利局
	30	(1)治安案件查处率	%	99.6	99.7	99.8	99.9	100	100	区公安局
		(2)住宅出租屋暂住人口信息采集率	%	96	98	100	100	100	100	区公安局
	31	(1)每万人公交车拥有量	%	14.8	15.9	16.9	17.8	19.4	21.5	区环境运输和城市管理局
		(2)公交出行率	%	6.9	8.3	10.9	12.7	16.3	20	区环境运输和城市管理局

附件2：

阳光顺德幸福家园评价指标解释及说明

1. 登记失业率

登记失业率＝登记失业人数/（就业人员总数+登记失业人数）×100%

是指报告期末，全区登记失业人数占期末全区就业人员总数与期末实有全区登记失业人数之和的比重。2009年佛山市的登记失业率目标为4%以内，我区为3%以内，我区控制失业率的水平高于全市水平。

2. 解决市民就业数量

是指报告期内登记在册的失业人员中从失业状态转为就业状态的人数。

3. 失业人员接受再就业技能培训比率

失业人员接受再就业技能培训比率=接受再就业技能培训的登记失业人员数/登记失业人数×100%

是指计算期内接受再就业技能培训的本区登记失业人员数与期末登记失业人员总数的比率。

4. 城镇居民人均可支配收入

是指调查户可用于最终消费支出和其他非义务性支出以及储蓄的总和，即居民家庭可以用来自由支配的收入，是家庭总收入扣除经营性支出、交纳的个人所得税、个人交纳的社会保障费以及调查户的记账补贴后的收入。目前我区的城镇居民人均可支配收入高于全国和全省的平均水平，与广州、深圳等发达地区的平均水平比较接近。

5. 农村居民人均纯收入

是指区内农民当年从事各种生产和非生产经营活动得到的全部实际可支配收入总额除以我区农民人口数（即股份合作经济社配置股权人数）。目前我区的农村居民人均纯收入处于佛山市的中等水平，预计规划期内将以每年不低于8%的幅度增长，达到较高水平。

6. 社会保险

（1）城镇户籍从业人员参保率

城镇户籍从业人员参保率=城镇户籍从业人员实际参加社会保险的人数/城镇户籍从业人员总人数×100%

是指本区内与单位建立劳动关系的城镇户籍人员参加社会保险的情况。

（2）外来务工人员参保率

外来务工人员参保率=外来务工人员实际参加社会保险的人数/外市户籍从业人员总人数×100%

是指本区工作的外市户籍劳动人员参加社会保险的情况。

（3）农村养老保险参保率

农村养老保险参保率=本区农村居民参加农村养老保险的人数/本区农村居民总人数×100%

是指全区农村居民参加农村养老保险的情况。

7. 每千名60周岁以上户籍老人接受居家养老服务人数

是指顺德户籍的60周岁以上老人接受社会福利机构性质的居家养老服务中心提供的各种形式服务的人数，包括自费和政府资助两种方式。

8. 每千名60周岁以上户籍老人拥有养老福利机构床位数

是指在顺德区范围内，所有以老人养

护为主营业务的社会福利机构拥有的床位数，包括公办、集体办、村办、民办等各种形式。

9. 低保、低保临界家庭子女全程助学覆盖率

低保、低保临界家庭子女全程助学覆盖率＝低保、低保临界家庭子女接受全程助学的人数/低保、低保临界家庭子女总数×100%

低保是指按照我区城乡最低生活保障标准经由区人力资源和社会保障局核定的困难家庭人员，低保临界是我区按照低保标准上浮一定比例后确定的困难家庭人员，全程助学是指对就读幼儿、九年义务教育和高中、职中阶段以及大学阶段实施全程助学。我区争取2010年以后低保、低保临界家庭子女全程助学覆盖率达到100%，周边其他市区暂未能达到100%的覆盖率。

10. 城镇低收入群体住房保障率

城镇低收入群体住房保障率=正在实施保障的家庭户数/当年度符合保障条件的城镇低收入住房困难家庭总户数×100%

是指对我区符合保障条件的城镇低收入住房困难家庭（符合廉租房或经适房保障条件的家庭），通过发放租赁住房补贴、实施实物配租或销售经济适用房等方式实施住房保障的力度。

11. 慈善组织筹集慈善资金

是指我区的区、镇（街）、居（村）三级慈善组织接收并用于本区慈善事业的捐款，不包括其他部门接收的各类社会捐款，也不包括虽由我区慈善组织接收，但并非用于本区慈善事业范围的捐款。

12. 健康体质

（1）符合政策生育率：

符合政策生育率=年内符合生育政策的出生人口数/年内出生人口总数×100%

是指一定时期内符合计划生育政策要求的出生人数，占同期出生总人数的比例。该指标是反映人口与计划生育工作效果和质量的一个综合性指标。我区是全国计划生育优质服务先进区，近年来符合政策生育率均在96%以上。

（2）出生缺陷一级预防覆盖率：

出生缺陷一级预防覆盖率=辖区内接受出生缺陷一级预防指导的人口数/辖区内常住人口总量×100%

该指标为时期指标，主要反映以社区和人群基础开展出生缺陷一级预防工作开展情况。出生缺陷一级预防工程是今后我区提高出生人口素质的重点创新项目，目标是要构建出生缺陷一级预防网络，建立以群众需求为导向的优质服务工作机制。

（3）人均期望寿命

是指一个人口群体从出生起平均能存活的年龄，是国际公认的综合评价、比较卫生发展水平和居民健康状况的敏感指标。

13. 体育设施

（1）镇（街）公共体育公园普及率

镇（街）公共体育公园普及率=建成达标公共体育公园的镇（街）数/镇（街）总数×100%

是指按有关标准建设了公共体育公园的镇（街）比例。我区根据《广东体育工作指南》的要求和对比周边地区体育公园设定了公共体育公园的标准，即建筑面积达2万平方米以上，里面至少包含2个灯光篮球场、6张室外乒乓球台、6个羽毛球场、2条健身路径和一个室内健身室（使用面积达300平方米以上）。争取到2016年每个镇（街）都至少拥有一个非营利性的公共体育公园。

（2）社区体育设施普及率

社区体育设施普及率=建成达标体育

设施的社区数/社区总数×100%

是指在城镇建城区以外按有关标准建设了公共体育设施的社区比例。我区根据《广东体育工作指南》和《佛山市农民健身工程规划》的要求设定了社区体育设施标准，即每个社区都拥有2个灯光篮球场、6张乒乓球台、6个羽毛球场、1条健身路径（不少于10件健身器材）。争取到2016年每个社区都建成符合标准的公共体育设施。

（3）镇（街）国民体质监测与健身指导服务站普及率

镇（街）国民体质监测与健身指导服务站普及率=建成国民体质监测与健身指导服务站的镇(街)数/镇(街)总数×100%

是指按有关标准建成国民体质监测与健身指导服务站的镇（街）比例。目前我区并没有建设监测中心，力争到2016年各镇（街）根据国家《全民健身计划纲要》和《国民体质监测规定》的要求，配备必要的设备和人员，至少建设一个面向市民群众开展经常性的国民体质监测和健康指导的服务站。

14. 社区卫生服务覆盖率

社区卫生服务覆盖率=已建社区卫生服务站覆盖居（村）数/全区居（村）总数×100%

是指社区卫生服务站覆盖居（村）的百分比。

15. 健康档案建档率

健康档案是居民健康管理（疾病防治、健康保护、健康促进等）过程的规范、科学记录。是以居民个人健康为核心，贯穿整个生命过程，涵盖各种健康相关因素、实现多渠道信息动态收集，满足居民自我保健和健康管理、健康决策需要的信息资源。

16. 每千人拥有执业医师数

每千人拥有执业医师数=全区注册执业医师及执业助理医师人数/医疗服务人口千人数

是指全区每千医疗服务人口拥有的执业医师及执业助理医师人数（医疗服务人口=户籍人口+50%流动人口）。2008年我区的每千人拥有执业医师数为2.76人，已达到中等发达国家水平，预计到2020年可达到经济发达国家水平。

17. 每千人拥有卫生机构床位数

每千人拥有卫生机构床位数=全区卫生机构拥有床位数/医疗服务人口千人数

是指按照医疗服务人口计算的每千人拥有床位数。

18. 人均住院费用自付率

人均住院费用自付率=(居民基本医疗保险自付金额+职工基本医疗保险自付金额)/（居民基本医疗保险医疗费用总额+职工基本医疗保险费用总额）×100%

指全区参加住院医疗保险的居民在一个保险年度内所产生的住院费用中个人自付的比例。

19. 食品和药品安全指数

食品和药品安全指数=食品重点品种监测总合格率×50+药品抽验总合格率×50

该指标由我区的食品重点品种监测总合格率和药品抽验总合格率两个指标构成，用来反映市场上食品、药品质量状况。目前，我区食品重点品种和药品抽检平均合格率已经处于较高的水平，但跟上海等发达地区比较还有一定的差距。

20. 亿元GDP生产安全事故死亡率

亿元GDP生产安全事故死亡率=各类生产安全事故死亡人数/亿元GDP

是指辖区各类生产安全事故死亡人数与地区生产总值（以亿元为单位）的比率。我区亿元GDP生产安全事故死亡率自2005年开始统计以来都低于国家、省的平均水平，同时也低于佛山其他四区，未来我区将继续保持良好的安全生产形势和较低的亿元GDP死亡率。

21. 高等教育毛入学率

高等教育毛入学率 =(研究生人数＋普通高校本专科学生数 + 成人高校本专科学生数 + 军事院校学生数 + 学历文凭考试学生数 + 电大注册视听生注册人数 × 折算系数＋高等教育自学考试毕业生 × 折算系数) / 18 ~ 22 岁年龄组人口数 × 100%

是指高等学校注册生（在校生）人数与规定年龄组人口（18 ~ 22 岁）数的比率，通常被作为衡量一个地区高等教育发展水平的重要指标之一。按国际上教育较发达国家的指标特征显示，“高等教育毛入学率”应保持在 35 ~ 50%之间，2008 年欧美等发达国家“高等教育毛入学率”约为 50%，我区为 60%，达到教育发达国家(地区）水平。

22. 25 岁以上人均受教育年限

接受教育的年限具体涵盖了学前教育(幼儿教育）3 年、小学教育 6 年、初中教育 3 年、高中阶段教育 3 年、高等教育 3 ~ 4 年等学段。根据统计测算，2008 年我区“25 岁及以上人口人均受教育年限”已经达到 12 年，预测规划期内平均每年递增 0.2 ~ 0.3 年，预测增速略高于全省水平。

23. 每万人拥有人才量

每万人拥有人才量 =人才总量 / 常住人口万人数

该指标反映人口的人才密度，也反映了人口的素质水平。我区已达到国际公认的经济腾飞阶段每万人口拥有人才量应超过 700 人的水平，2008 年我区每万人拥有人才量 1772 人，全省平均水平为 1447 人，我区规划各阶段的目标也高于全省的规划目标。

24. 人均拥有公共图书藏书量

人均公共图书拥有量 =全区公共图书馆藏书量 / 全区常住人口数

是指市民对图书的可用量，反映了一个城市文化设施方面的完备程度。目前，我区的人均公共图书拥有量仍有待提高，争取到 2016 年达到《全国文明城市测评体系（试行)》规定的人均 1.6 册标准，2020 年达到国际图联要求人均 2 册的标准。

25. 文化设施

(1) 镇（街）文化设施普及率

镇（街）文化设施普及率 =建成达标文化设施的镇（街）数 / 镇（街）总数 × 100%

是指按有关标准建成了文化设施的镇(街）比例。我区按照国家特级文化站定级标准设定了镇（街）一级文化设施的标准，即建有一座文化楼（含图书室、排练厅、展览室)、一个文化广场、一座影剧院，力争到 2011 年实现镇（街）文化设施普及率达到 100%。

(2) 社区文化设施普及率

社区文化设施普及率 =达标建成文化设施的社区数 / 社区总数 × 100%

是指按有关标准建成文化设施的社区比例。根据《广东省建设文化大省规划纲要》、《顺德区文体事业“十一五”发展规划》对基层文体设施要求，制定我区社区文化设施标准为有一座室内建筑 300 平方米以上的综合楼，一座具有文化内涵的公园，一个不少于 80 平方米的戏台。争取到 2016 年实现社区文化设施普及率达到 100%。

26. 每百万人发明专利申请量

每百万人发明专利申请量 =发明专利申请量 / 常住人口百万人数

是指该年度向专利行政部门提出发明

专利申请并被受理的件数，是评价一个国家或地区科技竞争力和国际竞争力的重要指标之一。目前我区的每百万人发明专利申请量高于全省平均水平，2010年目标为达到745件，远高于《广东省知识产权战略纲要》中提出的“到2010年全省发明专利申请每百万人口达到200件”的目标。

27. 互联网普及率

互联网普及率 =网民数 / 常住人口数 × 100%

网民是指过去半年使用过互联网的6周岁及以上中国公民，网民数通过抽样调查得出。目前我区的互联网普及率高于全省和全市平均水平。随着3G手机的普及，以及电信网、广播电视网和计算机通信网三网合一，未来我区网民数会出现较大增幅，互联网普及程度将走在全省的前列。

28. 民生档案

是指涵盖各类与民生有关的专门档案数量，包括婚姻档案、职工人事档案、人口普查档案、知青档案、征用拆迁档案、房地产权档案、城建档案、医疗档案、保险档案和计生档案等。我区预测2009～2020年建设民生档案年递增率约7%，远远高于高明区、三水区等地档案馆预测水平。

29. 生态环境

(1) 空气质量达到二级及以上天数

是指全年空气污染指数API≤100的天数。根据《十一五国家环境保护模范城市考核指标及其实施细则（修订)》规定，全年API≤100的天数达到310天以上为达标，我区2008年API≤100的天数为295天，中心城区大良为323天，争取从2010年起实现全区范围达标。

(2) 机动车环保定期检测率

机动车环保定期检测率 =机动车环保检测车辆数 / 机动车注册登记车辆总数 × 100% 是指在统计年度中城市地区实际进行机动车环保检测的车辆数占机动车注册登记数的百分比。机动车环保检测的车辆数是指按照《大气污染防治法》和国家环保总局的有关文件规定，在由省级环保主管部门委托的检测机构进行环保检测的车辆数，未取得省环保局委托的检测机构所检测的车辆，其检测的车辆数则折半计算。

(3) 工业废水排放达标率

工业废水排放达标率 =工业企业工业废水排放达标量 / 工业企业工业废水排放量 × 100%

是指辖区内各工业企业工业废水排放达标量之和占当年各工业企业工业废水排放量之和的百分比。其中工业废水排放达标量指当年各项污染物指标都达到国家或地方排放标准的外排工业废水量；废水排放量指当年经过企业厂区所有排放口排到企业外部的工业废水量。由于中小企业占多数，我区2008年工业废水排放达标率达到95%，实际已处于较高水平。

(4) 城镇污水处理率

城镇污水处理率 =污水处理量 / 污水排放总量 × 100%

是指辖区的污水处理量与污水排放总量的比率。污水处理量指污水处理厂和处理装置实际处理的污水量，污水排放总量指生活污水、工业废水的排放总量，包括排水管道和排水沟（渠）排放的污水量。2008年我区城镇污水处理率为37.48%，低于全市平均水平。2012年以后，随着部分镇（街）污水处理厂扩建工程的投产，全区的城镇污水处理率将提升到70%以上。

(5) 生活垃圾无害化处理率

生活垃圾无害化处理率 =生活垃圾无害化处理量 / 生活垃圾产生量 × 100%

是指报告期内生活垃圾无害化处理量

与生活垃圾产生量的比率。生活垃圾指日常生活或为日常生活提供服务的活动中产生的固体废物，以及法律、行政法规视为生活垃圾的固体废物。生活垃圾无害化处理指卫生填埋、堆肥、焚烧等工艺方法对生活垃圾进行的处理。

（6）城市人均公园绿地面积

城市人均公园绿地面积 =区域内公园面积 / 区域内城市人口数

是指报告期末区域内城市人口平均每人拥有的公园面积。目前我区城市人均公园绿地面积排在全市五区的前列，也达到和超出了国家园林城市的相关指标要求。

30. 治安环境

（1）治安案件查处率

治安案件查处率 =治安案件查处数 / 治安案件受理数 × 100%

是指在报告期内，查处案件数量占受理各类治安案件数量的比例，用来衡量一个地方的治安环境。

（2）住宅出租屋暂住人口信息采集率

住宅出租屋暂住人口信息采集率 =抽查暂住人口的信息 / 流动人口的有效信息 × 100%

是指报告期内经过实地抽查暂住人口的信息与房屋租赁业务管理系统内有关流动人口的有效信息进行比对得出的百分率，采集率高于 98%为优秀水平。

31. 交通环境

（1）每万人公交车拥有量（含出租车）

每万人公交车拥有量 =公共交通车辆标台数 / 城市人口万人数

是指按城市人口计算的每万人平均拥有的公共交通车辆标台数，是判断交通发展战略是否明确、公共交通优先政策和措施是否落实的参考指标。根据我国《城市道路交通规划设计规范》，中、小城市为 7 ~ 8 辆 / 万人，目前我区每万人公交车拥有量（含出租车）为 14.8 辆 / 万人，指标值的现状和未来发展目标均处在全国中等水平。

（2）公交出行率（含出租车）

公交出行率 =居民选择公共交通的出行量 / 总出行量 × 100%

是指城市居民出行方式中选择公共交通（包括常规公共交通、快速公共交通和轨道交通）的出行量占总出行量的比率，是衡量公共交通发展、城市交通结构合理性的重要指标。目前我国公交出行率平均不足 10%，2008 年我区为 6.9%，指标值的现状和未来发展目标均处在全国中等水平。

中共佛山市顺德区委 佛山市顺德区人民政府 深化综合改革试验领跑全国县域发展行动纲要（2011~2015年）

顺发〔2010〕11号，2010年9月21日顺德区政府发

为全面贯彻《中共广东省委广东省人民政府关于佛山市顺德区开展综合改革试验工作的批复》（粤委〔2009〕35号）文件精神，深入推进综合改革试验工作，继续先行先试，更好实现顺德在县域发展中领跑广东、领跑全国的目标，制定本行动纲要。

一、总体目标

高举中国特色社会主义伟大旗帜，以邓小平理论和“三个代表”重要思想为指导，深入贯彻落实科学发展观，继续解放思想，弘扬勇于创新、甘于务实、敢于负责精神，推进以落实科学发展观为核心的整体发展战略转型，坚决突破制约科学发展的思维定势和体制机制障碍，全力打造现代产业之都、灵动创新之城，努力争当科学发展的示范区、体制改革的试验区、自主创新的领先区、新型区域合作的模范区、城乡发展一体的先行区，重点在产业发展、体制创新、社会民生和公共治理等方面取得重大进展，确保顺德在新一轮发展中继续领跑全省、领跑全国。

二、重点任务

（一）争创国家创新示范区，建设灵动创新之城。完善创新机制，创新发展方式、集聚创新资源、吸引创新人才、优化创新环境、增强创新能力、发展创新产业，力争用5年左右时间，把顺德打造成为知识创新、研发应用、人才集聚的国家级创新示范区。

1. 建设国内一流的创新型经济园区。整合顺德西部生态产业新区、顺德新城、顺德科技工业园等创新载体资源，划定专门区域，通过与国家有关部委合作，建设国家级创新园区，打造构建现代产业之都的引擎。

2. 建设南方智谷。探索政产学研合作新体制，以“南方智谷”为载体，打造功能强大、机制灵活的创新平台，促进国内外一流创新资源与顺德创新资源的高效配置和综合集成。争取与中国科学院、中国工程院等国家级科研院所在顺德共建永久性合作载体，规划建设中国科学院顺德创新中心、中国工程院院士（顺德）应用技术研究中心、领军型科学家创新园，争取国家重大科技基础设施、重要科研机构和重大创新能力项目落户顺德。

3. 创办具有全国乃至国际影响力的创新论坛。与国际组织或国家部委等权威机构合作，定期举办创新论坛并永久落户顺德，在条件成熟时，将论坛升级为创新技术产业产品博览会，扩大顺德影响力，吸引创新资源。

4. 打造区域性人才高地。探索建立吸引利用高层次人才资源的新模式，以吸引

领军型科技人才为重点，实行人才全球招聘制度，以团队引入的形式，集聚一批海内外高层次创新创业人才和团队。完善科技激励机制，鼓励社会力量设奖，激发科技人员积极性和推动科技成果应用。2011年~2015年，平均每年引进研究生以上学历、副高以上职称的人才300人以上。2015年人才总量达到27.8万，每万人（户籍人口）拥有人才达到2124人。

5. 打造中国质量品牌之都。创建知识产权交易、服务和保护中心，打造具有全国影响力的知识产权质押平台。到2015年，累计专利申请量达到10万件以上，其中发明专利申请量占申请总量的10%以上。探索设立科技银行，开展区域性地方科技金融服务。完善顺德产权交易所机制，打造南方领先的产权市场和投资融资平台。深化名牌标准战略，设立政府质量奖，鼓励企业加强自主品牌建设，参与制定国家和国际标准。加强顺德品牌的整体推广，提升顺德国际知名度和美誉度。到2013年中国驰名商标达20件以上；到2015年达26件以上。到2015年中国名牌产品达40个，集体商标10件，企业参与制订国家、行业标准360项以上。

（二）率先转变经济发展方式，打造现代产业之都。注入“创新和资本”两大要素，巩固提升现代制造业，彰显顺德民营经济特色。

6. 打造传统产业升级示范集群。着力打造具有国际影响力的家电王国、机械装备基地、家居中心、花卉名地、美食之都。实施“双转移”战略，优化再造传统工商业生产组织和营销模式，推动传统支柱产业集约化、集群化、高端化发展，实现传统产业的战略转型。到2015年，形成一批具有国际竞争力的重点产业集群，其中销售超千亿的产业集群2个以上，全社会工业总产值达10000亿元。

7. 建设中国民营经济总部基地。争取与全国工商联、中国民私营经济研究会等机构合作，共建中国民营经济发展基地/总部基地，发展内聚型为主，外延型为辅的总部经济，支持优势企业全球配置资源。重点扶持制造业企业总部、金融服务企业总部、科技服务企业总部等。培育一批根植顺德、面向全球的跨国企业，形成一批具有行业竞争力的中小企业群体。到2015年，总部企业达到50家，建成特色总部经济园区2个；销售千亿元企业1~2家；争取3~4家企业进入全国五百强，实现世界五百强企业“零的突破”。

8. 打造资本市场“顺德板块”。实施新一轮上市企业“五年倍增”工程，创新企业上市的培训和引导机制、部门沟通和协商机制、后备资源建设机制，多途径、多市场、多板块推进企业上市，充分利用资本市场推进资本经营和资产重组。到2013年上市企业达35家以上；到2015年，全区形成100家以上上市企业梯队，50家以上企业成功上市，形成顺德上市企业群。充分利用充裕的民间资本，推动建立小企业发展专营银行。

9. 成立顺商企业联合总会。顺德工商联（顺德总商会）牵头，建设顺籍企业或企业家联合总会，会址永久设在顺德，并以此为牵引，鼓励和引导在外投资创业的顺籍企业和企业家在外建立顺德商会（顺籍企业家协会），吸引在外投资的顺德企业资金回归、人才回归、信息回归，在顺德开展二次创业或设立高端环节，参与顺德经济建设和社会发展。

10. 打造千亿新兴产业集群。突出自主创新和产业集聚，引进和培育壮大新兴产业，打造符合顺德发展实际、具有国际影响力的新兴产业集群。重点发展新能源、新材料、环保装备、光电显示、生命医药等与顺德产业链相对接的产业。到2015年，培育产值规模超千亿元的新兴产业群1个以上。

11. 建设广东省服务业创新试验区。围绕服务制造业和区域交通网，深化与港澳现代服务业领域合作，争取广东省与港澳更紧密合作的项目在顺德先行先试，重点发展产业金融、工业设计、现代物流、电子商务、科技服务、旅游美食等，完善消费产业链，加速打造综合服务业体系。到2015年，形成总量超百亿、税金超亿元的现代服务业企业3家。

（三）营造宜商宜居环境，建设现代品质城市。统筹全区资源，促进城乡重大基础设施和公共服务共享，将顺德建设成为生活舒适、环境优美、功能完善、市民具有幸福感的乐居城市。

12. 健全城市整体发展机制。确立整体观念、全域一体意识，统筹协调城乡总体规划、土地利用规划、产业发展规划、社会发展规划，加强规划衔接和各项建设的关联性，形成统一协调的综合性空间规划体系，实现经济总量、人口数量和环境容量相适应。

13. 打造十里滨河长廊。充分发掘保护利用顺德河涌水系，倾心打造城市景观带和城市亮点。结合“三旧”改造，高起点、高标准规划建设德胜河、桂畔海两岸，将“一河两岸”打造成为顺德的文化长廊、休闲长廊、景观长廊，形成高品质城市生活带，催生新产业、新城市生活方式。

14. 塑造“乐居顺德”城市空间。糅合都市气派和岭南水乡风情，打造国内一流的居住环境。新建城市住宅区容积率、停车设施和绿化空间符合现代城市要求。大型社区配套文体活动场所、卫生服务站、现代市场，距离社区出入口5分钟步行时间内有公共交通设施。推进“数字顺德”建设，推进“三网融合”，打造“数字家庭”示范小区，完善公共信息服务体系，到2013年基本建成无线宽带城市，实现“随时随地随需”的信息网络生活。高起点建设农民美好新家园，2013年前完成全区200个村居的改造规划，创新宅基地置换方式，集中建设社区公寓。

15. 构建便捷安全的综合交通体系。构筑以轨道交通为骨干、公共交通为主体、多种交通方式协调发展的城市交通体系，实现镇街之间30分钟互达、60分钟到达珠三角各市。规划建设环城轨道交通，2015年前建成首期工程。2011年底建成顺德新港。实施公交优先发展战略，提高公交线网密度和站点覆盖率，完善接驳换乘系统和候车、停车设施，实现全区公交统一运营标准，提高公交出行率。2011～2015年每年新增公交线路5条以上、新增公交车100辆以上。到2013年，中心城区与镇、村（社区）之间及镇与镇之间均有公交线路，基本实现社区有站台、通过2次换乘可到达各镇街的公交出行目标。

16. 建设全国生态文明示范城。实施最严格的环境保护制度，杜绝污染项目，构建绿色生态环保经济体系。2013年之前全面完成2020公里的河涌整治工程。推进绿心、绿道、绿网建设，科学布局森林公园、郊野公园、城市公园、社区公园。到2015年，在重要出入口、立交、匝道建成标志性绿化景观节点，人均公园绿地面积达16平方米，城市绿化覆盖率达38%，建成绿道262公里。实行排污权交易市场化改革，城区生活污水全部纳入污水处理厂处理，到 2015 年，城镇污水处理率达到 85%以上。建立城乡生活垃圾无害化处理和资源化利用系统，实行城市生活垃圾分类收集。到 2015 年，生活垃圾无害化处理率达 90%以上。

17. 创建国家集约节约利用土地示范区。深化土地管理体制改革，探索实行工业用地出让年限分阶段实施、出让金分批缴付制度。根据项目发展规模、效益、对生态的影响等因素，综合考虑土地供给。结合“三旧”改造，实施城市更新战略，实现土地集约利用、优化人文生态环境相结合，营造城市发展空间。到 2015 年全区“三旧”改造面积达 5.5 万亩以上。

18. 打造城乡发展一体先行区。以减少农民、减小农村、做强农业为方向，开展有突破性、复制性、具有全国影响力的农村改革。坚持城乡建设发展的整体性，深化村（社区）经济社会管理体制改革，加快农村向社区、农民向市民、传统向现代转型。稳妥推进农村股份合作经济改革，引导农村集体经济健康发展。完善农村土地开发利益分配机制，探索农村集体建设用地流转制度，创新征地拆迁补偿安置新机制。完善农村基层自治体制建设，合理划分政府与农村基层组织的职责和事权。合理调整村（社区）行政边界和人口规模，配置服务半径合理、内容丰富、使用方便的社区公共服务设施。优化社区服务功能，实现农村空间优化和农民生活工作学习的市民化。

（四）建立健全分配分享新机制，营造幸福家园。坚持共建共享，落实《阳光顺德幸福家园社会发展规划纲要》，探索建立中国特色、国际水平的社会主义福利社会，让全体顺德市民分享改革开放的成果。

19. 办人民满意的教育。全面实施《国家中长期教育改革和发展规划纲要》，深化教育体制改革，构建现代教育体系。推进义务教育均衡优质发展，高标准普及从学前到高中段的 15 年教育，优先解决学前教育问题，让更多的人接受更好的教育。实施素质教育，改革办学模式和培养模式，培养创新人才。推进职业教育创新，打造南方职业教育培训示范基地，加快培养应用型、技能型和创业型人才。加强师资队伍建设，构建一支师德高尚、业务精湛、结构合理、充满活力的高素质专业化的教师队伍。深化办学体制改革，规范鼓励民办教育发展。引进国内外优质教育资源，创办市民学校、社区学校，满足市民对不同层次教育的需求，建设学习型社会。到 2015 年，高等教育毛入学率达 66%；25 岁以上人均受教育年限达到 13 年。

20. 建设中国特色的福利社会。完善医疗、劳动就业、社会保障和住房保障体系，努力实现“病有良医、劳有所得、老有颐养、住有宜居”。整合医疗卫生资源，加快建设完善社区卫生服务站，探索区镇村三级医疗机构一体化运行的管理机制，建立家庭医生制度，加强心理健康教育和保健，实行参保市民定期免费体检制度。推进卫生医疗体制改革，促进和规范非公医疗卫生机构发展，逐步形成以公益性基本医疗为基础、市场个性化高端医疗为补充的医疗服务格局，率先实现人人享有优质医疗卫生服务。2015 年前，实现社区卫生服务覆盖率 100%。完善公共健身设施，拓展和增加市民休闲健身场所。建立城乡一体的就业和社会养老保障体系。健全就业公共服务体系，实施创业带动就业工程，探索灵活就业机制，促进充分就业。率先步入“全民社保”时代，完善被征地农民的基本养老保障制度，逐步将非全征地及没有参加职工养老保险的城乡居民纳入养老保险，实现基本养老保险城乡全覆盖。完善城镇居民基本医疗保险制度和城乡居民基本门诊医疗制度。到2015年，城镇户籍从业人员参保率96%以上，外来务工人员参保率90%以上，被征地农民养老参保率95%以上，农村养老保险参保率90%以上。完善社会救助体系，提高社会福利、优抚安置和救灾应急保障水平。2013年前，实现100%的村居成立慈善组织。建立完善管理服务机制，推动外来务工人员市民化。创新保障性住房、政策性租赁住房制度，探索建立新型公屋制度，健全住房公积金制度，实现“居者有其屋”。

21. 实施居民收入倍增计划。坚持富民优先，调整社会分配结构，提高市民对发展成果的共享度。建立以常住人口为计算单位的财政预算和公共服务建设制度，大幅度调整政府财政支出结构，以资源红利的社会共享为目标，实现公共资源的合理配置，逐步降低市民对公共服务支出成本。到2015年，社会民生支出占一般预算支出达70%。加快构建财产性收入的体制基础，重点探索农村土地开发利益分配新机制，增加农村集体经济组织的资产性收入，加快形成农民增收的长效机制和财富积累机制。未来五年，城镇居民人均收入年增长8%以上，农民收入年增长8%以上，人均股份分红年增长10%以上。促进工资定期增长机制的形成，构建和谐的劳资关系。未来五年，在岗职工平均工资每年增长6%以上。注重利用政策、社会救助等方式保障低收入群体的基本生活需要。

22. 创建全国最有安全感的城市。加强社会治安综合治理，实行人防、技防、物防相结合，全面实现街面有巡逻、社区有守护、村居有联防，发现、预防和打击违法犯罪的能力明显提高，群众对社会治安满意率达98%以上。坚决严打严重影响群众安全感和投资环境的黑恶势力，净化社会环境，群众安全感指数进入全国前列。完善生产生活安全的基层、基础设施和监管体系，有效预防各种自然灾害，确保城市公共安全。完善应急机制，创新社会矛盾纠纷调处化解机制，注重对群体和个体的心理调适，增强不同群体和个人之间的信任感和安全感。

23. 建设岭南文化名城。把传承岭南特色文化与弘扬顺德改革创新精神有机结合，强化社会道德和诚信体系建设，提升市民文明素养。深化文化管理服务体制改革，完善扶持公益性文化事业、鼓励文化创新的政策措施，构建覆盖城乡的公共文化服务体系。到2015年，各镇、街道体育公园普及率100%，社区文化设施普及率100%。国民体质监测合格率达到90%以上。鼓励社会力量参与公益性文化建设，增强文化发展活力。发展文化产业，推动文化与旅游、产业相结合，培育文化品牌，加快创意设计产业发展，提高文化原创力、传播力和服务力，推动网络文化健康发展。到2015年，文化产业年产值占GDP比重达到6.3%。

（五）探索开放合作新模式，提高区域合作水平。以全球视野推进新一轮对外开放和区域合作，推动区域间要素流动，建立内外联动、互利共赢的开放合作新模式，努力提升顺德资源集聚能力和对外影响力。

24. 主动参与珠三角一体化发展。在珠三角改革发展规划纲要和粤港澳合作框架下，积极参与珠三角区域一体化和粤港澳合作。深化产业链条分工合作，与周边地区形成错位发展、优势互补、协助配套的产业体系。联合周边地区开发旅游线路。

建立与周边城市沟通的联席会议机制，积极推进交通、市场、产业、文化、信息等领域的合作，共建优质生活圈。

25. 建设区域合作示范区。鼓励顺德企业参与区外产业转移园区建设，推动有需要的顺德企业到产业转移园区投资发展。实施整体走出去战略，发挥顺德管理、产业、资本、品牌和人缘等整体优势，通过行政托管或专属管理、合作管理等方式，集中输出顺德优势资源，在省内外异地合作开发与当地资源禀赋相适应的产业、生态和科技新城，实现区域合作互利共赢。

26. 推动“顺德制造”走向全球。引导有条件的企业利用国际资源，开拓国际市场，实施跨国经营，发展境外贸易和投资，形成一批有国际竞争力的跨国企业。加强对企业“走出去”的政策引导和信息服务，完善境外投资的协调机制和风险管理，引导有实力企业采取多种方式，到境外设立顺德工业园、顺德美食中心等。

27. 提升城市国际化水平。以与国际先进城市接轨为目标，探索与国际同类城市缔结友好关系，加快建设与国际规则接轨的市场体系，不断推进教育、医疗、文化、保障等领域国际化步伐，构建国际化的人居环境，提升顺德城市的国际化水平。

（六）培育公民社会，建设中国特色、与国际接轨的公共治理型政府。以民主法治为支撑、以社会参与为方向、以多元供给为途径，建设中国特色、国际水平的政府治理新模式，为全国县级区域行政体制改革继续探索经验、提供示范。

28. 建立党委政府引领发展新机制。完善政府宏观调控机制，按照市场和法治规则，正确划分政府与社会、市场的边界，减少政府对市场和社会的直接干预。重点建立起规划引导、区镇两级事权明确的决策机制，建立以参与式财政预算和竞争性资金分配的财政体制，制定反映市场供需关系、资源稀缺程度、环境损害成本的生产要素和资源价格形成机制，完善以信用为重点的市场监管体系。

29. 完善大部制改革。深化大部制改革，重点完善运行机制，进一步理顺部门工作关系和流程，完善决策、执行、监督既相互制约又相互协调的行政架构。深化简政强镇事权改革，合理建立区镇两级政府的责权划分体制，增强组团发展意识，提升区域发展竞争力。

30. 完善多方参与的公共治理结构。推进公共治理体制改革，建立政府行政管理、基层群众自治、社会多元参与的有效衔接和良性互动的公共治理机制。明确完善政府管理职能委托制度，深化审批制度改革、行政事业性收费综合改革，加快实现“零收费”；建立覆盖全区的网上审批，到2015年基本实现市民或企业在各自辖区内申报各类审批事项。扩大公民有序政治参与，提高市民现代民主法治素质，培育市民对顺德的认同感、归属感、自治意识和参与意识。建立公共政策制定的社会参与机制，逐步推进政府决策、服务、监督等领域向社会开放。拓宽市民表达意见的渠道，重视市民的合法合理诉求。推动社会组织参与公共治理。建立健全以利益调节为核心的社会协调对话机制，发挥民间组织优势，形成政府与社会组织功能互补、相互协调的社会管理网络，以制度化手段调节利益纠纷、凝聚共识，形成多元化解决社会矛盾的框架，增强社会发展活力和社会自我调节能力。

31. 健全多元供给的公共服务体制。建立基本公共服务的评价体系，建立政府供给责任明确、社会多元参与的供给体制。

积极稳妥发展各类社会组织，壮大慈善事业，加强志愿者队伍建设，构建政府部门与社会组织之间的战略合作伙伴关系，完善政府向社会组织购买服务的制度。从2011年起，各业务部门按成熟程度每年转出一批向社会购买服务的事项，到2015年基本实现“凡是社会能服务得好的事项都下放给社会”的目标，提高公共产品的供给水平和效率。

32. 争创广东省人事制度改革试验区。率先推进公务员、聘员制度改革，优化职务职级设置，打通高层次人才进出通道，大胆吸纳聘用各界优才加入党政队伍，强化党委政府的执政和行政能力。建立党委、人大、政府、政协之间干部交流制度。继续深化事业单位改革，加快事业单位转型发展。

三、组织保障

（一）切实加强组织领导。成立领导小组，统筹协调指导行动纲要实施，领导小组下设办公室，负责日常工作和协调推动工作。各部门建立健全相应的工作机构，形成有效的工作机制。各部门要结合各自实际，依据本纲要研究制定专门的实施计划。

（二）建立健全责任机制。纲要实施领导小组办公室研究确定各项任务的牵头部门，各牵头部门要细化分解纲要的目标任务、落实单位、完成进度和工作要求，明确责任并进一步建立健全目标管理和考核评价机制，把推进纲要落实情况作为干部政绩考核的重要内容。主要领导要亲自抓、负总责，形成一级抓一级、层层抓落实的工作格局。各部门要主动与国家各部委和省相关部门加强沟通，争取各有关政策的落实，推动一些国家和省层面的重大改革发展项目在顺德先行试点。

（三）加强指导监督工作。纲要实施领导小组办公室要加强对落实的统筹协调，对重点项目加强跟踪指导；督查部门要对各项实施情况进行检查督促；人大、政协要及时组织人大代表、政协委员对重点项目进行定期考察和评议，通过全区上下的共同努力，确保各项配套改革工作顺利推进。

（四）坚持正确的舆论导向。宣传部门要围绕贯彻落实纲要制定宣传计划，把握好舆论导向，通过策划宣传报道主题、开辟专栏、组织宣讲解读、领导专家访谈、召开理论研讨会等多种形式，对实施纲要工作进行广泛宣传，营造良好的社会氛围。

特辑

2010年顺德继续深化综合改革

从2009年9月开始，顺德进入综合改革新时期，作为广东省的综合改革试验区和行政管理体制改革试点，顺德区根据省委、省政府的统一部署，开展了以落实科学发展观为核心的综合改革试验各项工作，重点推进了区级党政机构大部制改革和简政强镇事权改革。2010年下半年开始，在大部制改革和简政强镇事权改革取得阶段性成果的基础上，为确保综合改革试验获得成功，顺德在更多重要领域和关键环节先行先试，着手研究推进行政审批制度改革、农村综合改革、社会管理体制改革、人事制度改革、公共财政管理制度改革等配套改革任务，通过进一步深化行政管理体制改革，同时将改革从体制内向体制外延伸，为顺德实现科学发展，领跑县域发展注入坚强动力和活力。

2010年5月6日，省委书记汪洋再次肯定顺德开展大部制改革，他指出："仅仅半年时间，改革尚在磨合和完善之中，就能有这样的认可度，说明改革是成功的。可以根据调研成果，结合日常掌握的情况，对改革做进一步完善。"6月29日，省人民政府批准同意，从2010年7月起，对顺德区实行省直管县财政体制。9月29日，广东省第十一届人民代表大会常务委员会第二十一次会议通过《广东省人民代表大会常务委员会关于促进和保障佛山市顺德区综合改革试验工作的决定》，正式以法律形式赋予顺德依法行使地级市的行政管理权。此举意味着顺德从法律上彻底拥有了地级市的管理权限。这也是广东省首次以人大常委会决定的形式为地方改革提供法制保障。

大部制改革

自2009年9月顺德启动大部制改革起，顺德的党政群机关由原来的41个被一次性精简到16个，其中政府部门由29个调整为10个，机构精简近2/3；设置党委机构6个，全部与政府机构合署办公，区委办和区政府办合署办公。为支持顺德区开展综合改革试验，佛山市政府分两批向顺德下放行政管理等权限事项共614项，于2010年1月1日正式实施。2010年3月，省委书记汪洋肯定了顺德的党政机构改革，他指出："从顺德改革的经验来看，现在收效最大的是大部制，将来面上推开重点就在大部制上下工夫。"2010年顺德区继续以大部制改革为主攻点，进一步转变政府职能，理顺政府机构之间的职责关系，以点带面地将大部制在镇（街）全面铺开。

对接顺德区大部制改革，2009年11月顺德区容桂街道"简政强镇"事权改革试点启动，原28个部门整合为11个机构和2个分局，共13个部门，获授部分县级权限；2010年7月30日，除容桂街道外的9个镇（街）召开简政强镇动员大会，将18个机构整合为13个。会后举行了新机构挂牌仪式，从8月1日开始，全区10个镇（街）以新体制对外办公。

2010年顺德区及各镇（街）继续完善

大部制改革后的运行机制，推进决策、执行、监督相互制约相互协调，促进部门工作流程优化。通过职能调整、部门整合、人员换岗等，大部制的“化学反应”逐步显现，新机构人员磨合到位，权责基本明晰，工作有序推进，政府的服务水平、行政效能不断提升。

简政强镇事权改革

在对接区的大部制改革中，大幅度缩减党政机构的同时，顺德不断扩大镇（街）管理权限，逐步理顺区与镇之间的关系。按照区主责宏观管理，镇（街）侧重微观服务的原则，重新调整区与镇（街）行政管理权限，向镇（街）下放3197项管理权限。在放权基础上加强用权监督，对驻镇街机构、因应改革而调整为镇（街）机构的单位和双重管理单位实行属地考核，并制订新的镇街考核办法，按发展定位对镇（街）进行分类考核。按照事权与财权相一致原则，理顺区镇财政分配关系，重新制订镇级财政管理体制。

顺德区10个镇（街）各办（局）主动与区下放权限部门进行对接和沟通，有序承接3197项行政管理事项。把握事权改革精髓，积极推进行居（村）行政事务与自治事务的适当分离，妥善处理事权改革过程中涉及的各种问题。完善和延伸行政服务，建设镇、村两级行政服务机构，优化办事流程，方便群众、企业办事，增强对经济社会事务的管理和服务能力。理顺机构和人事关系，探索建立政府治理与基层自治的良性互动，有效衔接新机构。

行政审批制度改革

顺德区紧紧围绕“便民、利民、廉洁、高效”的服务宗旨，全面铺开行政审批制度改革工作，对行政审批事项目录、行政执法事项目录进行了全面梳理，统计出全区16个部门公共行政管理事项5205项，

2010年9月7日，顺德召开简政强镇事权改革事权调整动员大会

确定2008项保留由区行使，3197项划由镇（街）行使，镇（街）比调整前行使权限多1636项，占事项总数的61.4%。推进网上审批服务大厅应用，对全区各部门可以进行网上审批的事项进行填报审查，并将全市统一的五个网上审批事项中的四项放上网上审批大厅开通运行。加强窗口规范化、人性化建设，提升服务效能和形象，完善《区行政服务中心窗口考评暂行制度》；优化办事环境，整治市区中心周边停车难问题；改革收费流程与模式，推行POS刷卡缴费，有效解决缴费难问题。加强电子政务系统开发推动民生事业发展，开发建设工程交易中心招投标网上答疑系统、24小时“网上办税厅”、大良街道网上婚姻登记预约系统、法院网上立案、网上查档、查档预约系统等多个网上服务系统。加强网上信息公开，不断完善顺德区人民政府网，新建政务网站21个，发布信息近3.4万条，开辟了“建设工程领域项目信息公开专题”、“2011年为民办实事建议项目征集”等多个专题栏目及网上调查专题，政务论坛逐渐成为我区市民建言献策、咨询投诉及政府了解民意的主要信息平台。

各镇（街）按照建设公共服务型政府的要求，加快行政服务中心体系建设。10个镇（街）都挂牌成立了镇级行政服务中心，大良和容桂街道分有21个和26个居（村）成立村级行政服务站，其他镇街已开展试点工作。杏坛镇行政服务中心共设置39个服务窗口，并建立健全服务承诺、首问责任、限时办结等工作制度，为建立高效、规范的窗口服务平台提供保障。容桂街道为理顺政府与居（村）关系，将属政府委托居（村）委会管理和服务的工作全面纳入体制内，改革基层公共事务管理体制，在居（村）成立行政服务中心，由街道直接统筹安排行政工作，居（村）委会回归自治职能。同时，配套推进公共财政体制改革，改变公共财政支出结构，投入3000多万元对居（村）工作人员工资待遇、行政经费、基础设施建设实行财政全覆盖。改革后，居（村）行政服务中心工作人员由政府聘任，有效强化了居（村）干部队伍管理，基层政务工作不再受换届等因素影响，政务环境大为改善，保障了政府在基层的行政服务质量。

社会管理体制改革

加强民主法治建设。在居（村）基层设立社情民意室，建立党代表、人大代表、政协委员、公共决策咨询委员、政府干部下访制度。完善决策的科学化、民主化，建立有效监督机制。完善公共决策咨询委员会的内部管理和运行机制。建立社会诚信体系。探索建立政府和社会协同治理新机制，超过七成的镇（街）先后组建了公共决策咨询委员会，定期或不定期开展决策咨询、问计问政。

大力发展社会组织。改革行业协会的体制和管理模式。建立政府对社会组织的培育和扶持新机制，探索降低准入门槛，实施有效的财税扶持，大力培育社会福利、公益慈善、社会救助等社会组织。加快社会工作者队伍建设，完善“社工＋义工”联动服务模式。容桂街道尝试发挥商会等民间组织的作用，将一些经济政策咨询、培训推广等事务交给商会，效果良好；将餐饮卫生监督、计生相关服务以及部分文体活动等，以政府购买服务的方式外包给相关机构和社会组织，服务水平和效率得到提升；制定社会工作发展规划和扶持政策，引进2家专业社工机构，为17个居（村）和2间学校购买专业社工服务。

人事制度改革

从长远性和全局性入手，制定一系列干部人事制度改革规划。制定《顺德区深化干部人事制度改革实施意见》，明确提出今后人事制度改革的指导思想、基本目标和整体规划。并结合实际提出一系列针对性、实操性较强的单项配套政策：1. 规范完善干部管理和选拔任用机制。以适应新一轮改革发展需要为目的，从提振干部士气、调动工作积极性入手，研究制定了五份干部管理的文件：一是《关于进一步理顺我区干部职务配备的意见》，通过完善职务层次设置，实现区、镇两级同层次干部职务职级配备的有效对接。二是《关于我区科级非领导职务职数的设置和管理办法》，按一定比例核定主任科员和副主任科员职数，增加公务员职务晋升的渠道。三是《关于进一步完善干部退出机制的意见》，调整不适宜担任现职的干部职务，对接近退休年龄的非选任制干部，鼓励他们提前退出领导岗位，为年轻干部发挥才干及时提供舞台。四是《区属机关干部享受职级待遇的试行办法》，通过建立干部待遇自然增长机制，解决因职数限制而未被提拔干部的待遇增长问题。五是《关于加大竞争性选拔干部工作力度试行办法》，明确今后中层干部主要采用竞争性选拔的方法产生，进一步打造完善的公务员晋升机制。2. 探索聘任制公务员制度。作为全省的试点，顺德区从今年起在省、市人力资源部门的支持和指导下，分别参考了上海和深圳现行聘任制公务员方案，结合本区实际，分别草拟了公务员分类管理的相关试行办法和《顺德区机关聘任制公务员管理试行办法》，提出了聘任制公务员招考录用、合同签订、福利待遇、激励晋升等方面的制度规范。上述方案由市人社部门统一征求有关部门意见后报省人社厅审批实施。3. 完善机关聘员管理制度。在规范聘员管理的基础上，从完善激励和晋升机制入手，研究草拟了《关于设置区属机关聘员职务的实施方案》，明确提出了聘员的职务序列、任职条件、工资待遇等，要求各单位以竞争上岗、民主推荐等形式择优选拔。在此基础上，还草拟了《顺德区政府高级人才岗位聘任管理办法》，专门针对高层次人才的引进，对原有的聘员管理办法进行补充。

龙腾计划助推经济发展

2010年初，为落实国家和省开展的中小企业成长工程，支持顺德民营经济和中小企业发展，顺德区经济促进局在积极借鉴、总结深圳和江浙等地实施中小企业成长工程的经验和做法的基础上，把民营经济和中小企业统一结合起来，推动顺德区政府出台实施《顺德区优质企业成长工程(龙腾计划）实施方案》(简称龙腾计划)，旨在集中政府的资源力量扶持重点骨干企业，打造百家行业领军企业。龙腾计划从政策、财税、融资、用地安排、科技创新、市场开拓、企业管理和服务体系建设等各方面把资源进行了整合，使政府、社会和金融等资源形成合力，向“龙腾企业”倾斜，特别是提供企业用地、三旧改造、融资、绿色通道等方面的优惠扶持。集中政府资源，扶持重点企业。

2010年4月，区委区政府出台《顺德区优质企业成长工程（龙腾计划）实施方案》(顺府发〔2010〕14号)，成立区优质企业成长工程领导小组（以下称“领导小组”)，评定300家区内重点骨干企业为龙腾企业，启动龙腾计划，并于6月30日举行龙腾企业授牌仪式。同时，领导小组各成员单位、各镇（街）政府（办事处）根据龙腾计划实施方案,迅速制定并落实具体措施，制定《顺德区落实优质企业成长工程（龙腾计划）工作方案》并汇编成册、分工执行。分别从政府绿色通道服务、融资渠道创新、企业家培育、管理提升、财税优惠、自主创新、产学研等多方面政策向龙腾企业倾斜。充分发挥政府职能部门之间的协调合作，全面、系统的为龙腾企业提供政策支持。

为推动龙腾计划有效实施，及时反映工作动态和加强信息交流，领导小组还制定信息通报制度，自9月开始，每月编印一至两期《落实龙腾计划工作通讯》，供各企业和单位交流参考。为及时掌握龙腾企业发展情况及有关需求，聆听企业意见、建议，进一步细化和完善有关工作措施提供依据，优化政府服务，领导小组于10月底，通过座谈会、问卷调查、企业走访等形式进行龙腾企业调研专项工作，为下一步调整落实工作夯实基础。

至2010年底，在“绿色通道服务”、“营销渠道拓展扶持”、“企业家培育”、“财税优惠”、“科研项目支持”等方面，已有91家龙腾企业不同程度地享受了政府扶持，其中有56家龙腾企业享受政府“绿色通道”服务。在融资扶持方面，有45家龙腾企业获得区中小企业担保基金担保贷款支持，贷款总额6.1亿元，切实有效地缓解了部分企业融资难问题。企业高度赞赏政府创新担保基金运作模式，扩大企业受惠面的做法，对举办投融资峰会、融资服务对接会等创新活动，为企业搭建投融资对接平台等方面的服务表示热烈欢迎。

目前，龙腾企业总体保持快速健康发展的良好势头。作为顺德区实施广东省促进民营经济发展上水平的重要举措，龙腾计划成为未来五年促进顺德区民营经济和中小企业实现跨越式发展的振兴计划。

附：顺德区300家龙腾企业名单（排名不分先后）

顺德区300家龙腾企业

序	行业	公司名称	所在镇街
1	包装印刷	佛山宝钢制罐有限公司	容桂
2	包装印刷	佛山加铝德泉薄膜有限公司	陈村
3	包装印刷	佛山市绿之彩印刷有限公司	陈村
4	包装印刷	佛山市顺德区大地制罐实业有限公司	伦教
5	包装印刷	佛山市顺德区华丽宝实业有限公司	杏坛
6	包装印刷	佛山市顺德区金榜塑料包装有限公司	大良
7	包装印刷	佛山市顺德区乐从彩印厂有限公司	乐从
8	包装印刷	佛山市顺德区裕隆纸品有限公司	勒流
9	包装印刷	广东达美胶粘制品有限公司	杏坛
10	包装印刷	广东德冠包装材料有限公司	杏坛
11	包装印刷	广东冠盛塑胶有限公司	乐从
12	包装印刷	广东顺昌印刷有限公司	大良
13	包装印刷	广东万昌印刷包装有限公司	乐从
14	包装印刷	瑞鸿（佛山）金属彩印有限公司	容桂
15	电子信息	彩虹（佛山）平板显示有限公司	大良
16	电子信息	佛山市联亿创新电子有限公司	龙江
17	电子信息	佛山市顺德区奥能电工器材有限公司	大良
18	电子信息	佛山市顺德区创格电子实业有限公司	容桂
19	电子信息	佛山市顺德区丰明电子科技有限公司	北滘
20	电子信息	佛山市顺德区高迅电子有限公司	大良
21	电子信息	佛山市顺德区汉达精密电子科技有限公司	伦教
22	电子信息	佛山市顺德区江粉霸菱磁材有限公司	均安
23	电子信息	佛山市顺德区骏达电子有限公司	勒流
24	电子信息	佛山市顺德区联合电子有限公司	容桂
25	电子信息	佛山市顺德区龙威电业有限公司	伦教
26	电子信息	佛山市顺德区伦教胜业电器有限公司	伦教
27	电子信息	佛山市顺德区启智数码科技有限公司	伦教
28	电子信息	佛山市顺德区瑞德电子实业有限公司	大良
29	电子信息	山市顺德区顺达电脑厂有限公司	伦教
30	电子信息	广东百威电子有限公司	容桂

（续上表）

序	行业	公司名称	所在镇街
31	电子信息	广东北电通信设备有限公司	容桂
32	电子信息	广东必达保安系统有限公司	容桂
33	电子信息	广东德怡电子科技有限公司	容桂
34	电子信息	广东富信电子科技有限公司	容桂
35	电子信息	广东海信多媒体有限公司	大良
36	电子信息	广东日美灯箱展示制作有限公司	北滘
37	电子信息	广东天乐通信设备有限公司	伦教
38	电子信息	广东盈科电子有限公司	北滘
39	电子信息	广意集团有限公司	容桂
40	电子信息	广东雄风电器有限公司	容桂
41	纺织服装	佛山市嘉峻制衣有限公司	陈村
42	纺织服装	佛山市锦利针织有限公司	龙江
43	纺织服装	佛山市顺德彩辉纺织有限公司	龙江
44	纺织服装	佛山市顺德金纺集团有限公司	容桂
45	纺织服装	佛山市顺德明洋纺织印染有限公司	伦教
46	纺织服装	佛山市顺德区港纺联纺织有限公司	均安
47	纺织服装	佛山市顺德区乐奇制衣有限公司	均安
48	纺织服装	佛山市顺德区力高制衣有限公司	均安
49	纺织服装	佛山市顺德区联艺手袋鞋业有限公司	龙江
50	纺织服装	佛山市顺德区龙德纺织有限公司	龙江
51	纺织服装	佛山市顺德区龙恒织造有限公司	龙江
52	纺织服装	佛山市顺德区明驰服装有限公司	均安
53	纺织服装	佛山市顺德区思进制衣有限公司	陈村
54	纺织服装	佛山市顺德区天之彩纺织染洗有限公司	均安
55	纺织服装	佛山市顺德区怡富制衣有限公司	均安
56	纺织服装	佛山市顺德区盈毅鞋业有限公司	北滘
57	纺织服装	广东嘉意洋服有限公司	北滘
58	纺织服装	顺纺集团	容桂
59	工业设计创意	佛山市顺德区孔雀廊娱乐唱片有限公司	大良
60	工业设计创意	佛山市顺德区容桂灵目工业设计有限公司	容桂

（续上表）

序	行业	公司名称	所在镇街
61	工业设计创意	佛山市顺德嘉兰图设计有限公司	北滘
62	工业设计创意	顺德区潜龙工业设计有限公司	北滘
63	工业设计创意	佛山市顺德区艾万创新设计学研中心	北滘
64	机械装备	佛山市美锻制造技术有限公司	大良
65	机械装备	佛山市顺德德力集团有限公司	容桂
66	机械装备	佛山市顺德龙佳微电机实业有限公司	龙江
67	机械装备	佛山市顺德区安博基业电子器械有限公司	大良
68	机械装备	佛山市顺德区奥玛健身器材制造有限公司	北滘
69	机械装备	佛山市顺德区宝洋机械有限公司	容桂
70	机械装备	佛山市顺德区博硕机械制造有限公司	伦教
71	机械装备	佛山市顺德区富豪木工机械制造有限公司	伦教
72	机械装备	佛山市顺德区金顺达机器有限公司	大良
73	机械装备	佛山市顺德区金顺怡电器制造有限公司	勒流
74	机械装备	佛山市顺德区凯迪威机械有限公司	伦教
75	机械装备	佛山市顺德区乐善机械实业有限公司	容桂
76	机械装备	佛山市顺德区伦教威德力木工机械厂	伦教
77	机械装备	佛山市顺德区锐亚机械有限公司	勒流
78	机械装备	佛山市顺德区信源电机有限公司	伦教
79	机械装备	佛山市顺德区怡辉空调设备有限公司	北滘
80	机械装备	佛山市顺德区永丰机电设备实业有限公司	陈村
81	机械装备	佛山市顺德区震德塑料机械有限公司	大良
82	机械装备	佛山市顺德区中意液压有限公司	大良
83	机械装备	广东宝达游艇制造有限公司	勒流
84	机械装备	广东奔朗新材料股份有限公司	陈村
85	机械装备	广东必达电器有限公司	伦教
86	机械装备	广东锻压机床厂有限公司	大良
87	机械装备	广东丰凯机械股份有限公司	大良
88	机械装备	广东海川智能机器有限公司	北滘
89	机械装备	广东宏兴机械有限公司	陈村
90	机械装备	广东汇众水处理设备有限公司	大良

（续上表）

序	行业	公司名称	所在镇街
91	机械装备	广东康盈交通设备制造有限公司	伦教
92	机械装备	广东科达机电股份有限公司	陈村
93	机械装备	广东联塑机器制造有限公司	龙江
94	机械装备	广东联兴锻压机床实业有限公司	陈村
95	机械装备	广东美芝制冷设备有限公司	大良
96	机械装备	广东申菱空调设备有限公司	陈村
97	机械装备	广东省顺德开关厂有限公司	大良
98	机械装备	广东圣都模具股份有限公司	陈村
99	机械装备	广东世创金属科技有限公司	陈村
100	机械装备	广东顺达船舶工程有限公司	勒流
101	机械装备	广东万联包装机械有限公司	北滘
102	机械装备	广东伊之密精密机械有限公司	容桂
103	机械装备	广东亿海机械制造有限公司	伦教
104	机械装备	广东银河摩托车集团有限公司	北滘
105	机械装备	广东永通起重机械实业有限公司	陈村
106	机械装备	广东正力精密机械有限公司	容桂
107	机械装备	赛特莱特（佛山）塑胶制品有限公司	勒流
108	机械装备	顺特阿海珐电气有限公司	大良
109	家具制造	佛山市宝艺龙家具有限公司	龙江
110	家具制造	佛山市豪强家具有限公司	龙江
111	家具制造	佛山市虹桥家具有限公司	龙江
112	家具制造	佛山市经典通达酒店家具有限公司	北滘
113	家具制造	佛山市美神实业发展有限公司	龙江
114	家具制造	佛山市名美轩家具实业有限公司	龙江
115	家具制造	佛山市顺德区宝丽雅塑铝复合板材有限公司	杏坛
116	家具制造	佛山市顺德区北滘镇百明实业有限公司	北滘
117	家具制造	佛山市顺德区成信制革有限公司	均安
118	家具制造	佛山市顺德区龙江镇康宝家具有限公司	龙江
119	家具制造	佛山市顺德区万怡家居用品有限公司	大良
120	家具制造	佛山市顺德区锡山家具有限公司	北滘

(续上表)

序	行业	公司名称	所在镇街
121	家具制造	佛山市顺德区新昊玮五金制品有限公司	容桂
122	家具制造	佛山市顺德区新华装饰家具制造有限公司	龙江
123	家具制造	佛山市顺德区雅舍家具有限公司	龙江
124	家具制造	佛山市顺德区永建家居用品有限公司	伦教
125	家具制造	佛山市顺德区志达家具制造有限公司	龙江
126	家具制造	佛山市勇邦家具制造有限公司	龙江
127	家具制造	佛山市志豪家具有限公司	龙江
128	家具制造	广东爱米高家具有限公司	龙江
129	家具制造	广东宝丽雅实业发展有限公司	勒流
130	家具制造	广东东泰金属制品有限公司	勒流
131	家具制造	广东燊腾钢木制品有限公司	乐从
132	家具制造	广东韦邦集团有限公司	北滘
133	家具制造	广东中侨五金电器制造有限公司	龙江
134	家用电器	佛山市顺德区依信嘉实业有限公司	容桂
135	家用电器	佛山市简氏依立电器有限公司	龙江
136	家用电器	佛山市顺德海尔电器有限公司	容桂
137	家用电器	佛山市顺德区阿波罗环保器材有限公司	容桂
138	家用电器	佛山市顺德区爱德电器有限公司	容桂
139	家用电器	佛山市顺德区得力机电实业有限公司	容桂
140	家用电器	佛山市顺德区第一塑料电器有限公司	大良
141	家用电器	佛山市顺德区菲亚兰德电器有限公司	北滘
142	家用电器	佛山市顺德区高宝实业发展有限公司	容桂
143	家用电器	佛山市顺德区海电实业有限公司	容桂
144	家用电器	佛山市顺德区恒美电热器具有限公司	北滘
145	家用电器	佛山市顺德区恒兴微电机有限公司	北滘
146	家用电器	佛山市顺德区宏泽电器制造有限公司	大良
147	家用电器	佛山市顺德区华丰电器有限公司	容桂
148	家用电器	佛山市顺德区杰晟热能科技有限公司	容桂
149	家用电器	佛山市顺德区骏特电器有限公司	北滘
150	家用电器	佛山市顺德区欧科电器有限公司	大良

（续上表）

序	行业	公司名称	所在镇街
151	家用电器	佛山市顺德区容桂万喜电器燃气具有限公司	容桂
152	家用电器	佛山市顺德区三胜家电制造有限公司	大良
153	家用电器	佛山市顺德区盛熙电器制造有限公司	容桂
154	家用电器	佛山市顺德区松田电器制造有限公司	勒流
155	家用电器	佛山市顺德区索奇实业有限公司	容桂
156	家用电器	佛山市顺德区怡达电器制造有限公司	容桂
157	家用电器	佛山市顺德区亿赛电器有限公司	大良
158	家用电器	佛山市顺德区裕安燃气具实业有限公司	容桂
159	家用电器	佛山市顺德区兆坚电器制造有限公司	容桂
160	家用电器	佛山市索华电子有限公司	大良
161	家用电器	佛山市伟仕达电器实业有限公司	容桂
162	家用电器	佛山顺德容桂名健电器制造有限公司	容桂
163	家用电器	广东奥特龙电器制造有限公司	勒流
164	家用电器	广东本邦电器有限公司	勒流
165	家用电器	广东长菱空调冷气机制造有限公司	陈村
166	家用电器	广东长盈电器有限公司	容桂
167	家用电器	广东创迪电器有限公司	容桂
168	家用电器	广东格兰仕集团有限公司	容桂
169	家用电器	广东恒基金属制品实业有限公司	容桂
170	家用电器	广东华声电器实业有限公司	容桂
171	家用电器	广东惠洁宝电器有限公司	容桂
172	家用电器	广东锦力电器有限公司	勒流
173	家用电器	广东康宝电器有限公司	杏坛
174	家用电器	广东康业电器有限公司	勒流
175	家用电器	广东科荣电器有限公司	容桂
176	家用电器	广东容声电器股份有限公司	容桂
177	家用电器	广东世联电器有限公司	伦教
178	家用电器	广东顺威精密塑料股份有限公司	容桂
179	家用电器	广东万和新电气股份有限公司	容桂
180	家用电器	广东万家乐燃气具有限公司	大良

（续上表）

序	行业	公司名称	所在镇街
181	家用电器	广东威博电器有限公司	容桂
182	家用电器	广东威王集团顺德电器有限公司	大良
183	家用电器	广东新宝电器股份有限公司	勒流
184	家用电器	广东亿龙电器股份有限公司	龙江
185	家用电器	海信科龙电器股份有限公司	容桂
186	家用电器	美的集团有限公司	北滘
187	家用电器	佛山市顺德区汇能电器有限公司	容桂
188	金属材料	佛山市鸿金源铝业制品有限公司	陈村
189	金属材料	佛山市科尔技术发展有限公司	容桂
190	金属材料	佛山市顺德区东荣金属制品有限公司	勒流
191	金属材料	佛山市顺德区亚当斯金属制造有限公司	勒流
192	金属材料	佛山市顺德区耀德金属装饰工程有限公司	伦教
193	金属材料	佛山市威奇电工材料有限公司	北滘
194	金属材料	佛山市盈特金属制品有限公司	北滘
195	金属材料	广东金型重工有限公司	北滘
196	金属材料	广东精艺金属股份有限公司	北滘
197	金属材料	广东省东原厨具实业有限公司	杏坛
198	金属材料	广东顺德浦项钢板有限公司	北滘
199	金属材料	广东伟经日用五金制品有限公司	伦教
200	金属材料	广东星徽金属制品有限公司	北滘
201	金属材料	广东雄力电缆有限公司	龙江
202	金属材料	广东烨辉钢铁有限公司	大良
203	金属材料	力同铝业（广东）有限公司	大良
204	金属材料	浦项（佛山）钢材加工有限公司	陈村
205	精细化工	帝斯曼先达合成树脂（佛山）有限公司	北滘
206	精细化工	佛山市传化富联精细化工有限公司	均安
207	精细化工	佛山市顺德区巴德富实业有限公司	勒流
208	精细化工	佛山市顺德区百丽池涂料有限公司	容桂
209	精细化工	佛山市顺德区鸿昌涂料实业有限公司	均安
210	精细化工	佛山市顺德区捷信漆业有限公司	大良

（续上表）

序	行业	公司名称	所在镇街
211	精细化工	佛山市顺德区乐从镇科斯化工有限公司	乐从
212	精细化工	佛山市顺德区小太阳砂磨材料有限公司	勒流
213	精细化工	佛山市万盈化妆品有限公司	勒流
214	精细化工	广东长鹿精细化工有限公司	伦教
215	精细化工	广东常青树化工有限公司	杏坛
216	精细化工	广东大盈化工有限公司	容桂
217	精细化工	广东德美精细化工股份有限公司	容桂
218	精细化工	广东东方树脂有限公司	杏坛
219	精细化工	广东华隆涂料实业有限公司	容桂
220	精细化工	广东华润涂料有限公司	容桂
221	精细化工	广东科顺化工实业有限公司	容桂
222	精细化工	广东莱雅化工有限公司	大良
223	精细化工	广东美涂士建材股份有限公司	伦教
224	精细化工	广东神洲化学工业有限公司	伦教
225	精细化工	广东自然涂化工有限公司	杏坛
226	农业	佛山市生生水产股份有限公司	大良
227	农业	佛山市顺德区广顺饲料有限公司	大良
228	农业	佛山市顺德区全兴水产饲料有限公司	勒流
229	农业	佛山市顺德区杨氏水产有限公司	北滘
230	农业	佛山市顺德天天饲料有限公司	伦教
231	农业	广东白燕粮油实业有限公司	容桂
232	农业	广东陈村花卉世界兰花生物科技园有限公司	陈村
233	农业	广东陈村花卉世界有限公司	陈村
234	农业	广东养宝生物制药有限公司	大良
235	农业	广东粤星实业发展有限公司	杏坛
236	其他	广东顺德酒厂有限公司	大良
237	其他	广东顺德糖厂有限公司	大良
238	其他	佛山市顺德区都围科技环保工程有限公司	大良
239	其他	佛山市顺德区精进能源有限公司	容桂
240	其他	佛山市顺德区粤花罐头食品有限公司	容桂

（续上表）

序	行业	公司名称	所在镇街
241	其他	佛山市顺德区鑫粤金属回收有限公司	伦教
242	其他	广东同天投资管理有限公司	北滘
243	其他	碧桂园集团	北滘
244	其他	松柏（广东）电池工业有限公司	陈村
245	其他	生力（广东）啤酒有限公司	龙江
246	其他	佛山南兴果仁制品有限公司	龙江
247	其他	佛山市托维环境亮化工程有限公司	龙江
248	其他	佛山市顺德甘竹罐头有限公司	杏坛
249	汽车配件	佛山东海理化汽车部件有限公司	大良
250	汽车配件	佛山市富合汽车工业配件有限公司	龙江
251	汽车配件	佛山市顺德区安驰实业有限公司	容桂
252	汽车配件	佛山市顺德区华钿越野汽车用品有限公司	勒流
253	汽车配件	佛山市顺德区华日钢材制品有限公司	北滘
254	汽车配件	佛山市顺德区任我通汽车用品有限公司	杏坛
255	汽车配件	港中旅多尼尔房车产业有限公司	均安
256	汽车配件	光洋六和（佛山）汽车配件有限公司	大良
257	汽车配件	广东东箭汽车用品制造有限公司	乐从
258	汽车配件	广东富华工程机械制造有限公司	勒流
259	汽车配件	广东威捷极光汽车灯具有限公司	杏坛
260	汽车配件	广东亚新汽车传动有限公司	容桂
261	汽车配件	广东志达钢管制造有限公司	龙江
262	汽车配件	亿达汽车密封件有限公司	龙江
263	软件信息服务业	佛山市动易网络科技有限公司	大良
264	软件信息服务业	广东瑞图万方科技股份有限公司	容桂
265	塑料建材	佛山市顺德区鸿业水泥制品有限公司	北滘
266	塑料建材	佛山市顺德区嘉信灯饰有限公司	容桂
267	塑料建材	佛山市顺德区乐华陶瓷洁具有限公司	乐从
268	塑料建材	佛山市顺德区欧雅典建材制品有限公司	勒流
269	塑料建材	佛山市顺德区奇利电器实业有限公司	勒流
270	塑料建材	佛山市顺德区瑞能科技有限公司	勒流

(续上表)

序	行业	公司名称	所在镇街
271	塑料建材	佛山市顺德区威德利照明有限公司	容桂
272	塑料建材	佛山市顺德区威林工程塑料有限公司	勒流
273	塑料建材	佛山市顺德区煜辉五金电器有限公司	容桂
274	塑料建材	广东地中海卫浴科技有限公司	大良
275	塑料建材	广东东方管业有限公司	杏坛
276	塑料建材	广东港丰电器有限公司	龙江
277	塑料建材	广东利凯尔实业有限公司	大良
278	塑料建材	广东联塑科技实业有限公司	龙江
279	塑料建材	广东伟雄集团有限公司	容桂
280	塑料建材	广东新粤建材有限公司	伦教
281	塑料建材	广东盈然木业有限公司	大良
282	塑料建材	顺德四维实业有限公司	北滘
283	物流、连锁	广东合诚集团有限公司	大良
284	物流、连锁	广东新协力集团有限公司	大良
285	物流、连锁	广东智拓进出口有限公司	容桂
286	物流、连锁	广东国通物流城有限公司	陈村
287	物流、连锁	广东精准德邦物流有限公司	陈村
288	物流、连锁	佛山市乐从供销集团有限公司	乐从
289	物流、连锁	广东进发钢铁实业有限公司	乐从
290	物流、连锁	广东欧浦钢铁物流股份有限公司	乐从
291	医药保健	广东顺峰药业有限公司	大良
292	医药保健	佛山市顺德康富来保健品有限公司	容桂
293	医药保健	广东环球制药有限公司	容桂
294	珠宝首饰	佛山市星光珠宝金行有限公司	大良
295	珠宝首饰	佛山市顺德区万辉珠宝首饰有限公司	伦教
296	珠宝首饰	佛山市顺德区周大福珠宝首饰有限公司	伦教
297	专业市场	佛山市顺德区力源物流城有限公司	陈村
298	专业市场	亚洲国际家具材料交易中心	龙江
299	服务业	广东长鹿环保度假农庄有限公司	伦教
300	专业市场	广东罗浮宫国际家具博览中心有限公司	乐从

顺德慈善组织向基层延伸

顺德慈善会从区、镇（街）向居（村）有序延伸，至2010年年末，顺德区和10个镇（街）都成立了慈善会，200个居（村）中成立了169个福利会，村居慈善组织覆盖率达到84%，区、镇、村三级慈善组织共累积善款4.6亿元。

北滘镇慈善会秉承“乐善好施，功德无量，济困助残，福至攸归”的办会宗旨，围绕着“四助一扶”设立了助学基金、重现光明基金等十五项基金，积极开展各项慈善救助工作，帮助城乡鳏寡孤独、残疾人士、重病人员、贫困群众解决困难，造福社会。2010年，北滘慈善会共筹得善款7915万元，慈善救助支出3420万（含支持村级福利会部分）。其中慈善会专项救助基金支出201万元，救助群众3294人次。爱心超市共收到社会各界捐赠价值约42.92万元物品，发出46.2万元物品。为进一步宣扬慈善理念，延续爱心，北滘党委、政府确定从2010年起每年三月第三个星期日定为“北滘慈善日”，并成功举办了“感恩·回报”受助群众植树活动、慈善珍藏拍卖会、“喜迎亚运，健康与慈善同行”长跑及募捐等多项活动，共筹得善款411.5万元。同时为广泛动员社会力量，努力开拓慈善工作新领域，提高慈善“造血”功能，北滘镇慈善会和北滘公交办开展特色募捐项目“公交与慈善同行”，并将2010年7月18日定为“公交慈善日”，在该镇镇337、338和339共20辆TC公交车上设置“爱心箱”，截止到2010年12月底，善款总数为29077.5元。

2010年容桂街道加大了社会救助力度。通过举办大型慈善基金募集活动，募集了近1亿元善款，壮大了容桂慈善会的救助能力；通过深化居家养老服务和老人“平安钟”服务，培育发展了2家民营老人服务机构，使近600名老人获得服务；通过推广爱心捐助站社区分站，新增了3个爱心捐助站社区分站；通过落实慈善、教育等惠民政策，全年共确定救助对象5692人次，街道一级发放各项救助款680多万元。组织了各类慈善活动，如：

“我行善，我快乐，爱心满容桂”慈善

“我行善，我快乐，爱心满容桂”慈善募捐

募捐。2010年上半年开展了主题为“我行善，我快乐，爱心满容桂”的大型慈善募捐活动，共筹得善款4000多万元。

为玉树灾区捐款

赈灾募捐。2010年初开展抗旱救灾活动，援助我国西南地区旱灾。全区共接收善款115万元并通过佛山市慈善会转送到广西来宾市灾区人民的手上。4月开展抗震救灾活动。4月14日青海玉树发生7.1级特大地震灾害，当地的经济、社会发展和人民的生产、生活经历了严竣的挑战和考验。容桂慈善会积极组织开展筹款活动。全区共接收捐款1268万元并通过佛山市慈善会转送到灾区。

扶贫济困日活动。自2010年起，省委、省政府将每年的6月30日定为“广东扶贫济困日”。6月30日，容桂街道举办首届“广东扶贫济困日”容桂慈善捐赠仪式，拉开扶贫济困活动的帷幕。从6月中旬开展的“广东扶贫济困日”活动，容桂街道共募集慈善捐款600多万元并上缴顺德区慈善会。同时，容桂慈善会协助街道扶贫工作组开展连南对口扶贫募捐工作，积极做好款项的接收及转汇到连南的工作。

教育基金筹款。2010年11月，“2010教育基金百万行”活动在顺德全面铺开，各街道积极发动各级、各单位和社会各界人士参与，容桂慈善会共接收捐款600多万元并转汇到顺德教育基金帐户。

均安镇积极发展慈善事业，通过加强领导、建章立制，管好、用好慈善资金，使真正有困难的群众得到帮助，提高群众的幸福指数。2010年全镇13个居（村）委会全部成立了福利会，全镇慈善事业共募集的慈善资金达1100多万元。配合做好广东省首届“扶贫济困日”并在全镇范围内开展“传递爱心，情暖均安”慈善一日捐、慈善千人宴等一系列的募捐活动；2010年春节期间，开展“爱心助困·情暖万家”春节慰问募捐活动，收到善款近10万元，大米4410公斤，花生油1043升；西南旱灾和玉树地震期间组织专项募捐活动，共收到向西南旱灾捐款8.45万元、玉树地震捐款达41万元，并将善款全额、及时地划拨到灾区。8月，发放“欧阳国立老师暨均安中学八九届初中全体师生助学金”，共资助26名贫困大学生，资助金达52000元；在“全国助残日”和中秋国庆佳节期间，通过均安“爱心超市”向全镇200名残疾家庭及400户贫困家庭发放单车、电饭煲、电风扇、电磁炉等“爱心物资”，切实帮助贫困、残疾、突发家庭、孤寡老人解决生活实际困难；清明节期间，开展由均安慈善会主办、均安幸妍花店协办的第二届“鲜花表孝行·助医献爱心”鲜花义卖系列活动，包括“鲜花义卖”、“灵龟放生”、“爱心饮料”义卖等项目，共三天的义卖活动，扣除成本后筹得善款近1万元，比去年提高40%。均安镇100%全面推进居（村）福利会，使区、镇、居（村）三级慈善组织网络搭建起来，为今后发展慈善事业创造更有利条件。此外，均安慈善会还引导各居（村）按照福利会的有关章程，学习区的相关文件，使居（村）福利会的慈善基金从以往只使用于敬老活动逐步开展到助医、助困、助学、助残等活动。

2010年，龙江慈善会在会员和各界热心人士的积极参与下，共筹集慈善资金1850多万元，用于开展各类扶贫救助工作，共救助10000多人次，发放救助金达325万元。龙江商会会员参与的各项慈善和社会公益事业捐赠累计有1500多万元；龙江教育基金会筹得1200多万元，龙舟协会筹集龙舟发展基金320多万元。为发挥慈善效能，营造慈善氛围。龙江镇开展形式多样的慈善募捐活动：举办春节、中秋重阳慰问募捐活动，开展书画、鲜花义卖、“爱心六一”慈善宣传、慈善音乐会和“扶贫济困”募捐等筹款活动，宣传发动全社会参与慈善，接受各类救灾助困捐款达500万元，在社会上营造日益浓厚的慈善氛围。龙江镇开拓医疗救助新模式：慈善会在政府城乡居民基本医疗保险的基础上，创新对特困人员的医疗救助办法，为该镇的低保、低保临界、五保户和困难复员军人共2710人购买住院医疗补充保险团体险，投入金额近49万元。该镇还开展各项助学活动：镇慈善会、龙江商会和亚洲国际家具材料交易中心举行龙江慈善爱心助学和“博爱慈怀 助育英才”助学活动，补充对就读于中学（包括高中）和大学的困难家庭子女给予助学资助，共资助445人，发放助学救助金138.1万元。加大对贫困老人保障力度：继续资助孤寡老人和五保户入住龙江敬老院；6月，平安钟助老服务正式启动，此项服务得到龙江籍区政协委员热心捐款47.4万元资助建设，截至12月，共有71名贫困老人接受资助享受平安钟助老服务。落实救灾工作：西南五省旱灾和青海玉树地震等抗震救灾募捐活动中，广大市民自发踊跃捐款，筹得救灾款近83万元；2010首届“广东扶贫济困日”募捐活动，筹得善款363万元。推进居村福利会建设。已有16个居村成立了福利会，筹集福利资金超1000万元，有效地汇集民间慈善资金，实现了社会互助与政府救助的有效对接，及时解决困难村民学习难、看病难等问题。为给热心公益人士提供更广阔的资助平台，龙江镇大力助推慈善公益组织发展：从镇教育基金会到龙江慈善会成立，以及村居福利会、仁泽基金会、龙江商会“博爱慈怀，助育英才”专项资金、联塑集团助困基金、龙舟发展基金会、足球

龙江镇机关向青海玉树救灾捐款

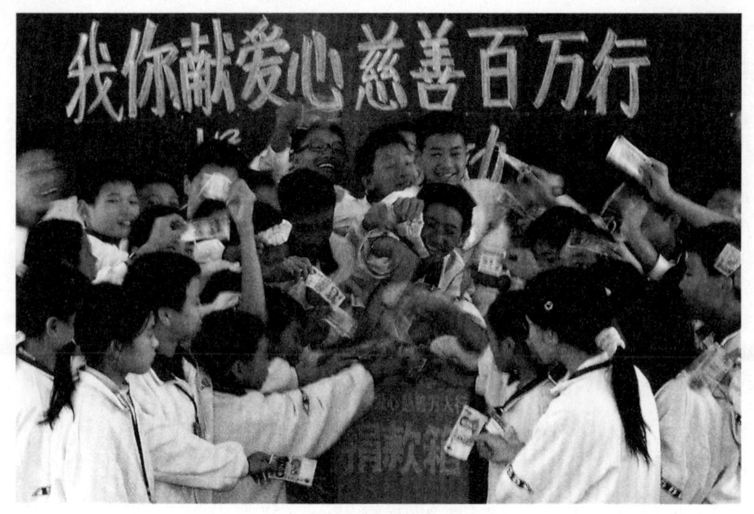

学生为慈善捐款

发展基金会等相继成立。慈善公益组织蓬勃发展，社会各界热诚参与。

2010年陈村镇全年开展救助项目11个，受助人数达2600多人次。11月配合顺德区开展“教育基金百万行”筹款活动，全面发动各界人士参与筹款活动，筹款金额达1866万元。其中社会捐赠为933万，佛山市顺德区骏杰金属材料有限公司、广东申菱空调设备有限公司、佛山市万科置业有限公司三家企业捐款100万元。

为弘扬“人道、博爱、奉献”的社会关爱精神，杏坛镇人民政府和杏坛慈善会从2010年5月19日起正式启动了“爱杏坛·爱慈善”大型募捐活动。7月3日“爱杏坛爱慈善”慈善大巡游活动在顺德杏坛镇文化广场举行，社会各界热心人士以及香港杏坛同乡会、澳门杏坛同乡会的乡亲2000多人参加了这一盛会。

顺德慈善会配合政府构建完善的助学体系，对政府助学范围未覆盖的困难学生给予补充资助：一是对低保家庭子女就读大学二年级或以上年级的，或是低保临界一级家庭子女就读大学的，每人每学年补助5000元，低保临界二级的，每人每学年补助4000元；低保临界家庭子女就读高中、职中、中专的，每人每学年补助1200元。助学经费实行三级负担，比例按6.5:2.5:1分担。二是对低保临界家庭子女就读小学和初中的，推出社会，实行结对助学。助学标准：小学生每人每学年800元，中学生每人每学年1200元。2010年全年共发放助学金503多万元，受助学生共2356人。

大事记

大事记

1月

9日 顺德举行新型农村社会养老保险待遇首发仪式。首批已有10万多名城乡居民参保，其中60岁以上的老人3.6万人，从2010年1月起每月可获得由政府发放的100元基础养老金，其余7万名已参保的群众将获得对账折。

14日 国家工业和信息化部与广东共建OLED产业示范基地协议签署仪式在顺德举行。工业和信息化部、广东省政府签订协议共建OLED产业示范基地。

17日 顺德启动“好学顺德”工程。当日，区内首个图书“通借通还”村居示范点落户勒流龙眼，首批十二家“职工书屋”签约。

20日 中共顺德区委办公室、顺德区人民政府办公室转发佛山市人民政府办公室《关于支持顺德区开展综合改革试验工作第二批下放行政管理权限事项的通知》(佛府办〔2010〕29号)，市政府再向顺德下放行政管理等权限事项236项。

21日 “顺德香云纱（莨绸）联盟标准”新闻发布会在伦教街道办事处举行，顺德首个地理标志产品企业联盟标准——《顺德香云纱（莨绸）联盟标准》正式发布实施。

22日 电子商务发展高峰论坛在乐从举行，会上乐从镇被授予“国家级电子商务试点”牌匾。该试点是首个镇（街）获得的国家级殊荣。

26日至28日 政协顺德区第十二届委员会第五次会议召开。梁国章主席代表区政协常委会向大会作工作报告。

27日至28日 顺德区第十四届人民代表大会第五次会议召开。会议审议通过了《政府工作报告》、《顺德区2009年预算执行情况和2010年财政预算报告》、《顺德区人民代表大会常务委员会工作报告》、《顺德区人民法院工作报告》和《顺德区人民检察院工作报告》。

1月29日至2月4日 顺德举行2010顺德台湾文化风情周。风情周期间举办了台湾特色小吃美食推广、台湾本土民间民俗文艺表演以及台湾风情名胜古迹图片展等活动。

是月 国家工商总局公布认定386件驰名商标，顺德3件商标罗浮宫、甘竹、DTC榜上有名。

2月

1日 顺德与澳大利亚高嘉华市签署友好城市协议，缔结友好城市关系。

4日 顺德召开综治信访维稳工作绩效考核总结大会。会议评选出一批优秀单位和个人，并对2010年工作进行部署。

8日 中国农业银行顺德支行升格为顺德分行。

9日 顺德举行首批“全民健身示范村居”授牌仪式。大良新桂、容桂荣里、勒流黄连、北滘林头和龙江陈涌5个社区被授为“全民健身示范村居”。

10 日 顺德举行公共交通 TC 改革首批线路投入运行启动仪式，大良 6 条 TC 公交线路正式开行。

10 日 顺德区政府批准成立佛山市顺德区水业控股有限公司，根据区政府的决定，该公司与佛山市顺德区供水有限公司实行“一套人马，两个牌子”的运作管理。

21 日 顺德召开政府工作会议。会议下发《印发落实顺德区 2010 年政府工作报告各项工作方案的通知》，并确定责任人和牵头部门。

24 日 副省长雷于蓝到顺德视察，参观了顺德工业设计园、伦教香云纱保护基地和顺德绣庄。

27 日 顺德举行全区供水资源整合签约仪式。供水资源整合后，全区供水将统一规划、管理、建设、水价、服务标准，逐步形成城乡供水一体化的供水格局。

3 月

1 日 顺德正式推出家庭病床服务，方便慢性病患者、顽固性患者的治疗，缓解部分人看病难、看病贵的问题。该项服务是 2010 年顺德 12 项民生工程的内容之一。

10 日 顺德召开区纪委第十一届五次全会暨党风廉政建设工作会议。会议总结了全区 2009 年反腐倡廉工作，并对 2010 年的党风廉政建设和反腐败工作作具体部署。

12 日 佛山市全民义务植树活动暨顺德区绿道建设启动仪式举行。

15 日 顺德区人民政府出台《阳光顺德幸福家园社会发展规划纲要（2009～2020 年）》，规划提出顺德未来 20 年在社会各项事业发展的总体目标、发展途径、评价体系和保障机制。

15 日 顺德获国家体育总局颁授“全国游泳之乡”称号。

19 日 第五届“省长杯”工业设计大赛在顺德启动。

19 日至 21 日 2010（中国）顺德厨卫生活电器暨（中国）顺德家用电器原材料、零配件采购展览会在顺德展览中心举行。展会实行顺德展览中心、顺德美居中心、创意产业园三区联动，实现展会结构跨越式发展。展会以创新的展览方式，突破传统运作模式，实现家电行业的快速发展。3 天共吸引专业观众 3 万多人，采购商近 15000 人。同期，区经济促进局联合区节能协会、顺德供电局在 2010 顺德厨卫生活电器及家电配件展期间举办了“低碳经济下家电业发展方向”为主题的论坛。

26 日 顺德举行顺德区第一人民医院易地新建工程奠基典礼。该工程总投资 15 亿元，计划三年完成。

25 日 根据国务院批准的《横琴总体发展规划》发展要求，经广东省政府协调，顺德区政府与珠海横琴新区管委会签订协议，顺德将中心沟围垦地使用权移交珠海横琴，9 月 30 日前完成所有清场、补偿工作，正式移交珠海开发、管理。

29 日 顺德召开深化行政审批制度改革会议。会议指出，顺德将整合行政服务职能，加快审批服务下移，将一些事务性、操作性强的事项“下放”到镇街办，力争年内在全区 10 个镇街建设行政服务中心，在 10 个村居设立行政服务代办点，方便市民办事。

是日 由顺德区人民政府、广东出入境检验检疫局、顺德出入境检验检疫局合作共建的“国家级家用电器检测重点实验室”、“国家级用能产品能效检测重点实验室”和“电磁兼容（EMC）检测实验室”等三个国家级重点实验室在华南家电研究院举行启动仪式，正式对外服务。

30日 顺德举行永亨银行（中国）佛山支行开业仪式。永亨银行成为顺德首家进驻的外资银行。

4月

5日 《人民日报》头版头条发表文章《顺德“大部制”半年探》，文章指出：“广东启动省市县政府机构改革，以探索大部门体制为主攻点，进一步转变政府职能，理顺政府机构之间的职责关系，并将深圳市、佛山市顺德区、广州市和珠海市作为行政管理体制创新点。其中顺德的改革力度最大、模式最新、局面最复杂而备受关注。”

8日 广东省科技厅、顺德区人民政府和西安交通大学在西安签订共建“广东西安交通大学研究院”框架协议，顺德企业将共享西安交大的科技成果。

15日 顺德首个24小时自助办税服务区正式启用，该服务区位于大良地税分局办税服务厅侧。

19日 省委常委、副省长肖志恒在广州主持召开关于研究协调顺德区深化行政管理体制改革有关问题的会议。会议强调，对顺德在深化行政管理体制改革中面临的困难和问题，省有关部门以及佛山市、顺德区要按照省委、省政府的决策部署，坚持用改革的精神，发展的眼光，从全局谋划，从重点突破，以只争朝夕的态度，切实加大工作力度，加快工作步伐，采取有力措施加以解决，省各有关部门要继续发扬积极主动、认真负责的工作精神，牵头做好各项相关工作。

23日 顺德举行2010年侵权及非法出版物集中销毁活动，近15万张盗版音像制品在顺德体育中心集中销毁。

25日 顺德举行教育综合改革实验区签约仪式。顺德将与中国教育学会合作，在未来三年内对教育体制、人才培养模式等方面进行改革。

28日 全市国税系统首个24小时自助办税厅在顺德区国税局容桂税务分局正式启用。

29日 全省富县强镇事权改革会在顺德召开。顺德区委书记刘海在会上介绍顺德改革经验。

4月30日至5月3日 由广东省经济和信息化委员会指导，广东省中小企业局、顺德区经济促进局主办，顺德中小企业服务中心、佛山市有诚展览有限公司承办的“2010珠三角中小企业日用消费品（顺德）展销会”在顺德展览中心举行。展销会三个展馆共789个展位，展出面积合计超过2万平方米。经统计，展销期间进场参观观众共计十多万人，销售额近亿元。

5月

6日 顺德举行南方医科大学北滘医院签约暨揭牌仪式，北滘医院升格为南方医科大学直属附属医院。

11日 陈村镇国通物流城德邦物流华南运作中心落成开业。

12日 佛山市深化行政管理体制改革工作现场会在顺德召开。

19日 顺德与德国梅塞尔集团签订战略合作协议，引入该集团为顺德西部生态产业新区气体主要配套合作伙伴。

24日 乐从与北京大学签署产学研合作协议。

是日 顺德召开打击成品油市场违法经营行为专项整治会议。此次专项整治工作重点是打击非法加油站点及储运和销售走私油、非标油，非法改装用于经营成品油的油罐车等行为。

6月

10日 顺德举办“清华博士顺德行”活动。

11日 顺德召开全面试行社区矫正工作动员大会。会议要求，6月30日起，启动相应的社区矫正工作。

22日 顺德在英国伦敦举行“伦敦顺德美食之夜”，宣传顺德美食文化。

23日 中国联塑在香港上市。

是日 顺德举行碧桂路改造工程主线、太澳高速通车畅游市民体验活动。

28日 顺德区委宣传部、区委社会工作部、区人力资源和社会保障局联合举办第四届顺德蓝领成长论坛暨“顺德优秀蓝领成长故事报告团”成立活动，会上还举行了《顺德工人》创刊号发行仪式。

29日 广东省人民政府批准同意，从2010年7月起，对顺德区实行省直管县财政体制。

是日 顺德区人民政府下发文件认定美的集团有限公司等300家企业为顺德区龙腾企业。30日，举行“龙腾企业”授牌仪式，向300家“龙腾企业”代表颁发牌匾。

30日 作为佛山慈善万人行的分会场活动，顺德举行“扶贫济困日”慈善万人行活动，共筹得善款4250万元。

7月

9日，顺德与武汉理工大学签约共建广东（顺德）信息与机电研究院。

15日 区委、区政府印发《关于“简政强镇”事权改革的实施意见》，在总结容桂街道试点经验的基础上，对全区各镇（街）推进简政强镇工作作出部署，标志着顺德简政强镇事权改革全面推进，该项工作要求2010年9月底前基本完成。

是日 顺德举行彩虹集团4.5代AMOLED生产线签约仪式。4.5代AMOLED项目是彩虹集团打造南方产业基地的重要组成部分，彩虹集团将投资94.6亿元建设两条4.5代AMOLED生产线。

19日 顺德召开全区干部大会。会上宣读顺德区委书记人事变动，经省委批准，梁毅民同志任顺德区委书记，刘海不再担任顺德区委书记职务。

20日 中科院广州技术转移中心顺德基地挂牌，该基地由中科院广州技术转移中心“顺德工作站”升级。

30日 顺德区委召开十一届十次全体（扩大）会议。会议总结了全区上半年经济社会发展情况，对下阶段工作进行部署。

是日 顺德区委、区政府主要领导分别到所联系的镇街参加简政强镇改革动员大会。除容桂外的9个镇街举行了新机构挂牌仪式。从8月1日开始，全区10个镇街将以新体制对外办公。

8月

2日 省长黄华华到顺德调研，参观考察了广东工业设计城。

7日 第一届全国餐饮学术年会暨中国烹饪专家工作委员会二届二次全会在顺德举行。本届年会由顺德职业技术学院承办。

11日 第16届亚运会颁奖礼仪专业志愿者培训基地在南方医科大学顺德校区挂牌。

16日 彩虹（南方）研究院在顺德挂

牌成立，标志着彩虹 OLED 研发在广东省扎根。

19日 “2010顺德书香节”启动，本次书香节通过举办学习博览会、读书交流、系列书展、图书服务、名家讲座、文化展示、理论研讨、书画表演、论坛讲坛和各类读书活动，把书香节打造成为“地方文化界盛会，读书人节日”。

20日 顺德区第十四届人大常委会第三十八次会议审议通过，邹国祥同志为顺德区第十四届人大常委会代理主任。

22日至25日 全省高校领导干部暑期读书班在顺德举办。

23日 省委常委、组织部部长李玉妹到顺德开展党建工作专题调研，先后参观了区行政服务中心和“顺德基层党建成果展”。

是日 2010年广东省职业技能大赛中式烹调师、中式面点师总决赛在顺德梁球琚职业技术学校开幕。此次竞赛为期3天。

25日至27日 国务院国资委在顺德召开部分省市县级国有资产监管工作研讨会。

26日 广东省促进高端新型电子信息产业发展现场会在顺德举行。会上，顺德 OLED 产业基地被授予“广东省战略性新型产业基地”牌匾，还进行了 OLED 企业聚集广东协同发展签约仪式。

27日 顺德股权投资基金创立暨信用体系建设启动。

是日 全区电力工作会议召开。

是月 区政府成立顺德区规划委员会，其中公务委员25名，非公务委员25名，下设发展与策略专业委员会、城市空间与环境专业委员会、交通与市政专业委员会及秘书处。

9月

6日 顺德召开党政联席会议，传达落实省委书记汪洋在听取顺德经济社会工作情况汇报时的重要讲话精神，坚定不移推进综合改革试验工作。

7日 顺德召开简政强镇事权改革事权调整动员大会。此次事权调整按照“宏观决策权上移、微观管理权下移”的原则，确定3197项行政管理事项划由镇街行使，涵盖行政审批、行政处罚、行政强制措施、行政确认、行政裁决、行政征收、行政给付、行政监督检查和其他管理事项8大类。

10日 省委副书记、省纪委书记朱明国到顺德区调研，专题调研佛山纪检监察机构改革与顺德大部制改革。

是日 顺德召开2010年教师节暨教育基金会奖教奖学颁奖大会。

12日 顺德成立区公共决策咨询委员会。首批决策咨询委员会委员共48人，分别来自北京、省内及区内对综合管理、社会民主、城市建设、产业发展、体制改革等方面具有较强研究的学者、专家、企业家以及一线工作

顺德绿肺——顺峰山公园

代表等。区委、区政府为决策咨询委员会委员颁发聘书，随后举行了首届委员论坛。

14日 省委常委、副省长肖志恒到顺德考察，参观了2010年广东省职业技能大赛家电装配工总决赛竞赛现场和美的集团。

15日 佛山市“简政强镇”事权改革工作会议在顺德举行。会议总结推广了顺德“简政强镇”事权改革的经验。

16日至19日 第三届中国（顺德）国际工业设计创意博览会在顺德展览中心举行。本次展会以“人·家”为主题，分设3大展馆，共200多家企业、院校与个人参展，参观人数达3万人次，吸引来自国内、省内，特别是顺德周边等地近万家企业前来参观洽谈，专业观众超过1万人次。展会期间还举办了国际高峰论坛、国际工业设计培训课程及多场设计和趋势发布会。

19日 大良街道全面实施TC公交暨公共自行车服务系统正式启动。

20日 广东省质量技术监督局与顺德区人民政府签署《推动顺德建设质量强区，打造现代产业之都合作备忘录》。省质监局将支持顺德实施技术标准战略、支持建设公共技术检测服务平台、支持顺德加快传统产业转型升级和节能减排、支持顺德加快WTO/TBT预警通报平台和TBT信息通报评议机制建设等10项措施，支持顺德质量强区工作。

19日至20日 顺德作为全国唯一的县区级代表在全国国资系统指导监督工作座谈会上作典型发言。

21日 顺德区委印发《中共佛山市顺德区委 佛山市顺德区人民政府深化综合改革试验领跑全国县域发展行动纲要(2011～2015年)》（顺发〔2010〕12号），提出未来五年顺德发展的总体目标和32项重要任务。

26日 第五届岭南美食文化节举行开幕式暨第五届顺德私房菜大赛总决赛举行。开幕式上，中国烹饪协会正式授予顺德“中国美食名城”牌匾，这是中国第一个获此荣誉的城市。开幕式上还进行了“世界美食之都”申报书递交仪式，“中国烹饪学院（筹备）”授牌仪式，“中国粤菜标准体系研究项目”启动仪式，“中国粤菜博物馆”落户顺德签约仪式等活动。本届岭南美食文化节活动7月启幕，历时三个月，期间举行了主题为“粤味经典”的顺德传统菜式征集活动和“顺德食神”评选、岭南风味美食展、万人龙舟宴、美食万人游、顺德首届餐饮业风云榜、啤酒嘉年华等活动；举办了“中日美食交流”、“港澳名厨精品宴”等活动，邀请日本和港澳名厨代表到顺德；走出顺德，跨出国门，举办了“上海顺德美食周”、“加拿大顺德美食活动”、“法国顺德凤城美食之夜”等活动，推广顺德菜；还举办了均安旅游美食嘉年华、镇街美食发现之旅、顺德美食情意联盟等一系列新颖活动。活动涉及主题饮食、特色展销、娱乐休闲以及旅游消费四大主题，宣传推广顺德美食文化，为市民打造好吃、好看、好玩的“顺德味道”。

29日 广东省第十一届人民代表大会常务委员会第二十一次会议通过《广东省人民代表大会常务委员会关于促进和保障佛山市顺德区综合改革试验工作的决定》，正式以法律形式赋予顺德依法行使地级市的行政管理权。此举意味着顺德从法律上彻底拥有了地级市的管理权限。这也是广东省首次以人大常委会决定形式为地方改革提供法制保障。

9月30日至10月3日 由佛山市经济贸易局、顺德区人民政府共同主办的“2010广佛迎亚运欢乐购物节”在顺德展览中心举行。购物节展场分为品牌折扣区、外贸精品区、内销品牌区，大型家电卖场及汽车展区。200多家企业携旗下数千种产品进场展销，累计进场人数10万人次，现场成交额达7千万元。

是月 区政府成立顺德区德胜河一河两岸开发建设指挥部。指挥部下设办公室、北岸和南岸两个建设开发工作组。

10月

1日至28日 顺德举行区第十届运动会。本届运动会共进行了17个大项、419个小项的比赛，有近8000名运动员、教练员、裁判员参与了本次盛会，是顺德历史上规模最大、参与最广、项目最多的一届体育盛会，共有27人次刷新26项顺德青少年纪录。运动会上，大良代表团获得成年组团体冠军，容桂和伦教代表团分别获得亚军和季军；少年组团体冠军则由容桂代表团获得，大良和伦教代表团分别获得亚军和季军。

9日 国家统计局局长马建堂到顺德调研。

9日 顺德区长者津贴发放正式启动。根据《关于对顺德户籍老年人发放长者津贴的通知》文件精神，具有佛山市顺德区户籍，年满80周岁的长者即可享受长者津贴，按年龄阶段80~89岁每人每月补贴100元、90~99岁每人150元、100岁及以上300元。

13日 顺德区科技交流活动中心在顺职院挂牌成立，为顺德区开展科技工作开辟新天地。

15日 顺德召开“三旧”改造暨交通绿道建设工作会议。

18日至21日 2010中国顺德国际家用电器博览会在顺德展览中心举行。本届展会规模达到30,000平方米，较上年增长22%，参展商数量502家，较上届增长14%，4天展会吸引了共计24,573名海内外专业观众，参观总人次达65,000人次。家电展还举行了以“光耀亚洲，经典十年”为主题的十周年庆典。

19日 顺德区总工会成立区工会特约律师库，该律师库由来自区内38间律师事务所的47名律师组成。

22日 顺德区五套班子领导进行公开大接访。区委书记梁毅民等4位区领导接访了22批60人次，接访涉及公安、房产、水利、社保等多个方面。

28日 中共中央政治局委员、国务院副总理张德江，中共中央政治局委员、广东省委书记汪洋一同到顺德调研，先后参观了广东欧浦物流钢铁股份有限公司、美的集团、广东工业设计城。

28日至29日 美的集团举行销售突破千亿暨总部大楼落成庆典。

11月

1日 第六次全国人口普查正式入户登记。

3日至4日 全国出口工业产品企业分类管理工作现场会在顺德召开。

5日至7日 世界顺德联谊总会第七届恳亲大会暨2010年顺德教育基金百万行在顺德举行。来自世界五大洲21个国家和地区60个社团1200余名乡贤齐聚家乡顺德，参加了本次活动。本次恳亲大会是历年来规模最大、日程最长、内容最丰富的一届，举办了包括“第五批顺德荣誉市民”颁授仪式、世界顺德联谊总会第七届恳亲大会开幕式、顺德民俗嘉年华、慈善晚会、教育基金百万行等活动。其中,“2010年顺德教育基金百万行”活动，得到各级领导、海外乡亲、相关企业、社会团体和市民的大力支持，逾万人踊跃参加，活动筹得款项约1.3亿元。

8日 彩虹（佛山）OLED项目一期试生产暨二期开工仪式举行。

13日 经过国家知识产权局组织专家严格评选审核，顺德区5家企业的5项专利被国家知识产权局与世界知识产权组织授予第十二届中国专利奖。其中美的集团的“电压力锅（MY-CS20）”专利荣获第十二届中国外观设计金奖（全国共计5名），实现顺德中国专利（外观设计）金奖零的突破；广东德冠包装材料有限公司的“一种纸塑无胶复合用双向拉伸聚丙烯薄膜及其制备方法”专利荣获中国专利优秀奖（金奖提名）；海信科龙的“分体式落地式房间空调器（K08004）”、格兰仕集团的“微波炉（N6-RO）”及新宝电器的“豆浆机（BL9230）”等3个专利分别获得第十二届中国专利奖——中国外观设计优秀奖（全国共计33名）。

16日 第五届“省长杯”工业设计大赛总评答辩会在顺德举行。本届“省长杯”工业设计大赛上，顺德23个项目获奖，占总数近四成。

18日 “潘健生院士工作室”和“杨叔子院士工作室”两间院士工作室正式在顺德挂牌落户。

是日 中国银行佛山顺德支行升格为顺德分行。

20日 顺德举行“中国音乐家协会顺德合唱基地”签约授牌仪式，并启动顺德音乐周活动。

21日 中国联塑总部大楼奠基。

23日 2010年李小龙文化节盛大开幕。本次文化节内容包括2010中国武术散打——职业泰拳争霸赛、“顺德龙情——从武术巨星到中国文化形象”图片展览、第六届功夫群英会、李小龙故里文化巡礼、顺德文丛专著《李小龙》再版首发等系列活动。

24日 顺德区委、区政府发通告面向社会公开征集2011年为民办实事建议项目，此次征集从11月25日起至12月20日止。

12月

1日 顺德成立广东顺德控股集团有限公司。该公司将成为顺德本地经济产业转型的发动机、产业服务和孵化的平台、投融资和资本运作的平台。

1日至12日 2011年政府工作民意咨询活动由区政府委托第三方民意咨询机构——深圳公众力商务咨询有限公司进行，这在顺德尚属首次。

6日 顺德区2010年第四季度防范重特大事故暨预防道路交通事故联席会议召开。会议总

顺德新城区德胜广场

结了2010年以来道路交通安全情况和安全生产情况，并对下一阶段工作进行部署。

9日 顺德召开居（村）行政服务中心建设工作会议。会议听取容桂街道建设居（村）行政服务中心的工作经验介绍，并对全区各镇、街道建设居（村）行政服务中心做动员，要求在2011年1月底之前基本实现一个居（村）有一个行政服务中心的目标。

9日 暨南大学与顺德区政府共建暨大医学院附属顺德妇儿医院的签字仪式在区妇幼保健院举行。

16日 顺德举行顺德·英德区域经济合作签约仪式。顺德将在英德建36平方公里的区域经济产业园，两地共建新型区域合作模范区。合作协议的签署，正式拉开合作共建“广东顺德（英德）产业园”的序幕。

是日 顺德区经济促进局举办2010年广东省信息化与工业化融合高峰论坛。论坛期间，顺德两化融合创新中心、广东省两化融合创新中心顺德分中心正式挂牌。

23日至26日 由农业部和广东省政府联合主办，广东省农业厅、佛山市政府承办的第三届广东现代农业博览会在陈村花卉世界举行。本届农博会包括综合展示区、省直有关单位展示区、21个地级以上市展示区、涉农科研院校展示区、农机展示区和展销区，其中展销区设219个标准展位。参展产品包括农、林、牧、渔名优新产品及其加工产品，先进适用农业机械及农资用品等。开幕式现场举行农业经贸签约仪式，现场签订60个项目，金额达196亿元。

23日 顺德区妇女第十二次代表大会召开。

是日 顺德区规划委员会成立大会暨第一次全体会议召开。会议审议《顺德区规划委员会章程》（草案），详细介绍《佛山市顺德区交通规划》成果。会上还向区规划委员会委员及专家顾问颁发了聘书。

24日 顺德区水上交通（溢油）应急指挥中心成员单位第一次会议暨挂牌仪式举行。

24日 顺德区与开平市正式签订合作协议，合作共建“开平市翠山湖新区顺德工业园”。该园总规划控制面积约10000亩，目标是把开平市翠山湖新区顺德工业园建设成为基础设施完善、产业配套完备、产业特色鲜明、产业集聚发展、公共服务优质，辐射带动顺德、开平两地，促进两地经济社会发展转型的强大引擎。

25日 顺德国防教育训练动员作战指挥中心建设奠基。

27日 顺德区召开实施基本药物制度通报会及新闻发布会，通报《顺德区执行国家基本药物制度实施方案（试行）》等相关配套文件，正式在全区启动国家基本药物制度。

29日至30日 顺德召开务虚工作会议。会上，各大部门首长和镇街一把手点评2010年顺德精彩之处，提出明年要干的大事，直面困扰顺德发展的难题。十个镇街对要形成合力达成共识。

顺德概况

顺德概况

地理环境

【地理位置】

顺德区地处东经 113° 1′ ~113° 23′，北纬 22° 40′ ~23° 2′，位于广东省中南部，珠江三角洲腹地，北接佛山市禅城区，东连广州市番禺区，南邻中山市，西与江门市和佛山市南海区接壤，毗邻港澳，地理位置优越。全区东西相距 38.7 公里，南北相距 38 公里，总面积 806.55 平方公里。

【地形地貌】

顺德区境内绝大部分属于由江河冲积而成的河口三角洲平原，土地肥沃。地势西北略高，东南稍低。大部分地区平均海拔为 0.7~2 米，平原上散布多处小山丘。地形分为平原、水域、丘陵和台地四大类。其中平原面积占 58.7%；水域（含河流、水塘）面积占 37.4%；丘陵和台地面积占 3.9%。最高山为东南部的顺峰山大岭（海拔 172.5 米），其次为西部龙江镇的锦屏山(海拔 172 米)。境内河涌交错，水网交织，主要河道有 16 条（段），总长 210 公里；主要河流依地势从西北流向东南，河面宽度一般为 200~300 米，水深 5~12 米。主要水道有西江、顺德水道、顺德支流、马宁水道、李家沙水道、容桂水道等。多数河流河床较深，利于通航、灌溉、养殖。

（熊俊才）

【气候】

2010 年，顺德气温略有偏高，降水总量偏多，日照时数略多，台风影响偏少。年平均气温 23.2℃，高于历年同期平均值 1.1℃，极端最高气温 36.8℃(7 月 5 日、8 月 5 日)，极端最低气温 3.9℃(12 月 17 日)。除 4 月、6 月平均气温偏低 1.6℃、0.6℃外，其余各月都偏高 1 ~ 2℃左右。2 月份平均气温变化幅度较大，其中 2 月上旬和下旬平均气温分别偏高 6.0℃和 6.1℃，而 2 月中旬受持续强冷空气影响，日平均气温连续 9 天低于 12℃(12 日至 20 日)，2 月最高气温 30.0℃，是历史同期第 2 个高值年。4 月平均气温比历年同期偏低 1.4℃，其中上、中、下旬平均气温分别偏低 0.2℃、1.8℃和 2.1℃。4 月中旬受冷空气影响，15 日、16 日连续两天最低气温 11.4℃，破历年同期最低气温。12 月中旬中期受强冷空气影响，16 日最低气温 6.2℃，为近 25 年同期最低气温，17 日最低气温 3.9℃，为近 35 年同期最低气温。大于等于 35℃的高温日有 27 天，同比多 17 天。

年总降雨量 1908.0 毫米，较常年偏多近一成五。雨日 148 天，接近历年平均值。其中：3 月、8 月、10 月、11 月、12 月雨量同比分别偏少 7 成、6 成、3 成、8.6 成、3.5 成；1 月、2 月、4 月、6 月、7 月、9 月雨量同比偏多，9 月份偏多最为明显，为历史同期平均值的 1.5 倍，其次 1 月、2 月和 4 月雨量也明显偏多，1 月上、中旬、2 月上旬、中旬、4 月下旬都偏多 1 倍以上。龙舟水期间（5 月 21 日至 6 月 20 日）降水 291.4 毫米，与同期（266.3 毫米）基本持平。年暴雨日 10 天，比常年多 3.4 天。

日照 1848.0 小时，比常年值偏多 7%。气压：平均 1010.4 百帕；最高 1029.2 百帕（3 月 10 日）；最低 993.9 百帕（9 月 20 日）。相对湿度：平均 72%，最小 13%（12 月 31 日）。平均风速：2.1 米 / 秒，年最多风向为东南偏南风。

年内影响顺德的热带气旋有“灿都”、“狮子山”2 个。受“灿都”影响，7 月 22 日 8 时到 23 日 8 时顺德东片区域出现大到暴雨，西片区域出现中雨，平均风力 4 到 6 级、最大阵风 7 到 8 级。受“狮子山”减弱后的低压槽影响，9 月 3 日 8 时至 4 日 8 时顺德普降暴雨到大暴雨，25 个自动站降雨量超过 100 毫米，其中最大降雨量出现在勒流镇，为 177.3 毫米。

（陈景虹）

【水资源和水文情况】

◆水资源量　根据省水文局顺德水文勘测队提供的资料显示：2010 年全区地表水资源量 6.49 亿米³，比常年偏多 13.5%；地下水资源量 1.25 亿米³，水资源总量 6.71 亿米³。全区入境水量 2371.3 亿米³，出境水量 2375.2 亿米³。

◆水资源利用　2010 年，顺德共有 56 家取水工程，56 个取水口，其中自来水厂 17 间 17 个取水口，企业自备供水 38 个取水口。年取水总量 12.1 亿米³，其中顺德区年取水量 8.5 亿米³（含生活用水 1.96 亿米³、工业用水 1.56 亿米³、发电用水 4.96 亿米³、其他 0.03 亿米³），广州自来水公司（南州水厂）从顺德境内北江干流顺德水道取水 3.6 亿米³。

◆水文概况　顺德位于珠江三角洲网河区，有西、北江过境干（支）流共 16 条（段），总长 210 公里，河宽 200 ~ 300 米，区内天然年径流量一般小于 10 亿米³，但西、北江过境干（支）流流经本区带来大量过境水，据统计，近年年过境水量 2000 ~ 3300 亿米³，故可供利用的水资源十分丰富。区内河流受潮汐影响明显，常有顺、逆双向流发生。

（熊俊才）

人文历史

【建置沿革】

顺德建县前的地域，春秋战国时为百越地，秦代起属南海郡番禺县，隋代起属番禺县分出的南海县，五代南汉时属南海县分出的咸宁县，宋初重新并入南海县，元代及明初沿袭宋制。明英宗正统年间黄萧养起义后，朝廷为加强对起义策源地的控制，于景泰三年四月二十七日（1452 年 5 月 16 日）将南海县的东涌、马宁、西淋、鼎安 4 都 37 堡及新会的白藤堡划出，设置顺德县。

建县至清末，均属广州府管辖。民国初年隶属粤海道，民国九年（1920 年）废道后直属广东省管辖。1950 年划入珠江专区。1952 年属粤中行政区。1956 年隶属佛山专区（1970 年起改称地区）。1958 年 12 月 15 日至 1959 年 6 月曾与番禺县合并，称番顺县，此后恢复原建制。1983 年 6 月实行市管县体制后，隶属佛山市。1992 年 3 月 26 日，撤县建市。2002 年 12 月 8 日，国务院批准调整佛山市行政区划，顺德撤市改为佛山市顺德区。2010 年 9 月 29 日，广东省第十一届人民代表大会常务委员会第二十一次会议通过《广东省人民代表大会常务委员会关于促进和保障佛山市顺德区综合改革试验工作的决定》，正式以法律形式赋予顺德依法行使地级市的行政管

理权，意味着顺德从法律上彻底拥有了地级市的管理权限。（杨　力）

【行政区划】

至2010年底，顺德下辖大良、容桂、伦教、勒流4个街道和北滘、陈村、乐从、龙江、杏坛、均安6个镇，共设社区居委会和村委会200个，其中社区居委会92个，村委会108个。（下页附：顺德区村居名称一览表）（廖志强）

【人口与民族、宗教、语言】

2010年，顺德总人口约246万人，其中户籍人口122万人，当年户籍人口出生为12435人，人口出生率为10.20‰，自然增长率为4.78‰。顺德是汉族聚居地区，少数民族人口多因务工、婚嫁等原因迁入。据统计，全区共有少数民族43个，人口12万多人，其中常住少数民族36个，常住少数民族人口5869人，流动人口11.5万多人，主要分布在大良、容桂、乐从等镇（街）。

顺德区内共有佛教、道教、天主教、基督教和伊斯兰教5大宗教，批准开放的宗教开放场所有22间（其中天主教6间、基督教7间、佛教8间、道教1间），宗教教职人员89人，信徒5万多人。

顺德方言与广州话同属方言中的“粤海片”，语法、词汇基本相同，差别仅在语音和语调上。（陈晓亮）

【华侨、港澳台同胞】

顺德是一个拥有50多万华侨华人和港澳乡亲、约1.5万名归侨侨眷的侨乡，侨力资源丰富。早期，顺德华侨大多分布于东南亚和东南非及美洲各国。20世纪70年代起特别是改革开放以后，不少邑侨跨越洲际，从经济落后的亚洲、非洲转向发达的欧洲、美洲和大洋洲。顺德现有华侨华人约20万人，分布在世界五大洲56个国家和地区，其中以东南非和东南亚为多。近年来，顺德的华侨已有向欧美国家转移的趋势，如法国、加拿大、美国等。另外，顺德现有港澳乡亲30余万人。分布世界各地的顺德侨团超过60个，以马来西亚、美国、加拿大、马达加斯加、南非、港澳等国家和地区最为集中。其中有些侨团历史悠久，成立时间超过100年。近年来，随着在顺德务工和投资的台湾同胞日渐增多，台商于1995年成立了佛山市台协顺德台商联谊会，2002年1月正式更名为顺德台商投资企业协会，现有会员70多家。（谭　玺）

【旅游资源】

顺德经济较为发达，连续多年综合实力位居全国百强县（市）前列。在经济、社会发展日趋完善的基础上，顺德旅游已初具规模，显示出勃勃生机。2010年，全区旅游业保持平稳发展的良好势头。全年旅游收入达73.72亿元，同比增长13%。旅行社营业收入约69250万元，同比增长约21.5%；主要星级酒店及待评星级大型酒店营业收入约63500万元，同比增长约12%；主要旅游景点接待游客约697万人次，景点营业收入达9825万元，同比增长约12%。

顺德旅游资源丰富，拥有众多的特色景点。融汇岭南特色建筑、园林、木雕、灰塑、书画等艺术于一体的顺德清晖园为清代广东四大名园之一，堪称岭南园林的杰出代表，是国家4A级旅游景区；坐落在“中国历史文化名村”碧江的碧江金楼古建筑群体现了岭南水乡古建筑艺术特色，其巧夺天工的金木作，金碧辉煌，令人叹

附:顺德区村居名称一览表

镇(街)名称	社区居民委员会名称	村民委员会名称
大良街道办事处(19个社区居委会,2个村委会)	南华、升平、府又、中区、文秀、北区、金榜、新桂、顺峰、云路、新松、新滘、红岗、大门、近良、南江、苏岗、五沙、德和	古鉴、逢沙
容桂街道办事处(23个社区居委会,3个村委会)	卫红、朝阳、东风、容新、德胜、振华、容山、桂洲、红星、细滘、海尾、幸福、红旗、四基、南区、容里、高黎、扁滘、华口、容边、上佳市、大福基、小黄圃	穗香、马冈、龙涌口
伦教街道办事处(2个社区居委会,8个村委会)	三洲、常教	永丰、鸡洲、熹涌、霞石、荔村、新塘、羊额、仕版
勒流街道办事处(5个社区居委会,17个村委会)	黄连、勒流、光大、新城、大晚	勒北、东风、新明、江义、扶闾、稔海、上涌、江村、南水、众涌、龙眼、西华、富裕、连杜、新安、裕源、冲鹤
北滘镇(8个社区居委会,10个村委会)	碧江、北滘、槎涌、广教、林头、碧桂园、三洪奇、顺江	上僚、三桂、桃村、莘村、西海、水口、马龙、西滘、高村、黄龙
陈村镇(8个社区居委会,7个村委会)	旧圩、勒竹、赤花、锦龙、南涌、合成、永兴、花城	弼教、石洲、仙涌、庄头、大都、潭洲、绀现
乐从镇(4个社区居委会,19个村委会)	乐从、平步、腾冲、沙滘	新隆、葛岸、良教、上华、小布、荷村、大墩、小涌、岳步、良村、劳村、道教、大罗、路州、大闸、水藤、沙边、罗沙、杨滘
龙江镇(9个社区居委会,13个村委会)	龙江、龙山、苏溪、西溪、坦西、排沙、陈涌、世埠、东涌	旺岗、仙塘、沙富、集北、东海、官田、麦朗、西庆、万安、南坑、东头、左滩、新华西
杏坛镇(6个社区居委会,24个村委会)	齐杏、杏坛、罗水、吕地、雁园、马齐	海凌、桑麻、逢简、龙潭、北水、吉祐、西北、上地、高赞、新联、昌教、路涌、马宁、马东、西登、麦村、光华、古朗、东村、南华、右滩、南朗、光辉、安富
均安镇(8个社区居委会,5个村委会)	均安、仓门、沙头、三华、新华、天湖、鹤峰、南沙	星槎、南浦、沙浦、天连、太平
合计	92	108

乐从启动六纵六横路网大建设

为观止；南粤保存最为完好的古村落——杏坛逢简水乡，小桥流水，纯朴水乡风情让人沉醉；广东最大的寺院之一——千年名刹宝林寺，规模宏大，古朴庄严；依山而建的西山庙，高大轩豁，装饰极富岭南地方色彩。

在社会经济不断发展的基础上，顺德的现代旅游资源也散发出自己独特的魅力：国家4A级旅游景区——长鹿休闲度假农庄，五大园区，各具特色，精彩纷呈，是领略顺德水乡风情、农家生活情趣的绝好去处；集花卉生产、销售、观赏、旅游于一体的陈村花卉世界，五彩缤纷的花海蔚为壮观；以祖籍顺德的国际武打巨星李小龙为品牌依托的李小龙乐园，李小龙武术文化与岭南水乡生态文化相结合，极具吸引力；位于乐从龙江镇之间、绵延10多公里的家具城，是全国乃至全世界最大规模的家具市场，也是顺德蓬勃发展的商贸旅游的缩影；集旅游购物于一体的南国丝都丝绸博物馆，则展示顺德制造的源头——丝绸产业发展历程。广东省首批工业旅游示范单位万辉珠宝城，则是集钻石文化展示、观赏、体验、购物于一体的珠宝主题园；顺德城区重要的城市公园顺峰山公园，拥有气势恢宏的“亚洲第一牌坊”，气势磅礴。

顺德还拥有新世纪农业园、碧桂园农庄等以“农村生活”为主题的新型农业休闲旅游度假区和君兰高尔夫、均安碧桂园高尔夫等一流的高尔夫球场。除此之外，顺德的民间传统和文化世代延续，顺德是龙舟之乡和粤剧之乡，龙舟竞渡和粤曲技艺远近闻名，民俗文化及活动充满魅力。

顺德还是著名的美食之乡，是粤菜的发源地，中国三大厨师之乡之一，中国首个“中国美食名城”，美食文化源远流长，闻名遐迩，民间素有“食在广东，厨出凤城”之说。区内餐饮业发达，现有餐饮企业5000多家，名店名厨荟萃，是全国餐饮名店、名师最密集的地区之一。美食已成为顺德极具特色的旅游资源。

【民俗文化】

截至2010年，顺德共累计申报成功4项区级非物质文化遗产（水乡农谚、咏春拳、广绣、春节习俗），2项市级非物质文化遗产（三字经、赛龙舟），2项省级非物质文化遗产（八音锣鼓柜、陈村花会），3项国家级非物质文化遗产（香云纱染整技艺、龙舟说唱、人龙舞）。咏春拳正在筹备申报省级非物质文化遗产，顺德美食正在进行非物质文化遗产项目申报可行性研究。2010年世博会广东活动周期间（7.26~8.1），香云纱和唱龙舟作为广东省非物质文化遗产项目参加广东周的展演活动，获得成功。

（江　霞）

经济建设

2010年，顺德坚持以邓小平理论和

"三个代表"重要思想为指导，深入贯彻落实科学发展观，加快推进经济发展方式转变和经济结构调整，着力实施《珠江三角洲地区改革发展规划纲要(2008~2020年)》和《中共佛山市顺德区委佛山市顺德区人民政府深化综合改革试验领跑全国县域发展行动纲要（2011~2015)》，全区经济保持平稳较快发展。是年全区生产总值（GDP）1935.57亿元，比上年增长14.5%。其中，第一产业增加值34.60亿元，增长3.8%，对GDP增长的贡献率为0.5%；第二产业增加值1223.60亿元，增长18.1%，对GDP增长的贡献率为77.5%；第三产业增加值677.37亿元，增长8.8%，对GDP增长的贡献率为22.0%。三次产业结构为1.8：63.2：35.0。在第三产业中，批发和零售业增长12.7%，住宿和餐饮业增长21.7%，金融业增长5.2%，房地产业增长9.0%。民营经济增加值1053.69亿元，增长14.8%。

不断强化规划引领。2010年，顺德编制"十二五"规划，成立区规划委员会，形成以四大规划为骨架，各专业专项规划相互衔接的"大规划"体系，统筹城乡发展，合理配置资源，初步实现国民经济和社会发展、城乡建设、产业发展、土地利用、生态保护等规划"多规合一"的模式。全年全社会固定资产投资392.7亿元，比上年增长14.6%。其中，基本建设投资140.2亿元，下降3.4%；更新改造投资88.7亿元，增长13.8%；房地产开发投资144.69亿元，上升40.2%。分投资主体看，外源型经济投资41.12亿元，下降8.1%；内源型经济投资351.63亿元，增长18.1%。其中民营经济投资127.82亿元，下降8.2%。分三次产业看，第二产业投资95.03亿元，下降7.9%，其中工业投资94.94亿元，下降7.8%；第三产业投资297.7亿元，增长24.5%。

城市建设方面确立沿路沿河并举的发展思路，德胜河一河两岸、顺德新城德胜商务区启动建设，各镇街城市建设日新月异。城市快速交通网初步成型，广珠城际铁路、太澳高速二期、珠二环高速南环段、东新高速（顺德段）建成通车，碧桂路、佛陈路快速化改造工程投入使用。2010年度40项重点水利工程如期竣工，7项电网工程建成投产。完成"三旧"改造标图建库、政

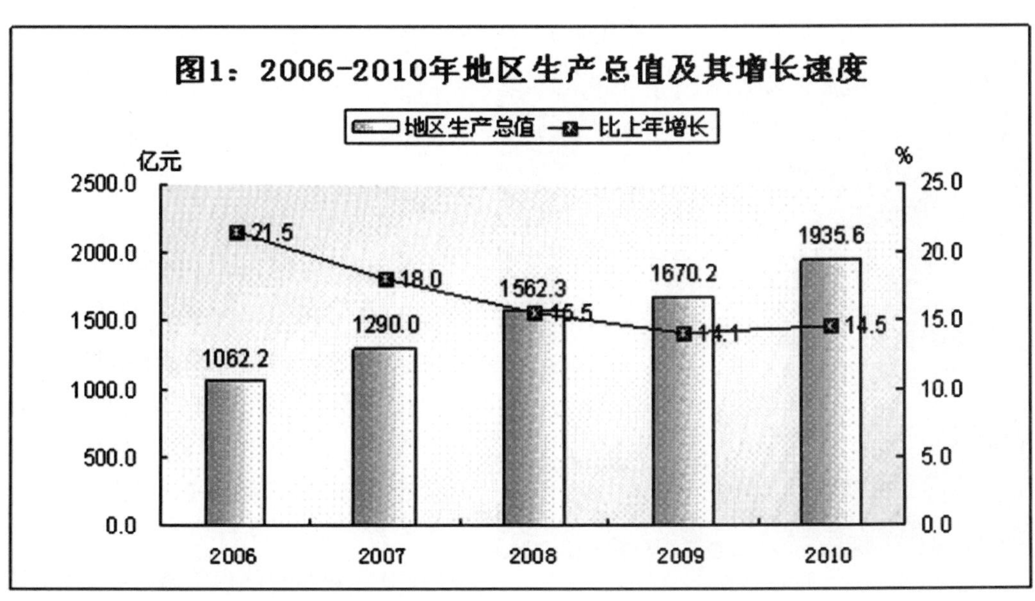

策配套、规划修编等基础性工作。

顺德城市环境持续优化。单位GDP能耗下降5.7%，大气质量不断改善。公示排污企业，接受公众、媒体监督。关停14家电镀生产企业。完成内河涌整治384.3公里，试点应用生物治污技术，乡村河流更加清澈。新建和扩建污水处理厂4家，配套污水管网通水运行250公里，试点对村居垃圾收集点进行密闭化改造。精心绿化美化家园，新增、改造绿化面积164.8万平方米，建成区域绿道144公里。倡导绿色出行，试点建立公共自行车系统。

传统工业优化升级。2010年，顺德出台“龙腾计划”，精选首批300家扶持企业。企业景气指数达130.2，高新技术产品产值增长38.3%，1~11月工业企业利润总额增长32.1%。45个项目入选广东现代产业500强，11家企业入选广东省自主创新100强，美的集团销售产值突破1000亿元。

美的总部大楼

美的总部大厦投入使用，罗浮宫家具总部大厦动工建设，总部企业累计达到21家。出台扶持企业上市政策，中国联塑登陆香港股市。顺德全年全部工业完成总产值5235.06亿元，比上年增长21.4%。其中，规模以上工业企业完成工业总产值4995.06亿元，增长21.9%。在规模以上工业总产值中，国有企业产值1.06亿元，增长60.1%；有限责任公司产值1228.94亿元，增长23.9%；股份有限公司产值1357.44亿元，增长40.6%；私营企业产值652.13亿元，增长1.5%；港澳台商投资企业产值1163.89亿元，增长18.3%；外商投资企业产值576.54亿元，增长13.5%。在规模以上工业总产值中，民营企业产值2355.14亿元，增长20.6%，对规模以上工业总产值增长的贡献率为45.4%。在规模以上工业总产值中，八大支柱产业产值3990.25亿元，比上年增长22.4%。其中，家用电器制造业2094.89亿元，增长33.6%；机械装备制造业1056.67亿元，增长15.7%；电子通信制造业196.80亿元，下降4.3%；纺织服装制造业273.31亿元，增长13.4%；精细化工制造业145.74亿元，增长8.3%；家具制造业99.72亿元，增长19.8%；印刷包装业110.25亿元，增长5.7%；医药保健制造业12.87亿元，增长10%。

现代农业发展有创新。全年全区实现农业总产值70.42亿元，比上年增长3.6%。其中，种植业15.50亿元，增长6.0%；水产养殖业41.57亿元，增长1.9%；畜牧业10.32亿元，增长7.0%。高档花卉大棚种植等先进技术日趋成熟，农产品流通体系更加完善。

新兴产业取得突破。部省共建OLED产业基地落户顺德，彩虹OLED

首批产品成功下线，二期4.5代AM-OLED生产线项目奠基。新能源产业乘势而上，圣大逆变器、梅塞尔工业气体项目签约落户，美的微波炉厂区、顺德职院等太阳能光伏示范工程竣工验收，国家太阳能光伏产品质量检测中心加快筹建。

自主创新更富活力。中国南方智谷启动建设，广东西安交通大学研究院等10个科研项目签约入驻。中科院广州技术转移中心"顺德基地"落成。新增博士后工作站2个，院士工作室2间，国家级技术中心1家。开展质量强区系列工作，推进质量信用等级评价。参与制定国家标准、行业标准和地方标准30项，新增中国驰名商标4件、省著名商标31件、省名牌产品31个。

现代服务业异军突起。全区完成第三产业增加值677.37亿元，增长8.8%，占GDP 22.0%。全年社会消费品零售总额539.7亿元，比上年增长19.3%。扣除物价因素，实际增长15.7%。分行业看，批发和零售业零售额467.5亿元，增长21.3%；住宿和餐饮业零售额72.2亿元，增长7.6%。工业设计产业日趋成熟，省区共建的广东工业设计城扩容，顺德本土设计企业首获德国红点设计概念奖，在第五届"省长杯"工业设计大赛10强中占4席。探索发展阳光私募，创立股权投资基金5只，新增小额贷款公司2家。多家银行机构成功升格，顺德农商行实现跨地域发展。年末全区金融机构人民币各项存款余额2481.65亿元，比上年末增长16.9%。其中居民储蓄存款余额1500.57亿元，增长13.5%。人民币各项贷款余额1581.64亿元，比上年末增长30.8%。成立广东顺德控股集团，创新公有资产运营模式。"国家级电子商务试点"稳步推进，现代物流业加快发展。新增四星级酒店3家，金茂华美达广场酒店对外营业，多家五星级酒店加紧建设。全年全区旅游总收入73.72亿元，比上年增长13.0%。李小龙文化节、岭南美食文化节成功举办，获评全国首个"中国美食名城"。

社会事业和民生

2010年，顺德教育文化事业蓬勃发展。全年教育总投资33.16亿元，比上年增长27.9%。全区有普通高等学校1所，在校学生10958人；普通中学62所，职业中学12所，小学153所，在校中小学生人数共296233人；幼儿园272所，在园幼儿69514人；成人教育学校1所，在校学生1612人。2010年，顺德积极开展教育综合改革实验，成为中国教育学会教育综合改革实验区，10月被国务院确定为职业教育办学模式改革试点地区。开展"资助学校"模式、社会参与管理机制试

广珠城轨列车开通将顺德带入快速、便捷的交通时代

点，在龙江镇龙山中学、龙江城区中心小学成立学校理事会，引入社会力量参与学校管理。新建、扩建学校14所，教师工资福利待遇稳步提高。与英国北伦敦郡建立合作联系，再次组织一批中小学校长到英国北伦敦郡交流学习。年末全区有文化事业机构16个，艺术表演场所38个，名胜风景区和文物保护区33个，博物馆2个。有公共图书馆12间，总藏书量225万册，比上年增长11.0%。全区十个镇街全部建设有文化站，镇（街）、区（镇）级文化广场18个，已形成较为完善的区、镇两级公共文化设施体系和村居基层公共文化设施体系。顺德图书馆藏书量80余万册，流动图书馆、农家书屋的布点和建设工作已在全区铺开，已拥有流动图书服务点58个，农家书屋77个。全年全区共举办大型体育活动312场次，参加人数83万人次。全区运动员参加各类体育竞赛获省级以上奖励209项。其中，获世界级冠军9项；获国家级冠军19项；获省级冠军30项。在十六届亚洲运动会上取得2金3银3铜的好成绩。成功举办顺德区第十届运动会。2010年世博广东周期间（7.26~8.1），香云纱和唱龙舟作为广东省非物质文化遗产项目参加了世博广东周的展演活动。2010年，中国音乐家协会顺德合唱基地正式签约成立。

医疗卫生服务体系不断健全。全年财政医疗卫生事业经费支出3.63亿元，比上年增长79.6%。年末全区共有各类卫生机构578个，增长2.7%，其中各类医院30个，门诊所（站）458家。拥有医院、卫生院床位7173张，增长8.6%。各类卫生技术人员11133人，增长11.2%，其中执业医师和执业助理医师3828人，注册护士4616人。区第一人民医院易地重建工程启动。推出“家庭病床”服务并纳入职工医保报销范围，为40万市民建立健康档案。全区投入近8亿元推进区属医院的建设及10个镇（街）医院的二次改貌，改善就医环境。疾病防控、公共卫生监测检验和职业病防治等业务水平迈上新台阶，经受住手足口病、登革热、甲型H1N1流感等重大疾病的考验。启动医药卫生体制改革，国家基本药物制度的实施。加强药品监督管理，2010年6月起对全区1028家药品零售企业实行信用等级分类动态监管，对药品零售企业质量安全信用进行分类动态管理，同时加强医疗机构临床合理用药和药物不良反应监测工作。

城市管理水平有效提升。出台集约利用土地政策，城市开发有序规范。开展城市管理市民满意度调查，针对市民提出的城市管理热点、盲点进行专项整治。更换853台出租车，全面展示顺德的士新形象。TC公交正式运营，优化设置29条新线路，服务素质稳步提升，站点设施和候车环境得到改善。建成10个集贸市场整治示范点。“数字城管”在大良7个社区试运行。整合治安防范力量，实行人防、技防、群防相结合，刑事发案率持续下降。强化生产安全、食品安全以及产品质量安全管理，市民安全感得到提升。倡导绿色出行，在大良街道试点建立公共自行车系统。“顺德好村居”创建掀起高潮，新增示范点24个。

社会保障更加健全。年末全区参加基本养老保险职工67.84万人，比上年增长12.3%；参加基本医疗保险职工67.02万人，增长9.3%；参加工伤保险职工68.37万人，增长7.3%；参加失业保险职工63.66万人，增长8.3%；参加城镇居民医疗72.13万人，下降3.9%。全区各级共有敬老院14间，入住人数2076人。城镇和农村居民最低生活保障线每月350元/人。全年募集社会福利基金8387万元，发放救济款10611万元。对全区顺德户籍80周岁以上老年人发放长者津贴，2万多名长者受惠。至年末已有7个镇（街）开展了平安钟服务，服务对象635人，其中542人为政府资助对象。顺德区已实现镇镇有慈善会的目标，同时鼓励有条件的居（村）成立慈善组织，2010年全区有169个的村居成立慈善组织。举行教育基金百万行活动，募集善款1.3亿元。年末全社会从业人员124.69万人，比上年末增长2.1%。建立现代社会工作制度，“社工＋义工”社会服务新模式初见成效。全年推荐本地人就业2.06万人次。年末全区登记失业人员1.27万人，全区登记失业率1.8%。创建22个就业基地，解决1400多名困难人员就业问题。民族宗教、外事侨务、港澳台事务、残疾人、妇女儿童事业等工作取得新成绩。成功举办世界顺德联谊总会第七届恳亲大会，颁授第五批顺德荣誉市民。

人民收入有所增加。年末全区金融机构人民币各项存款余额2481.65亿元，比上年末增长16.9%。全年城镇居民人均可支配收入30618元，比上年增长7.7%，扣除物价上涨因素后实际增长4.3%。城镇居民人均消费性支出24045元，增长3.2%。城镇居民家庭恩格尔系数为31.8%。城镇居民消费支出中教育文化娱乐服务支出所占比重为14.6%。城镇居民现住房建筑面积人均45.91米^2。城镇最高10%收入组人均可支配收入70642.38元，最低10%收入组人均可支配收入8719.2元。年末每百户城镇居民家庭拥有：摩托车87辆、家用汽车49辆、洗衣机109台、电冰箱110台、彩色电视机185台、家用电脑104台、组合音响60台、空调器266台、移动电话（含小灵通）265部。

（杨　力）

组织机构及负责人

【顺德区五套领导班子成员】

中国共产党佛山市顺德区委员会

书　记：刘　海（至7月）
　　　　梁毅民（7月始）

副书记：梁维东　周志坤

常　委：莫德富　潘东生　梁惠英
　　　　杜镜初　列海坚　邓永强
　　　　温良谋　毛永天（至7月）

佛山市顺德区第十四届人大常委会

区人大常委会主任：刘海（至8月）

区人大常委会代理主任：邹国祥（8月始）

区人大常委会副主任：何庆喜（至8月）
　　黄　晴　张教邦
　　麦润沾　何妙婵

佛山市顺德区人民政府

区　长：梁维东

副区长：邓永强　王千林　杨小晶
　　　　苏伟波　曹洪彬　周爱群

政协佛山市顺德区第十二届委员会

主　席：梁国章

副主席：赖喜英　卢莘生　朱卫华
　　　　曾博濂　朱艺斌　刘　明

中共佛山市顺德区纪律检查委员会

书　记：潘东生

副书记：赖剑辉　陈宇泉

常　委：李映萍　麦绮慧　何远铭
　　　　赵永强　庄智伟　欧阳培杰

【各党政机构及负责人】

顺德区委、区政府办公室

秘书长（主任）：杜镜初（至9月）
　　　　马洪胜（9月始）

副秘书长：林胜初　卢伟杰　黄建雄
刘　涛　周　旭
马洪胜（至9月）
谭志亮（至10月）
副主任：范伟强　凌　云　王　光
李允冠　及　莉　甘志宇
岑志刚

顺德区人大常委会办公室
主　任：张　旗
副主任：夏旺祥（至3月）
张连华（至3月）
夏楠杨（至5月）
向以康（至12月）
宋国伟（5月始）
闯绍文（12月始）

顺德区政协办公室
主　任：饶林海
副主任：王安柳　罗泽基

顺德区政务监察和审计局
局　长：潘东生
常务副局长：赖剑辉
副局长：李映萍
局务委员：周冬生　罗伟

中共顺德区委组织部（区编委办）
部　长（主任）：毛永天（至7月）
常务副部长：钟景荣
副部长：姜远国（12月始）
局务委员：姜远国（至11月）
甄　雄　鞠　琨
副主任：杨少毅

中共顺德区委宣传部（区文体旅游局）
部　长（局长）：梁惠英
常务副部长（常务副局长）：张新杰
副部长（副局长）：赵里平
部务委员（局务委员）：欧伟中　罗瑞强
沈　涌

中共顺德区委政法委员会（区司法局）
书　记：莫德富
副书记：何妙芬（兼任维稳办主任、综治办主任）
贺光辉（兼任610办主任）
关庆祥（兼任区司法局常务副局长）
局务委员：薛最常　李林枝
610办副主任：谢方生
综治办副主任：李尚勇
维稳办副主任：张英松

中共顺德区委社会工作部（区民政宗教和外事侨务局）
部　长（局长）：周志坤（至9月）
邓永强（9月始）
常务副部长（常务副局长）：黄燕霞
何允唐

顺德区人民检察院
检察长：李国强
副检察长：王文雄　黎　明　梁　鸣
张　素（9月始）

顺德区人民法院
院　长：何树志
副院长：刘国兴　谭振东　叶翠青
吴建兴　麦嘉潮（10月始）
纪委书记：何耀南
执行局长：梁社明（6月始）

顺德区人民武装部
部　长：温良谋
政　委：丁庚山

顺德区国土城建和水利局
局　长：杨小晶
常务副局长：陈仲贤
副局长：梁柱成（至1月）
刘　涛（3月始，至10月）
孙建根　郑　军
邱敏光（11月始）

纪检组长：蔡俊豪
局务委员：徐守堂　黄杰光
　　　　　万向阳　何　当

顺德区环境运输和城市管理局

局　长：王干林
常务副局长：谭俊杰　叶卉时
副局长：欧锦霞　何永光　梁锦泉
　　　　梁永忠　罗泽强　吴志伟
　　　　丘永平　刘　机（3月始）
　　　　陈卓然（12月始）
纪检组长：黄　冯

顺德区财税局

局　长：关世良
常务副局长：黎敏秋
副局长：梁学文　陈炳宜
　　　　欧树光（至4月）
　　　　黎劲康（至7月）
　　　　卓伟文（至4月）
局务委员：陈　建　刘红文
　　　　　劳伟源　苏伟林

顺德区发展规划和统计局

局　长：邓永强（至9月）
　　　　杜镜初（9月始）
常务副局长：莫子方
副局长：李碧辉（至10月）
　　　　梁伟沛　吴炬云（4月始）
　　　　周新年（10月始）
局务委员：吴炬云（至4月）
　　　　　周新年（至10月）
　　　　　胡公会　万向阳（至3月）
　　　　　冯哲民　马锦文

顺德区经济促进局

局　长：苏伟波
常务副局长：刘　怡
副局长：岑伟垣　马国伦
　　　　麦奕昌（3月始）
　　　　张　鹏（10月始）
纪检组长：曾广基
局务委员：麦奕昌（至3月）
　　　　　赵善章　郭步强　萧浩智
　　　　　刘展强　招霞红
　　　　　劳志和（至9月）
　　　　　余焯焜

顺德区市场安全监管局

局　长：赵万雄
常务副局长：温　雄　赵汝江
副局长：刘锦源　伍广发　苏　文
　　　　周杰彪　何鸿佳　黄坚强
　　　　孔繁昌　杨西学　张维聪
纪检组长：陶秀艳

顺德区教育局

局　长：曹洪彬
常务副局长：陈锡钊
副局长：崔健武（至9月）
　　　　何超胜（10月始）
局务委员：何超胜（至10月）
　　　　　姜　蕙
纪检组长：黄向挺（区纪委派驻）

顺德区人力资源和社会保障局

局　长：王惠国
常务副局长：曾宪才
副局长：黎辉雄
纪检组长：聂扬辉
局务委员：陈瑞娥　曹　毅　招　彬
　　　　　宁海鸥　曾锦添（10月始）

顺德区卫生和人口计划生育局

局　长：周爱群
常务副局长：刘　明
副局长：何建民　冯奕忠
纪检组长：梁元胜
局务委员：彭文绍　李少玲
　　　　　欧阳雪乔　麦恩明
　　　　　苏发展　钟建红

【民主党派及负责人】

中国国民党革命委员会佛山市顺德区总支部委员会

主　委：王熙福

副主委：陈国栋

中国民主同盟佛山市顺德区委员会

主　委：宋　炜

副主委：胡锐明　李　虹　李冬妹

中国民主建国会佛山市顺德区总支部委员会

主　委：朱艺斌

副主委：李　忠　郑宇阳

中国民主促进会佛山市顺德区委员会

主　委：舒悦

副主委：曾小英　王基国

中国农工民主党顺德区总支部

主　委：蒋丽霞

副主委：刘　明　吴光琛

中国致公党佛山市顺德区总支部委员会

主　委：欧阳红群

副主委：黄锡槿　张　薇

九三学社佛山市顺德区基层委员会

主　委：王　俊

副主委：谭振东　李奋强（女）
张克强

【社会团体及负责人】

顺德区总工会

主　席：霍兆忠

副主席：吴　森　陈万铨　叶玉明

共青团顺德区委员会

书　记：柯宇威

顺德区妇女联合会

主　席：何倩馨

副主席：何小莹　何宝英

顺德区工商业联合会（总商会）

主　席：罗维满

副主席：梁锡开　陈伟尧

顺德区残疾人联合会

理事长：林润江

【省或佛山直管单位及负责人】

佛山市公安局顺德分局

局　长：莫德富

政　委：卢英伟

副局长：黎建军　洪锦华　谭志富
冯家端

顺德区公路局

局　长：曾阳春

副局长：潘松娣　王林中　陈辉成

顺德区路桥建设有限公司

总经理：刘继刚

副总经理：罗小川　张雄华

佛山市航道局顺德分局

局　长：王晓凡

副局长：梁沙恩

顺德区邮政局

局　长：张成豪

副局长：黄日昇　吴传岭

中国电信顺德分公司

总经理：胡国强

副总经理：林镜凡　何汉坚　刘宝龙

中国移动广东公司顺德分公司

总经理：叶　青

副总经理：胡丽燕　戴建东

中国联通顺德分公司

总经理：司　伟

副总经理：田奭宇　张　莹（12月始）
陶文红　洪　俊（至6月）

广东电网公司佛山市顺德区供电局

局　长：郭伟洪

党委书记：潘湛荣

副局长：吴伟钊　谢敬信

顺德区气象局

局　长：吴永忠

副局长：曹　丽　温　江

顺德区国税局

局　长：马敬良

副局长：郭平山　冯建刚　徐绍权

中国人民银行顺德支行（国家外汇管理局顺德支局）

行　长（局长）：杨　钧（至10月）
　　　　　　　　刘穗生（10月始）

副行长：程永强　黎应扬（至2月）
　　　　廖晓晖（2月始）　刘晓菊

顺德烟草专卖局（分公司）

局　长：罗正炎

副局长：杨瑞平

副经理：吴素芳

佛山海关驻顺德办事处

主　任：于　彬

副主任：赵　林　吴海宁
　　　　陈赤雁（4月止）　许先鸿
　　　　林　武

顺德边防检查站

站　长：戴　舸

政　委：袁彦深

佛山海事局顺德海事处

处　长：陈佳力

书　记：冯锡桐

顺德区出入境检验检疫局

局长：何伟棠（至8月）
　　　程　海（8月始）

副局长：黄统其　匡维华　曾劲松

纪检组长：云昌均

佛山市社会保险基金管理局顺德分局

局　长：陆建中

副局长：刘　玲　欧阳伯洪　黄旭东

珠江商报社

总编辑：黄荻

副总编辑：林德荣　张　颂

总编辑助理：欧志权

佛山电视台顺德分台

台　长：杨　柏（至4月）
　　　　辛永成（4月起）

副台长：郑伟雄（4月起）
　　　　秦淑卿　任坡华

佛山电台顺德分台

总　监：梁　婷

副总监：谢智毅

佛山珠江传媒网络有限公司顺德网络分公司（8月更名为广东省广播电视网络股份有限公司佛山顺德分公司）

总经理：李中锋（至2月）
　　　　黎伟庆（2月起）

副总经理：魏坤伟
　　　　　吴健华（至2月）
　　　　　冯建珍（至10月）

【区属事业单位及负责人】

顺德区供水有限公司

总经理：陈毅钧

副总经理：梁泽辉　陈祥金

顺德区公用事业管理局

局　长：季少嘉

副局长：莫应堃　翟子意
　　　　陈树锋（至11月）

顺德科技工业园开发中心

主　任：鲁国刚

副主任：林世龙　陈粤渊　黄志军
　　　　王景豪

顺德区公有资产管理办公室

主　任：苏贤安

副主任：何世潮　潘卓辉（9月始）
　　　　陈孔文（11月始）

顺德区档案局（区地方志办公室、区委党史研究室）

局　长（主任）：吴锡标

副局长：薛卫存　严　丽（12月始）

顺德职业技术学院

党委书记：刘　海（兼）

院　长：夏　伟

副院长：何锐连　邹时智　罗勇武
　　　　陈粟宋

顺德区中医院

院长兼党委书记：林永刚

党委副书记：谢伟坚

副院长：冯俊光　李　焱
　　　　陈立加（4月始）

顺德区妇幼保健院

党总支书记、院长：黄建伟

党总支副书记：罗丽娟

副院长：郑　达　钟艳萍　翁晓阳

【其他单位及负责人】

顺德农村商业银行

董事长：吴海恒

行　长：姚　勇

监事长：麦树铭

副行长：周　进　易晓应
　　　　林健翔（至7月）
　　　　朱小伟（9月始）

中国人民财产保险股份有限公司顺德支公司

总经理：谢泽伟

副总经理：何伟文　吴敞文

中国人寿保险股份有限公司佛山市顺德支公司

总经理：郭禹文

总经理助理：施孟瑜

顺德区疾病预防控制中心

主　任：余卓文

副主任：符发雄　马健强

顺德区卫生监督所

所　长：梅景良

副所长：周洁卉　霍培康　梁锦亮

顺德区第一人民医院

院长、党委书记：陈小伍

党委副书记：廖玉联

副院长：胡允兆　于新发　钱　江
　　　　龙兆麟

【各镇（街）及负责人】

大良街道

党工委书记：郭　祺

党工委副书记：卢伟杰（至4月）
　　　　　　　潘瑞民（4月起）
　　　　　　　梁　锋

党工委委员：周建新　何春云
　　　　　　劳志和(9月起)
　　　　　　苏德荣（5月起）
　　　　　　黄锦培（至5月）
　　　　　　吴智力　卢本忠
　　　　　　闯绍文（至5月）
　　　　　　张艳芬　何逊文
　　　　　　冯　翔（5月起）
　　　　　　王伟宁（9月起）
　　　　　　梁永标（9月起）
　　　　　　冯　兵（9月起）

人大工委主任：郭　祺

人大工委副主任：吴智力

办事处主任：卢伟杰(至4月)
　　　　　　潘瑞民（4月起）

办事处副主任：周建新　何春云
　　　　　　　劳志和（9月起）

容桂街道

党工委书记：列海坚

党工委副书记：赖雪晖、梁朝坤

党工委委员：梁雄辉　唐天培

霍茂昌　杨汉芳
朱艺婷　周贻烺
李福信　黄锐建
柯昌松　何开亮
冯家擎（12月起）

人大工委会主任：列海坚
人大工委会副主任：朱艺婷
办事处主任：赖雪晖
办事处副主任：梁雄辉　唐天培
霍茂昌　罗厚光
孙春刚

伦教街道

党工委书记：周驭洪
党工委副书记：李梓文　卢德全
党工委委员：周恒辉　陈俊贤
谭敬和　梁定国
余厚坚　林新潮
黄炫丹　王星海
张潮帮　周景祥
梁啟滔（9月起）
龙仲英（9月起）

人大工委主任：周驭洪
人大工委副主任：王星海（1月始）
办事处主任：李梓文
办事处副主任：周恒辉　陈俊贤
谭敬和

勒流街道

党工委书记：袁伟伦
党工委副书记：温俊勇　麦玉团
党工委委员：卢裕宏
陈卓然（至12月）
梁晴尔
谭　郑（12月始）
卢瑞芬　黎福安
曹顺祥　潘民权
廖耀强　曹民安
林定楚
吴兆明（9月始）
吴文郁（9月始）

人大工委主任：袁伟伦
人大工委副主任：黎福安
办事处主任：温俊勇
办事处副主任：卢裕宏
陈卓然（至12月）
梁晴尔
谭　郑（12月始）

北滘镇

党委书记：徐国元
党委副书记：冼阳福
周　旭（至10月）
麦广强(2010年11月始)

党委委员：麦广强（至11月）
王　建　赖小越　黄智海
霍兆华　霍炳朝　李达恒
陈少桃　卢锡禧　洪浩鹏
李满连（9月始）
邓河标（9月始）
陈宇莹（11月始）

人大主席：徐国元
人大副主席：霍兆华
镇长：冼阳福
副镇长：麦广强　王　建　赖小越

陈村镇

党委书记：林胜初（10月止）
谭志亮（10月始）

党委副书记：蓝　斌
曾锦添（10月止）
杜友华（10月始）

党委委员：陈锦钊　吴显强　毛永达
梁国锋　梁淑艳　叶善楷
杜伟泉　廖锐强　苏健彬
麦金兆（9月始）
庞仁初（9月始）

人大主席：林胜初

人大副主席：梁国锋

镇　长：蓝　斌

副镇长：陈锦钊　吴显强　梅向民

乐从镇

党委书记：麦连桐

党委副书记：岑树德　谢顺辉

党委委员：何森广　陈有权　黎经权
张新华　岑德荣　陈润明
陈杰民　蔡遥炘　陈碧云
周锡开　张松林　麦俊棉

人大主席：麦连桐

人大副主席：岑德荣

镇　长：岑树德

副镇长：何森广　陈有权　黎经权

龙江镇

党委书记：梁雄钊

党委副书记：李建华　蔡成辉

党委委员：康永忠　谭逢显　廖流波
甄卓辉　林定基　彭晓春
梁柳玉　罗大泉　麦志伟
谭灿荣

人大主席：梁雄钊

人大副主席：罗大泉

镇　长：李建华

副镇长：康永忠　谭逢显　廖流波

杏坛镇

党委书记：陈步安

党委副书记：鲁国刚　林世龙
周贤林

党委委员：黄干忠　吕庆敦　黄建武
梁祖建　梁建民　何习贤
陈瑞贞　周少海
欧阳永波　李湛辉
翁祖炎（9月始）
黄家慈（9月始）

人大主席：陈步安

人大副主席：梁建民

镇　长：鲁国刚

副镇长：黄干忠　吕庆敦　黄建武

均安镇

党委书记：谢福荣

党委副书记：马智荣　冯炳全

党委委员：黎志强　吴　蔚　黄浩坤
伍时骏　欧阳永业
蔡卫兵　刘翠崧　黄　海
黄永生
杜友华（至10月）
何碧耀（12月始）
冯彭根（9月始）
欧阳冠坤（9月始）

人大主席：谢福荣

人大副主席：欧阳永业

镇　长：马智荣

副镇长：黎志强　吴　蔚　黄浩坤

党政机关

党政机关

中共佛山市顺德区委员会

【中共顺德区委十一届九次全体会议】

2010年1月20日召开。十一届区委委员和候补委员，区纪委委员，区人大、区政府、区政协领导，区各有关部门、单位和各镇（街）负责人以及各村（社区）党组织书记参加会议。市委常委、区委书记刘海代表区委常委会作工作报告。报告指出，全区要以转变发展方式为主线，以共建共享共利为目标，以真抓实干为一切工作的主基调，坚定不移调结构，脚踏实地促转变，突出自主创新，着力扩大内需，切实改善民生，加强党的领导，扎实推进阳光城市幸福家园建设。区委副书记、区长梁维东传达胡锦涛总书记视察广东重要讲话、中央经济工作会议和省委、市委全会精神。

【深化行政审批制度改革会议】

2010年3月29日召开。区领导梁维东、潘东生、毛永天、杜镜初等，区属各部门和各镇（街）相关负责人参加会议。会议指出，顺德将整合行政服务职能，加快审批服务下移，力争年内在全区10个镇（街）建设行政服务中心，在10个村居设立行政服务代办点，方便市民办事。区长梁维东表示，充实区行政服务中心职能是本次深化行政审批制度改革的重要内容之一，对于一些事务性、操作性强的事项“下放”到镇街去办，对于政府管得过多的事务给予“取消”，把政府常规性审批项目“外移”给商会、协会等社会组织，一些涉及全区全局性、统筹性的事项，则要坚决保留或“回收”。

【简政强镇事权改革动员大会】

2010年7月15日召开。区领导刘海、梁维东、梁国章、周志坤、杜镜初、列海坚、张教邦等出席会议。顺德各镇（街）简政强镇事权改革正式启动，镇街机构将从18个整合为13个，整个改革工作将在9月底前基本完成。市委常委、区委书记刘海强调，此次改革要全面推广容桂简政强镇的经验，扩大镇街的管理权限，把服务重心下移到镇街、村居，更好地为群众、企业和社会服务。

【全区干部大会】

2010年7月19日召开。区几套班子领导，各镇（街）、各部门负责人参加会议。市委常委、组织部部长冯德良就顺德区委书记人事变动做说明。经省委批准，梁毅民同志任佛山市顺德区委书记，刘海同志任江门市委副书记，提名为江门市市长候选人，不再担任顺德区委书记职务。

【区委十一届十次全体（扩大）会议】

2010年7月30日召开。区几套班子领导，区有关部门和各镇（街）负责人参加会议。会议总结上半年经济社会发展情况，对下阶段工作进行部署。

【各镇（街）简政强镇事权改革动员大会】

2010年7月30日在除容桂以外的其他9个镇（街）召开。区委、区政府主要领导分别到所联系的镇（街）参加改革动员大会。除容桂外的9个镇（街）举行了新机构挂牌仪式。从8月1日开始，全区10个镇（街）将以新体制对外办公。区长梁维东在大良会场指出，各镇（街）都要切实按照区委、区政府的统一部署推进改革，广大干部要以大局为重，积极参与投身改革工作，区镇（街）两级都要将人民群众是否得实惠、地方竞争力是否有提升作为检验改革成功与否的标准。

【省委十届七次全会精神宣讲报告会】

2010年8月26日举行。报告会邀请省委宣传部研究室副主任李斌主讲。报告围绕文化强省建设的时机选择、背景、机遇，《广东省建设文化强省规划纲要》起草过程及主题、发展目标和战略举措等话题，详细阐述当下广东建设文化强省的重要性和必要性。

【简政强镇事权改革事权调整动员大会】

2010年9月7日召开。区几套班子领导、各镇（街）、各部门负责人参加会议。此次事权调整按照“宏观决策权上移、微观管理权下移”的原则，确定3197项行政管理事项划由镇街行使，涵盖行政审批、行政处罚、行政强制措施、行政确认、行政裁决、行政征收、行政给付、行政监督检查和其他管理事项8大类。会上，市委常委、区委书记梁毅民对事权改革提出“三要”、“三不”的要求：第一把手要亲自抓；交的部门要干脆、接的部门要主动，两个月后要回头看成效；要形成多方共赢局面，不埋怨、不依赖、不拖拉。

【区委区政府务虚工作会议】

2010年12月29日至30日召开。区几套班子领导、各镇（街）领导及有关部门负责人参加会议。会上，各部门负责人和镇（街）一把手等点评2010年顺德发展精彩之处，提出明年要干的大事，分析研究困扰顺德发展的难题。梁维东区长用“精彩纷呈，渐入佳境”总结2010年的工作。这次务虚会的最大成果之一是对10个镇街要形成合力达成共识。

【组织工作】

◆概况　顺德区委组织部内设秘书科、组织科、干部科、人事科、教育培训科、工资福利科、机构编制管理科、老干部科8个机构，与区编委办、区直属机关党工委合署办公，下设二类事业单位——老干活动中心。2010年，区组织人事部门在区委、区政府的领导和市委组织部的直接指导下，坚持“围绕中心、服务大局，推动发展、促进和谐”，切实加强新时期党的思想政治建设、基层组织建设、干部队伍建设和作风建设，推动干部人事制度改革，全面提高公务员素质，为顺德推进综合改革试验、建设“阳光城市幸福家园”提供坚强的干部保证和组织支持。

◆开展创先争优活动　2010年，顺德区委组织部按照省、市的统一安排部署，开展创先争优活动，在全区党的基层组织和党员中掀起创先争优热潮。一是全面做好创先争优活动的组织和指导。印发《关于在全区党的基层组织和党员中深入开展创先争优活动的实施意见》，对活动进行全面部署。下发《关于在全区基层党组织和共产党员中开展“扶贫济困党旗红、共建和谐当先锋”主题实践活动的通知》文件，要求各基层党组织和广大党员着力在综合改革、简政扩权、推动科学发展等六个方面上创先争优。转发上级“创先争优”的有关文件十多份，并安排干部联系镇街具体指导和联系创先争优活动的开展。二是组织顺德基层党建成果“一日巡”活动。组织部根据基层党建创先争优实际，打造一批代表性强、时代感突出的党建示范点，形成顺德基层党建成果“一日巡”的路线。制作“顺德区基层党建成果展”，编印《顺德区纪念建党89周年基层党建成果巡礼》手册，举办成果展揭幕仪式和“一日巡”活动启动仪式，以此促进各基层党组织高标准推进党建示范点的建设，深化创先争优活动。三是建立第一批顺德区党员教育基地。确定第一批顺德区党员教育基地共10个，包括西海抗日烈士陵园、太平塔(旧寨塔)、清晖园内的邓小平纪念展馆等，6月25日举行挂牌仪式。印制《顺德区十大党员教育基地》手册发至各基层党组织，对每一个教育基地的地址、联系电话、开放时间、历史简介等进行介绍，要求各党支部结合党员教育组织党员参观学习、加强党性修养。四是推进党员先锋岗和示范岗建设。到各镇（街）进行调研，结合村居和“两新”组织的实际，在组织建设、发展党员、组织活动等方面给予思路和建议。调研结束后，总结形成《党员活动室建设标准》、《“两新”组织“党员先锋岗”建设方案》等材料，下发至各镇（街），在创建标准、形式、考核办法等方面给予指导。并在条件成熟的基层党组织全面开展党员先锋岗和示范岗建设。五是推进基层党建创新。专门研究出台基层党建创新项目和示范点申报制度，在基层党组织推荐的基础上，评选出党建创新项目和最具创意示范点各12个，划拨基层党建创新示范专项经费100万元对这些项目和单位给予支持。

◆**干部人事制度改革** 规范完善干部管理和选拔任用机制。2010年，区委组织部研究制定5份干部管理的文件：一是《关于进一步理顺我区干部职务配备的意见》，通过完善职务层次设置，实现区、镇两级同层次干部职务职级配备的有效对接；二是《关于我区科级非领导职务职数的设置和管理办法》，按一定比例核定主任科员和副主任科员职数，增加公务员职务晋升的渠道；三是《关于进一步完善干部退出机制的意见》，调整不适宜担任现职的干部职务，对接近退休年龄的非选任制职干部，鼓励他们提前退出领导岗位，为年轻干部发挥才干提供平台；四是《区属机关干部享受职级待遇的试行办法》，通过建立干部待遇自然增长机制，解决因职数限制而未被提拔干部的待遇增长问题；五是《关于加大竞争性选拔干部工作力度试行办法》，明确今后中层干部主要采用竞争性选拔的方法产生，进一步打造完善的公务员晋升机制。

探索聘任制公务员制度。作为全省的试点，顺德从2010年起在省、市人力资源部门的支持和指导下，分别参考上海和深圳现行聘任制公务员方案，结合实际，分别草拟公务员分类管理的相关试行办法和《顺德区机关聘任制公务员管理试行办法》，提出聘任制公务员招考录用、合同签订、福利待遇、激励晋升等方面的制度规范。上述方案由市人社部门统一征求有关部门意见后报省人社厅审批实施。

完善机关聘员管理制度。区组织人事部门在规范聘员管理的基础上，从完善激励和晋升机制入手，研究草拟《关于设置区属机关聘员职务的实施方案》，明确提出聘员的职务序列、任职条件、工资待遇等，要求各单位以竞争上岗、民主推荐等形式择优选拔。在此基础上草拟《顺德区政府高级人才岗位聘任管理办法》，专门针对高层次人才的引进，对原有的聘员管理办法进行补充。

◆*基层党组织建设*　继续深化“基石工程”。是年，区委组织部按照上年实施“基石工程”的部署，不断完善和健全基层党组织的各项管理制度和工作机制：通过试点的形式在社区党委推行党代会常任制和党代表任期制；全面铺开党务公开、党性定期分析、分层量化积分考核等工作；探索建立基层党组织向党员报告工作、党支委定期开展居（村）务咨询、在职党员开展社区服务等新机制。同时，继续抓好“种苗工程”和大学生村官的选拔和培养锻炼工作，其中有10名“种苗工程”大学生聘员在本次村级党组织换届中进入支委班子。全年共发展新党员2100多名，为基层党组织注入新鲜血液。

村级党组织换届选举。是年，区委组织部进一步规范村级“两推一示一选”的选举办法和工作程序，通过党员推荐、群众推荐、选前公示、党内选举的办法产生新支委；推行“一村一策”，通过灵活安排选举时间、派驻工作组、下派机关干部任职等方式，稳步推进重点、难点村的换届选举。全区199个村（社区）党组织全部完成换届，共选出新支委862名，并呈现“三高一低”态势：即党委确定候选人当选率高，除一名支委从非候选人中产生外，其他均为党委确定的候选人当选；原支委当选率高，86%的原支委获得连任；文化素质高，新当选支委中，高中（中专）以上学历817人，占94.8%，大专以上学历577人，占67.3%。平均年龄降低，新支委平均年龄40.5岁，比上届降低2.7岁，35岁以下253人，占29.4%。

理顺基层党组织设置。是年，区委组织部大力推动村（社区）党委的设置。3月，容桂街道马冈村成立全区第一个农村党委；6月，龙江镇龙江社区，大良街道的府又、新桂、升平、顺峰、南华、近良等6个社区先后成立二级党委；10月，杏坛镇的高赞、齐杏、龙潭、麦村等4个村（社区）成立二级党委和片区行政服务中心。村（社区）党委成立后，实行企业党群事务社区化管理，进一步突出村（社区）党委的领导核心作用，扩大党建工作的覆盖面，使村居建设水平得到进一步提高。年内全区共成立村（社区）党委12个，使全区村级党委达到23个。组织部适应镇街大部制改革的需要，下发《关于做好区属部门派出（驻）镇（街）机构党组织隶属关系有关工作的通知》，将区属部门派驻镇街机构的43个党支部、520名党员的组织关系划归镇街，实行属地管理。

推广“两新”党建的“东菱模式”。8月份，省委常委、组织部部长李玉妹同志到勒流街道的东菱集团调研，对东菱集团开展“创先争优”活动和企业党建工作给予充分肯定，尤其是对“将企业骨干培养成党员、将党员培养成企业骨干”的“双培养”模式给予高度评价。全区组工干部、“两新”组织党务工作者到东菱集团参观学习，在全区推广“两新”党建的“东菱模式”。

党员志愿者队伍建设。是年，区委组织部选取乐从镇、杏坛镇、东菱集团等作为试点，广泛开展党员志愿者服务活动，深入基层、联系群众、服务社群，进一步推进深化固本强基“基石工程”、农村基层党建三级联创、“六好”平安和谐社区、村企共建等工作。其中乐从镇的党员志愿者服务队在6月10日成立，年内全镇基层党组织共成立33支服务队，第一期党员志愿者人数达657人。其中年轻党员占80%以上。马东村也成立了杏坛镇第一个农村党员志愿队，全村106名党员全部为志愿队成员，分为长者服务队、残障人服务队、青少年服务队、社会活动服务队和环保服务队。

◆干部管理　干部选拔任用工作。是年，区委组织部配合上级组织部开展对刘海同志作为江门市委副书记、市长人选，毛永天和崔健武同志作为援疆人选，朱卫华作为市委统战部副部长、工商联党组书记人选等推荐考察工作。配合区委区政府办、区人大办、区政协办，落实完成各项选举任务。1月，区委第十一届五次全委会补选2名区委委员；区第十四届人民代表大会第五次会议选举产生区人民法院院长1名，区人大常委会委员4名；政协顺德区第十二届委员会第五次会议选举产生区政协常委5名。进一步规范和落实干部选拔任用程序，结合机构改革和班子调整，进一步优化区、镇两级领导班子结构。年内新提拔科级干部43人，平均年龄为43.8岁，本科以上学历38人。配合"简政强镇"事权改革选好配强镇街领导班子，镇（街）领导班子成员由改革前的131名增加到151名，其中新提拔24名，镇（街）班子平均年龄43.6岁，大专以上学历占92.7%。

多形式多渠道培养锻炼干部。是年，区委组织部推进干部交流轮岗，特别是加大重要部门、关键岗位的交流力度，共有37名领导成员交流任职。选派干部进行多岗位锻炼。通过组织干部参与党委政府中心工作、协助处理重大突发事件、参与信访督察等，提高干部处理实际问题、化解矛盾、做好群众工作的能力。年内共安排9名新提拔干部到信访岗位挂职，选派2名优秀干部到新疆伽师县挂职开展对口援助，先后选派90多名中青年干部参与扶贫"双到"工作。

抓好干部和公务员的教育培训。一是发挥各级党校的干部培训主渠道、主阵地作用。是年，共组织干部305人次，参加省市组织的31期29个培训项目。二是利用国内外高等院校的优质资源，全年共组织举办10期8个主题培训班，共培训干部8456人次，其中包括：邀请新加坡国立大学教授到顺德举办"借鉴狮城经验，助力顺德发展"专题培训、到中国浦东干部学院举办"提高现代领导水平，加快转变发展方式"专题研修班、到香港大学举办领导干部建设公共服务型政府专题研修班。三是开展公务员全员培训。以能力建设为抓手，组织全区6000多名公务员进行信息化能力学习和等级考试；以思想教育为重点，开展公务员责任意识、职业道德规范等方面的全员培训；以形势教育为导向，举办"低碳经济和低碳城市"、"中国社会和社会问题"两期公务员通用能力讲座。

干部监督工作。是年，区委组织部把学习贯彻四项监督制度作为加强干部选任监督工作、匡正选人用人风气、提高选人用人公信度的重要举措，采取多种措施进行学习宣传。一是开展干部任期经济责任审计及个人事项报告制度，加强对干部的日常管理监督。8月，迎接市委组织部到顺德检查贯彻执行《党政领导干部选拔任用工作条例》情况，得到上级充分肯定。二是理顺区党政部门及镇街机构改革后干部出国（境）审批手续，做好因公出（国）境人员的政审工作，全年共为134人次办理审查手续，为因私出国（境）的副科级以上干部共915人次办理审批手续。

干部管理基础性工作。是年，区委组织部及时更新干部信息，对干部任职考察材料进行及时归档，全年共整理13套材料，确保原始资料规范、有案可查。按照干部档案整理的最新标准，对全区干部档案进行全面整理和查遗补缺，于11月举行干部档案管理培训班，提高全区干部档案管理工作水平。加强与市委组织部、各区的信息交流，完成《关于我区科级领导班子队伍状况及加强干部管理的意见》、《创新管理机制，加强后备干部队伍建设》等调研报告。

◆区直属机关党工委工作　一是加强学习型党组织建设。是年，区直属机关党工委建立学习情况半年通报制度，加强机关各级领导干部的政治理论学习。据统计，全区机关党组织共组织学习活动220多场次，撰写学习心得486篇，其中领导干部学习心得136篇。12月，对各单位上报的学习心得进行再次审阅筛选后，编印成册供各单位党员干部学习交流。各区级单位党组织能根据区委、区政府“创建学习型党组织”的部署和要求，组织鼓励广大党员干部加强学习，为推动学习型机关建设打下坚实基础。二是加强机关党组织建设。区直属机关党工委在3月份专门召开区级机关党的工作会议，对全区机关党建工作进行部署。组织区级机关羽毛球赛，组建机关合唱队，开展全区机关参与的“文体周”活动，活跃机关组织生活。深入开展机关“抓落实促发展，当好先行先试排头兵”主题实践活动，开展创建“党员先锋岗”、落实服务承诺、开展惠民实践等活动。抓好机关党建网和党建工作。是年，机关党员干部为群众办好事实事1500多件，解决群众关心的热点难点问题300多个。三是加强机关党建工作制度建设。在机关单位全面推行发展党员公示制和票决制。选取区经济促进局作为试点，探索建立党员讨论党组织工作重大问题工作制度和健全机关党建工作考核评价体系，以党员确定议题和参与讨论为主要形式，通过议题形成、议题讨论、参与决策、信息公开四个环节组织实施党员讨论党组织重大问题工作制度；在区委组织部开展建立党建工作考核评价体系的探索实践。

◆支持关工委工作　是年，区委组织部协助区关工委多次召开全区关工工作会议，传达省市关工工作会议精神，及时总结推广先进经验做法。通过到各镇街开展调研活动，指导健全组织网络架构，挖掘创新关工工作品牌。其中，容桂街道关工成员黄其厂同志获得全国关工工作先进个人称号。接待省关工委张帼英主任带队到顺德调研，受到省关工委领导高度评价，充分肯定顺德在关心下一代工作的努力。

【老干工作】

◆老干部管理服务　根据大部制改革后的机构设置，顺德区委老干部局在尊重老同志意愿的前提下，按照“统一指导、分级管理、原单位负责”的原则，进一步明确和理顺各部门在老干部管理方面的工作职责。一是加大对离休干部看病就医的监管力度。2010年，根据《关于给区属企业退休干部和专业技术人员发放职级补贴的通知》（顺府办发〔2009〕112号）文件精神，对约1800名符合申报条件的企业退休干部的职级逐一审核。该项工作历时半年基本完成，补贴已由区社会保险基金管理局逐批发放。全年共为234名干部和22名工人办理退休；接待上访老同志120人次，办理老干部的来信39份。

◆探访慰问　是年，区委老干局组织区原四套班子老领导和副处级以上离退休干部参加区委、区政府组织的春节、“七一”茶话会。从8月起，对居住在区内的130多名企业离休干部开展“进百家门、问百家事、解百家难”入户走访活动。做好平时的探访慰问工作，共慰问患病住院、生活困难老干部及老干部遗属126人，发放慰问金12.92万元。

◆开展文体活动　一是春节、“三八”、“七一”、“十一”等节日，举行老干部游园会、联欢会等各种节日庆祝活动。二是组织区原四套班子老领导出外参观学习，让老同志及时更新观念，开阔视野。三是组织老干部参加省市组织的大型活动。参加广东省第七届老年人运动会，获得优秀组织奖，七个比赛项目均取得优异成绩：健身操第二名，乒乓球男子团体第三名、女子团体第五名、男子单打第二名，象棋团体第六名、女子个人第三名、男子个人第四名和第五名，太极拳（剑）团体第八名、个人项目奖牌五枚，门球第十三名，腰鼓、秧歌同获二等奖。在第七届佛山市老干部文艺汇演中，顺德选送的舞蹈《水乡春来早》及民族管弦乐《欢腾的水乡》获得金奖和银奖。参加第十届“夕阳秀”艺术节比赛，顺德活动中心舞蹈队的作品《龙舟鼓手》获得全国最高奖项“牡丹花奖”。承办并参与第十四届广东省老干部“中华文化杯”台球比赛，取得圆满成功。（胡昌和）

【宣传工作】

◆概况　2010年，顺德宣传工作围绕区委区政府中心工作和国内时政热点，传达宣传中央、省、市和区的重要方针政策，为顺德经济社会和谐发展营造良好的舆论氛围。通过新华社、《人民日报》等中央、省级著名媒体，家电展、美食节等重大活动，以及八个主题的大型图片展、宣传册，宣传推介顺德区域形象。推动新闻发言人、网络发言人队伍建设，新闻发布、网络问政、媒体沟通协调等机制日趋完善。与境内外三十多家媒体建立良好的合作关系，拓展宣传平台。完善新闻处置有关预案、机制，不断通过培训提升新闻发言人、网络发言人业务能力，突发事件新闻处置水平不断提高。

◆理论学习和研究　抓好区委中心组理论学习。区委宣传部草拟《关于建立和完善我区党（工）委党组中心组学习制度意见》，把中心组学习延伸到基层，进一步完善学习制度，构建全区党（工）委中心组学习教育大格局。邀请省内知名专家教授先后举办了“后金融危机时期广东的形势与对策”、“贯彻汪洋书记在听取顺德区工作汇报时的重要讲话精神学习会”、“深入学习贯彻党的十七届五中全会精神专题报告会”等11场专题学习会和报告会，为区领导提供理论服务和决策参考。

党员干部学习教育。区委宣传部与区纪委、区委组织部联合下发《顺德区2010年党员干部教育工作意见》，邀请省内知名专家到各镇（街）、创意园区等单位举行“讲坛下基层”活动，举办现代产业知识专题学习培训，邀请6位省内知名专家教授围绕先进制造业等6大课题做专题报告，区党政领导干部与企业家代表700多人参加。开辟“好学顺德网络学习园地”，党员干部学习手机彩信平台。

理论研究和实践探索。是年，区委宣传部组织开展多个理论研讨活动，包括举行“中国年·陈村花会·陈村桔”座谈会，策划推出“转型进行时——大型调研专题报道”，举办第四届“顺德蓝领论坛”，配合李小龙文化节举办研讨、座谈、书籍再版等研讨活动，编辑出版《人文顺德》，办好《现代化之声·顺德视角》杂志，在内容、版面、形式等方面不断创新，2010年共出版11期。

理论宣传和社科普及。是年，区委宣传部组织开展了“好学顺德”活动、“2010顺德书香节”、“顺德好学之星”学习宣传等活动；以及“社科公益讲座进村居”、“社科公益宣传进村居”、“送书籍进村居”、社科普及周等社科普及活动；举办“顺峰山下·城市论坛”，年内共举办了33期；在顺德城市网开辟“社科顺德”栏目，发布社科活动信息，普及群众社科知识，不断推进顺德区理论宣传和社科普及工作。

◆宣传报道　是年，区委宣传部围绕区中心工作和年内大事活动开展多方面的宣传报道。一是借大事件宣传顺德区域形象。借亚运会契机，分3次接待组织8家东南亚华文媒体、3家俄罗斯媒体、20多家亚洲主流媒体到访顺德，在《和谐亚运广州通》、《今日广东》、《南方》等刊物制作顺德专版。围绕顺德大部制和转型升级以及李小龙文化节、恳亲大会等内容，在新华社、中央电视台、《人民日报》、《经济日报》、广东电视台等媒体推出一系列大型综合性专题报道进行专版宣传。二是围绕中心工作为顺德发展加油鼓劲。围绕大部制改革、简政强镇相关重要改革，组织媒体进行大篇幅总结报道，营造支持改革的舆论氛围。围绕党代会、人大政协“两会”、交通建设成就、推动企业上市、顺德美食节等重大活动组织宣传报道。评选2010年顺德十大新闻事件、镇街民生头条。三是紧跟时势要求提高舆论引导能力。举行新闻宣传培训班，全区各单位、镇（街）及村居新闻宣传工作人员300多人参加。各镇（街）、单位、村居设立网络发言人和网络评议员，基本建立覆盖全区的组织架构。探索突发事件新闻处置规律，较好地完成疑似地沟油上餐桌事件、持械打砸出租车事件、11·25陈村仙涌事件等多起突发性事件的新闻应对处置工作。四是引导网络舆论推动网络问政工作。协助梁毅民书记通过广佛都市网与网民进行在线交流；做好广州亚运会期间网络舆论引导工作；加强全区网络发言人队伍的业务培训。

◆精神文明建设　是年，区委宣传部广泛宣传和普及《公民道德建设实施纲要》，用“爱国、守法、诚信、知礼”引领社会风尚。以“顺德好人”学习宣传为核心品牌，开展社会公德、职业道德、家庭美德、个人品德等内容的公民道德实践活动，以“写、唱、拍”等形式的评选形式，开展发挥“顺德好人”之星、身后捐献器官志愿者在公民道德建设中起示范表率作用的宣传。在世界读书日，联合区直属机关党工委、区总工会、团区委、区妇联等单位举行开展“书香顺德——顺德全民阅读活动”，推进“书香校园”、“书香家庭”、“书香社区”建设，实现学校、家庭、社区共同联动。以“顺德好村居”为品牌，确定24个村居作为第二批创建试点，搭建区、镇、村三级联动沟通平台，推动基层文明创建活动。开展优秀传统文化教育，以“我们的节日”为主题，利用春节、清明、端午、中秋等传统节日弘扬民族文化的优秀传统。开展“守望相助邻里亲”邻里日活动，通过各类居民喜闻乐见的形式，推动文明社区建设，构建社区良好的人际关系和温馨祥和的生活环境。

（黎家驹　罗胜丽　欧阳国建）

【社会工作】

◆概况　2010年，顺德区委社会工作部（区民政宗教和外事侨务局）把握综合改革和省直管县试点的契机，积极落实与省直部门对接和简政强镇事权移交工作。与上级加强沟通，到11月底，按要求与省直9个部门对接事项共61项，全部实现对接，省侨办、省民政厅、省港澳办专门发文，明确对接范围和要求；下半年全面下放镇（街）的事项共计173项。区委社会工作部按照“为不同的社会群体提供优质的管理和服务”的理念，扎实推进统战、民族宗教事务管理、农村管理等各项工作，促进社会工作从传统管理向现代管理、从单一分散向综合统筹的转变，体现“大社会、大管理、大服务”的独特作用。

◆政治协商工作　2010年，顺德区委社会工作部激励各民主党派加强自身建设，广泛、深入地开展参政议政、建言献策以及扶贫助困活动，如组织赴华东开展“建设低碳城市，倡导低碳生活”专题调研，赴英德开展扶贫活动等。举办第六期党派党外干部培训班，加强新形势下各民主党派理论武装，民主党派参政议政水平有效提升，多党合作的机制得到优化。年内，顺德区民主党派向区人大、政协大会提交建议和提案近150件，优秀提案、社情民意得到区委区政府及有关部门的重视和采纳，成为党委和政府决策科学化、民主化的重要参考。

◆非公有制经济统战工作　是年，顺德区委社会工作部加强非公有制经济统战工作。一是加强非公经济人士思想政治工作。1月15日成立顺德总商会“青年委员会”，打造培养优秀青年企业家新平台；9月举办“顺德区非公有制经济代表人士中国浦东干部学院培训班”，提高非公经济代表人士思想政治水平。二是做好优质企业成长工程（龙腾计划）的推选工作，鼓励支持工商联会员企业参选300家龙腾企业。三是加强与各职能部门的沟通，维护广大民营企业合法权益，为企业排忧解难。四是组织企业赴国内外开展经贸交流考察活动，一年来共组织各类经贸交流考察500多人次，促成企业在山东、英德等地签订投资项目。五是组织开展对基层商会协会全面调研，深入探索研究商会协会发展新路，形成《关于我区商协会发展状况的调

2010年9月29日，“顺德区非公有制经济代表人士中国浦东干部学院培训班”学员与学院领导合影

研报告》等三份调研报告。六是抓住顺德区行政管理体制改革有利时机，协助参与社会组织规范发展各项工作，鼓励支持商会协会主动承担政府转移职能。七是加强商协会组织建设，协助和指导区塑料商会、区甲鱼养殖协会、北滘青年企业家协会、伦教香云纱协会等4个商协会成立，区园林协会、陈村压力机械商会等6个商协会顺利换届。（谭玺）

◆港澳台和海外统战工作　2010年，顺德区委社会工作部加强顺德与港澳主要商会、社团高层次的交流，重点加强与香港观塘工商业联合会、香港油尖旺工商联会、香港南区工商联等互动交流，建立起联谊沟通、经济合作、联手培训的平台。多渠道、多领域推动顺台两地经贸文化交流合作。1月29日起，在顺德大良钟楼公园广场举行为期七天的“2010顺德台湾文化风情周”。年中，协调顺德区医学会与台湾医院协会联合举办“2010亚太不孕不育技术原创论坛”大型学术交流活动。协助顺德台商协会圆满完成换届工作，顺德台商投资企业协会第五届理监事就职典礼成功举行。7月8日，接待海峡两岸经贸文化论坛参访团到顺德科达机电有限公司考察节能环保企业。加强与佛山海关顺德办事处沟通，为台商普及最新的海关税务政策知识。加强与港澳台同胞的联谊沟通，接待香港顺德联谊总会、香港西区扶轮社访问团、澳门顺德乐从同乡会一行、海峡两岸经贸文化论坛参访团、大高雄基层民意代表参访团等。全年共接待港澳台同胞20批次，共737人。（关诗咏）

◆民族、宗教事务管理　2010年，顺德区民族、宗教工作成效显著，民族团结，宗教和睦。佛教宝林寺获“全国创建和谐寺观教堂先进集体”称号，主持宏满法师获“全国创建和谐寺观教堂先进个人”称号；佛教觉妙静院、佛教宝林寺、天主教大良堂获“省创建‘和谐寺观教堂’第一批达标单位”；区教育局、区政府办、乐从镇政府被佛山市人民政府授予“民族团结进步模范集体”称号，马建东等5人被授予“民族团结进步模范个人”称号。

一是建立健全处理民族、宗教突发事件的联动机制，年内妥善处理6起重要涉民族事件，做好涉“亚运”民族宗教服务工作，确保顺德区民族、宗教领域“亚运”期间繁荣稳定。二是通过依法行政，严格执法，着力打击非法宗教活动，强化宗教活动管理，确保宗教动态监控到位。三是引导各教派充分发挥宗教的积极作用，热心社会慈善事业，据统计，全年各宗教向社会捐款205.71万元，用于扶贫助学、环境保护、赈灾救灾等方面。现有慈善门诊2间，即大良医院慈善门诊和杏坛慈善门诊，门诊共接诊约63959人次，累计免收持低保证人员费用共540,606.34元。

（陈晓亮）

◆农村管理　2010年，顺德区委社会工作部推荐申报2010年民生工程建设项目，其中“关于对顺德区划定的基本农田保护进行适当财政补贴的民生工程项目建议”被区政府采纳。5月，区政府出台《顺德区基本农田保护补贴实施办法》，根据该实施办法的规定，对保护区内已签订责任书的基本农田保护任务责任单位给予每年500元/亩的补贴，补贴资金主要用于农业基础设施建设、城乡居民基本医疗保险、农村社会养老保险等社会保障。

完善农村管理体制，研究草拟相关政策性文件。为进一步化解基层矛盾，理顺政府职能与居（村）自治组织的关系，区委社会工作部配合顺德区“简政强镇”事权改革工作的开展，创新农村基层管理模式，在掌握华口、马岗、海尾、红星等4个开展农村基层管理体制改革试点居（村）情况的基础上，5月研究草拟《关于成立村居市民服务中心，进一步完善基层自治组织管理的试点方案（征求意见稿）》及其说明。后根据区委、区政府的工作安排，该项目改由区行政服务中心负责。

完善农村股份社股权改革工作。为解决顺德区农村股份合作社出现的新情况、新问题，区委社会工作部分别到禅城南庄、中山小榄、广州天河等地，就周边地区实施股份社股权固化政策情况进行学习取经，在原草拟的政策性文件基础上，吸收各地的经验做法，结合顺德实际，重新草拟《关于完善农村股份合作社股份流转的意见》及其说明，旨在通过对农村股份社股份的继承、转让、赠与等流转事宜进行规范和完善，化解因股权争议而引发的农村不稳定因素。

规范农村财务管理，加强基层廉政建设。一是加快农村财务网上监控系统的建设。2009年10月起，区委社会工作部在容桂开展农村财务网上监控系统试点工作，该系统于2010年8月完成容桂试点验收工作，并在全区各镇（街）推进。二是参与开展农村党风廉政信息公开平台培训工作。配合区纪委开展佛山市农村管理信息系统以及佛山市农村党风廉政信息公开平台的培训工作，先后对10个镇(街）的信息员与会计员共计450人进行系统操作培训，督促各居（村）信息员做好有关信息的上传工作，实现农村基层信息及时发布，实时公开。2010年4月，农村集体“三资”（资产、资源、资金）的管理制度被纳入到区纪委汇编的《顺德区农村基层廉政建设规范化管理体系》，并投入试行阶段。三是加强农村财会人员培训，提升农村财务业务水平。区委社会工作部与区财税局在2009年12月至2010年上半年期间，对全区农村财会人员进行财政支农政策与涉农法律法规、财经基础知识和财会基本技能的业务培训，先后组织举办6期班，共培训学员800多人。

加快农村和社区帮扶保障工作。2010年，区委社会工作部抓紧推进困难村（社区）基础设施建设相关配套工作，全年完成多个扶持项目的验收。至年底，累计完成41个扶持工程项目的验收及相关财政资金拨付，扶持资金接近1425万元。继续做好完全被征土地农村居民养老保障申报工作，至年底，全区有7个镇（街）推进全征地养老保险（其中21个村居、41个股份社已提交顺德社保分局进行身份核定并发放补贴)，通过审批符合保障对象资格的共计39619人。（黄仕聪）

顺德区人大常委会

【概况】

顺德区第十四届人大常委会组成人员共有27名，其中正、副主任7名，委员20名。常委会下设办公室及法制、财政经济、城乡建设环境与资源保护、教育科学文化卫生华侨、选举联络人事任免5个工作委员会。区人大常委会办公室有正、副主任4名，干部18名，下设秘书、综合调研、信访3个科。区依法治区领导小组办公室设在区人大常委会，由区人大常委会党组代管。2010年，区人大常委会共召开常委会会议11次，作出决定、决议18项，听取审议“一府两院”专项工作报告及议案21项，开展专题调研8项、执法检查1项；依法任免“一府两院”及常委会机构

顺德区第十四届人民代表大会第五次会议会场

领导干部109名，补选、另选区人大代表2名，圆满完成区第十四届人民代表大会第五次会议确定的各项工作任务。

【顺德区第十四届人民代表大会第五次会议】

2010年1月27日至28日在区政府会议中心礼堂召开。全区322名代表出席会议，出席区政协第十二届三次会议的全体委员和有关人员列席会议。大会分别听取和审议区长梁维东作的《政府工作报告》、区财税局局长关世良作的《佛山市顺德区2009年预算执行情况和2010年预算草案的报告》，区人大常委会主任刘海作的《区人大常委会工作报告》、区人民法院代理院长何树志作的《区人民法院工作报告》、区人民检察院检察长李国强作的《区人民检察院工作报告》，审议通过上述报告的决议。会议补选（按姓名笔画为序）张连华、陈丽明、胡锦洪、夏旺祥为区人大常委会委员，何树志为区人民法院院长。

【顺德区人大常委会会议】

2010年，常委会召开了第三十二至四十一次会议。听取和审议了区政府《顺德区总体规划（2009～2020）》、《大良、容桂、伦教、勒流4个街道2009年财政预算执行情况和2010年财政预算草案报告》、《关于顺德区外延农业发展情况的报告》、《关于全面推进简政强镇事权改革情况的报告》、《关于2010年上半年经济社会发展情况和下半年工作设想的报告》、《关于2010年上半年财政预算执行情况和下半年工作意见的报告》、《关于顺德区2009年本级预算执行和其他财政收支的审计工作报告》、《佛山市顺德区依法行政及建设公共服务型政府工作情况汇报》、《顺德区贯彻实施〈食品安全法〉工作情况的报告》、《关于"十一五"规划纲要落实情况及"十二五"规划纲要编制情况的报告》、《关于我区机构改革后人事工作情况的报告》、《顺德区2009年财政决算草案报告》、《顺德区2010

年财政收支调整方案报告》、《关于推进缓解“停车难”工作情况的报告》、《关于推进企业发展工作情况的报告》等15项专项工作报告；作出了《关于接受伍祥荣辞职请求的决定》、《关于接受何业添辞职请求的决定》、《关于确定佛山市顺德区人民陪审员名额的决定》、《关于接受李志强辞职请求的决定》、《关于接受胡正贤辞职请求的决定》、《关于调整佛山市顺德区第十四届人大常委会有关工作委员会组成人员及工作分工的决定》、《关于调整区人大常委会代表资格审查委员会组成人员的决定》、《关于接受刘海同志辞去佛山市顺德区第十四届人大常委会主任职务请求的决定》、《关于接受何庆喜同志辞去佛山市顺德区第十四届人大常委会副主任职务请求的决定》、《关于推选邹国祥同志为佛山市顺德区第十四届人大常委会代理主任的决定》、《关于授予第五批“顺德荣誉市民”称号的决定》、《关于将“顺德荣誉奖章”获得者改称为“顺德荣誉市民”的决定》等12项决定，以及《关于大良等4个街道2009年财政预算执行情况和2010年财政预算草案报告的决议》、《关于批准佛山市顺德区2009年财政决算的决议》、《关于批准顺德区2010年财政收支预算调整方案的决议》等3项决议；审议通过了《佛山市顺德区人民代表大会常务委员会讨论决定重大事项规定》。

【人事任免】

2010年，常委会依法任免国家机关工作人员109名。其中，区政府领导、部门正职6名，人大常委会内设机构和派出机构领导19名，区人民法院副院长1名、人民检察院副检察长1名以及审判、检察人员82名。接受人大常委会主任、1名副主任、3名委员和3名人大代表辞去职务，表决通过区人大常委会代理主任的人事议案。任命90名人民陪审员，决定授予38人“顺德荣誉市民”称号。

【关注顺德综合改革】

2010年，常委会强化调查研究，全力支持和保障改革深入推进。特别是向区内省人大代表提交关于顺德综合改革情况的专题报告，省人大代表据此在省人代会期间提出《关于建议省人大常委会为我区综合改革提供法律支持的意见》，被列为重点督办建议，促成省人大常委会在9月出台《关于促进和保障顺德综合改革的决定》，从法律层面上为顺德综合改革提供保障。4月至6月，常委会对大部门制改革以来政府各部门工作运转情况开展跟踪调研，从工作对接、职能划分、资源整合等方面提出意见和建议。7月，听取区政府关于全面推进简政强镇事权改革工作情况的报告，关于简政强镇事权改革的落实提出意见和要求。10月，为配合全区综合改革深化推进，常委会听取和审议关于区人事工作的情况报告，提出多项建议。

【关注经济发展】

2010年，常委会突出监督重点，着力推动发展方式转变。4月，开展对外延农业发展情况的调研，实地视察农业大户区外生产基地，从扶持农业总部经济发展、农业品牌培育、行业协会及经济合作组织运作等重点方面提出意见和建议。12月，常委会围绕转变经济发展方式、打造现代产业之都的重大部署，对顺德企业发展情况和“龙腾计划”实施情况进行调研。常委会听取和审议区政府上半年工作情况和下半年工作设想的报告、财政预算执行情况和年度审计工作报告，听取和审议“十一五”规划纲要实施情况和“十二五”规划纲要编制情况的报告，加强对经济发展和预算执行情况的经常性监督。

【规范街道预算审批监督】

2010年，常委会第三十四次会议审查批准大良、容桂、伦教、勒流4个街道的2010年财政预算草案报告，街道预算首次纳入人大监督范围，街道预算审批监督进一步完善。此前，常委会通过深入调研，制定《关于加强街道财政预算监督工作的意见》，在街道预算编制及调整审批程序方面进行探索创新，填补街道预算法律监督的空白。

【聚焦社会民生】

2010年，常委会把保障和改善民生作为人大工作的出发点和落脚点，从紧抓事关群众切身利益的食、住、行等方面开展工作监督和法律监督。为推动政府头号民生工程“缓解停车难”工程顺利实施，常委会8月组织进行调研，实地视察了解各镇（街）停车站场建设情况和停车管理工作情况，并提出意见建议，督促区政府出台《顺德区机动车停放管理办法》、《顺德区机动车停放保管服务收费管理实施细则》并大幅提高停车站场配建标准。针对国内发生多起食品安全事件引起市民关注和担忧的情况，常委会于5月开展《食品安全法》执法检查活动。11月，对《物业管理条例》进行执法检查，这是常委会自2008年以来第三次对顺德物业管理工作进行跟踪监督。

【推进依法治区】

◆开展法制宣传教育　2010年，常委会和依法治区办围绕“阳光法治·法治惠民”主题，坚持普法教育，建立区各党政部门及各镇、街道作为成员单位的法治顺德宣传教育联席会议制度，初步构建起法治宣传教育大格局。12月4日“全国法制宣传日”和“法治广东宣传教育周”期间，在《珠江商报》新设每月一期的《法治顺德》专版，与顺德电视台《生活与法》栏目、顺德电台《明白说法》栏目共同构筑法治宣传教育的主阵地。年内共开展法制讲座349场次，受教育人数384759人；通过传媒进行法制宣传482次，印发法制宣传资料464956份，出版法制宣传栏10247期，开展法律咨询活动208次、法律知识竞赛7次。《珠江商报》“知法、守法、共建和谐”专版刊登48期；佛山市电视台顺德频道“生活与法”节目制作播出154期；佛山电台顺德分台“明白说法”节目播出48期。

◆推进基层民主法治建设　是年，常委会进一步完善村民自治章程、“两委”成员联席会议、村民会议、村民代表会议、村务财务公开等制度，全面推进“四民主、两公开”。10月，全区首批8个村务公开民主管理示范镇（街）、76个示范村通过检查验收；12月，在佛山市“法治惠农”专题培训学习会上，容桂街道马冈村“民主法治村”建设经验受到省、市有关领导的肯定和推广。

◆加强法律实施情况监督　是年，常委会配合上级人大对《行政监察法》、《村民委员会组织法》、《归侨侨眷权益保护法》、《大气污染防治法》等法律的实施情况进行检查，加强对提升行政监察效能、完善农村基层管理、落实侨胞权益保护、整治环境污染等方面的监督。

【代表变动情况】

2010年，广东省人大常委会确定顺德第十四届人民代表大会代表的名额为328名。区第十四届人民代表大会第五次会议时实有代表322名。此后，刘海、毛永天、崔健武等3名代表调离本行政区，李志强、陈浩然等2名代表辞去代表职务被接受，根据《代表法》规定，他们的代表资格终止。11月，根据代表缺额情况进行代表的补选、另选，选举梁毅民、谭志亮为区第十四届人民代表大会代表，经区第十四届人大常委会第四十一次会议审查批准，确认2人代表资格合法有效。至2010年年底，共有区第十四届人民代表大会代表319名。

【保障与服务代表履职】

2010年，常委会通过总结交流工作经验、加强代表培训、组织代表活动等方式提供保障服务，拓宽代表知政议政渠道，为代表依法履职、决策管理国家事务创造条件。8月，常委会深入各镇（街）进行调研并召开代表工作专题座谈会。全年共组织区内各级人大代表700多人次学习新修订的《选举法》；组织代表336人次列席常委会会议和参加常委会各工作委员会的专题调研、执法检查和视察活动，听取全区经济运行情况和民生事业发展情况以及总体规划、“十二五”规划纲要编制情况等专项工作报告，视察停车站场建设、公共交通运营、德胜河一河两岸规划建设、同江医院等项目。

【代表建议、批评和意见办理】

顺德区第十四届人大第五次会议期间及会后，共收到代表提出的建议、批评和意见134件，涉及城市建设、环境保护、教育卫生等方面，其中，加快停车站场建设、加强校园安全管理、扶持安全文明小区创建等建议被列为重点督办建议。常委会机关通过分类整理，及时交由区政府26个部门和单位归口办理。代表建议全年办复率达100%，代表满意或基本满意率达99%。

【人大信访】

2010年，常委会共受理群众来信170件，接访来访群众45批109人次，较好地化解涉案涉诉、劳动保障、农村管理、城乡建设、村居选举等方面的矛盾，回应群众合理诉求，维护社会和谐稳定。

【庆祝顺德人大常委会设立三十周年】

为庆祝顺德人大常委会设立三十周年，2010年9月28日，顺德人大常委会设立三十周年纪念大会在华桂园隆重召开。佛山市委常委、顺德区委书记、区人大常委会党组书记梁毅民，区人民政府区长梁维东，区人大常委会代理主任邹国祥，区委副书记周志坤，区第十四届人大常委会组成人员，顺德历届人大常委会领导，顺德的部分省、市、区人大代表，各镇（街）人大领导，区属各部委办局主要负责人，区人大机关干部共120多人出席纪念大会。

此前于9月25日，《和谐共进三十载，民主法治硕果丰——纪念顺德人大常委会设立三十周年图片展》在大良新城区德胜广场隆重展出。本次图片展向区委区政府、区人民法院、区人民检察院，各镇、街道、各部门以及社会各界征集到照片约3000张，从中选取227张照片，全面回顾顺德人大常委会30年来的光辉历程，展示30年来在开展监督工作和推进顺德民主法治建设上取得的骄人成绩，总结30年来的工作经验。

（何宇灏）

顺德区人民政府

【区政府工作会议】

2010年2月21日召开。顺德区委、区人大、区政府、区政协几套班子的有关领导同志，区各部门及各镇（街）有关负责人参加会议。会议下发《关于印发落实顺德区2010年政府工作报告各项工作方案的通知》，并确定责任人和牵头部门。市委常委、区委书记刘海指出，2010年要按照“讲实话、办实事、求实效”的精神落实各项工作。区长梁维东强调，对土地储备、产业转型升级、现代服务业、城市载体建设、三旧改造、打造服务型政府等是年重点工作，要抓紧落实，按期完成。

【居（村）行政服务中心建设工作会议】

2010年12月9日召开。会议听取了容桂街道建设居（村）行政服务站的工作经验介绍，并对全区各镇、街道建设居（村）行政服务站做动员。会议要求在年底之前，做好建设行政服务站的各项部署，并在明年1月底之前基本实现一个居（村）有一个行政服务站的目标。

顺德区委、区政府办公室大楼

【区委区政府办公室工作】

◆发挥资政参谋作用　2010年，顺德区委区政府办公室继续深入开展机构改革，从架构和人员配置上强化办公室的决策参谋和政策研究职能，发挥办公室以智辅政、以文辅政、以法辅政的资政参谋作用。一是推进完善体制改革。深入开展“大部制”一年回头看活动，通过不断的调整、完善，推动大部制运作日益畅顺；主导推进简政强镇事权改革，牵头研究制订指导性意见和相关配套政策，推动全区10个镇（街）的改革顺利开展。稳步开展农村管理体制改革、行政审批制度改革、社会组织管理体制改革、干部人事制度改革研究工作，探索政府治理新模式。二是制定出台重大政策。出台《顺德区政策性文件管理暂行办法》，规范政策性文件的制订、审查、发布、执行和监督机制。参与区“十二五”规划纲要等重大规划性文件以及促进工业设计创意产业发展、加强集约利用土地、镇级财政管理体制、现代社会工作制度等多项重大政策的研究制定工作。出台《深入开展综合改革试验领跑全国县域发展行动纲要》。三是规范完善决策服务和咨询机制。修订区委书记办公会议、区委常委会议、区委区政府联席会议等议事决策制度，共组织召开区委区政府联席会议15次、区长办公会议10次，涉及讨论议题234项。成立顺德区决策咨询委员会，通过召开决策论证会、征询公众意见、开展专题研究等形式进行决策咨询，提高公共政策制定的民主化科学化程度，为区委区政府科学决策提供智力支持。四是开展调查研究和文稿材料撰写。针对体制改革相关重点课题开展调查研究，为“一河两岸”开发建设、企业上市、区域合作、“南方智谷”等全区性重点工作出谋献策，并形成调研报告、政策建议等供区委、区政府决策层参考，全年编印《动态与研究》12期，《参阅材料》12期。完成区委、区政府工作报告、大部制一周年总结报告等综合性材料。全年共完成和处理领导讲话、政策文件等各类文字材料超过1000份、约600万字。

◆法制审查和协调工作　为理顺完善综合改革和大部制改革、行政审批制度改革、农村管理体制改革等重点工作提供针对性意见建议；草拟《顺德区行政规范性文件管理规定》，不断改进规范性文件审查和管理，严格规范性文件制定程序；组织编写《顺德区法治政府建设“十二五”专项规划》，协调处理部门职权及涉法争议，开展执法规范化建设，扎实推进行政复议、行政执法监督工作，全年办理行政复议案件255件，代理诉讼案件13件。

◆办文办会工作　办文方面，区委区政府办公室把好收文、发文两个关口，完善大部制改革后区委区政府的办文制度，优化流程，结合办文流程的改进重新设计和优化调整OA办文系统，提高办事效率。全年共处理各级各部门来文来电超过1万份(含密件)，发出各类文件、通知约3000份。办会方面，进一步合理安排各类会议和活动，办公室全年筹办或牵头组织综合性会议、专题会议、协调会议、汇报会议、视频会议等各类会议200多场次，完成区委十一届十次、十一次全会、区简政强镇事权改革动员大会、公共决策咨询委员会成立大会、顺德·英德区域合作签约仪式等多项大型会务工作。

◆信息督查工作　是年，办公室报送《顺德信息》、《信息摘报》、《顺德区每月工作情况汇报》、《镇街工作月报》、《政务网信息》等各类信息200多条，其中被省、市采用50多条。信息工作得到省委、省政府的肯定，先后被省委办公厅、省政府办公厅评为信息报送先进单位。首次将年度政府工作任务纳入每季度督查工作内容和区机关绩效考核内容，强化工作任务的执行落实力度。全年共接办161件督办件，其中区领导和决策事项批办件34件，全部办结完毕；编写《督查专报》和督查明电37期。完善人大建议、政协提案的办理工作，加强各部门办理人员队伍建设，全年组织办理人大建议134件，政协提案123件，办复率100%。

◆机要保密工作　一是主动争取建立与省直部门的直接通信关系，方便各部门与省直单位的沟通。二是推进党政内网建设，为顺德信息化网络提供密码安全支撑。三是加强电报管理，快速、准确收发办理各类电报，全年收发各类电报共882份。四是做好对普通高考等大型考试的全程跟踪监控。五是组织开展全区信息安全保密联合检查，堵塞网络泄密漏洞。六是组织开展了新《保密法》的学习培训和宣传活动。

◆应急管理工作　完善应急预案制度，根据大部制改革后各部门的职能调整，重新制订、修改、审核各专项应急预案，已经审定印发应急预案15份。强化应急信息报送工作，加强与各职能部门的联系，建立稳定畅通的信息渠道，积极参与维稳工作，主动收集应急信息，全年共印发《应急信息简报》270份，《专报信息》50份。区应急办被评为“2010年度顺德区维稳工作先进单位”、“2010年度顺德区信访工作先进单位”。

◆金融管理工作　是年，办公室建立

健全企业上市工作机制，制定出台《关于推动企业上市的工作意见》和《顺德区企业上市扶持奖励办法》。协调各级部门为企业上市申报工作提供高效便捷服务。初步建立全区企业上市工程数据库和中介机构服务数据库，实现信息互通和资源共享。联合区有关单位推动股权投资平台、阳光私募基金等金融创新项目，加强与金融企业的沟通联系，促进金融与产业联动发展。

深化体制改革，引导市场开放，实现银行机构“走出去，引进来”。一是引导顺德农商行采取扩张战略，分别促其成立高明顺银村镇银行、丰城顺银村镇银行和顺德农村商业银行恩平支行，实现跨越式发展；二是掀起区内银行机构升格热潮，优化金融资源配置。顺德农行、中行先后升格为二级分行，建行升格为省直属支行；三是战略性引进区外银行机构，完善金融服务市场建设。先后引导国内股份制银行光大银行和港资银行永亨银行入驻顺德。

进一步健全对区内小额贷款公司的监督管理，开展对辖区内小额贷款公司的检查、整顿和风险评级工作，相关工作获省金融办充分肯定；全面铺开整顿区内担保行业发展，规范融资性担保公司运营。全区共有10家融资担保公司获金融执业资格。同时，积极筹备全国首个县域的“十二五”金融规划的制定工作，着力打造顺德特色的地方金融体系。

◆电子政务工作　是年，顺德政务网站的设计更加人性化，注重从公众角度出发，提供便捷、简明的浏览、查询方式。《顺德政务》的栏目和内容日益丰富，顺德政务网上推出电子版，为市民了解政府信息提供更贴心的服务。办公室印发《顺德区政务网站及信息公开管理暂行办法》，规范政府信息公开工作。

◆接待工作　2010年，办公室整合机关事务和政务接待工作，开发应用接待办公系统，建立全区参观点资料库，整改提升华桂园接待基地，加强顺德与各级各地的沟通联络，强化政务接待的后勤保障能力。年内完成香港春茗酒会、第七届恳亲大会暨慈善万人行等多个大型活动的接待任务以及大批高级别、高层次的重要接待工作。全年共计完成各类接待任务900多批，承担副省级以上领导考察活动20多批。

◆机关事务管理　年内，区机关事务管理局加强内部管理和调控，科学配置人、财、物等资源。一是对各类资源实行电子化分类管理，实现后勤事务管理智能化。二是修订、完善《机关后勤管理和服务工作指引》，实现后勤管理工作制度化。三是强化大楼安保系统，电子监控覆盖面积达区行政大楼的80%以上。四是加强财务核算管理，实现全年收支无误。五是通过技术改造实现行政大楼节能减排，与2009年同期相比，大楼用电量减少32000千瓦时，用水量减少11000吨。六是开展工程排障工作，全年完成维修保养工作7200多项。

◆行政服务中心工作　2010年，区行政服务中心全面铺开简政强镇事权改革工作，联合区法制办对行政审批事项目录、行政执法事项目录进行全面梳理，统计出全区19个部门共行政管理事项5205项，确定2008项保留由区行使，3197项划由镇（街）行使，镇（街）比调整前行使权限多1636项，占事项总数的61.4%。按照建设公共服务型政府要求，加快行政服务中心体系建设，各镇（街）挂牌成立镇级行政服务中心，指导大良街道21个、容桂街道26个居（村）成立村级行政服务站，其他镇街已开展试点工作。推进网上审批服务大厅应用，对全区各部门可以进行网上审批的事项进行填报审查，并将全市统一的五个网上审批事项中的四项放到网上审批大厅开通运行。加强窗口规范化、人性化建设，提升服务效能和形象，完善《区行政服务中心窗口考评暂行制度》；优化办事环境，整治中心周边停车难问题；改革收费流程与模式，推行POS刷卡缴费，有效解决缴费难问题。加强电子政务系统开发，推动民生事业发展，开发建设工程交易中心招投标网上答疑系统、大良街道网上婚姻登记预约系统、法院网上立案、网上查档、查档预约系统等多个网上服务系统。加强网上信息公开，不断完善顺德区人民政府网，新建政务网站21个，发布信息近3.4万条，开辟“建设工程领域项目信息公开专题”、“2011年为民办实事建议项目征集”等多个专题栏目及网上调查专题，政务论坛逐渐成为顺德市民建言献策、咨询投诉及政府了解民意的主要信息平台。

【扶贫工作】

◆概况　根据省委、省政府扶贫开发“规划到户、责任到人”工作的统一部署，2009年9月，顺德区新组建区扶贫办公室，对口帮扶英德和连南30个贫困村的4941户、17158名贫困人员，办公室工作人员从区属有关单位抽派业务骨干组成。据统计，至2010年底，顺德共投入帮扶资金3265万元，其中财政资金（含慈善会）2121万元、社会资金924万元、物资折款220万元：启动帮扶项目50个；援建基础设施101项；组织种养技术培训7105人次、劳动力就业培训2339人次；转移贫困户劳动力就业1612人；协助解决贫困户危房改造266户；帮扶贫困学生958人。通过帮扶，共有1933户、8189人家庭年人均纯收入达到2500元以上（即脱贫），占总贫困人数的60%；18个贫困村集体年收入达3万元以上，占总贫困村数的60%；全部帮扶对象家庭收入平均增长36%，高出一般村民18%。2010年，顺德注重输血与造血相结合、扶贫与扶智相结合、短效与长效相结合，发动社会各界力量，扎实开展各项帮扶工作。

◆开发扶贫，增强贫困村贫困户“造血”功能　为实现“村增收、户脱贫”目标，是年，顺德着力抓好贫困村干部群众的思想、种养、就业和集体经济发展等方面的帮扶。一是抓思想扶贫。重点组织30个贫困村“两委”班子与顺德各镇（街）的优秀村结对，开展村支部书记互动访问，增强贫困村干部群众脱贫信心。二是抓种养扶贫。聘请农业专家深入贫困村，举办64期种养技能培训，培训贫困人员7105

2010年11月9日，顺德考察团赴清远考察“双到”帮扶工作

人次，有效提高贫困户劳动力的种养水平。大良投入40多万元在英德市黄花镇建立“助农帮扶服务站”，组织85户贫困户种植玉米和番薯，平均每户增收5000元。勒流在每个贫困村建立3户养殖脱贫示范户，每户免费发20只猪苗及适量饲料，并承诺生猪收购。勒流投入18万元，扶持贫困户开展马铃薯、白萝卜等冬种项目，切实提高家庭收入。三是抓流通扶贫，畅通农产品销售渠道。在大良现代街市设立“爱心街市”铺位，专售英德、连南两地的农产品；向区内的机关、企事业单位饭堂供应贫困地区土特产；在“2010年珠三角中小企业日用消费品展销会”上，开辟英德、连南土特产免费摊位，让贫困山区农产品走进珠三角菜篮子市场。据统计，顺德对口帮扶贫困户的农产品商品率达85%以上。四是抓就业扶贫。开展贫困户劳动力技能培训，尤其是对未考上高中的贫困学生，实施“双零”培训，增强其劳动技能，实行造血扶贫。2010年，组织27名贫困学生到顺德参加培训。3月3日，区扶贫办组织56家企业赴英德举办大型劳务招聘会。当天共有126人与用工单位达成就业意向。一年来，全区成功转移1612名贫困户劳动力到顺德或珠三角其它地区就业，人均年收入达18000元以上，实现家庭稳定增收。五是抓集体经济发展促扶贫。对资源较为丰富的贫困村，通过修缮、改造和盘活原有项目，促进集体经济发展。如均安改造英德市鸡蓬村400亩老茶园，聘请30名贫困人员参与打理，使村集体年增收1.5万~2万元、贫困户年增收5000~6000元；出资30万元改造鸡蓬村水力发电站，使村集体每年稳定收益3万元以上。对资源匮乏的贫困村，通过入股当地优质企业或兴建物业等方式，使村集体每年获得稳定收益。如勒流、容桂和龙江扶持10个贫困村每村30万元，入股连南县板洞水电项目，每年可为村集体带来3.6万元收益；陈村投入30万元资助东水村入股贵兴木业公司，村集体每年收益3万元以上。对具备发展条件的贫困村，通过“公司＋农户”等方式，促进贫困村集体经济发展。如北滘投入30万元资助公正村与温氏集团合作，建设占地3.1亩的猪舍，2010年生猪存栏量483头，村集体年稳定收益3万元。六是抓产业促扶贫。为将“双到”与“双转移”结合起来，解决村集体经济长效脱贫问题，2009年12月21日，顺德区扶贫办与英德市政府策划创建扶贫产业园，规划引进顺德企业，从地方留成税收中划拨资金给顺德帮扶的20个贫困村，建立长效增收机制。同时发动园区企业优先聘用贫困劳动力。年内共组织了6批次、300多家企业赴英德开展考察、投资和招聘等活动。2010年7月27日，区扶贫工作领导小组组长潘东生率领136名企业家到英德考察、洽谈相关事宜。11月9日，区委书记梁毅民率团考察英红工业园。12月16日，顺德与英德签署区域经济合作协议，正式拉开合作共建“广东顺德（英德）产业园”序幕，实现“双到”与“双转移”紧密结合，开创扶贫开发“双到”工作新局面。

◆社会参与构建“大扶贫”工作格局

一是创立广东省首个“双到”基金。2009年9月，广东恒佳建筑工程有限公司创立全省首个“扶贫开发‘双到’基金”，重点帮扶大古坳村人力资源和扶贫开发。该基金现已达100万元。二是开展医疗帮扶。发动东逸湾房产公司和万科房产公司分别捐资130万元和66万元，在30个贫困村每村建设一个卫生站；发动区内各大医院和药企捐赠医疗设备和基本药物、培训医务人员，提高当地医疗卫生水平。开展“医疗卫生进村居”活动。一年来，先后组织22批次义诊活动，共为8000多名贫困村村民实施免费诊治，并捐赠价值30余万元的医疗器械和药品。三是采取“助硬件建设、定学校结对、与贫困生拉手、派优秀老师支教”等措施，全方位立体式开展教育帮扶。一年来共组织60多批次爱心人士前往英德、连南开展助学活动，发放助学金50多万元。大良、容桂等镇（街）发动社会热心人士与383名贫困学生结成对子；顺德东弘家庭教育培训中心组织71户爱心家庭，带着共计15.8万元的教学设备，前往英德鸡蓬小学开展家庭结对助学活动；乐从为贫困家庭学生制定“义务教育阶段每户每年500元、高中2000元、大学4000元”的立体化结对帮扶措施；乐从发动爱心企业佳骏贸易有限公司捐款66万元，按广东省义务教育规范化学校标准改造田心小学；均安慈善会投入6万元援建鸡蓬小学电化教室。教育帮扶使贫困户适龄子女普及义务教育入学率达100%，没有出现因贫困被迫辍学现象。四是开展民生福利事业帮扶。从社会筹集资金1300多万元，援建基础设施工程101个，改善帮扶村群众生产生活条件。区纪委发动顺德供水总公司出资85万元元援建大古坳村饮水工程，解决900多人的饮水难问题；乐从慈善会投入60万元援建卫生站、文化广场、球场和休闲公园，全面改善田心村村容村貌；大良慈善会投入资金13.9万元，协助城下村建设河坡仔桥及机耕路，盘活撂荒农田500亩。协调当地政府，将符合条件的贫困户纳入低保救助范围，做到应保尽保；协助帮扶村完成道路硬底化建设209.2公里，解决群众行路难问题。

【人事工作】

◆机关编制管理　一是做好大部制改革的后续工作。2010年，区组织人事部门在完成机构调整、合并的基础上，发挥大部门体制优势，统筹考虑人员编制、干部配备、事业单位归口等工作，分别制定和完善16个大部门以及法院、检察院、机关事务管理局等单位的“三定”方案；及时理顺机关党组织设置，以及5300多名机关党员的管理隶属关系；印发《关于明确区属事业单位管理部门的通知》，对区属事业单位的管理部门或归口联系部门作重新明确；拟订原垂直管理部门的人、财、物移交的有关文书样本，主动联系上级对口部门协调相关工作；围绕原双管单位和区属单位待遇标准不同的问题，进一步规范公务员、区级机关聘员和事业单位工作人员的福利待遇。二是推进“简政强镇”事权改革。以容桂街道为试点，配合区委在全区10个镇（街）开展“简政强镇”事权改革。从对接区大部门体制的角度出发，指导镇（街）规范和完善机构编制设置，及时梳理镇（街）内部组织架构和分工；在区国土城建和水利局等4个区属部门的派出机构划归镇（街）管理或实行双重管理后，做好区、镇两级部门的整合工作，进一步明确相关机构的编制使用、人员管理及经费划拨等问题；统筹安排、合理配备镇（街）和下放区属部门的干部。据统计，改革期间共下放在编人员667人。

◆公务员管理　公务员招考录用。2010年上半年，顺德共有21个单位（含公安局、检院、法院）提供74个职位向社会公开招录公务员。招录工作经报名、笔试、面试、资格审查、体检和审批等程序，全区新录用64名公务员。按照上级的统一部署，还在下半年从优秀村党组织书记中选拔镇（街）领导干部 1 名、从优秀外来务工人员中公开考录基层公务员 2 名。

公务员考核。是年，区人事部门按时按质完成年度考核工作，全区参加 2009 年年度考核的实有人数为 26016 人，其中被评为优秀的 3533 人，称职(合格）的22206 人，基本称职（基本合格）的 15 人，不称职(不合格) 的 4 人，不定等次的 258 人。创新公务员日常考核新模式，从第二季度起，在全区各级机关非领导成员公务员中开展平时考核工作，采取个人平时记实、领导定期考评、考核委员会抽查等方式进行考核，增加民主评议、差额推选、年终民主推荐等环节。区委、区政府对 2005 年以来连续三年年度考核被确定为优秀等次的公务员记三等功，并进行表彰。经审核，全区获记三等功表彰的公务员有 140 人。

公务员辞职、转任。一是做好公务员的辞职审批工作，是年共办理公务员辞职 26 人。二是及时办理机关事业单位人员的调动申请，保障机关事业单位人才的合理流动。年内共办理公务员转任 179 人。

第二届政府服务创新奖和公务员创意奖评选。是年，区组织人事部门共收到 2009 年 1 月后实施并取得阶段性成果的项目 123 个，经过专家组筛选后产生入围项目 52 个，并准备在下阶段开展网上公众评选活动。

◆军队转业干部管理　是年，区人事部门制定 2010 年 17 名计划安置军转干部的安置方案，完成资格审查、考试、体检和考察等工作；加强与区信访、综治、公安等相关部门的联系，做好重点对象的信访维稳工作。

◆事业单位人员管理　是年，区人事部门加强对事业单位人员管理。事业单位与其用工人员签订聘用合同后，按规定认真审核，对符合有关规定的，给予办理合同鉴证，年内共办理合同鉴证 538 份。根据机构改革后的人员变动，调整区人事争议仲裁委员会的成员，聘请三名兼职仲裁员，并且组织仲裁员参加资格培训，逐步建立起人事争议仲裁制度。年内共审理人事争议仲裁案 2 件。

【外事侨务工作】

◆世界顺德联谊总会第七届恳亲大会　2010 年 11 月 5 日至 7 日，世界顺德联谊总会第七届恳亲大会在顺德举行。共有来自世界 20 多个国家和地区，60 多个社团，共计超过 1200 位乡亲参加。本届恳亲大会是历届中规模最大、时间最长、活动项目最多的一届。11 月 5 日下午，全体嘉宾参加千人大合照；第五批顺德荣誉市民颁授仪式在区会议中心举行，伍步高、蔡伯励、郑锦超等 38 名顺德乡贤和国际友好人士被授予“顺德荣誉市民”称号；世界顺德联谊总会 60 个社团举行社团首长会议，会议通过“关于第八届恳亲大会于 2012 年 10 月在南非举办”的决定；今后世界顺德联谊总会将吸纳顺德本土及国内顺德籍优秀企业家、知名人士。11 月 6 日，恳亲大会开幕。世界顺德联谊总会首席会长邓永强作会务报告，香港顺德联谊总会、澳门顺德联谊总会、马来西亚槟城顺德会馆、加拿大温哥华顺德联谊会、澳门顺德龙江同乡会代表和海外乡亲进行现场交流。当天，还举办了世界顺德青年论坛、顺德青年经济文化体验之旅、顺德民俗文化嘉年华等活动，乡亲们与凤凰卫视节目主持人杨锦麟展开互动交流，到龙的酒楼和清晖园品尝顺德美食，参观美的总部大楼。11 月 6 日晚，第七届恳亲大会教育基金捐款赠送支票仪式暨文艺晚会在顺德职院举行。11

月7日上午，2010顺德教育基金百万行从顺德体育中心起步，与会乡亲与上万顺德市民一起走上街头，为家乡教育的发展尽一份力。其中香港伍宜孙慈善基金会捐资3000万元协助杏坛镇异地重建伍蒋慧芳中学。11月7日下午，海外社团乡亲分赴顺德6个镇(街) 参加家乡新貌巡礼。大会活动还包括：出版《恳亲大会特刊》、制作《世界顺联15周年回顾片》，举行侨刊《顺德乡音》改版首发式。

2010顺德教育基金百万行

◆外事管理　是年，顺德区外事侨务部门严格审批程序和制度，加强因公出访管理。做好涉外接待工作和“亚运会”的安全保障工作。进一步加强外国人管理工作，通过调研的方式，将乐从镇成立外国人管理中心的做法提供其他镇（街）借鉴。落实“龙腾计划”，为本地企业服务，将“龙腾企业”名单纳入外事签证审批“绿色通道”服务之列。设立与绿色通道企业热线联系制度，推介APEC商务旅行卡办理业务，为本地企业“走出去”提供“绿色通道”服务。年内完成APEC商务旅行卡的受理、审核和上报共10批，24人次。

◆外事接待　2010年，顺德完成涉外接待18批216人次，其中高级代表团的接待共6批54人次。包括以总统伊曼纽尔·莫里（Emanuel Mori）为团长的密克罗尼西亚联邦代表团一行6人前来顺德区进行参观访问、坦桑尼亚桑给巴尔总统Amani Abeid Karume等25人来乐从镇参观访问、利比里亚副总统Joseph Nyuma Boakai一行8人来顺德区参观访问、白俄罗斯第一副总理等5人来顺德区美的集团参加庆典的接待活动等。

◆华侨、港澳同胞服务工作　2010年，顺德外事侨务部门践行“国力为侨”理念，切实为侨服务。在认真做好落实侨房政策、加强侨捐项目监管工作的同时，做好帮扶困难归侨工作。对顺德区年收入1500元以下的贫困归侨情况进行摸底调研，共帮扶265人次，资助金额89877.3元。协调均安侨联、公安部门、公证处等单位，协助均安自梳女办理回国定居手续，并获上级批准。

◆经济文化交流活动　对外拓展侨力资源。2010年，区委社会工作部(区民政宗教和外事侨务局）配合区政府组织在香港举行春茗活动，拜访港澳乡亲。协助“粤韵情浓——顺德戏曲新作粤港澳巡演”分别在澳门永乐大戏院和香港新光戏院举行。配合区政府组织访问团，先后出访英国、比利时、法国，参加英国顺德联谊会十周年庆

顺德形成完善的公路交通网络

支持促成澳门顺德乐从同乡会成立，举行了第一届理监事就职典礼等活动。协助港澳海外社团青年组织回乡开展活动。接待马来西亚山打根育源独立中学（华文中学）访问团，探讨与本地学校缔结姊妹学校的可能性。推荐新生代侨领参加省侨办举办的第三期海外侨团中青年领袖研习班和第九期华裔新生代企业家中国经济高级研修班。以恳亲大会为契机，组织了“世界青年论坛”和“世界顺德青年经济文化体验之旅”等一系列青年交流活动。

典，讨论成立欧洲顺德联谊总会相关事宜；出访加拿大温哥华、爱民顿、卡加利，出席爱民顿市顺德联谊会第一届董事会就职典礼，加强与当地顺德侨团的联系。

借力“民间外交”促进合作。2 月，通过澳洲顺德乡亲引介，澳大利亚高嘉华市政府代表团前来顺德访问，与顺德签订“建立友好关系城市”协议，两地政府将在经济、旅游、文化、科技、教育和体育等方面开展深入交流合作。6 月，区政府访问团出访欧洲期间，借参加英国顺德联谊会十周年庆典的时机，举办伦敦“顺德美食之夜”，宣传顺德美食文化。8 月下旬，由顺德名厨、企业家、侨务干部组成的顺德区政府访问团出访加拿大爱民顿市期间，举办顺德美食推介活动，沟通联系乡情乡谊，进行经济文化交流和商务考察；爱民顿市市长蒂文·曼德尔将 2010 年 8 月 26 日至 29 日定为推介顺德历史文化的“顺德周”。7 月，美国侨领吴国宝与区教育局联合组织多批“美国外教导师团”到顺德培训英语教师，引入 8 名美籍导师在顺德培训近 200 名英语老师，为五年来之最。

加强港澳海外新生代、新华侨华人、社团新力量工作。是年，区外事侨务部门

◆侨务接待　2010 年，顺德外事侨务部门接待港澳回乡访问团 6 批，共 573 人次。先后接待了澳门特区行政长官崔世安一行来顺德参观考察以及香港西区扶轮社访问团、香港及澳门乐从同乡会访问团、香港李志恒区议员青年考察团等参观访问活动，各镇（街）也大力加强与港澳社团的联系，在多方面给予支持。先后接待了泰国华文民校协会永远名誉主席梁冰，美国旧金山市政府移民权益委员、湾区统一促进会会长吴国宝，旧金山华埠知名华人医生蔡流轮，美国知名华人、李小龙之女李香凝，塞舌尔社会发展和文化部部长伯纳德·山姆莱等来顺德访问活动。

◆侨联工作　2010 年，顺德外事侨务部门健全侨联组织建设，指导基层侨联做好换届工作。1 月，召开区侨联第十一届三次全体委员会议，增补王佩青为区侨联秘书长，增补王文敏、梁素贞、余子亮等三名同志为区侨联常委。11 月 3 日，乐从

镇召开第九次侨代会，选举产生乐从侨联第九届委员。（谭　玺）

政协佛山市顺德区委员会

【概况】

顺德区政协常委会下设提案、经济、社会和法制、文教体卫、城建资源环境、港澳台侨等6个专门委员会，10个镇（街）联络委员会和香港、澳门地区联络委员会及区政协办公室。办公室内设秘书科、提案文史科、行政接待科3个职能科，机关行政编制11名。2010年，区政协认真学习贯彻中共十七大、十七届五中全会精神，把握团结和民主两大主题，围绕中心、服务大局，认真履行政治协商、民主监督、参政议政职能，圆满完成区政协十二届五次会议提出的各项任务。

【区政协十二届委员会第五次会议】

2010年1月26日至28日召开。大会开幕式由曾博濂副主席主持，区委书记刘海作重要讲话；区政协主席梁国章做区政协十二届委员会工作报告。会议听取和审议通过区政协第十二届委员会常务委员会工作报告和提案工作情况报告，听取和讨论《政府工作报告》及其他报告，表决通过《中国人民政治协商会议佛山市顺德区第十二届委员会第五次会议决议》。会议增补选举政协顺德区十二届委员会常务委员会成员，并对2009年度11件优秀提案、3个信息工作先进单位和4名信息工作先进个人进行表彰。

【围绕民生课题开展常委会专题议政】

2010年，顺德区政协紧扣社会各界高度关注的生活垃圾处理问题，开展城市生活垃圾"减量化、资源化、无害化"处理和利用专题议政活动。进行长达三个月的调研考察活动，通过到职能部门、顺能垃圾处理中心、杏坛镇以及中心城区开展调研视察，举办专家讲座，考察澳门、西安阎良、江苏常州等地生活垃圾焚烧厂等活动，于8月召开常委会进行专题议政。议政会议形成的《政协常委会关于加强我区生活垃圾处理和利用专题调研报告》引起区委、区政府的高度重视。

【围绕中心工作专题协商】

2010年，顺德区政协选择事关全区经济社会发展的重大事项，深入开展专题协商活动，推动协商成果纳入决策程序。二十次常委会议听取区委、区政府关于顺德大部制改革一周年运行情况的通报，就大部制改革后如何打破年轻干部"天花板"问题以及如何协调好省市区的关系等方面开展协商，提出许多中肯的建议。还围绕"十二五"规划纲要、德胜河"一河两岸"概念规划、顺德西部生态产业区规划等议题开展协商，为区委区政府科学决策提供有益参考。

【围绕部门工作对口协商】

2010年，政协常委会健全区政协专委会对口联系各部门工作机制，各专委会通过定期召开协商座谈会，相互通报情况，加强工作衔接，使调研、协商、视察各项履职活动与各部门的工作更加贴近合拍。一年来，先后与区经促局、教育局、政法委、公安局、供电局、区法院等10多个部门分别就家具业变革和发展、学前教育、解决停车难、电力基础设施建设、社区矫正等工作进行对口联系协商活动，为部门工作提出建设性的意见。

【民主监督】

2010年，顺德区政协结合自身特点，有计划地组织委员针对事关群众切身利益的问题，开展视察活动。先后围绕顺德“三旧”改造、在建水利工程项目、创意产业和总部经济发展、民营医院的经营、文化产业发展情况开展视察工作，广泛了解情况，提出有针对性的建议。先后推荐86名委员参与有关单位的行风评议和担任特邀监督员，参加教师收入调整方案公共意见咨询会、儿童福利院改建规划总平面方案审批项目听证会、博物馆陈列布展设计方案咨询座谈会以及“阳光检务”等一系列民主评议、监督活动，推动相关工作的开展。推荐30名政协委员担任区、镇(街)的公共决策咨询委员会成员。

【专委会、联委会调研视察】

2010年，政协各专门委员会深入调查研究，组织撰写《创新管理，多管齐下，切实解决城区停车难问题》、《顺德家具业变革与发展的思考及建议》、《加大“三旧”改造力度，促进阳光城市幸福家园建设》、《提高城市绿化质量，打造宜居宜商“生态顺德”》、《抓住机遇，全面推进我区学前教育优质均衡发展》等调研报告，为区委区政府提供意见和建议。各镇(街)联委会开展专题调研，围绕本地区经济和社会发展，在产业发展、城市管理、社会管理、道路建设、治安环境、共建幸福家园等方面提出《落实扶贫助困“双到”工作，共建幸福家园》、《提升城市管理水平，更好营造生活居住环境》、《整合伦教旅游资源，深度发展休闲文化旅游》、《打造平安北滘，提升市民安全幸福感》、《加强城市管理，建设精品小城》、《加快勒流道路建设，融入珠三角一体》、《科学整合，促进龙江家具制造业健康发展》、《乐从商贸业发展的现状与分析》、《关于加强土地精管与规划工作的建议》、《生态均安，绿色牛仔——积极发展低碳经济，建设生态文明小镇》等10份高质量的调研报告，得到当地党委政府重视和采纳。

【提案工作】

2010年，顺德区政协共收到提案248件，审查立案提案178件，经并案处理，交办提案123件，立案率为71.8%。办复率、委员满意和基本满意率为100%。开展《关于缓解停车难问题的几点建议》主席督办重点提案的工作，受到各级政府重视，顺德各镇（街）已行动起来，加大硬件设施的建设。是年底正式出台停车管理办法及停车保管服务收费实施细则，从制度上正式规范停车管理。主席督办重点提案取得实效，全年有31份提案所提及的问题和建议得到有效解决和落实，占所有提案的25.2%。

【社情民意信息工作】

2010年，顺德区政协创新开展“社情民意信息周”活动，组织信息员进村居集中收集社情民意信息，全年共收集整理各类信息122条，编发《社情民意反映》42期，区领导批示和有关部门答复22期。全国政协采用2篇，省市政协采用16篇，其中《不要让扶贫成为超生的后勤保障》得到国家领导人的批示。

【联谊工作】

2010年，顺德区政协举办丰富多彩的联谊活动，促进委员交流与合作。1月举办顺德各界人士迎春茶话会；3月组织妇女委员参加“三八”活动；7月举办“神洲杯”乒乓球赛；坚持定期联系民主党派、工商联负责人制度，通报情况，听取意见和建议。坚持区政协领导走访委员、约谈委员制度，先后走访和约谈30多位政协委员和委员企业，了解委员所忧所盼所愿，反映委员的意见，协调解决委员企业在生产中碰到的困难和问题。坚持“加强交流、增进友谊、扩大共识、发展合作”的工作方针，密切与区政协港澳委员的联系，5月赴澳门拜访澳门顺德联谊总会，通报区情和政协工作；9月组织港澳委员回乡考察顺德创意产业、总部经济发展情况以及韶关市武江区投资环境，举办2010年顺德各界人士“国庆”酒会。 （敖细平）

中共佛山市顺德区纪律检查委员会(区政务监察和审计局)

【概况】

顺德区纪委机关（区政务监察和审计局）设置13个职能室（中心、科）和1个内设局，向区属9个政府序列部门和2个参公管理事业单位派驻11个纪检监察组。职能室（中心、科）和内设局分别为办公室、宣教调研室（区党风廉政建设领导小组办公室）、效能监察室（区行政审批电子监察中心）、执法监察综合室、纠风室（区行政投诉中心）、纪检监察一室、纪检监察二室、案件审理室、控告申诉举报中心、固定资产投资审计科、行政事业审计科、经贸审计科、财税金融审计科和信访局（区信访局内设来信来访办公室、区长专线电话办公室、信访督察办公室）。有干部87人，事业编制人员2人，政府聘员6人。2010年，区纪委（区政务监察和审计局）切实履行纪检监察审计职能，紧密围绕促进经济、服务大局这一中心，着力营造风清气正的政务环境、公平公开公正的营商环境两个“软环境”，坚持抓住重点部门、行政监察、审计监督三个重要环节，立足做好惩治与预防、制度建设、调查研究、队伍建设四项基础工作。

【廉政建设】

2010年，顺德区纪委加强对各级党政班子和党员干部的廉洁自律工作和党风廉政教育，贯彻落实有关廉洁自律、厉行节约政策。会同有关部门制定《顺德区庆典、研讨会、论坛晚会、展览活动审批流程》，建立逐级审批、层层把关的审批机制。组织指导各相关单位层层签署党风廉政建设责任书。开展《廉政准则》等制度学习宣传贯彻实施工作，邀请《中国纪检监察报》李本刚社长到顺德讲授《廉政准则》辅导课。推进农村基层党风廉政建设。在10个

顺德区纪委组织党员干部赴连南扶贫慰问

镇(街)开展农村基层廉政建设规范化管理试点工作，制定和完善农村基层廉政建设规范化管理体系，将村（居）党组织、村（居）委会、股份社干部都纳入规范化管理的范畴，明确村居“两委”在廉政建设中的职责，建立农村基层廉政建设规范化工作机制；印制宣传海报450份、漫画手册10万册发至全区200个村（居），进一步强化农村基层规范化管理和村（居）党组织建设，规范村（居）干部行为，改善村（居）事务管理模式；开通农村党风廉政信息公开平台；深入推进农村政务、村务和党务公开，强化村（居）各项政策措施落实情况的监督检查，纠正损害群众利益的不正之风。

【监督检查】

2010年，顺德区纪委落实厉行节约的有关规定，严格审核评比达标表彰项目和公务员学习考察、出国考察活动。组织全区410个单位开展“小金库”自查自纠工作，重点检查38个单位，严肃财经纪律。会同有关部门围绕上级和区委重大决策部署的贯彻落实开展监督检查，确保政令畅通。对全区483个建设项目的突出问题开展专项治理，重点检查12个项目建设单位，责令限期整改存在问题。加强要素市场招投标活动的监督，处理涉及建设招投标的投诉共13宗，规范签订政府采购合同2宗。规范对镇（街）招投标管理的权限，完善镇（街）招投标活动的监督程序。加大对违法用地的查处力度，规范土地依法合理使用。加强对强农惠农专项资金运用的监督和检查。纠正个别学校乱收费行为，健全教育收费监督管理机制。在区经济促进局和容桂街道国土、税务、计生等系统开展政风行风评议。

【行政监察】

2010年，顺德区纪委处理群众行政投诉2784宗，已办结2604件，办结率为96%；出现受理黄牌21个、红牌24个、答复红牌17个。受理行政审批24万件，办结23万件，办结率为95%。开展效能考察，提升政府服务。完善机关单位、镇（街）绩效管理考核体系。建立区党政领导干部及工作人员问责制，加强明查暗访，发现问题及时责令整改。会同有关部门办好“政风行风热线——民生零距离”、“政风行风热线之镇街在线”节目，就群众关注的热点、难点和民生等问题，与群众互动交流。全年共举办35期“政风行风——民生零距离”，群众满意率82.9%；“镇街在线”播出8期，接听电话482个，群众满意率77.8%。

【廉政宣传教育】

2010年，顺德区纪委深化廉政教育，增强党员干部防腐意识。开展以“加强制度教育，构筑拒腐防线”为主题的纪律教育学习月活动，举办领导干部纪律教育学习班。组织1500多名党员干部到法院旁听涉及顺德区干部违法犯罪案件的宣判，利用身边人、身边事有针对性地开展警示教育。举办首届全区“反腐倡廉曲艺、戏曲、小品文艺汇演”，寓教于乐，用生动的形式推进廉政文化建设。其中由顺德区选送的小品《一个贪官和他的六个女人》参加广东省“清廉颂——反腐倡廉文艺汇演”，获得上级和社会的好评。运用媒体、网络优势加强反腐倡廉宣传，营造社会氛围。扎实推进廉政文化建设，推动廉政文化“六进”活动，进机关、社区、学校、农村、企业、家庭等各个领域，发挥廉政文化的渗透、启迪和感染作用。

2010 年 9 月 19 日，顺德区举办“反腐倡廉曲艺、戏曲小品文艺汇演”

【案件查办】

2010 年 1 月至 11 月，顺德纪检监察机关共受理群众信访举报 1129 件（次），查办案件 42 件，给予党纪、政纪处分的党员干部共 31 人，涉及违纪金额 5000 多万元，累计为国家和集体挽回经济损失近 2000 万元。加强对重大典型案件的剖析，为一批受到诬告、错告的党员干部澄清事实。加强对镇（街）纪委查办案件的指导，镇（街）自办案件率达到 100%。开展治理商业贿赂工作，是年共立案查处商业贿赂 4 宗。

【人民信访】

2010 年，顺德区信访机关做好信访工作，维护社会大局稳定。完善信访工作网络，建立信访信息联络员制度，提高预防和处理信访问题的能力。实行领导大接访和重大信访案件包案处理，加大对重大信访事项的督查督办力度，处理一批群众信访积案和“老大难”问题。做好“两会”、“国庆”、“世博会”、“亚运会”等重大活动、节日的信访工作。全年共受理信访 10875 件（次）。（李绍荣）

民主党派·群众团体

民主党派·群众团体

民主党派

【中国国民党革命委员会佛山市顺德区总支部委员会】

民革顺德区总支部是中国国民党革命委员会广东省佛山市委员会的基层组织。共有党员38人，其中中、高级职称34人，下设大良、容桂两个支部，王熙福为总支部委员会主委，陈国栋为副主委，黄伟宪、李霞（女）、徐洪为总支部委员。王熙福主委为政协顺德区第十二届委员会常委，陈国栋副主委及龙红梅、徐洪、李常林为政协顺德区第十二届委员会委员。2010年，总支部按注重质量的原则发展新党员，进行组织发展工作，年内发展新党员2名，考察对象1名。是年，推荐4名党员参加11月区委社会工作部（统战部）组织的在广东省委党校举办的顺德区第六期党外干部学习班。

是年，民革顺德总支部委员会履行参政议政和民主监督职能，围绕区委、区政府的中心工作参政议政。在区政协第十二届五次会议上总支部提交大会发言稿1篇，提案14件，立案10件。总支部在区政协第十二届五次会议上荣获“2010年度区政协信息工作先进单位”，主委王熙福荣获“2010年度顺德区政协优秀信息先进个人”，党员余阶群撰写的《加大出租车行业改革力度，重塑顺德新名片》获“2010年度顺德政协十二届五次会议优提案奖”。重视平时社情民意信息收集工作。向市、区政协递交27件信息，被采用11件，其中主委王熙福写的《市社保信息系统有待进一步改进和完善》、《不要让扶贫成为超生的后勤保障》被全国政协单篇采用，并得到国家领导人的亲笔指示。积极参加由民革市委会、区政协、区委统战部组织的各种调研活动。总支部每年免费为全体党员订阅全年的《团结报》，把各时期的组织活动、党员投稿刊登在《民革佛山》上。全体党员响应中共省委、市委提出的扶贫开发“规划到户、责任到人”的号召，共捐款3350元。（龙红梅）

【中国民主同盟顺德区委员会】

中国民主同盟（简称民盟）主要由从事文化教育以及科学技术工作的高、中级知识分子组成。民盟佛山市顺德区委员会是中国民主同盟的一个基层组织。顺德民盟现有盟员103人，其中高级职称60人，中级职称41人，企业中层干部以上有5人，医院科室主任3人，特邀监察员2人，佛山市政协委员1人，市人大代表1人，区政协委员6人，区政协常委1人，区人大代表2人。顺德民盟自有组织以来共向顺德人大、政协提交参政议政材料500余件，其中13件提案获优秀提案奖。从1999年开始，至今共扶助贫困学生31人，累计捐款超过13万元。

是年，顺德民盟盟员共提交参政议政材料66件，其中省政协提案4件（其中1件代表省民盟在省政协大会发言），市人大议案2件、市政协提案立案4件，区人大议案2件，区政协提案50件，区政协信息采用3件。此外顺德民盟还获佛山民盟颁发提案立案奖17件、优秀提案奖2件。10月，顺德民盟召开年度参政议政表彰大会，本年度评选出高教支部为顺德民盟优秀参政议政支部，李莹、谢驰、向军华、万信成、王明刚等二十位盟员分别获得顺德民盟参政议政优秀个人一、二、三等奖。除现担任各级人大政协职务的盟员外，还涌现出李莹、董凯军、万信成等一批参政议政能力很强的普通盟员。盟员撰写参政议政材料有的被列为民盟市委重点调研课题，有的被民盟省委采纳并在省政协立案和信息采用，有的被评为区政协优秀参政议政材料。特别是董凯军博士的提案《关于我省低碳经济发展的思考和建议》在省政协大会发言，立案后由黄华华省长亲自督办；徐莉老师的提案《关于重视学生户外活动促进学生健康成长的建议》由省教育厅承办；李莹老师的提案《关于建立学校安全气象预警系统的建议》（由省教育厅会同省气象局承办）、《关于统一解决商品房天台使用权问题的建议》（由省住房和城乡建设厅承办）被民盟省委提交省政协立案采用。2010年，李虹副主委提交的《建议大力发展新兴的工业设计产业，推动顺德产业升级》、宋炜主委提交的《帮助中小企业应对金融危机的建议》等两项提案获得本年度顺德区政协优秀提案。

民盟区委在鼓励盟员参政议政之余，自觉关注并参与民生事务。顺德民盟现有多人担任政府特邀监察员，政协、医卫及教育界的行风评议员；王益民委员连续十几年坚持担任顺德青少年心声热线咨询员；刘志强老主委退休后加入“关心下一代工作委员会”；王超盟员参与区总工会的“维权法律援助”活动，为广大职工维权出力；盟区委领导宋炜主委、胡锐明副主委、李虹副主委、李冬妹副主委作为特邀嘉宾多次在顺德和佛山电台及顺德城市论坛上就城市建设、规划管理及市民关心的热点问题发表自己的见解观点。（朱海帆）

【中国民主建国会佛山市顺德区总支部委员会】

中国民主建国会佛山市顺德区总支部委员会主要由经济界人士组成，2010年共有成员59人，其中在职会员36人，占61%；退休会员23人，占39%。高、中级职称32人，占54%。主委朱艺斌为区政协副主席，会员关敬樟为区政协常委，副主

大良钟楼公园——市民喜爱的休闲地

委李忠和郑宇阳为区政协委员，支委杨国强、邱碧开、杨新福为区政协委员。全年发展对象3名。在区政协第十二届五次会议上，顺德民建共提交议案1件，提案34件，立案29件。其中《改变垃圾处理模式，促进我区环保事业的发展（并案）》、《关于养老服务的几点建议(并案)》和杨国强委员个人的《关于建立律师与公检法部门定期交流机制，创设社会律师参与涉法信访工作的建议》等3件提案被评为优秀提案，大会发言被评为优秀参政议政材料。

是年，顺德民建积极履行参政议政职能，撰写信息，反映社情民意，表达经济界意愿，坚持在会员中开展“一人一议”的活动，发动会员围绕全区经济建设发展、群众关心的社会热点问题知情出力，出谋献策。不定期召开支委会议12次，支委扩大会议3次，全体会员会议2次。每月定期举办退休会员座谈会，传达上级精神，学习相关政策文件，倾听会员心声，全年共定期组织退休会员活动24次。组织会员外出学习活动，会员外出考察共4次，到广州、阳江、清远、禅城等地学习考察。开展同各地民建的交流活动，扩大顺德民建的影响，学习交流经验，3月接待了上海虹口民建的来访；11月组织会员参加市委会组织的纪念民建成立65周年暨先进表彰大会，学习省社会主义学院肖莉教授《学习民建会史会章，弘扬民建优良传统》的讲座和省市委领导的有关讲话；12月组织退休支部与市直退休支部开展“学先进、乐晚年”学访活动；派出5人次参加党外干部培训班学习。在区委社会工作部的组织下，支委杨国强、专干陈晓亮一行赴英德进行扶贫济困，开展扶贫调研，并取得翔实调研结果。本年度，退休会员黄其广被评为“全国关心下一代工作先进工作者”，并获“顺德好人金星奖”；杨国强等7位会员被民建佛山市委会评为优秀会员。

（胡炳森）

【中国民主促进会佛山市顺德区委员会】

中国民主促进会佛山市顺德区委员会（简称：顺德民进）主要由从事教育、文化出版工作的高中级知识分子组成。2010年共有会员89人，平均年龄53.2岁，大学以上文化程度59人，高、中级职称81人。属下有9个支部。主委舒悦为佛山市政协委员、顺德区政协委员，副主委曾小英为顺德区政协委员，副主委王基国为佛山市人大代表，区委委员刘作斌、吴慧萍、徐锋彝和陈赛君为顺德区政协委员，区委委员李红梅为顺德区人大代表，区委委员刘作斌为顺德区政府特约监察员。是年，顺德民进积极履行参政议政职能，反映社情民意。顺德区两会期间，共提交人大议案、政协提案15篇。其中政协委员徐锋彝提交的《大力发展低碳经济，促进我区可持续发展》提案和政协委员刘作斌提交的《关于停车管理的几点建议》提案荣获2010年度政协优秀提案奖，顺德民进获2010年度顺德区政协信息工作先进单位奖。4月12日至13日，顺德民进组织区委委员、支部主任前往英德召开支部主任（扩大）会议。6月8日，舒悦主委和专干参加由区委社会工作部组织的赴英德市扶贫慰问活动。8月10日，顺德民进与北滘镇政府联合主办的大型国学讲座，标志着顺德民进与北滘镇联手共建社区学校工程正式拉开帷幕。12月底前顺利完成9个支部的换届工作。

（梁巧敏）

【中国农工民主党佛山市顺德区总支部】

中国农工民主党佛山市顺德区总支部

（简称：农工党顺德区总支部）主要由从事医卫、教育、法律、民营企业工作人员及公务员等组成。至 2010 年底，共有党员 54 人，平均年龄 47 岁，高级职称 40 人，中级职称 11 人。主委蒋丽霞为顺德区第十四届人大常委，副主委刘明为政协顺德区第十二届委员会副主席及政协佛山市第十届委员会委员，副主委吴光琛、总支委刘红增、华尔嘉、陈乐无为政协顺德区第十二届委员会委员，陈榴珍为佛山市第十三届人大代表。年内有 6 名发展对象，具有政治素质高，工作能力强，高学历、高素质的特点。

2010 年，农工党顺德区总支部积极履行参政议政职能，反映社情民意，关注并参与民生事务。区政协第十二届五次会议上，总支部以集体和个人名义提交提案 11 件、信息 2 件，其中立案 8 件，2 件社情民意被区政协采用。刘明撰写的《关于依法解决医疗纠纷的几点建议》（并案）、刘红增撰写的《帮助中小企业应对金融危机的建议》（并案）被区政协评为 2009 年度优秀提案，高善深的《顺德应设立举报环境违法者奖励制度》被评为优秀信息稿件，吴光琛被评为 2009 年度信息工作先进个人。在农工党佛山市委庆祝中国农工民主党建党八十周年暨表彰先进大会上，蒋丽霞、严华被评为 2007~2009 年度优秀党务工作者，刘明、刘永存被评为参政议政先进个人，总支部获参政议政先进集体称号。是年，总支部推荐刘永存、郭高明、严华参加区委社工部在省党校举办的第六期党外干部学习班，组织党员到清远、从化等地进行参观学习。组织党派专家与区卫计局联合在均安南浦居委会举办“名医进村居，健康送万家”活动，为 217 名村民进行义诊及免费送药。党员在各自领域取得良好成绩。刘明获“2009 年度顺德区征兵先进工作者”；罗芳在全国中等职业学校德育课《职业生涯规划》、《职业道德与法律》教学教案比赛活动中，获“高教社杯”二、三等奖；赵惠作为顺德合唱团的成员，在第六届世界合唱比赛中，获锦标赛女声室内合唱组金牌、混声合唱组银牌；谭辉琼的《师、书、情》获顺德文化金凤奖群英奖舞蹈类三等奖。

（严　华）

【中国致公党佛山市顺德区总支部委员会】

中国致公党佛山市顺德区总支部委员会（简称：顺德致公党）主要由从事科技、教育、医卫、法律工作人员及民营企业家、自由职业者等人士组成。2010 年共有成员 45 名，其中硕士研究生 12 人，大学本科 26 人；具有高级职称 15 人，中级职称 28 人，高、中级职称党员占 98%。成员中，欧阳红群为区人大常委，黄锡槿为区政协常委，张薇、曹永沂、隆全明、邱素芬、周琼、段圣和为区政协委员，徐福源为广东省人大代表、佛山市人大代表、区侨联副主席。年内考察培养发展对象 2 名。

是年，顺德致公党成员在各级人大、政协“两会”上，共提交提案和建议 15 篇。其中欧阳红群、周琼撰写的《关于顺德居民用一卡通享受基本门诊医疗的提案》，段圣和、曾林林撰写的《关于缓解顺德中心城区停车难的建议》，张薇撰写的《未雨绸缪发展养老产业》等提案都是区政协大会关注的焦点和热点，被媒体多次报道。徐福源在省人大会议上提交 4 件建议案，其中《让互联网成为代表、委员联系群众的平台》被新华网重点报道；《将城镇低收入家庭纳入“家电下乡”补贴范围》作为信息被致公党中央采用。之后，顺德区居民实现用一卡通享受基本门诊医疗。黄锡槿撰写的区政协大会发言《大力发展物联网技术，培育我区新型产业》，作为信息被致公党中央采用。“大力发展物联网产业”被写进顺德区政府工作报告。总支部获2件优秀提案奖，分别是曹永沂主笔撰写的《顺德中小企业如何应对“金融海啸”所带来的挑战》和黄锡槿撰写的《帮助中小企业渡过金融海啸难关的建议》（并案），张薇撰写的《关于畅通民众利益诉求渠道的建议》（并案）。年内总支共提交社情民意信息10篇，其中6篇被有关部门采用。顺德致公党热心社会服务，积极捐款救灾，年内发动成员参加西南抗旱救灾、甘肃玉树抗震救灾、缴纳特殊党费给汶川地震灾区重建学校等，共捐款14830元。总支成员在本职岗位上成绩突出，如曹永沂、隆全明领导的公司分别入选为顺德区龙腾企业；苏农领导的公司中标参加广州高铁站的工程建设，其本人被佛山市电视台佛山人物栏目专题报道。（张　薇）

【九三学社佛山市顺德区基层委员会】

九三学社佛山市顺德区基层委员会（简称：顺德九三学社）主要由科技、医疗卫生界人士组成，学历在大学本科以上，绝大多数成员有高级技术职称。有成员55名，成员中，主委王俊当选为区政协常委，副主委谭振东、李奋强、张克强及成员罗恒、陈晓贵、李克勤、古伟文、聂蓉娜、赵根隆为区政协委员；王志英当选为区人大代表。2010年，发展新成员3名。

2010年，顺德九三学社成员在区人大、政协“两会”期间，向政协大会递交提案9份，向人大递交建议、意见3份。政协大会上，张克强代表顺德九三学社作了题为《大力发展低碳新能源产业，做拉动内需促进消费的排头兵》的发言。顺德九三学社《关于对药品进行科学监管确保百姓用药安全的建议》被评为优秀提案，获大会表彰，张克强同志被评为信息工作先进个人。顺德九三学社全年共提交信息稿件18篇，其中题为《增加适销对路、质量稳定的产品，大力规范市场行为和提供优质售后服务，打造精品中国》的信息稿件被全国政协采纳。一年来，成员们在本职工作岗位上建功立业，成员王志英主持完成的课题《腰脊神经后支卡压综合征及横突肥大症的针刀治疗》获2010年度容奇医院科技进步二等奖，王志英被容奇医院评为2010年年度十佳人物；成员何利平职称提升；新成员常见虎论文《无霜冰箱冷藏室回风化霜的实验研究》发表在《中国家电》（2010.10）；《基于结霜试验的冷藏室回风口优化分析》发表在顺德职业技术学院学报。是年，常见虎申请专利三项：一是一种循环风化霜制冷加湿风冷冰箱控制系统，实用新型专利；二是一种循环风化霜制冷加湿风冷冰箱结构及工作原理的发明专利；三是一种嵌入式门铰链的发明专利。并开展了多个项目：1.全天候节能技术冰箱的研究与应用（已经通过国家轻工业联合会验收，正在申报科技奖）；2.循环化霜制冷加湿风冷冰箱研究（即将完成）；3.大容积多温区风冷冰箱研究，广东省科技厅资助项目（正在进行）；4.嵌入式门铰链的研究与开发。（李奋强）

工会组织

【概况】

顺德总工会内设3个职能科：综合管理科（外来务工人员服务科）、基层工会科（直属工委会办公室）、职工权益维护科。

2010年，顺德各级工会围绕全区工作大局，突出工会维权维稳帮扶济困，突出职工体面劳动快乐生活，突出人文关怀服务基层职工，为党政分忧，为职工解难，为企业添动力，为社会创和谐。

【协调劳动关系化解劳资纠纷】

2010年，针对深圳富士康和南海本田劳资纠纷事件情况，顺德区委7月中旬召开全区妥善处理劳资纠纷工作会议，就如何妥善处理劳资纠纷问题进行研究部署。区总工会发动各级工会和劳动关系信息员在企业、行业和辖区内对集体合同、工资协议、厂纪厂规等法律文本进行检查，督促落实兑现新的最低工资标准，及时纠正企业违法违规行为；组织力量对职工的利益诉求进行梳理，及时与厂方协商谈判，将大量不稳定因素化解在萌芽状态；对于出现的职工停工事件，各级工会迅速启动应急预案，与相关部门共同调处化解。

【提高工会维权维稳能力】

2010年，顺德区总工会请省总工会和省总干校的专家教授到镇（街）系统巡回举办专题讲座11场，深入剖析深圳富士康和南海本田劳资纠纷事件，总结经验教训，提高工会干部应对劳动关系群体性事件的能力，共有1800多人次参加。在42家企业推进工会主席直选，规范工会干部民主选举程序，严格执行《企业工会主席产生办法》。成立顺德工会特约律师库，在全区38家律师事务所聘请47名工会特约律师，强化工会法律服务能力，为全区工会组织和职工提供公益法律服务，维护职工合法权益。一年来，顺德区各类越级到市以上上访的案件中，没有涉及反映劳资纠纷的，全区各级工会共接待处理劳动纠纷案件1042家，涉及职工7125人次，同上年相比均有明显下降，调处结案率达98%，为职工挽回损失5,685.3万元。

【顺德工会十大服务活动】

2010年，为加强人文关怀，减少不和谐因素，让广大职工特别是外来务工人员得到物质享受和精神满足，共建共享阳光城市幸福家园，顺德总工会于4月25日在顺德新城区德胜广场启动贯穿全年主题为“体面劳动·快乐生活”的“顺德工会十大服务活动”。一是创办1刊1网（6月创办《顺德工人》和10月创建“外来务工人员”网站），搭建学习交流平台。二是举办蓝领成长论坛和10场优秀蓝领事迹巡回报告会。蓝领成长论坛被评为“顺德十大最具创意文化项目”之一。三是新建100家星级劳动关系和谐企业，推动全区企业劳动关系健康发展。四是新建100个企业职工互助济难专项资金，建立健全基层工会长效帮扶机制。五是新建102家“职工书屋”，方便职工读书学习。其中86家被评为市级“职工书屋”，部分书屋还同顺德图书馆联网，实现通借通还。六是组织100场讲座、电影进园企，提高职工素质，丰富基层文化生活。播放电影121场，举办知识讲座40场，吸引15万人次参加。七是组织1000名优秀外来务工人员“五一红色之旅”欢乐游，鼓励广大外来务工人员努力工作，积极融入顺德。八是新增5万份职工医疗互助保障计划，发扬职工互助互爱精神，缓解职工因病致贫问题，全年完成84582份。九是组建顺德优秀外来务工人员俱乐部，成立顺德外来务工人员书画、摄影协会，建立完善各种职工文体、艺术协会。以顺德工人文化宫为阵地，增加设施，扩充力量，组织外来务工人员参加俱乐部和协会。十是举办职工技艺欢乐大比拼（电视擂台赛），为广大职工展示才艺搭建平台。

【第四届蓝领成长论坛】

2010年，顺德总工会以“体面劳动·健康心态”为主题，在海信科龙公司举办第四届蓝领成长论坛，重点关心新生代农民工成长，特别是心理健康，呼吁社会关心重视新生代农民工问题。成立顺德优秀蓝领事迹报告团，于6月至9月开展10场“顺德优秀蓝领成长故事镇街巡回报告会”，有近万名职工参加。活动以优秀蓝领讲述自身成长经历、专家进行点评、老板与职工面对面交流的形式，为职工疏导心理压力，帮助树立健康心态，正确认识工作生活中的困难。

【工会“五送”品牌】

2010年，顺德各级工会根据不同职工群体的需求，继续深入开展形式多样的服务活动，帮扶困难职工，开展为职工送温暖、送欢乐、送知识、送健康、送保障活动，巩固“五送品牌”，各级工会成为帮扶解困给职工温暖的“职工之家”。一是做好临时救助，在元旦、春节、“三八”、“五一”和“老人节”等重大节日深入开展“送温暖”活动，慰问困难职工和关爱外来工。区总工会慰问帮扶困难职工、孤寡退休职工2501人次，金额达109.74万元。全区工会筹集发放帮扶资金1080.5万元，通过“春风送暖”、“金秋助学”、“冬令救济”、“工伤探视”、“临时救助”和“节日慰问”等形式，帮扶救助各类职工2.48万人次。两年来，全区100多家企业建立职工济难专项资金，筹集资金超过6000万元，基层工会帮困济难有稳定的经济支持。二是区总工会举行女职工卡拉OK大赛和退休职工太极扇大赛，组织退休职工参观亚运场馆和广东博物馆等文体活动，向厂企送电影近200场。镇（街）系统工会也都在“三八”、“五一”期间举行大型表彰会、文艺晚会、职工运动会等。三是新建“职工书屋”102家，利用女职工普法周、安全生产月等，开展法制宣传教育。四是加强送健康、送保障工作，职工互助保障累计参加人数超过31万人次，年内为131名患病职工办理总额为374万元的赔付，历年累计有712名职工获得总额为1855万元的赔付。五是各级工会主动牵线搭桥，配合政府部门举办招聘会，缓解用工难、招工难问题。

2010年1月17日，区总工会与顺德图书馆在东菱集团公司签约共建“职工书屋”

【常规业务工作】

2010年，区总工会扎实推进常规业务工作，为全区工会工作打牢基础。新组建工会组织469家，涵盖单位860个，发展会员3.2万人。“三八”期间联同区妇联对33个“巾帼文明岗”进行命名表彰，促进女职工岗位建设和成长成才。推荐全国劳动模范1人、省五一劳动奖章3名、省工人先锋号2个、市工人先锋号19个；省总表彰厂务公开民主管理先进单位4个。“五一”期间组织全区历届各级劳模参观顺德交通建设新成就和顺德工业设计园，区委区政府进行表彰慰问。配合做好广东省工业设计大赛，选拔职工参加广东省家电装配、计算机文字录入等劳动技能竞赛。组织发动818家企业、5393个班组的24.5万职工参加全国安康杯竞赛。顺德蓝领联队在市职工全健排舞比赛中获金奖。镇（街）总工会、村（居）工会联合举办工会干部培训班131期，参加人数共11500人次。（谭玺）

2010年4月28日，顺德区历届各级劳动模范参观顺德工业设计园

共青团顺德区委员会

【概况】

至2010年底，顺德区共有共青团员6.35万名，全区共设有基层团委29个，团工委3个，团总支315个，团支部1503个。团区委归口区委社会工作部管理，按各自章程运作，机关行政编制7名，设青少年组织科、青少年事务科。顺德区青年联合会成立于1988年，下属社会团体包括顺德青年企业家协会、区志愿者（义务工作者）联合会、区青年书画协会、区青年摄影协会等。2010年，全区各级团组织坚持深入开展共青团和青少年各项恒常品牌活动，重点推动非公团建、青少年服务探索、义工服务进基层、青少年文化建设等工作，团的各项事业取得新发展。

【非公团建工作】

一是健全党建带团建工作机制。2010年，顺德团区委与区委组织部联合下发《关于进一步加强全区非公有制企业党建带团建工作的实施意见》（顺组发〔2010〕3号），进一步明确非公团建工作的指导思想、目标任务和具体要求，构建党团共建、区镇联动的工作格局。二是全面部署党建带团建工作。7月，区委组织部、团区委在广东美的集团联合召开顺德区非公有制企业党建带团建工作现场会，区委组织部副部长姜远国、团区委书记柯宇威及各镇（街）组纪办、团委等主要负责人出席会议。会议传达了省、市非公企业党建带团建工作的文件精神，并对全区工作进行具体部署，明确各镇(街)本年度的建团任务和要求。三是全面铺开非公企业团建工作。坚持“党建带

2010年7月7日，顺德举行非公有制企业党建带团建工作现场会

团建”，各镇（街）在已建党组织的大中型企业中重点发动，形成辐射带动效应，镇街企业建团率稳步提升。坚持团建创新，推动“园区建团”、“行业商会建团”等模式，在广东工业设计城、顺德创意产业园、顺德青年企业家协会等园区及协会、商会中推动建团工作，并以团组织及青年社团、兴趣组织为倚托，广泛开展各类青年文体活动，团的活动影响力不断加强。年内顺德新建非公企业团组织312个。

【探索青少年服务新模式】

2010年，顺德团区委响应区委关于建立现代社工制度的社会发展战略部署，推行“社团联姻社工、义工联动社工”运作模式，在青少年社会化服务方面取得新突破。一是创新青少年社工服务的社会化运作。主动将具有丰富经验的广州社工服务机构引入顺德，成立全区首家服务青少年的社工组织——顺德启创青少年社工服务中心。与容桂街道办牵头发动部分青年企业家成立容桂青少年成长促进会，牵线引导该会向顺德启创购买针对青少年的专项社工服务。该项试点工作突破政府购买公共服务的传统模式，民间力量成为推动青少年社工服务的主要力量，政府主要发挥引导和监督作用，实现社工服务在政府引导下的完全社会化运作。二是推行“社工＋义工”模式，提升服务青少年的专业化水平。在青少年社工服务试点工作中，专业社工进驻2家学校（顺德容桂文华中学和顺德容桂胡锦超职业技术学校）和1个社区（顺德容桂东风社区），因地制宜开展个案跟踪、家庭探访、小组活动、大型活动、挖掘潜能等社工项目。同时，引导青少年加入义工团队，配合专业社工深入社区为广大群众开展服务，逐步形成“一个社工＋一支义工服务团队”的服务模式，成效显著。据统计，试点工作开展3个月以来，青少年进入社工站共3500人次，举办青春期性教育、自尊自信建立、多元智能培育、人际交往及情绪管理、系统思维培育、职业生涯规划、家庭教育、特殊需要等八大主题活动170次，共5990人次参与，开展义工服务25次，共300人次参与。

【村居义工服务站建设】

2010年，顺德团区委发掘利用各村居的义工力量和工作基础，以青春社区行等义工品牌服务活动为载体，在全区开展村居义工服务站试点工作，将义工服务延伸到基层，打造具有顺德特色的“家门口的义工服务”。一是利用村居现有社区活动中心、市民服务中心、文化活动阵地等场地资源，在各镇街选点组建义工服务站，由区义工联制定阵地建设标准并配备有关资源；二是依托社区原有的注册义工，发动社区具备专业技能、具有服务热情的居民加入义工队伍，实现义工社区化和本土化，使义工服务更加贴近群众、更具可持续性；三是在充分调研的基础上，以群众的实际需求为导向，与当地义工服务的品牌、特色和社区资源紧密结合起来，因地制宜制定服务项目，实现广覆盖、多样化、专业化的义工服务；四是通过镇街义工代表处建立富有针对性的供需对接机制，将当地需求及区镇义工资源有效对接，确保服务项目落到实处。全年在各镇（街）共建立20个村居义工服务站，涌现出大良金榜社区、容桂东风社区等一批典型站点，社区化的义工服务稳步推进。

【“阳光顺德·好学青春”2010顺德青年读书节系列活动】

2010年，顺德团区委与《珠江商报》社联合举办“阳光顺德·好学青春”2010顺德青年读书节系列活动，倡导青年读书文化，打造书香顺德。一是举办“读书与成长·青春讲坛”活动。5月，在顺德职业技术学院举办读书节启动仪式，并举办首场“青春讲坛”，中国文艺理论学会副会长、香港岭南大学中文系主任许子东应邀作主题演讲，并与现场2000多名青少年互动交流。二是全面开展“青春讲坛”进镇（街）活动。6月至10月，先后在各镇（街）举办10场“青春讲坛”，广东省政协常委、省社会科学院研究员陈忠烈，香港凤凰卫视著名节目主持人、评论员梁文道等众多知名学者深入镇街基层，与各界青年对话读书、成才、创业等热门话题。三是举办“读书与成长”征文大赛。共征集作品1200多篇，近30篇优秀作品受到表彰。本届读书节系列活动持续时间长、覆盖面广、针对性强、深入基层，累计超过1万人直接参与，并通过与本地知名企业和媒体紧密合作，大力营造读书好学氛围，取得很好的社会效果。

【阳光行动2010——青少年暑期计划】

2010年7月，顺德团区委、区义工联、南方医科大学顺德校区、顺德职业技术学院、各镇（街）团委、区青年企业家协会等部门联合举办的“阳光行动2010——青少年暑期计划”活动在顺德职业技术学院正式启动。启动仪式上，参加社会实践的大学生们握拳宣誓，承诺投身实践，服务社会。在近两个月的活动中，区镇村三级联动，重点开展青少年读书系列活动、关爱农民工子女行动、企业实践、“三下乡”服务以及“缤纷暑假”、义工服务进村居、青年就业创业服务等活动，近1800名青少年走出校园、走进基层，积极参与活动。

【少先队仪仗队花样操大赛】

2010年11月，顺德团区委、区教育局、区少先队工作委员会在顺德一中德胜学校联合举办2010年顺德区少先队仪仗队花样操大赛。本次大赛以“迎亚运展风采、争当四好少年”为主题，各镇街11支参赛队伍、1300多名少先队员进行激烈角逐，最终伦教培教小学、容桂瑞英小学获得特等奖。区、镇（街）团委，教育局，少工委负责人及各学校辅导员、少先队员代表共2000多人观看了比赛。

【青年外事侨务工作】

2010年，世界顺德联谊总会第七届恳亲大会在家乡顺德举办，团区委、区青年联合会、区青年企业家协会成功承办部分活动。10月底，由世界顺德联谊总会、顺德教育基金主办，顺德总商会、世界顺德联谊总会青年部、顺德青年企业家协会等协办的2010顺德乡贤“教育基金杯”高尔夫球联谊赛在顺德君兰国际高尔夫球场举办，活动共为顺德教育基金筹得善款117万多元。11月，世界顺德联谊总会青年部、顺德青年联合会、顺德青年企业家协会在华桂园联合举办“世界顺德青年论坛”，海外青年乡亲、顺德青年企业家代表和各镇（街）青年代表近200人欢聚一堂，共话发展、共聚乡谊。香港凤凰卫视时事评论员、著名专栏作家杨锦麟应邀作《岭南文化与“顺德人精神”探寻》主题演讲。论坛结束后，团区委、区青年联合会举办世界顺德青年经济文化体验活动，组织海外乡亲前往中华餐饮名店龙的酒楼体验顺德美食文化，参观广东美的集团总部大楼。

【落实扶贫工作任务】

一是落实“双到”扶贫工作。2010年，团区委做好对口连南县大坪镇军寮村的扶贫“双到”工作，先后发动区青年企业家协会出资10多万元兴建“顺德青企农贸市场”，在阳光行动中组织30多名青年学生入村支教，组织卫生系统青年文明号集体医疗义诊服务队入村开展送医送药、公安系统青年文明号集体开展与困难家庭结对帮扶，组织龙江、勒流等镇（街）团委开展各种形式的捐赠、探访等。二是支持抗灾救灾工作。在广西旱灾和青海玉树地震等重大自然灾害发生后，迅速组织全区团员青年开展“南粤甘泉”等抗灾救灾行动，共计为灾区筹集250多万元捐款。

（黎俊晨）

顺德区委常委、纪委书记潘东生（前左二）考察“双到”扶贫工作

妇联组织

【概况】

2010年，顺德区妇联根据区委区政府提出的“阳光顺德·幸福家园”工作要求，从基层妇女群众的实际需要出发，指导全区各村居均建起“巾帼健身队”，强化基层妇联组织向心力；继续推进“三月风华”、“欢乐家庭村居行”、“冬日暖童心”、“儿童书阁”四大品牌工作；加强“妇女之家”、“妇女学校”、“维权工作站”等阵地建设，旨在提高妇女素质，倡导家庭文明，促进顺德和谐建设。

【纪念百年“三八”】

籍“三八”国际劳动妇女节100周年，顺德各级妇联组织各种活动纪念顺德妇女事业走过的光辉历程。区妇联组织百年三八纪念大会，以百年“三八”为主题创作剧目，以电视专题片形式回顾妇联工作，大会还嘉奖获2009年度“顺德区巾帼文明岗”的荣誉称号岗位代表、顺德区“优秀健身教练员”、全国、省、市的三八红旗手（集体）、岗位建功先进个人、巾帼文明岗等单位和个人。区委书记刘海带领区四套班子领导与各界优秀妇女代表共庆“三八”；区妇联联合区机关事务局、工会女工委举办机关妇女趣味运动会等；区选送的情景独白《当时的月亮》参加佛山市“三八”纪念大会演出，获节目最佳创作奖。伦教、北滘、乐从、龙江、均安镇5个镇（街）分别举行妇女健身大巡游活动，参与巡游的健身队伍120多队，健身队员7000多人。区、镇街领导也身体力行，参与巡游。

【品牌工作】

◆“三月风华”活动　2010年，“三月风华”活动在顺德10个镇（街）、200个村（居）开展，参与群众达18000多人，观众近十万人次；区妇联评出“最具创意奖”13个，“最受群众欢迎奖”24个，“组织奖”3个。活动期间，区妇联积极与各媒体沟通，及时跟踪报道各镇（街）和村（居）活动信息；联合区摄影家协会举办“三月风华”主题摄影比赛，共收到摄影作品3000多份，评选出优秀作品60多份并作专题展出。

◆“冬日暖童心、和风颂母情”活动　2010年，顺德继续启动“冬日暖童心、和风颂母情”活动。春节前，慰问全区孤儿和300多名困难儿童；工商联、顺成塑料机械厂、宝丽雅实业公司、中国移动、新华书店等单位参与到送温暖行动中，分别在伦教常教和容桂华口开展活动。母亲节慰问全区单亲特困母亲120多户，发出慰问金10多万元；区妇联举办“阳光心态、做生活的主人”单亲母亲关爱分享会。“六一”儿童节期间，康辉国际旅行社支持组织孤困儿童代表前往南风古灶开展“与爱同行·快乐成长”一日游。

◆“欢乐家庭村居行”活动　5月，2010年首场“欢乐家庭村居行”活动在容桂大福基社区启动。活动从5月延续到9月，区妇联分别在杏坛龙潭、均安南浦等村居举行了“欢乐家庭村居行”；乐从、伦教等镇（街）更将活动覆盖至23个村居开展，吸引万名儿童和家长参与；区妇联邀请、组织大型亲子儿童音乐剧《我要飞》到北滘镇演出。

◆“儿童书阁”建设　至2010年底，全区已创建“儿童书阁”59间。是年，区妇联联合区教育局、区妇儿工委办在全区开展“小书阁，大世界”之读书有感征文活动，共收到征文2000多篇，评选出130个获奖作品。8月在容桂朝阳社区召开全区“儿童书阁”推进会暨图书交流活动，推广“互借形式尝试图书交流”经验，奖励13间“儿童书阁”。

【妇女干部队伍培训】

2010年，顺德区妇联结合基层需求，于3月28至31日，组织区、镇街妇联干部赴上海、江苏等地学习先进的妇女儿童工作和社区建设经验，开拓妇女干部的思想和视野。联合大良街道妇联、龙江镇妇联举办两场妇女维权知识专题讲座，400多名村居和战线单位妇女干部以及维权干部参与；乐从和杏坛镇分别组织村（居）妇女主任，机关女干部举办《职业女性压力与情绪管理讲座》等讲座。鉴于大部制改革后各单位职能的调整，区妇联妇女儿童工作委员会办公室对顺德区妇女儿童规划目标责任分解书进行调整，明晰各成员单位的职责分工，充实委员会成员和联络员队伍；做好十年评估数据的整理和相关资料的收集工作，为妇女儿童发展规划评估做好各方面的准备。

【村居妇女健身队】

2010年，区妇联推进村（居）妇女健身队伍工作。组织健身骨干培训班，邀请华南师范大学体育系教授、艺术体操国际级裁判、健美操国家级社会指导员许爱梅教授第二套全国健美操，各区属妇委会及村（居）妇委会的妇女健身队约130人参加培训。派出王燕儿老师深入乐从、龙江、伦教等镇（街）指导健身队伍。组织评审领导小组对优秀妇女健身队进行评选，选出10支优秀健身队，以及最有爱心健身队（志愿服务）、最受欢迎健身队、最具突出贡献健身队、最具活力健身队等，开展组织交流。顺德现有350多支村居妇女健身队遍布全区200个村（居），引导健身队向志愿服务方向发展。区推进健身队伍工作获得上级妇联和区委区政府的肯定和支持。省妇联主席温兰子10月到顺德调研，高度肯定顺德巾帼健身队工作。伦教街道获全国妇联授予的“全国妇女健身示范站点”，伦教妇联组织健身队伍参加了区运会闭幕式文艺表演。

【家庭教育工作】

2010年，区妇联与《珠江少年》杂志社合作，“六一”期间在西山小学、伦教霞石善祥学校、北滘中心小学、勒流龙眼社区举办“快乐家庭对对碰”家教分享会活动。来自香港的蔡宗辉、石天仑先生和区家庭教育研究会的专家走进基层与学生和家长一起探讨现代社会的家庭教育问题。与教育局、关工委合作开展全区家庭教育调研，了解顺德家庭教育现状。设计家长和学生版调查问卷共16000份发到学校和社区，撰写调查报告，对顺德家庭教育的现状、问题以及今后的发展提出意见。乐从、容桂、杏坛妇联分别成立镇一级家教讲师团，会员深入基层开展家教宣传服务。

【妇女儿童维权工作】

2010年，顺德区妇女儿童维权工作站、“12338”24小时妇女维权热线共接案件244宗，接访257人次，其中12338维权热线来电194宗，来访49宗共62人次。维权工作站继续以特色维权服务项目的形式开展工作，发挥志愿者的作用，到基层开展法律咨询、心理咨询、探访等活动。9月，区妇联、区法院在容桂启动“家事审判合议庭”联动工作。联合区司法局开展“三八”维权周活动。利用大众媒体开展普法宣传。联合编印《平安和谐家庭手册之平安家庭篇》1万册发至群众。联合区人力资源和社会保障局举办“妇女就业专场招聘会”。杏坛、大良等镇（街）妇联将妇女就业培训班和招聘会送到较偏远的村（居），切实帮助妇女解决就业问题。

【妇女之家建设】

2010年10月，根据上级的部署，顺德区启动“妇女之家”建设，省妇联副主席杨建珍、刘兰妮为顺德10个镇街“妇女之家”建设试点和伦教街道10个村、社区“妇女之家”授牌。至12月，全区实现200个村、社区全面覆盖“妇女之家”。

【妇女事业促进会】

2010年，顺德妇女事业促进会各会员单位坚持支持区妇女儿童事业的发展。区女企业家协会带领会员慰问困难妇女儿童，为健身队伍送上音响设备，支持修缮均安冰玉堂和“儿童书阁”建设，举办顺德女企业家“五一”风采展示会；区女领导干部之家坚持组织会员上门慰问困难母亲；区女医师之家组织20多名女医师开展“巾帼名医走进英德”义诊、送药服务；区优秀女老师之家组织女校长走进边远村（居）开展家庭教育咨询服务；女企业家协会选送女企业家的产品参加中国妇女创业创新成果博览会。

【妇女代表大会】

2010年，各镇（街）妇联分别召开妇女代表大会，产生新的领导班子和参加区第十二次妇代会的代表。12月23日，顺德区第十二次妇女代表大会在区行政会议中心礼堂胜利召开，来自全区各行各业的518名妇女代表共聚一堂，总结五年来妇女儿童工作取得的成绩，选举新一届领导班子，何倩馨当选为区妇联主席，何小莹、何宝英当选为区妇联副主席。

工商联组织

【概况】

2010年，顺德区工商联以深入推进综合改革试验工作为契机，以推动非公有制企业转型升级为主线，以引导非公有制经济人士健康成长，促进非公有制经济健康发展为目的，进一步推进工作思路、工作内容和工作机制创新，完成预定的目标任务。至年底，工商联（总商会）联系的商协会73个，其中行业性商协会45个、专业性和联合性商协会28个，会员企业1万多家。

【组织建设】

2010年，区工商联（总商会）推动和指导区塑料商会、区甲鱼养殖协会、北滘青年企业家协会和伦教香云纱协会等4个商协会成立，指导区园林协会、陈村压力机械商会、均安商会、区家具协会、区旅游协会、区饮食协会等6个商协会进行换届改选工作。加强商协会秘书处专业学习培训工作。6月，举办一期商协会秘书处专职人员培训班，邀请省工商联副主席李阳春、省民间组织管理局副局长黎建波来授课，70个经济类商协会110多名工作人员参加。11月，组织一次商协会秘书处联谊交流活动，加强沟通和会务交流，促进各商协会平衡发展。

【参政议政】

2010年，顺德区工商联加强调研工作，通过召开调研座谈会，听取协会商会情况介绍、意见和建议，以及走访企业等形式，对基层协会商会和相关企业开展调研，并根据调研情况提取共性的问题，形成调研报告和建议议案，通过政协、人大、工商联顾问单位等多渠道向政府及有关部门反映非公有制经济人士的愿望与诉求，为政策决策提供参考。是年，共上报3份调研报告、8份建议提案，促进政府关于培育和发展社会组织新政策的出台。其中《把握机遇，营造有利于商协会健康发展的良好环境》获2010年顺德区优秀政协提案。还成立“顺商发展研究会”，进一步

绿树成荫、空气清新的顺德新城区

加强民营经济的理论研究，提高工商联调查研究和建言献策水平。

【培训教育】

2010年9月，顺德区工商联与区人力资源和社会保障局联合在上海举办为期5天的“顺德区非公有制经济代表人士中国浦东干部学院培训班”。来自区工商联各执常委企业、区龙腾企业的董事长、总经理共40多人参加培训，培训量身订做《产业结构调整与战略性新兴产业》专题讲座、《企业危机防控》的情景模拟、上海联合产权交易所现场教学等专题课程，为启示顺德企业转型打开又一扇窗口。

【服务工作】

2010年，顺德区工商联配合区产业转型升级和发展低碳经济的战略目标，进一步扩大与其他地区的交流合作，为非公有制企业推进自主创新、拓展发展空间和开发商机搭建平台。分别组织企业赴连南、英德、清远、肇庆、阳江、梅州、江门、韶关等地区考察产业转移和投资环境；协助广东英德市、高明区，山东日照市，江西赣州市，湖南张家界市在顺德举办投资环境推介暨项目洽谈会；组织企业家赴我国山东、内蒙古、广西以及加拿大、斐济及南太平洋岛国开展商务考察，参加中国澳大利亚中小企业博览会。一年来，参加各类经贸交流考察的企业达500多人次，促成区工商联主席企业广东德冠薄膜新材料股份有限公司在山东300亩工业园区、陈村商会副会长企业中天创展球铁有限公司在英德400亩厂区等投资项目的签订。

顺德区工商联青年委员会分别组织了与香港佛山工商联青委会的联谊活动和“清华博士顺德行”活动。“清华博士顺德行”活动是区工商联因应顺德推进人才强区工程、帮助民营企业解决引进高端人才难题的举措，青委会主任王韶锋、委员叶中平现身说法，展现出在顺德产业转型的大趋势下，青年一代在顺德创业发展将大有可为。

【会员企业参与社会活动】

2010年，顺德工商联组织发动企业参与公益活动，自觉履行社会责任。年内“教育基金百万行”，会员企业捐款近7000万元，仅陈村商会、北滘商会发动会员企业捐款都超700万元。在青海玉树抗震救灾、全国“爱心包裹”公益活动、“冬日暖童心”帮扶困难儿童活动以及广东首个扶贫济困日等慈善公益活动中，协会商会、会员企业都是“先锋”力量。

（何志玲）

2010年6月10日，顺德区工商联(总商会)举办“清华博士顺德行”活动

法制·军事

法制·军事

政法综治综述

【概况】

中共顺德区委政法委员会是区委领导政法工作的综合职能部门，2009年10月，区党政机构改革，与区司法局合署办公，加挂区委维护稳定工作领导小组办公室、区社会治安综合治理委员会办公室、区委610办公室（区防范和处理邪教问题办公室）牌子，下设6个职能科、10个派出机构（司法所）和区公证处、区法律援助处2个事业单位，依法行使政法和司法行政各项职能工作。2010年，区政法综治各部门坚持“强综治，保平安，促和谐”的工作思路，扎实推进维稳综治各项工作，促进政法各部门的协调发展，维护顺德社会政治、治安大局稳定。

【维稳工作】

2010年，顺德政法综治部门以实现“平安亚运”为目标，发挥组织、督导、调处职能，不断健全排查调处工作机制，创新群体性事件处置新模式，化解各类矛盾，确保社会政治稳定。一是切实加强源头预防。根据亚运安保工作的需要，完善维稳工作预案，确保发生突发性群体事件能迅速应对处理。在全国“两会”、上海“世博会”、广州“亚运会”期间，牵头召开全区性综治信访维稳工作会议，部署维稳安保工作，维护重点防护期的社会稳定。加强信息排查机制，发挥公安、三级综治信访维稳工作平台、法律援助联系点、流动人员和出租屋管理服务站、村（居）法律顾问等力量，收集各类不稳定因素的信息苗头，掌握社会各个阶层的动态。特别在上海“世博会”、“亚运会”这些特殊防护期间，及时开展针对性排查工作。二是加强协调指导，发挥人民调解组织的作用，提高调处化解力度。年内先后对2822条不稳定苗头信息进行处理。各级人民调解委员会共受理民间纠纷3051宗，调解成功2889宗，履行2782件，成功率96%；各司法所为基层政府提供司法建议246条，政府采纳159条；制定规范性文件43件；协助基层政府处理社会矛盾纠纷236件，其中处理成功227件；

区委常委、区政法委书记莫德富（上排右五）组织召开维稳综治工作会议

全区调解工作室共受理调解案件84件，调解成功78件，成功率92.9%。年内，区委政法委还协调区法院成功解决王带才房屋拆迁案、均安仓门农业承包合同纠纷案等执行案件。三是加强平台建设，将矛盾纠纷化解在基层。至2010年4月初，全区201个村（社区）均建成村（社区）综治工作站，区级综治信访维稳中心也于8月份建成。据统计，全区镇（街）综治信访维稳中心共受理矛盾纠纷4585宗，成功调处化解3856宗，结案率为84.1%，其中村（社区）综治工作站受理案件625宗，调处569宗，结案率为91%；区级综治信访维稳中心受理案件14宗，成功调处12宗，确保“小事不出村居，大事不出镇街，难事区终结”。在9月全省开展的“解难案、促发展”专项活动中，区综治信访维稳中心牵头化解5宗历史积案或重大矛盾纠纷，全部按期办结。

【社会治安综合治理工作】

◆推进平安建设　2010年，顺德政法综治部门将平安建设作为工作主线，继续加强基层村（社区）综治组织力量，构建立体化社会治安防控网络。一是全面推进年度综治考评工作，增强镇（街）抓好综治工作的责任感和紧迫感。二是构建立体化社会治安防控网络。继续加强封闭式安全文明小区建设，全面推进治安视频监控系统建设，加强群防群治力量建设，进一步加大对全区治安联防队伍的管理指导力度，发挥治安联防队伍的作用。年内，全区治安联防队伍协助破获各类案件10101宗。广州“亚运会”前夕，组织发动全区治安积极分子开展治安大巡逻活动，“亚运会”期间刑事案件大幅下降。期间共组织参与巡逻力量超过10000人次，接群众刑事警情3190起，同比下降6.1%；共破获刑事案件1412起，同比上升50%，三是深入开展社会治安重点地区和突出问题排查整治工作，要求各镇（街）各确定2个地区作为重点地区开展整治工作，并将杏坛光华村和勒流新城社区作为区的重点整治地区开展整治工作。结合“亚运”安保工作需要，把社会治安重点整治地区大排查、大整治工作常规化，每月总结工作成果。年内，共排查发现重点整治地区（问题）38个，已全部整治完毕，整治行动中破获刑事案件4971件，抓获犯罪嫌疑人10141人，打掉恶势力9个。

◆禁毒工作　是年，区政法综治部门把工作重点放在禁毒预防和社区戒毒（康复）上，通过广泛开展禁毒宣传，减少新增吸毒人员。利用“6·26”国际禁毒日集中宣传月，联合其他职能部门大力开展《禁毒法》及禁毒知识的宣传攻势，提高群众抵制毒品意识，减少新增吸毒人员。与省三水康复基地建立工作衔接机制，推进社区戒毒（康复）工作。全面开展娱乐场所及其他公共服务场所涉毒问题专项治理工作，严厉打击查处“黄赌毒”违法犯罪专项行动，共清查重点场所2675间次，查处场所14间，查处各类黄赌毒案件1766宗，查处违法人员4437人。

◆流动人员群体管理　是年，区政法综治部门结合《广东省流动人口服务管理条例》，全面推进居住证受理登记工作，年内共受理居住证办理业务784656个，完成办理居住证的目标任务，做到以证管人。推进流动人员优惠政策，实现均等化管理，做到以情管人。加强对出租屋的管理，减少出租屋存在的安全、消防、治安隐患，做到以屋管人。

◆刑释解教人员安置工作　年内，区

政法综治部门对936名在册刑释解教人员全部落实安置帮教措施，其中刑满释放人员669人，解除劳教人员267人。2010年是司法行政部门承担社区服刑人员矫正工作的开局之年，顺德在册社区服刑人员共有370名，通过推进矫正工作规范化建设，重新摸查登记等工作，明晰底数，逐个落实矫正措施，做到一个不漏，“亚运”安保期间，全区所有社区服刑人员没有参与不稳定因素。

【执法监督工作】

2010年，顺德区政法委扎实开展执法监督工作，促进政法部门严格、公正、文明执法。年内，依法处理涉及政法各部门的群众来信来访65宗，牵头组织政法各部门对100件群众反映强烈的涉法涉诉信访案件进行评查，逐案评出每宗案件的办案质量优劣等次，进一步促进办案质量的提高；协调政法各部门处理11宗严重影响顺德社会稳定的案件；办理中央政法委交办、核办的涉法涉诉信访案件8宗，省政法委交办案件5宗，市政法委督办的信访案件8宗；集中排查处理近年来涉法涉诉信访积案33宗，使一批信访积案得到解决。排查稳控涉广州“亚运”安保重点案件14宗，使广州“亚运”期间不发生非正常上访案件；组织牵头设立涉法涉诉救助资金，共救助13宗案件当事人，促使信访人作出息诉罢访承诺。（张平方）

公安工作

【概况】

2010年，顺德区公安局设政工室、监督室、法制室、警务保障室4个综合管理机构，指挥中心、刑事侦查大队、巡逻警察大队、治安管理大队、出入境管理大队、交通警察大队、网络监察大队、国内安全保卫大队、经济犯罪侦察大队9个执法勤务机构，行动技术支队第七大队、监管大队，下辖大良、容桂、伦教、陈村、北滘、勒流、龙江、乐从、均安、杏坛10个派出所，在编民警3290多人。年内，区公安局围绕“平安亚运”的全年工作主题，深入开展社会治安严打整治，全面推进社会管理创新，在维护稳定、打击违法犯罪、治安管理、队伍建设等各方面稳步前进，为亚运会及亚残运会顺利进行提供良好治安环境。

【维稳工作】

2010年，公安机关以情报信息为引导，密切关注各个时期社会面维稳动态，特别是对于涉及亚运会的维稳信息，有效维护各个时期全区政治大局的持续稳定，圆满完成党委政府和上级交办的工作任务。年内开展的工作主要有：一是先后多次开展全区性的不安定因素排查，逐个登记造册，对重点排查出的19起可能影响亚运的不安定因素，该局派出工作组驻扎到这些村居，通过技术设备监控等多种手段，及时将不安定因素控制在苗头状态。二是不断完善情报信息工作机制。把维稳信息收集任务分解到岗位、民警，明确工作任务。实行各类维稳信息10天一研判、重点时期每周一研判、亚运期间每天一研判。年内，该局共收集维稳情报信息4496条，其中预警性信息4400条，各类群体性事件的预警率达到100%。三是充实快速机动力量，及时妥善处置各类涉稳事件。成功举办13期“战训合一”实战训练班，执行各类任务121次；在亚运期间，抽调600名警力，组成3个应急处置工作组，随时准备处置各类群体性事件和突发事件。全年处置各类群体性事件 24 起、苗头 22 起。四是建立网络引导队伍和机制，强化网上阵地控制。发现并处置各类敏感有害信息 8970 条，同比上升 94.6%，及时删除涉稳信息 1856 条，通过互联网破各类案件 485 起，同比上升 100.4%。

【打击犯罪工作】

2010 年，公安机关发挥视频监控、刑事技术、信息系统优势，贯彻落实情报信息指导警务战略，深入开展严打整治，坚决打击各项刑事犯罪，全年全区共立各类刑事案件 18953 起（含经济案件，下同），同比下降 4.5%；破案 7981 起，同比上升 6.8%，破案率达到 42.9%。一是深入推进案件侦破“网上作战”。创建顺德刑侦“CIB 情报协作平台”；通过深化对视频监控系统、电子警察卡口系统以及英国《i2 可视化智能分析系统》等系统实战应用，在实践中练就和总结出针对电信诈骗犯罪采用的数据碰撞分析法等 5 种成熟网上技战法。二是利用情报信息主导命案侦查思路，推进命案信息员制度，提高破案效率。年内顺德区发生命案共 50 起，破 46 起，其中均安“4·23”抢劫摩托车杀人案等 40% 的破案得益于这一制度。三是严厉打黑除恶。全年共立涉黑恶刑事案件 219 起，破 204 起，破案率为 93.2%，督办案件破案率为 100%，打掉符合公安部认定的黑社会性质组织团伙 1 个，恶势力团伙 12 个。四是打击多发性犯罪。年内，全区共发生“两抢一盗”警情 19210 起，侦破“两抢一盗”案件 6154 起，警情破案率为 32%；顺德公安局打“两抢一盗”专业队侦破团伙 89 个，破案 1190 起，抓获犯罪嫌疑人 272 名，刑拘 252 人。五是打击毒品犯罪，破 10 克以上毒品案件 64 起，强制戒毒 1058 人。六是视频监控引导打击，探索现代打击、防范新机制。全年，全区共通过视频监控系统协助抓获违法犯罪嫌疑人 1545 名，破案 1343 起。七是深入开展专项打击行动。年内深入开展了“创平安 迎亚运”、“粤安 10”、“打黑扫赌收黑枪”等

2010 年 4 月 28 日，顺德区公安局和区地税局联合执法办公室挂牌成立

专项打击整治行动，深入排查各类社会治安黑点、治安复杂场所、重点部位、安全隐患以及重点人员，集中优势警力，有针对性开展清理整顿、打击查处。年内，全区共破各类刑事案件7981起，查结治安案件23357起，抓获违法人员45184人。八是成立新兴的微量物证专业，主攻重特大案件现场遗留的微量痕迹物证和枪弹检验，加快刑事技术建设步伐。全年共勘查现场9072起，指纹比中案件1401起，DNA建库采集数为14585个。九是加大经济犯罪侦查力度。对存在劳资纠纷、非法集资等隐患的244家企业深入开展摸查，广泛收集企业信息，建立重点风险企业背景资料档案。年内，全区共立各类经济犯罪案件239起，同比上升23.2%；破案224起，上升1.8%，破案率93.7%；挽回经济损失1003.54万元，追赃率21.1%，抓获违法犯罪人员164名。

【“亚运”安保】

“亚运”安保是顺德公安史上规格最高、持续时间最长、投入警力最多的安保工作任务，顺德公安局把亚运安保工作作为全年中心工作来抓，高质量完成所有“亚运”安保工作任务。一是制定“亚运”安保总体方案，分部门、分阶段、分层次制定各类方案、应急预案，细化工作任务，深入开展定期督导和专项跟踪，有效保证各项工作的落实。二是围绕乐从世纪莲体育馆、陈村新君悦酒店“亚运”安保核心区域，设置四层安保防线，打造严密的“亚运”安保防控体系。三是改善亚运安防硬件设施。先后投入600万资金，共新建303个视频监控点，建成视频指挥系统，设立安保现场指挥部，在场馆周边的物理隔离带设置红外监测系统，在场馆内落实内部指示、引导标志和观众席的分色设置，实现全程可视指挥。四是投入大量警力进行安保。“亚运”期间，仅场馆现场安保、住地安保、转场沿线安保和火炬传递安保四大任务该局就直接投入安保警力达15000多人次。

亚运火炬传递安保

【治安管理】

◆概况　2010年2月8日，顺德公安局召开会议，专门部署以信息化构建大情报体系，引领社会管理创新工作。大会后，全局深入开展以大情报、大网监、网上作战、出租屋流动人口管理、一网考、一网办为主要内容的社会管理创新活动，多项创新成果受到公安部、省厅、市局的表扬和推广，有效提升全区社会治安打击管控水平，为全区社会治安大局持续好转打下坚实的基础。

◆流动人口管理　区公安局进一步完善“实有人口企业申报系统”，加大与公安机关其他业务系统的深度关联，探索民警走访、综管站管理、企业申报相结合的出租屋和流动人口管理新模式。全年全区共有3105家企业注册实有人口申报系统，企业录入相关数据信息68万条，通过比对录入数据发现在逃信息172条，发现有吸毒史人员138名。此外，该局突出居住证推广工作重点，派发30万份推居工作宣传资料，实行居住证办理情况分析及办证信息每周一通报，共发出居住证78万张，覆盖率达100%。

【行业管理】

区公安机关把信息化引入行业管理工作中，全区280间旅馆业、67间娱乐场所、6间典当行全部签订升级改造合同，300多家场所安装远程监控系统，安装率达到85%。在全区剧毒危险化学品从业单位安装使用剧毒危险物品信息网上办公数码监控管理系统，远程监控危险化学品从业单位储存、使用活动和远程审批企业申请，全区所有剧毒物品从业单位121间签订安装合同。治安大队组织全区800多名旅馆业从业人员分四期进行集中教育培训。

【日常安保工作】

2010年，公安机关共完成清明节扫墓、“观音开库”、“教育基金百万行”等108起大型群众性活动的安全保卫任务，保证巴基斯坦总理谢里夫参观访问等99批次警卫任务，其中A级警卫任务24批次。此外对部分政府主导、影响不大、参加群众不多，商业性大型群众性活动安保工作试行市场化运作，节省警力。

【校园安全】

2010年，针对全国相继发生针对小朋友暴力事件的新情况，顺德公安局强化保安派驻管理、加大驻校警务工作力度、加强学校物防及技防建设，严格门卫查验登记制度，并于上学放学期间派出民警在全区702所中小学、幼儿园、托儿所门口站岗和巡逻，保证学校师生安全。全区共建成驻校警务工作站209间，驻校警务工作站管辖学校覆盖率达到100%，共收编派驻学校保安员合计103人，409间学校、幼儿园安装视频监控系统。全区治安、消防部门共深入到校园开展工作20332次，整改各类治安、安全、消防隐患163处。

【消防安全】

2010年，顺德区公安消防机关共开展了“一畅两会”、娱乐场所消防、学校消防等多项消防专项整治，排查各类场所2500多家、学校237间、各类建筑物1400多幢，发现火灾隐患共412处，责令停产停业和取缔存在较大隐患场所12间，整改火灾隐患400处。全区共发生火灾事故17起，1人受伤，2人死亡，直接经济损失157万元，消防形势平稳。

【交通安全管理】

2010年，顺德区公安交警部门推行轻微财产损失事故快速撤离现场、快速定责处理、快速保险理赔的“一站式”服务，对大良主城区推行两班12小时上班制和民警驻村居模式，实行“驾驶人一站式体检”免费服务等多项交通管理创新，方便群众。排查出全区330处道路安全隐患，逐一造册登记，已完成81%的改造；严厉查处各类交通违法行为540831起，暂扣违法车辆105660辆，行政拘留584人，酒后驾驶128起，醉驾445起。年内，全区发生道路交通事故1981起、死亡195人、受伤2079

人、直接经济损失294.3万元，四项指数分别同比下降2.5%、3.9%、2.4%、6.5%。

【出入境外国人管理】

2010年，顺德公安局以乐从派出所为试点，推行外国人融入社区创新，形成外管联络员加民警社区走访、外国人俱乐部和服务中心管理“双社区”“双实有”工作机制；深入开展对“三非”违法人员的打击查处工作，共处理“三非”外国人68人。年内，共受理材料146912份，其中往来港澳通行证107824份，台胞证5477份。

【队伍建设】

2010年，顺德公安局把队伍建设作为公安核心工作来抓，一是始终坚持不懈抓民警思想政治教育。全区3300多名民警签订《廉洁从警承诺书》，进行“廉政宣誓”，组织开展无偿献血、扶贫解困、为青海玉树地震灾区捐款等多项实践活动，深入开展“警车和涉案车辆违规问题”、“执法过程中涉案人员非正常死亡”专项治理工作，切实提高民警思想政治素质和党性修养水平。二是稳步推进党建工作。在全区公安机关各级党组织和全体党员中深入开展创先争优活动，在全局窗口服务单位开展“党员亮牌”和争创“党员先锋岗”活动，继续与雷州市杨家镇井尾村和顺德区陈村镇大都村开展“一帮一”结对共建活动，加大对英德市黄花镇城下村的帮扶力度。三是理顺公安管理体制，深化人事制度改革。按照区大部制改革要求，顺德公安局167个下设机构按时挂牌并启用新公章，共更换各类衔牌52个，警用外观标识224个，上报区委任命正科级领导40名，副科级领导311名，任命并调整正股级领导309名。推进人事工作规范化建设，提拔任用副科级领导5名、正股职领导10名，共开展各类轮岗交流241人次。开展技术队伍专业技术职位竞聘，共评定三级鉴定官（法医官）1名，四级鉴定官（法医官）16名，五至七级鉴定官（法医官）69名。四是出台《贯彻“五条禁令”补充规定》、《关于涉案财物处理的工作指引》、《民警问责暂行规定》等一系列规章制度和工作指引，强化监督、完善信访。五是不断完善绩效考核体系。六是从优待警。

（李伟群）

检察工作

【概况】

顺德区检察院内设反贪污贿赂局（含侦查科、职务犯罪预防科）、办公室、政工

2010年12月4日，顺德区检察院开展法制宣传日活动。

科、监察室、侦查监督科、公诉科、渎职侵权检察科、监所检察科、民事行政检察科、控告申诉检察科（加挂区检察院举报中心、区检察院刑事赔偿工作办公室牌子）、检察技术科、行政装备科、司法警察大队共14个科室。全院在编干警共140名，其中有助理检察员法律职称以上的90人，占干警总数的64.3%。2010年，区检察院紧紧围绕顺德经济社会发展大局，以深入推进“社会矛盾化解、社会管理创新、公正廉洁执法”三项重点工作为载体，不断强化法律监督，强化自身监督，强化高素质检察队伍建设，紧紧围绕保增长、保民生、保稳定的工作大局，履行法律监督职责，为顺德的社会经济发展创造良好的司法环境。

【刑事检察】

◆依法打击各类刑事犯罪　2010年，顺德检察机关共受理提请批准逮捕案件2152件3161人，经审查批准逮捕2082件3034人；受理审查起诉案件2194件3240人，经审查提起公诉2066件2986人。其中，批捕故意杀人、故意伤害案件321宗459人，起诉247宗365人；批捕“两抢一盗”案件867宗1259人，起诉907宗1329人；批捕“黄、赌、毒”案件330宗509人，起诉319宗450人；批捕侵犯知识产权案件4宗4人，起诉5宗9人。办理了一批社会影响大、群众关注度高的刑事案件。如批捕杀妻碎尸案犯廖余金，绑架勒索1800万元赎金的谢伟明等6人，以涉嫌组织、领导、参加黑社会性质组织罪批捕在伦教街道开设赌场，实施放火，非法买卖枪支、弹药，寻衅滋事等暴力犯罪活动的梁志明等13人，以涉嫌强迫交易罪、敲诈勒索罪批捕以暴力、恐吓等手段向进入杏坛镇古朗工业区的大货车强行收取停车费、推销货物的郭乃强等9人。依法起诉以电话、短信、网络等形式实施诈骗犯罪的21人，首次用以危险方法危害公共安全罪起诉在交通高峰期为逃避执法检查而故意驾车冲撞造成两人受伤、多辆机动车损坏的被告人蒋兆添，以涉嫌隐匿、故意销毁会计凭证、会计帐簿、财务会计报告罪批捕、起诉龙江“仙塘事件”中触犯刑律者。

◆贯彻宽严相济刑事司法政策　顺德检察机关对主观恶性较小，情节轻微的初犯、偶犯、过失犯，以及取得被害人谅解的轻微刑事犯罪，依法从宽处理。在依法办理未成年人刑事案件的同时，制定《办理未成年人刑事案件规则（试行）》，依法保障犯罪未成年人诉讼权利；向犯罪未成年人赠送《检察官寄语》，体现教育为主方针；联合团区委等部门开展以保护未成年人为宗旨的“扬帆行动”，落实对未成年人犯罪进行预防和帮教的长效机制。一年来，依法决定不批捕涉案未成年人13名，不起诉2名。

【查办和预防职务犯罪】

2010年，顺德检察机关加大查办和打击职务犯罪的力度，依法查办贪污贿赂、渎职侵权等职务犯罪。开展预防职务犯罪工作，结合供水系统及原安监局案件的办理，先后向区公资办、区市场安全监管局发出《检察建议》，剖析案发原因，提出整改意见。重点抓好重大建设项目的专项预防，与区纪委联合制作“顺德区重点工程廉政建设宣传展示”，组织区属各单位及工程建设管理部门、关键环节和重点岗位管理人员、在建工程管理人员等共2000多人次参观；联合相关职能部门对均荷路改建工程开展预防职务犯罪及履约信用专项检查。开展预防宣传教育工作，组织有关单位到监狱和看守所开展警示教育，到法院旁听原顺德供水总公司梁灿明受贿案宣判；配合有关单位开展廉政教育活动，举办法制辅导讲座14场，听课人数共1990多人次；定期向全区公职人员和村居两委干部发送廉政手机短信。不断拓展预防领域，深化系统预防工作。与供电、国税、国土城建和水利局、区第一人民医院等单位建立预防工作联系长效机制。推动社会信用体系建设，为13个单位提供行贿犯罪档案查询服务。全年区检察机关共立案侦查贪污贿赂案件13宗17人，其中受贿案3宗3人、行贿案2宗2人，贪污案8宗12人。立案数额在10万元以上50万元以下的8宗8人，50万元以上100万元以下的2宗2人，100万元以上1000万元以下的2宗5人，1000万元以上的1宗2人。同期立案侦查国家机关工作人员滥用职权案、玩忽职守案各1宗1人。

【诉讼监督】

◆强化立案监督和侦查活动监督　2010年，顺德检察机关重点监督有案不立、有罪不究、以罚代刑及违法插手经济纠纷、违法立案等问题。全年受理立案监督案件9宗，发出《要求说明不立案理由通知书》2宗，公安机关均已作立案。对违法侦查行为提出口头纠正意见13次，发出《纠正违法通知书》3份、《检察建议书》1份。防错捕精神病人2名，审查提请批准延长侦查羁押期限案件31件78人次。对应当逮捕而未提请逮捕、应当起诉而未移送起诉的，决定追加逮捕7人，追加起诉3人，追诉漏罪13人。对不符合逮捕、起诉条件或依法不应追究刑事责任的，不批准逮捕103人，不起诉30人，督促撤案15人。

◆强化刑事审判监督　2010年，顺德检察机关依法运用抗诉职能，对认为确有错误的3宗刑事判决提请佛山市院抗诉，其中1宗无罪判决已经重审改判有期徒刑。落实检察长列席法院审判委员会会议制度，与区人民法院协商制定实施细则，受检察长指派，主管公诉工作的副检察长已列席审委会会议2次，就4宗案件的处理提出意见。推行量刑建议制度，向区人民法院发出量刑建议495宗，已判决283宗，量刑建议被采纳254宗，采纳比率为89.8%。

◆加强刑罚执行和看守所监管活动的监督　2010年，顺德检察机关参加看守所安全管理大检查等专项活动，参与清仓大检查21次，参加狱情分析会24次，对监管活动提出纠正建议5条。受理在押人员的控告、申诉27宗，审查减刑、暂予监外执行案件共599件，提前预警催办即将到期案件共7115人次。参与社区矫正工作，核查纠正监外执行人员漏管56人，就监外执行管理工作中存在的问题向公安机关提出书面纠正意见，及时堵住制度漏洞。

◆强化民事行政诉讼监督　2010年，顺德检察机关受理民事行政申诉案件50宗，提请上级检察机关抗诉7宗，已获改判2宗。通过加强对原审证据的审查，发现4宗案件的一方当事人伪造证据骗取诉讼利益，通过抗诉有效地维护对方的合法权益。

◆加强控告申诉检察工作　2010年，顺德检察机关畅通举报申诉渠道，共受理群众举报、控告和申诉318宗，提供法律咨询服务129人次，检察长接访20人次，办理刑事赔偿案7件。对群众反映强烈的信访问题下访调研，对涉检信访、矛盾纠纷及苗头隐患进行深入排查，对群众来信来访做到事事有回音，件件有答复。控告申诉接待室被省检察院推荐申报“全国文明接待室”。

【工作机制创新】

2010年，顺德检察机关继续创新工作机制。一是创新协同执法机制，拓宽服务大局途径。针对群众举报投诉的热点，为切实整治违法用地的问题，一方面加强对土地执法的法律监督，依法对非法转让土地使用权、非法占用农用地的3名村官提起公诉，一方面联合区人大常委会及国土等部门到基层下访调研，倾听群众意见，研究解决方法，并联合区国土城建和水利局向区政府发出《关于顺德区违法用地问题的情况报告》，提出加强执法力度，落实执法共同责任制的对策和建议。二是创新维稳工作机制，促进法律监督触角向基层延伸。全面推进驻镇（街）检察工作，派出4名中层干部开展巡回检察，受理群众的诉求，主动协调镇（街）有关部门解决纷争，为基层群众解决涉法涉诉问题提供便捷的渠道。同时，配合镇（街）做好维稳工作，加强与相关业务部门的沟通联动，适时介入引导侦查，为快捕快诉打下坚实的基础。三是创新外部监督机制，提高执法公信力。自觉接受区人大监督、区政协民主监督，专题向区人大常委会报告该院近5年来反渎职侵权工作情况，邀请人大代表、政协委员视察反渎职侵权工作，会办、分办政协提案各1件，主动接受社会监督。试行人民监督员制度，提请人民监督员监督评议职务犯罪案件7宗。不断完善便民利民的“阳光检务”长效工作机制，增设面向群众的来访查询接待岗位，进一步推行申诉案件公开审查制度、检察文书说理制度和案件办理情况查询机制，加强检察宣传，规范检察网站的管理和运作。一年来，共答复案件办理情况查询5266人次。

【队伍建设】

2010年，顺德检察院强化教育培训，先后组织18批315人次参加各类教育培训，选派6名中层干部参加市院在清华大学举办的佛山市检察机关领导素能提升班；组织侦查人员参加侦查讯问策略及操作实务培训班；通过业务竞赛、观摩庭、网络培训等方式开展岗位练兵活动；选派干警参加中国法学会“2010刑事和解理论与实务研讨会”和最高检《中国刑事法》杂志举办的“强化审前监督与权利救济研讨会”，推荐一名干警入选全国检察理论研究人才。强化精细管理，不断健全以规范办案流程为重点的执法工作运行体系；完善《办案安全防范预案》，把安全防范措施和责任落实到办案的各个环节，开展案件评查工作，针对存在问题不断细化各项业务工作流程，促进规范执法。强化作风建设，开展“恪守检察职业道德，促进公正廉洁执法”主题实践和“反特权思想，反霸道作风”专项教育活动，签订《党风廉政建设责任状》，邀请市院“全国模范检察官”潘媚作《让生命与使命同行》专题报告，举行检察官宣誓仪式，开展“党员亮牌”和创建“党员先锋岗”活动，规范干警的生活圈和社交圈，促进廉洁执法。（陈玉萍）

审判工作

【概况】

2010年，顺德区法院依托“排头兵达标竞赛活动”载体，不断推进“社会矛盾化解、社会管理创新、公正廉洁执法”三项重点工作，圆满完成各项工作任务。年内共受理各类案件 34489 件，办结 33373 件，办案法官人均结案超过 330 件，收结案数再创历史新高，同比分别上升 30.8% 和 36%，结案率 96.8%，解决争议标的金额 31.79 亿元。审判质量和效率得到较大提升，上诉发改率等案件核心质量指标位居全市法院前列。

【刑事审判】

2010 年，顺德区法院共受理各类刑事案件 2341 件 3410 人，同比上升 9.1%，审结 2326 件 3374 人，结案率 99.4%。法院全力做好群体性、涉维稳、涉黑案件的审理工作，依法审结顺德龙江仙塘赖柱云等 3 人隐匿、故意销毁会计凭证罪等涉群体性、涉维稳案件 5 件，依法审结吴超发等 12 人组织、领导、参加黑社会性质组织罪等涉枪、涉毒和涉黑案件 279 件 334 人。坚持严把案件质量关，稳步推进量刑规范化改革和落实宽严相济刑事政策，全年共依法对 482 人判处非监禁刑，非监禁刑适用率 14.38%，审结宣告被告人无罪案件 3 件，建议公诉机关撤回起诉 8 件，确保无罪的人不受法律追究。

【民商事审判】

2010 年，顺德区法院共受理民商事案件 17843 件，同比增长 51.3%，审结 17577 件，结案率 98.5%，解决争议标的金额 22.34 亿元，其中调解 11271 件，调解撤诉率达 67.2%，为历史新高。年内开展家事合议审判试点工作，构建与妇联、社工、村居等基层组织紧密互动的家事纠纷调处模式，建立判前委托调查、判后跟踪回访的工作协调机制，共审结家事案件 1173 件，结案率 99.1%，调解撤诉率 61.5%。维护正常劳资关系，做到案结事了，全年共审结劳动争议案件 4485 件，调解 3698 件，调解撤诉率 84.3%。加强对农村土地征用、征地拆迁等案件的审理，审结大良五沙部分村民阻挠东新高速工程施工案等涉土地侵权纠纷案件。加大知识产权案件审理力度，依法打击侵犯知识产权的违法行为，推进知识产权审判民事、刑事、行政“三审合一”改革，妥善审结如北京天语同声信息技术有限公司诉顺德 40 余家 KTV 音乐著作权纠纷案等一大批具有广泛社会影响的知识产权侵权案件，全年共受理知识产权案件 148 件，同比上升 24.1%，审结 137 件，解决争议标的金额 1500 多万元。发挥商事审判对市场经济的指引示范作用，加大对公司破产、清算案件的审理力度，依法受理佛山市顺德区华星饲料有限公司申请破产等破产、

2010 年 12 月 17 日，区法院院长何树志与区检察院检察长李国强联合接访当事人

清算纠纷案件15件；成功审结顺德首宗民营企业佛山市顺德区汇中电器销售有限公司申请破产案，为民营企业平稳退出市场竞争起到良好示范作用；依法调整金融市场秩序，共审结借款合同、信用卡、信用证等金融纠纷案件2005件，解决争议标的金额7.9亿元；妥善处理涉外商事案件，全年共受理涉外案件79件，审结70件。

【行政审判】

2010年，顺德区法院共受理行政诉讼案件146件，审结144件，结案率98.6%，其中行政机关胜诉133件，占92.4%；行政机关败诉8件，占0.6%；依法移送其他法院审理3件。法院不断强化行政纠纷协调解决机制，通过协调解决行政诉讼案件39件，一审行政案件和解撤诉率达到27%；建立民行交叉案件的协调、和解及司法确认一站式处理机制，取得很好的社会效果；通过举办法制专题讲座、提出司法建议等形式，促进行政执法水平提高。支持行政机关依法履行职责，共审查行政非诉执行案件512件，其中裁定准许执行507件，不予执行5件。

【审判管理】

2010年上半年，顺德区法院成立专职“管案”的审判管理办公室，与审监庭合署办公，坚持审判管理与服务并重理念，强化对审判执行工作各节点进行全程监管，统一行使审判流程、案件质效评估、案件评查、司法统计分析等管理服务职能，结合自身实际建立案件质量评估体系，建立常态化案件质量评查机制，扎实开展案件质量评查工作，初步形成多手段、多层面管理案件质量和效率的格局。是年，区法院审判案件的上诉率、上诉发改率、再审率、民商事案件调解撤诉率，执行案件的实际执结率、执行到位率等主要案件质量指标全部达到上级法院要求，并位居全市五区法院前列。

【执行工作】

2010年，顺德区法院共受理各类执行案件14153件，办结13321件，同比增长15.5%和24.3%，执行结案率94.1%，同比上升6.6个百分点，执结标的金额9.38亿元，实际执结率76.1%、执行到位率65.3%，同比分别上升14.5%和15.2%。法院通过加强执行联动机制建设，强化与协助执行部门的协作力度，深入开展对被执行人及其财产的查控工作；通过健全执行指挥中心建设，实现全院执行力量统筹指挥，建立执行快速反应机制；通过集约查控财产、新闻曝光、司法拘留、限制出境、早晚突击执行和执行信息公开等执行措施，不断加强执行工作力度。通过优化各项执行工作机制，区法院执行工作呈现出执行结案率、实际执结率、执行到位率明显上升，执行案件结案周期明显缩短、执行投诉明显减少的“三升两降”的趋势。

【司法为民】

2010年，顺德区法院驻10个镇（街）人民法庭庭长或副庭长兼任所在镇（街）综治信访维稳中心副主任，直接参与当地综治维稳工作，形成法庭与当地有关职能部门的良性联动机制；区法院依靠各镇（街）综治信访维稳中心，依托各人民法庭人民调解工作室平台，将司法职能不断向基层村居、人民调解委员会、行政部门、行业协会延伸，形成“一中心、一平台、四延伸”的诉调对接工作新机制；在全区10个人民法庭已设置人民调解工作室的基础上，又在10个镇（街）交警中队全部设置交通事故巡回法庭或法官工作室；根据实际情况在劳动管理所、婚姻登记处、妇联等部门设立法官联络咨询办案点；与物业管理协会等行业协会建立协作机制，开展诉调对接工作。在全区形成一个基本覆盖全区、高效、快捷、权威的以司法调解为主导、多种调解方式相衔接的社会矛盾纠纷处理网络。全年，该调解网络共调解道路交通事故损害赔偿纠纷2552件，调处劳动争议纠纷3437件，以及物业管理等其他纠纷657件，共对6646件各类纠纷案件进行司法确认，并促成全部履行完毕。

是年，区法院继续完善涉及社会弱势群体、突发性群体性案件的优先立案、优先审理、优先执行的绿色审判执行通道，根据当事人申请及时依法实施诉讼保全和实施先予执行，全年为符合经济确有困难条件的852件案件当事人减、免、缓交诉讼费103万元；加强刑事审判领域的人权保障，依法为97名未成年被告人指定辩护人，保护其诉讼权利。利用区涉法涉诉救助资金，对经济特别困难符合救助条件的申请执行人等给予适度救助，年内共为13宗案件的28名当事人发放救助金29.5万元。

【司法改革】

2010年，顺德区法院开展多项司法改革。一是实施“1+10”执行工作模式，深入推进执行工作改革。5月，区法院将执行力量下沉到10个镇（街）人民法庭，与执行局一起负责全院的执行工作，构建起部门联动、贴近基层、借力当地的大执行工作格局，“1+10”执行工作新机制得到省法院郑鄂院长的充分肯定，批示在全省基层法院推广，并指定顺德区法院为全省基层法院中唯一的执行指挥中心建设试点单位。二是实行“诉”“访”分离工作机制，化解涉诉信访矛盾纠纷。年初，经区编委同意，区法院将信访职能从立案窗口分离出去，设立独立建制的涉法涉诉信访科，专门处理涉法涉诉信访投诉问题，全年信访投诉同比下降25%，信访事故率为零。三是打造“开放法院”践行“阳光司法”。年初区法院在全市五区法院率先开通外网，开设院长信箱、法官信箱，设置网上投诉、预约立案、诉讼指南、诉讼文书下载、案件查询、法院公告等功能和栏目。下半年，区法院集中开展了为期三个月的“开放法院·阳光司法”系列活动，共邀请顺德区全国、省、市、区、镇五级人大代表和政协委员280多人次参与案件庭审旁听、调解、见证执行、开展巡回审判、举办模拟法庭和法制辅导课等活动，参与群众和学生超过3000人。区司法院班子与人大代表、政协委员、媒体记者举行座谈会15场，收集到各界对区法院的工作建议和意见36条，并已全部答复和进行相关改进工作。（顺法研）

司法行政

【概况】

顺德区司法局是区政府主管司法行政的职能部门，与区委政法委合署办公，内设秘书科、执法督查科、综合业务科、协调指导科、宣传教育科、公证律师科，代管区法律援助处、区公职律师所（与法律援助处合署）、区公证处，指导10个镇（街）司法所〔与镇(街）综治信访维稳中心合署〕，同时是42家律师事务所、9家法律服务所的主管部门。担负着法制宣传、人民调解、安置帮教、社区矫正、法律援助、公证、律师法律服务等工作。2010年，顺德区司法局紧密围绕“社会矛盾化解、社会管理创新、公正廉洁执法”三项重点工作，扎实推进司法行政各项工作。

【法制宣传教育】

2010年，顺德区司法局积极开展法制宣传教育，提高干部群众法律意识，增强群众利用法律途径解决纷争的自觉性。一是做好“五五”普法验收各项工作，顺利通过省、市检查验收，并以“五五”普法验收为契机，对基层镇（街）的普法工作进行大检查，进一步推动普法工作规范化。二是圆满完成全区干部学法考试（考核）工作。三是利用普法平台宣传优势，开展法制宣传教育。继续做好《珠江商报》、佛山市电视台顺德频道和佛山电台顺德分台普法平台的法制宣传工作，联手区镇电视新闻轮播频道打造普法新平台。开展“法律六进”活动、“法治城市、法治区”创建活动、“法律服务三下乡”和“亚运会”系列法律宣传活动。据统计，全区共开展法制讲座313场次，受教育人数320967人；通过媒体进行法制宣传428次，印发法制宣传资料379633份，刊出法制宣传栏10132期，开展法律咨询活动187次，法律知识竞赛6次。在《珠江商报》刊登“知法守法、共建和谐”专版44期，佛山市电视台顺德频道“生活与法”节目制作播出142期，佛山电台顺德分台“明白说法”节目播出44期。做好三大普法平台的法制宣传工作。

【人民调解】

2010年，顺德区司法局抓住广州亚运会召开这一重点时期、农村不稳定因素频发的重点地区和三级综治信访维稳工作平台建设这一重点工作，结合司法行政工作实际，切实履行好矛盾纠纷化解调处第一道防线的职责，进一步建立完善人民调解工作网络，强化矛盾纠纷排查化解力度。一是以陈村、龙江为试点，探索人民调解员的准入机制，建立对人民调解工作的考核奖励制度。如年初陈村镇出台《人民调解工作考核奖励实施办法》，对调解成功的案件根据难易程度给予一定的奖励，实行人民调解员持证上岗制度；二是做好矛盾纠纷排查调处工作。制定《关于在全区开展“人民调解化解矛盾纠纷专项攻坚活动”实施方案》，在全区全面开展人民调解化解矛盾纠纷专项攻坚活动，组织全区10个镇（街）人民调解委员会在5月至6月开展一系列以人民调解为主题的法制宣传活动。以全市司法系统的“四访”活动为契机，全面落实排查措施，共排查出19宗可能影响亚运期间社会稳定的重点矛盾纠纷和重点人员，跟进事态的发展，确保将矛盾解决在当地。三是组织对全区各镇（街）、各村居调解主任、调解骨干近600人进行培训。四是充分发挥四级人民调解网络的作用。工作中，区司法局注意将区、镇（街）、村(居)、村（居）民小组四级调解组织提前参加到矛盾纠纷的调处工作中去。加强与法院、劳动部门的沟通联系，协调解决工作室运作中遇到的困难和问题。

据统计，年内各级人民调解委员会共受理民间纠纷3051宗，调解成功2889宗，履行2782件，成功率96%；调解工作室共受理调解案件84件，调解成功78件，成功率92.9%；各司法所为基层政府提供司法建议246条，政府采纳159条；制定规范性文件43件；协助基层政府处理社会矛盾纠纷236件，其中处理成功227件；开展矛盾排查115次，防止群体性上访28件，参与严打整治及专项治理活动15次。

组织律师参与东新高速五沙段群体性事件、陈村涉法信访案件，参与处置3次，律师参与人数32人（次），涉案人数达上千人。

【安置帮教和社区矫正工作】

2010年，顺德进一步加强安置帮教和社区矫正工作的规范化建设，全面落实社区服刑人员和刑释解教人员专项排查及稳控工作，安置帮教和社区矫正工作取得新的突破。区司法局于6月17日和9月14日分别召开有各镇（街）司法所专责安置帮教和社区矫正工作的同志参加的基层司法组织会议，要求各司法所做好重点人员的社区矫正工作。区司法局进一步加强与公安机关的联系，保持与各职能部门的交流，充分发挥村居基层组织的作用，联动各职能部门加强对两类人员共同管理。对重点刑释解教人员和社区服刑人员进行排查摸底，共排查出重点监控对象50人，其中刑释解教人员26人（刑释21人，解教5人）；社区服刑人员24人，包括有恶性罪犯13人，群体性罪犯8人，全部登记造册，分类管理。针对全国两会、上海“世博会”、广州“亚运会”等敏感期，区司法局对社区矫正和安置帮教对象加强监控，重点管理。为生活有确实困难的“两类人员”提供帮助，多渠道帮助两类人员解决生活工作问题，如股份分红、免费培训、找工作、民事经济纠纷法律援助等，做好安抚和疏导工作。是年，顺德区对接收的各类社区服刑人员370名（其中缓刑190人，被剥夺政治权利的106人，假释61人，暂予监外执行13人）和接收回归社会的在册刑释解教人员936人（其中刑满释放人员669人，解除劳教人员267人）全部做好衔接管理和帮教工作，有效预防重新犯罪。

【法律援助】

2010年，顺德区进一步加强法律援助工作，切实维护弱势群体的合法权益。全区共办理各类法律援助案件507件，受援人达947人次；通过前台、网上、148热线等方式解答法律咨询7000多人次。区法律援助部门进一步深化便民服务措施，开展法律援助异地协作；坚持调解优先原则，超过50%的农民工法律援助案件最后通过调解结案；将法律援助案件的审批时限由原来的5天缩短到3天，对紧急案件做到当天受理、当天审批；对工作站实施挂点律师负责制，加强对工作站的业务指导和联系，提升工作站的服务水平；坚持民事法律援助专人跟案制度，指派专人全程跟踪案件的承办过程；推行案件质量评估制度，探索激励机制，调动承办律师的工作积极性，增强承办律师的责任感；完善“点援制”，扩大志愿律师队伍，共有135名社会执业律师报名参加志愿律师队伍等等。开展法律援助宣传活动，在全区200个村（居）设立800个“148热线”便民指示牌，公布“148热线”咨询电话、当地法律援助工作站的联系电话及服务时间，引导群众进行法律咨询。9月1日是国务院《法律援助条例》颁布实施7周年和《广东省法律援助条例》实施11周年纪念日，通过报纸、电视、村（居）宣传栏、户外法律宣传咨询活动，开展了为期1个月的法律援助宣传活动。

【公职律师工作】

2010年，顺德区公职律师事务所发挥职能作用，促进和保障政府依法行政。指派公职律师，参与珠海中心沟清场收地，以及有关群体性事件的处置，向群众进行法律解释和宣传，为政府依法处置工作提供法律意见。每月定期指派1名律师，到区信访局陪同领导接访，解答信访群众提出的涉法问题；广州亚运会前后，按照区委区政府的安排，每天指派1名律师陪同区领导接访。年初，与区人力资源和社会保障局、区委宣传部（区文体旅游局）、区财税局、区委区政府办公室、区教育局等9个部门签订法律顾问合同，为每个顾问单位指派3名顾问律师，进一步加强顾问律师力量。大部制改革后，根据实际需要，对岗位公职律师进行重新核定，共设立岗位公职律师16名，增加77%。年内，区公职律师事务所共为政府及其部门代理诉讼案5件，起草法律意见书24份，提供口头法律咨询135次，帮助审查合同和文件14份，陪同区领导接访36人次，组织7名公职律师与区委区府办法制科共同审查行政执法职权3344项，组织80人次的律师参与群体性、敏感性案件的处置和专家论证会。

【律师事务】

2010年，顺德区司法部门加强律师管理工作，引导律师参与维稳工作，正确引导律师行业健康有序发展。一是创新律师参与维稳工作模式，发挥律师团队作用，为化解矛盾纠纷提供法律意见。是年，顺德区律师参与群体性、涉法信访案件处置共3起32人（次）。如广东国强鸿业律师事务所通过代理施工单位东新高速公路起诉阻挠施工的部分村民，将案件引导进入法律程序，由法院裁定先予执行排除妨碍，确保该工程大良五沙段项目的顺利推进；针对陈村大都等6个村的部分村民因为征地、土地出租等问题出现省、市越级上访，甚至发生过激行为，顺德区律师主动介入，参与区维稳工作组工作，为镇政府提供法律意见。海迪森律师所组织全所执业律师组成服务团队，为陈村镇镇政府处置村民提出的诉求提供法律服务，并主动深入村（居），向村民做好法律解释和疏导工作。二是继续完善律师管理工作。组织区公职律师事务所及8家合伙律师事务所的14名熟悉土地管理法律法规及政策的顾问团律师研讨梳理归纳出法律建议，提交区政府决策参考；以律师专家组集中研讨的形式为重大疑难、群体性案件以及涉及政府重大决策的事项提供法律意见；为工会特约律师库提供法律资源；为区《顺德区第七届运动会招商委托协议》提供法律意见；组织14名律师对《顺德区规范集体留用地管理暂行办法》提供修改法律意见15条；多举措组织公职律师为群众提供免费法律咨询服务等，发挥律师专业职能，服务群众、服务政府，推动顺德区依法行政。

是年，全区执业律师共办理刑事诉讼案件401宗，民事诉讼案件3222宗，行政诉讼案件71宗，非诉讼案件2985宗。担任企业法律顾问1695家，担任政府法律顾问21家，担任村（居）法律顾问133家。区司法局部分业务与省司法厅对接以来，共办理律师执业证初审55件，律师事务所成立（撤销）4宗，其他证照业务审批58宗，各项行政审批事项对接顺利。共受理8宗律师投诉案件，并一一做出妥善的化解调处。

【公证业务】

2010年，顺德区公证处进一步加强规范化管理和质量管理，公证工作服务群众服务政府更得力。一是开展自查整改，加强公证系统化管理和规范化管理。对窗口轮值制度进行优化调整，作出科学合理安排；逐步探索建立预约办证制度，设立预约办证窗口，缩短办证人等候时间；发挥法律服务所协办公证的作用，做好公证法律服务重心下移的指引。二是规范公证部门翻译环节的管理。将公证翻译服务以政府采购招标的方式对外进行招标，6月与中标的翻译公司签订翻译《协议书》，将外送翻译纳入规范管理的渠道，翻译费也全面纳入“收支两条线”管理范畴。三是加强公证案件质量管理。是年，区公证处共受理各项案件达32143件，比往年递增21.72%，经济收入达到17016859元，相比2009年增长46%。公证员上门服务、外出办证、公证调查共计600多次，上门为老、弱、病、残人员办理遗嘱、委托等公证100多次。

【进一步落实大部制机构改革措施】

2010年，顺德区司法局继续加大对事权承接和下放工作力度，在佛山市政府下放顺德区行使的28项和省司法厅下放顺德区司法局行使的2项司法行政审批和日常管理权限中，经与省、市协调，除“公证员执业审核（初审）、设立公证机构审批（初审）、法律职业资格证书初核”3项权限有待省司法厅进一步明确后才能完成对接外，其余27项已得到落实并与省司法厅对接，直接由顺德区司法局行使；并将其中的“法律援助事项办理情况监督、检查”下放由各镇（街）行使。顺利在顺德区设立2010年国家司法考试佛山考区报考点，接受顺德考生的报名。（陈培文）

消防安全工作

【消防监督检查】

2010年，顺德消防大队检查生产企业1212家、人员密集场所282个单位、“三小”场所3771间；予以停业整改处理的各类厂企单位、场所共计452间。

【消防专项治理】

2010年，顺德消防大队以“平安亚运”为目标，以乐从镇火灾隐患专项整治为重点，构筑社会消防安全“防火墙”工程。一是开展专项整治工作，加大火灾防控力度。年内在开展“粤安10”、冬季防火、建筑消防设施等专项整治工作的基础上，大队重点抓好乐从火灾隐患专项整治工作。联合其他职能部门共检查生产企业1212家、人员密集场所282个单位、“三小”场所3771间；予以停业整改处理的各类厂企单位、场所共计452间。整治期间，投入约2200万元，增加173个消火栓，使得乐从镇消火栓总数达1221个，改造管网达20公里。二是强化亚运安保工作。为实现“平安亚运”的总体目标，保证亚运会的消防安全，大队提前介入，全面部署，赛前严格落实“三分三定”消防监管模式，对涉亚运场所及周边200米范围内的单位、

大良金榜社区组织辖内青少年到顺德区消防大队参观

场所共116家进行火灾隐患排查。赛间派出安保团队入驻世纪莲游泳馆和新君悦酒店，严格按照每两小时巡查一次的要求，有针对性地对各消防重点部位、区域和各类消防设施进行全面排查。成功实现亚运安保工作“零差错”目标。三是全力筑牢社会“防火墙”，社会面火灾形势平稳。是年，全区204个单位“防火墙”工作全面达标，共发生火灾20起，死亡2人、伤1人，直接财产损失131万元，火灾起数比2009年下降40%、财产损失下降50%。

【消防宣传培训】

2010年，顺德消防大队到各企业、学校、社区进行消防宣传、培训共300多次，辖区学校学生军训、各单位参观共10000余人次，为社会各界开展各类消防培训达21800多人次。

【消防训练】

2010年，顺德消防大队继续扎实推进“消防铁军”队伍建设。一是申请专项经费300余万元，按照标准配齐大良中队铁军攻坚组相关器材，为乐从中队配备一辆AT主战泡沫车，购置一批抗洪抢险救援器材，成立抗洪抢险救援党员突击队，增强大队水上救援战斗力。二是在支队“大比武”竞赛和每月的会操中，大队获得可喜成绩，乐从中队在两次会操中均名列第一。三是以现有人员、器材装备为基础，成立顺德区应急救援大队和大良应急救援中队。是年灭火救援工作卓有成效，全区消防部队接警出动1026起，出动车辆2112台次、警力11182人次，救助被困群众217人，抢救财产2047余万元。

【工作成绩】

2010年，顺德消防大队党委圆满完成以亚运消防安保为中心的防火、灭火任务和青海玉树抗震救灾、全国消防部队后勤财务规范化建设现场会、大跨度大空间演练、应急救援等各项工作任务，确保社会面火灾形势平稳定。8月8日，总队大跨度大空间建筑灭火救援教学性测试演示观摩会在顺德展览中心举行，大队圆满完成大跨度、大空间建筑灭火救援测试试点工作。10月11日至14日，全国消防部队财务规范化建设现场会在顺德正式召开，大队圆满完成现场会筹备工作，现场会顺利召开。是年，大队被部局评为亚运安保先进大队，荣立省公安厅集体三等功，下属乐从中队被部局评为亚运安保先进中队，大良中队被总队评为先进基层中队；大队共有1人次被部局评为亚运安保先进个人、19人次荣立个人三等功，40名同志被总队评为亚运安保先进个人，1名同志被市公安局评为优秀人民警察，6名同志被支队评为年终先进个人，4名同志被支队评为优秀警官，46人次获支队嘉奖，1名同志荣获大良“凤城凡星”、1名同志荣获乐从“好人之星”光荣称号。

地方军事与人民防空

【地方军事】

◆概况　顺德区人民武装部现有干部7名，职工15名，预备役高炮营营长1名。武装部内设军事科、政工科、后勤科和民兵武器装备仓库及广东省高炮师预备役二团二营部。2010年，顺德区武装工作坚持“着眼质量抓基层，确保稳定抓安全”的思路，突出加强思想政治建设，重点抓好党委班子和干部队伍建设，圆满完成支援亚运会的各项任务，有效提高民兵预备役执行多样化军事任务的能力，人武部的各项事业稳步推进。

◆战备工作 是年，区武装部把军事工作摆在中心位置。坚持党委议军议训制度，按照《大纲》的要求，不断深化民兵预备役训练内容、训练方法、训练管理和训练保障的改革，严格组训施训。一是抓好战备工作落实。及时调整区武委会、国防动员委员会的组织结构，修改完善各种战备方案。二是做好后备力量整组中作战力量建设的调整训练。4月，完成基层民兵分队组织调整，对专业队伍进行紧急拉动演练和人员点验，并组织交通战备专业保障分队进行应急训练和战备演练。三是加强各类各级业务培训。广泛开展教学法集训，分6次共组织897人次进行各类科目训练。4月至5月份，先后两期组织区属民兵轻舟分队和省属民兵轻舟分队专业集训，参训人员共计237人，训练时间达120小时。进行冲锋舟理论知识和操作技能培训。5月中旬，18名民兵轻舟队员代表顺德区参加广东省三防指挥部考核评比和检验。

◆“亚运”安保备勤演练和安全管理 一是抓好亚运会安保备勤演练。是年8月，组织民兵应急连125人参加佛山军分区组织的亚运安保备勤演练。9月，参加分区组织的“佛联——2010”军地联合实兵演习，参加演习和保障共计256人，动用车辆20台，步枪52支，演练传达预先号令、快速集结、摩托化开进、重要目标防卫、道路封控、处置群体性事件、救援救护等课目，获得演练优秀组织奖、演习一等奖、影像资料一等奖等荣誉。10月，组织民兵队员81人，代表佛山军分区民兵预备役部队，参加佛山市“亚运”安保誓师动员大会，进行男女集体棍术表演。二是抓好“亚运”期间安保备勤分队训练。成立“亚运”期间安全管理应急处置领导小组，细化本级安全管理处置预案，落实好人员、车辆和装备器材，与地方公安等部门建立信息互通渠道，确保遇事能快速反应、妥善处置。三是注重抓好联合训练。把军、警、民联训联练作为训练重点，全员、全装、全要素参训参演。四是“亚运”期间采取超常规措施，抓好本部的安全管理工作，做到亚运期间实现“零违章、零事故、零纠纷”。按照“亚运”安保军队联合指挥部明确的值班备勤等级保持人员在位率，每天不少于3次对干部、职工、民兵备勤分队进行抽点。严格控制赛区干部职工进入赛区城市或观看比赛，落实分区人员非因公外出着一律便服，干部职工一律停止休假的规定。按照战备车辆规定要求，封存日常用车，严格车辆派遣，没有通行证一律不允许擅自到广州、佛山。严格营区和武器装备仓库管理，建立完善应急处置机制。加大邮件和报刊收发查验的力度，搞好饮食卫生和防火防盗，消除安全隐患。

◆“四个基本”建设 2010年，顺德区武装部党委根据省军区“三期八年工程”的总体规划和省军区“湛江会议”指示精神，通过分片包干、挂钩督导和地毯式检查等办法，把责任落实到具体人，扎实推进基层“四个基本”建设。根据顺德村居设立行政服务中心的实际，区镇村三级利用现有资源，整合力量，采取让、借、租等形式，采取兵民结合、一室多用的办法对部分村居场地有限的单位进行重点帮扶。年内全区203个民兵营全部自评达标，自评优秀38个民兵营，占比例19%。12月10日，经省军区第三批联合工作组考评，顺德区民兵营、民兵分队全部顺利通过达标验收。

2010年3月23日，顺德区年度武装工作会议召开。

◆征兵工作　2010年，顺德区武装部做好年度冬季征兵工作。征兵宣传阶段，全区各镇（街）共印制、派发《征兵宣传手册》、《应征入伍服义务兵役有关政策解读》等资料共8000多份，突出兵役法规、优惠政策的宣传。10月31日，在伦教街道广场举行2010年冬季征兵宣传发动暨适龄应征青年报名仪式，全区10个镇（街）30多个大中学校1000多名适龄青年参加活动。针对是年征接兵方式改革和走访调查新规定，采取分片包干的方式，机关深入基层村居逐个单位进行走访调查，通过区、镇、村三级的密切配合，通过关口前移的做法，共同把好征兵质量关，圆满完成征兵工作任务。12月10日，在北滘镇广场举行2010年度冬季新兵入伍欢送大会。士官直招方面，联合区教育局组织全区30所普高、职高和技校领导召开2010年预征对象登记工作部署会，8月顺利完成在顺德职业技术学院应届毕业生中直招士官任务。

◆参建维稳　2010年，顺德区武装部积极参加社会主义新农村建设。一是发动民兵预备役人员参加文明社区、文明村（居）创建活动。二是开展"双到扶贫"工作。会同区民政宗教和外事侨务局优抚科一道确定帮扶对象，制定帮扶措施，重点帮扶杏坛镇西登村党支部和5户特困军、烈属和伤残革命军人家庭。11月，部长温良谋、政委丁庚山带队到杏坛、均安镇5户贫困军烈属帮扶对象家中进行座谈慰问，并赠送慰问金、过冬的衣物和一批生活必需品，价值1万元。12月4日，响应区委区政府关于扶贫开发"双到"工作号召，部长温良谋率工作组到连南县大坪镇军寮村组织走访慰问3户贫困家庭，赠送2000元扶贫发展辅助金，向驻地小学捐赠一批价值1万元图书学习用品。三是做好"亚运"期间维稳工作。"亚运"期间分别集中民兵备勤分队应急连125人、省属机动备勤分队200人、驻守民兵武器装备仓库10人的应急力量进行全天候待命，训练反袭扰、重要目标防（守）卫、反恐维稳、动员支前等多课目，根据任务需要出动60名民兵配合当地公安参与亚运巡逻任务。

◆安全稳定工作　一是抓好各类安全教育活动。是年10月，区武装部根据上级统一安排开展"弘扬优良作风、严守政策纪律"专题教育整顿。加强人员管理，严格落实《分区关于人员、车辆管理特别规定》，加大对8小时以外的人员管理。加强对车辆使用的管理，对2台无牌车辆进行封存，严格车辆派遣和使用登记制度，明确非车管干部严禁开车，每晚22时所有车辆一律不得私自出车，对所有车辆进行一次安全检测并加配灭火器，重点车辆加装 GPS 防盗系统，对有安全隐患车辆及时进行维修。加强营院管理，组织门卫进行在岗执勤应急技能培训，值班室配备应急防暴器材，严格落实外来人员登记、车辆按规定停放制度，在大门口划出黄色警戒线，杜绝地方车辆乱停乱放的现象。

【人民防空】

◆概况　20 世纪 70 年代初，贯彻中共中央关于加强战备、防止敌人空袭的紧急指示，开展战备工作，顺德全县开始挖掘防空洞，构筑防空工事。2004 年 6 月，顺德区人民防空办公室正式挂牌成立，贯彻落实上级的“长期准备、重点建设、平战结合”方针，开始人防工作规范化建设。2008 年 6 月挂靠区建设局管理，2009 年大部制改革后挂靠区国土城建和水利局，2010 年 9 月经省人防办批准，各项审批业务与省对接，享受地级市的审批权限。

◆结合民用建筑修建防空地下室　2010 年 8 月 1 日起，根据市人民防空办公室《转发省人防办、省发改委、省物价局、省财政厅、省住房和城乡建设厅关于明确新建民用建筑修建防空地下室标准的通知》(佛人防〔2010〕27 号）文件精神，顺德对结合民用建筑修建防空地下室的开展范围，征收防空地下室易地建设费收费标准有所调整。十个镇（街）全面开展结合民用建筑修建防空地下室及征收缴纳易地建设费工作，增加勒流、龙江、杏坛、均安四个镇开展缴纳易地建设费的工作。新建十层以下基础埋深少于 3 米的民用建筑，地面总建筑面积在 2000 米^2（含）以上的，按地面总建筑面积的 4%修建 6 级（含）以上地下室。

2010 年，区人防办共受理建设工程人防报建项目项 710 宗，其中收取防空地下室易地建设费 3775.9 万元，受理结合民用建筑修建防空地下室项目 70 项，核准结建面积约 42.88 万米^2。

◆人防演练　2010 年 10 月 29 日，结合全市人防警报试鸣日，区人防办在顺峰中学举办了一次人防演练。组织全校师生利用人防地下室进行疏散躲避并对地下室构建及组成部分进行现场教授，同时进行防空袭疏散和医疗、消防人防专业队伍结合救援的演习，期间穿插学生自救演示。

大良顺峰中学举行防空袭演习

◆人防信息化建设　2010 年，区人防办新装 20 台人防警报器，全区警报器数量达 74 台，覆盖面达 73%。8 月中旬起，对全区 74 台人防警报器安装点进行一次全面检查，并对全体警报点管理员进行一次调试培训，试鸣当天警报器全部运作正常。

（吕颖雯）

基础设施建设

基础设施建设

交通

【概况】

截至2010年底，顺德区已建成通车的公路里程达到1766.71公里，其中高速公路和城市快速路（含佛山一环）128.64公里，一级公路447.18公里，二级公路173.56公里，公路密度达219公里/百平方公里。全年共实施42项国家、广东省、佛山市、顺德区新建和续建公路重点项目，其中市属和区属重点交通建设项目(不含市公路局投资)全年完成投资23.5亿元。

【交通建设】

◆交通基础设施建设　2010年，顺德交通建设主管部门抓好项目审批、组织管理和协调配合，对重点项目基建环节审批实行绿色通道，配合有关部门和镇街破解征地拆迁难题，在建工程施工和待建项目前期工作扎实推进。

整治后的105国道

一是城际轨道、高速公路建设取得重大突破。是年，广珠城际轨道开通运营。随着太澳高速、佛开高速、珠二环、东新高速4条高速公路的正式通车，加上之前已通车的按高速规格建设的佛山一环及其南延线外，顺德境内目前除均安、乐从两镇外，其他8个镇（街）都有高速公路穿过，高速公路里程达70公里，高速公路密度达8.68公里/百平方公里，高于全省高速公路密度2.69公里/百平方公里和珠三角核心区高速公路密度7.37公里/百平方公里的水平。

二是加快推进在建工程建设。截至12月，一环南延线（北滘至南国路段）、碧桂路改造工程主线（三洲至桂洲大道段）、南国西路扩建和改造工程、龙洲路改造（集北至325国道段）、佛陈路快速化改造等项目建成通车。加快推进伦桂路、荷岳路、华阳南路、杏龙路百安路光华路口跨线桥、碧桂路与太澳连接线、新市良路等工程各项建设工作。开展325国道龙洲路口下穿隧道、龙洲路改造工程、羊大路新建及扩建工程、新基北路新建工程、新市良路新建工程、南沙大桥及引道工程等项目。继续完善镇域路网，进一步优化区内路网结构，提高区内国道、地方公路主干公路和城市市政道路的快速通行能力，实现不同层面的区域交通一体化。

三是做好对外路网衔接工作。根据珠三角一体化和广佛同城化要求，推进与周边城市的路网衔接规划，重点抓好与广州南站的交通路网对接。年底，文登路扩建工程已动工。其他广佛同城项目中，黄榄快速干线顺德段完成总工程量的34.8%；五沙大桥扩建工程和番禺西线公路开工，三善大桥扩建工程完成工程可行性研究报告编制；与周边其他城市对接道路方面，均荷路扩建工程完成总工程量的37.9%，均安白藤大桥扩建工程正在进行工程前期工作。港口码头设施建设方面，完成佛山港北滘港区扩建工程、顺德乐从镇件杂货码头一期工程。 （邓少春）

◆在建公路建设项目　2010年，顺德在建公路建设项目如下：（1）乐龙路。是佛山市道路规划网中的纵四主干线的一部分，也是佛山一环南拓的重要组成部分。项目起点为佛山一环大罗村出口，终点顺番公路里海村附近，路线全长15.2公里，主路双向六车道，辅路双向四车道，路基宽度58.5米，设计车速100公里/小时，路线经过乐从、龙江两镇，工程总投资约27.8亿元。2009年12月，各标段相继进场施工，2010年全年共完成工程总量的13.84%，工程计划于2012年底完工。（2）横九均安段工程。项目起于均安均荷路，终于百安路、南沙大桥引道平交处。路线全长6.79公里，全线设计速度100公里/小时、双向六车道，路基宽35米，道路为一级公路。工程投资金额4.4亿元。2010年5月动工，2010年全年完成工程量的18.08%，计划2012年10月完工。（3）五沙大桥扩建工程。五沙大桥为顺德区顺番公路上的重要桥梁，也是顺德与广州市番禺区连接的主要交通通道，目前该桥仅为双向两车道。本项目拟扩建至双向六车道，一级公路标准，设计车速80公里/小时。路线全长2.1公里，桥长1338米。总投资1.9463亿元。2010年6月动工，年内完成工程量的16%，计划2012年10月完工。（4）百安路光华路口改造工程。项目位于杏龙路和百安路交汇处，其中杏龙路改造路线长1.1公里，百安路改造路线全长0.5公里，全线设菱形立交1座（杏龙路跨线桥），中桥1座（南队文涌桥扩建），小桥3座（利用旧桥）。设计速度为80公里/小时，总投资约1.04亿元。工程于2010年9月动工，年内完成工程量的6.65%，计划完工时间为2012年6月。（5）均荷路改建工程。该工程项目作为佛山干线公路网规划“纵四”的一段，是佛山与中山、江门的重要连接道路，双向两车道扩建为双向六车道。项目起于顺德百安公路，经均安镇沙浦、南浦，与佛山市规划横九相交，终点与白藤大桥北岸相接，路线全长3.808公里，宽35米，双向6车道，设计速度为100公里/小时。项目总投资约1.88亿元。工程于2009年11月动工，2010年共完成工程量的41.4%，计划完工时间为2011年12月。（6）伦桂路。项目是佛山市重要组团间联系道路“5纵5横”中主纵1的一部分，位于顺德区境内，沿线穿越容桂、大良、勒流、伦教街道。路线呈南北走向，南起龙涌口红旗西路，终点于龙洲公路仕版附近，先后与德胜西路、中心河路、马岗大道、南国西路、良勒路、顺翔路、珠二环高速公路相关，跨越容桂水道（I级航道）及顺德支流（IV级航道）。项目路线全长11.953公里，路基宽度60米，路面采用主辅路相结合的形式，主路为一级公路标准兼城市道路功能标准，双向六车道，辅路为城市次干道标准,双向四车道，工程总投资约24亿元，2010年1月动工，全年完成工程总量的8.78%，计划2014年完工。 （李晴）

◆公路工程整治与建设　顺德区公路局2010年全年完成公路整治工程工作量1.02亿元，到年底基本完成辖区内国、省道中修整治任务，国、省道干线公路基本实现黑色化（沥青罩面）和快速化的目标。325国道龙洲路口下穿隧道工程继续推进。

【交通运输管理】

◆路政管理　2006年以来，顺德交通主管部门共出动执法人员61324人次，查处违法违规经营车辆28526辆次，其中非法营运蓝牌车1055辆次，摩托车18020辆次，货车2318辆次。区环境运输和城市管理局对全区38个非法客运黑点，采取定点与巡查相结合，定时与不定时大行动相结合的方式进行打击，各黑点的非法营运车辆已大幅减少。

顺德公路局路政人员上路巡查530人次，累计巡查里程22310公里，办理路政许可22宗，查处违章标牌182块，处理路政赔偿案件91宗。完成交通工程125万元。征收年票3.5826亿元，完成计划的110.9%。配合相关部门开展做好交通标志牌整治和亚运会标牌设置工作，加强道路巡查，及时处理道路污染、撒漏、公路附属设施损坏索赔工作，为亚运会提供良好的交通环境。路政工作得到上级部门肯定。

◆港航管理　是年，顺德区环境运输和城市管理局主要工作，一是协助推进重点港口码头规划和建设项目。协助顺德新港（了哥山港区）办理岸线报批和港口经营许可工作；协助推进北滘港扩建工程和乐从港区件杂货码头新建工程，其中北滘港扩建工程已完工并进竣工验收阶段，乐从港区件杂货码头一期工程已完工并进入交工验收阶段；协助陈村永通起重机械厂码头办理港口岸线报批手续。二是进一步做好顺德区简易装卸码头管理工作。该局联合区国土城建和水利局于3月23日召开关于进一步加强简易装卸码头（临时堆放场）管理和执法工作会议。会议通报已办理港口经营许可证的临时码头139家，正在办理相关审批手续的5家，非法经营的23家，取缔后仍恢复经营的24家。三是对全区14家危险货物港口企业组织开展2010年度年审、换证工作，重点审查企业的经营资质和安全生产管理工作的维持情况，所有企业均通过年度审验关。对全区57家货主码头更新完善管理档案资料，统一换发新版《港口经营许可证》；并对134家临时码头全部办理《港口经营许可证》续期手续。核查水路运输企业16家（其中普通货物运输企业11家、危险品运输企业3家、客运企业2家）、水路运输服务企业9家，共核查149艘船舶，总载货量102347吨/1020客位。四是做好水泥船退出营运市场工作，该项工作是2010年水运管理方面主要工作任务。据统计，2009年年底全区在册的水泥船共53艘，现已全部报废或注销了船舶营运证。五是加快推进水上交通视频监控系统项目建设工作，加强对重点港口码

顺德区环境运输和城市管理局开展整治偷采河砂行动，没收船舶销毁基地

头、渡口、河道及来往船舶的日常安全生产监管。通过与区府办、区财税局、区行政服务中心和采购中心等部门充分协调，明确水上交通视频监控系统可结合区视频监控共享平台项目一并实施。该项目已通过招投标确定项目建设单位，12 月全面开展项目建设工作。六是配合有关部门推进各有关大桥业主单位设置大桥通航净高标尺和在大桥上下游 200 米范围内设置告示牌的工作。全区共有 23 座特大桥和大桥需要设置相关标尺和告示牌，已有 3 座桥梁完成有关工作。七是简政放权，提高港航行政效率和服务水平。根据区委区政府简政强镇事权改革工作的安排，区环境运输和城市管理局把区级港航管理事权下放到各基层分局，共下放 15 项行政审批事权，1 项行政征收事权，1 项行政给付事权。

◆运输管理　2010 年，顺德区环境运输和城市管理局加强交通运输管理。一是完成重大节假日旅客输送工作。是年春运，全区发送客车 34.8 万班次，发送旅客约 570.9 万人次，分别比上年同期增加 11.45%和 15.6%。其中公交发送 25.4 万班次、发送旅客约 481 万人次；省、市际班车发送 9.5 万班次，发送旅客约 81.4 万人次，班车的发车量及旅客发送量同比分别增加 3.03%和 14.72%；水运发送客船 513 个单航班，发送旅客约 8.2 万人次，旅客发送量同比减少 10.7%。二是完成行业内部各项质量信誉考核工作。3 月至 6 月，完成对全区 13 家客运企业和 30 家规模货运企业的考核工作，审验客车 510 辆次，做好客运车辆装备等级重新评定工作，全年完成客运车辆装备评定 96 辆次；上半年对全区 181 家一、二类汽车，4 家一类摩托车及 8 家三类汽车维修企业，开展了 2009 年度维修质量信誉考核工作，其中被评为 AAA 级（优良）的 63 家，AA 级（合格）的 68 家，A 级（基本合格）的 45 家，B 级（不合格）的 17 家；首次针对驾驶员培训行业进行质量信誉考核。对全区 13 所驾校进行量化考核，其中被评为 AAA 级的有 0 家，AA 级的 6 家，A 级的 7 家，B 级的 0 家。三是完成其他日常或上级交办的各种临时性工作。完成对外资企业从事道路运输营运申报及核查企业 70 家；联合物价部门对顺德 500 多条始发及配客班线新票价进行重新核定；将 2009 年度燃油财政补贴 31,718,153.80 元发放到 6 家出租汽车企业和 4 家公交企业；完成 2010 年度上半年公交持卡乘车刷卡及老年人乘车刷卡优惠补贴资金共 2000 万元的发放工作；督促顺德区汽车客运总站及顺德港两个无障碍改造示范项目的改造工作；4 月，对全区教练车辆安装 GPS 系统，监控要求教练车必须进入正规教练场培训；自 7 月起，在全区范围内实施“简易工况法”检测汽车尾气。

◆公共交通管理　公交实施 TC 管理模式。2010 年 2 月 10 日，公交 TC 管理模式在大良试行，最初开通 6 条线路，投入运力 72 台，至 9 月 9 日，TC 公交线路增加到 24 条，投入运力达 318 台。线路和运力大幅增加，为市民出行提供便利。大良城区公交出行分担率从实施 TC 模式前的 8%增加到 2010 年底的 11%，公交日均客流量由实施 TC 模式前的 7.1 万人次 / 日，提升到年底的 9.3 万人次 / 日，增幅达 36%左右。

投放运行公共自行车系统。是年 9 月 19 日，经过顺德区环境运输和城市管理局与大良街道的通力合作，公共自行车系统投放使用，该系统在大良共有 57 个借车还车点，拥有自行车 1300 辆。站点均设置在大良城区主要交通要道。公共自行车系统的启用，丰富广大市民的出行方式，倡导现代城市低碳环保出行概念。

完成出租汽车全新改造。是年7月，顺德出台《顺德区出租汽车行业考核管理实施细则(试行)》，拉开顺德对出租汽车行业管理的序幕。8月，举办出租汽车从业人员培训班，加大改造力度。9月，在大良钟楼公园设置投票箱，让广大市民从候选品牌和车型中民主投票选择自己喜欢的新的士，改造工作得到深入推进。10月，新出租车经营权的招投标工作完成。11月份，区环境运输和城市管理局与中标出租车企业签订《出租汽车经营管理行政合同》，改造工作基本完成，顺德区出租汽车行业开始全新形象。

◆交通规费征收 是年，顺德区环境运输和城市管理局开展2010年货物港务费征收和返还工作。该工作从2008年开始进行，至2010年共征费合计466.9万元。按上级有关政策和文件要求，该费用收入的50%用于码头及其前沿水域的维护。为规范货物港务费返还和使用管理工作，该局制定《顺德区货物港务费返还和使用管理办法（试行)》，并召集港航管理所和各基层分局进行宣传贯彻实施以及布置具体的征收和返还工作。已有145个港口经营者向该局提出资金返还申请并办理返还手续，合计137.4多万元。

◆行业安全生产管理 2010年，顺德区环境运输和城市管理局在交通运输行业中全面开展安全生产责任制，强化交通行业安全生产监督管理。层层签订责任书，分解落实安全生产责任，督促指导交通运输企业与各分公司（车间）及班组等内部工作机构签订安全生产责任制，落实企业内部安全生产责任。加强安全生产宣传与行业培训。在客运站、港口等人流集中的公共场所悬挂户外安全生产宣传标语，面向广大市民、群众宣传交通行业安全知识，发放各类安全宣传品5000份，营造“尊重生命、平安交通”的良好舆论氛围；组织各交通运输企业的管理人员和从业人员参加各类培训。全力开展亚运安保专项工作。对各客运站、客运企业、危货运企业和港口码头组织开展隐患排查和整治督促；突出抓好出租车行业安全生产管理，加大上路抽检频次；加大上路执法力度，严厉打击未取得服务资格的人员驾驶出租车等违法行为；加强交通运输安全生产监管，全年共召开6次专业会议，下发12份安全生产文件，出动247人次检查123个企业。有序开展港航业日常安全管理工作。春运期间水路运输客运量81502人次，实现水路春运方面安全事故零报告；适时开展安全生产大检查，做好港航安全管理工作，其中春节前对全区19个乡镇渡口进行全面安全管理专项检查，共发现安全隐患12条并整改完毕；做好水路内贸集装箱运输治理超日常监控工作；做好上海世博会和广州亚运会港航安保工作，确保上海世博会和广州亚运会期间区内港航行业安全稳定。

◆机动车驾驶员培训行业管理 2010年，顺德区环境运输和城市管理局结合《顺德区出租汽车行业考核管理实施细则(试行)》开展年度出租车司机培训工作。培训对象为区内2000多名出租车司机，该局组织中专学校讲师及区卫生监督所讲师，开设以《顺德区出租汽车行业考核管理实施细则（试行)》、交通安全、职业司机健康为内容的课程。配合市交通运输局和市安全生产监督管理局开展对区内行业安全监督管理人员、企业主要负责人、企业安全管理人员及其一线员工在内的全市交通运输行业从业人员的全员培训工作。根据市交通局相关工作要求，动员并组织区内不同经营类别的企业的相关负责人参与培训，要求参与培训的负责人在培训结束后对员工开展内部安全教育培训。（梁智佳）

【公路养护】

◆概况　顺德区公路局是佛山市公路局直属的事业性全民所有制科级单位，主要负责顺德辖区内国、省道等省养公路养护、建设、路政管理和代收汽车桥梁通行费年票。局内设办公室、人保科、财务科、工务科、机械科、路政所、征稽所、工会等职能科室；下设伦教公路养护中心、龙江公路养护所、杏坛公路养护所。共有干部、员工195人，其中专业技术人员50人、高级职称4人、中级职称14人。2010年该局管养公路里程197.5公里，其中国省道142.8公里、县乡道54.7公里。

◆公路养护　是年，顺德区公路局管养道路保持较好路况水平，国省道全部达到一级公路以上标准，保持较好的路况水平和通行能力，没有出现大规模水毁和塌方现象。年末MQI（公路技术状况指数）综合线路为89.43，年平均RQI（路面平整度指数）综合线路为91.77，巩固GBM文明路127.318公里，均较好地完成市局下达的工作任务。

附：2010年顺德区省养公路路况统计表

项目 \ 类别		年平均完成		年末完成	
		全线(综合线路)	其中:国省道	全线(综合线路)	其中:国省道
实际养护里程(公里)		197.54	142.773	197.54	142.773
MQI(公路技术状况指数)	实际完成	89.43	89.67	90.1	90.42
	市局计划	84	86	84	86
	完成市局计划(%)	106.5	104.2	107.3	105.1
RQI(路面平整度指数)	实际完成	91.77	92.25	92.99	93.35
	市局计划	90	92	91	93
	完成市局计划(%)	101.2	100.3	102.2	100.4

2010年4月9日，顺德区公路局十六届二次职工代表大会顺利召开，会议确定了2010年“四上四化”的工作目标

◆年票代收　是年，该局利用政府行政服务中心增加年票代收综合服务能力，年内征收年票3.5826亿元，完成计划的110.9%。

◆落实迎“国检”工作　全国干线公路大检查（简称国检）是交通运输部对国、省道管养工作及管养部门5年一次的大检查。为展现顺德区国、省道干线的良好风貌和管养水平，是年，区公路局按照“国检”的要求，突出在管养工作中积累的优秀经验和成果，如科技兴路、大道班建设、

旧路整治、与地方合作等，加强道路病害、路容路貌、标线标牌等整治，落实迎“国检”各项工作。（涂远鹏）

【交通信息化建设】

顺德区环境运输和城市管理局的信息化建设工作站在简政便民的新高度，采取“统一规划、循序渐进、资源共享、加强应用、安全保密”的建设原则，整合现有各信息化项目。2010年该局参与的信息化建设项目主要有3个：顺德区环境运输和城市管理综合业务系统一期工程、顺德区安全生产车辆监控平台、顺德辖区水上运输视频监控系统建设。为进一步推进信息化建设工作，该局办公室牵头成立信息化建设项目工作组。目前基础设施基本完善，已与省、市主管部门及各镇（街）相关部门光纤联网，能满足日常办公需要。

顺德区环境运输和城市管理综合业务系统一期工程。该项目以重新规划整合区环境运输和城市管理局业务系统以及建设“数字城管”为基础，利用GIS地理信息系统等技术，构建该局综合业务平台实现环保、交通以及城市管理三块业务重新规划，实现与市场安监局GPS车辆监控、区政府视频监控共享平台以及城市应急指挥系统的无缝链接，提高政府在城市管理方面的决策能力。

顺德区安全生产车辆监控平台。该项目的建设内容是基于统一的技术标准，建立顺德区安全生产车辆监控平台，加强在顺德区内营运的9大类营运车辆的管理，实现与市、省监控平台、营运商监控平台的数据交换，规范营运车辆驾驶人员的管理和作业，提升顺德公共营运车辆的运营效率，降低各类运营车辆的安全隐患。该项目牵头建设单位是区市场安全监管局和区行政服务中心，区环境运输和城市管理局作为其中一个重要的使用部门参与到该项目的建设，参与该项目前期调研等系列工作，目前该项目已制定招投标文件，进入到招投标的实施阶段。

顺德辖区水上运输视频监控系统建设。该项目通过租用64个前端监控点及通信线路，在各镇（街）接入政府视频监控共享平台。对于打击非法偷采河沙和船舶违法航行行为，减少水上交通事故的发生，及时发现遇险船舶及快速反应具有重要作用。该项目已确定中国电信作为承建方，正在进行建设和具体的部署实施阶段，将于2011年年初完工并投入正式使用。

（梁智佳）

【佛山航道局顺德分局】

◆概况　佛山航道局顺德分局内设办公室、业务室、财务室3个部门；下设大良航道站、容奇航道站2个航道站；共有工作人员24人。管辖、维护航道里程325公里，其中Ⅰ－Ⅶ级航道12条，180公里，Ⅷ、Ⅸ及等外航道26条，145公里。重点航道包括容桂水道、顺德水道、甘竹溪水道、顺德支流和潭洲水道。辖区航道设标里程267公里，维护航标共478座，其中一线维护航标80座，二线维护航标398座。现有船舶6艘，其中工作船2艘，柴油快艇2艘，汽油快艇2艘。2011年1月1日起改名为顺德航标与测绘所。

◆航道维护　顺德辖区航道位于珠江三角洲腹地，河道宽阔、纵横交错，航道条件优越，西接西江大动脉，北接黄金水道——东平水道，东连广州各大港口，南连中山各大出海口，是江海直达的重要交通纽带。同时由于顺德辖区航道属感潮河段，为不规则半日混合潮，水流呈往复流，河床质多以沙泥为主，航道维护难度大。为确保航道安全畅通，佛山航道局顺德分局每年对航道进行扫床、探测，投入资金对航道形成的浅滩和险段进行疏浚、整治，航道维护尺度达到规定要求，水深保证率达100%。

加强航道巡查维护管理，确保航道安全畅通。佛山航道局顺德分局严格按照《佛山航道局航道维护管理工作规定》，认真执行航道巡查制度，对设标航道的全线巡查与航标检查相结合，每月巡查不少于两次；非设标航道全线巡查与佛山局航政所开展的航政巡查相结合，每月巡查一次，每半年对辖区内航道巡查全面覆盖，这些巡查措施提高了顺德航道维护的效率和质量。

2010年，该局在航道维护管理中，严格按照规定对顺德区航道进行探测、扫床、测量工作。协助佛山航道局测量队对容桂水道的北沙河天悦码头对面、北沙渡口上游、容奇水厂上游、李家沙右岸、七滘大桥上游左岸的岸线冲垮情况进行测量，对七滘大桥上游右岸礁石、天九头右岸散石、天九头对面牛角坝、槽渔航道、板沙尾右岸浅段、李家沙右岸浅段、水检站左岸浅段、榄核垃圾场右岸浅段、大良站码头、顺德糖厂入口等浅段进行测量，了解各浅段的回淤情况。

10月，顺德水道创建国家级“文明样板航道”建设。甘竹溪水道航道整治工程H4合同段码头、航标、水位站工程顺利开工。该工程施工单位为广东金东海集团有限公司，合同价为665.9731万元，工程主要内容包括建设码头一座、护岸、航标及水位站等。

◆航标维护　在航标维护管理中，佛山航道局顺德分局认真执行《中华人民共和国航标条例》以及省航道局制定的《广东省航道局航标维护管理办法》等法规、规章、制度。是年夜航检查辖区航道航标56天次，动用人员158人次，检查航道约6786公里，航标9897座次，日航上标清洁检查约106天次，动用人员约725人次，巡查航道约8685公里，上标全面清洁、检查、维护保养约4322座次。

坚持依靠科技进步，提高航标养护管理水平。该分局配合上级做好容桂水道、潭洲水道、均安水道航标遥控遥测系统的工作和试验，着力提高核心技术改造，更换数码航标智能灯遥测器RTU，逐步实现航标养护管理“信息立体化、反应快速化、遥测自动化、管理规范化”。按照国标要求，逐步在辖区桥架制作安装桥架警示标志，逐步更新辖区桥梁涵标志，运用新技术工艺新材料，为水上运输打造优良通航环境。

加强航标巡查，落实24小时值班待命出航，安排船舶和组织备用航标器材，添置100盏LED155航标灯。针对辖区直通港澳容桂水道、均安水道等重要航道，分局领导带头参加航标检查和航道扫床，党员干部业务骨干深入一线上标检查指导航标维护工作，现场办公及时解决实际问题。航道站共出航30多个航次对辖区全部航标进行全面油漆检测等大保养，重点加强桥梁桥涵标志和施工区域航标的检查，保证标志发光正常。同时，加快推进顺德支流航标建设项目，落实业务人员专人负责检查工程质量和跟进工程管理，工程进度已达60%。

◆航政执法　顺德航道分局航政部门采用快艇巡查和小车巡查相结合对辖区航道开展航政巡查59次，巡查Ⅰ—Ⅳ级航道3474公里，Ⅴ—Ⅶ级航道1108公里，Ⅷ级以下航道439公里，参与航政巡查的人员合计150人次。通过加强对航道的日常巡查，对航道上违章行为做到即时发现、即时处理。处理了杏坛广致混凝土公司在容桂水道兴建装卸码头、顺德水道三洲水产交易市场码头等3宗临河违章建设项目；处理了顺德水道叠石段、良仁涌段、顺德支流杏坛新涌段3宗在航道上偷排淤泥的案件。对违章施工建设较大的项目，由佛山航道局发出《责令停止违法行为通知书》给违章单位，全年共发出2份通知书。

◆航政监管　对在建项目做好航政监管。2010年顺德区政府大力发展和改善交通，在该局管辖的航道上兴建桥梁10多座。该局加强监管工作，每月除定期进行一次航政监管外，还对附近在建项目进行了解和检查。为确保在建项目在航道部门批准范围内开展桥梁建设，一方面做好施工期间助航标志的设置和日常维护，确保施工与通航互不影响、有序进行，另一方面为确保各施工项目在审批要求内施工或建设，以保障航道在工程完工后，仍然发挥其最大作用，该局把监管工作放在工程动工之初，做好航政监管工作。通过一年来运作，受监管的10多个项目基本达到航道要求，未发现有违反航道批准要求而施工现象，使航道保持良好的通航状态。

（陈冬燕）

【顺德区路桥建设有限公司】

◆概况　2010年，顺德区路桥建设有限公司完成一环南线工程的结算工作，做好决算准备。2月10日，实现北滘立交工程2主线、B主线通车，7月3日实现全线通车。3月31日实现G325下沉式立交工程总体通车。通车后，继续加快完成工程档案、变更结算、责任缺陷处理等工作。乐狮公路吉利佛开立交工程征地工作于7月19日完成。管线拆迁工作遇到较大困难，11月28日完成除10千伏德昌甲乙线外的管线拆迁工作，剩余部分仍在协调中。进度方面，工程工期已达总工期的72%，累计完成产值约7000万元，占合同比例约65%。

◆路桥收费　该公司全年年票征收金额3.77亿元，比2009年增长11.5%，征收率达98%；次票收入1.79亿元，比2009年减少4.8%，车流量1533万车次。全年共办理汽车年票退费751笔，金额63.7万元，摩托车年票退费1341笔，金额3.65万元。5月1日起，为确保收费站畅通，各收费站共实施间歇性免费放行四千余次，放行车辆57000余台，金额共80.2万元。改善收费站生产生活设施，全年共投入约250万元用于收费站站场票亭改造、防撞设施、办公区板房、卫生间改造等。（邹靓涛）

水利

【“十一五”期间水利发展及三防工作概况】

“十一五”期间，顺德区水利工作取得长足发展：全区累计完成水利投资21.08亿元，其中重点水利工程和水利信息化建设投资16.85亿元、内河涌整治投资4.23亿元。全区共完成重点水利工程项目115宗，主要包括：改建重建危旧水闸、水利枢纽39座；实施堤围加固及险段整治工程41宗、整治加固堤围82公里；新建、重建、改建骨干电排站28宗，建设排涝流量为611立方米/秒，新增引水能力73.4立方米/秒，总装机容量4.4万千瓦，全区的排涝流量和总装机容量接近翻一番。省、市下达给顺德区的城乡水利防灾减灾建设任务（包括74宗工程、总投资8.88亿元）全部完成并销号。此外，全区还完成619公里

顺德区2010年度部分重点水利工程简介

序号	镇、街道	项目名称	规模	概算投资（万元）
1	大良	逢沙电排站重建工程	泵站装机容量3×900千瓦，设计排水流量46米³/秒	6900
2	大良	南涌泵站扩建工程	泵站装机容量3×330千瓦，设计排水流量15米³/秒	2557.55
3	伦教	伦教大洲电排站工程	泵站装机容量4×560千瓦，设计排水流量40米³/秒	4679.47
4	北滘	西河泵站重建工程	泵站装机容量4×1000千瓦，设计排水流量52.5米³/秒	5151.43
5	乐从	菊花湾电排二站工程	泵站装机容量3×1000千瓦，设计排水流量39米³/秒	3430.38
6	乐从	良马电排站二站工程	泵站装机容量4×850千瓦，设计排水流量48米³/秒	4116.47
7	乐从	杨滘水利枢纽工程	泵站装机容量2×490千瓦，设计排水流量10米³/秒，引水流量6米³/秒；水闸单孔净宽5米，设计过闸流量14.96米³/秒	2894.41
8	龙江	英雄电排站工程	泵站装机容量5×580千瓦，设计排水流量32米³/秒	4500
9	龙江	樵桑联围顺德段达标加固工程	加固堤防、填塘固基	9392.47
10	杏坛	东海上闸站工程	泵站装机容量5×560千瓦，设计排水流量30米³/秒；扩建水闸净宽10米，设计流量38.3米³/秒	5850
11	容桂	眉蕉尾电排站工程	泵站装机容量4×800千瓦，设计排水流量55米³/秒	5771.58
12	容桂	胜江围八涌闸站工程	泵站装机容量3×280千瓦，设计排水流量12米³/秒；水闸单孔净宽5米，设计过闸流量14.95米³/秒	2668.15

内河涌的综合整治（其中主干河涌277公里、支干河涌及支涌342公里）；结合堤围加固整治，全区累计搬迁“堤上屋”民居426户；完成地质灾害治理工程22宗。

“十一五”期间，顺德持续加大投入，着力推进数字水利和三防信息化建设，先后建成并投入运行的包括：顺德水雨情遥测系统、天眼系统、数字高清卫星云图接收系统、电排站运行状态采集系统、视频会商会议系统、闸站群监控系统、内河涌水位遥测系统等，确保全面、及时、准确地掌握三防信息，为三防应急指挥决策提供科学依据。

三防能力建设方面，各项防汛责任制进一步落实，各项三防减灾救灾应急预案进一步完善，三防应急抢险救灾能力显著增强。不断加强民兵预备役抢险队及轻舟队、潜水队、应急排涝专业队等各支防汛抢险专业队伍建设；建成规模较大、集中储存、符合机械化快速装运要求的防汛物资仓库和堆场13个，所有物料储备均达或超过市级要求；建成区属自然灾害临时庇护中心50个和镇（街）庇护中心一批，并配套相关生活设施，落实管理人员。“十一五”期间，顺德先后成功防御“08·6”洪水，2006年6号热带风暴“派比安”，2008年6号热带风暴“风神”，2009年6号热带风暴“莫拉菲”和15号热带风暴“巨爵”等多起洪涝、台风及其引发的暴雨、地质灾害的侵袭，全区未出现一例因灾造成的人员死亡事故，成功将灾害损失减少至最低限度。

【2010年水利工作概况】

2010年是顺德大部制后运行的第一年，区国土城建和水利局涉及水利职能的科室主要包括计财科、水利建设科、水利管理科、信息和测绘科、三防综合科。

是年顺德共完成水利建设投资约10.34亿元（其中水利工程、水利及三防信息化工程共投资8.69亿元，内河涌综合整治工程概算投资1.65亿元）。实施区重点水利工程40宗，其中：重建、改建电排站14宗，全区新增电排流量377米³/秒；加固堤围41.5公里，整治险段6宗；实施水利闸（站）群监控工程4宗（勒流、龙江、杏坛、均安4镇街）。此外，省重点水利工程之一的樵桑联围达标整治工程顺德段已经顺利完成。完成内河涌整治工程32宗、长约384公里。投入约6000万元实施地质灾害隐患点治理工程25处宗。

【水情】

2010年共有三场洪水影响顺德，均为重现期5年一遇以下的一般规模洪水。6月3日第一场洪水到达顺德，仅形成一场小规模的洪水。6月17日，梧州出现18.22米（超警戒水位0.22米）、流量24600米³/秒的洪峰，由于受北江飞来峡水库调度和潮汐的共同影响，顺德区于17日下午出现这场洪水的最高水位（也是2010年区内各站点的最高水位），其中甘竹3.30米，小布2.93米，容奇2.09米，各站点的洪峰水位仍低于警戒水位。6月23日零时梧州出现18.78米（超警戒水位0.78米）的洪峰，23日上午顺德区出现甘竹3.09米、小布2.64米、容奇1.92米的洪峰水位。

【雨情】

2010年顺德区平均降水量1903毫米，比常年（多年平均1652毫米）增多15.2%，属偏丰水年。1~11月，全区降雨日数为143天，日降雨量达到大雨或暴雨量级的11次，其中达到暴雨量级9次，9月4日出现最大日降雨量120.4毫米。

【风情】

2010年西北太平洋和南海近海共生成热带气旋14个，较多年平均偏少约50%；其中给顺德带来大风或大雨天气影响的主要有6个（1002“康森”、1003“灿都”、1006“狮子山”、1010“莫兰蒂”、1011“凡亚比”和1013“鲇鱼”），其中“狮子山”带来的降水最大，当日顺德勒竹、容奇、板沙尾、蚬沙（南华）4个站点均出现年最大日降水量且超过100毫米。是年台风具有以下四个特点：一是前期生成数量少，后汛期台风生成相对较多且密集；二是强度大，达到台风或以上量级的有4个，达到超强台风量级的有2个；三是移动路径复杂多变；四是带来降雨充沛，但分布极不均衡。上述特点，给顺德区防风工作增加一定难度。

2010年3月24日，区领导检查三防水利工程

【三防工作】

2010年，顺德水利部门认真落实各项防汛责任制，抓好汛前检查，修编完善各项“三防”减灾救灾应急预案台账，抓好各支防汛抢险队伍建设和专业技术知识培训，做好防汛物料储备和推进防汛物资仓库建设，推进全区水利管理及三防指挥系统升级改造，完成区三防指挥部视频会商会议系统改造及三防办公室迁改工作，积极组织三防成员单位会商，周密部署各项三防准备工作。

（熊俊才）

【水政水资源管理】

2010年，顺德清理堤外违章堆放沙石场75个，处理水事违法案件46宗，拆除堤外违章建筑68处，查处非法采砂船只29艘。区内360公里河道有10多处可偷采点，区环境运输和城市管理局对此创新性地推出“人盯船”的执法手段，对全区河道内可疑船只进行登记，对有重大偷采砂嫌疑的船只采取24小时“盯梢”的方式进行监控，重拳打击偷采河砂行为。针对执法地域权限问题，该局与江门等地区签订联合执法协议，实行跨地区交叉执法，双方可进入对方3公里以内水域对偷采砂船只进行查处，有效改善交界水域环境。在案件执行阶段，该局建立全省首个销毁盗砂船基地，对年内查获的7艘盗砂船只全部作拆解处理。（梁智佳）

邮政　通讯

【邮政】

◆概况　2010年8月26日，顺德区邮政局机构调整，撤销原有职能部室、专业分局，设置综合办公室、市场经营部、监督检查与安全保障部3个职能部室，下辖代理金融业务部、函件中心、报刊投递中心3个专业中心和大良、北滘、陈村、乐从、龙江、勒流、杏坛、均安、容桂9个邮政分局。开办代理金融、速递、平常信函、商业信函、明信片、贺卡、集邮、汇兑、物流、包裹、报刊发行、代理保险、代办个人港澳游二次签注、代办交通违章等业务。

◆金融业务　至2010年年底，顺德邮储余额达到28.99亿元，年增长3.56亿元。发展较快的是中间业务，一年来，策划了“开门红——华山论剑”大型产说会、“激情仲夏·斗转星移”、“排云推月·共谱璀璨金秋”、“大海无量·王者归来”以及“海量开口特训营PK赛”、“群星汇萃·再写辉煌”等活动，发展保险9352万元。

◆函集业务　账单扩量是顺德区邮政局函件业务发展的重点，2010年开发了中行网点封包配送、中行信用卡账单邮寄业务；中行银企对账单寄递、回执回收业务，建行银企对账单寄递、回执回收业务；顺德农商银行信用卡配送及信用卡账单邮寄业务；供电发票个性化投递业务等。集邮方面，结合市场热点整合常规年册、生肖、亚运年和贺年礼品四大主题产品，开展“文化新春”营销项目。还实施了“金花计划”、“育苗工程”、“赢在三月”、“激情五一，快乐共享”、“金秋国庆，礼动全城”、“全城热卖”旅游明信片等项目，进一步拓展函集市场。

◆服务提升　是年，该局开展创“星级规范营业窗口”和“星级规范投递部”和“创新服务理念，创建示范窗口”活动，窗口服务水平进一步提高。其中乐从藤津邮政营业所、勒流新基邮政营业所、均安邮政营业所被评为省邮政系统三星级服务窗口；伦教速递物流投递部被评为省邮政系统一星级投递部；容桂邮政分局容山营业所成为佛山市邮政系统“双创”活动的“示范窗口”，也是省邮政系统的“示范窗口”；容桂邮政分局营业厅和大良锦湖邮政营业厅均通过广东省邮政系统2010年度文明窗口标兵的复核。（吴美仙）

【电信】

◆概况 2010年，中国电信顺德分公司内设市场运营线、网络运营线、服务管控线共4个大部，10个营销服务中心，30个营业服务厅，管辖10个镇（街）行政区的电信建设、业务经营，为社会各界提供话音、数据等全业务通信服务。是年，中国电信顺德分公司进一步夯实基础，促进企业健康、可持续发展，开创全业务规模效益发展新局面。

◆市场运营 是年，该公司市场运营以重点业务和行业应用为突破口，渠道建设日臻成熟，不断提升服务水平和支撑能力。一是以融合为核心，推进重点业务。加大手机上网流量包应用推广，重点推广3G明星机型，3G手机营销取得突破，销售占佛山全市38%；天翼展翅专项营销活动贯穿全年宽带业务，拉动存量单产品向融合套餐转移；物流e通、家校通等行业应用业务取得初步突破，具备复制推广的初步条件。二是渠道协同日臻成熟，适应客户多元化需求。政企渠道针对各行业特点，度身制定差异化营销策略，以VPN为主要手段拉动全业务规模发展；家客渠道聚焦家庭客户信息化，发动移动宽带引擎，“我的e家”客户品牌迅速渗透；社会渠道完成专职渠道经理队伍的组建工作，并加快代理业务发展，拓展有效社会网点575个，空中充值网点527家。三是继续细化和深化服务管理体系，打造以客户感知为核心的服务创新体系。四是围绕市场需求，做好业务支撑，在全业务积分考核系统和网格营销系统中，引入“协同营销”概念，通过积分分成，解决电话营销与实际揽装之间的协作问题，实现渠道协同，提高营销有效性。是年，顺德全区服务用户（含移动电话宽带、固话）规模超过168万户。

◆品牌服务 2010年，该公司继续开通我的e家、商务领航、天翼3G、189邮箱、综合办公、物流E通、家校E通、广域汇线通、企业总机、宽带互联网视听、金视通、会易通、物流新干线、数码E房等品牌业务，新增乐享3G、翼机通、安保e通、工商e通、天翼live、天翼视讯、翼支付、任翼行、院线通等品牌服务，为地方的信息化建设发挥作用。

◆网络运营 是年，该公司主动衔接市场，强化网络运营和网络支撑能力建设，不断提升服务保障和客户响应能力。年内室分等站点建设按计划推进，不断提高信号覆盖的广度和深度。完成均安镇元宵汇演、北滘美的庆典、龙江镇全国五人龙舟赛等各项地方大型活动的应急支撑工作；为广州亚运会提供数字电路、高速上网专线、wifi、固话、CDMA等电信业务，开通亚运赛场附近42个监控点。宽带、固话故障修复及时率保持在97%左右；装移机履约率保持在95%以上，是全市唯一全部达标的区级分公司。（梁敏莹）

【中国移动通信集团广东有限公司顺德分公司】

◆概况 中国移动广东公司顺德分公司是中国移动通信集团广东有限公司佛山分公司的下属分支机构，设四部四中心，分别是综合部、技术部、市场部、集团客户部、大良服务销售中心、容桂服务销售中心、北滘服务销售中心和勒流服务销售中心，下辖38间沟通100服务厅，在岗员工593人，平均年龄31岁。2010年，该公司依托地区经济社会发展，扎实推进业务、网络、企业责任等各项工作，实现企业运营管理与社会效益的全面发展，全年业务收入23亿元，纳税超5000万元，区内用户超250万户，市场占有率超70%。

◆网络通信　是年，该公司启动拥有自主知识产权的第三代移动通信网络TD-SCDMA（3G）在顺德的建设工作，完成第一阶段TD网络的规划、选址与建站工作；按照“TD＋WLAN”的组网方式重点围绕中心城区、热点镇街建设网络，实现在党政军机关、大型商场、高级宾馆、交通枢纽等重要场所的室内深度覆盖。网络优化方面，年内共新建传输管道逾140公里，累计拥有干线光缆长度219.51公里，WLAN热点累计开通215个，完成G3基本覆盖，为“信息顺德”打造坚实的网络基础。应急通信保障工作方面，制定防汛期间机房、基站、应急物资的保障制度，通过开展防汛应急演练、派驻应急通信车、通信保障技术人员等方式，顺利完成亚运、国庆等重大节日的通信保障工作。

◆业务发展　是年，该公司采取梯次发展、聚焦突破、协同合作策略，成功推进2G业务向2G/3G融合业务、单一移动业务向全业务的转型，全面促进信息业务营销的常态化和多元化。开展“信息顺德”项目建设，综合信息服务和手机终端体验平台开发运行，完成顺德地图、公共交通查询等信息接入，实现17家公立医院预约挂号和水、电、燃气、电视账单查询等便民服务应用。与容桂天佑城、乐从政府、美的集团等达成RF-SIM卡业务应用合作，进一步提升行业信息化应用水平。

◆客户服务　是年，该公司开展“精彩亚运·服务升级”活动，全面落实承诺服务，推进客户透明消费，重点采取“排队等候十大整治措施”开展服务厅专项提升行动。不断完善服务厅窗口服务质量监督管理体系。通过定期检查和暗访，监督服务质量；建立服务厅客户服务检测机制，收集客户意见，提升服务质量。健全高效的电子自助渠道，提升员工业务技能、优化业务受理流程。探索“超市化”的服务厅运作模式，不断优化服务流程、VIP客户捆绑与俱乐部活动覆盖等，客户满意度进一步提升，2010年客户满意度达到85分。

◆社会责任　是年，该公司积极践行“正德厚生、臻于至善”的企业核心价值观，为顺德经济社会发展服务。推进大学生“创新广东”大赛，为183名大学生提供实习就业创业机会。针对校园安全事件，推出新校讯通信息化产品；在“5·17”国际电信日主题活动中，推出儿童手机与老人手机。在“政风行风”热线活动中，迅速妥善解决客户通信问题。完成33个贫困户走访帮扶，推出“南粤会亲”、“中所助学”等项目资助多名贫困学生。

（黄嘉铭）

【中国联通顺德分公司】

◆概况　中国联合网络通信有限公司顺德分公司共有在岗员工250人，内设综合部、营销部、客户服务部、大客户营销中心、中小企业管理室、运行维护中心、网络建设中心7个部门，并根据属地化管理设置大良、容桂、北滘、勒流、乐从5个区域营销中心，下辖13家自有营业厅。2010年全年完成业务收入3.48亿元，移动用户比上年增长9.77%；发展互联网用户比上年增长5.45%。随着中国联通“沃·3G”业务的正式商用，中国联通进入全新的发展时期。

◆网络建设　是年，该公司通过快速推进3G精品网络建设以及网络质量持续优化，3G网络实现核心区域全覆盖，业务提供能力保持领先。多措并举，网络综合性能位居全省前列，完满完成亚运通信与服务保障任务。另一方面，通过加强固网和宽带网络整治与资源管理、合理优化和延拓接入层光缆布局、不断提升网络服务质量和用户满意度。

◆市场营运　是年，该公司将顺德区域划分为大良、容桂、北滘、勒流、乐从五个业务片区，以区域营销服务中心为据点，实行属地化管理，并配合网格一体化经营的开展，加强各区域中心对各类业务、服务、资源的承载与维系能力。实施网点广度与深度覆盖，重点通过对核心商圈、偏远乡镇的网点开拓与服务能力提升，为广大市民提供更便捷的服务网络。加强WCDMA网络的运营，进一步深化体验式营销，3G业务优势带动公司整体业务提升。进一步开辟新型服务渠道，加强联通网上营业厅在社会销售渠道上的宣传推广和应用。针对校园、社区、厂区等用户群开展特色营销活动。

◆服务管理与综合保障　是年，该公司搭建基于“客户接触点”为核心的全业务接触点服务管理体系，持续开展服务质量提升与优化管理活动，开展形式多样的客户俱乐部活动，整体服务水平和服务效能明显提升，在系统内、外多项技能大赛与评优比赛中获奖。其中：匡瑶华获得广东联通“金牌服务·十佳服务标兵”、广东联通“wo的精彩营业人员销售技能大赛优秀奖”、2010年度广东联通优秀共青团员称号；梁紫斐获得广东联通“金牌服务·百佳服务标兵”称号。

公司将经营重心、资源、管理权限进一步下移，使区域营销中心的资源共享能力、营销服务能力和市场响应能力得到增强。通过建立员工常态化晋升机制、打通专业序列晋升通道，选拔有能力、能干事、充满激情的优秀人才。开展“巾帼文明岗”争创活动。11月，顺德分公司凤城营业厅获得顺德区巾帼文明岗的称号。顺德分公司获得直属工会区级巾帼文明岗的部门及营业厅已达到11家。（薛丹莉）

供电　供水

【供电】

◆概况　顺德供电局是广东电网公司直属特大型企业——佛山供电局的二级机构，负责顺德全区的电网规划建设、电网运行维护、电力供应和供电服务工作，供电客户73万户。设有职能管理部门6个，供电所10个，在职员工1384人。2010年，顺德供电局保障顺德区电力有序供应，

2010年5月7日，由顺德区经济促进局、顺德供电局、顺德区节能协会联合举办的2010年“我的未来我做主，节能环保欢乐校园行”活动在容桂振华小学举行

出色完成年度和“十一五”既定目标和任务，企业改革、发展、创新均保持良好势头。全年最高负荷242.9万千瓦，完成供电量131.03亿千瓦时，同比增长14.53%；售电量125.54亿千瓦时，同比增长14.58%；售电收入87.06亿元，同比增长16.83%；线损率4.19%；供电单位成本53.56元/千千瓦时，同比降低4.22元/千千瓦时。

◆电网建设　2010年，是顺德供电局有史以来主网项目投运最多的一年，顺德电网主配网总投资金额达10.5亿元，共完成110千伏输变电线路工程7项，开展中低压配电网项目10批次共595项工程。本年度主网建设工作取得突破性进展：完成500千伏狮五线顺德段47座塔基的交付任务；220千伏世龙站配套110千伏出线工程三侧全面复工，北侧线路已全线投产。提前启动“十二五”规划中的19项110千伏及以上输变电工程前期工作，其中2项已完成核准、9项已落实站址、6项已落实线路走廊。

◆供电管理服务　一是加强优化错峰管理。针对2010年突发的错峰情况，以及企业错峰不到位，错峰开四停三甚至开三停四等种种局面，顺德供电局有针对性地采取加大错峰检查力度、召开错峰客户座谈会、修编错峰方案、调整避峰客户、引导商业客户避峰、加强错峰信息沟通等6项措施，全区基本实现公平有序的用电秩序。二是创新服务手段。该局编制并落实《2010年客户服务改进行动方案》，提出76项服务改进措施，创新开展客户服务手段：推进以“一站妥”为核心的服务体系建设；设置“两员”，实现业务高峰期客户轮候时间控制在15分钟以内，客户问题解决效率提高12%；扩大对鱼塘养殖客户的增值服务，鱼塘养殖客户手机号码收集率达98%，2010年累计发送风险提示短信10万余条；建立全市首个全功能流动营业厅，在10个镇（街）开展供电服务进村居活动；开展电能表轮换系列宣传活动，确保轮换用户100%通知到户，实现电能表轮换零投诉。顺德供电局的客户满意度连续两年在佛山五区位居前列。三是在保证顺德配网安全稳定运行的基础上，做好亚运保供电工作。该局被省公司评为亚运保供电先进集体，陈村、大良供电所被市局评为亚运保供电先进集体。四是简化用电手续。顺德供电局扎实推进客户工程联合勘查和三方联动制度，不断提高客户报装、接电效率。全年完成125.1万千伏安、3.58万户的用电报装，供电方案答复时限缩短63%；完成98.31万千伏安、3.88万户客户接电，装表时限缩短64%。

（顺德供电局综合部）

【供水】

◆概况　顺德区供水总公司是一家政府全资的供水企业，2009年12月28日，更名为顺德区供水有限公司，2010年2月10日，经区政府批准，成立佛山市顺德区

2010年12月1日，顺德区委常委、常务副区长邓永强到区水业控股有限公司进行工作调研。

水业控股有限公司，两间公司实行“一套人马两块牌子”的管理模式。2月26日区水业控股有限公司并购整合全区10个镇（街）自来水公司，实行全区供水“一体化”管理。

区水业控股有限公司现有员工1263人，其中各类专业技术人员约占总人数的22.49%。公司内设8个职能部门、4个分公司、5个子公司，日供水能力147万立方米，供水总面积803平方公里，服务人口约200万人。由于2010年并购整合了5个镇自来水公司，是年公司供水量增幅较大，达到3.78亿米³，用户水表抄收率100%，水费回收率99.93%，用户投诉办结率99.26%，水质综合合格率100%。

◆供水工程建设　是年，该公司推进右滩水厂、龙江北江水厂及北滘水厂扩建工程，北滘水厂13万米³/日扩建工程预计于2011年5月投产试运行；投资5,200多万元，实施大良高坎路、杏坛二环路、勒流东风工业大道、陈村佛陈路等215项供水工程建设；投资890万元，完成杏坛、北滘、龙江等三个镇17个村(居）的二级供水接管工作，直接受益用户达8,900多户；预算约1,322万元、占地4,000多平方米的杏坛供水调度中心筹建工作已基本完成。此外，公司还出资80多万元完成连南大古坳等三个自然村的饮用水援建工程项目。

◆水质检测　是年，该公司制订《水质检测实验室质量控制指标》，严格执行水质“三级化验”制度，认真按检测程序与要求进行作业，并以此具体指导水厂制水生产；开展饮用水水质新国标贯标工作，水质可检测项目达141项，提前2年实现全面覆盖国家饮用水卫生标准检测项目106项的要求，其中130项水质检测项目通过省技监局的计量认证。2010年全区供水水质总体状况良好。

◆经营管理　是年，该公司并购整合10个镇（街）的自来水公司，为加强经营管理，制订子公司财务、工程等多项管理制度，向子公司委派财务总监和工程、营业工作联系人，帮助指导子公司开展工作。在子公司实行财务、工程审批联签制度，统一规范使用财务、收费和仓库管理等软件，实行全公司相关业务联网管理。利用公司招投标运作平台，将各子公司工程、采购等发包工作纳入统一管理。全面推进员工工资改革，实行“以岗定薪、同工同酬”。1月至5月，公司分两阶段将属下大良、容桂、伦教、勒流、杏坛地区投资100万元以下的管道安装工程业务整体向海德公司平移。

◆安全供水　是年，该公司加强安全供水。一是定期组织召开安全生产专题会议，制定全年安全生产工作计划，并与各部门、子公司主要负责人签订《安全生产责任书》，层层分解落实安全责任，实行安全生产管理“一票否决制”，形成从上而下安全管理机制。二是建立涵盖全区10个镇（街）的供水应急管理体系，制订全区《供水应急预案》；成立全区供水管网连通规划领导小组，推进全区供水连通管工程建设。三是重大节日和亚运期间实行领导“带班制”和工程抢修人员24小时“明更制”，亚运期间成立安全生产监督管理小组，统筹协调亚运期间的供水安全保障工作。四是有效处置各类水质污染事件，制订相关应急处置预案，保障顺德市民饮用水安全。

◆服务管理　是年，该公司组建覆盖全区各个镇街的客户服务中心，统一全区服务窗口和外勤人员着装。对公司总部营业大厅进行重新装修，增设用户业务办理自动叫号系统、轮候座椅等设施。对全区

用户进行问卷调查，发放问卷 2.4 万份，用户对供水服务总体评价满意率为 80.43%。 （邓桂霞）

气象

【概况】

2010 年，顺德区气象局预报准确率全部达到省气象局目标考核要求：24 小时晴雨 94%、24 小时暴雨 71%、暴雨过程69%、高温 94%、低温 100%。气象服务严格执行“一年四季不放松，一次天气过程不放过”的工作要求，年内《顺德气象信息快报》、手机短信服务及服务人次分别增加 2 成、3 成、4 成，预警信号发布次数增加 15 次。新建水温能见度自动监测站，丰富气象观测项目。坚持“安全第一，预防为主，综合治理”的方针，不断加大防雷安全监管力度。创新宣传手段，拓宽宣传渠道，加强气象防灾减灾宣传。本年度气象服务窗口荣获“佛山市巾帼文明标兵岗”。

【基础设施和业务建设】

◆建设自动监测站　2010 年 6 月，区气象局完成龙江水温观测站的建设，顺利投入运行；9 月，分别在均安水利会、大良顺德港口和伦教良仁涌水闸，安装 3 个能见度自动监测站，对测站周围能见度实行全天候自动监测，改造升级气象公众网络，完成 3 个自动站太阳能供电改造。

◆应急预案建设　年内，该局草拟《佛山市顺德区重大气象灾害预警应急预案》，并致函各镇（街）和区委区府办等 23 个职能部门征求意见，根据反馈意见进行修改，已呈报政府审批付印。参与《顺德区防汛应急预案》、《顺德区三防预案》的修改工作。

◆短信传输提速　年初，区气象局与移动公司协议，将短信发送的速度由原来的 5 条 / 秒提高到 30 条 / 秒。为进一步缓解短信发布瓶颈问题，10 月份，该局向区政府申请将气象灾害预警信息纳入到政府公共短信平台上发布，在相关部门的大力支持下，初步就平台功能、技术要求、工作权限、发布范围等事宜达成共识。

【气象信息服务】

◆决策服务　2010 年，区气象台共发布《顺德气象信息快报》183 期、《顺德气象信息专报》34 期、《顺德重大气象信息专报》2 期；发布预警信号共 59 次，其中寒冷黄色预警信号 14 次、橙色预警信号 2 次，大雾黄色预警信号 10 次，暴雨黄色预警信号 10 次、暴雨橙色预警信号 1 次，雷雨大风蓝色预警信号 8 次，高温黄色预警信号 9 次，台风白色预警信号 3 次，森林火险黄色预警信号 2 次，及时为决策提供服务。

◆公众服务　2010 年度，区气象局通过顺德突发气象灾害应急服务平台发送气象短信 284 条，服务 671293 人次；全年接受顺德电视台、电台等媒体的特殊天气采访 47 次，主动通过各媒体向公众发布天气预报和防御灾害信息；免费开具气象灾害证明 207 份；提供气象资料服务 82 份。各项服务量同比增加 3 成左右，公共服务的频次加密。

◆专业服务　年内，区气象局先后为顺德“台湾风情周”、“教育慈善万人行”以及春运、两会等重大社会活动提供气象保障，采用气象短信、电话传真等形式进行滚动式天气预报服务。《今日天气》电台专题节目开播以来，预报员（每周 4 天每天 2 次）通过电台直接向市民报告当天的天气情况。开展高考、中考专题服务，在全区 11 个考试点安装气象灾害预警信息

LED显示屏，将天气预报、灾害预警信息第一时间发到考场。

◆防御台风 年内直接影响顺德的热带气旋有“灿都”、“狮子山”，影响较严重的是受“狮子山”登陆后西移带来的强降水，9月3日8时至4日8时，顺德普降暴雨到大暴雨。区气象台提前一天通过书面传真、决策短信、121网站、LED气象显示屏、电台、电视、报纸向政府和社会发布暴雨消息，暴雨临近时挂发暴雨黄色预警信号，根据降雨情况升挂暴雨橙色预警信号，预报服务及时准确，为区三防调控内河涌水位、预排和抢排提供可靠依据。

【防雷减灾工作】

◆设计审核 2010年，顺德防雷装置初步设计审核89个单位、538座建筑物；防雷装置施工图设计审核578个单位、1543座建筑物，审查总建筑面积为11,813,995米^2，审图总面积是上一年度的1.5倍；重审407个单位、801座建筑物、总面积2,378,976米^2；网上预审90单位、136座建筑物；升放无人驾驶自由气球、系留气球活动审批2宗。完成网上预审81个单位。

◆防雷检测 全年顺德区防雷设施检测所共出动检测3965人次，定期检测1094家企业共4997座建筑物，新开拓年检单位124家，验收444家单位共1262座建筑物，完成机房检测43个。依法稳步推进雷击风险评估工作，年内共完成雷电风险评估21宗，较上一年度大幅增长，达到250%；为进一步规范雷击风险评估费的计算和核定，加强雷击风险评估工作管理，草拟《雷击风险评估费计算办法（试行)》；完成雷电灾害调查分析报告6份；提供雷击证明46份，并做好统计上报工作。12月，在顺德区产品质量促进会首届大会上，经成员单位推选，区防雷设施检测所成为该促进会的理事单位。

◆安全检查 年内，区气象局在汛期、雷雨盛发期、节假日前和迎亚运期间，先后组织9次防雷安全专项检查，重点对危险化学品场所和在建工地进行安全隐患排查。专题对北滘镇8家学校进行全面检查，年底部分学校已按要求完成整改。

【气象安全宣传】

一是举办“灰霾天气”科普讲座。2010年1月19日，区气象局会同区环境运输和城市管理局，组织举办“珠三角灰霾天气的细粒子污染本质及其对人体健康的影响”科普讲座，邀请二级研究员、享受国务院政府特殊津贴专家、广东省气象部门首席专家吴兑教授作主讲嘉宾，来自区属各局有关领导和专业干部，以及环境科学学会和科协全体会员共300多人参加了讲座。二是利用政府平台传播防灾知识。2月起，区气象局通过“电子政务管理平台”定期发送《防雷减灾36计口诀》手机短信。7月，《防御雷电灾害宣传片》在区政府网首页亮相，生动形象地宣传了防雷减灾科普知识和避险救助技能。（林富）

2010年1月19日，区气象局会同区环境运输和城市管理局组织举办“灰霾天气”科普讲座。

城乡建设与管理

城乡建设与管理

城乡规划

【规划编制】

2010年，顺德区发展规划和统计局修编完成《顺德区城乡总体规划（2009～2020年）》和《顺德区土地利用总体规划》等宏观层面规划；专项规划完成《顺德区交通规划》、《顺德区绿道建设规划》、《顺德区无障碍设施改造规划》，大力推进《顺德区环境保护规划》、《顺德区基本公共服务设施均等化规划》；完成《顺德区西部生态产业新区启动区控制性详细规划》，大力推进《分区控制大纲规划》、《各镇街重点片区控制性详细规划》。

该局统筹城乡发展，合理配置资源，初步实现国民经济和社会发展、城乡建设、产业发展、土地利用、生态保护等规划“多规合一”的新型管理模式，统一规划编制工作的指导思想、发展定位、数据平台，从全区层面统筹城乡规划管理，淡化镇（街）域行政界限，避免各大规划之间不衔接。

【规划审批】

2010年，顺德区发展规划和统计局依法加强城乡规划审批管理，确保按程序、依据法定规划开展各项管理和行政许可。推进扁平化管理，简化审批程序，明确各类审批业务的权责，树立公共服务型政府部门良好形象。制定规划技术标准，规范规划审批管理，出台《关于进一步规范我区经营性用地规划条件审批管理的通知》，对顺德区经营性用地规划条件变更的原则、审批程序等内容作出严格规定。做好顺德快速干线、伦桂路、荷岳路二期、城际轨道交通周边站场、大良丹桂公园停车场、区第一人民医院、顺德第一个CNG汽车加气站等区、镇重大交通基础设施、公共设施的规划审批工作。

【“三旧”改造规划】

2010年，顺德区发展规划和统计局制定“三旧”（旧城镇、旧产房、旧村屋）改造具体配套政策，指导各镇（街）和企业实施“三旧”改造。修编《顺德区“三旧”改造专项规划》。完成“三旧”改造地块标图建库工作。加快推进德胜河“一河两岸”、容桂穗香、北滘都宁区、乐从沙边工

顺德新城商务区远景规划图

业区以及陈村锦龙赤花城中村改造区五大重点改造项目。其中，按照区委区政府关于将德胜河两岸建设成为“文化长廊、景观长廊、休闲长廊”的战略构想，完成德胜河“一河两岸”景观概念规划初步方案。是年，大良五沙社区被评为佛山市“三旧”改造示范村居。

【规划监督】

2010 年，顺德区发展规划和统计局继续完善城乡规划公示、公告、听证等制度，打造“阳光规划”。全年共对 58 个建设项目开展批前公示管理，共组织 2 次规划听证；继续推行规划业务抽查制度，每月随机从所有已办结的业务审批档案中按各部门 2～3 份的标准进行抽查，每月确定 2 名对象进行回访；从与城乡规划工作关系密切的社会各界人士中，选聘 17 位同志为顺德发展规划和统计局“特邀依法行政监督员”，采用季度座谈会、信函等方式，对该局依法行政、服务绩效、廉政勤政、工作作风、制度建设、规划编制以及实施等方面开展义务监督。

【规划宣传】

2010 年，顺德区发展规划和统计局深入开展“三为”服务实践活动，开展“送法下乡”，针对农村规划建设实际情况，宣传规划管理方面知识，分别在均安鹤峰、容桂马岗开展规划普法宣传活动，向村民讲解规划管理常识、相关业务的办理流程、私人住宅建设的相关规定等。

【信访工作】

2010 年，顺德区发展规划和统计局完善信访工作制度，妥善处理群众关于城乡规划管理的检举投诉事项，并完善对违反城乡规划建设案件的处理机制，切实维护规划的权威性和严肃性，按照《信访条例》有关规定，完成各类信访件合共 627 宗，其中处理 OA 信访系统的办理件 189 宗、来信处理 100 宗、来访处理 40 宗、来电处理 131 宗，完成 12345 行政服务热线 141 宗、佛山行政投诉电子监察系统 26 宗。

（陈　莉 吴昱恒 郭喜高 何海燕 连剑波）

国土资源管理

【概况】

2010 年，顺德区国土城建和水利局继续落实《珠江三角洲地区改革发展规划纲要》的有关部署，妥善处理国土资源领域的各类矛盾和问题，研究落实国家土地宏观调控政策，结合国土资源部开展的“两整治一改革”工作，加强用地保障和土地储备工作，提高土地资源保护和利用水平，推进国土资源管理基础性工作，提高依法行政和廉政建设水平。同时，深入贯彻顺德“大部制”改革精神，不断创新国土资源管理机制，进一步加强和规范土地市场管理，提高资源节约集约利用水平，为顺德经济社会又好又快发展发挥作用。

【土地规划和保护】

自 2010 年 7 月开始，顺德区国土城建和水利局以第二次全国土地调查数据作为规划基础数据，对区、镇两级土地利用总体规划成果进行全面修改，12 月 31 日前完成镇级土地利用总体规划的编制（修改）及审批工作，并从 2011 年 1 月 1 日起全面启用。区政府于 3 月 29 日召开全区 2010 年度城乡建设工作会议，会上区政府与各镇（街）签订《顺德区 2010 年度土地保护责任书》，明确有关镇（街）所承担的耕地保有和基本农田保护指标。为实现非农建设占用耕地“先补后占”，3月，顺德向佛山市高明区、云浮市云安县、湛江雷州市、湛江遂溪县购买补充耕地指标9810.72亩，经省国土资源厅确认作为区建设占用耕地占补平衡储备指标。

【建设用地审批】

2010年，顺德上报省、市人民政府审批的批次项目用地合共839.6公顷，主要包括：扩大内需项目，如乐从新钢铁市场用地、韩国浦项镀锌钢板项目首期用地、勒流富日交通机械城用地、美的杏坛基地和微波炉项目用地、北滘光伏产业用地等；区重点民生项目，如顺德区第一人民医院易地新建用地；关系农村稳定的建设留用地，如伦教三洲留用地、陈村锦龙合成留用地等项目；此外还上报单独选址项目用地49.3公顷。经过争取和努力，是年顺德区经国务院和省政府批准建设用地459.7公顷（约合6896亩），确保本区经济社会发展对建设用地的需求。全年批准个人住宅建设用地（含固化宅基地和拆迁安置用地）约13.53公顷，共发出《建设用地批准书》1824册。

【土地市场管理】

2010年，顺德新增供应国有建设用地59宗，面积158.21公顷。其中以招标拍卖挂牌方式出让的建设用地占43宗，面积141.03公顷，成交总价款约60.15亿元；以协议方式出让的建设用地占1宗，面积1.34公顷，成交价0.08亿元；以划拨方式供应的建设用地占15宗，面积15.84公顷。招标拍卖挂牌出让的建设用地中，工业用地占14宗，面积44.07公顷，成交总价款1.9244亿元，成交单价437元/米²；居住用地占20宗，面积69.72公顷，成交总价款49.1247亿元，地面单价7046元/米²，楼面单价约2500元/米²；商服用地7宗，面积25.86公顷，成交总价款8.9951亿元，成交单价3478元/米²；其他用地（公共设施）2宗，面积1.39公顷，成交总价款1104.2万元，成交单价794元/米²。是年，共办理土地抵押541宗，抵押土地面积2155.51公顷，抵押物价值约602.3441亿元，贷款金额294.8076亿元。9月，顺德区委区政府出台《印发〈关于进一步加强集约利用土地的规定〉的通知》（顺发〔2010〕13号），进一步加强土地市场的管理和监督工作，上述21宗违法用地已全部拆除。

【闲置土地处置】

2010年10月，顺德区政府印发《关于加快闲置土地处置和促进已供建设用地开发利用的意见》（顺府办发〔2010〕132号），进一步明确闲置土地处置的相关政策，并成立顺德区已供建设用地开发利用专项工作领导小组，负责实施闲置土地处

大良桂畔湾街景

置和已供建设用地开发利用的具体工作。是年，区国土城建和水利局共清理出105宗闲置土地（面积合计262.87公顷），其中因企业（个人）自身造成闲置的27宗（面积46.78公顷），由于政府原因造成闲置的78宗（面积216.09公顷），至年底该105宗闲置土地基本处置完毕。

【土地执法监察】

2010年2月中旬以来，根据国土资源部和省国土资源厅的要求，顺德区组织部署2009年度土地卫片执法检查工作，对发现的22宗违法用地案件进行立案查处并全部结案，对其中2宗进行强拆并复绿，拆除建筑面积18909.52米^2，复绿24.05亩。查处率、整改率和结案率均达100%。6月底，顺利通过国土资源部的2009年度土地卫片执法检查工作督查组的督查。截止到年底，全区共发现违法用地21宗，违法用地总面积为11.74亩。对该21宗违法用地，区国土城建和水利局均已严格按照顺府办发〔2009〕104号文的规定，第一时间向违法当事人发出《责令限期改正(停止)违法行为通知书》，及时向镇政府（街道办事处）通报有关违法用地情况，向供水等部门发出《协助执行通知书》，上述21宗违法用地已全部拆除。

【地质灾害防治】

2010年，顺德区共发生6宗小型地质灾害，未发生重大地质灾害，未造成人员伤亡和财产损失。大良睡牛岗东北侧边坡、禽爬岗边坡、金海山语花园边坡、金桂花园北侧挡土墙边坡等地质灾害治理工程顺利通过竣工验收。是年，区地质灾害防治工作领导小组及其办公室成员进行调整，成立区地质灾害应急指挥部，为顺德区地质灾害防治工作提供组织保障。区国土城建和水利局修编《顺德区突发性地质灾害应急预案》；在全区开展顺德区山地专项调查工作；编制《顺德区地质灾害防治规划（2009～2020年）》和《顺德区2010年度地质灾害防治实施方案》；认真落实备案制度，切实履行对地质灾害治理工程勘查、设计、施工和监理工作的监督管理职责，加强对地质灾害危险性评估和地质灾害治理工程项目及成果备案管理，全年共出具备案证明18份。（梁晟）

市政建设管理

【市政建设概况】

2010年，顺德区公用事业管理局共接手工程27个，工程总投资约124亿元，其中公路桥梁工程17个，投资金额达89亿元；公共建筑工程10个，投资金额达35亿元。公路工程总计完成招标项目42个，招标总金额约为38.6亿元；房建工程完成招标项目55个，总金额约为1.63亿元。

2010年，顺德重点基础设施建设加快推进。广珠城际轨道实现通车，顺德境内北滘、顺德、容桂三个站点同步开通运营。高速公路建设加快，太澳高速（广珠西线二期）、珠二环南环段、东新高速公路正式建成通车，广明高速等4个项目抓紧建设。一环南拓、佛陈路快速化改造等13项市重点项目动工建设，其中3项建成通车。伦桂路、荷岳路、华阳南路等16项区重点项目抓紧实施。港口码头设施建设稳步推进，佛山港北滘港区扩建工程、顺德乐从镇件杂货码头一期工程正式建成。大良驹荣北路市政工程获2010年“广东省市政优良样板工程”。

2010年8月5日，桂洲医院易地新建项目工程正式启动

的4.56%，计划2012年3月完工。

◆城轨站场建设　该项目是广珠城轨顺德5站的市政配套工程，分别为碧江站、北滘站、顺德站、大学站、容桂站，其中北滘站已移交北滘镇政府，由其负责建设。工程总投资约2.6亿元，工程于2010年8月动工，2010年共完成工程量的61.73%，计划2011年6月完工。

【在建市政建设项目】

◆文登路改造工程　项目地处顺德区陈村镇西部，是连接佛陈路与白陈路并进行交通转换的一条区域内主干道。路线基本沿原规划走廊布设，项目起点位于陈村镇白陈路与文登路交叉口，终点为陈村镇佛陈路与文登路交叉口，路线全长5.884公里。双向六车道加人行道，路基宽度38米，设计速度为60公里/小时。工程总投资约3.59亿元。工程于2010年9月动工，2010年完成K5+100~K5+880交通围蔽工作，拆除北侧的人行道、路灯和栏杆，同时完成围蔽段人行道部分路基处理以及该范围的水泥稳定石屑底基层、水泥稳定碎石基层施工。工程计划2012年6月完工。

◆南国路东延线工程　路线全长4.545公里，西起碧南立交东侧，与太澳高速南国立交匝道相接，下穿广珠城际轨道和太澳高速，止于顺番公路（五沙大桥桥下），接顺德港道路。采用城市一级主干道标准，设计速度60公里/小时，路基宽42.5米，双向6车道。工程预算为4.4356亿元。工程于2010年9月动工，2010年完成工程量

【在建公共建筑项目】

◆区第一人民医院易地新建项目　该项目选址于伦教街道龙洲路以北、羊大路以南、伦教纵七路以东地块，总用地133336米^2，总投资约15亿元，总建筑面积25万米^2，住院床位1500张，日门诊量6000人次，有综合楼、门诊部、医技中心、住院部、急救中心、教学科研楼、传染病楼及医疗后勤用房等。2010年3月26日动工，2010年基坑开挖基本完成，填方完成80%左右，搅拌桩及降水井已全部施工完成；临时用电施工也已完成，农排线变压器、部分高压电线已经拆除。工程计划2013年6月完工。

◆桂洲医院易地新建项目　该项目位于桂洲大道以北，容豪路以西，按三级甲等医院建设，规划用地面积91930.92米^2，病床800个，日门诊5000人次，首期用地74145.92米^2，建筑面积约126000米^2，有门诊部、住院楼及医疗后勤用房等，总投资约6.5亿元。2010年8月5日奠基，至年底，已完成基坑开挖和支护和临水临电工程。工程计划2013年3月完工。

◆顺德区伍仲珮纪念医院扩建工程项目　该扩建项目占地9836.07米²，总建筑面积15070.1米²，总投资约4300多万元，其中一期投资2930万元，二期投资约1000万元。工程于2010年1月动工，全年共完成工程量的45%，项目计划2012年5月完工。

◆顺德博物馆工程　该项目位于顺德新城区，占地面积1.1万米²，建筑面积2.65万米²，总投资1.9亿元。2008年7月动工，2010年已完成工程量的85%，计划2012年12月完工。

◆顺德职业技术学院三期工程　该项目总建筑面积14.3万米²，总投资约3亿元。工程包括学生公寓、实训楼、教学楼、教工周转房、学生食堂等共21栋建筑物，以及市政道路、供电、供水、教学办公家具等配套工程。工程于2009年8月动工，2010年完成工程量的65%，计划2011年12月完工。

◆区国防教育训练动员作战指挥中心易地新建项目　该项目选址于大良英华路，用地面积7769.57米²，总建筑面积8945.84米²，总投资5000万元。建设内容包括：指挥中心大楼（主楼和副楼）、收发室、变配电房、风雨连廊、围墙等。工程于2010年12月动工，已完成可行性研究报告、规划选址等前期工作，土建、安装工程设计也已完成，土建施工单位已入场施工。工程计划于2012年8月完工。

◆国税办公大楼机配套工程　项目前期安装工程980万元，二期安装工程2000万元，高压电缆敷设工程147.89万元。2010年8月开工，10千伏变配电（配电房部分）工程完成地面平整和墙体砌筑，临电施工完成，已送电；正进行临时停车场设计工作。工程计划于2011年完工。

◆顺德华桂园改造工程　该项目总投资超过1000万元，包括室内装修和外环境的改造工程。2010年11月动工，年底已基本完工。（李晴）

【天然气工程建设和推广】

2010年，顺德区新建天然气计量调压站1座（共建成3座），新建市政管道130公里（总管道长度为375公里），遍及大良、容桂、伦教、北滘、杏坛、乐从、陈村7镇（街）。其中，在大良、容桂实施天然气管网全覆盖工程，新建燃气管道近60公里，基本完成大良、容桂已有道路敷设的燃气管道建设，实现建成区天然气管网基本全覆盖，大幅度增加天然气可供应范围，具备了为全部规模较大的住宅小区供应天然气的条件。全年成功置换管道液化石油气小区近70个，置换用户1.42万户，新增用户1.35万户，天然气总户数已达4万户，全年天然气销售量5395万米³（比2009年增长74%）。此外，区环境运输和城市管理局全力推进天然气加气站建设工作，确保加气站的建设、投产，基本适应车辆的投放速度、加气需求。

【供水管理】

2010年，顺德稳步推进农村供水设施改造。北滘镇完成桃村和槎涌等村（居）二级供水改造工作后，全镇辖区内已无农村二级供水，实现全镇村（居）“直接通水，抄表到户”。龙江镇已完成沙富、仙塘、苏溪、陈涌和龙峰山5个村（居）的农村供水改造，其中龙峰山水厂被取消，其余为农村二级供水设施改造。顺德区还剩37个农村二级和5间农村小水厂未完成改造工作。

【生活垃圾管理】

2010年，顺德区环境运输和城市管理局完善垃圾收运体系，加强危险固废管控。一是在加强顺能垃圾焚烧厂运行监管的同时，继续做好生活垃圾的调度处理。全区生活垃圾清运处理比较顺畅，垃圾统收统运率达到99.96%以上，城镇生活垃圾无害化处理率达到100%。二是做好垃圾分类处理。是年在万科新城湾畔开展小区垃圾分类试点；总结北滘垃圾压缩站实行中间分类处理的专业化做法，对陈村镇生活垃圾压缩中转站进行分选改造。三是加强对危险废物产生、运输、处置企业和涉源单位的监督管理，扩大医疗废物收运处理服务面，顺利实现医疗废物集中收运处理由区向市的过渡。四是编制《关于完善顺德区生活垃圾收运处理体系的报告》和《顺德垃圾处理出路研究》报区政府，为顺德区今后垃圾收运处理提出更高的要求和标准。

【污水处理】

一是重点抓好城镇生活污水厂及其配套管网工程建设。顺德区环境运输和城市管理局通过挂牌督办、定期巡查、将污水处理厂减排绩效与经济挂钩等办法，促使各镇（街）和运营单位加快工程进度，抓好污水收集处理的日常管理工作。“十一五”期间，顺德区共新建污水处理厂8间，扩建污水处理厂4间，建成投产的新增污水处理能力为34.5万吨/日，实现各镇（街）都有生活污水处理厂的目标，目前已建成城镇污水处理规模达47.5万吨/日，城镇污水处理率达67%。二是因地制宜开展农村水污染治理。采用“曝气生物带”技术，完成勒流冲鹤和勒流番村2处农村污水处理试点工程，取得预期效果，基本恢复内河涌原生态；立足于农村自然生态环境，兼顾考虑内河涌清疏、河岸绿化和污水收集处理等方面实施河涌综合治理工作，在杏坛逢简等4条河涌推行“示范涌”的建设。

【环卫工作】

顺德区现有环卫工人5000多人，主要负责区内环卫保洁、清扫、收集工作。2010年，区内近80%区域的环卫保洁、清扫、收集工作已实行社会化经营，业主单位（镇街道、村居环卫管理部门）通过公开招标聘请专业环卫公司开展工作。

【容桂水道两岸夜景亮化工程】

2010年，为进一步提升顺德区对外美誉度和知名度，打造城市靓丽名片，区政府决定实施容桂水道两岸夜景亮化工程，由区环境运输和城市管理局组织实施。至年底，两岸的夜景亮化工程已取得初步进展：容桂方面视线延伸可见的建（构）筑物亮化已基本完成，大良方面容奇大桥至水闸的堤岸亮化已基本完成。

勒流污水处理厂二期工程

【城市绿化】

2010年，顺德区共营造主题林20个，义务植树80.2万株，全年共新增、改造绿化面积164.8公顷，完成19个公园和58条道路绿化新建和改造工作。顺峰山公园改造提升计划加快实施，顺德“城市绿心”已初具规模。（韦金凤）

建筑业管理

【建筑质量安全管理】

2010年，顺德区建筑工程质量稳定，未发生较大的工程质量事故。共有84项商品住宅工程通过分户验收。全年共核发建筑工程施工许可696项，面积1069.14万米^2，造价167.39亿元；办理单位工程竣工验收备案404（单体工程1335）项，面积620.6万米^2，造价68.3亿元。顺德区施工企业承建的工程获颁2009年省安全生产文明施工优良样板工地1项，佛山市优良样板工程2项，佛山市安全生产文明施工优良样板工地5项。顺德区建筑监理企业获得第四届佛山市建筑施工和监理知识竞赛二、三等奖，这是顺德区建筑企业参加佛山市举办的建设行业知识竞赛中连续第四年获奖，标志着顺德区建筑企业管理人员的业务知识能力处于全市领先水平。

【无障碍设施改造】

2010年，顺德区积极建设、改造无障碍设施工程。共完成无障碍厕所36个、无障碍电梯8部、盲道33公里、缘石坡道480个、过街音响提示装置20个、轮椅坡道65个。

【推进建筑节能】

2010年，顺德建筑节能各项工作取得积极进展。建立起从设计、施工、检测、验收、销售到信息公示的封闭管理体系，新建建筑设计阶段建筑节能标准执行比例为100%，民用建筑新型墙材应用比例为100%。完成3个试点项目的能源审计和120栋建筑的能耗统计工作，建筑能耗监管体系逐步建立。组织编制地方标准《顺德区建筑太阳能光伏系统技术导则》作为指导顺德太阳能光伏建筑建设的技术规程。通过向社会公开征集和考核，组建顺德太阳能建筑技术专家组。大力推进太阳能在建筑中的应用，顺德职业技术学院太阳能屋顶示范电站成为财政部、住建部的太阳能光电示范项目。

6月底，区政府批准同意发布《顺德区建筑节能中长期发展规划（2010～2020）》，规划制定了顺德建筑节能工作的中长期目标、发展步骤、实施计划和保障措施，对推进顺德的建筑节能工作具有重要的指导意义。

【勘察设计管理】

2010年，顺德区勘察设计行业健康发展，施工图设计质量不断提高，全区共完成土建施工图设计和审查项目629项，建筑面积1079.85万米^2，勘察项目575项，进尺39.13万米，市政项目187项。

【建筑市场监管】

2010年，顺德区国土城建和水利局共受理招标项目备案346项（含29项重复2次或3次），完成招标项目程序的344项（其中有26项为跨年度招标项目），投资额（中标价）约49.13亿元，其中，采用公开招标的256项，投资额（中标价）约28.12亿元；邀请招标88项，投资额（中标价）约21.01亿元。完成国有或集体投资建设工程招标控制价备案341项，工程造价约37.50亿元；其中镇(街)招标项目50项，工程造价约14263万元，标底备案共84项，工程造价约9.6亿元，经过备案核减造价约0.78亿元。受理国有或集体资金投资工程的竣工结算备案282项，送审工程造价约7.21亿元，备案核减约1300万元；受理施工合同备案263项，对100项不符合要求的合同进行了纠正。

公园式的顺德居民住宅小区

【建设工程质量检测】

2010年，顺德共完成工程基桩检测59121根，常规建筑材料检测248504组，完成建筑面积90186米²的房屋鉴定工作，其中发现不合格基桩1213根，不合格建筑材料6226组，并组织对民营检测机构、鉴定机构、预拌混凝土生产企业和预制建筑构件生产企业进行质量监督共148次，消除建设工程质量隐患，为顺德地区建筑工程质量起到了保驾护航的作用。是年，顺德区建设工程质量检测监管信息系统开发完成。（关子敏）

房地产开发与管理

【概况】

2010年，顺德共办理房地产预售167宗，建筑面积358.63万米²，用地面积121.32万米²；确权248宗，建筑面积330.27万米²，用地面积107.88万米²；办理房地产权初始登记404宗，变更登记18105宗，注销登记914宗。商品住宅年均房价为6484.91元/米²，同比上升16.54%；成交面积为308.52万米²，同比下降2.23%，成交套数26552套，同比增长7.43%，交易与投资均相当活跃。

【房地产市场管理】

2010年，为维护房地产市场的正常秩序，确保消费者的合法权益不受侵犯，顺德区国土城建和水利局采取系列措施加强房地产市场的管理。开展房地产市场检查，对顺德区自2008年1月1日至2010年4月中旬在售的80个商品房预售项目进行现场检查；完善商品房预售申请表，在预售阶段明确建筑物所有权的区分，并在预售申请表中增加提示内容，提醒开发企业申办预售时注意项目实际建设情况应与规划报建一致，保障购房人权益；制定《关于单家独院住宅验证换证中处理建筑面积差异问题的通知》，妥善处理验证换证过程中新测宗地图与原房地产权属证书附图的建筑面积差异问题。发挥大部制优势，将顺德区前期物业管理备案与商品房预售核准等环节实行并联审批；对区土地房产登记发证中心、各镇（街）国土城建和水利局的商品房交易登记和房地产抵押登记业务的审批权限和办文流程事宜进行调整；将房地产项目经营审批与房地产开发暂定资质审批合并。全面向镇（街）下放房地产初始、变更、注销登记的终审权。解决历史遗留问题，解决了大良茵翠庭、容桂四基黄地基商住楼等十多年“办证难”积案；杏坛教师楼、杏坛职业中学教师楼等集资房历史问题的解决亦取得重大进展。印发《关于妥善处理代建商品房确权历史遗留问题的通知》，明确提交工程报建、报监资料的相关事项。

【住房保障工作】

2010年，顺德区以综合改革为契机，全力推进住房保障工作，基本完成《2010年解决城镇低收入家庭住房困难目标责任内容确认书》规定的各项任务。截至12月底，顺德区符合廉租住房保障条件的家庭共624户，已全面实施保障。其中以发放租赁住房补贴方式保障的家庭共440户，以实物配租方式保障的家庭共184户，全年发放补贴金额约176万元，历年累计发放补贴金额约330万元，实现“对符合廉租住房保障条件，且申请廉租住房保障的城镇低保家庭做到应保尽保”的目标。筹建保障性住房244套，其中容桂廉租房项目以集中新建方式建设廉租房110套；各镇（街）以公房调剂方式新增廉租房62套；容桂经适房项目（新豪楼）以集中新建方式建成经适房72套。大良于2009年建成经适房120套并售出61套，2010年售出32套，2年累计售出93套，剩余27套未售。

【物业市场管理】

2010年，顺德区国土城建和水利局共受理前期物业管理备案56宗，新成立业主委员会45个，全区共成立业主委员会252个。是年重点推进以下工作：推进物业市场管理工作；规范业委会成立及运作，编制《业主委员会使用手册》；建立物业管理诚信制度，凡在顺德区行政区域内从事物业管理活动的企业，均需按规定申请《佛山市房地产行业诚信手册》，企业凭《诚信手册》经营；首次组织开展顺德区的示范小区评比工作，确定顺德区示范小区的评审架构，制定评比程序和标准，并在7月份评选出5个住宅小区和1个工业区作为顺德区示范小区。（周雪松）

城市管理行政执法

【概况】

2010年，在顺德区深入推进大部制和简政强镇两大改革过程中，区环境运输和城市管理局主动适应形势，坚持“宣传为先、教育为主、处罚为辅”的执法理念，以“大服务、大管理、大执法”的工作方式，认真履行城管职能。截止11月30日，该局共查处市容环卫、城市规划、园林绿化、市政管理、生活环境澡声等污染、无照商贩占道经营、室内违建等方面的案件50011宗，与上年相比减少39950宗，减少44%。其中，现场教育和纠正案件48005宗，立案2019宗，执行行政处罚案件824宗，受理群众来电、来信、来访投诉10283宗，处罚金额2231万余元，与上年相比减少1038元，减少32%。共办理人大议案、建议24件、政协提案27件。

【城市管理工作情况】

2010年，顺德区环境运输和城市管理局抓住顺德区被省授予地级市行政管理权、大部制改革和简政强镇改革的机遇，开展城管体制改革，推进城市精细化管理。一是改革内部管理机制。配合各镇（街道）

党委、政府落实简政强镇改革，将775项包括城管方面的行政事权下放给基层分局并指导各基层分局快速推进职能、人员和思想融合，理顺与镇(街)党委、政府的双管关系。二是改革管理手段。针对管理中存在问题，结合实际摸索创新性的管理办法。如对镇（街）城管工作监督考核模式进行创新，尝试引入公众和媒体评价机制，开展10镇（街）城市管理市民满意度调查活动；通过授权、委托、购买服务等方式，逐渐将公民、法人和社会组织能够自主自律解决、市场机制能够自行调节的事项转移给市场和社会办理，逐步形成政府主导、社会参与的社会管理运行机制。三是抓好大良街道“数字城管”试点建设，推进停车难缓解工程。四是建立健全城管规章制度。如汇编印发综合环保、交通运输、城市管理和水行政执法等常用法规的行政处罚手册，制定下发《规划案件适用法律工作指引》用等10份指引性文件；制定《顺德区机动车停放管理办法》、《顺德区户外广告设置技术规范》等办法规范。五是建立以普通市民为主的专业城市管理事项咨询机构，开展求策问计活动，并接受各机构成员的监督。

【市容环境整治】

2010年，顺德区环境运输和城市管理局共受理、处理市容环卫、市政公用、城市规划、城市绿化、生活环境噪音和饮食服务业污染、无照商贩占道经营等方面的案件45236宗，现场教育和纠正案件43134宗，行政处罚案件1747宗，处罚金额19802763元。

【缓解停车难工程】

根据《印发落实顺德区2010年政府工作报告各项工作方案的通知》（顺办发〔2010〕14号），“缓解停车难工程”是2010年顺德区要办好的12件民生实事之一，区环境运输和城市管理局通过区城管委办公室的工作平台，协调相关职能部门和各镇（街）开展工作。一是开展调研，制定责任方案。深入到各镇（街）进行调研，掌握各镇（街）现有停车场和停车位的基本情况和管理现状，对各停车场（位）的使用情况进行客观评价，形成机动车停车管理的调研报告，并根据有关调研内容制定《关于落实缓解停车难工程责任的方案》、《缓解停车难工程责任表》和《各镇（街）停车场(位)建设任务表》，将工作分解到各镇（街）和有关部门。各镇（街）确定2010年底新增20个停车场和4000个停车位的计划。二是组织动员，落实责任分工。为落实各项工作分工，区环境运输和城市管理局多次召集区发展规划和统计局、区国土城建和水利局、区公安局、区市场安全监管局以及各镇（街）召开缓解“停车难”协调工作会议，落实全区停车场（位）建设工作任务；区政府出台《顺德区机动车停放管理办法》和《顺德区机动车停放保管服务收费管理实施细则》。该局协调区发展规划和统计局提出房地产等项目停车场（位）建设规范，研究提高停车配建标准；修订顺府办发〔2008〕87号文件中关于停车位配置要求并报区政府。三是跟踪进度，督促镇（街）落实停车场（位）建设工作。

部分镇（街）已开始停车场的建设工作。大良街道的金榜河西篮球场、本原小学运动场、丹桂公园等正进行改造工作，增设地下公共停车场；容桂街道的中心公园、东部足球场、文化楼等停车场正在建设中；乐从镇三乐路口市政绿化地地下停

城管专项执法行动

车场已完成招标阶段并进场施工；这些停车场的建成，能解决2000多个停车位。此外，北滘、陈村、均安等镇（街）已在辖区内划设路内停车位或平整待建地建设临时停车场。

【数字城管建设工程】

根据工作部署，顺德区数字城管项目于2010年7月完成招投标工作，一期项目11月1日开始上线试运行。大良选取中区、文秀、升平、金榜、新桂、云路和南华7个社区开展数字化城市管理试点，纳入综合数据库及资源共享的开放式“数字城管”业务应用平台和“大城管”扩展应用系统。并以“养事不养人”的原则，将信息采集工作和案件受理派遣工作实现社会化运营。已建成的数字城管系统建设内容包括综合数据建库及资源共享系统、开放式适应性的“数字城管”业务应用平台、面向“大城管”的运营体系和扩展应用系统等。系统收集并集成了整个顺德区806平方公里的基础空间数据和航空影像，试点区域约44平方公里的高分辨率航空影像和111小类共13万个城市部件数据，整个大良街道约80平方公里的地形数据、行政区划数据、地质数据、地下管线数据、人口数据、企业数据等。还接入了公安部门的视频监控系统、在建工地视频监控系统、运营车辆GPS定位监控系统；现与在线污染源视频监控系统、放射源GPS定位监控数据、汽车站场视频监控系统作技术衔接。

【城管队伍建设】

一是制定《党风廉政建设责任制》，创办《廉政教育简报》，倡导自我教育，增强党员干部自身党性修养，提高政治觉悟，端正世界观、人生观、价值观。二是举办法律法规培训班，组织局机关科室及各基层分局的执法人员学习法规和执法业务，提高执法业务水平。三是全面落实“岗位在马路”工作机制。要求执法人员随时待命解决市民诉求，让执法人员更加深入基层，了解基层。四是对基层执法单位“岗位在马路”执行落实情况、机关作风、窗口服务、执法车辆管理等情况进行明查暗访，对执法案件进行不定期抽查，将暗访和检查情况制成专题片，在电视曝光和内部通报，促使各执法和窗口单位迅速对问题作出整改。 （梁智佳）

环境保护

【概况】

2010年，顺德区以亚运会环境质量保障工作任务为重点，落实顺德区清洁空气行动计划的各项工作，开展各项环境综合整治工作，持续改善区内整体环境质量。一是推进环境综合整治工作，落实清洁空气行动计划，进行污水处理硬件升级，启动河涌整治工程及配合绿道建设工作；二是扎实开展工业治污减排工作，推动主要污染物总量减排，公开、监督企业排污状况，完成2009年度环境统计工作；三是落实环境监察和监测，开展专项执法行动；四是认真开展污染源普查及环保宣传教育工作。

【2010年全区环境质量状况】

2010年，顺德环境质量整体保持稳定水平。大气环境质量方面，全区10个镇（街）布设13个自动监测点，对可吸入颗粒物、二氧化硫、二氧化氮等项目进行实时监测；布设12个降尘监测点和1个降水监测点，对区内降尘和降水状况进行监测。大气环境中，二氧化硫、二氧化氮和可吸入颗粒物的年均浓度均符合国家二级标准；2010年，主城区空气质量优良天数达到350天。地表水环境质量方面，主要包括对辖区内5条主要河道17个断面以及各镇（街）主要内河共30个断面进行监测；对区内主要饮用水源进行监测；利用水质在线监测网(5个子站、1个监控中心、1个纳污河段监测站）对区内重要水体实施在线监测；对区内河流下游咸潮敏感点进行监测。水环境中，饮用水源地水质和主要河道水质保持“良好”级别，内河涌水质为“中度污染”级。声环境质量方面，对全区10个镇（街）的区域环境噪声、交通噪声和大良街道的功能区噪声的进行监测。声环境中，综合区域环境噪声昼间平均值符合2类区标准，交通道路噪声昼间平均值符合4类区标准。功能区噪声3类区和4类区夜间超出国家标准，昼间均符合标准。

【环境综合整治】

2010年，顺德区环境运输和城市管理局完成城市环境综合整治定量考核和政府任期环境保护目标责任制考核，2009年度佛山市对顺德环保责任考核结果为优秀，得分85.79分，高于目标分8.29分。主要工作有：跟进清洁空气行动计划，全面完成区内62个加油站、12辆油罐车及2个油库油气的回收改造、验收，保障亚运会空气质量；按照上级环保部门的要求，全面提升改造污水处理厂中控系统，重点完善污水处理厂日常运行管理，北滘、勒流、容桂二期及大门三期污水处理厂通过验收，逢沙污水处理厂厂区设施建设已完成；启动辖区内15条共510多公里支干河涌和支涌的疏浚、护岸等整治工程；积极配合国土城建和水利局，重点建设区域绿道144公里，并实现全线贯通，绿道驿站等配套设施已完成约75%，新建、改建18个公园、35条绿化改造道路。

【工业污染防治】

一是推动主要污染物总量减排。2009年度顺德主要污染物减排考核得95分，通过考核，全市排名第二。2010年初，区环境运输和城市管理局制定顺德区2010年主要污染物总量减排计划，通过各级各有关部门共同努力，顺德实现2010年度全区二氧化硫和化学需氧量实际排放量分别控制在2.15万吨、2.3万吨以内的目标；工业污染治理方面，完成3家燃煤、燃重油企业的脱硫治理；整治区内工业锅炉298台（至年底已完成锅炉整治285台，尚有13台锅炉正在整治中）；完成容桂街道内饮用水源保护区所有堤外排污企业的清理和取缔工作；关停容里电镀城内14家电镀企业，督促在专业集中区外可作原地保留的分散电镀、漂染水洗企业开展清洁生产审核，截至是年，已有20家企业通过省清洁生产企业验收或现场审核。二是实施污染源环保信用评价制度，向社会公布2009年度重点污染源的环保信用评价，监督企业排污状况。向社会公开排污企业名单，让公众、媒体监督企业排污状况。三是开展各种污染源调（检）查工作。完成工业挥发性有机废气排放源调查企业3949家、二噁英重点排放行业更新调查企业88家、重点行业企业环境风险及化学品检查企业300家、重金属污染防控重点规划单元调查企业86家、涉铅污染企业专项检查企业80家。四是全面完成2009年度环境统计工作，确定2010年度环统企业的名单，向社会公布。组织实施编制和发布2009年度顺德环境质量公告。

【环境监察与监测】

2010年，顺德区环境运输和城市管理局通过加强对重点排污企业监控、打击企业偷排、加大媒体曝光力度、常规执法与突击执法结合等方式，每周组织两次专项执法行动，针对粉尘和水体污染进行专项执法，确保亚运环境质量保障工作的顺利实施。年内完成污染源常规监测1414间

治理后的伦教龙田涌

（次），委托检测287间（次），建设项目“三同时”验收监测286间（次），协助执法检查、案件查处、污染事故调查监测以及区外委托监测任务387间（次），共出具监测报告2374份。年内共出动执法人员16590人次；检查排污单位4716厂次；节假日及晚上执法179次；查处违法行为193宗；调处各类环境突发事件6宗。

广东四大名园之一——清晖园

【污染源普查工作】

2010年，顺德区环境运输和城市管理局完成当年污染源普查动态更新调查对象868个（包括工业源、农业源、生活源、集中式污染治理设施，其中农业源由区经促局负责）。顺德区污普工作多次受到上级的赞扬，3月，国务院第一次全国污染源普查领导小组办公室授予广东省佛山市顺德区第一次污染源普查办公室“第一次全国污染源普查先进集体”荣誉称号。

【环保宣传教育】

2010年，顺德区环境运输和城市管理局在《珠江商报》、电视台、电台、顺德城市网四大主流媒体上开设常设专题栏目，通过专栏节目，搭建与市民交流沟通平台，畅通公共信息服务渠道，提高各项政策法规、整治行动的媒体传播力度，为打造民生局形象创设媒体平台。与顺德901电台联合制作的《事必关己》专题节目共播出36期；与珠江商报联合制作的《城市民生》专题栏目共播出36期；与顺德电视台联合制作的《我的城市我话事》节目共播出27期；9月份联同顺德城市网站开设“幸福城市”网络宣传平台。通过在媒体常设阵地深入报道推进农村污水处理建设、节能减排和迎“亚运”清洁空气计划等市民关心的热点、难点问题，及时传播该局各方面的工作情况。迎“亚运”期间配合清洁空气行动计划，开展相关宣传工作。

（梁智佳）

工业

工业

概况

顺德是中国知名的制造业基地，家用电器、电子信息、机械装备、纺织服装、精细化工、医药保健、包装印刷、家具、汽车配件等支柱产业蓬勃发展，光伏、LED等新兴产业发展迅速，产业链条不断完善，知名企业和名牌产品众多。截至2010年底，顺德拥有中国驰名商标17个、中国名牌产品32个、广东省著名商标100个、广东省名牌产品112个，品牌密集度继续处于国内县域经济体前列。拥有“中国家电之都”、“中国涂料之乡”、“中国燃气具之都”等22个国家级区域品牌。2010年，全部工业完成总产值5235亿元，同比增长21.4%，其中，规模以上工业企业完成工业总产值4995亿元，同比增长21.9%。

规模企业与品牌建设

【规模企业】

2010年，顺德产值超亿元企业336家，其中超百亿元企业3家，超50亿元企业7家。纳税30亿元以上企业集团1个，纳税亿元以上企业集团11个。是年，全区规模以上工业企业完成工业总产值4995亿元，同比增长21.9%，占全区工业总产值的95.4%。规模以上企业工业增加值1146.6亿元，同比增长18.8%，占全区工业增加值的97.1%。

【品牌建设】

至2010年底，顺德拥有中国驰名商标17个、中国名牌产品32个、广东省著名商标100个、广东省名牌产品112个，品牌密集度继续处于国内县域经济体前列。拥有“中国家电之都”、“中国涂料之乡”、“中国燃气具之都”等22个国家级区域品牌，拥有顺德家电等4个省级产业集群升级示范区，拥有全国首个集体家电商标——“顺德家电”，并获得“国家新型产业示范基地”和“广东省战略性新兴产业基地”称号。

家用电器业

顺德是全国最大的空调器、电冰箱、热水器、电水壶、消毒碗柜生产基地，全球最大的电饭锅、微波炉供应基地，被授予“中国家电之都”、“中国燃气具之都”称号，顺德区北滘镇被授予“中国家电制造业重镇”称号，顺德区勒流街道被授予“中国滑轨产业基地”和“中国铰链产业基地”称号。顺德家电产业在国内同行业中一直占据着绝对优势，至2010年，顺德家电拥有“美的”、“海信科龙”、“万家乐”、“格兰仕”、“容声”、“万和”、“康宝”等7个驰名商标，占同期全国家电行业驰名商标总数近三分之一。是年，家电总产值2095亿元，同比增长33.6%，占顺德工业总产值的40%。拥有美的、格兰仕、海信科龙、东菱凯琴、万家乐、万和等行业龙头企业，现已形成以品牌家电为中心的品牌家电制造商、家电配件制造商、家电流通渠道商以及行业服务体系的完整产业链。“顺德家电”成功注册成为国内首个家电集体商标。

机械装备及模具业

机械装备及模具业是顺德继家用电器之后的第二大支柱产业，现已建立起具有自身特色的以塑料机械、锻压机械、建材机械、木工机械、电气机械、交通机械、纺织机械、玻璃机械、印刷包装机械和模具等为主体的现代装备制造业产业群。涌现出科达、震德、广锻、顺特、伊之密、丰凯等一批知名企业，并形成陈村机械、容桂机械模具、伦教木工和玻璃机械、勒流交通机械、大良机械、顺德科技工业园汽车配件等产业基地。顺德区陈村镇被授予“中国机械装备名镇”称号，顺德区伦教街道被授予“中国木工机械重镇”、“中国玻璃机械重镇”称号。2010年，机械装备业产值首次突破千亿，达到1056.7亿元，增长15.7%。（梁国强）

电子信息业

顺德电子信息业主要涵盖计算机、通信设备、软件及系统集成（重点是嵌入式软件）、元器件、应用电子（重点是汽车电子）等领域。拥有广东北电、瑞图万方、泰科电子、瑞德电子、富信电子、盈科电子等行业龙头企业。

2010年，顺德结合本地实际，把握广佛同城、珠三角一体化的有利机遇，依托龙头企业，发展先进制造业和现代信息服务业，培育光电、软件、物联网、电子商务等四个新兴产业，呈现出4个新特点：一是光电产业发展取得进展。彩虹项目正式纳入广东省现代产业500强项目，在建设用地指标、项目融资等方面将获得省政府配套政策的支持。其中投资5.08亿元的彩虹一期PMOLED项目已完工并开始试产，二期项目注册资本19.8亿元，投资49.6亿元的4.5代AMOLED生产线项目合作协议已签订，并举行开工奠基仪式；彩虹南方研究院在顺德挂牌营运，计划投资13.6亿元，其研发大楼的建设将与二期项目的建设一并进行。国家级OLED产业基地（顺德）的效果初步凸显；二是软件业和信息服务业稳步发展，涌现出几家行业龙头。如动易网络的网站管理系统和佳邦公司的企业管理咨询在各自领域位于前列，2010年共有22家企业被认定为软件企业，比2009年增加3家；三是物联网与空间地理信息业等新兴行业迅速发展。如以瑞德电子为代表的一批企业推动物联网技术，尤其是RFID技术，在顺德的应用发展，以瑞图万方为代表的一批企业在空间地理信息应用方面取得很大发展；四是电子商务迅速发展。欧浦钢铁、易发塑料等网上交易平台逐渐成为国内领先的行业服务平台。凭借钢铁与塑料行业电子商务的迅速发展，乐从镇成为首个“国家级电子商务试点镇”，与北京大学的签约共同推动专业市场的电子商务与实体经济深度融合。

是年，顺德电子信息制造业实现总产值196.8亿元，主要分四大领域：计算机、通信设备、软件及系统集成、元器件和应用电子。主要产品包括通信传输设备、通信交换设备、通信终端设备、移动通信及终端设备、其他通信设备、广播电视设备、电子计算机整机、计算机网络设备、电子计算机外部设备、电子真空器件、半导体分立器件、集成电路、光电子器件及其他电子器件、电子元件及组件制造、印刷电路板制造、家用视听设备及其他电子设备制造等。产业主要分布在伦教、大良和容桂，其中容桂发展比较成熟，产业技术层次高，骨干企业数量比较多，有北电、彩虹、广意通讯、泰科、亿讯、必达、瑞图万方等。

（张子毅 梁国强）

家具业

顺德是中国知名家具产销基地，已形成集家具材料贸易、家具涂料生产、家具机械生产、家具制造、家具贸易为一体的配套完善的家具产业链。顺德区龙江镇是全国重要的家具制造基地，全国最大的家具材料市场，被授予“中国家具材料之都”、“中国家具制造重镇”称号。顺德区乐从镇是全国乃至全球最大规模的家具市场，被授予“中国家具商贸之都”称号。2010年，家具制造业实现总产值99.7亿元，增长19.8%。

纺织服装业

顺德纺织服装业种类齐全，产业链比较完整，具有相当规模和工艺水平，涵盖纺织、面料、印染、服装服饰等领域，拥有嘉意、浪登、胜龙、金纺、顺纺等知名品牌，现有纺织服装企业3000多家，从业人员超过20万。顺德区均安镇是全国较大的牛仔服装生产基地之一，被授予“中国牛仔服装名镇”称号。2010年，全区纺织服装业实现总产值115.7亿元，同比增长11%。

精细化工业

顺德精细化工业主要包括涂料和纺织助剂生产两大类，已经形成产业集约化、企业规模化和品牌市场化的发展状态，拥有德美化工、华润涂料、美涂士等一批知名企业，产品覆盖家具、建筑、装饰、船舶、金属、手机等行业，被授予“中国涂料之乡”称号。2010年，精细化工业实现总产值145.7亿元，同比增长8.3%。

医药保健业

顺德医药保健业历史悠久，有环球制药、顺峰药业、康富来保健品、华天宝制药、梁介福药业等多个国内知名的医药保健生产企业。医药保健产品以中成药和中药饮片为主，环球制药的“玉屏风”、“圣通平——硝苯地平缓释片”；康富来的“洋参含片”、“血尔口服液”、“脑轻松”；顺峰药业的“顺峰康王”、“皮康霜”；华天宝药业的“龟鹿补肾液”、“保济丸”；梁介福的“斧标”药油等产品享誉已久。2010年，医药保健业实现总产值12.8亿元，增长19.8%。

包装印刷业

顺德包装印刷业涵盖印刷、包装装潢等领域。拥有广东德冠、广东万昌、广东顺昌、乐从彩印、绿之彩等知名企业。广东德冠是中国BOPP薄膜研发及生产的领跑者；广东万昌是全国最大的啤酒标签生产商；乐从彩印专业精印各种香烟外包装，是广东省最大的烟包印刷制造商。2010年，包装印刷业实现总产值110.2亿元，同比增长2.7%。

汽车配件业

近年来，顺德汽车配件业依托广州庞大的汽车产业链和顺德成熟的制造业基础，通过引进国内外知名龙头企业，培育区内相关企业，日渐发展壮大，发展前景广阔，现已成为顺德九大支柱产业之一。孕育出富华、东箭、亚新、康盈等一批实力雄厚的汽车配件企业，并引入丰田合成、爱信精机、东海理化等国际知名企业。2010年，汽车配件业实现总产值74亿元，增长25.9%。

规划共建英德产业园

2010年12月16日，顺德区与英德市签订区域经济合作协议，由两地合作在英德市英红镇共建规划面积36平方公里的“广东顺德（英德）产业特别合作区”。通过优势互补，实现劳动力、土地、资本等资源、要素跨区域优化组合，解决两地经济发展瓶颈制约，为顺德传统优势产业集群增资扩能、优化升级拓宽发展空间，促进英德承接产业转移、优化产业结构、解决就业和改善民生，使合作区成为顺德建设现代产业之都、带动英德加快发展的重要平台。合作区的管理以顺德为主导，英德协助，成立管委会，负责合作区的规划、建设、招商、运营等，英德下放土地房产审批权、规划审批权、建设施工审批权、建设项目环保审批权等相应的经济事务审批权限给管委会；合作区内的社会事务按属地管理原则交由英德负责。合作区产生的税收地方留成部分、GDP和工业总产值等，由双方政府按50:50的比例分成。合作区计划总投资300亿元以上，2011年开始首期建设；到2015年完成中期2万亩开发，预计实现工业总产值350亿元，GDP约100亿元；到2020年基本完成产业园建设，预计实现工业总产值超过800亿元，GDP达到200亿元。

顺德科技工业园建设

【概况】

省级佛山高新技术产业开发区顺德科技工业园于2003年6月经省人民政府批准成立，总面积25平方公里，包括五沙工业园A区（10平方公里）、容桂高新技术产业园B区（10平方公里）和杏坛工业园C区（5平方公里）。其中五沙工业园区于2003年1月正式成立，由顺德科技工业园开发中心专职负责开发建设、招商引资和管理

彩虹——顺德OLED产品“顺德造”面世

服务等工作，2008年10月移交大良街道办事处属地管理；高新技术产业园B区由容桂街道办事处开发管理；杏坛C区原规划面积10平方公里，其中5平方公里是省级高新技术产业开发区顺德科技工业园的组成部分，后经国家审定隶属佛山国家高新区“一区六园”管理范畴。C区一、二期规划总面积约7.11平方公里，由杏坛镇政府负责开发，余下未开发部分纳入顺德西部产业新区启动区，由顺德科技工业园开发中心负责开发。2010年，顺德科技工业园开发中心（以下简称“开发中心”）推动顺德西部生态产业启动区（以下简称“启动区”）建设，突出抓好启动区征地收地、规划建设、招商引资、管理服务等工作。

【五沙工业园（A区）建设管理】

五沙工业园区位于大良五沙，处于顺德的东南端，东连广州市番禺区，西接顺德新城区，毗邻广州南沙经济技术开发区。工业园同时是顺德区通往广州、深圳、珠海、东莞等大中城市的“东大门”，园区以顺番公路为主干道，控宽90米，向西与太澳高速、广珠城际轨道相连，东新高速纵贯园区西部，与顺德唯一的客运港——顺德港只有一河之隔。

园区规划面积10平方公里，经过多年的努力，已经开发并实现招商的土地面积超过70%。园区内配有11万伏变电站一座，总供电能力18.90万千瓦。园区自来水供水能力每天最高达7万吨；污水处理厂首期已经投入运行，污水处理能力每天达1.5万吨；园区内路网基本完成，铺设雨水、污水排放管道；道路照明已经到位并由专门公司维护管理；通讯管网、燃气管道铺设到地块边。途经园区的公交线路有四条，分别是301（五沙威王公司至新滘）、312（大岗至大良客运站）、307（大良客运站至榄核）和308（容桂客运站至大岗）。园区内现已配套有员工村，可提供5400个床位，入住员工达3900多人。2010年，五沙社区卫生服务站和劳动就业促进中心正式挂牌。该区劳动就业促进中心还设立职业介绍与企业招工的服务试点，促进五沙社区居民充分就业和帮助五沙园区企业招工。园区加快生活配套设施的建设，增加各项商业、公共配套设施，金沙人家社区公寓、五沙社区服务中心、五沙市场已建成投入使用。

2010年，园区已有134个项目建成投产或试产，16个在建项目。项目涉及智能家电、汽车配件、精细化工、机械装备及模具、新型材料、电子信息、医疗器械等行业。其中，最具集聚度和规模的是汽车配件和家用电器两个行业，分别占整个园区2010年总产值的30%、22.5%以上。尤其是汽配产业作为顺德近年的新兴产业，凭借园区毗邻南沙的区域优势，承接日系汽配产业转移，使园区成为重要的华南汽配产业基地。如东海理化、丰田部品等一批汽配企业，2010年产值达到30.11亿元，创税2.89亿元。园区企业中由世界500强投资的企业13家，主要集中在日资汽配企业以及山九物流公司，中国500强投资项目2个（分别是海信集团投资的海信多媒体有限公司、联想集团投资的丰凯机械）。其中，海信多媒体公司2010年产值达到9.7亿元，丰凯机械有限公司也于10月正式搬迁至五沙工业园投产。除此之外，园区还有一批科技含量高、创税能力强的知名企业，如威王集团、盈然木业等。2010年五沙园区实现工业生产总值101.04亿元，各项税收收入达到4.45亿元，同比增长76.3%和30.9%。由国资委下属彩虹集团投资的彩虹 OLED 项目，于 9 月进行试产，二期 4.5 代 AM-OLED 生产线项目于 7 月 15 日与顺德区政府正式签约，年底动工建设。（李广东）

【容桂高新技术产业开发区(B 区)建设管理】

顺德高新技术产业开发区地处顺德中心城区容桂，是在 3.5 平方公里的国家高新技术产业开发区基础上，按照城市化、集约化、工业化要求整合规划而成的省级高新技术产业基地，总面积 13.5 平方公里，规划为科技产业园、信息电子产业园、医药保健产业园、综合加工园、科技孵化园五大产业园。

2010 年，园区工程项目顺利推进，区域配套进一步完善。《高新园区综合配套中心项目》（即容桂工业数码新城项目）完成需求调研，初步确定建设方案和开发模式。科技产业园路灯工程建设完成。蚊蛛岗德力、长盈和南方电缆三企业用地的填沙和土地平整工程完成。德力用地已开工建设，长盈电器用地已进入施工报建。还完成华天西路标线翻新和五期临时沥青路修补工程，顺舵和嘉冠等厂区围墙绿化工程，新宝路中间花基和华天西三路中间花基等绿化工程以及创格新厂房的配电进线工程等其他工程。用地建设顺利推进。年内园区 12 块闲置土地办理延建手续，其中 8 块闲置土地已先后开工建设或进入报建阶段。完成长盈电器、南方电缆、富国电器三地块的调整用地界线和调地合宗手续，翔星包装补办协议出让手续和土地合宗手续等。容里印刷、威博电器地块内的拆迁问题解决。2 月完成 2009 年佛山市集约园区评估考核工作。高新区各项评估考核指标包括自主创新能力、集约发展水平、资源节约和环境保护程度等均已达标通过。继续加强园区管理工作，妥善解决多个项目用地的管理费收费问题，全年收取管理费约 634 万元。开展招商和投资推介工作，年内先后组织企业参加英国投资研讨会、德国投资推介会、阳江（佛山）投资环境推介会、绿色青海经济投资洽谈会、高明（佛山）投资环境推介会、广东省产业转移工业园招商引资推介会、广东省产业转移工业园（江门）招商推介会等。（吴劲翔）

【杏坛 C 区一二期建设管理】

顺德科技工业园 C 区位于顺德区西南部的杏坛镇内，规划总面积 696.94 公顷（约 1 万亩），其中原有已开发的现状工业用地 2120 亩，自 2002 年以来，一、二期共开发 5000 多亩（后因规划调整取消三期），共引入 74 家企业。工业园一期开发的 2762 亩土地，主要用于承接顺德中心城区城市化发展需要而迁移的相关企业，主要以纺织印染、塑料包装材料、五金家电、汽车配件等特色产业和支柱产业为主，共引入 29 家企业（其中外资企业 6 家，合资企业 7 家），总投资额约 9.6 亿元，企业已经全部投产。二期开发的 2100 亩土地，以家电制造产业为主，共引入 45 家企业（其中外资企业 3 家，合资企业 1 家），总投资额约 11.5 亿元，大部分企业已经投产。2010 年，达美新材料有限公司全力推行 5S 管理，并与名牌大学建立起产学研平台，“水敏保护纸”研发中心。由于一期企业以印染企业为主，在区环保局的支持下，园区排污管网进行改造，工程投资约 380 万元，管道总长约 7000 米。（欧阳雪欣）

【顺德西部生态产业新区启动】

2010 年 6 月、7 月，顺德先后颁布《顺德西部生态产业新区规划》和《顺德西部生态产业区启动区控制性详细规划》，启动顺德西部生态产业新区建设。顺德西部生态产业新区总规划面积82.92平方公里，地跨大良、容桂、勒流和杏坛四个镇（街），其中杏坛占地32.7平方公里，大良占地7.98平方公里，容桂占地18.8平方公里，勒流占地23.44平方公里。按照开发建设实际需要，在杏坛片区内规划面积17.72平方公里，作为产业新区启动区，率先由顺德科技工业园开发中心专职开发。该片区是顺德目前土地连片程度最高，土地资源储备最为丰富，开发条件最成熟区域之一。按照顺德"一城三片区"的城市发展格局，启动区的发展将立足于打造"宜工、宜商、宜居"的现代产业新城，一方面重点发展智能家电、机械装备与模具、光电、光伏、生物医药等高新产业，打造现代产业体系中的高端制造业板块；另一方面，规划建设商务区、创意产业园区、服务外包园区、物流园区等服务功能区，加快发展现代服务业产业体系，打造一个开拓创新型、具有浓厚水乡人文特色的生态产业新区。年内，开发中心配合区发展规划与统计局完成顺德西部生态产业新区的总体规划编制，以及启动区的控制性详细规划编制；组织顺德西部生态产业新区南片区控制性详细规划编制；通过国际招标，开展启动商务配套区城市设计工作。

开发中心抽调工作人员配合杏坛镇政府开展征地、拆迁、收地等工作。至年底，完成征地15356.18亩，并按计划累计兑付征地补偿费用13.5亿元。收地方面，年内配合杏坛镇政府推进美的及浦项项目首期用地（含配套道路）共约1397亩的收地工作，截至年底，已完成收地1920亩（含浦项三期）。开发中心探索固化用地、15%预留发展用地以及拆迁安置地处置模式，促进园村共同发展。以实现全征地的高赞村为试点，确定高赞村15%预留发展用地的最终选址。园区以美的、浦项、龙腾计划产业发展平台等重点项目建设带动全面推开基础设施建设局面。截至年底，美的项目首期产业用地（含配套道路）回填平整工程完成填砂55.54万米^3，占总工程量的95%，其中首期临时道路回填平整工程全部完成；首期临时供水、供电工程施工招标业已完成。浦项钢板项目地块1432亩的用地功能完成调整，首期405亩的用地指标获省国土资源厅正式批复，项目配套道路高富路的衔接方案确定。开发中心同步推动招商工作，浦项钢板、美的智能家电以及德国梅塞尔气体等3个项目确定落户园区，项目涉及投资总额约15亿美元。启动区专门规划2000亩用地作为龙腾计划产业发展平台，承接龙腾企业落户。

（郭湘銮）

农业

农业

概况

2010年，顺德区各级农业主管部门以农业增效、农民增收为目的，用工业化理念谋划农业发展，推进传统农业向现代农业转变，建设现代高效农业，全面提升农产品市场竞争力和农业综合生产能力，促进农业经济全面发展。全年实现农业总产值70.3亿元，同比增长3.6%。其中，种植业15.5亿元，同比增长6%；水产养殖业41.5亿元，同比增长1.9%；畜牧业10.3亿元，同比增长7%。农业机械总动力31万千瓦，同比增长11.5%。拥有饲料生产企业68家，年产量195.2万吨，产值68.97亿元，顺德成为全国最大的饲料生产基地之一。

科技兴农

2010年，为发展优质、高效、适销对路农产品，增强市场竞争力，提高农产品科技含量和农业生产效益，顺德积极实施科技兴农战略。一是发展大棚花卉种植。10月，出台《高档花卉大棚种植扶持专项资金管理办法》，从2010年起在三年内对符合申报条件的农业企业，发展温室大棚种植高档花卉，每亩补助5万元。确定陈村花卉世界、北滘农民创业园作为探索大棚种植高档花卉试验承担单位，在试验取得成功的基础上，向全区全面推广。通过发展高档大棚花卉种植，培养一批高素质的花卉从业者，促进顺德区花卉产业转型升级。二是继续推进工厂化养鱼项目。工厂化养鱼项目是在年取得突破性进展：生生水产股份有限公司承建的工厂化海水养鱼项目，经过上半年的安装调试，5月底正式投苗试验，投放龙趸、珍珠龙趸、青龙斑、东星斑、金钱斑、老虎斑。这标志着顺德区水产养殖品种结构发生质的突破，在顺德辖区内实现海水品种的养殖。全德养殖场承建的工厂化淡水养鱼项目，在2009年底投苗，至2010年3月进行阶段性总结，从试验数据可知，3个月时间所试验的泰国笋壳鱼在18米^{3}的水体中净增重62千克，折合成亩产量达2250千克，与同规格的鱼苗在土池中只能达到43千克的产量相比，水体利用效率增长50多倍，工厂化养鱼的高产出、高效益得到充分的体现。三是水产品苗种的提纯复壮工作取得新成效。为解决鳜鱼、加州鲈鱼和生鱼近亲繁殖、品种退化、抗病力下降的问题，生生水产有限公司从广西、湖北等地引进野生鳜鱼，通过杂交选育，对鳜鱼、加州鲈鱼进行提纯复壮，鳜鱼苗繁育取得成功，经过农户试养，养殖效益和经济效益非常显著。该公司还直接从美国引进一批加州鲈鱼原种，通过原种基因的引入来提纯复壮。勒流金三角水产养殖场从香港引进生鱼亲本，与本地种进行杂交，以提高品种的抗病力和生长性能。

农业产业化

2010年，顺德区农业产业化水平进一步提高。一是农业龙头企业不断发展壮大。

通过培育和扶持农业龙头企业，壮大一批产品质量高、市场前景好、基础条件优、带动能力强的农业龙头企业，带动顺德农业的产业化发展。是年新增佛山市顺德区今日景艺生物科技有限公司和佛山市泰山环境绿化有限公司两家市级农业龙头企业。顺德区已拥有国家级龙头企业2家，省级4家，市级7家。二是着力推进农业现代化生态园区项目建设。陈村花卉世界有限公司申报为市级农业现代化生态园区，市政府给予200万元扶持资金，区政府按1:1的比例进行资金配套，市、区财政资金合共400万元。陈村花卉世界按市级农业现代化生态园区建设的要求，推进鲜花电子商务平台及鲜花配送中心建设，使之成为华南地区鲜花电子交易商务平台和鲜花配送中心。三是海峡两岸农业合作试验区建设增添新项目。顺德是广东省乃至华南地区重要的国兰生产和集散地，为促进顺德区国兰生产升级，国兰产业园被确定为2010年的海峡两岸农业合作试验区建设项目，通过对国兰实行园区的连片开发，致力打造集生产、销售、信息于一体的国兰产业园。四是农民创业园有新举措。2010年，北滘兴隆花木有限公司在英德市英红镇投资兴建“农民创业园英德扶贫基地”。该基地集花卉种植、无公害蔬菜种植、水产家畜养殖、生态农业旅游于一体，规划用地1万亩，分三期实施，首期1000亩于2010年3月动工兴建。农民创业园和英德扶贫基地的建立和运作，对于带动行业发展、农业产业化运作、促进农民就业增收等具有重要意义和示范作用。

农产品流通与深加工

2010年，顺德区继续坚持一手抓农产品生产，一手抓农产品加工流通，延长农业产业链，增加经济效益。一是完善“一个保税仓”建设。国通物流城经过几年建设已初具规模，是国内首个大型农业物流基地，冷库群更获批建设国家、省B型保税仓。是年，首座容量4500吨的冷库竣工，3月投入使用，这使其农产品进出口保税区具有国际配送、转口贸易功能。二是继续推进农产品市场建设。经过多方努力，三洲农产品交易市场在年初正式营业，此市场占地8万米^2，首期主要以水产品批发为主，日交易量达40吨，并配备先进的电子结算交易系统，由买卖双方采用刷卡自动划帐管理，大幅提高交易效率，降低交易成本。国佳农产品交易中心600亩的交易场所全面开展蔬菜水果、水产品、畜禽产品规模交易，吸引民间投资。三是农产品加工不断发展。甘竹罐头有限公司积极推进节能减排、技术创新、开源节流，不断完善“公司+基地+农户”的经营模式，农产品加工量不断增大，市场交易额保持增长，年初获得全国驰名商标称号。

外延农业

为求得农业更大的发展空间，顺德打破地域的束缚，向区外发展外延农业，把顺德资金、技术、管理优势与外地资源、市场优势结合起来，促进顺德农业经济发展，形成新的竞争优势。近年来，顺德外延农业发展迅速，成为顺德农业发展新亮点。2010年，顺德区外延农业总产值53.1

亿元，相当于区内农业总产值70.3亿元的75%，外延农业已成为顺德农业的重要组成部分。外延农业面积35.4万亩，已超过区内30.5万亩的农业面积，等于在区外再造了1个顺德农业，其中陈村的花卉外延面积约4万亩，占该镇外延总面积的74.2%，是镇内花卉面积1.7万亩的2.4倍，等于在外地再造2个陈村花卉，乐从、大良等镇（街）外延农业面积也远超本地农业面积。

水产业

【产值产量】

顺德是国内淡水鱼的重要生产地和输出地之一。2010年，全区水产养殖面积18.9万亩，塘鱼产量23.7万吨，产值41.5亿元。其中，优质水产养殖面积达11.3万亩，占总面积的54.2%。大宗优质鱼产品鳗鱼、大口黑鲈（加州鲈）、甲鱼、鳜鱼（桂花）、斑鳢（生鱼）面积分别达到2.76万亩、3.27万亩、0.79万亩、1.09万亩、1.43万亩。外延水产养殖面积约12.2万亩，产值超21.0亿元。

【拓展鳗鱼国内市场】

2010年9月30日，广东省鳗鱼协会在金茂华美达广场举办第二届中国（龙之星）鳗鱼美食节暨第五届中国（龙啤）岭南美食文化节“广东鳗协杯”——顺德美食大使评选活动，推介鳗鱼产品，继续拓展国内市场，以巩固和扩大国内市场开拓的成果。

【开展水产品质量安全专项整治】

2010年，省海洋与渔业局推出水产品质量安全专项整治系列活动，5月中下旬省局委托华南绿色检测中心对顺德区鱼苗种繁育场进行抽样检测，44家鱼苗场共抽取25份样，检测氯霉素，孔雀石绿，呋喃西林、呋喃妥因、呋喃唑酮、呋喃它酮残留，共检测108个指标，其中106个合格，合格率达98.2%。另外，为保障上海世博会和广州亚运会顺利举办，顺德对区内供沪供穗水产品进行抽检，确保供沪供穗水产品生产环节的质量安全监控，同时每季进行自检。通过这些措施来保证水产品质量安全，向各大市场提供质量安全可靠的水产品。

种植业

【产值产量】

2010年，顺德种植业面积11.6万亩，比上年下降4.9%。其中，花卉面积4.8万亩，增加11.63%，经济作物播种面积4.6万亩，下降6.1%；水果种植面积0.7万亩，下降12.5%。全年蔬菜产量8.8万吨，下降9.3%；水果产量1.1万吨，下降8.3%。种植业产值15.5亿元，比上年增长6%，其中花卉产值11.8亿元，蔬菜产值3.1亿元，香大蕉产值0.3亿元。

【落实中央惠农支农政策】

2010年，顺德区贯彻落实《广东省2010年中央财政农业机械购置补贴实施方案》，为确保机械补贴按时到位，开展宣传发动，严格把好审核关口，协调各方关系。是年全区共有900户农户申请购置增氧机3095台、水泵142台、投饵机48台、耕水机12台、喷雾器2台、节水灌溉设备2台（套），使用中央财政补贴资金指标105.3万元，农机购置补贴政策，激励了农民使用节水喷灌设备等新型机具的热情，优化了农机装备结构，提高了农机化发展水平，在保障农业稳定发展和农民持续增收等方面发挥积极作用。

【顺德花卉赴港参展】

2010 年 3 月，顺德区花卉协会组织相关企业参加香港花卉展览会，展出各类盆景、花卉，以及示范各款插花艺术和园景布置，通过展示宣传，进一步提高顺德花卉在全国乃至世界市场上的知名度，为展示顺德农业、树立顺德农业品牌创造条件。

【加强植物有害生物防控】

坚持常年防控，科学防控，加强植物有害生物监测与防控工作。2010 年初顺德区经济促进局联同顺德区农业综合服务中心到 10 个镇（街）对有害生物进行全面调查摸底，指导镇村有关人员进行有效防控，加强对有害生物的防控和处理，确保农业生产与农业生态安全。

【开展农资打假专项整治行动】

2010 年 3 月，顺德区经济促进局组织各镇（街）农业执法人员开展春季农资打假专项整治行动，严厉打击制售假劣农资坑农害农行为，共计出动 60 人次，抽检各镇（街）的农药、种子、化肥经营店铺和蔬菜种植基地，抽检过程中没有发现违法违规经营现象，确保顺德区春耕生产工作顺利进行。（陈德忠）

畜牧业

【产值产量】

2010 年顺德畜牧业总产值 10.32 亿元，饲料工业总产值 68.97 亿元。生猪生产平稳发展，年末存栏 25 万头，较上年下降 9.7%；出栏 55.6 万头，较上年增长 7%；母猪存栏 2.21 万头，较上年下降 8.75%。生猪存栏量下降主要是由于顺德区两个大型猪场因征地搬迁所致。家禽年末存栏 506.8 万羽，同比增长 18.1%，全年出栏 1541.8 万羽，同比增长 20%。饲料工业总产量 195.2 万吨，同比增长 2.8%，从产品种类来看，配合饲料产量 192.4 万吨，同比增长 2.7%；浓缩料产量 8278.3 吨，同比增长 16.8%；添加剂预混合饲料产量 20260.8 吨，同比增长 11.5%。饲料工业总产值 68.97 亿元，同比增长 50.8%。

【市场价格】

2010 年，顺德猪价大幅波动，生产形势保持平稳。生猪价格走势呈马鞍形，瘦肉型生猪价格 1 月为 13 元 / 千克，此后逐步下滑，到 6 月下降到 10.2 元 / 千克，生猪养殖户亏损严重，出栏一头生猪亏本 200 多元；下半年，生猪价格逐步回升，11 月份回升至 14.5 元 / 千克，全年生猪均价为 12.6 元 / 千克，处于盈亏平衡，养殖户基本可以弥补上半年的亏损。家禽价格回升，养殖户增收明显。竹丝鸡价格 1 月为 13.2 元 / 千克，4 月底跌至全年最低的 10 元 / 千克，5 月份开始回升，至 11 月达到 16 元 / 千克的高位，年均价为 13.2 元 /千克，养鸡户养殖效益相当可观。饲料产量略有增加，饲料企业保本经营。饲料企业经营较往年困难，饲料原料价格不断走高，但产品价格跟不上，导致饲料企业效益下滑。年销量 5 万 ~ 10 万吨的中小企业生存压力越来越大。与中小企业的生存状态相比，大型企业则表现出乘势扩张的态势，销量有不同程度上涨。

【干式养猪】

2010年，顺德乐从供销集团和顺德广三保畜牧有限公司经过近年的实践和探索，干式无臭养猪技术取得重大突破。生猪养殖场采用干式无臭养猪技术，仅需一次性少量投入，配置饮用水处理设施和猪场改造（比沼气池建设费用还低），养殖过程中没有增加成本。由乐从供销集团免费向生猪养殖场提供垫料和回收排泄物，加工成生物有机肥，被市场认可，产品供不应求。该技术实现生猪养殖无污染、排泄物综合利用的良性循环，是养猪业的一场重大变革。区经济促进局出台《顺德区干式无臭养猪项目实施方案》和《顺德区干式无臭养猪项目专项资金管理办法》，决定用三年时间，对规模以上生猪养殖场（总存栏超22万头，占全区存栏量的78%）全面推广干式无臭养猪技术，规模化生猪养殖场得到重点扶持；区、镇两级政府安排1807万元扶持资金，对项目猪场干式无臭养猪专用设备进行全额补贴，猪场改造部分由养殖者出资解决；2012年后，对没有实施干式无臭养猪技术、未达到环保标准的分散小型养猪场实施关闭。10月，区经济促进局组织干式无臭养猪技术推广会，进行宣传推广，顺德区全面推广干式无臭养猪技术得到各级领导和社会各界的广泛认可。11月，省人大副主任陈用志同志亲自率团，到顺德区调研干式无臭养猪技术。

【动物防疫】

2010年，顺德区经济促进局按照“严密监控规模场，加强督促散养户”的原则，加强动物免疫防疫，建立有效免疫屏障。全年安排使用牲畜口蹄疫疫苗233万毫升，较上年增加22%，免疫覆盖率达到155%。部署高致病性禽流感防控工作，防控高致病性禽流感发生，全年安排使用高致病性禽流感疫苗1001万毫升，免疫覆盖率超过100%，其中使用禽流感灭活苗340万毫升，使用禽流感（Re-4+Re-5）疫苗370万毫升，使用禽流感（H5+H9）疫苗279万毫升，使用禽流感重组苗12万毫升。该局把消毒灭源工作作为重点，通过招标采购33吨消毒药物，货值达47万元，通过各镇（街）动物防疫检疫站，免费派发到畜禽养殖者手中，鼓励他们做好消毒灭源工作，有效净化畜禽养殖环境，防控秋冬季节重大动物疫情。11月，区经济促进局在杏坛、陈村两镇开展畜禽养殖管理和动物产品质量可追溯体系建设培训班，两镇共500多名生猪养殖户参加培训，派发动物防疫宣传资料600份，有效提高疫病预防水平，保障顺德区动物和公共卫生安全。

2010年6月1日，顺德举行政策性生猪保险签约仪式。

【养殖保险】

2010年2月，顺德出台《佛山市顺德区政策性生猪保险实施方案》，区经济促进局根据方案要求，选取8家优质生猪养殖企业为试点，投保生猪12.7万头，并与中国人民财产保险股份有限公司顺德支公司举行签约仪式，成为率先实施生猪政策性保险的地区。区经济促进局计划通过宣传引导、以点带面、逐步推开的原则，全面开展生猪保险工作。顺德区政策性生猪保险的实施，满足农民群众对生猪保险的强烈需求，为探索政策性农业保险积累宝贵经验。

【食品安全】

2010年，顺德区经济促进局加强农产品食品安全管理。一是抓好食品安全宣传教育。上半年共印发《畜牧兽医法律法规汇编》5000本，免费派发到畜禽养殖场（户）和兽药经营企业，制定标准化养殖制度，规范使用兽药、饲料和饲料添加剂等农业投入品行为。二是建立投入品可追溯制度。通过畜禽养殖档案管理制度，要求畜禽养殖户在养殖过程详细登记用药情况，各镇（街）动物防疫检疫站负责畜禽养殖档案检查工作，一旦发现违规用药，立即采取纠正或处罚措施。三是抓药残监测工作。加大畜禽养殖环节药残抽检力度，保证市民吃上放心肉。生猪瘦肉精监测方面，第四季度期间，组织全区动物检疫人员500多人次，对辖区2684个生猪养殖场实行拉网式瘦肉精检测，未发现“阳性猪”。禽类用药监管方面，年内禽类抽样工作主要集中在伦教和北滘的20多家养鸡场，共抽取家禽样品72份，检测项目包括砷、汞、磺胺类、喹诺酮类等1068项（次），合格率为97.5%，较上年下降0.9%。其中，砷、汞等重金属检测合格率为100%，氯霉素为89.7%，磺胺类为97.2%，喹诺酮类为91.2%。对于检测不合格的畜禽，区经济促进局进行了无害化处理，杜绝这些产品进入流通环节。四是从饲料原料检查工作抓起。10月共开展3次检查行动，出动检查人员20人次，检查饲料生产企业38家，开展饲料级混合油生产使用情况摸底调查工作，核查以“地沟油”生产饲料油的问题，开展对非法制售皮革蛋白粉等皮革碎料制品的清理整顿工作。

【环保设施】

2010年，顺德区饲料企业意识到环保问题已制约着行业的持续发展，一些环保压力较大的企业急切上马环保设施。顺德区泰峰膨化饲料有限公司投入350万元，成功建造实用性强、效果较佳、技术领先的环保设施，运行后厂区内基本无粉尘、基本闻不到饲料味，污水通过生物处理循环利用，具备日常运行成本较低的优点。顺德区勒流群峰饲料有限公司同样通过建设环保设施，有效收集饲料粉尘，降低气味，解决附近居民投诉不断的棘手问题。

【饲料产品研发】

2010年饲料企业经营比较困难，但顺德一些饲料企业依靠技术创新，研发新型饲料，获得较好的经济效益。顺德正宇饲料有限公司研发出高活性无抗生物发酵饲料——虾康乐，该新型饲料成本低，效果佳，与一般饲料相比具有明显的竞争能力，该新型发酵饲料受到广大养殖户欢迎，供不应求。勒流全兴水产饲料有限公司研发成功大口黑鲈浮水膨化饲料，正逐步推广，成为全国首家成功生产大口黑鲈饲料的企业，为抢占大口黑鲈饲料市场占领先机。

【兽药GSP认证】

2010年，顺德区经济促进局逐步推进兽药GSP认证工作，对全区117家兽药经营企业基本情况进行调查，调查内容包括人员状况、经营场所、仓库储存条件等。6

月 4 日召开全区兽药 GSP 认证现场宣传会，详细讲解兽药 GSP 认证的具体内容，并要求各兽药生产、经营企业健全规章制度，完善各环节的管理。全年对 10 家兽药经营企业实施了 GSP 试点改造。

（李坚林）

林业

【创建省林业生态县】

2010 年，顺德区顺利通过省林业生态县的创建申报和验收工作。12 月底，省林业生态县验收组根据《广东省林业生态县检查验收办法》的规定，对顺德森林覆盖率、林木蓄积量、生态公益林功能等级、防护林建设、保护区体系、绿色通道、县城绿化、村庄绿化、林地保护管理、森林资源保护等 10 条标准 16 项指标内容进行检查，顺德顺利通过省林业生态县验收组的检查验收。

【林分改造】

2010 年 3 月，顺德区林分改造抚育工作正式启动，10 月底，大良、容桂、伦教、勒流、北滘、龙江、杏坛、均安 8 个镇（街）共完成 14140 亩改造林地一年两次的抚育管理工作。经区、镇(街）二级检查验收，苗木普遍生长良好，苗木平均高度达到 1.5～2.0 米，个别品种苗高达到 7 米，成活率达到 90%以上。

【“薇甘菊”防控】

2010 年是顺德区实施薇甘菊防控工程的第二年，大良、容桂、伦教、勒流、北滘、陈村、龙江、杏坛 8 个镇（街）共完成薇甘菊人工清除面积 9305.4 亩，化学防治面积 901.4 亩，全区防治面积比上年分别减少 22%和 30%，达到了前 3 年防治每年发生面积递减 20%的治理目标，有效控制薇甘菊蔓延。

【万村绿建设】

2010 年，顺德区继续开展“万村绿”建设，建设“林业生态文明万村绿示范村”20 个，其中每镇（街）建设 2 个。根据顺德区实际情况，结合上年的建设经验，区国土城建和水利局提出以建设一处绿色景观点，栽植一处绿化景观带，营造一片风景林等方式开展万村绿的设计和建设，使顺德区“万村绿”工作做到点线面结合，形成路有树、街有景的良好生态环境，并为村民提供更多的绿化休息场所。

【绿道建设】

2010 年，顺德区积极推进绿道建设，截至 12 月底，途经顺德的区域绿道 3、4 号线优化后 144 公里已贯通，基础设施完成 75%以上，新建堤围复线 40 公里，新增绿化面积 7.2 万米^2，超额完成省、市布置的任务。经过一年的努力，顺德现已拥有佛山市区域绿道建设线路最长、串联景点最全、途经镇街最多、与周边城市接驳较为完善的绿道网络系统。（韦金凤）

美食名城　味道顺德

——顺德美食精彩掠影

顺德是粤菜的发源地，“中国三大厨师之乡”之一，美食文化源远流长，闻名遐迩，民间素有“食在广州，厨出凤城”之说。区内餐饮业发达，现有餐饮企业5000多家，名店名厨众多，拥有“中华餐饮名店”14家，9位“中国烹饪大师”和34位“中国烹饪名师”、26位“广东烹饪名师”，是国内餐饮名店、名师最密集的地区之一。作为粤菜的发源地，顺德金牌菜、特色菜无数，新菜不断推陈出新。2004年，顺德被授予“中国厨师之乡”称号，是全国仅有的3个厨师之乡中产业实力最强的地区。2006年，大良获评国内首个也是目前国内唯一一个“中华餐饮名镇”。2008年勒流被评为全国首个“中华美食名镇”。2010年，顺德更被授予中国首个“中国美食名城”称号，并向联合国教科文组织申报“美食之都”以及美食申遗工作。美食已成为顺德极具特色的旅游资源。2010年全区餐饮收入100.5亿元。

2006年起，顺德策划举行岭南美食文化节，展示顺德美食魅力。2010年继续举办第五届岭南美食文化节，自7月开始启动，历时3个月，以“中国厨乡，美食天堂”为主题，共开展各种活动近30项，包括第五届顺德私房菜大赛、岭南风味美食展、万人龙舟宴、顺德美食大使评选、美食万人游、全省餐饮职业技能大赛、粤港澳名厨精品宴、中国（法国）美食节、首届顺德餐饮业风云榜、上海顺德美食月、中日、加拿大美食推广活动等。活动涉及主题饮食、特色展销、娱乐休闲以及旅游消费四大主题，宣传推广顺德美食文化，为市民打造好吃、好看、好玩的“顺德味道”。“岭南美食文化节”已成为珠三角乃至整个华南地区重要的美食旅游节庆活动。

2010 顺德美食大事

9 月 26 日，顺德举行第五届中国岭南美食文化节开幕式暨第五届顺德私房菜大赛总决赛

美食文化节开幕式上，中国烹饪协会授予顺德首个“中国美食名城”称号

9 月 16 日，美食万人游

美食万人游，看名厨表演

9月30日，岭南风味美食展

区委常委、区委宣传部部长梁惠英（左一）参观岭南风味美食展

私房菜大赛上，区长梁维东（中）展示厨艺

9 月 30 日，顺德美食大使评选

12 月 2 日，顺德首届餐饮业风云榜颁奖

获奖名厨

10 月 1 日晚，在顺峰山公园举行的万人龙舟宴

6 月 23 日，顺德名厨赴英交流表演，推广顺德美食

10 月 17 日，中国(法国)美食节——顺德美食宣传推广活动

顺德美食吸引各地媒体争相报道

丰盛的村宴

乡村大厨

品尝

享受

凝神

◆顺峰山庄

主营高档粤菜海鲜食府。针对低盐、低脂、低糖的餐饮潮流，以无油盐汤汁菜叶为代表的健康菜色获得顾客好评。

地址：大良 105 国道顺峰山路段

电话：0757-22322999

◆凤城酒店

是顺德历史最悠久的酒楼之一，以擅长烹调顺德风味名菜而闻名，注重出品质量和创新。

地址：大良碧鉴路 1 号

电话：0757-22331688

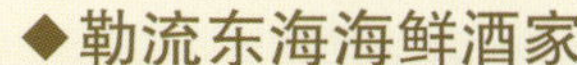

◆勒流东海海鲜酒家

以烹制河鲜、传统美食、顺德小炒而声名远播，先后创制出“煎焗鱼”、“家乡水蛇羹”、“菜远炒水蛇片”等著名菜式。

地址：勒流镇西安亭大桥侧

电话：0757-25565738

◆龙的酒楼

每一款菜点，选材大多是顺德乡土鲜活特产，粗料精制。

地址：大良街道近良居委会近良路 15 号

电话：0757-22629888

◆聚福山庄

经营高档海鲜粤菜，位于勒流。开设北滘、杏坛两个分店。

地址：勒流镇政和北路 21 号

电话：0757-25569723

◆**福盈酒店**

福盈酒店属下的朗晴居海鲜酒家是顺德饮食界响当当的金字招牌，享有良好的口碑，星级酒店星级厨师成就星级美食。

地址：大良环市北路 38 号

电话：0757-22330338

◆**龙江山庄**

山庄碧水绿树，环境幽雅，能同时筵开 190 席，以“食得开心、食得放心”为服务目标。

地址：龙江镇龙洲路西出口右侧 150 米

电话：0757-23385996

◆**皆大欢喜园林食府**

顺德的水乡风情，东南亚的园林景色，欧美的建筑风格。融汇中西文化、南北烹调、岭南特色、顺德风情的美食精粹。

地址：大良新城区观绿路 1 号

电话：0757-22297111

◆新君悦皇朝食府

以“广州人推顺德菜，顺德人推新派粤菜”的经营理念不断推陈出新。

地址：佛山市顺德区陈村镇佛陈路口

电话：0757-23836888

◆容桂东海一族鱼翅海鲜酒楼

坚持顺德菜的烹饪精髓，尤以烹制鱼翅、鲍鱼等海鲜出名

特色菜式：瓦罐鸡煲翅、原汁极品鲍、冰极海螺、金榜牛奶炒鱼滑

地址：容桂港前路5号

电话：0757-26624282

◆宏图海鲜酒家

秉着“质鲜味美”经营方针，走中高档路线，有一个品味高雅的食家群做宏图的常年常客。

特色菜式：蚝皇中东鲍鱼、菊花水蛇汤、桂花炒瑶柱

地址：勒流镇城西路（即商业街口）

电话：0757-25552663

◆君王酒店

集住宿、餐饮、娱乐、休闲、商务功能为一体的四星级标准商务酒店。近两年推出“顺德四大家鱼宴”、“鳄鱼全宴”等。

特色菜式：金巢元贝菘、荷香蒸双丸、桑基鱼塘蚕茧翅

地址：勒流镇政和中路2号

电话：0757-25336811

◆东城酒楼

“东城叹茶，凤城美谈”已成为城中佳话，座无虚席的茶市常备点心品种200多个，传承东城一贯的“食艺相融”的风格。

特色菜式：丹心拱照、南瓜果仁酥、特色乳猪件、鲜虾白菜饺

地址：大良东乐路东城花园

电话：0757-22210888

◆毋米粥

首创的粥水火锅让毋米粥成为了顺德的一大招牌，火锅中的食物更是让食客津津乐道，鲜甜、爽滑、原味等特色令您食过返寻味。

地址：大良锦龙路270号

电话：22266638

家乡酿鲮鱼

七彩烧汁蟮柳

金箔石榴翅

极品金沙瓜

古法彭公鹅

菜远炒水蛇片

荷香雪蛤糕

桑基蚕茧香

特色乳猪件

鲜虾白菜饺

南瓜果仁酥

白雪映金龙

商贸流通业

商贸流通业

概况

2010年，顺德商贸流通呈现以下主要特点：(1) 商品供应充足，销售热点频现。日用消费品保持供应充足、价格平稳，各种政策以及迎亚运欢乐购物节系列活动刺激顺德日用消费品消费。(2) 专业市场销售额平稳上升。乐从钢铁、塑料和家具市场销售均呈上升趋势；随着各类政策刺激汽车消费，顺德区汽车专业市场持续兴旺。(3) 公路等物流运输、港口码头货物吞吐量在总体平稳发展中略有增长。(4) 重点项目投资加快。华南（国际）采购与区域物流中心的规划方案已初步通过市区两级规划部门审核。乐从钢铁加工贸易项目土地调规及项目整体规划已完成。德邦物流华南总部及运作中心项目二期配送仓已完成库区土地平整及地基建设。北滘购物广场土建工程全面动工。2010年全区社会消费品零售总额539.7亿元，比上年增长19.3%。扣除物价因素，实际增长15.7%。分行业看，批发和零售业零售额467.5亿元，增长21.3%；住宿和餐饮业零售额72.2亿元，增长7.6%。（梁宪文）

会展经济

【概况】

顺德区会展活动自20世纪80年代起步，逐渐从原来由政府组织企业参加外地各种展览，发展到社会各界和区、镇（街）两级政府自主举办各种全国性乃至国际性的展览会、交易会、订货会等多种展会活动，基本形成以第二产业为主，第一、三产业为辅的会展格局。2010年，共举办展览近20场，会展产业蓬勃发展，并形成产业与会展相互促进的良好局面。

【中国顺德国际家用电器博览会】

中国顺德国际家用电器博览会以顺德雄厚的家电产业基础为依托，以构建家电行业的“全球交易平台”为主题，自2001年10月首届起每年举办一次，展览规模2万多米^2，折合1300个标准展位。“2010中国顺德国际家用电器博览会”共接待专业观众6万多人次，其中包括来自美国、英国、德国、台湾、香港等45个国家和地区的专业观众，成为国内颇具影响力的专业会展。

【顺德厨电及家电配件展】

顺德厨电及家电配件展自2005年起每年举办一次，经过多年培育，展会已获得家电配件产业链上中下游各环节代表的企业共同关注和参与，不仅打破了区域局限性，展会的行业代表性和地区代表性日益增强。2010年3月举办的“2010（中国）顺德厨卫生活电器采购展暨（中国）顺德家用电器原材料、零配件采购展览会”吸引了来自北京、上海、广东、浙江、江苏、山东、安徽等省市近700家家电原材料及配件企业，厨卫生活电器企业参展。

【中国顺德（伦教）木工机械博览会】

伦教是中国木工机械行业最具规模的产销基地，先后被授予“广东省木工机械专业镇”和“中国木工机械重镇”称号。在伦教举办的中国顺德（伦教）木工机械博览会已成功举办了11届，是行内最重要的展览盛会之一。2010年“第十一届中国顺德（伦教）木工机械博览会”展览规模达6万米^2，共接待专业观众2万人次。

（梁国强）

批发零售业

【概况】

2010年，在国家家电下乡、家电以旧换新等政策以及顺德区开展迎“亚运”欢乐购物节系列活动刺激下，顺德区日用品消费持续增长。日用消费品供应充足，价格平稳，重要商品没有出现断档脱销情况。是年，区限额以上企业分商品统计显示，增幅较大的有：服装类增长49.7%，日用品类增长29.7%，汽车类增长69.7%，家用电器和音像制品类增长35%，体育、娱乐用品类增长97%。购物中心成为消费主战场，销售畅旺，大中型商场销售保持稳步上升，据对区内大润发、吉之岛、沃尔玛、特易购等11家连锁商场的监测，11家商场实现销售20.9亿元，同比增长17%，其中大润发5.3亿元，是销售业绩最好的商场。

【继续实施“万村千乡市场工程”】

2010年，顺德继续实施“万村千乡市场工程”。重点推进农家店和配送中心的改造提升，提高配送能力，加强信息化建设，增强农家店的服务功能。对全区89个农家店开展中期评估工作，对农家店的总体建设情况、流通网络水平、后续质量管理等情况进行评价，分析存在问题，对一些管理松散、经营单一、不能满足农村市场需求的网点实施整改或关停。经过一系列的工作，农家店的面貌大为改变，整体服务质量有所提升，农家店销售基本实现正增长。是年，顺德区共有32个农家店和3个配送中心完成改造，通过国家级“万村千乡”市场工程的检查验收。

（梁宪文）

物流业

【出台《佛山市顺德区物流业发展规划(2010~2020)》】

2010年，经咨询顺德区属有关部门、各镇（街）、代表企业和物流规划专家意见，区经济促进局联合北京中物联物流规划研究院编制的《佛山市顺德区物流业发展规划（2010–2020)》正式出台。《规划》通过广泛深入的调研和创新规划方法，对顺德区物流业的发展基础、发展环境、物流需求进行详细分析，提出物流业发展的思路、目标、竞争分析与主要任务，明确物流业发展的市场定位和对策，规划了物流基础设施、空间布局、物流通道、物流公共信息平台、物流企业发展，并提出实施方案和政策措施，对顺德区改变经济发展方式、实施产业升级、提升区域竞争力等方面具有重大意义。

【德邦物流华南运作中心落户陈村】

2010年5月，德邦物流华南运作中心落户陈村国通物流城。德邦物流华南运作中心占地12万米^2，货物日吞吐量达1.2万吨，月吞吐量达31万吨，建成后珠三角将有240多个营业部的物流里程缩短，每天缩短短途中转里程1200公里，节省总体短途中转运行时效60多小时，月均提高

1800多小时。德邦采用先进的电子化管理模式，ERD企业信息平台、GPS定位货物跟踪技术、自动分拣系统、PDA条码系统的应用极大提高物流效率，有效降低公司运营成本。中心正式运营后，将提供近1800个就业岗位，预计每年可为顺德区贡献税收近千万元。（陆莹）

专业市场

2010年，乐从钢铁市场销售总体上升幅度较大，销售额559.7亿元，同比增长17.5%；乐从塑料市场年内恢复较快的上升势头，销售额64.9亿元，同比增长15.1%；家具市场虽受房地产市场渐趋饱和的影响，但随着红星美凯龙家具交易中心等企业的营业运行，继续刺激消费令销售上升，达29.4亿元，同比增长11.5%。乐从三大市场合共实现销售653.9亿元，同比增长16.96%。其余生产资料专业市场交易较上年大约持平，总体销售额有小幅提升。

（梁宪文）

旅游业

【概况】

2010年，顺德旅游业保持平稳发展的良好势头，全年旅游收入达73.72亿元，同比增长13%。旅行社：截止年底，顺德共有区内旅行社24家，其中出境游组团社6家。全年区内旅行社组团95万人次，同比增长约18%；接待游客33万人次，同比增长约25%；营业收入约69250万元，同比增长约21.5%。酒店业：截止年底，区内共有星级酒店30家，五星级酒店2家，四星级11家、三星级8家、二星级8家、一星级1家。主要星级酒店及待评星级大型酒店营业收入约63500万元，同比增长约12%。景区：区内拥有清晖园和长鹿度假农庄2个国家级4A旅游景区，还有陈村花卉世界、碧江金楼、西山庙、李小龙乐园、南国丝都丝绸博物馆、乐从家具城、万辉珠宝城、宝林寺、顺峰山公园、逢简水乡等特色景区。主要旅游景点接待游客约697万人次，景点营业收入达9825万元，同比增长约12%。

【旅游宣传】

2010年，顺德旅游主管部门抓住宣传和旅游整合的机遇，利用南番顺旅游联盟平台，组织策划宣传推广活动，开展系列宣传促销，提升顺德旅游影响力和辐射力。年初，召开南番顺旅游推介会，向珠三角和港澳旅行社宣传推广三地旅游资源和经典旅游线路。3月，牵头组织三地百余家旅游企业参加广州国际旅游展，吸引众多客商前来咨询。5月下旬，抓住武广高铁开通契机，牵头组织南番顺旅游联盟三地旅游企业百余家在武汉举办南番顺旅游（武汉）系列推介活动。采用户外互动活动、媒体同步宣传、业界深入沟通相结合的形式立体化推介南番顺旅游资源。6月和9月，牵头组织南番顺旅游联盟参加香港国际旅游展、广东国际旅游展，推介顺德旅游资源。策划编制完成《南番顺旅游指南》，为游客提供更清晰和全面的旅游指引。联系接待中央电视台、广东南方电视台、旅游卫视等主流媒体栏目到顺德拍摄旅游宣传片，借助主流媒体传播平台，让更多观众关注了解顺德游。

【景区发展】

2010年，顺德旅游主管部门推动文化资源与旅游资源的融合，推动景区创

"A"，打造特色旅游产品，提升和丰富顺德游品位和内涵。一是对乐从、北滘、杏坛三个镇具旅游开发潜力的重点文化旅游资源进行调研，开展文化旅游资源线路整合策划和宣传。二是推动陈村花卉世界、乐从家具城等景区申报国家4A级旅游景区。邀请专家对陈村花卉世界、乐从家具城和陈家祠、牧伯里片区申报4A级旅游景区进行指导；跟进重点景区长鹿农庄规划和建设，指导景区按照国家5A级景区的标准，围绕其特色完成规划，尽快完成旅游产品升级。三是指导、推动万辉珠宝城、一信药业展示室建设，打造珠宝产业游、旅游购物游等新兴旅游产品。定位为钻石主题公园的万辉珠宝城于5月底正式开业，集合钻石文化展示、观赏、体验、购物于一体。四是发动区内景区参与广东省科技旅游示范基地和工业旅游示范基地的申报，提升景区知名度及管理水平。年初，陈村花卉世界申报广东省科技旅游示范基地通过省旅游局检查验收。9月，万辉珠宝城被广东省旅游局授予"广东省工业旅游示范基地"称号。

【酒店业建设】

2010年，顺德旅游主管部门对君莱酒店等申报四星级旅游饭店工作给予指导。君莱酒店、君豪酒店、骏景酒店顺利通过评审，获评四星级旅游饭店。加强与喜来登酒店、金茂华美达酒店、嘉信康年酒店和太子酒店的联系，为酒店评星提供前置服务。对龙的酒楼计划建设的四星级酒店、乐从家具博览中心配套的五星级酒店项目规划给予指导，以保证建设符合相关标准。

【行业管理】

2010年，顺德旅游主管部门加强日常旅游行业管理和旅游培训工作，确保全区旅游行业有序健康发展，提升顺德旅游的软实力。一是加强旅游行业安全管理。与全区60家旅游企业签订旅游安全责任书；完成全区21家旅行社年度统计工作；组织区内旅行社进行旅行社责任险统保的学习；做好节假日、黄金周期间旅游安全检查工作，确保假日旅游市场整体秩序良好；按时进行黄金周旅游统计工作，并及时将相关数据向社会公布。及时处理旅游咨询和投诉，维护旅游企业和游客的合法权益。二是开展旅游培训及参加各类旅游技能竞赛，提升旅游业服务水平。指导区旅游协会举办导游考试培训班；组队参加2010年全国旅游饭店服务技能大赛广东赛区迎亚运"广州杯"选拔赛，取得中式铺床和鸡尾酒调制两个第三的成绩；组织区内优秀导游参加2010年广东省职业技能大赛导游人员技能竞赛，3名导游入围省决赛，获得全省专业组第三名和第五名的优异成绩，并有1名导游代表广东省赴京参加全国导游大赛，获全国导游大赛优秀奖。三是完成全区31家星级酒店星级复核工作。四是指导行业协会工作，发挥协会作用。年内协助旅游协会、饮食协会和厨师协会顺利完成换届工作，理顺协会内外部关系。

餐饮业

【概况】

顺德是粤菜的发源地，中国三大厨师之乡之一，美食文化源远流长，闻名遐迩，民间素有"食在广东，厨出凤城"之说。区内餐饮业发达，现有餐饮企业5000多家，名店名厨众多，拥有14家"中华餐饮名店"，9位"中国烹饪大师"和34位"中国烹饪名师"、26位"广东烹饪名师"，是国内餐饮名店、名师最密集的地区之一。作为粤菜的发源地，顺德金牌菜、特色菜无数，新菜不断推陈出新，区内有11种传统小吃获“中华名小吃”称号。2004年，顺德被授予“中国厨师之乡”称号，是全国仅有的3个厨师之乡中产业实力最强的地区。2006年，大良获评国内首个也是目前国内唯一一个“中华餐饮名镇”。2008年勒流被评为全国首个“中华美食名镇”。2010年，顺德被授予中国首个“中国美食名城”称号。美食已成为顺德极具特色的旅游资源。

【获评“中国美食名城”和申报联合国“美食之都”】

2010年，顺德开展申报“中国美食名城”和联合国教科文组织“美食之都”以及美食申遗工作。3月，区政府与中国烹饪协会正式签署协议，建立紧密战略合作伙伴关系，双方将在餐饮业区域品牌建立、发展规划编制、政策制定、美食品牌推广、行业人才培养、美食节庆活动等方面开展广泛深入合作，中国烹饪协会全力支持顺德做好“中国美食名城”和联合国“美食之都”的申评工作。9月，顺德正式获评“中国美食名城”称号，成为全国首个“中国美食名城”，极大地提升顺德美食的知名度。启动美食申遗工作，完成申报联合国“美食之都”资料，并正式向中国烹饪协会递交申报书。

【举办第五届中国岭南美食文化节系列旅游美食节庆活动】

岭南美食文化节是由顺德区人民政府和中国烹饪协会联合举办的国家级美食文化节庆活动。第五届中国岭南美食文化节2010年7月开始启动，至10月达到高潮，以“中国厨乡，美食天堂”为主题，共举办各种活动近30项。活动包括第五届顺德私房菜大赛、岭南风味美食展、万人龙舟宴、顺德美食大使评选、美食万人游、全省餐饮职业技能大赛、粤港澳名厨精品宴、中国（法国）美食节、首届顺德餐饮业风云榜、上海顺德美食月、中日美食推广、加拿大美食推广等，活动规格高、内容丰富、亮点多。“岭南美食文化节”已跳出顺德区域局限，成为珠三角乃至整个华南地区重要的美食旅游节庆活动，成为吸引珠江三角洲及港澳等地游客的重要品牌活动。

【成立顺德职院顺峰学院】

2010年4月6日，顺德职业技术学院和顺峰饮食酒店管理股份有限公司举行签约仪式，双方合作兴办顺峰学院，共同打造珠三角餐饮酒店管理人才培养、培训及科研基地。顺峰学院每年定向招收酒店管理、烹饪工艺等4个专业、8个班级共400名新生，三年在校生人数将达1200人。顺峰学院为顺德餐饮业在“政校企”合作模式上探出新路。通过深入的校企合作，培养高素质人才和启动顺德美食的标准化建设工作。是日，还举行了顺峰学院揭牌仪式。

（江　霞）

对外经济贸易

对外经济贸易

概况

2010年，在外需逐步恢复、内需继续扩大、国家加快经济发展方式转变和经济结构调整等利好因素的推动下，顺德区外贸恢复良好，总体平稳较快发展，进出口规模已超过金融危机前水平。全年全区进出口贸易总值为186.6亿美元，在全省地级市排位名列第八，同比增长25.6%，低于全省28.4%、低于佛山市的34.7%的增幅，占全省进出口总值的2.4%，占佛山市的36.1%。其中：出口144.3亿美元，增长30.1%，高于全省出口26.3%的增幅，低于佛山市的34.4%，占全省出口总值的3.2%，占佛山市的43.7%；进口42.3亿美元，增长11.9%，低于全省进口33.8%的增幅，低于佛山市的31.5%，占全省进口总值的1.3%，占佛山市的22.7%。顺德区外贸进出口、出口、进口均超过金融危机前的水平，进出口、出口、进口总值比2008年总值分别增长9.1%、11.0%、3.1%。实现外贸顺差102.0亿美元，同比增长39.6%。

是年，全区新增获得对外贸易经营者备案登记的民营企业201家，直接从事进出口业务，其中流通型企业61家，生产型企业140家。至年末，顺德有进出口经营资格的民营企业1885家。随着越来越多的民营资本加入到对外贸易的行列，顺德区外贸经营主体不断得到充实，为全区外贸进出口实现可持续增长提供强有力的支撑。

外贸进出口

2010年，围绕“保增长、调结构”的总体目标，顺德加大扶持外贸发展的力度，着力化解国际金融危机带来的困难和压力，外贸发展实现持续稳定增长，外贸进出口形势持续向好，率先突围局面不断巩固。

是年，顺德区外贸进出口呈现以下特点：一是一般贸易出口与加工贸易出口总量平分秋色。全年顺德区一般贸易出口71.8亿美元，增长52.5%，一般贸易进口16.9亿美元，增长22.1%，同期，加工贸易出口71.9亿美元，增长12.9%，加工贸易进口24.4亿美元，增长6.1%。二是私营企业出口增速继续保持领先。全年顺德区外商投资企业出口107.1亿美元，同比增长25.5%，占出口总值的74.2%；私营企业出口37.2亿美元，同比增长45.6%，占出口总值的25.8%。三是传统市场出口保持稳定增长，新兴市场出口增速较快。2010年顺德区对欧盟、美国、港澳地区等传统市场的出口保持稳定增长，分别累计出口31.3亿美元、28.6亿美元、19.3亿美元，分别同比增长23.3%、15.6%、28.2%，分别占出口总值的21.7%、19.8%、13.4%。全年顺德区对东盟、巴西、印度、俄罗斯等新兴市场的出口增长较快，分别累计出口9.1亿美元、6.8亿美元、4.2亿美元、3.7亿美元，分别同比增长35.9%、106.4%、64.5%、93.5%。四是出口商品以机电产品为主。2010年顺德区机电产品出口115.5亿美元，同比增长30.3%，占全区总出口额的80.0%，是顺德最重要的出口支柱产业。五是进口比重增大，品种增多。2010年顺德区进口总额为42.3亿美元，同比增长11.9%，主要进口国（地区）为日本、韩国、东盟及台湾省，约占全区进口总值的六成。顺德区主要进口钢材、塑料、集成电路及微电子组件、纺织纱线、织物及制品、钻石等，全年分别进口6.3亿美元、5.2亿美元、3.9亿美元、1.7亿美元、1.4亿美元，同比分别增长23.0%、3.0%、9.2%、4.0%、3.3%。

对外经济技术合作

2010年，顺德区企业共进行境外投资8项，其中对境外投资项目增资1项，增资61.5万美元；境外设立企业7项，其中1项物业管理公司，2项经营进出口业务，4项经营再投资，投资总额共2240万美元。是年进行了2009年度境外投资联合联检，区经济促进局组织16家参检企业进行年审。

利用外资

【外商直接投资】

2010年顺德区合同利用外资6.61亿美元，同比增长61.46%。全年新批设立外商投资项目88个；全年投资总额超千万美元项目25个，投资总额13.51亿美元，合同利用外资6.40亿美元，其中新批设立10个，增资项目15个；合同利用外资超千万美元项目19个，合同利用外资6.18亿美元，其中新批设立项目7个，增资项目12个。全年合同外资来源最大的五个国家（地区）是：中国香港55922万美元，占84.65%；韩国13462万美元(广东浦项等企业)，占20.38%；瑞典1348万美元，占2.04%；中国澳门861万美元，占1.30%；德国600万美元，占0.91%。

2010年顺德区实际吸收外资5.94亿美元，同比增长37.93%。全年实际外资来源最大的五个国家（地区）是：中国香港41622万美元，占70.13%；法国10904万美元（顺特电气），占18.37%；英属维尔京群岛3670万美元，占6.18%；中国澳门1285万美元，占2.17%；美国812万美元，占1.37%。

【历年累计投资企业】

至2010年，顺德区历年累计批准设立3079家外商投资企业，累计合同外资78.7亿美元。合同外资来源最大的五个国家（地区）为：中国香港49.14亿美元，占62.55%；英属维尔京群岛9.13亿美元，占11.62%；中国澳门4亿美元，占5.10%；日本3.77亿美元，占4.8%；韩国2.45亿美元，占3.12%。此外，中国台湾、加拿大、美国分列第六、七、八位。

至2010年，顺德区历年累计实际利用外资64.39亿美元。实际利用外资来源最大的五个国家（地区）为：中国香港37.05亿美元，占57.54%；英属维尔京群岛9.48亿美元，占14.73%；日本4.97亿美元，占7.72%；中国澳门2.49亿美元，占3.86%；加拿大1.73亿美元，占2.68%。此外，中国台湾、法国、韩国分列第六、七、八位。

【现存外商投资企业】

2010年末，顺德区现存外商投资企业共1665家，投资总额99.95亿美元，合同外资49.86亿美元。中外合资企业577家，中外合作企业49家，外资企业1034家，外商投资股份制企业5家，合同外资分别为：13.90亿美元、2.13亿美元、32.85亿美元、0.98亿美元。

2010年12月现存外商投资企业合同利用外资分类型饼图

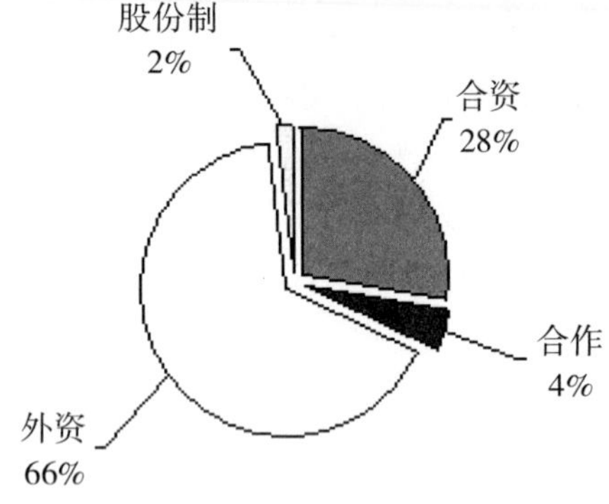

2010年末，顺德区现存外商投资企业投资总额超千万美元企业174家，投资总额80.21亿美元，占全区80.25%，合同外资超千万美元的企业108家，合同外资33.14亿美元，占全区的66.47%。

现存企业中，中国香港1129家，合同利用外资29.93亿美元；中国澳门147家，合同利用外资2.02亿美元；中国台湾81家，合同利用外资2.50亿美元；英属维尔京群岛72家，合同利用外资7.81亿美元；日本49家，合同利用外资3.56亿美元；美国36家，合同利用外资0.7亿美元；萨摩亚23家，合同利用外资0.39亿美元；欧洲35家，合同利用外资1.45亿美元；加拿大20家，合同利用外资0.51亿美元；韩国15家，合同利用外资2.25亿美元；马来西亚14家，合同利用外资0.24亿美元。

2010年12月顺德区现存合同利用外资国别分布图

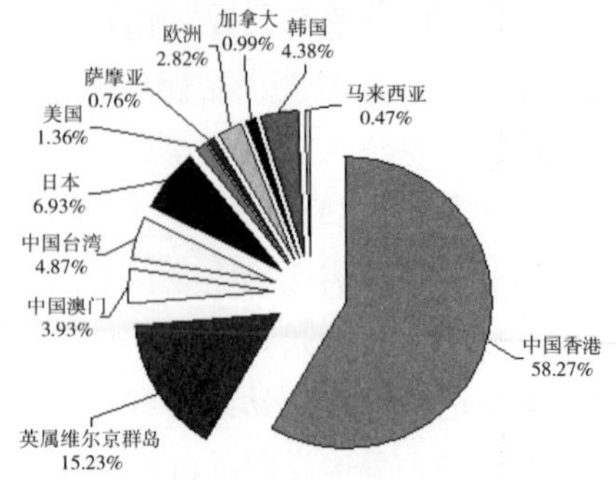

【投资顺德的世界500强企业】

至2010年末，共有23家世界500强企业到顺德区投资设立37家企业（其中1家为内资企业）。36家500强投资的外商投资企业累计合同利用外资7.97亿美元。本年新批设立1家，增资1家。新批的500强企业是落户容桂的爱立信（广东顺德）通信有限公司，由爱立信（中国）有限公司全额出资，投资总额4044万美元，合同外资1348万美元，爱立信位居2009年世界500强的第265位。增资的500强企业是广东顺德浦项钢板有限公司，投资总额增加2.98亿美元，合同外资增加1.31亿美元。

【贯彻落实CEPA服务业先行先试政策】

为落实珠三角规划纲要，推进粤港澳更紧密合作，2010年6月21日至23日，省政府与香港特别行政区政府联合举办2010粤港经济技术贸易合作交流会，顺德区经济促进局做好对外宣传、收集招商项目和贸易意向、邀请落实客商参会、对口洽谈等工作。7月29日，佛山市政府在澳门举办佛山—澳门CEPA合作交流会。顺德区经济促进局做好组织签约项目、与参会客商开展对口洽谈及咨询交流、对交流会进行报道、在澳门进行拜访等工作。

（李万拯）

财税 金融

财税　金融

财政

【财政收支】

2010年，顺德地方财政总收入180.04亿元（区库，下同），同比增长8.85%。其中：一般预算收入106.75亿元，同比增长19.56%；基金预算收入73.29亿元，同比下降3.72%。全区地方财政总支出197.01亿元，同比增长39.99%。其中：一般预算支出134.52亿元，同比增长61.62%；基金预算支出62.49亿元，同比增长8.69%。

2010年，区财政收支矛盾比较突出。主要原因是顺德区各项重点项目建设不断加快，教育、社会保障、医疗卫生、“三农”、环保等民生领域的支出需求不断增大，对企业自主创新、科技升级的支持力度不断加强，全都需要财政资金予以保障，加大支出压力，增加预算平衡难度。区财税局坚持“压缩一般、确保重点，公共财政、民生为重”的理财方略，严格按照“厉行节约”和“六个零增长”的要求，强化预算控制，优化支出结构，有效保障各项公共服务和重点支出的资金需要。

【财税征管】

2010年，顺德区财税局加强财税征管，财政收入持续平稳增长。一是加强财政收入的调研分析，建立财政收入监测机制。与税务部门加强沟通联系，全面掌握税收动向，密切关注税收入库进度，确保完成收入任务。二是规范非税收入征管。完善非税收缴程序，健全票据管理机制。密切监控非税收入的进度，主动协调相关收费单位加强征管工作，保证非税收入及时入库。进一步加大非税收入的缴库力度。

【体制改革】

◆完成“省直管县”财政体制管理改革试点工作　2010年，顺德区财税局主动与省财政厅加强沟通衔接，财政业务全面实施地级市管理权限，实现省区两级业务管理的对接和业务改革的平稳过渡。

◆推进“简政强镇”事权改革工作　区财税局及时下发镇（街）财政局主要职责和机构设置方案指引，明晰镇（街）财政局的内设机构设置及相关职能，按照财权与事权相匹配的原则，明确区、镇（街）两级的支出责任，出台《关于2011年镇级

2010年顺德区财政支出绩效面谈会

财政管理体制的通知》，加大镇（街）财力保障，提升镇（街）财政管理水平，进一步完善全区财政体系建设。按照有利于行政资源合理配置、便于市民企业办事的原则，梳理内部行政管理权限，在下放容桂街道11项行政审批、管理事项的基础上，再次下放各镇（街）118项行政管理权限事项，其中直接移交管理权限事项33项、内部调整管理权限事项83项、委托行使管理权限事项2项。

【支持经济发展】

一是促进经济发展方式加快转变。2010年，顺德制定《顺德区节能环保产品政府采购暂行办法》，强化全区节能环保和自主创新产品政府采购工作，通过政府采购导向作用扶持太阳能光伏产业发展。制定扶持光伏产业专项发展资金的操作细则和管理办法，做好全区申报国家太阳能光伏项目工作，全年对3个光伏项目核拨补贴达2217万元。培育总部经济，审核并拨付区内首批认定的13家总部企业奖励资金2577万元。完成对彩虹OLED、浦项镀锌钢板、广东工业设计城等区重点项目扶持资金审核，及时拨付企业技术开发财政专项补贴、小企业创业基地内企业租金补贴、科技型中小企业技术创新基金等项目。二是落实财政优惠扶持政策。做好家电下乡、汽车摩托车下乡、家电以旧换新的资料审核和资金兑付工作，全年共兑付资金达4022万元。

【公共财政投入】

2010年，顺德大力推进基本公共服务均等化建设，压减一般性支出，整合财力资源，统筹城乡发展，进一步扩大公共财政的覆盖范围，继续引导和调控社会资源不断向民生领域倾斜。调整财政结构，将更多的财政资金投向公共服务领域，加大调节在教育、文化、卫生、社会保障、公共基础设施等方面投入。推进教育均等化建设，不断加大对教育的硬件投入，安排3亿元财政资金，做好教师“两相当”实施工作。加大社会保障、医疗保障等方面投入力度。推进公共基础设施建设，进一步完善公交系统和路网建设。是年，区级财政投入教育、文化、社保和就业、医疗卫生、环保等社会公共服务支出73亿元，占一般预算支出的70%（该口径以剔除上级划拨顺德中央高效节能空调推广补助资金计算）。

【财政改革】

2010年，顺德区财税局加强对绩效评价相关工作的培训，提高财政绩效管理工作水平。邀请省财政科研所专家为相关单位进行绩效申报工作讲解；不断完善追加预算评审工作流程，明确追加经费绩效预算评审的要求。全年共有20个追加项目委托专家评审，送审金额8648.8万元，专家建议核减资金2735.21万元，核减率达31.63%。稳步推进区级财政资金竞争性分配工作，创新财政资金扶持形式。企业通过立项审批、书面评审、现场答辩等一系列程序后，专家按相关标准评选出资金的最优使用方案，显著提高财政扶持企业发展资金的使用绩效。2010年试点实施“重大科技项目”和“中小企业技术改造重点项目”，涉及资金2500万元。全面推进财政规范化建设。以“大部制”改革为契机，对财政规范性文件进行全面、系统的清理，重新拟定《区财税局财政资金审批管理及资金拨付规定》等一系列制度。编写《财政业务指南》等相关业务规范，建立规范有序的工作体系。通过引入专业机构共同推进“标准化管理体系”建设，梳理业务流程，明确岗位职责，形成《顺德区财政工作手册》。启动机关绩效考核体系建设，将考核内容细化到每个岗位。通过加强制度化、规范化的财政监控机制建设，将财政监控作为重要环节融入财政管理中，进一步规范业务操作行为。

2010年9月29日，顺德地税网上办税服务厅升级启动

【财税监督】

2010年，顺德区财税局加强财税监督，实现财政管理系统与办公自动化系统的全面整合，构建起安全、高效的财政管理信息平台。在不断完善财政信息化系统平台建设的基础上，将信息化建设与财政监督工作紧密结合起来，进一步强化财政的监控与监管职能，提高财政分析与预测能力，逐步建立起覆盖所有财政性资金和财政运行全过程的信息化监督机制。扩大电子化政府采购系统平台应用，率先推行“电子反拍”采购方式，提高财政资金利用率。全年实施集中采购项目188个，采购预算资金3.77亿元，实际采购金额3.38亿元，节约率10.34%。（林立）

地方税务

【概况】

2010年是“十一五”收官之年，也是顺德综合改革试验全面推进的奠基之年。顺德区财税局围绕区委区政府和省地税局的部署，牢牢抓住“三服务一推进”即“服务好经济发展、服务好各级党政、服务好纳税人，推进综合治税”的工作主线，始终坚持“收好税、带好队、服好务”的工作方针，组织收入再创新高，“两个减负”改革成效空前，社保费全责征收平稳开局，电子办税新时代全面开启，为促进经济社会平稳较快发展、推动顺德继续领跑全国县域作出贡献。

【税费收入】

2010年，顺德区财税局共组织地方税收收入86.88亿元，同比增长19%，增收13.89亿元，完成税收收入任务的109%。全年共征收各项规费73.48亿元，同比增长62.63%，其中社保费收入65.89亿元，增幅达66.57%。按照区政府部署，顺德区从是年12月起开征残疾人就业保障金，区财税局首次代征入库保障金24.2万元。

【征管工作】

2010年，顺德区财税局地方税收征管工作迈上新台阶。一是征管信息化水平不断提高。顺利推进“发票在线”系统上线，全年核定开票户数4825户，已开票户数4198户，已开具电子发票约247万份；4月起选取新开的建安业和房地产项目试点使用“建安业和房地产业税源控管系统”，上线进展顺利。

二是不断强化税源管理。建立“土地拍卖—建筑—销售”环环紧扣的监控系统，按房地产开发项目建立动态监控档案，强

化房地产开发项目监控。对在建和已完工未结算的重大工程项目设置台帐，实行专人跟踪、全程跟进，强化重点建筑项目监控。强化土地增值税征管，完成对土地增值税预征率和核定征收率的两度调整。加强对个人股权转让、重点税源企业分红的监控，逐步完善基础信息库，强化个人所得税监控，确保股息利息红利个税顺利入库。

三是全面启用二手房地产基准房价评价系统。经过 3 个月试点实施，4 月起在全区上线二手房地产基准房价评价系统，并引入二手房计税价格核定争议处理机制，改变“一核定案”的工作方式，减少征纳矛盾。全年系统累计评估交易总宗数 20248 宗，调增计税价格 12.34 亿元，遏止二手房地产交易中普遍存在的通过低报交易价格避税的现象。二手房地产基准房价评价系统成为区财税局入选顺德区政府“双创奖”的两个项目之一。

【执法检查】

2010 年，顺德区财税局部署开展全区地税系统税收执法检查工作。该局坚持“一个加强、三个深入”，即加强组织领导，科学制定检查方案，建立区级和各镇（街）地税机关两级联动机制；深入基层一线，采取基层先自查，区局再组织重点辅导检查的方式，深入掌握征管和执法一线的实际状况，检查面达 100%；深入关键环节，对照国家税务总局和省地税局督查标准，对减免税政策执行情况、企业所得税管理情况、社会保险费征收管理情况等 9 个重点方面进行深入检视；深入落实整改，针对所发现问题及时制定整改措施，提升执法水平，使执法检查达到预期成效。在省地税局组织的重点督查中，区财税局因存在问题最少而受到省地税局充分肯定。

【纳税服务】

2010 年，顺德区财税局采取多项措施不断提高纳税服务水平。一是建立大企业服务机制。推出《龙腾企业税企联络服务办法》，开展“龙腾企业镇街行活动”。在全省地税部门率先推出“税收保健计划”，为大企业、大项目和政府部门提供政策咨询、账务诊断、筹建问计、纳税维权四类个性化税收保健服务。二是整合资源普惠全体纳税人。将房地产交易相关税费征收窗口合并，在区镇两级行政服务中心增设地税业务办理窗口，在各办税厅逐步推行“一窗式”服务，成功上线广东地税“12366”税务咨询热线系统，日均服务量提升 39%。利用系统内外资源，构建覆盖面广泛的税收宣传服务体系，实现电视有广告，电台有专题，网络有视频，报纸有图文，手机有短信，户外有标识，刊物有指引，门前有辅导，为阳光办税提供保障。三是开启电子办税快捷服务纳税人，构建起“电子税务局”的框架格局。4 月，区财税局建成全区首个 24 小时自助办税服务区，为纳税人提供全天候网上申报、网上查询、缴纳车船税等自助服务，并成功获评为顺德区政府“双创奖”项目之一。10 月，该局“网上办税厅”正式升级启动，纳税人足不出户就能办理大部分涉税事项。网厅启用短短 3 个月，注册用户就迅速发展到 43096 户，累计受理业务 9015 宗，发出涉税提醒 75301 条，成为办税新平台。

（张燕）

国家税务

【概况】

顺德区国家税务局内设办公室、政策法规科、收入核算科、纳税服务科、征收管理科、人事教育科、监察室、税源管理一科、税源管理二科9个内设行政机构，下设直属机构稽查局、事业单位信息中心，镇（街）下设9个税务分局。截至2010年12月底，全区共管辖纳税人98670户，其中一般纳税人19004户，小规模纳税人74305户，非增值税纳税人5361户。

【税收收入】

2010年，顺德区国税局始终坚持“依法征税、应收尽收、应退尽退、公平税负”的工作原则，正确处理好国家与地方、税收与经济、执法与服务、当前与长远的关系，实现税收收入和地方经济协调稳步增长，全年共组织税收174.9亿元，同比增长13.4%；其中，国内直接收入122.24亿元，同比增长40.3%，增收35亿元，增收幅度和金额位居全市第一；区级收入33.5亿元，同比增长16.7%，为地方发展提供财力支持。

【税收征管】

2010年，顺德区国税部门深化税源分类管理和服务，进一步深化“抓大管中促小”分类管理，建立专业化税源管理模式，针对不同纳税人实施有针对性的管理和服务。推进分局股室职责调整，科学调整37项工作职责，精简涉税业务流转环节，提升基层运作效率，全区办税大厅10分钟受理率超过90%。在全市率先开展“信息管税”工作，实施专业化信息管税，全年共编制12期《税收月报》，启用21个预警监控项目，下发9600多条监控任务。开发文书流转软件为纳税人“减负”，在全市率先利用条形码技术，实现文书登记、传递、审批等环节的全程电子化监控和考核，全年共受理文书113260户次，完成归档资料91639户次，节省前台办税时间。

【税收执法】

2010年，顺德国税部门继续强化执法信息系统考核，全年系统监控执法行为近100多万条，连续12个月准确率达100%。继续推行1月办理2次退税，优化退税服务，全年依法、及时为企业办理出口退税72.8亿元，同比增长55%，退税规模和速度均位居全市首位。坚持“用好、用活、用足”税收优惠政策，全年共办理民政福利、小型微利、高新技术、软件产品、饲料生产等企业税收减免超过12.4亿元，惠及纳税人超过6992户次。

【纳税服务】

2010年，顺德国税部门开展“服务龙腾企业、总部经济企业、准备上市企业和高新技术企业，局长上门走访”活动，在全市率先制定《大型企业联系服务制度》，局领导带队走访100多家重点企业，解决企业涉税问题20多条；开通大型企业优先叫号业务功能，为大型企业和重点税源企

2010年10月27日，顺德区国税局召开文化管理现场会。

业办理涉税事项开通“绿色通道”。建立全市首个24小时自助办税厅，提供申报缴税、发票认证等7项自助服务，方便纳税人“全天候、综合性、一站式”办税，节省纳税人办税时间。在《珠江商报》报道了“税企通”平台、“税收一线”电台节目、12366服务热线等十大服务品牌，方便纳税人了解和运用好各项服务举措。创新税宣服务和个性化服务，组织全国第19个税收宣传月活动，20多项税宣项目；成立全省首个办税员俱乐部，建立全区首个外商税收联谊会，应用8个办税事项网上预申请等。 （罗俊忠）

金融

【银行业概况】

2010年，顺德辖内共有银行业金融机构16家，设有金融营业网点629个，从业人员7790人。面对国际金融危机强烈冲击，顺德银行业顺应国家宏观调控政策，及时调整经营策略，运用金融创新手段，在确保辖区金融整体运行平稳有序基础上，为“大部制”改革的顺德经济再腾飞注入新活力，推动地方经济发展。

【存款业务】

2010年，顺德各银行业金融机构存款较快增长。年末，顺德区金融机构本外币各项存款余额2531.53亿元，比年初增加373.18亿元，增长17.29%，比上年少增86.9亿元，增幅下降4.92个百分点。其中，人民币各项存款余额2481.65亿元，比年初增加358.39亿元，增长16.88%，比上年少增97.73亿元，增幅下降5.64个百分点；外币各项存款余额7.53亿美元，比年初增加2.39亿美元，增长46.57%，比上年多增1.81亿美元，增幅提高38.16个百分点。

是年人民币各项存款变化的主要特点：一是企业存款增长变化大，季末冲高迹象明显。年末，顺德区企业存款余额737.55亿元，比年初增加121.43亿元，增长19.71%，比上年少增115.8亿元，增幅下降22.55个百分点。其中，3月、6月、9月、12月均是当季单月增加之最，4个月合计企业存款累增140.39亿元，涵盖全年增量。企业存款的起伏变化与顺德区家电生产企业季节性融资需求密切相关，此外，部分银行为了季度指标考核，将派生存款暂留银行，对企业存款形成有规律的季末冲高起推波助澜作用。二是储蓄存款增长加快，活期化特征加剧。年末，顺德区储蓄存款余额1500.57亿元，比年初增加178.9亿元，增长13.54%，比上年多增7.34亿元，增幅提高0.63个百分点。受人民币升值和通货膨胀预期增强以及银行理财产品增加影响，年内活期存款增加131.19亿元，占新增储蓄存款73.33%，增幅比上年提高15.1个百分点。其中仅9月和12月共新增储蓄存款148.29亿元，占全年增量逾八成。证券保证金假期流向和市民对资本市场投资逐步减弱是造成这一现象的主要原因。三是其他存款快速增长。年末，顺德区其他存款余额180.2亿元，比年初增加64.86亿元，增长56.24%，在各类存款中增速居首位。其他存款的增加基本集中在非国有商行，如某行的总部资金存入，拉动其他存款增加达20.28亿元。此外，非国有商行因融资（含外汇融资）业务而带动保证金大幅增加。

【贷款业务】

2010年，顺德各银行业金融机构贷款

高速增长。年末，顺德区本外币各项贷款余额1615.82亿元，比年初增加383.75亿元，增长31.15%（比佛山市高8.44个百分点），比上年多增95.71亿元，增幅提高9.46个百分点。随着货币政策从宽松至稳健的调整，央行6次上调存款准备金率及2次上调存贷款利率，银行业新增贷款逐季回落，年末顺德区人民币各项贷款余额1581.64亿元，比年初增加372.77亿元，增长30.84%，比上年多增95.5亿元，增幅提高9.58个百分点；外币各项贷款余额5.16亿美元，比年初增加1.76亿美元，增长51.93%，比上年多增0.185亿美元，增幅提高7.82个百分点。年内贷款投向主要有："个人贷款"（含农户贷款）占比27.69%、"制造业"占比21.93%、"房地产业"占比12.67%、"批发和零售业"占比12.42%、"租赁和商务服务业"占比10.78%。

是年，人民币各项贷款变化的主要特点：一是中长期贷款推动信贷规模不断扩大。年末，中长期贷款余额941.25亿元，比年初增加235.23亿元，增长33.32%，占新增贷款63.1%。支持政府基建项目，如道路建设、工业园建设、土地开发、学校建设等是拉动中长期贷款增长的主因。其次，信贷资金对房地产的推动作用仍然明显，中长期消费贷款继续保持较快增长。二是短期贷款快速增长。年末，顺德区短期贷款余额575.71亿元，比年初增加200.59亿元，增长53.47%，比上年多增136.75亿元，增幅大幅提高38.73个百分点，高于各项贷款增幅22.63个百分点。随着我国经济回升向好，企业对流动资金需求不断增强是短期贷款迅速增加的刚性动力。银行贷款结构调整，票据融资规模收缩为其拓展增长空间，全年顺德区贴现累计发生额419.49亿元，比上年减少128.29亿元。年内新增短期贷款主要集中于企业季节性融资和外贸企业的国际贸易融资两方面。三是升格银行表现优异，贷款业务快速发展。年内中行、建行分别新增贷款63.57亿元、56.14亿元，增长167.61%、63.18%。

外币贷款上下半年表现大相径庭。上半年，顺德区外币贷款升势迅猛，而转入下半年因受信贷规模控制，贷款不升反降(数据详见上述)。

【现金业务】

2010年，顺德各银行业金融机构现金收支总量上升，净投放量继续扩大。现金累计收入2742.58亿元、现金累计支出2944.91亿元，分别增加331.22亿元和374.62亿元，比上年增长13.74%和14.58%，收支轧差实现现金净投放202.32亿元，比上年增加43.41亿元，增长27.32%。其中储蓄存款现金收付量达3651.12亿元，比上年增加378.77亿元，通过该渠道现金净投放137.85亿元，占全区总净投放量68.13%。2010年居民理财投资活跃，储蓄资金进出理财产品及证券市场频繁，几大专业市场销售活跃，楼市销售保持畅旺等均是年内储蓄（现金）收付量增加的原因。

【银行业经营状况】

2010年，顺德各银行业金融机构经营效益明显提升。实现本外币账面利润56.12亿元，比上年增加18.73亿元，增长50.07%，利润占佛山全辖区的38.98%，继续位居佛山市五区之首。贷款规模的扩大和存贷款利差的增加是年内银行业利润大幅增长的直接原因，此外，中间业务收入增加、各种拨备减少以及成本控制能力加强等也是银行盈利的重要因素。

【多层次金融体系建设】

2010年，多层次金融体系建设为顺德经济金融发展注入新活力。年初，光大银行在顺德区设立分支机构；3月末，永亨银行（全区第一家外资银行）开业；4月，美的集团牵头成立迅博小额贷款公司后，年末组建的美的财务公司也正式挂牌，顺德金融业结构更加多元化。同时，顺德农行、中行正式挂牌升格为省直属分行，建行也于年末获批准由省直属支行升格为分行，随着银行经营自主权的增强，银行业务发展空间日益扩大。年内，顺德农村商业银行借转制的契机，实现业务的飞速发展和经营理念不断创新，成功实现跨区（省）域经营：在高明区设立“顺银”村镇银行、在江西省丰城开设村镇银行。（郭炳禧）

【中国人民银行顺德市支行】

◆概况　中国人民银行顺德市支行现有干部职工62人，内设办公室、会计国库股、综合业务股、外汇管理股、纪检监察室共5个股室。2010年，支行认真贯彻落实国家货币政策，以金融建设为抓手，稳步推进地方金融改革创新，不断提升金融服务水平，支持和促进辖区经济金融的健康发展。

◆贯彻落实国家货币政策　一是强化工作重点，执行适度宽松的货币政策。是年，除及时做好各项金融政策的传导工作外，支行以季度经济金融形势通报会为核心，结合各类金融政策宣讲会、信贷座谈会等多种平台，协调辖区各经济金融管理部门，强化货币信贷政策宣传成效；加强对辖区经济金融运行情况的动态监测和分析，深入跟踪、调查、反馈总行出台各项货币政策措施实施效应，及时反映辖区经济金融运行中的热点、难点问题，为上级行和地方政府提供准确的决策参考。如针对国家年内连续出台多项房地产调控政策，每次支行都主动向政府、金融、企业等社会各界做好信息搜集工作。年内，支行参与撰写的信息材料1篇获国务院办公室采编，4篇获总行采编。二是加强窗口指导，支持地方经济发展。支行将信贷政策与顺德地区的产业发展战略相结合，加强对金融机构的窗口指导，引导金融机构在注意加强风险防范的同时，加大对经济发展的资金支持力度。年内，顺德金融机构加强对“三农”建设、技术改造、创新型产业、民生工程、创意产业和区域协调发展方面的信贷投入，推动地方经济结构调整及经济发展方式的转变。年末，辖区新增本外币各项贷款383.75亿元，比年初增长31.15%，为地方经济实现较快增长作出贡献。三是加强沟通联系，当好政府参谋。为有效缓解中小企业融资难题，支行配合做好珠三角地区改革发展规划纲要工作，重点落实支持中小企业发展的金融政策，全力协助区政府推进实施“龙腾计划”，借助顺德促进中小企业健康发展等系列实施方案，鼓励金融机构加大对中小企业的信贷支持力度，推动中小企业金融服务和产品创新，着力扶持中小企业发展。四是落实会议分析制度，完善工作协作机制。支行进一步加强与政府各职能部门、金融机构、企业的信息交流，强化对经济、行业结构的分析、研究，准确把握辖区经济、金融运行状况和趋势，不断提高基层央行分析水平。坚持并完善货币政策执行情况报告制度和金融形势分析会制度，及时反馈经济、金融运行态势和各项货币信贷政策实施效应信息，并提出宏观调控在本辖区落实的具体措施和建议，引导金融机构资金合理投向。

◆金融改革创新　一是稳步推进辖区金融改革创新。是年，支行以贯彻落实《珠三角发展规划纲要》为契机，全面开展珠三角发展规划纲要框架下顺德金融改革创新研究工作，引导辖内金融机构加强与广港澳金融机构服务合作，实现跨地域的金融优势互补。顺应顺德“大部制”改革形势，支持辖内金融机构升级改革。完善农村金融服务体系建设，开展设立村镇银行的可行性研究，引导和鼓励商业银行在农村恢复或增设机构和网点，开发适合顺德城乡一体化金融服务营销品种，加大金融支农力度，努力将顺德区打造成为城乡金融一体化先行区。二是加快多层次金融市场体系建设。推进国内外商业银行引进工作，加强对开设小额贷款公司、财务公司的政策指导，支持顺德农村商业银行实现跨地域经营发展战略。年内，永亨银行（中国）有限公司和光大银行先后落户顺德，讯博小额贷款公司、美的财务公司设立，以顺德农村商业银行为主发起人的佛山市高明顺银村镇银行、江西省丰城顺银村镇银行和跨地域设立的恩平支行先后开业。

◆维护地方金融稳定　是年，支行配合上级做好金融风险监测和风险评估工作，强化对存款准备金和利率监测管理，落实对辖区上市公司及前五名贷款大户资料的收集和监测，密切关注银行信贷资金投向中的结构性风险问题，重点加强对顺德农村商业银行、小额贷款公司、财务公司的风险监测分析，完善各类金融风险应急处置机制，不断提高防范金融风险的能力，确保辖区经济金融稳健发展。年内，支行根据国务院加强对地方政府融资平台管理的有关规定，结合地方实际向辖内金融机构提出风险提示，引导金融机构在大力支持地方经济发展同时切实做好并就如何做好地方性融资风险防范工作提出指导性意见，此一做法获得辖内金融同业的充分支持和肯定。

◆外汇管理　一是推广跨境人民币结算业务。开展跨境人民币结算业务是推进我国经济金融长远发展的重大战略，是年，支行在政府及相关职能部门支持配合下，通过各类银企推介会、媒体宣传以及约见和走访重点企业等方式，全面开展跨境人民币结算业务推广工作。全年辖区共办理该项业务133笔，金额9.48亿元，其中：收汇44笔，金额2.24亿元；付汇89笔，金额7.24亿元。在上述业务中，顺德多项业务开创佛山市乃至全国跨境人民币结算业务工作先河。二是加快贸易外汇管理改革，进一步便利企业对外贸易。支行配合上级局推行进出口收付汇核销制度改革，改进出口收汇联网核查管理，允许企业在特定情况下先结汇后核查，并适当放宽出口企业可收汇额比例，推行出口收入存放境外试点工作。全年发放《出口收汇核销单》41万份，核销金额147亿美元；办理进口付汇1.96万笔，核销金额29亿美元。三是实时监测外汇账户余额变动情况，加强资本项目管理。全年共办理验资询证登记309笔，金额5.6亿美元，比上年增长36%；为1505家外资企业办理年检手续，占应审核企业97.5%。

◆国库管理　一是规范国库会计核算业务，及时准确完成国库资金收付核算工作。是年，顺德支库继续以实现“零差错”为目标，严格按照中国人民银行关于国库会计核算管理与操作的规定处理业务，不断完善国库会计核算工作。全年共办理预算收支业务880.99万笔，金额706.88亿元，其中收纳缴款书874.16万笔，金额376.08亿元；办理退库1.14万笔，金额104.43亿元；预算支出5.69万笔，金额226.37亿元。二是开展业务系统应急演练工作，强化内控管理，严防国库资金风险。三是加强监督，配合财税部门做好国库集中支付制度改革和税费征收工作。年内对辖内10个国库经收处和2个集中支付代理银行进行现场检查，加强对经收处业务的监督和指导，规范财税资金的征收工作。以深化国库集中支付制度改革为契机，及时做好“大部制”改革中部分预算单位代码和名称的变更以及额度调整工作，确保集中支付资金的及时准确清算。全力配合地方财政顺利做好区级财政预算单位实行单位公务卡结算试点以及残疾人就业保障金的征缴工作。

◆改善农村支付服务环境　是年，该支行以顺德区被广州分行评为改善农村支付服务环境示范县为契机，组织辖内金融机构成立顺德农村支付服务环境改善工作领导小组，结合本辖区经济金融和支付体系建设发展实际情况，制定《顺德区农村支付服务环境改善工作方案》，有步骤地开展辖区改善农村支付服务环境工作。在各金融机构支持下，该项工作目前进展顺利，居（村）一级的银行卡受理范围扩大，电子银行业务得到有效推广和发展。6月，顺德农村商业银行获批以直接参与者身份加入全国大小额支付系统，顺德农村支付服务环境得到进一步改善。

◆推动辖区信用环境建设　是年，根据顺德区征信业发展规划，支行利用设摊、媒体以及派发单张等方式大力宣传征信工作。年内共办理个人查询1299人次，企业查询65次；协助海关、工商、经贸局等部门开展企业评级工作提供征信方面的信息资料，累计查询企业1247家，充分发挥征信系统权威信息效能。

◆人民币反假工作　是年，针对人民币造假手段不断出现新的花样现象，支行及时将鉴别方法通过新闻媒体、商业银行向社会进行宣传，进一步加强市民的反假鉴别能力，同时，加强与公安机关合作，全面打击假币犯罪活动。全年共收缴假人民币112万元。

◆人民币结算账户管理　是年，支行严格执行落实人民币结算账户管理的有关制度，做好核准类银行账户开户许可证核发工作。全年共办理开立基本账户17104个，专用账户831个，临时账户89个，销户21812个，变更业务8183笔。

◆金融信息化建设　一是及时充实征信数据，完善征信系统建设。是年，支行加大非银行信息采集力度，利用贷款卡年审，及时做好年审企业各类数据的填充工作，全方位地扩容征信系统数据信息存量，为各级职能部门和商业银行提供真实可靠的信息资源。年内共为6153家企业办理贷款卡年审。二是全力做好国库新业务系统推广上线。人总行国库充分整合国库系统资源，开发建设了国库会计数据集中系统、财税库银横向联网系统和国库管理信息系统。三是实现区级社保费通过财税库行横向联网系统（ETS）直缴国库。为有效配合财税部门全责征收社保费改革，支库利用人民银行的系统网络资源，联同地方财税部门顺利完成社保费直缴入国库工作。从2009年8月实现省级社保费收入直缴入库后，顺德区于2010年11月又实现区级社保费的直缴入库。　（郭炳禧）

【顺德农村商业银行】

◆概况　顺德农商银行于2009年12月23日正式成立，是广东省首家县级信用社改制而来的农村商业银行，其前身是始建于1952年、具有50多年发展历史的顺德农村信用合作社。2010年，该行发挥农村金融主力军的作用，全面深化企业机制改革，锐意创新，实现各项业务可持续发展。至年末，总资产1198亿元，在全国农商银行系统排名第7位，本外币各项存款余额1012.33亿元，比上年底增加165.45亿元，增幅19.54%。各项贷款余额610.72亿元，比上年底增加113.53亿元，增幅22.83%，存贷业务增量均是该行历史上最大的一年。按五级分类计算口径，不良贷款率为0.92%，资本充足率为15.09%，拨备覆盖率为297.91%。经审计，2010年度实现经营利润22.24亿元。各项核心经营指标达到国内16家已上市银行的平均水平。全年收付汇量44.36亿美元，占全区市场份额的25%，居同业的第3位，结售汇量32.53亿美元。全年中间业务收入达1.67亿元，增幅29.26%，恒通卡新增有效卡6.65万张，发卡行交易额150.3亿元，收单行交易额225.25亿元，占全区同业的61.42%。全国银行间债券市场债券交割量14462亿元，同比增长5848亿元，增幅67.89%，在全国农商银行系统中排名第4名。股东权益持续提升，每股净资产5.03元，比发行价4.8元提高0.23元。每股净收益0.85元，比上年底增加0.34元。以每股4.8元的发行价计算，2010年12月底市盈率为5.64倍，市净率为0.95倍，展现良好的投资价值。

◆机制改革　2010年，顺德农商银行继续进行体制改革。一是完善法人治理，构建现代商业银行治理架构。该行建立以股东大会、董事会、监事会、高级管理层为主体的“三会一层”公司治理架构，完善“一级法人、统一管理、授权经营”的商业银行经营管理架构；制定章程、“三会”议事规则及委员会工作制度等一系列公司治理制度，全部重大事项都按章程规定提交董事会和股东大会审议，严格按照相关议事规则进行决策；银行总行本部设12个职能部门及总行营业部、下设11家一级支行，150家二级支行，159家分理处，完善扁平化的组织架构。二是深化机构改革，优化整合资源。该行将总行公司银行部及个人银行部整合为市场营销部，强化营销资源的联动和搭配；成立银行卡部、机构管理部，加强银行卡与机构管理；成立战略发展与竞争力管理委员会，全面研究政策、研究市场、研究同业；组建以合规部为基础，以推进本行全面风险管理体系建设为具体职能的合规与风险管理部，肩负起本行全面风险管理体系建设的重任。

◆信贷管理　2010年，顺德农商银行贯彻落实国家宏观调控政策，适时调整投放策略，优先支持和引导农业向多元化、集约型发展，大力支持工业园建设、城乡基础设施建设和中小企业发展。是年新增贷款113.53亿元，累计信贷投放782.98亿元，其中第一、第二、第三产业分别累计投放5.14亿元、353.9亿元和423.9亿元，其中支持新农村建设，对农户、农村组织等涉农贷款金额达271.47亿元；支持制造业，如家电、家具、化工、涂料等支柱工业的信贷投放达174亿元；大力扶持中小企业发展，对中小企业贷款投放达393亿元，受益中小企业超过3200户；支持地方基础建设贷款投放达37.9亿元。同时，通过前移贷款审批流程、提前介入大额授信项目、推行“双主审制”、建立风险经理制度、试行贷款中心复审制度等，提高贷款审批的效率和质量。通过加强对重点风险项目等信贷业务的跟踪管理和监督检查，提升案防能力。通过建立电子化信贷管理系统，以电子化手段强化对信贷风险的管控能力。

◆金融服务 是年，该行实施产品创新战略和业务多元化战略，提升企业核心竞争能力。在广东省农村金融系统第一家发行恒通贷记卡，相继投产新一代POS系统、支付宝卡通、新一代网上银行。先后推出理财宝、置业易、周存易、托管易、转按易、贷易还、手机银行等业务品牌。推出“担保易、经营易、双盈易、展业易、周转易和购机易”六大系列产品，向中小企业提供全方位、全产品、一站式、综合化的金融服务。在广东省农村金融系统第一家上线事后监督（OCR）系统等，为业务拓展和风险管理提供支持。是年，启动“1000职业化精英团队规划”，组织招聘团队到省外招聘，并完善外设机构招聘管理办法。全面启动网点营销升级转型，开展“站在新起点，服务再出发”大型综合服务提升活动，推动优质服务文化建设。

◆跨区经营 一是设立异地分支机构。是年11月29日该行首家异地分支机构——江门市恩平支行正式开业，这是广东省农村金融系统的第一家异地分支机构。二是发起设立村镇银行。由该行发起设立的高明和丰城两家村镇银行分别于是年6月29日和11月25日正式开业，樟树顺银村镇银行于11月取得银监部门开业批复并领取工商营业执照。其中高明顺银村镇银行是佛山地区首家成立的村镇银行，也是广东省首家由农村金融机构发起设立的村镇银行；丰城顺银村镇银行是该行在广东省外发起设立的首家村镇银行。 （卢毅宁）

【中国人民财产保险股份有限公司顺德支公司】

◆概况 中国人民财产保险股份有限公司顺德支公司是目前顺德区内规模最大、实力最雄厚、服务网络最健全的财产保险公司，信誉、管理、服务一流，保费规模、承保保额、赔付金额等关键指标均居顺德区同行业之首。公司营业网点遍及顺德城乡，下设镇营业（营销）部14个，保险营销员1612人。2010年，该公司紧密围绕“转方式、调结构、防风险、促发展”的工作主基调开展各项工作，保费规模再创新高，全年实现保费收入61730万元，同比增长21.16%，占顺德区产险市场份额的41%。

◆保险业务 车险业务方面。2010年，该公司对4S店、代理公司、公务车、出租车和营业车队实行专管专营，4S店合作数量达到39家；对签约维修厂实施“分类定级理赔服务待遇差异化管理”，吸引更多的维修厂主动与公司合作，合作数量达到74家。非车险方面。该公司对政府路桥建设、大型企业集团及招投标业务实现专管专营，成功续保顺德区路桥保险项目、统保美的集团财产保险、美的制冷财产保险、责任保险以及运输保险等项目；主动加强与政府各职能部门的沟通，拓宽农村保险领域，为全区137,490万户家庭提供贴心的农房统保服务；与全区养殖户签订政策性生猪保险协议，实行生猪保险和能

谢泽伟总经理上线“顺德政风行风热线——民生零距离”节目。

繁母猪保险捆绑销售政策，全力支持顺德区三农建设，再次成为政策性农业保险的独家承保单位。社会补充医疗保险业务方面，该公司负责为顺德区70万城镇职工提供完善的医疗保险保障。

◆营销管理　2010年，该公司深入推进销售管理改革，建立健全职业发展机制、考核评价机制、人才培养机制及技能培训机制，按保费规模和人员数量组建业务部38个，专业销售组108个；完善晨（夕）会制度，强化增员实效，全年共计新增人员414人。通过管理者带头授课制度与营业部职场培训相结合的方式，全年共举办各类培训班88期，参训人员达10294人次，团队整体素质、凝聚力、积极性全面提升，营销员持证率达100%。

◆客户服务　一是理赔服务。2010年，该公司在车险方面，推出“万元以下，一日赔付”、“车险理赔，七天无休”、“三天付款、七日提车”等多项理赔服务升级举措，缩短理赔周期，继续保持同业客户服务第一品牌；非车险方面，通过岗位责任制及案件条形码管理系统，提高案件流转速度，实现理赔周期与理赔质量同步提升。推行特色短信服务。2010年共向客户发送事故车推荐修车服务、续保提醒、赔款通知、报案提醒、查勘通知等特色短信达56万条。三是客户专项回访服务。全面开展定损前电话回访、未决案件回访、未出险客户满意度调查、第一现场查勘、理赔结案等专项回访，回访人数达到3.7万人次，客户整体满意度达88.45%。

（何少颖）

【中国人寿保险股份有限公司佛山市顺德支公司】

中国人寿保险股份有限公司佛山市顺德支公司共有各类员工1012人，其中合同制员工48人，保险代理业务人员964人。公司内设5个部门，下设13个营业网点，网点分布遍及区内各镇、街道。2010年，该公司秉承“勇担责任，成就卓越”的企业文化，强调社会责任的承担，业务发展保障型产品与分红型产品并重，兼顾社会各类群体的差异化人身保险需求。全年实现保费收入10.23亿元，同比下降13.9%。其中，个人业务新单保费收入0.92亿元，同比下降27.6%；银保业务新单保费收入4.47亿元，同比下降32.3%；短期险业务保费收入0.54亿元，同比增长3.8%。

是年，该公司抓好销售队伍的基础管理，开展“诚信我为先”的主题教育活动，强调销售诚信、服务诚信，严禁销售误导，让客户明明白白买保险。举办一系列客户服务活动，包括缤纷电影月、少儿绘画大赛、陶瓷创意大赛、少儿赏识教育专题讲座、养老健康讲座等，继续提升寿险的附加服务价值。

（余兆荣）

经济管理

经济管理

国民经济、社会发展规划与管理

【概况】

2010年，顺德区发展规划和统计局积极履行发展经济社会管理职能，做到抓项目促进发展、抓物价稳定发展、抓监管保障发展，维护良好的经济社会发展环境。根据简政强镇试点改革工作部署，继续向镇（街）委托移交投资立项、规划行政管理权限，以及移交相关人财物。加强对镇（街）的业务指导和监督，确保权力下放后的规范运行，保障各项工作不脱节，服务质量不下降。

【国民经济和社会发展规划】

2010年是“十二五”规划编制年，顺德区成立编制工作领导小组及其办公室，联合中山大学课题组等专业团队，制定了《顺德区国民经济和社会发展第十二个五年规划纲要》。纲要提出了“三个定位”、“三大战略”、“六项主要任务”。“三个定位”是：现代产业之都、品质生活之城、改革创新之窗，该定位为顺德未来5年乃至更长远时期的发展指明方向，围绕定位提出改革创新战略、产城联动战略、人文引领战略，引领顺德新一轮经济社会健康发展。同时提出“建设现代产业体系，打造现代产业之都”、“提高自主创新能力，建设灵动创新城市”、“提升城市化水平，塑造宜居宜商城市空间”、“坚持以人为本，构建‘阳光顺德幸福家园’”、“加强区域合作，构筑对外开放新格局”、“全面深化改革，创建公共管理新模式”等六项主要任务，列出今后5年政府工作的重点。为确保纲要的实施可控可测，纲要制定38项量化指标的发展目标，还列出一批关系全局的重大项目，项目总数达268个，投资总额约2670亿元。

【产业发展规划】

2010年，顺德区《产业发展规划》前3个阶段的工作任务已顺利完成，规划成果获得区政府同意批复，并完成规划成果公告。11月召开全区产业发展规划阶段性工作会议，专门研究规划落实，明确由区经济促进局牵头草拟实施意见，提出职责分工，指导各部门、镇（街）共同行动，将《区产业发展规划》落到实处。

【宏观经济管理】

2010年，顺德加大对经济运行的监测力度，做好经济运行月度分析和季度分析，及时反映顺德经济的走势和重点项目建设进度，为各级领导掌握经济运行的变化动态，科学决策和宏观调控提供参考。制定《顺德区镇、街道2010年科学发展考核评价办法》，通过发挥考核机制的引导和约束作用，推动各镇（街）实现科学发展。建立《珠江三角洲地区改革发展规划纲要（2008～2020年）》实施工作机制，落实定期监测、报送制度，跟进落实纲要重大项目、重要基地以及推进2010年度重点工作任务的进展情况，完成考核指标的监测工作。加强全局性、前瞻性、战略性的重大问题研究，与科研单位合作，完成顺德制造业、生产服务业等专题分析文章；做好《佛山市顺德区第二次全国经济普查主要数据公报》（第一、二、三号）等的发布工作。依据国民经济动员“十一五”规划目标，对国民经济动员工作进行梳理，分析“十一五”规划执行评估结果，确保顺德区在后勤物资、物资储备、保障力量、预案体系、信息化建设、体制机制、法规制度建设等方面达到预期目标。发挥好区节能减排工作领导小组办公室作用，完善节能减排工作的统计、监测和考核体系，加强领导小组办公室与节能工作、减排工作两个专责小组的综合协调，推进节能减排工作的深入开展。

【城市可经营项目管理】

2010年，顺德组织各镇（街）和相关部门挖掘、开发、包装、推出新的城市可经营项目，并大力做好项目的宣传推介工作，推进城市可经营项目投资多元化、市场化。在5月26日进行的“2010佛山城市可经营项目投资推介洽谈会暨签约仪式活动”上，顺德共推出项目53项，都是民心工程的基础设施项目，投资总额223.52亿元，超额完成佛山市下达的130亿元任务。其中签约项目30项，投资总额76.04亿元；推介项目23项，投资总额147.48亿元。

【固定资产投资项目管理】

2010年，顺德纳入省重点项目23项，总投资逾400亿元，其中2010年计划投资62.7亿元，完成投资约64.7亿元，完成本年度投资计划的103.2%；纳入市重点项目共42个，投资总额约628.1亿元，其中2010年计划投资91.8亿元，完成投资约95.6亿元，完成本年度投资计划的104.1%。纳入省现代产业500强项目共45个，总投资约883亿元，全年累计完成投资约99.5亿元。

是年，全区审批、核准、登记内资项目共393个，总投资额415.18亿元。全年投资项目立项与上年同期对比，项目个数减少17.95%，总投资额减少5.47%，其中：厂房项目总投资114.64亿元，同比增加418.9%，商品房项目总投资254.85亿元，同比增加351.3%，社会事业（及其他）类项目总投资43.64亿元，同比减少87.9%。

是年，顺德紧密配合产业结构调整，推进新兴产业发展，全力推进重点项目立项和落地建设。重点针对顺德区重点建设项目和现代产业500强项目，如彩虹OLED项目、浦项镀锌钢板项目、美的微波电器马龙工业园、格兰仕白色家电厂房项目、欧浦电子商务与物流建设项目、联塑总部大楼项目、万和新电气项目等项目立项工作，以动态联动机制，积极主动与省发改委进行沟通协调，协助项目抢争更多政策资源。落实行政审批制度改革，配合开展简政强镇工作，优化办事流程、减少办事环节，以“凡是可以下放镇（街）办理的审批权均予以下放”为宗旨，顺利完成行政管理权限向各镇（街）移交的工作。已下放到各镇（街）的事项包括：投资额3000万元（不含）以下的区权限内的政府出资投资项目审批、内资投资项目核准（权限内）和企业投资项目登记备案；投资额3000万元（不含）或500万美元（不含）以下的外商投资项目核准（权限内）；内外资项目进口设备免税确认书（初审）；国家高技术产业发展项目申报（初审）。

【招投标管理】

2010年，顺德区发展规划和统计局履行部门管理职责，贯彻执行招投标管理的各项政策规定，严格管理区内各项招投标活动；做好对全区招投标的管理和指导工作，协调处理和解决招投标过程中遇到的新情况、新问题。依法对招标方式变更和调整、评标专家抽取等申请事项进行审批，全年共审批有效招标申请事项96宗。依法开展招标方案核准工作，确保全区所有必须招标的基建工程和特许经营项目都严格按招投标有关管理规定推进，全年共核准项目招标方案558个。

配合区政府“简政强镇”工作，区发展规划和统计局根据区政府办公室《下放招标投标部分管理权限的实施方案》文件精神，牵头制定了《镇（街）开展500万元以下工程项目招标投标的条件要求》。根据有关条件要求，牵头组织区招标投标工作办公室其他成员单位，对提出下放招标投标管理权限申请的镇（街）进行资料审核和验收检查，除伦教外，其余9个镇（街）先后通过检查验收，经区政府批准，可在本镇（街）开展500万元以下工程项目招标投标。草拟制定《顺德区镇村建设工程招标投标管理办法》，作为各镇（街）开展工程招标投标管理工作的重要依据和准则。配合、支持顺德区第一人民医院建设项目、彩虹OLED项目、区通途路桥建设公司交通建设项目等区重点工程的推进，解决项目招投标存在的难题，加快推进项目招标。区招标投标工作办公室颁发《规划编制项目招标投标管理办法》（顺招投标办〔2010〕3号），规定必须招标的规划编制项目参照建筑工程服务类项目，按建筑工程招标投标管理的有关规定，进入区建设工程交易中心招标，不再进入区政府采购中心采购招标，并对规模不同的规划编制项目制定不同的招标方式。

【粮食管理】

2010年3月起，顺德粮食流通统计职能从区储备粮管理总公司移交到区发展规划和统计局。区下发《关于明确顺德区储备粮管理总公司管理权限和职责等有关事项的通知》和《关于顺德区储备粮管理总公司本部人员薪酬标准的通知》，进一步理顺区储备粮管理总公司管理职责、权限及人员薪酬，加强对储备粮管理总公司的规范化管理，以规范化制度来促进企业发展。10月完成与省粮食局权限对接，开始行使地级市粮食管理权限。

是年，区发展规划和统计局加强对全区粮食管理。一是做好政府粮食安全责任届满前考核工作，顺利通过佛山市考核验收，并获得优秀等次。二是高质量、严要求开展全国春、秋两季粮食库存普查，并通过市局的复查。三是按照“确保库存，以防万一”的原则，100%完成年度粮油储备任务。四是按照佛山市粮食工作会议精神，制定顺德区粮油市场保供稳价工作方案，并全程实施监督检查。五是容奇粮库改造完工，对改造后的容奇粮库重新核定仓容。六是对涉粮企业统计人员进行业务培训，提高粮食统计质量。根据省粮食局的要求，先后组织两批粮油保管员参加全省国家职业资格培训，全年共计20人获得资格证书。

是年，在全国开展的仓储企业规范化管理活动中，区储备粮管理总公司获得广东省粮食仓储企业第五名，县(区）级第一名的好成绩。

（骆增才 董培基 梁秀贞 梁树沛）

经贸管理

【产业结构调整】

2010年，顺德区充分发挥政府宏观引领作用，大力推进产业结构调整和转型升级。一是修编出台《工业产业结构调整实施方案》，合理引导工业产业投资和发展。制定出台《顺德区关于促进机械装备制造业发展的实施方案》，推出扶持首台（套）产品、“购机易”业务等创新政策措施，促进机械装备行业快速发展，拉动相关产业改造升级；二是着力引进和培育战略性新兴产业。根据《佛山市顺德区产业发展规划（2010~2020）》，围绕“绿色”、“创新”和“品质”型产业开展新兴产业引进和培育工作。以“大项目引领”作为新兴产业发展抓手，以重点项目的引进为突破口，以构建产学研平台为支撑，以扶持企业自主创新、内联外协为动力，从高端环节推动新兴产业加快发展。通过龙头项目的引入，顺德区新型电子信息、汽车及零部件、现代物流、智能家电、太阳能光伏等新兴产业均取得良好开局。

【企业自主创新】

近年来，顺德区坚持自主创新，科技进步与创新水平连年提高。自主创新载体建设水平处于全省乃至全国前列，至2010年底，全区共有国家级企业技术中心4家，省级企业技术中心41家，省、市、区三级工程中心179家，建成3个国家重点实验室，华南家电研究院、精密模具研究院、家具研究开发院等公共研发平台服务能力提高。产学研合作成效显著，成为首批广东省教育部产学研结合示范区。信息化建设步伐加快，电信网络、有线电视网络和宽带互联网覆盖全区。“十一五”期间，顺德专利申请量和授权量继续稳居全国县级首位，2010年每百万人发明专利申请量达到800多件，参与制定国家标准、行业标准和地方标准835项。

【投资服务管理】

2010年，顺德区以产业发展规划为指引，促进内外资协调发展，从注重资本转变到资本、技术、品牌等多元要素并重的招商策略，充分利用政府在规划审批、产业引导、资源配置等方面的优势，围绕重点项目进行招商，不断开拓、延伸关键产业，大力提升经济发展内涵。彩虹AM-OLED显示器、海尔滚筒洗衣机和浦项镀锌板等重点项目先后签约或开工建设。新能源产业发展取得突破，圣大光伏逆变器、昇晖LED等项目正式落户顺德，顺德中山大学太阳能研究院开始运作。美的微波炉厂区、顺德职业技术学院等太能阳光伏示范工程基本完成建设。周大福、奔朗、美涂士3家企业被区政府认定为总部企业，顺德区认定总部企业达21家。永亨银行、德邦物流等企业已在顺德设立区域总部，彩虹集团已决定在顺德投资建设华南区域总部，总部经济的集聚效应不断加强，总部经济对顺德区经济增长的拉动作用日趋明显。

（熊更新）

【中小企业管理】

◆完善政策体系，为中小企业发展提供政策保障　一是牵头做好龙腾计划政策制定和实施工作。是年，实施的龙腾计划是区委、区政府第一次全面支持民营经济和中小企业的基础性文件。为落实龙腾计划的各项工作，区经济促进局联合区政府组织召开落实龙腾计划工作会议，多层面开展政策宣讲；组织企业召开龙腾企业申报培训会议，开展宣传、申报动员和指导工作；建设网上申报系统，组织专家对申报材料进行评审，并最终确定300家龙腾企业名单，对300家龙腾企业进行了授牌。该局还编印《顺德区落实优质企业成长工程（龙腾计划）工作方案汇编》和《顺德区龙腾企业发展研究报告》发给有关部门，跟进各部门细化落实方案和做好日常监测工作。二是做好《顺德区民营经济和中小企业发展“十二五”规划》的编制工作。

◆深化融资服务，进一步缓解企业融资难　一是深化运作区中小企业担保基金。截至2010年底，担保基金推荐企业1000多家，累计担保贷款发生额25亿元，累计发生笔数420笔，共为280家企业提供担保贷款。基金现有担保余额14.5亿元，合作银行13家，合作担保公司15家。二是筹备发行顺德中小企业集合票据。为满足顺德区广大中小企业不同层次的融资需求，区经济促进局在省中小企业局的支持下，推动区中小企业信用担保基金融资品种创新，拟在全省同级区域率先发行担保基金项下顺德中小企业集合票据业务，争取2011年成功发行第一期中期票据（龙腾一期）。

◆举办第四届顺德中小企业服务日活动，构建产业与服务的对接平台　为顺应企业对社会化服务的强烈需求，发挥政府资源整合、导向、服务的功能，在省中小企业局的指导下，区经济促进局举办第四届顺德中小企业服务日活动，是年7月至9月举行了2010顺商投融资峰会、广东省中小企业服务推广日暨2010中小企业营销渠道创新论坛和2010顺商管理咨询峰会三场主题活动，共吸引1800余名企业负责人和中高层管理人员参加，为顺德区企业搭建交流对接的平台，受到大部分与会企业的肯定和认同，得到省中小企业局的高度肯定，服务日模式在全省得到推广。

◆深化区域合作，助力中小企业开拓内需市场　为响应省政府“广货全国行”，在省中小企业局支持下，顺德区经济促进局分别于是年4月30日至5月3日、11月27日至12月5日在顺德和赣州成功举办两场“2010珠三角中小企业日用消费品展销会”，共展出面积超过2万米²，参展企业800多家，展位1000余个，对顺德区企业拓展内地市场起到积极作用。同时，选取哈尔滨国际经济贸易洽谈会、新疆乌鲁木齐对外经济贸易洽谈会、义乌国际小商品博览会作为本年度重点组织企业参加的展览会，助推中小企业开拓东北亚市场和国内市场。配合上级部门，组织企业参加第六届APEC中小企业技术交流暨展览会、第六届泛珠三角区域合作与发展论坛暨经

北滘中小企业活动周活动现场

贸洽谈会、第七届中国中小企业博览会、第六届广东省珠江三角洲地区与山区及东西两翼经济技术合作洽谈会。

◆加强企业家培训，着力提升企业发展软实力　一是举办“顺德中小企业转型升级总裁研修班”。为提升顺德企业管理水平，是年4月，区经济促进局联合省中小企业局、华南理工大学工商管理学院共同举办“顺德中小企业转型升级总裁研修班”。二是3月27日，举办第七期《顺商论道》本土企业家培训论坛。该论坛主题为“内需市场的商业模式创新”，由香港恒业集团有限公司、广东宝丽雅实业发展有限公司董事长叶中平担任主讲嘉宾；北京大学光华管理学院副院长武常岐现场点评，200多名企业家参加本次论坛。三是组织举行短期集中式高端培训。10月7日至9日，区经济促进局举办了为期三天的咨询式卓越绩效模式实战训练营，由清华大学特邀教授、知名绩效培训实战专家洪生主讲，共有16家企业43位企业高层干部参加培训。四是举行“顺商万里行”活动。是年，区经济促进局共组织了四期“顺商万里行”，到法国亿讯电子、爱信精机、苏州金龙、江苏昆山、上海世博以及顺德海尔、精进、富信考察学习。

◆优化发展环境，提高中小企业服务的广度和深度　一是提升中小企业服务机构的能力和水平。整合和聚集各类中小企业服务资源，与各类综合服务机构和专业服务机构合作，联动打造中小企业服务日、中小企业转型升级总裁研修班、“顺商论道”、珠三角中小企业日用消费品展销会等服务品牌。指导区中小企业促进会和服务中心提升素质、优化服务，开展市场化运作、规范化管理、标准化产品及品牌化服务。二是深化政企互动，破解政企信息沟通不畅难题。整合顺德经济网和“政企通”信息服务平台，建设顺德政企综合服务平台，促进政企信息对称和政府服务均等化。截至2010年底，“政企通”共吸纳3700余家企业和机构、10000余名用户，发布各类信息逾100万人次。

◆第二届《创业顺德》大型电视活动　2010年初，第二届《创业顺德》活动进行多次商战和十强赛角逐，共有7个项目获得风险投资机构投资8060万元，其中获得投资3000万元以上的项目有两个。第三届《创业顺德》活动于2010年10月下旬正式启动，将于2011年决出结果。

◆制定金融支持机械装备制造业发展的“购机易”扶持政策　是年，为进一步“扩内需”，鼓励顺德机械装备制造企业进一步开拓本地市场，顺德区经济促进局利用区信用担保基金融资平台，与顺德农商行合作成功推出担保基金项下的“购机易”业务。　（黄　冲）

【工业创意设计产业管理】

◆实施工业设计产业政策　2010年，因应形势发展需要，顺德对2008年出台的工业设计政策办法作全面修订，形成《顺德区促进工业设计创意产业发展实施办法》，2011年1月1日起正式实施。新的政策办法以实施“价值拓展、应用推广、能力提升、人才培育、体系建设”五大工程为政策框架，以“园区租金补贴、对接奖励、重大合作、重点机构、平台、项目扶持”等十大扶持项目为政策抓手，进一步明晰产业发展路线图和加大工业设计产业的促进扶持力度。

◆推进产业载体核心园区建设　是年，顺德加快推动形成“一城两院五园区”产业集群发展格局。“一城”即广东工业设计城；“两院”包括现有的华南家电研究院和在建的华南家具设计研究院。其中，家具设计研究院在2010年12月由广东省科技厅与顺德区人民政府启动联合共建，由罗浮宫家具集团承载运营，总投资6亿元。“五园区”，包括顺德工业设计园、顺德创意产业园、德胜创意产业园、龙江家居创意产业园、伦教珠宝创意产业园。其中顺德创意产业园，于2010年5月投入使用。德胜创意产业园，一期已引入首批香港创意为主的10多家机构，于5月正式开业运营。龙江家居创意产业园，是全国第一个以家居产业为主题的创意产业园，一期已投入使用。伦教珠宝创意产业园（珠宝工业园），一期已进入招商阶段，2010年5月，万辉珠宝城开业。

◆第三届中国（顺德）国际工业设计创意博览会　于2010年9月16日至19日成功举办。本届博览会设置工业设计馆、大师馆、创意体验馆三大展馆，展览面积达到22000米^2，特装展位超过80%。成功举办了“工业设计创意产业发展和知识产权保护”国际高峰论坛和名师国际工业设计培训课程等系列活动，并在广东工业设计城分会场举办了“设计师之夜”联欢派对暨大赛颁奖典礼。国内近20个省市、港台以及美、英、日、德、法、荷、韩等多个国家共计200多家知名设计机构参展，展出的各类设计创意项目上万项。4天展期共接待参观达3万人次，其中专业观众超1万人。网络人气高涨，网上展会和网络直播活动吸引45万IP访问。该展会内容丰富，专业化、国际化程度高，国内外设计业界高度关注，现场参观交流和洽谈对接活跃，获得与会的联合国世界知识产权组织等国际权威机构以及社会各界的广泛肯定和好评。（梁兆宏）

【商贸行业管理】

◆商贸物流业管理　（1）2010年6月，顺德区经济促进局上报区政府并颁布实施《关于加快发展现代服务业的工作意见》，提出未来10年顺德区服务业发展的主要目标和空间布局，改造提升传统服务业，着力培育新兴服务业，重点发展12类服务业。（2）加强物流业调研和挖潜物流项目。结合《佛山市顺德区物流业发展规划（2010~2020）》的编制工作，区经济促进局对顺德主要物流企业进行调研走访，掌握物流企业主要的经营模式和未来发展方向。6月29日至30日组织参加“内地与港澳落实CEPA加强物流领域合作研讨会暨第七届佛山（国际）物流合作洽谈会”，顺德区推出招商项目27个，其中重点招商推介项目10个，招商金额76亿元，促成签约项目19个，签约金额80.5亿元，其中物流投资建设和外包合作项目8个，金额23.5亿元，商贸流通服务项目8个，金额31亿元，创意设计、旅游美食项目3个，金额26亿元。（3）落实扩大内需政策，促进消费有效增长。一是继续开展家电下乡、家电以旧换新工作，做好相关的备案、审核、宣传、培训、协调、监督检查等工作。2010年顺德区家电下乡、以旧换新销售成绩理想，家电下乡总销售量为23418台，销售总金额为52,329,229.36元，已审核通过并发放补贴19587台，补贴金额为5,636,644.26元。家电以旧换新销售86383件，销售金额326,135,061.89元，已兑付补贴67337件，补贴金额19,761,078.35元。二是成功举办“2010广佛迎‘亚运’欢乐购物节”，购物节展场分品牌折扣区、外贸精品区、内销品牌区，大型家电卖场及汽车展区，200多家企业携旗下数千种产品进场展销，累计进场人数10万人次，现场成交额达7千万元，区经济促进局联合区财税局和区金属回收公司在现场设立政策咨询台，对“家电下乡”和“家电、汽车以旧换新”进行现场政策咨询和推广。

◆废旧物资回收行业管理　2010年8月上旬，顺德区经济促进局正式启动《顺德区再生资源回收行业发展规划（2010~2015年)》的编制工作，联同编制单位的专家，分成两组对各镇(街）的再生资源回收行业基本情况进行调研，收集相关数据、行业发展情况并听取各镇(街）对再生资源回收网点建设的意见，通过编制发展规划引导区内废旧物资行业向有序、环保、可持续方向发展。区经济促进局将“再生资源回收经营者备案登记”下放各镇（街）经促局，由2010年底开始，各镇（街）经促局行使再生资源回收经营者备案的审批权。

◆拍卖典当行业管理　根据省经信委《关于做好2009年度全省拍卖企业监督核查工作的通知》和《关于开展2009年度全省典当企业年审工作的通知》要求，2010年3月，顺德区经济促进局对区内11家拍卖企业和6家典当企业开展年度监督核查工作。11家拍卖企业均符合监督核查要求，全部合格，6家典当企业年审合格，其中1家典当企业由于没有做好信息报送工作，被降为B类典当企业。另外，顺德区新增1家典当企业，6月取得工商营业执照并正式开业。（陆莹)

◆酒类专卖管理　2010年，顺德区经济促进局继续加强酒类专卖行业管理。一是加强酒类经营许可证管理。全年共发放零售许可证325个、年审167个，发放批发许可证15个、年审23个。二是加强制假售假信息的收集跟踪。三是推进酒类流通随附单制度。该制度是加强酒类流通管理，实现打防结合的重要措施。全年共发放酒类流通随附单56本。（翟世杰)

◆盐业管理　2010年，顺德区经济促进局继续加强盐业的行业管理工作，掌握盐业的经营情况，协调处理经营中遇到的问题，做好指导工作，3月中旬，会同区相关部门，迅速反应，积极应对日本地震波及的席卷全区的抢购食盐风波，促进社会的和谐稳定，全年共销售食盐11760吨。（梁宪文)

◆烟草专卖管理　2010年，顺德区烟草专卖局（分公司）卷烟销售82136.2大箱，同比上升4.45％；卷烟销售额（不含税）138,367万元，增长15.74％；卷烟单箱销售额（不含税）19,709.87元，增长10.81％；卷烟销售毛利额36,135万元，增长12.72％；卷烟销售毛利率26.12％，基本保持稳定。

是年，区烟草专卖局保持卷烟打假、打私高压态势，不断加大卷烟市场监管力度，采取联合清理、重点整治的方式，多措并举，开展市场综合整治。全年共出动专卖执法人员6653人次，执法车辆1447台次，检查卷烟零售户51792户次，查处各类卷烟违法案件2553起，包括非法生产卷烟销售网络案件一宗，无准运证运输案件35宗。全年共查获假冒伪劣卷烟1165.895万支，走私卷烟254.2842万支，依法销毁非法生产卷烟及霉变卷烟1578.774万支及其他制假辅料13206千克，案值约383.61万元，上缴财政罚没款55.98万余元，另有4名涉烟违法分子被司法机关依法判处有期徒刑。全年开展打击卷烟制售假及联合清理整顿卷烟市场联合行动10次，对物流中转站、货运场排查30余次，为顺德卷烟市场规范有序提供了有力的支持和保障。

是年，区烟草专卖局不断优化调整辖区卷烟零售点合理布局，依照法定程序办理延续零售许可证2031户，办理注销743户，依法审批零售许可证1006户，全部有效持证户6004户。区烟草专卖局还深入辖区各农贸市场开展普法宣传活动100余场次，派（赠）发宣传单张1万余份。

（段君婷）

【外贸企业管理】

◆概况 2010年，顺德外贸工作的重点是稳外需、调结构、促平衡，区经济促进局紧紧围绕各级政府制定的目标展开工作，协助企业应对后危机时代复杂的外贸形势。2010年是顺德“大部制”改革后正常运转的第一年，区纪委在区经济促进局开展民主评议政风行风活动，着力推动政府职能部门转变作风，促进政风行风建设。区经济促进局结合评议的具体要求，坚持把评议活动融入全局的重点工作中，抢抓工作落实，提高行政服务水平。

◆组织企业参加各种展会 一是组织参加广交会。2010年春交会顺德区共有181家企业参加，共获得659个展位；秋交会共有180家企业参加，共获得656个展位。其中春交会顺德品牌企业展位获得喜人增长。通过参加一年两届的“广交会”，顺德企业取得大量订单，有助企业在严峻的外贸形势下突围而出。二是继续组织企业参加国际展会。是年，顺德贸促会共组织境外展会25个（含港澳台），参展摊位数185个。展会范围涵盖家用电器、五金、照明、日用消费品等行业，展会的举办地点遍布欧洲、南美洲、北美洲、亚洲和非洲。由于我国企业参加境外展一直受到境外组办机构的排挤，因此顺德贸促会还组织企业参加了数个国内机构主办的境外展会，如粤港华沙时尚生活展、中国商品（印度孟买）展，广东产品（泰国曼谷）展览会等，参展效果令人满意。此外，还组织企业参加境内国际性展会2个、境外洽谈会3个。相对国外展会，企业参加国内的国际性展会和境外对口洽谈会的经济负担要少一些，是企业开拓国际市场的一个新方法。

◆协助企业应对机电产品进口管理政策调整 自商务部、海关总署和质检总局分别公布《重点旧机电产品进口管理办法》和《重点旧机电产品进口目录》后，机电产品的进口除原来的自动进口许可外，还增加进口许可的监管模式，对重点旧机电（涉及国家安全·社会公共利益·人的健康或者安全·动植物的生命或者健康·污染环境的旧机电产品）进行限制管理。顺德区广泛宣传新政策，细致指导企业进行申报。是年，顺德区机电产品自动进口许可证（统称机电证）共出证303份。

◆落实外贸扶持政策 2010年，顺德区经济促进局继续做好各项财政专项资金的管理和审核工作，参与修改和制定相关配套管理办法，帮助企业有效应对国际金融危机。全年组织区内企业获得中央、省和市各项奖励及专项资金合计9633万元，惠及企业1450家/次。其中303家企业获得2009年第四季度机电、高新技术产品一般贸易出口退税征退差扶持资金及清算款2198万元，96家企业获得2009年第四季度机电、高新技术产品进料加工出口退税征退差扶持资金及清算款1228万元，200家企业获得2009年度中小企业国际市场开拓资金840万元，2家企业获得中小外贸企业融资担保专项资金893万元，59家企业获得2009年下半年促进投保出口信用保险专项资金758万元，在佛山市五区中获得的扶持金额最大。还有100多家企业申报了各级财政的外贸扶持资金3057万元，正等候审批。此外，组织127家企业申报获得2007年度区企业开拓国际市场资金400万元，发动企业开展2010年区企业国际市场开拓资金区内重点支持项目的申报，修订《区企业国际市场开拓资金管理办法》，竭力帮扶企业解决困难。

◆推进出证认证工作　是年，顺德贸易促进会抓住外贸恢复增长的机遇，积极开展出证认证业务。顺德出证认证部共有注册企业888家，2010年新增86家；全年签发一般原产地证44158份，与上年同期的34967份相比，增长26.3%，其中EDI网上签证44158份，实现100%网上签证，所签发原产地证涉及FOB出口金额约25亿美元，同比增长47.1%；签发优惠原产地证书53份，与上年相比，这一新业务实现零的突破；认证涉外商业单据518份，同比下降26.73%；出具国际商事证明书4666份，与上年同期的2102份相比，增长122%；代办领事认证文件1262份，增长20%；代办ATA单证册7份；输欧盟纺织品产地证11314份；出口许可证552份。

◆开展外贸知识培训及政策宣讲　是年，顺德区经贸部门除组织企业参加省市的有关活动外，还就“开拓东盟市场实务培训”、“2010年外贸形势及对策”、“跨境贸易人民币结算业务新政”、“全球宏观经济走势和全球小家电行业动态与对策”、“中国（广东）——韩国发展经贸论坛”、“德国投资推介会”、“外贸企业开拓俄罗斯市场”、“全省（珠三角片）反补贴调查应对工作联络员暨WTO政府采购协议培训宣讲”、“中美337调查交流研讨会”等多个外贸主题举办大型讲座及研讨会，累计组织20多场活动，共有2100多人次企业代表参加。

◆发布出口风险预警信息　是年，顺德区经贸部门通过多种渠道收集整理国际经贸信息，通过网站和短信平台发布各类出口风险预警信息，全年发布5期，内容包括对主要出口国家和地区的经济情况分析、主要货币汇率走势预测、贸易争端预警等，协助企业及早掌握国际经贸动向，有利于企业早作防备。　（黄晓明）

【能源管理】

2010年，受经济快速复苏推动，顺德区能源需求增长迅猛，能源供应总体处于平稳状态，其中电力供应受省内电源不足影响，于3月份开始实施错峰，全年最大错峰负荷为25.31万千瓦，错峰天数75天。2010年，全区累计用电量131.0819亿千瓦时，同比增长14.31%，比全市快2.83个百分点。最高供电负荷242.9万千瓦，同比增长12.5%。各用电类别中，第一产业、第三产业、居民用电均实现较大幅度增长(分别增长9.17%、11.21%、8.66%)，第二产业用电同比增长16.18%，其中工业用电增长16.49%，为各用电类别中增长速度最快，显示工业依然为顺德区拉动经济增长的最主要力量。全区成品油供应总体处于平稳状态，2010年全区加油站全年零售成品油56.88万吨，比上年度增长6.52%。经佛山市统计局核定，2010年，顺德区万元GDP能耗为0.549吨标准煤/万元，比上一年下降4.85%，比市下达的目标(4.3%）多下降0.55个百分点，比区政府工作报告提出的2%的目标任务多下降2.85个百分点，超额完成242.5%。2006～2010五年顺德区累计实现单位GDP能耗下降25.8%，“十一五”单位GDP能耗累计降低进度已达到136.43%，已超额完成“十一五”节能目标任务。

（廖启行 黄志英）

物价管理

【概况】

2010年，顺德物价管理工作围绕上级提出的“稳价安民”措施为指导，以稳价、治乱、减负、惠民为重点，以优化经济发展环境为目标，较好地履行价格管理职能，完成各项价格管理工作，确保维持区内良好的价格环境。

【2010年顺德居民消费价格情况】

2010年，顺德全年居民消费价格总水平比上年上涨3.3%，其中，消费品价格上涨3.7%，服务项目价格上涨2.5%。分类别看，家庭设备用品及维修服务类上涨6.2%，居住类上涨5.5%，食品类上涨4.9%，烟酒及用品类上涨3.7%，医疗保健和个人用品类上涨2.2%，衣着类上涨1.4%，娱乐教育文化用品及服务类上涨1.4%，交通及通信类上涨0.3%。

【商品价格管理和服务收费管理】

2010年，顺德物价管理部门加强对各种商品的价格管理和有关服务收费管理。一是试行新的瓶装液化石油气的定价机制，在石油气价格稳定时期将瓶装气每瓶的最高限价控制在110元以内，企业自主定价并报区发展规划和统计局备案；在价格异动时期，根据实际成本对气价进行单独审批。二是确定顺德区车用天然气价格采用油价联动的模式进行定价，实行同93号汽油价格联动，保持20%左右的价差。三是与区教育局共同起草《顺德区民办教育机构收费管理暂行办法》，经区政府批准于8月底公布实施，该暂行办法主要针对民办学校的范围、定价原则、收费管理及审批要求等进行统一和规范。四是首次制定顺德区零星供水工程安装费（试行）标准，规范该类工程在省物价局未出台相关政策前的收费行为。五是制定《顺德区机动车停放保管服务收费实施细则》，9月区政府批准正式实施，填补顺德区在停车收费政策方面的空白，提高政府的管理效能。六是加强成本监审工作，2010年开展了中小学校教育成本、污水处理厂扩建成本、养老机构

2010年顺德区居民消费价格比上年涨跌幅度

单位：%

指　　标	价格指数	比上年涨跌幅度
居民消费价格总指数	103.3	3.3
食　品	104.9	4.9
其中：粮食	106.7	6.7
油脂	113.1	13.1
肉禽及其制品	101.9	1.9
鲜蛋	108.9	8.9
水产品	106.8	6.8
鲜菜	118.0	18.0
烟酒及用品	103.7	3.7
衣着	101.4	1.4
家庭设备用品及维修服务	106.2	6.2
医疗保健和个人用品	102.2	2.2
交通和通信	100.3	0.3
娱乐教育文化用品及服务	101.4	1.4
居住	105.5	5.5

服务成本、机动车培训学校培训成本、物业服务成本5大内容16家经营者的成本监审工作，为科学、合理定价提供依据。

【收费许可监管】

2010年，顺德物价管理部门继续加强对行政事业性收费单位收费项目、收费标准及收费公示情况的检查，5月至6月联合区财税、审计部门完成顺德区17个单位2009年度行政事业性收费的年审工作，年审项目共67项，区属行政事业性收费总额达13.38亿元。继续落实上级有关清理经营服务性收费、社会团体收费及涉企行政事业性收费等专项工作，通过行政事业性收费年审，严格审核把关，确保政策及时落实到位。是年共办理核发和换领收费许可证257个，其中行政收费许可证183个、经营服务收费许可证40个、教育收费许可证34个。

【价格惠民】

2010年，顺德物价管理部门根据实际，制定落实为群众减负政策，一是下调民用天然气销售价格，顺德区管道天然气居民用气价格从2010年9月1日起由原来的3.9元/米^{3}下调为3.65元/米^3，下调幅度为6.41%。二是下调机动车安全性能检测收费标准，取消机动车安全技术年审检测的所有复检收费，现时顺德区的年审检测收费标准为：轻型汽车180元/辆，中型汽车210元/辆，重型汽车230元/辆，各车型均比原标准降低了10%左右。三是落实对困难群体的临时价格补贴政策，2010年发放的临时生活补助达8个月，补助低收入家庭8700余户和五保户480余人，已补助金额共303万元。

【价格监督检查】

2010年，顺德物价管理部门加强市场价格监督检查。一是做好重要节假日期间价格监测和不定期市场价格巡查工作，重点掌握包括农产品、中药材、豆类、蔬菜、粮油、燃气、成品油等商品的价格变化走势，制定《顺德区应对价格异动事件工作预案》经区政府批准正式实施，为预防价格异动事件发挥作用。二是及时处理价格咨询和投诉件，全年共受理618件（其中政策咨询类609件，投诉类7件），办结618件（其中政策咨询609件，投诉类7件），办结率100%，为价格管理树立良好的形象。三是配合做好“亚运”期间价格监管工作，11月4日“亚运会”前召开顺德区迎“亚运”加强价格自律提醒告诫会。区旅游协会、饮食协会、酒店业、餐饮业、零售业、旅游景点、交通运输行业等负责人或企业代表参加会议，会议要求各行业经营者在亚运会期间必须严格遵守有关价

2010年11月4日，顺德举行迎“亚运”价格自律提醒告诫会

格法律法规，共同创造“亚运”良好的价费环境。“亚运”期间区内无出现与“亚运”活动有关的价格投诉。四是定期开展各项专项检查工作，年内开展各专项检查，包括：教育收费、质量监督和检验检疫系统收费、行业协会收费、涉农价格与收费政策落实情况、电力价格、新建商品房明码标价监制及检查等，进一步规范各行业的收费行为。

【明码标价管理】

2010年，顺德物价管理部门继续开展规范商品房销售价格明码标价行为，维护房地产市场价格的正常秩序，全年办理新建商品房销售明码标价监制179宗，同比上年增长60%。开展停车场标价牌监制工作，规范停车收费行为。按照《顺德区机动车停放保管服务收费管理实施细则》要求，对提供停放保管服务的各类经营者，应按照明码标价的相关规定，向价格主管部门申请对明码标价牌进行监制，并在停放保管服务经营场所入口处及收费地点的显著位置，使用经监制的明码标价牌进行公示。

【价格认证服务】

2010年，顺德物价管理部门共完成涉案物品鉴定7937宗，其中：涉刑事案件价格鉴定结论书5368宗，行政案件价格鉴定33宗，其他价格证明材料2536宗。鉴定总额6271万元。价格鉴定的准确性和工作质量进一步提高，全年没有发生需要复核的价格鉴定，为司法机关办案提供有力依据。 （李丽萍 何素文 陈海华）

统计工作

【概况】

2010年，顺德统计工作以科学发展观为指导，着力抓好统计调查，提升统计服务水平，创新方法制度，夯实统计基础，不断提高统计的科学性、准确性和权威性，较好完成各项工作。

【专业统计工作】

2010年，顺德区发展规划和统计局认真贯彻执行国家、省、市统计标准和各项统计报表制度，履行国民经济核算和社会发展情况统计职能，抓好数据质量管理，加强总量核算与各专业、各部门、各镇（街）统计数据的衔接，做好数据审核、整理、评估、分析、汇总上报工作，按时保质完成国家、省、市规定的工业、农业、贸易、餐饮、交通、科技、劳动工资、人口、投资、建筑、房地产、邮电、能源、基本单位、地区生产总值核算等25个专业146种统计年报和定期（月、季、半年）报表任务，获得上级有关部门的充分肯定。

【统计调查】

2010年，顺德区发展规划和统计局做好城市和农村社会经济各种专项、抽样调查工作，完成农村住户、能源消费、企业景气、第二次全国R&D资源清查、采购经理、规模以下工业、道路运输汽车能源消费、港口能源消费、水上运输企业能源消费、主要畜禽监测、固定资产投资价格、服务业等20多项调查任务，为党委、政府和社会各界提供大量经济社会发展信息。配合区委区政府及上级部门开展各项社情民意问卷调查，包括《公众对城市环境保护满意率调查》、《公众安全感和公安工作满意度调查》、《城镇住户基本情况抽样调查》、《组织工作满意度调查》、《党风廉政建设民意调查》、《公众气象服务评估调查》、《城镇居民收支预期调查》等10个项目的数千份调查问卷，受到区委区政府及上级有关部门的好评。

【统计制度建设】

2010年，顺德区发展规划和统计局转变思想观念，有的放矢调整工作手段和工作方法，加强统计基础管理，规范统计行政行为，强化业务工作调研，提高统计服务水平，逐步将工作重心由业务管理为主转向行政管理为主，加快构建覆盖全面、基础扎实、程序规范、责任明确的统计数据质量分级负责制和重要指标数据质量评估控制体系，进一步提高依法行政和依法统计的能力，加强对基层统计工作的指导、帮助和督查，增强宏观统计数据的评估、把握和监控能力，提高运行情况评价监测和统计分析研究的水平。

【重大国情国力调查】

根据《全国人口普查条例》和国务院的决定，我国以2010年11月1日零时为标准时点进行第六次全国人口普查。顺德区在上级政府的统一领导下，认真开展第六次全国人口普查各项工作：组建区、镇、村三级普查机构，做好人口普查工作“五落实”，建章立制，落实责任，认真开展普查工作调研，组织开展村级人口资料收集上报工作，组织开展普查综合试点，开展普查区、普查小区边界确定与标绘工作，认真开展“两员”选调工作，抓好人口普查业务培训，开展人口普查宣传月活动，开展普查摸底工作，做好普查登记、复核、快速汇总、编码和质量控制工作，做好普查数据处理各项准备工作。在全体普查对象的支持配合下，通过广大普查工作人员的努力，人口普查各项工作顺利推进。

【统计教育培训】

2010年，顺德区发展规划和统计局积极开展统计人员从业资格认证、培训、考试的动员、宣传准备工作，开展多种形式的在职培训，创造条件提高统计人员的综合素质。全年报名参加统计从业资格和继续教育考试的人数达1500多人。

【统计服务】

2010年，顺德区发展规划和统计局坚持把统计服务放在重要位置，发挥统计信息监测、预警、咨询决策服务的职能，围绕党委和政府中心工作以及经济社会运行中出现的难点热点问题，拓宽统计服务领域，为区委区政府、经济社会建设和社会公众提供优质服务。围绕“三促进一保持”和实施《珠江三角洲地区改革发展规划纲要》、编制顺德区社会发展规划等中心工作，搜集有关指标数据，为顺德实施珠三角改革发展规划纲要、建设现代产业体系提供基础资料和决策咨询。完成“长三角”、“珠三角”交流年报和交流月报以及顺德区主要经济指标月报等工作，每月、季度定期向区领导和有关部门提供详尽数据。同时，密切跟踪宏观调控中顺德经济运行的走势和出现的新情况、新变化，及时提供运行分析报告，并加大统计数据资源的开发和利用力度，为政府科学决策管理提供依据。全年共提供统计数据咨询350人次，出具居民人均可支配收入、在岗职工平均工资等统计数据证明材料，为广大市民了解区情区力、行使公民权利提供开放、便捷的统计服务。5月通过顺德区人民政府网、区统计局网页、珠江商报向社会发布《2009年佛山市顺德区国民经济和社会发展统计公报》，6月完成2010年《顺德年鉴》区发展规划和统计局的年鉴撰写工作，8月完成建国60周年资料的汇编工作。继续做好全国外商投资企业联合年检工作，为1338个单位进行年检，实行即到即办，热情服务，做到零投诉。配合国家家电下乡工作，认真做好企业数据核查工作，为7间企业出具数据证明，全年共协助58个企业、64个产品办理广东省名牌产品、广东省著名商标、中国驰名商标和家电下乡等申报工作。

（刘恩带 刘君文 何展图 李国辉）

审计工作

【概况】

2010年顺德区政务监察和审计局加大审计监督力度，加强对重点领域、重点项目、重点资金的审计；加大绩效审计力度，发挥审计的建设性作用，注重从管理层面、制度层面分析问题和解决问题，服务顺德经济大局的能力不断提高。全年共审计（调查）项目36个，查出管理不规范金额32378万元、违规金额68万元、损失浪费金额33万元。

【预算执行审计】

2010年，顺德审计部门将预算外资金（包括政府性基金等非税收入）、其他财政资金、财政代管社会性资金等全部纳入审计监督范围，并重点审查预算管理和执行情况。重点对涉及民生、医疗、农业等专项经费进行延伸审计。就审计发现的企业纳税申报不规范、少征税款等问题，注重从制度层面提出审计意见和建议，促进区财税部门完善资金拨付管理制度，加强财政资金管理，规范税收征管行为。

【镇街决算审计】

2010年，顺德审计部门以机构改革为契机，调整审计思路，有针对性对全区10个街道开展财政决算审计。率先试行与容桂监察审计办对该街道2009年度财政收支情况进行联合审计，探索镇街财政决算审计新模式。通过发挥区政务监察和审计局的专业优势，对监察审计办的审计人员进行现场指导，逐步提高镇街审计工作的规范性、专业性。重点关注财政资金安全、完整以及预算执行效果、资金使用效益，并加大对社会热点、难点问题的延伸审计。

【区重点工程建设项目审计】

2010年，顺德审计部门加强对政府投资建设的审计，对顺德职院三期、人民医院易地新建等7个重点建设项目开展跟踪审计，规划建设行为，提高投资效益。紧扣工程招投标“关键点”，坚持“标前控制，标后跟踪”的思路；加强对招标文件的审核，及时发现工程量缺漏和计算错误等问题，从而避免施工过程中的频繁变更；加大对施工现场的巡查，重点关注工程变更签证、建筑材料和设备的质量以及监理单位的履职情况等，及时发现和纠正施工建设中工程错漏、偷换建材等各种违规行为，促进监理单位加强对工程施工、进度、质量的控制。

加大对项目的建设管理及资金管理情况的审计。对区公用事业管理局、顺德科技工业园等5家区属建设单位开展财务收支和工程管理审计，审计面覆盖交通、市政、水利、土地储备及园区基础设施建设，审计金额达3.8亿元。区政府对审计发现的问题高度重视，召开专题会议听取审计意见，并指示区财政部门尽快调整现有规定。

【专项资金审计】

2010年，顺德审计部门关注社会热点，加大对涉及群众切身利益的社会保险基金、教育、科技、抗震救灾及扶贫济困资金等民生资金的审计监督力度。以专项资金的管理使用情况为主线，重点对资金管理状况、政策执行效果、资源配置情况进行延伸。对审计发现的问题，有针对性提出改进意见和建议，保障专项资金按规定使用，利民惠民政策落实到位。

【行政事业审计】

2010年，顺德审计部门加大对区中心血站、区疾控中心、区法院、驻京办等区属单位的审计监督，重点关注"收支两条线"的情况、财务收支的真实完整以及内控制度建立。就审计发现的问题从加强财务管理、健全内控制度建立、加强绩效考核等方面提出审计意见和建议。对顺德职院原院长开展任期经济责任审计，着重对其履职情况和内部管理情况进行评价，加大对下属单位的财务检查力度。

【公有企业审计】

2010年，顺德审计部门深化公有企业审计，对区房地产物业管理公司和供水总公司开展财务收支审计。审计过程中，坚持强化监督与服务企业相结合、财务收支审计与效益审计相结合，细化内控制度的测评工作，加强宏观分析，全面评价被审计单位的内部控制风险状况，指出存在的问题，促进企业规范财务收支行为，加强内部管理，提高公有资产经济效益。（李绍荣）

市场安全监管

【概况】

顺德区市场安全监管局共设19个职能科（室），即办公室（加挂信息中心牌子）、人事教育科、监察室、政策法规科、综合协调科、登记注册科（加挂外商投资企业登记管理科牌子）、企业监督管理科、经济检查科（加挂区打假办、区打私办、区打传办牌子）、商标广告管理科、市场规范管理科、食品安全管理科（加挂区食品安全委员会办公室牌子）、文体旅游产业监管科（加挂区文化市场管理工作领导小组办公室牌子）、质量科、标准化科、计量科、锅炉压力容器安全监察科、特种机电设备安全监察科、安全生产综合监督科（加挂区安全生产应急救援指挥中心和区安全生产委员会办公室牌子）、危险化学品监察科（加挂区危险化学品综合管理办公室牌子），2个直属行政机构，即综合执法机构以及咨询申诉举报中心（加挂消费者委员会办公室牌子）；3个事业单位，即标准化研究与促进中心、质量技术监督标准化与编码所、质量技术监督检测所；10个派出机构，分别是大良、伦教、北滘、陈村、乐从、勒流、龙江、杏坛、均安、容桂10个分局。2010年是顺德市场安全监管事业的开局之年、奠基之年。区市场安全监管局围绕"产业"和"改革"两大主题，以"服务经济发展方式转变、强化市场安全监督管理"为主线，抓好服务升级、管理创新、体制转型和队伍建设，为顺德"建设现代产业之都、品质生活之城"保驾护航，各项工作取得新的进展。

【机构改革新成效】

一是积极争取地级市权限。至2010年12月底，顺德区市场安全监管局完成与省工商局、省质监局、省经信委、省农业厅、省海洋和渔业局、省文化厅等7个省直部门的27项主要职责对接。得到省质监局的授与，将食品生产许可证核发等3大类别行政许可权委托给该局实施。二是主动推进“简政强镇”改革。该局将涉及许可、执法等1251项行政职权下放到各分局，成为这次全区下放权限最多的一个部门。在下放权限同时，区市场安全监管局加强对各分局的业务指导和培训，协助分局制定办事指南和操作规程，确保权限、监督两落实。三是推进人员工资改革。该局将系统人员不同渠道、不同标准的工资收入调整为同一渠道、同一标准，全面推行公车改革，解决系统人员同工不同酬的状况。四是成立考试培训中心，对外承担6个科室数十个项目的培训发证工作，对内负责全系统700多名干部职工的岗位培训教育。五是推进社会化管理模式。以购买专业卫生服务为切入点，将信用体系评级、部分餐饮服务监管等项目通过购买服务、中介、事业单位等形式推向社会，在一定程度上解决目前人手、技术不足和业务迅猛增长的矛盾。

【整顿和规范市场经济秩序】

2010年，顺德区市场安全监管局围绕不同时期的整治重点，严厉打击生产和流通领域产品质量问题、不正当生产、食品安全以及安全生产等违法行为。1～12月，全系统共查办案件682宗、案值701.75万元。其中查办反不正当竞争案件22宗、案值30.3万元。检查经营企业和个体户3万户次，检查批发市场和集贸市场等各类市场1437个次，检查黑网吧1573间，取缔609间，收缴电脑显示器、主机14621件，监测检查网站110家，检查网络广告3926条次，责令改正网络广告48条次，查处的案件类型中有不正当竞争、产品质量、走私贩私、食品安全监管、安全事故监管、危险化学品监管、商标、广告、违反企业登记事项等类型。全区共立案查处走私贩私案件306宗，涉案案值金额约149,442.98万元，涉及偷逃税款约3,841.58万元；其中涉及红油走私案件40宗，查扣红油441.65吨；涉及禽畜冻品走私案件3宗，查扣走私冻肉40.63吨。

2010年12月16日，区市场安监局对印刷企业进行执法检查

【商标管理】

2010年顺德驰名、著名商标创建工作取得成效。全区共新增驰名商标4件，广东省著名商标31件，广东省名牌产品31个，集体商标2件，通过复评12个。截止12月底，顺德共有驰名商标17件，广东省著名商标100

件，中国名牌32个，广东省名牌112个，集体商标3件，居全国县级建制行政区划前列。是年顺德区主动推动商标海外注册，1～12月份共协助企业办理商标海外注册30多件。帮助中国香云纱、顺德鳗鱼等富有地方特色的产品完成标识设计和标准联盟制定，向国家局提交集体商标和地理标志保护申请，申报工作取得突破性进展。围绕上海世博会和亚运会标志开展保护知识产权行动，查办商标侵权案件93宗，案值120.90万元。

2010年9月7日，"顺德区质量月"活动启动仪式现场

【工商企业登记管理】

2010年，顺德区市场安全监管局推行"简政强镇"、"一个窗口许可"和分级登记制度，将委托分局登记的内资企业法人范围从注册资本100万元放宽到500万元及以下，推广应用"网上注册大厅"及企业直通车服务，主动协助企业冠省名和广东顺德名称，全区新添冠省名企业126户，办理量是2009年同期的2.14倍；协助441户个体工商户成功升级为企业，涉及注册资本1.17亿元。1～12月全区新登记各类企业5772户，同比增长24.18%，全区实有各类市场主体109710户，比2009年同比减少0.86%。区政府出台《顺德区关于加快发展现代服务业的工作意见》，为服务业的发展提供优惠政策。截止12月，全区金融业企业登记户数为994户，同比增长2.9%，住宿和餐饮业、租赁和商务服务业、居民服务业、房地产业的同比增幅均超过20%；物流业增幅达58%，服务业发展明显增长。

【动产抵押、股权出质登记】

至2010年12月底，顺德已办理股权出质登记52宗，出质股权人民币21.8亿元、美元806.5万元，为企业融资人民币62.95亿元、港元3亿元。办理动产抵押登记641宗，担保主债权金额246.37亿元。

【维护消费者权益工作】

2010年，围绕3·15消费者权益日、5·20世界计量日、6月"安全生产月"和9月"质量月"、"餐饮服务宣传周"，顺德区市场安全监管局举办了12场大型现场咨询服务活动，开展多项惠民活动、知识竞赛、图片展，发布十大消费警示，营造消费维权和诚信经营的社会氛围。据统计，该局全年共受理案件12920宗，办结率达100%，挽回经济损失125.8万元。

【质量诚信建设】

2010年，顺德区市场安全监管局推进"企业产品质量信用等级"评价工作，在全省率先铺开质量诚信体系建设，将质量信用体系评价与政府扶持中小企业授信额度挂钩，完善中小企业融资的信用评价体系，是年共有72家企业提出申请评级，52家达到A级质量信用水平。开展食品安全示范店创建活动，全区13家食品经营单位获得区食品安全示范店称号。开展“守合同重信用”活动，改革守重企业评审模式，全区评选出守重企业345家，在全区营造诚信兴商的经营风尚。

安监局人员在进行食品安全检查

【产品质量监管】

2010年，顺德全面开展“质量强区”创建活动，省质监局与区政府共同签署《推动顺德建设质量强区打造现代产业之都合作备忘录》，举行中小成长型企业座谈会，开展“龙腾企业行”活动，邀请来自科研机构、大学的专家到企业开展“义诊”活动，向企业提出117项改进意见。区市场安全监管局协助企业申报广东省政府质量奖，顺德两家企业——美的和格兰仕荣获第一届“省政府质量奖”，全省仅有5家企业获得此殊荣。扶持专业镇开展公共检测服务平台建设，进一步完善和推广龙江“亚洲国际家具原辅材料公共检测中心”，伦教木工机械商会、均安牛仔城也正在着手开展此方面的工作。推进国家太阳能光伏产品质检中心、广东省质量监督特种设备节能产品检验站和广东省能源计量检测站的筹建工作，充分发挥国家级检测机构的辐射带动作用，强化质量技术检测服务。

【食品安全监管】

一是圆满完成亚运会食品安全保障任务。2010年亚运会期间，顺德区市场安全监管局对世纪莲体育中心和亚运会指定接待饭店新君悦酒店实行地毯式检查和驻点制度。比赛期间，全区共出动执法人员854人次，检查餐饮服务单位874间次，抽检食品、食品原料以及餐饮具229批次，关停25家无证照餐饮经营单位，责令整改64间，保障亚运会技术官员、运动员、工作人员的进餐安全。二是开展流通环节食品整治和抽检工作。1～12月，该局共抽检酒类、膨化食品、月饼、奶制品572批次，与339家乳制品经营单位签署《乳品经营着质量安全责任承诺书》。认真落实食品抽检后续处理，全区共检查食品经营户17146户次，查处食品案件40宗。三是加强对食品小作坊的管理。该局制定《顺德区食品生产加工小作坊质量安全管理要求》，解决辖区小作坊无法取得生产许可证的问题，以北滘康鹏熟食加工场为试点，通过落实索证索票、规范食品进销台帐、加强抽送检等措施进一步规范熟食小作坊经营；全面开展餐厨废物回收加工行业专项整治，防止“地沟油”流入食品生产经营单位。四是开展食品突发事件应急处置。重点开展“毒豇豆”、问题奶粉及美的紫砂煲、废旧塑料制造饭盒等突发事件调查及专项治理行动。

【特种设备安全监察】

2010年，顺德区市场安全监管局深入开展特种设备隐患排查治理专项工作，共检查504家企业，出动执法1324人次，涉及设备1750台，发现安全隐患446处，发出监察指令书75份，拆除设备12台。截止到12月，顺德在册设备（机电类）总数25691台（电梯9731台，起重机械12539台，叉车3332台，大型游乐设施89台）；办理设备使用登记证台数3090台（电梯1376台，起重机1382台，叉车320台，游乐设施12台）；现场安全监察421人次，检查使用单位516家，发出现场监察指令书75份；开展（机电类）作业人员培训考核5706人次。

【标准化工作】

一是主动协助企业制定采用国标、行标和地标。2010年，顺德区市场安全监管局以顺德香云纱、机械压力机和家具五金等行业为重点，推进联盟标准的制定和发布工作；协助企业完成国标、地标和行标制定38个，获得采用国际标准认可产品67个，取得电压力锅和电磁灶2个专业的全国标准工作组落户顺德；帮助电压力锅双联盟企业参与国际标准制定取得零的突破。二是树立先进标准的行业标兵。该局协助万家乐和美的两家企业创建国家4A级标准化良好行为企业称号；引导科达机电开展全省先进标准体系建设试点工作，帮助新粤建材和长菱空调等4家企业启动创建“标准化良好行为企业”。三是推动服务业标准化试点建设。对部分中华餐饮名店进行调研，动员和支持大良毋米粥餐饮公司和勒流聚福山庄开展服务业标准化试点工作，为日后实施连锁经营铺路。

【计量工作】

2010年，顺德区市场安全监管局加强对计量器具的监管检查。开展强制检定，年内共完成15个集贸市场计量器具的检定，检定衡器1699台，合格1590台，合格率93.6%。对24家重点用能单位加强监控，帮扶新增的重点耗能企业五沙热电厂建立和完善能源计量管理体系。对商场、超市使用的电能表，农资商店、邮政局、物流企业、餐饮企业等行业使用的计量器具及汽车衡的检定情况开展监管行动，全年检查各种计量器具3130台(件)，合格2619台(件)。对辖区内的67家加油站、16家机动车检测站以及9家液化石油气充装站进行定期监督检查；对86家眼镜店、56家医疗卫生机构、24家建立计量标准的企业进行检查，确保计量器具受检。

【执法打假工作】

2010年，顺德区打假办与各镇（街）、村居签订打假责任书，配合美的集团、广东电缆厂有限公司、九阳股份有限公司、珠海格力电器股份有限公司、杜邦公司、多乐士公司等知名企业开展联合打假行动10余次，查获假冒“美的”、“九阳”、“海尔”、“苏泊尔”等全国驰名燃气具、电磁炉、热水器、豆浆机等假冒伪劣商品、半成品、包装物以及标识等23654台（件）。组织开展家电下乡、酒类执法、烟草专卖等专项打假，取缔制假窝点14个，查获假啤酒共420箱，红葡萄酒960箱，食用油118瓶，假冒燃气具、电磁炉18455台。

【全区安全生产概况】

2010年，顺德区全年共发生各类事故1979宗、死亡204人、受伤2049人、直接经济损失517.87万元，与上年同期相比分别为：-3.4%、-2.4%、-3.8%、+3.2%。其中：企业职工伤亡事故7宗、死亡7人、重伤0人、直接经济损失52.98万元；各类火灾事故18宗、死亡2人、受伤1人、直接经济损失172.41万元；道路交通事故1954宗，死亡195人，受伤2048人，直接经济损失292.48万元；水上交通没有发生生产安全伤亡事故。全年全区工商贸企业没有发生较大以上生产安全事故，安全生产形势总体平稳。1月25日至26日，区政府顺利通过市政府安全生产责任制年度考核验收，考核结果为优秀。3月26日，区政府分别与10个镇（街）安全生产直接责任人现场签订《顺德区2010年度安全生产责任书》。各镇(街)、居（村）和属地企业签订《安全生产责任书》达100%。

【安全生产监督管理】

2010年，顺德区市场安全监管局稳步推进安全监管信息化建档工作，1~12月共更新企业信息13489家，新增企业信息20%，辖区内法人企业、生产性个体工业户和危险化学品个体经营户信息100%录入监管信息平台，基层安全检查记录实时录入共27997份。成立区安全生产应急指挥中心，负责全区安全生产应急管理综合协调工作。建立覆盖各部门、各镇街、各生产经营单位，“横向到边、纵向到底”的预案体系；制定专项应急预案13个，企业制定应急预案8600多个，建立全区事故灾难110联动系统，组织区局、各分局开展安全生产演练达199次。全面开展企业安全生产规范化达标考评及企业安全生产标准化工作，年内顺德区有181家企业达到安全生产规范化A类企业标准，部分企业如容桂的广东科龙配件有限公司也已通过安全生产标准化二级企业（机械）考评。

【安全生产督查整治】

2010年，顺德区市场安全监管局深入开展安全隐患排查治理工作，全年全区12098间企业开展隐患自查51576间次，共查出隐患26449处，已整改隐患25396处，整改率达96%。开展工程建设领域安全生产突出问题专项治理工作，对2008年以来规模以上建设项目安全生产情况进行全面排查统计，共排查出工程建设项目483项。开展“打非治违”专项行动，检查企业13525家次，发现隐患14677处，整改隐患13493处，责令停产整顿企业20家，关闭企业362家，立案查处299家，实施行政处罚142次，罚款163.39万元。

【安全生产宣传教育】

2010年，顺德区市场安全监管局发动辖区企业参加“安全文化示范企业”、“广佛同城迎亚运、保安全、促发展安全生产书法美术摄影展览”、“全国法制宣传漫画作品征集”、“广东省应急救援管理摄影比赛”、“安全生产大家谈”等主题活动，共收集作品近50件。在全区生产经营单位大力开展宣传教育工作，推动企业建立安全生产文化。围绕第九个安全月活动主题，举办了12场现场咨询会、全区安全生产大检查、制作专版专刊、组建基层服务队、举行应急预案演练、警示日、“安全生产知识竞赛活动”、“安全生产宣传挂图展”、“电影展览宣传月”等共17项活动，派发法律法规选摘、手册共24800册。

【安监生产培训】

2010年，顺德共培训各类安全生产管理和操作人员242088人次，其中：区镇两级安全生产监管责任人62人，乡镇安全生产监督检查员1217人，企业主要负责人5333人，初级安全主任6987人，特种作业人员6481人次，生产经营单位从业人员

221764 人次，企业安全生产应急预案管理人员 170 人，特种设备监察员 74 人。通过对各类人员的培训，进一步提高安全生产监管监察人员依法监管能力。

【文化娱乐和扫黄打非专项整治】

2010 年，顺德区市场安全监管局开展文化娱乐和扫黄打非专项整治，全年出动 7802 人次，检查音像经营单位 689 家，书报刊经营单位 867 家，电子出版物经营单位 145 家，网吧 750 家，印刷企业 659 家，娱乐场所 416 家，清查无证照经营场所 768 家，收缴非法音像制品 6 万余张，非法书报刊 3.5 万份（册）。

【生猪屠宰管理】

2010 年，顺德区市场安全监管局按照“已停办的镇（街）不得重新设立，其余镇（街）原则上每个镇（街）不得设置多于 1 家（可以不设）”的原则对全区的生猪定点屠宰场开展整合升级和生猪“定点供应，厂场挂钩”工作，共计与区内及周边地区 114 家生猪养殖场签订定点采购协议 145 份，对 55 家符合定点供应基地标准的养殖场授予“佛山市顺德区生猪定点供应基地”牌匾。

【集贸市场管理】

2010 年，顺德区市场安全监管局对全区 10 个镇（街）的集贸示范市场进行改造升级工作，集贸市场形象有大提升，另外借示范市场创建工作的东风，在大良现代街市等 14 个集贸市场开展创建“诚信市场”、“文明集市”工作。该局加强对蔬菜和肉品的不定期检测，全区全年共定点屠宰生猪 112 万头，进行“瘦肉精”检测 9.3 万份，屠宰环节无害化销毁处理病害猪（含病害肉折合）2504 头；计检蔬菜农药超标 2016 宗，销毁超标蔬菜 3.5 万千克；检出含违禁药物水产品 169 宗，销毁有害水产品 964.15 千克，保障流通领域农产品的质量安全。（黄秋红）

公有资产管理

【概况】

顺德区公有资产管理办公室（简称区公资办）代表区政府行使对区属公有资产的经营、管理和监督职责，有内设机构 6 个，分别为秘书科、法规科、经营科、产权科，资金科、投资科，下辖城区建设开发中心、嘉顺联合资产管理有限公司、恒顺交通投资管理公司、水业控股有限公司、城网建设投资有限公司、房地产物业管理公司等 6 个单位，现有在编人员 18 人。是年 9 月，成立了顺德区李小龙乐园开发建设指挥部；12 月，成立了广东顺德控股集团有限公司。

2010 年，随着区机构体制改革，区公资办职能任务发生较大变化，除履行对区属公有资产承担职责外，还参与社会重大项目的投资。区公有资产系统推进战略转变，公有资产“转守为攻”，实现主动收缩发展向主动引领发展的战略改变。以公有资产保值增值为目标，以公有资产优化配置为主线，推动公有资产证券化，在引领区域经济社会发展、推进重点项目和基础设施建设、保障民生公用事业、加强公有资产内部管理等方面进行探索，拓宽公有资产发展途径，最大限度确保公有资产保值增值。顺德公有资产改革发展思路受到国务院国有资产管理委员会、广东省国有资产管理委员会肯定，向全国和省内推介。

【城市化管网建设】

◆推进重点交通工程建设　2010年，恒顺交通投资管理公司累计完成项目投资23.5亿元，完成北滘至南国路公路主干线、三洲路口改造、碧桂路南国路立交、碧桂路高架、碧桂路德胜路立交、小黄圃至华口村公路跨线桥、扁滘村至容边公路跨线桥、南国西路扩建和改造、龙洲路改造勒流段及伦教段等一系列重点工程建设项目11项，内畅外通的道路交通格局初步显现，促进地方基础设施建设完善。

◆推进信息管道集约化建设　是年，城网建设投资有限公司推进信息管道集约化建设，完成碧桂立交及南国东路东延线(同江医院段)工程、大良驹荣路、锦上路新建工程、南国西路迁管4项新建工程和北滘新城区、龙洲路广电新建工程、均安均荷路新建跨路工程3项在建工程，另有17项工程开工。

◆推进供水管道建设　是年，水业控股有限公司投入5000万元加快农村供水改造工程建设，对龙江、北滘等供水主管90项工程进行改造，完成7个村二级供水改造接管及杏坛2个村的水表更换，大大促进当地经济社会的发展，改善村民的生活用水环境。

【重点资金管理】

2010年，区公资办通过采取按工程进度提款、灵活配置存款结构等手段，合理调配融资资金，提高利息收入，最大限度降低借贷成本。聘请毕马威会计事务所在重点投资项目建设单位推行现金流预测，取得实质性成效。

【公用事业经营管理】

2010年，顺德水业控股有限公司加大水质监测力度，开展饮用水水质新国标贯标工作，水质检测项目达141项，完成覆盖国家饮用水卫生标准检测项目106项的要求。全年供水售水量为32,192万米^3，完成年计划102.5%；水损率13.63%，比国家建设部的行业标准16.31%下降2.68个百分点。是年，大良经济适用房已进入销售及结算收尾阶段，经济适用房共120套，94套已完成办理购房手续，余下26套将按有关程序推向市场，委托英卓物业管理公司负责日常物业管理工作。

【公有物业管理】

2010年，顺德区房地产物业管理公司、嘉顺联合资产管理有限公司加强对经营性的物业产权、租赁、定价、维护、巡查、安全、财务审计等方面的管理，确保公有物业保值增值。房地产物业公司加强对租赁系统进行二次开发，大大提高相关业务部门的工作效率，提高对公房的有效监管能力。区公资办配合政府做好资产物业移交属地管理工作。收回原顺德苗圃场土地经营使用权，确保顺特——阿海珐合资项目发展需要；完成甘竹滩电站和朝阳农场整体移交龙江镇政府管理，理顺产权关系；完成对大良南国西路动物研究所、原农机三厂水源保护区等物业的移交属地管理。为缓解大良城区停车难问题，将丹桂公园等3宗地块无偿移交给大良街道办事处建设公共停车场。

【重点项目建设】

◆顺德新港建设　2010年，该项目即将进入实质性建设阶段。区公资办、嘉顺联合资产管理有限公司参与项目前期各项筹备工作，并对各项申报工作积极跟进，项目已通过各项专家评审，已启动码头的建设招标工作。

◆李小龙乐园项目建设　是年，该项目标志性建筑——李小龙铜像已安装完毕，于11月23日举行揭幕仪式。另外，根据区委区政府的部署，已成立李小龙乐园开发建设指挥部统筹规划项目，并聘请规划设计公司进行整体开发规划。

◆置业广场开发　是年，该项目进入设计阶段。通过竞拍方式由实德投资有限公司取得土地使用权后，组织了准备进驻办公的政府单位的确定工作；通过公开征集筛选，确定意向合作方。置业广场已完成施工现场的围蔽，进入土地的平整、项目设计阶段。

◆供水设施工程项目建设　是年，区府办加速右滩水厂20万米^3/日扩建工程征地和二期扩建工程立项审批；北滘水厂13万米^3/日扩建工程现正推进设备安装调试工作等扫尾工程；龙江水厂4.5万米^3/日扩建工程已完成立项审批、报建和工程设计等工作。

【资源整合】

◆广东顺德控股集团有限公司挂牌成立　2010年4月至7月，区公资办完成对属下6家一级公司清产核资工作，全面核定其资产负债情况。12月，广东顺德控股集团有限公司正式挂牌成立，标志着区属公有资产重组整合工作正式启动，下阶段将以顺德控股集团作为重组和资本运作平台，积极通过IPO、借壳上市、公司债、信托基金等形式实现公有资产证券化。

◆全区供水整合完成　2月26日，顺德水业控股有限公司与陈村、北滘、乐从、龙江、均安五镇政府签订产权转让协议，顺利完成对全区供水资源的整合。协议签订后，区公资办和水业控股有限公司落实后续工作，推进新收购企业和内部管理工作，实现供水整合后的平稳过渡。

◆城区建设开发中心资产负债整体平移　是年，顺德区公资办全面清理原城区建设开发中心土地和房产物业状态，建立档案，规范管理，为今后的经营活动打好基础。

【公有资产投资】

2010年，区公资办及下属公司开展了多项公有资产投资项目。年初，嘉顺联合资产管理有限公司按计划完成对彩虹OLED项目投入注册资金及二期增资扩股，第一期厂房建设已全部完成，进入试产阶段，二期厂房建设已奠基，各项筹建工作已全面铺开。韩国浦项镀锌板项目正配合进行审批工作，首期增资工作全面铺开。与盈峰、德美化工合作发起成立股权投资基金，采取“国资平台运作、社会资本参与、专业团队合作、市场模式运营”形式。2010~2011年由区财政每年投入1亿元，吸引10多亿元社会资本参与，推动本地战略新兴产业发展。开展金融股权投资行业，促进区域产融结合。继增资农商银行成为第一大股东后，通过区属公有企业投资参股江西丰城顺银村镇银行、高明村镇银行；参与广发银行增资扩股。

【业务创新】

2010年，顺德区公有资产系统拓展集约化信息管线业务范围。区政府同意授予城网公司信息管线建设特许经营权，并按规定完善好相关手续和建立合理的管理制度。城网建设投资有限公司与均安、乐从、杏坛等镇衔接，争取在上述镇区新建路道及开发区实施信息管线集约化建设，已取得初步进展。

【处理历史遗留问题】

2010年，区公资办与有关方面紧密沟通，妥善解决城区开发中心与大良街办村居、正大鸡场地块、绿化延期管养项目等历史遗留问题。嘉顺联合资产管理有限公司成功处理原顺德市锦纶厂等转制企业历史债务。

【城区基础设施建设】

2010年，拍卖新城区土地两块。1月，新城区德胜河畔的F04-1地块被万科公司拍得；8月，顺德新城德胜商务区启动期地块被保利公司竞得。作为德胜商务区地标式建筑群，将进一步带动德胜商务区整体价值提升，形成新城区牵引效应，发挥辐射作用。

【安全信访工作】

2010年，区属公有企业安全生产形势良好，未发生安全生产责任事故。尤其是水业控股有限公司在处置乐从水厂原水酚污染、容奇水厂原水油污染及北江上游原水污染等突发性水质事件中，反应快速，组织指挥到位，出色完成处置任务，保障市民饮用水安全，确保亚运期间社会和谐稳定。年内，共受理各类群众信访共计125件，办结答复120件，办结答复率96%。（陈炳庆）

口岸监管

【口岸监管概况】

2010年，顺德口岸服务强化沟通协调。区政府争取省口岸办支持，加强与顺德各联检单位的沟通联系，推动容奇码头搬迁、美的直升机直飞港澳、北滘港和保税物流中心建设等口岸扩大开放项目的报批工作。结合亚运安保，督促口岸各部门细化应急预案，组织联合安保演练，强化口岸应急处置能力。协调和督促口岸单位提升口岸配套设施，完善口岸联检各部门的工作联动机制。建立口岸联检单位信息报送制度，全年编撰《口岸工作动态》38期、《口岸统计信息》11期，推动口岸联检单位的信息互通，增强工作合力。

【海关】

◆概况　2010年，佛山海关驻顺德办事处围绕全国海关关长会议、广州海关关区关长会议精神，不断提高基层执行力，促进业务规范化建设，服务地方经济转型升级发展，各项工作取得实效。全年税收入库29.91亿元，审价补税959万元，审批减免税款18328万元。监管进出口货运量613万吨，进出口货物总值175亿美元；监管船舶1.76万艘次；监管车辆12.1万辆次；监管进出境人员87.5万人次；全年顺德外贸进出口总值达186.6亿美元，占广东的2.4%，占佛山的36%，其中出口144.3亿美元，增长30.14%。

◆大监管体系建设　是年，佛山海关顺德办事处根据广州海关统一部署，组织成立大监管体系建设领导小组，制定实施方案，统筹协调各项工作开展。一是整合稽查、保税核查、减免税核查资源，并以此为突破口，深入研究职能调整、人力资源优化等课题。二是全面推进出口分类通关改革试点工作。6月，广州海关出口转关分类通关模式首次测试在北滘顺利通过。三是成立风险监控中心，对关区内各个监管现场进行实时监控，对执法风险、廉政风险和走私违规风险进行集中分析和处置。

◆“亚运”安保与通关服务　是年亚运期间，顺德办事处建立亚运安保联系配合机制，各监管口岸加强与政府部门、联检单位、进出口企业和社会各界的协作，提升整体合力。组织参加和观摩亚运安保演练，开展培训，完善内部管理，严格落实消防安全责任和岗位职责，提高应急反应能力和处置水平。进一步完善安保监管设备及手段，严格落实6个100%的监管要求，顺利完成亚运会和亚残运会各项监管任务。

◆反走私工作　是年，顺德办事处保持高压打私态势，加强反走私工作领导，完善关警配合运作机制，促进情报和风险信息资源共享，提高案件办理效率。抓好专项行动和情报经营，促进行政案件量、质并进。全年行政立案共132宗，案值超过8亿元，涉税355万元；审结案件127宗，执行完毕110宗。受理刑事案件5宗，立案4宗，案值728万元，涉嫌偷逃税款149万元。罚没缴库共计1140万元，案件补税数额为255万元。在打击成品油走私专项行动期间，查获走私红油案件和无合法证明运输红油案件37宗，查扣没收红油394吨，案值235万元；在打击冻品走私行动期间，查扣无合法证明冻鸡脚28吨。8月18日在顺德港查获顺德口岸首例人体藏毒案，查获毒品海洛因18粒共263.4克。

◆税收工作　是年，顺德办事处加强对重点税源商品、税收大户的监控分析，坚持做好税收情况“日报表、旬报告、月分析”。开展涂料、无纺布、蓄电池等商品价格调研，全年一般贸易价格水平均处于绿色区间。加强征税业务指导，及时反馈各监管点反映的征税、归类、估价等关税方面的问题。加大对重点敏感低价商品的审价力度。高质量完成“打击出口骗退税百日专项行动任务”。

◆通关监管　是年，顺德办事处优化海关监管服务，推进业务规范化建设。一是优化监管措施，完善制度规范。加强对重点敏感商品的风险分析和监控，加大对高风险商品、低价商品的税收核查和审价补税力度；加强监管场所的管理，试点实行仓管人员协助海关义务监装监卸、24小时闭路电视全程监控和海关风险布控查验“三位一体”的监管模式；探索卡口联网试点，完善作业流程。二是继续加强对废塑料、废五金（以下简称“两废”）的监管，严厉打击“两废”伪报、夹藏等走私违规行为。三是试点推进对旅客分类管理工作，加大旅检现场政治性非法出版物等违禁书刊的查缉力度，提高打击毒品走私力度，联合缉私部门制定人体走私毒品旅客送检操作指引，明确处置程序。

◆后续监管　是年，顺德办事处加强企业管理和后续稽查，共受理批复19家企业的AA类、A类管理类别申请，新注册登记企业272家，注销企业346家，实地巡查企业122家，稽查企业74家，核查企业3家，查获企业19家，稽查补税入库1146.69万元。开展花卉、家具等专项整治行动，移交涉嫌走私违规线索14宗，涉及货值约7455万元，涉及税款约1053万元。推进加工贸易业务改革各项试点工作，加大保税监管力度，推动保税物流中心建设，加工贸易进出口值96.86亿美元，同比增长11.46%；加工贸易内销征补税人民币1.96亿元，同比增加25.62%；公共保税仓进出仓货值为3.4亿美元，同比增长137.59%；出口监管仓进出仓4.4亿美元，同比增长105.92%；备案电子化手册1134份，手册累计及时结案率为100%。

◆服务工作　是年，顺德办事处立足地方经济发展大局，不断强化服务意识，提升服务水平。一是加强政务公开力度，建立处长接待日制度，召开政策宣讲，搭建形式多样的关企沟通平台，构建公共服务型海关。二是处长带头，针对货物通关、减免税、加工贸易等业务开展企业或行业调研，掌握综合性、全方位的企业信息，提高服务的针对性和有效性。三是紧跟经济形势，提供量身服务。推动美的直升机直飞港澳临时监管点，培育高信誉龙头企业，助力顺德区“龙腾计划”顺利推行，促进地方经济升级发展。四是推动完成国通保税物流中心的申建准备工作，优化保税仓监管和出口监管仓管理模式，通过信息化手段实现快速审批，快速通关，大力促进顺德区现代国际物流发展。五是紧密合作，推动了哥山口岸搬迁工作和北滘港二期工程建设，促进地方口岸升级。六是拓展海关统计分析的职能，结合区域实际，有针对性开展贸易统计分析，为政府和企业开展经济活动决策提供信息辅助，年内海关撰写的统计分析文章被各类主流媒体共采用43篇次；为地方党政机关、政法部门、企业提供的统计数据咨询服务100多次。

（王　静）

【边防检查】

◆概况　顺德边防检查站主要担负顺德港客运口岸出入境旅客、客轮和容奇港、北滘港、勒流港货运口岸出入境船舶、员工的边防检查任务。2010年，该站服务出入境人员742559人次，同比增加7.49%，出入旅客626488人次，同比增加9.63%，出入境船舶13770艘次。年底，顺德边防检查站以优异的成绩顺利通过公安部边防管理局、出入境管理局对该站提高边检服务水平工作开展四年来的联合考核。

◆边检服务　是年，顺德边检站创新发展边检服务。制定《提高边检服务水平20条措施》，进一步优化边检服务举措。深化“一小时加急办理港澳签注”便利措施，完善便利签样式和办理程序，全年118名旅客受益。新增外国人出入境卡片自助打印系统，为旅客节约时间，提高通关效率。投入146万元改造验证通道，推动“电子口岸”建设，投入3万元更换各类边检标志、告示牌、工作指引、规章制度等。座客佛山电台介绍边检服务举措，解答群众疑问。开通咨询热线，多时段、多渠道、多形式地服务旅客，边检服务24小时不下线，更新边检服务信息网信息124条，24小时服务热线累计接受336次旅客咨询，现场值班室累计接待咨询旅客214人次。完善绿色通道、快速通关和延伸服务等措施，利用候船大厅的电子显示屏滚动提示天气变化情况和口岸客流高峰预报，在亚运会、广交会、顺德国际家用电器博览会期间推出“爱心伞”、“便民车”等服务措施。

◆口岸管控　是年，顺德边检站共查获多起临、重控，网上追逃，外国人持伪假证件入出境案，共办理行政执法案件9宗。建站以来，首次查获体内藏毒案，首次利用人像查控系统查获不准入境人员，为上海世博和“平安亚运”净化口岸环境。

◆科技强警　是年，顺德边检站以科技强警带动管理创新。投入3万元建设小型船舶管理系统，实现全方位、全时段、全视角船舶定位管理，为总队推广该系统提供32条补充修改意见，是总队2个先行试点单位之一。开展船舶信息系统录入规则培训8次，推动服务措施一网办，更新船舶备案90艘次、船员备案462人次。完成旅检现场32个点、货柜码头30个点、营区15个点监控视频的安装及测试工作，初步实现扁平化指挥系统。加大四级网络

繁忙的顺德港 (张武平摄)

建设，完成梅沙系统升级、海量存贮设备建设，拓宽指挥中心扁平化管理功能，实现边检梅沙、反偷渡信息、口岸勤务三级管控等系统一网管。

◆“亚运”安保工作　“亚运会”期间，顺德边检站以岗位大练兵为主线牵引安保工作向实战化、常态化、机制化推进，发挥口岸安保过滤器的作用，为“平安亚运”保驾护航。投入47.3万元亚运安保专项经费，为基层单位配备多功能警务腰带、防刺背心等执勤装备。完善处突预案，投入警力500余人次开展演练30余次。亚运安保实战阶段，进行紧急拉动演练8次，突击检查部队快速反应能力和人员在岗在位情况12次。组织处突防暴队形训练60课时，进一步提升应对各类群体性突发事件的处置能力和预防打击暴力恐怖犯罪的防控能力。（张武平）

【水运、海事工作】

◆概况　顺德海事处是佛山海事局的派出机构，副处级单位，内设监管科、办公室、执法大队，管辖均安、勒流港、北滘港、容奇港、顺德港5个办事处以及七滘、大洲两个船舶监管点。共有执法人员62人，其中辅助执法人员28人。2010年，海事处完成船舶进出口签证查验83523艘次，港口货物吞吐量3150.55万吨，外贸旅客吞吐量696659人次；完成巡航次数1233次，累计巡航里程33485海里，共检查船舶12830艘次，查处违法船舶325艘次。辖区水域发生船舶交通事故2宗，沉船0艘，死亡1人，经济损失79万元，事故4项指标同比2升2持平，辖区安全形势持续稳定呈现良好势头。

◆船舶安全管理　季节性安全工作是海事部门的重要工作之一，是年，海事处切实加强雾季、台风、洪水期等季节性安全监管，做好春节、清明节、“五一”、“十一”等节假日水上安全监管工作。摸准摸透季节性安全工作特点对辖区船舶航行作业的影响，集中海事监管力量加强对重点船舶、重点水域和重点时段的监管，保证上述时节辖区水上通航环境的持续稳定。同时，结合辖区实际，制定管控方案，加强现场巡查，开展应急演练，严把船舶检验、签证和安检关，确保上海世博会、广州亚运会期间顺德辖区水上交通安全形势保持稳定。

◆开展专项整治　是年，海事处开展针对重点水域、重点船舶、重点违规行为的专项整治，突击解决辖区水上安全管理中存在的突出问题，坚持专项整治与长效管理相结合，确保辖区安全形势稳定。一是开展针对顺德水道船舶碰撞大桥事故多发的专项整治行动，初步建立桥区水域船舶安全航行的海事、港口、船舶、船公司四方联动保障机制；二是开展渡口渡船专项整治行动，对辖区渡口渡船安全管理进行全面调查摸底和海事监管风险评估，并制定一系列有针对性的风险应对措施，如规范渡口渡船日常化管理，建立检查台帐记录，推动地方政府相关职能部门加强节假日安全检查等；三是开展针对集装箱船系固绑扎及装载情况的专项检查行动，加强行政处罚和行政强制力度；四是联合渔政开展针对碍航捕捞渔船的专项整治行动和宣传教育行动；五是加入顺德区联合打击采砂小组，共同开展打击夜间违法采砂行动。

◆服务地方发展　是年，海事处制定《顺德海事处2010年深化航运公司落实安全主体责任实施方案》，指导辖区航运公司修改完善《航运公司安全管理制度汇编》，对航运公司进行分类管理，做好挂点帮服工作和培训工作，与航运公司开展共建“安全发展”活动，推动辖区航运公司安全管理主体责任进一步落实，促进辖区航运公司制度完善、长效管理、安全营运、健康发展。11月18日，推动成立顺德区水上交通（溢油）应急指挥分中心。推进顺德区CCTV水上交通视频系统建设，该项目由区政府总投资1436万元，建设有7个夜视摄像头，4个移动摄像头，36个普通变焦摄像头，3块室外LED信息公布牌，基本覆盖全辖区所有重要通航管理区域，建成后将会形成一个“全天候看得到，全辖区叫得通，全部信息发得出”的智能高效的现代化水上交通流管理平台。推进顺德区溢油应急设备库建设，建设方案已呈报区政府审批；深化在建大桥施工水域安全管理和风险评估研究，拟出《桥区水域管理研究报告（初稿）》；加快推进《容桂水道通航安全管理办法》的出台；配合政府推进了哥山港口整合。　（黄斯来）

【顺德出入境检验检疫】

◆概况　顺德出入境检验检疫局设立办公室、人事政工科（纪检监察科）、财务科、动植物检验检疫科、化矿科、轻纺科、机电科、卫生检疫科、检务科、综合业务科、综合技术服务中心、北滘办事处、容奇办事处、勒流办事处、陈村办事处、客运港办事处等16个部门。2010年，顺德出入境检验检疫局共检验检疫出入境货物26.52万批，货值130.95亿美元，同比分别增长20.71%和32.71%。检出不合格出入境货物1052批，货值8220万美元。其中出境货物24.16万批，货值111.23亿美元，检出不合格281批，货值808万美元；入境货物2.36万批，货值19.71亿美元，检出不合格771批，货值7412万美元。检疫查验出入境人员82.91万人次，发现或申报有可疑症状者282人次；监测体检出入境人员1682人次，同比增长15.60%，发现病例1004人次，同比增加29.05%；预防接种75人次(含口岸从业人员和交通员工)；艾滋病监测

1609人次。检疫出入境交通工具20393架（辆、艘）次。检疫集装箱64.20万个标箱，其中出境10188架（辆、艘）次，入境10205架（辆、艘）次；检疫集装箱64.20万个标箱，其中出境38.42万个，入境25.78万个，查出存在问题的集装箱4891个。签发普惠制产地证33315份，签证商品金额13.20亿美元，按5%计算，可降低关税约6598万美元；签发一般产地证15788份，签证商品金额5.03亿美元；签发新增优惠产地证8160份，签证商品金额3.14亿美元。

◆口岸卫生检疫监管　是年，该局做好传染病监测工作，在顺德口岸范围内选择有代表性的4个点进行霍乱疫源监测，共抽取水样78份，经实验室检测霍乱弧菌检测结果全部为阴性。加强登革热监测工作，在入境的旅客中首次检出登革热患者。与佛山市电子口岸有限公司联合开发“出入境人员卫生检疫信息管理系统”，4月通过专家验收，正式投入使用。为保障口岸食品的安全卫生，9月该局举办了一期口岸食品安全卫生知识培训班，各口岸办事处的卫生监督人员、各口岸食品生产经营单位的从业人员共78人接受培训。为确保亚运会和亚残运会期间顺德口岸的通关安全和畅通，与边检、海关等各联检单位在客运港口岸成功开展“旅检现场亚运会安保联合演练”。

◆动植物产品和化妆品检验检疫　是年，该局根据国家质检总局对进出口食品残留和添加物质的监控计划，对进出口动植物源性食品抽取样品进行药物和重金属残留及食品添加剂检测。组织实施年度的实蝇检测计划并完成统计分析工作。落实标签审核制度及完成进口化妆品的检验检疫工作。

经该局检验检疫出境动物及其产品4606批、11288万美元；进境动物及其产品787批、18958万美元；出境花卉、苗木等植物产品4600批、3613万美元；进境植物及其产品4558批、25559万美元。从进境植物及其产品和货物木质包装中截获各类有害生物418种6286次，同比种次增加35.3%，批次增加5.5%。其中检疫性有害生物19种464次，同比增加35.7%和46.4%。截获检疫性有害生物分别为非洲大蜗牛、窄吉丁属等。查获木质包装违规（包括木质包装未申报、无植检证书或无IPPC标识等）160批次。全国口岸首次检出鳞球茎茎线虫和锐尾剑线虫。在进口的11批冻肉中，发现4批不合格，共94吨，货值近10万美元，全部进行销毁处理；从法罗群岛进口的冻三文鱼头和从美国进口的冷冻螺头分别检出一批含有致病菌单增李斯特氏菌。在进口鱼粉中共检出理化指标不合格135批次，38018.9吨，货值5411.4万美元，重量短缺的2批次，货值29.19万美元。

◆敏感商品检验监管　是年，该局对入境废物原料实施严格查验把关，全年共检验检疫进口废物原料5257批/25769柜，542369.785吨，48694.5207万美元。共检出不合格进口废物原料4批/4柜，234.85吨，56.23万美元。在各进口废物原料口岸全面利用电子监管系统，对查验货过程进行全程跟踪。对进口钢材、燃料油、矿石等重点商品加大检验监管力度。对大型、高值进口设备，设定专人跟进开箱检验到安装调试全过程，切实落实检验监管工作；对进口旧机电严格落实备案审批、开箱检验各项工作，确保进口旧机电产品的安全和质量。

◆依法行政和认证认可工作　2010年1月1日起，根据广东检验检疫局统一部署，该局开始全面受理强制性认证产品免办业务，在落实该项工作的基础上组织探索免办后续监管，完善3C全过程监管体系建设。

是年，该局对顺德的1354家企业实施了分类评定，其中，一类企业8家，二类企业262家，三类企业1084家，涵盖顺德99%以上的产品出口。新批准卫生注册备案企业2家，办理取消或自动失效的企业5家。受理申请出口质量许可证的各类企业12家，其中8家已通过获得出口质量许可证书；为顺德的47家企业签发强制性产品认证免办证明88份；组织实施对10家出口金属切削机床、锻压机械和铅蓄电池许可证企业的专项监督检查，对12家获得管理体系认证的企业和4家出口食品农产品认证企业的认证实施有效监管。共实施行政处罚12宗，涉及金额11.3407万美元，行政处罚2.2483万元人民币，撤销报检从业人员注册、吊销报检员证3人。配合地方政府整顿和规范市场经济秩序，协助销毁查获的走私冻肉一批。签发普惠制产地证33315份，签证商品金额13.20亿美元，同比分别增长18.79%和21.39%，按5%计算，可降低关税约6598万美元；签发一般产地证15788份，签证商品金额5.03亿美元，同比分别增长25.26%和18.15%；签发新增优惠产地证8160份，签证商品金额3.14亿美元，同比分别增长82.63%和109.79%。

◆服务地方外贸经济发展　一是帮扶出口企业提升产品质量，降低出口成本。是年，该局协助北滘等口岸新增冷冻水产品进口，成为顺德口岸又一大宗进口食品检验检疫业务；帮助佛山市顺德区海鼎水产食品有限公司从生产宠物罐头食品转向生产出口食品罐头，在金融危机和汇率调整的双重负作用下取得较好效益；针对出口童鞋、童装绳带、小部件等机械安全项目机械安全不合格频次较高以及出口服装PH值项目不合格率有明显上升趋势的情况，与企业及行业协会等合力解决相关问题。二是配合顺德区政府服务龙腾企业。帮助6家蝴蝶兰种植企业取得出口加拿大带介质蝴蝶兰的出口资格，使顺德的蝴蝶兰出口量占广东出口量的九成以上；重点跟进占龙腾计划一半以上的机电产品出口企业，帮助其提高质量管理水平、产品检测水平，简化通关手续，顺德境内已有4家龙腾计划内机电产品出口企业获出口免验资格；简化手续，为3C免办企业提供快捷服务。对达到一定条件的企业，减免申办的相关纸质材料，并主动将签证时限从规定的3个工作日缩短到1个工作日，为企业提供快捷服务。三是开通报检员证延期审核短信提醒服务。利用顺德区政府OA系统的短信平台，每个月提前用短信通知报检员前来办理延期申请，降低因报检员个人失误而造成资格被注销的风险。

（严冬梅）

科学技术

科学技术

概况

2010年，顺德区科技工作围绕转变经济发展方式、构建现代产业体系这一主线，不断推动自主创新和产业转型。一是通过启动“中国南方智谷”建设，推动公共技术创新平台建设，完善企业创新体系。二是通过全面推动院地合作、建设科技特派员工作站、组织区内企业与高校进行产学研合作对接、加强与中国工程院合作等活动促进优势传统产业转型升级。三是发展高新技术产业，推动产业结构优化提升。四是构建现代科技服务体系。全区现有科技服务机构60多家，从业人员700多人。五是实施知识产权战略，不断优化区域自主创新环境。全区专利申请量和授权量继续领跑全国县域，还承担了“广东省百所千企知识产权服务对接工程试点区”试点示范工作。

制定科技政策法规

2010年，考虑到顺德机构改革后执行主体发生变化，以及根据区人大检查组检查顺德区贯彻实施《中华人民共和国促进科技成果转化法》情况的报告，要求“落实科技奖励政策，提高科技奖励标准，增强科技人员转化科技成果的积极性和主动性，充分发挥人才在科技成果转化中的核心作用”的意见及建议，区政府下发《关于修订顺德区科学技术奖励办法的复函》（顺府办函〔2010〕450号），同意从2011年起每年从科技经费中安排300万元用于科技奖励。6月，区政府印发新的顺德区科学技术奖励办法（顺府发〔2010〕29号）。新的奖励办法加大奖励力度，特等奖由原来10万元提高到15万元（含税），一等奖由原来5万元提高到8万元（含税），二等奖由原来3万元提高到5万元（含税），三等奖由原来1万元提高到2万元（含税）。12月，区政府出台关于《2009年度科学技术奖励的决定》（顺府发〔2010〕43号），对“顺德工业设计园建设”等54项科技成果、332名科技人员、53个单位进行奖励。

是年，区政府设立顺德区科技型中小企业技术创新专项资金，5月出台《顺德区科技型中小企业技术创新专项资金管理暂行办法》，按照国家、省创新基金项目申报统一要求，首次以顺德名义，推荐区内中小企业申报国家级、省级科技型中小企业技术创新专项。全区共推荐25个中小企业创新基金项目上报省创新基金管理中心统一评审，有12家企业的项目分获上级创新基金扶持，通过国家、省、区三级创新基金的扶持，促进顺德一批科技型中小企业快速发展。其中“全自动数控回转曲面木工车床”等9个项目获国家创新基金，“节能型装配式定量隔离病房系统成套设备的产业化”等9个项目获省科技型中小企业技术创新专项纳项。

（程海慧　温志扬）

2009 年度佛山市顺德区科学技术奖获奖项目

一等奖（9 项）

序号	项目名称	项目完成单位	主要完成人
1	顺德工业设计园建设	佛山市顺德区北滘镇人民政府、广东工业设计城发展有限公司	徐国元、赖小越、邵继民、黎蔼莹、张国海、井春英、廖伟华、林永锋、马哲行
2	新型节能环保热交换材料在燃气热水器上的应用及产业化	广东万和新电气股份有限公司	叶远璋、李志强、唐建军、钟家淞、龚玉根、邓益华、陈必华、张华平、凌　锋
3	侧送风嵌入空调器技术的研究及应用	广东美的制冷设备有限公司	邓明义、李福林、游　斌、毛先友、刘智勇、易万权、谭周衡、张勇强、向卫华
4	高速高效实时控制精密注塑设备及关键技术	广东伊之密精密机械有限公司、华南理工大学	张　涛、隋铁军、沈锋利、李斌礼、蒋小军、侯永平、郭志坚、黄汉雄、王喜顺
5	陶瓷超大超薄板材冷加工装备	广东科达机电股份有限公司	周　鹏、隋旭东、丘兆才、邓小明、胡宝松、孙志伟、陈仲正、谢云仲、赵　雷
6	加成-聚合 MDI 聚氨酯环保固化剂关键技术	广东华润涂料有限公司	温晋嵩、孔淑香、王庆生、吴惊凡、郑建鹏、朱　毅、刘　超
7	LED 显示器用改性聚苯醚（MPPO）	佛山市顺德区瑞能科技有限公司	吴全德、邱　军、徐　洋、吴普逵、许　兵、王茂林、戴先明、张丽平
8	骨间后单一皮穿支微型皮瓣的显微解剖及其临床应用研究	顺德和平创伤外科医院	张敬良、谢振荣、肖军波、何家强、雷彦文、宋　君、郭桥鸿、陈焕伟、何明飞
9	扁桩水泥土搅拌墙(SMW-EFP)施工技术方法	广东永基建筑基础有限公司、佛山市顺德区勘测有限公司	黎志中、李兆源、曾锦标、余海辉、肖仕贵、陈少懂

二等奖（22 项）

序号	项目名称	项目完成单位	主要完成人
10	基于单电阻采样磁场定向控制的 180 度正弦波直流变频空调控制技术	广东美的制冷设备有限公司	李　强、罗宇华、叶先锋、朱良红、李金波、孙铁军、章文凯
11	燃气热水器铜制热交换器节能环保表面处理技术研究	广东万家乐燃气具有限公司、深圳大学	余少言、仇明贵、胡定钢、向　熹、胡　刚、朱建明、舒志新
12	高效智能电蒸炉	广东格兰仕集团有限公司	陈锦聪、柯辉华、李韶佳、曾铭志、谢广文
13	双模高效空调器关键技术的研究与应用	海信科龙电器股份有限公司	周小天、刘文忠、王志刚、赵可可、范永盛、王剑锋、郭富军
14	压力咖啡机多通道转换控制技术	广东新宝电器股份有限公司	吴才炎、彭时金、陈光华、林锦如、李　宇、陈灶生
15	新型高效石板材连续抛光装备及技术研发	佛山市科达石材机械有限公司	李秀荣、王　镇、叶华林、麦小聪、岑晓龙、戴　春、王纪根
16	节能环保蒸压砖自动液压机的研发（KDQ1300）	广东科达机电股份有限公司	许建清、秦　杰、罗祖高、陈爱民、夏建华、余　弦、王忠岐
17	闭环控制转动增压式注塑机	广东伊之密精密机械有限公司	张　涛、隋铁军、沈锋利、李斌礼、侯永平、郭志坚、胡春生
18	高效中小功率薄型开关电源	佛山市顺德区瑞德电子实业有限公司、广东工业大学	骆德汉、郑　魏、陈益民、汪　军、许　忠、陈　敏、姚长标
19	风电专用集电升压设备	顺特阿海珐电气有限公司	刘　燕、邹长春、黄荣晖、张春华、王凤杰、杨玉柳、梁洪滔
20	ZN□−40.5/T2500−31.5(VS1X2)户内交流高压真空断路器	广东省顺德开关厂有限公司	蔡润强、曾大生、梁剑林、杨国清、杜勇潮、黄泽辉、冯浩成

（续上表）

序号	项目名称	项目完成单位	主要完成人
21	PVC-C环保冷热饮水管材管件	广东联塑科技实业有限公司	林少全、文巍伟、陈　涛、李广权、汤　毅
22	荒料法制备的云石图案人造石新工艺技术	广东新粤建材有限公司	林志伟、向承刚、户善文、岑永垣、汪奇林、涂　杰、周银江
23	疏水缔合聚合物类絮凝剂的研究及产业化	广东恒业精细化工有限公司、中国科学院成都有机化学研究所	陈国牛、冯玉军、陈丽仪、鲁智勇、操卫平、鲁红升、吕永利
24	腘静脉导管介入尿激酶溶栓治疗下腔静脉和下肢深静脉血栓的疗效观察	佛山市顺德区第一人民医院	于新发、王　健、周成宇、陈小伍、董　维、肖丽达、黄明光
25	Smo基因在结直肠癌Sonic hedgehog信号通路异常激活及结直肠癌发生过程中的作用研究	佛山市顺德区第一人民医院	朱达坚、陈小伍、戎祯祥、剧永乐、伍锦浩、康凯夫、陆光生
26	肝炎、肝硬化、肝癌的临床病理学与分子生物学研究	佛山市顺德区第一人民医院	康凯夫、陈小伍、谭光明、张　鑫、潘斌才、吴国标、黄金凤
27	小儿肺炎支原体肺炎特异性心肌细胞损害标志物检测的临床意义研究	佛山市顺德区妇幼保健院	林春旺、翁晓阳、王　瑛、李国平、邓明红、张金凤
28	农业综合监督执法信息管理系统	佛山市顺德区农业综合监督所、广东慧通信息技术有限公司	陈锦标、简国明、林永胜、白振国、徐国江、丁书军、赵玉俊
29	技术创新项目的培育服务平台建设	佛山市顺德生产力促进中心	欧阳志强、宋卫、常辉兰、彭卫东、赖卫平、吴惠玲、廖慧梅
30	珠江三角洲地区花岗岩石料在水泥混凝土路面沥青加铺层的应用研究	佛山市顺德区公路局、长安大学、佛山市公路工程学会	王林中、彭余华、胡拯民、徐恺嘉、曾阳春、朱赞凌、陈辉成
31	升血调元颗粒的研制与产业化	广东环球制药有限公司、广东药学院	傅咏梅、林华庆、朱颖红、李凤银、高永坚、陆启春、陈文慧

三等奖（23 项）

序号	项目名称	项目完成单位	主要完成人
32	常压式液体加热技术在饮水机上的应用研究	广东碧丽饮水设备有限公司	巫宗权、洪四军、沈艳梅、梁裕镳、陈培华
33	大型中央空调节能环保关键技术	广东申菱空调设备有限公司、上海交通大学	欧阳惕、邱肇光、陈　华、丁国良、潘　峰
34	家庭厨房环境空调制冷技术的研究与应用	广东美的制冷设备有限公司	刘智勇、程宏理、陈良锐、李福林、霍亚军
35	直流变频空调低频控制技术研究及应用	广东美的制冷设备有限公司	罗宇华、朱良红、叶先锋、李金波、孙铁军
36	全自动人造石英板生产整线装备与技术研发	佛山市科达石材机械有限公司	邱建平、曹尧波、李秀荣、白　岚、郑解良
37	XHDCZTG-35-20~67 自动调谐消弧线圈接地装置	顺特阿海珐电气有限公司	刘　燕、梁耀光、李旭军、周伟明、渠海波
38	SC(B)10-5~2500/20(10)树脂绝缘双电压干式变压器	顺特阿海珐电气有限公司	刘　燕、易吉良、郭　峰、林传玉、叶倖良
39	水性 UV 涂料树脂的无溶剂合成技术	广东华润涂料有限公司	王　韬、曾光明、王庆生、夏忠丽、孔淑香
40	大型自动化机械涂装快干、抗回粘水性木器漆关键技术	广东华润涂料有限公司	沙亚楠、谢晓芳、石成芬、唐桂明
41	SnCuNi 合金无铅喷锡(LF-HASL)PCB 的研制	佛山市顺德区顺达电脑厂有限公司	项　羽、张吉本、谭祖培、麦炤元、宋育树
42	阻燃纸蜂窝复合轻质墙板	佛山市顺德区东南海业环保材料有限公司	方德明、胡永雄、蔡　坚、潘家胜
43	衬塑环保钢塑复合管材及管件	广东联塑科技实业有限公司	林少全、赖志强、杨继跃、文巍伟、欧铁柱

（续上表）

序号	项目名称	项目完成单位	主要完成人
44	吸附、分解复合型空气净化涂料的研究	广东鸿昌化工有限公司	张朝平、杨泽生、陈旺谏
45	血液透析联合血液灌流对血透患者心血管相关危险因素影响的研究	佛山市顺德区第一人民医院	窦献蕊、胡海棠、赵冰峰、赵新萍、简汝琨
46	容桂地区糖尿病及相关人群健康知识评估	佛山市顺德区桂洲医院	李　舸、胡海蓉、陈晶华、范惠群、梁燕娟
47	无创通气治疗呼吸衰竭和心力衰竭	佛山市顺德区容桂街道新容奇医院	陈亚利、霍敏琴、杨　梅、陈韶辉、李　蓓
48	蝴蝶兰引种、栽培技术规程制定与产业化示范推	佛山市顺德区农业综合服务中心、广东维生园艺科技有限公司	郭丽晶、何丽贞、张　旺、李华养、周洁浪
49	植物科普大观园	广东陈村花卉世界有限公司	郑志民、卢炜峰、张新峰、谢克英、周伟斌
50	区域性小学骨干教师培训的实践研究	顺德区教师进修学校、勒流街道教育组	施爱英、丁建平、叶　建、罗伟平、张滴珍
51	多媒体与网络技术应用于中小学英语教学的研究	佛山市顺德区教学研究室	冯　毅、林盛山、王　萍、温素红、文安强
52	大管径长跨度沉管过江技术在顺德中心城区南北供水连通工程的应用	佛山市顺德区规划设计院有限公司	杨林玲、梁冰凌、罗宇华、欧阳尚贤、吴盛文
53	社会治安视频监控系统工程	佛山市顺德区公安局	谭志富、梁国强、陈卓雄、欧阳风、梁杰强
54	废旧塑料再生工艺废气污染机理研究及控制措施分析	佛山市顺德环境科学研究所有限公司、广东省生态环境与土壤研究所	洪　伟、黄德银、李芳柏、冯炜锋、张浩原

产学研合作

2010年，顺德区重点加强以建设高校、科研院所区域研究院的模式推进全区产学研合作工作，通过引入外部优势资源在顺德设立实体研发机构，全面推动和服务顺德产业转型升级。一是与国内重点高校西安交通大学和武汉理工大学合作，分别建立广东西安交通大学研究院和武汉理工大学（顺德）机电与信息研究院。二是与中科院下属研究院所合作共建区域研发实体，分别与中科院工程所合作建立广东纳米材料工程中心、与中科院理化所合作建立中科院理化所工程塑料国家工程研究中心华南分中心、与中科院华南植物园合作建立中科院佛山育种育苗中心，顺德的院地合作迈入新里程。三是持续支持全区产学研项目的开展。年内获得省部产学研合作项目立项28项，获得省院合作项目立项7项，共获得省科技经费2480万元支持；获得顺德区产学研合作项目立项98项，共获区科技经费支持1100万元。顺德区现已引入企业科技特派员132名，并组建了5个省级科技特派员工作站和10个区级科技特派员工作站。 （冯伟卓）

自主创新体系建设

2010年，顺德区继续深化自主创新体系建设，大力扶持科技服务机构建设，构建现代产业服务体系，优化高新技术产业发展服务环境，鼓励企业建立研发机构，完善机制，加大投入，全面提升顺德企业自主创新能力。全年认定院士工作室2家、科技服务示范机构10家。区内企业获2009年度省科学技术奖励项目7项、佛山市科学技术奖励项目34项、顺德区科学技术奖励项目54项，其中广东德冠包装材料有限公司完成的“纸塑无胶复合环保聚丙烯薄膜的研究与开发”项目获省科学技术奖励二等奖。

区内公共技术创新平台建设成效凸显，成为转变经济发展方式构建现代产业体系的重要支撑。是年，家电院及属下研发服务中心对外服务业务收入超过700万元，获得“广东省家电产业升级服务示范基地”等多个荣誉称号，联合企业凝练出重大、共性、行业核心课题22个，其中多个项目已在省科技厅立项。顺德工业与信息技术研发中心、广东纳米材料工程中心、顺德中山大学太阳能研究院、彩虹（南方）研究院、顺德家具研究开发院、均安牛仔创新中心等平台的创新和服务能力也得到显著提升。

组织实施“百家工程中心建设工程”和“企业研发能力提升计划”。是年，顺德区3家企业工程中心提升为省级工程中心。到年底，全区建立省级大型企业研究院1家，共有省、市、区三级工程中心178家，其中省级工程中心30家，市级工程中心44家，区级工程中心103家，是广东省建立省级工程中心最多的地区之一。工程中心已成为顺德区产业创新发展的主要支撑平台，为企业聚集高层次人才，开展重点前瞻项目研究，提高企业创新能力发挥重要作用，顺德自主创新载体建设水平继续处于全省乃至全国领先水平。 （冯伟卓）

南方智谷建设

为争创国家创新示范区，全力打造现代产业之都、品质生活之城，2010年，顺德区委、区政府启动“十二五”重大创新工程——中国南方智谷建设，目标是建成华南地区人才集聚、研发创新和创业发展的高地，重点发展以科技研发为核心的2.5产业，打造“创业、工作、生活、休闲”为一体的全球新一代科技创新中心。中国南方智谷主要围绕顺德已形成的优势产业及新兴战略产业发展需要确定7个重点发展领域：高端电子信息、智能制造、新材料、生物医药、能源环保、现代信息服务、现代农业。

中国南方智谷由核心园区和特色园区组成。其中，核心园区为三区一园（A区、B区、C区和创业孵化园），约6.5平方公里；特色园区由广东工业设计城等6大园区组成。A区位于顺德职业技术学院所在片区，约2600亩，建设产学研结合的公共技术创新平台，为顺德产业及南方智谷发展提供技术支撑。B区约4770亩，旨在打造高端人才集聚、高端研发和高端现代服务业的发展片区。其中，B区启动区560亩，是南方智谷未来3~5年重点建设区域，将以“产城一体化”的规划设计理念，建设大型的城市综合体，包括建设智谷大厦、科技大厦、研发园、科技型企业总部园、产业大厦、科技公寓、会议中心、酒店商业配套等项目，建设成为宜业宜居的国际化科技城。C区位于马岗片区，约1800亩，依托南方医科大学重点发展生物医药及医疗器械产业。创业孵化园位于顺德西部生态产业区，约300亩，承接南方智谷研发成果的中试。（何耀坚）

高新技术产业发展

2010年，顺德区积极引导和培育企业加强自主创新，组织申报省市区各级科技计划项目264项，引导区内企业申报国家级高新技术企业，全年共推荐25家行业骨干企业申报国家高新技术企业。组织区内企业申报广东省高新技术产品，共有70个企业217个产品申报，比上年大幅增加，引领顺德产品不断向产业链高端延伸，发挥高新技术产品引领作用。到12月，全区拥有国家级高新技术企业171家，广东科达机电股份有限公司等5家企业被认定为2010年国家火炬计划重点高新技术企业。

专业镇建设

到2010年底，顺德10个镇（街）中有8个获得“专业”镇称号。经过一年的发展，顺德区专业镇区域和镇域产业集群特色更加明显。区、镇（街）两级政府高度重视专业镇建设，通过强化政府在专业镇技术创新工作中的引导作用，制定产业发展规划，出台各项有利于支柱和特色产业发展的相关政策措施，加强推进专业镇技术创新平台建设，专业镇科技创新工程增强了产业集群竞争力。2010年，北滘镇“工业设计城建设”和均安镇“牛仔服装创新平台建设”两项目中标广东省粤港关键领域重点突破招标项目，获得省科技厅570万经费扶持。通过促进专业镇建设特色产业创新平台，服务与支持区域传统优势特色产业及其企业发展。（温志扬）

发展电子信息产业

2010年，顺德结合本地实际，把握广佛同城、珠三角一体化的有利机遇，依托龙头企业，大力发展电子信息制造业和现代信息服务业，培育光电、软件、物联网、电子商务等4个新兴产业，呈现出4个新特点：一是光电产业发展取得进展。彩虹项目正式纳入广东省现代产业500强项目，在建设用地指标、项目融资等方面将获得省政府配套政策支持。其中投资5.08亿元的彩虹一期PMOLED项目已完工并开始试产，二期项目注册资本19.8亿元，投资49.6亿元的4.5代AMOLED生产线项目合作协议已签订，并举行开工奠基仪式；彩虹南方研究院在顺德挂牌营运，计划投资13.6亿元，其研发大楼的建设将与二期项目的建设一并进行。国家级OLED产业基地（顺德）的效果初步凸显。二是软件业和信息服务业稳步发展，涌现出几家行业龙头。如动易网络的网站管理系统和佳邦公司的企业管理咨询在各自领域位于前列。2010年共有22家企业被认定为软件企业，比2009年增加3家。三是物联网与空间地理信息业等新兴行业迅速发展。如以瑞德电子为代表的一批企业推动物联网技术尤其是RFID技术在顺德的应用发展，以瑞图万方为代表的一批企业在空间地理信息应用方面取得很大发展。四是是电子商务迅速发展。欧浦钢铁、易发塑料等网上交易平台逐渐成为国内领先的行业服务平台。凭借钢铁与塑料行业电子商务的迅速发展，乐从镇成为首个“国家级电子商务试点镇”，并与北京大学签约共同推动专业市场的电子商务与实体经济深度融合。

是年，顺德电子信息制造业实现总产值196.8亿元，主要分四大领域：计算机、通信设备、软件及系统集成、元器件和应用电子。主要产品包括通信传输设备、通信交换设备、通信终端设备、移动通信及终端设备、其他通信设备、广播电视设备、电子计算机整机、计算机网络设备、电子计算机外部设备、电子真空器件、半导体分立器件、集成电路、光电子器件及其他电子器件、电子元件及组件制造、印刷电路板制造、家用视听设备及其他电子设备制造等。产业主要分布在伦教、大良和容桂，其中容桂发展比较成熟，产业技术层次高，骨干企业数量较多，有北电、彩虹、广意通讯、泰科、亿讯、必达、瑞图万方等。

信息化建设

【概况】

2010年，顺德继续推进信息化建设，工业与信息化融合走向深入。一是编制完成顺德区国民经济和社会信息化发展“十二五规划”。规划以产业为核心，以两化融合为主线，促进产业结构调整，同时覆盖电子政务、社会信息化、农村信息化等信息化各个重要领域。该规划将作为顺德区加快信息化与工业化、城镇化、国际化融合，带动经济健康快速发展、构建和谐社会的纲领性文件。二是发挥镇（街）优势，建立容桂中小企业制造业信息化服务平台、龙江家具电子信息公共服务平台、均安牛仔服装设计中心等。三是抓好一批重大产业项目和信息化工程项目，加强政务信息资源的共享和开发利用，规范无线电管理，加快信息管道的集约化建设。同时，积极推进彩虹OLED项目，该项目总投资68.28亿元，一期PMOLED项目已完工并开始试产，二期AMOLED生产线项目已经开工。顺德软件园建设顺利推进，采用全市场化运作方式，一期建设面积约20000米^2，入园企业超过30家，加快了软件产业的集约化发展。四是推进专业市场和重点行业的电子商务平台建设。欧浦钢铁交易中心、易发塑料、花卉世界等专业市场都已建立比较完善的电子商务平台。

2010年1月，国家工信部授予乐从镇“国家级电子商务试点镇”称号。全区中小企业的电子商务应用达到60%以上。五是公共地理信息平台、新一代无线宽带通信应用系统工程、“数字城管”工程等一批重点项目陆续建成并投入使用，社会信息化应用逐步深入，行政服务效率不断提高，社会化服务不断丰富和完善。

【两化融合】

2010年，顺德区被认定为第一批广东省信息化与工业化融合示范试验区。12月，顺德区两化融合创新服务中心暨广东省两化融合创新中心顺德分中心正式挂牌成立，是广东省内第一个县（区）级行业性两化融合公共服务平台，成为广东省两化融合推进中的重要布局。同时顺德区两化融合评价体系正式发布，并通过建立30家企业样本，追踪收集企业和行业发展动态数据，为本地区两化融合工作和政策措施的制定提供决策参考。为提升地区信息化与工业化融合发展水平，促进产业升级转型，是年顺德进一步加强政府资金引导和扶持，重点从公共服务平台建设、两化融合示范、新兴产业培育等三个领域，公开征集企业信息化项目，共收到企业申报项目44项。经过严格评审，拟定对“基于传统制造的综合信息化服务平台建设”等14个项目进行立项扶持。同时，依托企业建立产学研联盟、白色家电联盟，以及各级工程中心等。全区现已有省级、市级、区级工程中心共135家，是广东省建立省级工程中心最多的地区之一。全区规模以上企业ERP、CAD/CAM、PDM等综合信息技术的普及率达到90%以上。通过“商协会”平台，联合镇（街）共同举办“创新顺德”信息化与工业化融合专题培训活动5场，参加人数超过600人。

【政务信息化】

2010年，顺德实施政府信息化项目全过程管理，加强电子政务建设，加快政府信息资源共享和业务协同，推进重点信息化项目建设，打造高效服务型政府。政府办公自动化系统（OA）已覆盖全区各部门、各镇（街）和各居（村），各职能部门的业务系统也基本实现信息化管理。大部制改革后，区政府加强政府资源的共享交换和统一服务，已经建立区、镇两级行政服务中心，并将服务延伸至村居。重点开发建设一批关系民生的服务项目，包括：数字城管、治安视频监控、城市应急管理、地理信息平台、行政审批系统等。该批项目的陆续建成和实施整合了政府信息资源，加速信息资源共享和开发利用，进一步提升政府服务效能。

【“信息顺德”工程建设】

2010年，本着“政府主导、社会参与、技术创新、共同发展”的原则，以便民、为民服务为宗旨，顺德区政府大力推进通信基础设施建设和社会信息资源的开发利用，启动一批便民服务项目建设，加快“信息顺德”工程建设，建立标准化开放式综合信息服务平台，社会信息化应用水平进一步提升，互联网的普及率达到82%。该平台充分利用现有资源，搭建顺德区统一的信息服务门户，为信息服务增值应用开发提供统一的身份认证、登录、扣缴费等功能，提供一站式信息化服务解决方案。“信息顺德”门户可以通过电脑、手机、电子信息屏等途径办理、查询相关信息。项目已完成手机客户端开发，对“信息顺德”内容规划业务处于测试阶段。是年，“信息顺德”应用业务已全城覆盖，这一系列信息化产品为市民在生活、交通、理财、教育、医疗、就业、家庭等范畴拓展不同类型服务，方便市民的生活和工作。主要包括：一卡通应用、智能公交应用、校讯通应用、医疗预约挂号应用等。顺德区500台公交车、1055台出租车已安装智能公交设备，区内18家医院已使用预约挂号服务。

【信息基础设施建设】

2010年，顺德信息基础设施建设成效显著，水平位于全国同级前列。截至年底，电信网络、有线电视网络和宽带互联网覆盖全区。全区铺设光缆超过1万皮长公里，基本实现光纤到大楼、小区和村。中国移动以G3网络为基础，促进具有自主知识产权的TD-SCDMA技术的发展和应用。新建路网及数据热点全覆盖，新增小区、工业区及保证部分村的信号覆盖，包括核心网建设。在WCDMA网络、CDMA2000网络建设方面，中国联通、中国电信都加快布局。全区已经建立无线基站1969个，信息管道铺设5908管程公里，无线局域网点布设460个，各类互联网用户达到43万，固定电话用户73万，移动电话用户达到315万，广播电视用户达到69.86万，同类指标位于全省乃至全国前列。

（赵松顺　张子毅）

知识产权保护和服务

【概况】

2010年，顺德区专利申请量达10379件，同比增长22%，专利授权达9697件，同比增长33%，申请量与授权量达到历史最高峰。专利申请量和授权量连续15年位居全国县区前列，约占佛山市的1/2强、广东省的1/12强、全国的1/100强，顺德正逐步构筑起自身的知识产权高地，累计专利申请量从2005年的3万件增加到2010年的7.2万件，累计专利授权量从2005年的2.1万件增加到2010年的5.3万件。2010年，顺德工业产值约4300亿元，其中约55%的产值是含有专利技术的产品创造出来的。顺德成为广东省百所千企知识产权服务对接工程试点区。

【知识产权试点示范及成果】

2010年，顺德列入国家专利试点企业4家，省知识产权示范企业4家，省知识产权优势示范企业22家，市知识产权示范企业37家，各级知识产权试点、示范企业数量在全省县（区）中居首位。广东科达被认定为第四批全国企事业知识产权试点单位。联塑科技被认定为第五批广东省知识产权示范企业。福田电器、碧丽饮水、瑞德电子等3家企业被确定为广东省知识产权优势企业。

顺德区中国专利（外观设计）金奖实现零的突破。经过国家知识产权局组织专家严格评选审核，顺德区5家企业的5项专利被国家知识产权局与世界知识产权组织授予第十二届中国专利奖。其中美的集团的“电压力锅（MY-CS20）”专利荣获第十二届中国外观设计金奖（全国共计5名）。广东德冠包装材料有限公司的“一种纸塑无胶复合用双向拉伸聚丙烯薄膜及其制备方法”专利荣获中国专利优秀奖（金奖提名）。此外，海信科龙的“分体式落地式房间空调器（K08004）”、格兰仕集团的“微波炉（N6-RO）”及新宝电器的

"豆浆机(BL9230)"等3个专利分别获得第十二届中国专利奖——中国外观设计优秀奖(全国共计33名)。

【知识产权对外交流与培训教育】

2010年4月，世界知识产权组织、东盟秘书处和东盟十国近40名高级官员一行到顺德考察访问。代表团对顺德取得的知识产权工作成就给予充分的肯定，对顺德高度重视知识产权工作、创新工作思路、大力营造社会氛围等做法大加赞赏。此行为加深国际社会对顺德的了解，加快顺德知识产权工作与国际接轨起到重大促进作用。9月，在第三届工博会期间举办工业设计创意产业发展与知识产权保护高峰论坛，邀请世界知识产权组织王彬颖副总干事、韩国设计振兴院、中央美术学院等国内外专家到顺德指导，并由有关专家就工业设计产业发展与知识产权保护作专题演讲。11月，蒙古国知识产权局到顺德区进行知识产权工作交流。全年先后举办"工业设计创意产业发展与知识产权保护高峰论坛"、"顺德区企业专利申请文件质量控制管理培训"、"三角洲"第三届国际知识产权交流会、"家具行业外观设计图像检索培训班"、"企业创新与知识产权保护论坛"、"欧洲会展及海关维权实务研讨会"，参加论坛或培训人数达2300多人次。

【专利保护】

2010年，顺德区经济促进局引导企业、专利权人通过行政执法途径，解决专利纠纷，协助市级部门在顺德区办理专利案件，截至12月调处专利纠纷案件共100多宗，立案60多宗。

【专利联盟建设】

2006年顺德区组建了国内首个家电(电压力锅)专利联盟。2010年，电压力锅专利联盟维权工作取得突破性进展，联盟企业由原来的4家发展到11家；联盟入池专利由原来的46项增至308项；联盟发起单位的产品销售额由原来占全国市场份额的40%左右，已跃升到占70%以上。是年，区经济促进局联合区市场安全监管局、知识产权协会、标准研究与促进中心、电压力锅标准联盟和专利联盟企业共同建立顺德电压力锅产业发展标准创新联席会议制度，共同推动顺德电压力锅产业发展标准创新工作，推动IEC国际标准修订，增强产业竞争力，开拓国际市场。

【专利中介服务】

2010年，顺德区专利代理市场发展迅速，已有专利代理机构8家，专职从业人员60多人，拥有一批具有较高专业素质的专利代理人与知识产权律师。区内代理申请量约为全区总申请量的1/2，年代理量5000多件。一是开展百所千企服务对接工程工作。对接工程开展以来，共有5家专利代理机构分别与15家企业(专业镇)成功对接。二是引进优质服务机构，规范管理提高整体代理能力。年内引入广州新诺专利商标事务所有限公司在顺德区开设办事处，与北京泛华伟业知识产权代理有限公司进行深度合作，提高整体代理能力，推动顺德知识产权事业发展。三是加强对代理机构的政策与资金扶持。2010年区知识产权专项资金为200万，符合条件的专利代理机构都可申请知识产权优质服务机构奖励或知识产权服务体系建设扶持资金，每项均为10万元。资金扶持的实施促进了专利机构的发展，使之完善内部业务机构建设，提高服务水平，为企业提供更优质的知识产权服务。（余晓斌）

无线电管理

2010年，顺德无线电主管部门顺利完成第16届亚运会佛山赛区世纪莲游泳馆的无线电通信安全保障工作。共清理频率13个，指配比赛场馆频率5个，发放亚运会对讲机专用标签68张。加强对重要无线电业务频率的保障以及预防各类考试的无线电舞弊行为工作，受理不明信号查找和干扰申诉6起，解决6起，排除率达100%。加强移动通信基站管理和投诉处理，探讨妥善解决基站的设置与群众对基站电磁辐射投诉与日俱增两者之间的冲突和矛盾。年内共收到群众对公众移动通信基站投诉55宗，发出限期整改通知书9份，妥善处理55宗，完成率100%。为充分发挥和调动顺德业余无线电爱好者的积极性，使之具备提供应急通信保障辅助服务能力，举办《顺德区业余无线电爱好者技术培训班》，对区内200名业余无线电爱好者进行了无线电技术上岗培训。（刘慧馨）

科普宣传

2010年，顺德区科协系统共举办学术交流、讲座、研讨会260场次，参与人数超过45000人；举办大型社区科普宣教活动8场，参与人数2万多人；举办大型农村科普集市，参与人数3000多人；建立科技交流活动中心及2个科普教育基地；举办科普展览100多场次，观看人数6万多人；发放科普读物和宣传单张160种共15万份；开展青少年科技竞赛活动47项，参加人数27000人；播放科普电影163场次，观看人数8万多人；组织科技工作者开展活动3次、各类实用技术类培训及讲座152期共23000人次参加。（黄小青）

2010年4月27日，区经济促进局联合广东省节能中心在哥顿酒店召开2010年顺德区节能技术推广会

教育

教 育

概况

2010年，顺德有各级各类学校231所，其中小学153所，初中42所，普通高中20所，职业技术学校13所，高等院校2所，特殊教育学校1所，全区在校中小学生共有298142人；有托儿所183所，幼儿园272所，在托婴幼儿8127人，入托率66.5%，在园幼儿69514人，入园率99.90%。

全区中小学幼儿园教职工共有25886人，其中小学、初中专任教师学历达标率为100%，小学教师专科以上学历占96.09%，初中教师本科以上学历占93.81%；普通高中专任教师学历达标率达99.62%，其中硕士以上学历占42.82%；职业高中专任教师学历达标率达98.93%，其中硕士以上学历占27.66%，双师型占专业教师比例达66.18%。

全区小学适龄儿童入学率为100%，初中升学率为100%，高中阶段毛入学率为115.95%，高中升学率为96.71%，“三残”儿童入学率达99.42%。

区教育局在编干部30人，内设办公室、政策法规科、基础教育管理科、大中专与职业成人教育科、招生考试科、教育督导室、监察室7个科室；附设区教学研究室、区电化教学仪器设备中心、区学校建设管理中心。

2010年，顺德以国家、省中长期教育改革和发展规划纲要颁布实施为契机，以构建现代教育体系为总体目标，以促进人的全面发展和推动公共教育均等化为基本出发点，扎实推进教育民生工程，积极开展教育综合改革实验，成为中国教育学会教育综合改革实验区，被国务院确定为职业教育办学模式改革试点地区，教育现代化水平进一步提升。全区全年教育经费投入33.16亿元。

教育投入

【提高教师待遇】

2010年，顺德区财政增加3亿元，用于推进教师工资收入“两相当”工作，主要体现为落实基础性绩效工资中的节日慰问金，增加学校奖励性绩效工资，缩小镇（街）高职中与区属学校教师收入差距。年内在职教师年人均增加收入19539元，对比2009年增幅32.16%，退休教师年人均增加收入10000元，对比2009年增幅22.66%。

【加强教育基础设施建设】

2010年，顺德各级加快薄弱学校改造工程建设，重点建设均安文田中学、杏坛桑麻小学等农村学校，全区全年新建学校6所，扩建学校8所。大良街道全年投入加固改造及新建项目资金8000万元，新建、加固校舍面积37200米^2。伦教街道投入1.5亿元建成新翁祐中学。均安投入1.5亿元建成文田中学。北滘镇、陈村镇全年教育投入分别达1.9亿元。乐从镇全年教育投入达1.6亿元。

教育改革

2010年4月，顺德区政府与中国教育学会签订共建教育综合改革实验区协议，制定《顺德教育综合改革实施方案》，从教育管理体制改革、现代学校制度建立、教师专业发展、创新人才培养模式四个方面进行深入研究和探索。一是制定《顺德职业教育体制改革试点方案》，报请国家教育部批准。10月，顺德区被国务院确定为职业教育办学模式改革试点地区。二是理顺区镇（街）之间教育管理的职责关系，设立镇（街）教育局，与宣传文体办公室合署办公，赋予镇（街）县级教育管理权限，增强镇街教育管理效能。三是开展“资助学校”模式、社会参与管理机制试点，在龙江镇龙山中学、龙江城区中心小学成立学校理事会，引入社会力量参与学校管理。四是开展初中升高中跨镇招生试点，2所普通高中面向全区跨镇招生，6所职业技术学校部分骨干（特色）专业面向全区跨镇招生。

教育科研

2010年，顺德教育系统大力开展有重要价值的实验研究，3项课题获得广东省第七届普通教育教学成果二等奖；26项教育科研项目被评为区教育科研专项资金项目，其中重大课题2项，重点课题4项，一般课题20项，资助教育科研专项资金共180万元；另有12项课题获得区第四届普教成果奖。各级教育部门开展教研活动，创新教研活动形式，提高教研活动效果，通过举办特级教师、学科带头人、骨干教师的示范课、青年教师的汇报课、同课异构比武课、教师命题比赛、教师基本功比赛等活动，提高教师专业水平和能力。进一步完善以校为本的教研制度，推动镇街、学校联片教研新机制的建立。加强教育科研交流，提升教育交流的水平和档次，与英国北伦敦郡建立合作联系，再次组织一批中小学校长到英国北伦敦郡交流学习，取得良好效果。

教育信息化

2010年，顺德加大教育信息化投入，全年全区信息化投入共3000多万元。一是推进教师信息技术应用的全员培训工作，全区通过各种形式培训的教师达6000多人次。二是抓好教育信息化的推广应用。教育信息中心“十大应用系统”应用绩效显著，OA系统、教学评估系统、教师管理系统、学生学籍系统、招生系统、学校卫生保健系统的使用已常规化，对教育分析、决策起到重要作用。教师通过教育OA进行交流，协作信息传递每日平均3万多条次；学校卫生保健系统储存30多万学生的身体状况数据。教育教学应用平台达到共享智慧、共同提高、发挥课堂教学的效益最大化等作用，2010年共开发1000多个适合顺德教学改革与创新教学的学科精品资源。新校讯通、招生考试查询系统、全区安全服务系统等公共服务平台更好让学校、教师与社会、家长及时沟通、交流。三是通过各类竞赛活动，提高师生信息技术素养。举办全区第七届电脑机器人比赛，组织参加省第七届中小学电脑虚拟机器人比赛并获3项一等奖；组织参加省第十一届中小学电脑制作活动评比，获全省9项一等奖；3个学生作品参加全国评比，获1项全国一等奖，2项二等奖；组织参加全国教师多媒体软件大赛，获5项全国一等奖，占全省一等奖的1/4。

扶贫助学

2010年，顺德扶贫助学工作继续开展，年内全区资助低保家庭子女就读10890人次，资助金额达10,214,420元（其中免收书杂费、学杂费4,660,720元，发放生活费补助金5,553,700元），免除贫困家庭子女入学之忧，确保不让一个学生因贫失学。

依法治教

2010年，顺德切实加强教育系统党风廉政建设，开展“创先争优”活动，大力推进政务公开和校务公开，接受人民群众和社会的监督。贯彻“公平、公开、公正”招生政策，实施招生“阳光工程”，严肃考风考纪，确保考试安全保密万无一失，全年10万人、110场教育统一考试实现零投诉、零事故、零差错。加强信访监察工作，全年办结举报、投诉等信访件共352宗，依法保障广大师生和人民群众的合法权益。

校园安全

2010年，顺德各级教育管理部门建立季度督查制度，扎实推进校舍安全工程建设。全年，区镇两级投入3065万元，对全区23栋学校建筑物进行加固改造。每季度召开一次校园安全工作会议，每季度进行一次校园安全检查，加强对校园及周边安全情况排查和整治，消除学校及周边安全管理的盲区、死角。推动制定全区学校安全稳定工作规范化，对学校保安人员的配备、保安设备的配备、教育培训及应急处置、经费保障等作具体规范和要求，并形成文件，以区人民政府名义颁布。与区地震局联合举行避震应急演练，与区人防办等多部门举行防空袭演习，在全区各中小学、幼儿园组织开展“五个一”活动：组织一次系统的师生安全教育，开展一次全面的安全演练，召开一次家长安全教育会议，制定一套安全应急预案，建立一支安全应急队伍，提高广大师生、家长的安全意识和师生的自我保护能力。抓好安全文明示范点学校创建，评出第四批区交通安全幼儿园35所，创建第三批省安全文明学校。加强接送学生校车及驾驶员的管理，实行重新登记造册、重新统一标识、统一安装GPS行驶记录仪和安全带。加强学校集体食堂、小卖部及周边食肆的食品卫生管理，确保学校师生饮食安全。按期完成国家规定的适龄人员麻疹疫苗强化、乙肝疫苗补种，落实结核病、登革热、流感、手足口病等常见传染病的防控措施，确保师生安全。

教师队伍建设

【师德建设】

2010年，顺德在全区中小学教师中深入开展学习实践《中小学教师职业道德规范》师德建设活动，评选首届师德标兵，引导广大教师爱岗敬业，为人师表，乐于奉献，促进师德教育经常化、制度化。各镇（街道）、各学校通过新教师入职宣誓活动、举办“我的教育故事”演讲比赛、“我的节日，我的故事”教师节文艺晚会、结集出版《我的教育故事集》等形式，将师德建设活动落到实处。全区通过广泛开展教师文体活动，组织教师专场文艺晚会，展示风采，树立标杆，活跃身心，弘扬正气。

【教师管理制度建设】

一是改革教师招录制度，创新教师补充机制，实行区级统筹，公开招考录用，吸纳八方英才。二是推行在编教职员实名制管理，科学合理核定人员编制，同时建立全区临时聘请专任教师资源库，以解决在编教师因脱产进修、长期病假、产假、支教等带来的人手紧缺的矛盾。三是探索建立教师绩效工资分配和考核评价新机制，提高广大教师的积极性。四是稳妥解决代课教师问题。2010 年录用 188 名代课教师，其余则通过转岗、临聘、辞退等方式妥善解决；同时在教师招聘中适当放宽条件，通过公开招考的办法在临聘教师中吸纳优秀人才，共招录 89 名临聘教师充实到公办教师岗位。

【名师建设】

一是发挥“特级教师工作站”作用，指导帮助青年教师成长，加强学校骨干教师的培养和名师的塑造。二是加强名校长、名教师、名班主任的培养和塑造。顺德一中卢柏祥校长成为首批广东省中小学校长工作室主持人，顺德一中曾晓红成为广东省基础教育系统第二批名教师，顺德职业技术学院彭亮成为第五届国家高等学校教学名师，郑兆志成为第五届省高等学校教学名师。嘉信幼儿园周玉坚老师荣获广东省幼儿园教师德育专业能力大赛总分第一名，被授予广东省“五一劳动奖章”。6 月，卢柏祥校长工作室正式挂牌运作，启动区内校长跟岗学习培养计划。三是开展第二批佛山市名班主任培养对象培训工作，11 名教师被评为市名班主任培养对象，并赴上海进行集中培训。2010 年，区内杨松、韩亚兰、谢立清、王红艳、陈维坚成为广东省第八批中小学特级教师，顺德区已拥有“特级教师”共 32 名。

【教师培训】

2010 年，顺德进一步发挥区教师进修学校在教师继续教育工作中的龙头作用，组织大规模的中小学教师继续教育调研活动，推进教师继续教育在培训内容、培训模式、培训方法和培训手段的改革创新，强化基于实践取向的探究性学习活动和师生在线交流互动活动，有效推进中小学校本培训和基于网络的远程培训，形成面授培训、远程培训和校本培训相结合，多头并举的继续教育新格局。组织顺德区中小学校长北师大第十一期高级研修班、初中校长沙龙、第三期幼儿园园长高级研修班和第九期幼儿园园长岗位培训班等。举办中小学新教师培训班、第二期教育硕士课程进修班、第十期英语教师出国进修班和暑期英语教师培训班等，促进教师的专业发展。各镇（街）、各学校加大教师培训力度，勒流街道与区教师进修学校联合举办第四期小学骨干教师培训班，北滘镇开展“教育名家进北滘”工程。年内，全区参加继续教育的中小学教师、教育行政干部达 11927 人次。

素质教育

【德育】

一是推进“学校、家庭、社区”三位一体的德育网络建设，提升青少年思想道德建设水平。2010 年，顺德区各级部门通过座谈会、亲子活动、论坛、家庭教育研讨会、专家讲座、关工委老同志帮教、警校挂钩、社区共建等形式，提高教育的针对性和实效性，创设青少年健康成长的良好环境。12月，区教育局、关工委、妇联联合在均安镇召开家庭教育现场交流会。二是完善德育工作规范，狠抓养成教育，以《公民道德实施纲要》为核心，促进养成教育的内容规范化、要求具体化、过程序列化、评价立体化。年内开展了以“禁毒”为主题的2010年顺德区中小学生动漫创作比赛、“小书阁、大世界”阅读活动征文比赛、全区“国防教育日”宣教活动、经典诵读会活动等系列主题教育活动，做好省、市、区“三好学生”、优秀学生、优秀学生干部、广东省“书香校园”、“阅读之星”等各类德育评选工作，开展以“生命教育”为主题的心理健康教育，培育健康人格、和谐心理。2010年，顺德区中专学校荣获“全国中等职业学校德育工作先进集体”称号，苏锦熙校长代表广东省接受国务委员刘延东的颁奖。

【智育】

2010年，顺德各级教育部门以提升教育教学质量为目标，狠抓课堂教学，加强集体备课、说课，认真钻研教材，深入了解学生，精心选择教学方法，优化教学设计，引导学生主动学习、探索发现、合作交流，提高课堂教学效益。减轻学生课业负担，构建以学生为中心、以学生自主活动为基础的新型教学模式，创建有利于培养学生主体意识、创新精神和实践能力的教育教学环境。全面落实课程标准、课程内容、课程实施、课程评价，解决教学实际中的困难和问题，探索大面积提高教学质量的方法和途径。组织开展各学科教师基本功比赛，提高教师专业水平和能力；组织师生参加各级学科竞赛，全年共获全国一等奖200多人次。

【素质教育成绩】

一是加强学生创新精神与创造能力的培养。2010年，顺德教育局组织参加广东省第25届青少年科技创新大赛，获得3项一等奖，并代表省参加全国科技创新大赛；组织开展全区电脑机器人比赛，36所学校87支队伍参加，参与面、参赛水平得到提升；组织参加广东省第七届中小学电脑智能机器人比赛，获5项冠军，8个一等奖，继续保持省内领先优势；代表省参加2010年的全国电脑机器人比赛，夺得2项全国冠军，1项亚军。二是加强体育、卫生、艺术教育和劳动技术教育。举办中小学生文艺汇演，展示学校艺术教育成果。组织容桂、大良两个学生合唱团参加绍兴世界合唱节，双双获得银奖。大良实验中学被评为全国艺术教育先进学校，李兆基中学、容桂胡锦超职校双双被评为省艺术教育先进学校。举办区中小学生田径运动会、足球赛、排球赛、毽球赛，在第十届区运会中涌现一批优秀选手和取得好成绩。与区文体旅游局联合开展游泳普及试点工作，大良实验小学、大良世纪小学、伦教北海小学试点工作顺利开展。勒流东风小学单独组队参加全国花式跳绳比赛，获得少年组团体一等奖，总分第二名。

学前教育

2010年，顺德设立学前教育发展专项资金，委托高等院校开展幼儿园师资培训，对幼儿园硬件建设实施资助。以顺德被确认为“广东省农村学前教育发展模式试点县”为契机，推进学前教育改革，与华南师范大学教科院签订协议，启动为期3年的“顺德区学前教育发展模式研究”项目，探索学前教育的发展机制。大良街道率先实行向社会购买学前教育服务，出台《大良街道居（村）办及民办幼儿园人员配备补助方案》，对达到基本要求的居（村）办或民办幼儿园，按每班每月补助1000元的标准进行激励性经费补助。加强托幼机构的管理，开展民办托儿所、幼儿园的年检工作，规范办托办园行为。加强幼儿园园长、教师的培训，举办第三期幼儿园园长高级研修班、保育员初级、中级培训班。加强队伍管理，建立顺德区幼儿教师信息管理系统。深入开展教学研究，在全区31所试点园全面开展《顺德区在园幼儿行为规范指引研究》课题研究，举行幼儿日常行为规范观摩活动，开展“顺德区幼儿手工劳作大赛”、“顺德区幼儿文艺汇演”、“顺德区教师教学技能大赛”、“幼儿教师优秀论文与活动课例评选大赛”等活动，为幼儿、教师的成长提供平台。区机关幼儿园《把唯一的童年留给孩子——快乐成长课程园本化的实践研究》项目荣获2010年广东省中小学教育创新成果一等奖第一名，实现该奖项设立21年来学前教育获得一等奖“零的突破”。

推动等级幼儿园建设。2010年，全区共有19所幼儿园上等级，其中，乐从中心幼儿园成为广东省一级幼儿园，容桂蓓红幼儿园、陈村永兴幼儿园成为市一级幼儿园，14所幼儿园成区一级幼儿园。全区已有幼儿园272所，在园幼儿69514人，教职工8376人，其中专任教师4509人，幼儿园专任教师学历达标率99.42%；全区幼儿园共有146所上等级，其中省一级19所，市一级34所，区一级92所，上等级率达53%。

中小学教育

【概况】

2010年，顺德教育主管部门推进学校的联片挂钩，建立义务教育阶段学校发展共同体，加大对农村学校的指导帮扶力度，进一步缩小城乡之间、学校之间差距。义务教育阶段新课改讲师团均安和杏坛两个工作站顺利结业，推进城乡义务教育的均衡发展。完善义务教育免试就近入学工作，加强对义务教育质量和效益的监控，提高教育质量效益，强化教育教学管理，规范办学行为。2010年中考，顺德平均分、及格率和低分率继续在佛山市保持最好水平，优秀率保持在第二的位置。完善高中课程体系，开展地方校本课程实验研究，成为广东省教育学会地方校本课程实验基地；抓好教师专业培训，推进教研教

顺德区幼儿园庆“六一”儿童节活动现场

改，转变教学观念，改进教学方式，促进学生综合素质的提高，高中教育稳步提升。是年，顺德高中阶段毛入学率为115.95%，高中升学率为96.71%。全区13908人参加高考（其中普通高考为11149人，高职类2759人），普通高考考生上线率达92.8%，其中重点本科上线1276人，上线率11.48%；本科上线5619人，上线率50.57%，较2009年增长19.9%；第三批A线7911人，上线率71.2%。尖子生、高分层人数继续领先，佛山市文、理科第一名均“花落顺德”，佛山市文科总分前六名中，顺德占两席，分别是第一名和第三名；理科前六名中，顺德占四席，分别是第一名、第三名至第六名；高分层的各分数段人数占佛山全市的三分之一以上。

【顺德区第一中学】

简况。顺德区第一中学创建于1911年，目前共有60个教学班，2932名学生，268名教职员工。228位专任教师中有特级教师1人，高级教师77人，硕士研究生41人，全国优秀教师和南粤优秀教师5人，区以上学科带头人和骨干教师分别是26人和56人，5人参加全国骨干教师培训。学校本着“为学生一生发展奠基，为教师专业发展铺路，为学校未来发展改革”的办学思想，践行“以人为本，持续发展”的办学理念，是广东省首批国家级示范性普通高中、全国教育系统先进集体。

办学成绩。学校被评为顺德区花园式学校、顺德区继续教育先进学校，学校党支部还先后被评为佛山市先进党支部、顺德区先进党支部、顺德区教育局创先争优活动先进党支部；教师中有162人次获得全国优秀教师及省市区各类先进教师等荣誉称号或者参加各种市区级教学竞赛获奖。学校学生在全国各地报刊杂志发表作品上百篇；参加各种学科的竞赛有249人次获得国家级、省级和地市级的奖励。在近几年的高考中，50%以上的毕业生考上重点大学，90%以上的毕业生考上本科院校，每年都有学生获得广东省单科状元。2010年学校被授予“广东省中小学校长工作室”的称号，是年高考成绩优异，613人考上全国重点大学（上线率达60.2%），998人考上大学本科（上线率达98%），重点本科上线人数和上线率，本科人数和上线率4项指标均排佛山市第一名，高考成绩进入全省先进行列。多年来，把500多名学子送进清华大学、北京大学、香港大学、南京大学、复旦大学和国外的斯

顺德一中高中部学生

坦福大学、加州大学、纽约大学、伦敦大学等著名高等学府。

【顺德区李兆基中学】

简况。李兆基中学创建于1995年，现有36个高中教学班，在校学生1821人，在编教职工140人，中学高级教师55人，顺德区以上骨干教师35人，顺德区以上学科带头人16人，硕士研究生15人，研究生课程结业37人，有2人参加过全国骨干教师培训。学校秉承“办学以师生为本，学校以发展为本”的办学理念，坚持“全面打好基础，发展个性特长，培养创新精神，提高综合素质”的育人目标，形成“人文化管理、网络化德育、个性化艺术教育”的办学特色。

办学成绩。学校获得过国家级教育资源库建设研究项目合作研究学校、教育部“十五”规划重点课题试验学校、广东省首批国家级示范性普通高中、广东省一级学校、广东省“绿色学校”、佛山市安全文明学校、顺德区先进学校、顺德区体卫工作先进单位、顺德区首批德育示范学校等荣誉称号。近年来，学校先后有100多人次获得区、市、省等各级荣誉称号，有近200篇论文在全国各地报刊杂志上发表或获奖，有10多本专著在国家各类出版社出版，参与编写各类教学书籍和新教材教辅资料达30多本。学生参加各级各类的比赛中，获国家级的有70人次，省级的有100人次；近些年每年的高考，学校都有约30%的学生考上重点大学，逾90%的学生考上本科院校，梁志城、黄惠茹、薛韵然分别摘取当年顺德高考状元桂冠。

【顺德区郑裕彤中学】

简况。郑裕彤中学是1995年由旅港邑彦郑裕彤先生斥资8千万元，总投资12000万元兴建的一所现代化全寄宿制高级中学。现有30个教学班，在校学生近1500人，173名教职员工。专任教师105人，高级教师58人，硕士研究生17人，研究生课程班结业36人，区级以上学科带头人16人，区级以上骨干教师30人，获省市区各级各类优秀教师称号近100人次。学校以“全人教育，个性发展”为办学理念，不断深化教育改革，形成“尊师、勤奋、进取”的学风和“爱生、敬业、奉献”的教风，凸显“德育工作人文化，教学手段信息化，学校管理法制化”的办学特色。

办学成绩。学校先后被评为广东省一级学校、广东省绿色学校、广东省教学水平优秀学校、广东省依法治校示范校、“佛山市教育系统先进单位”、佛山市食品卫生信誉度A级单位等。多次获得佛山市高考成绩优秀奖、区先进学校等荣誉称号。教育教学稳步提高。13年来考入重点大学有1100多人，有3人考入清华大学和北京大学。近年来高中毕业生升大学率达99%以上。师生在各级各类竞赛中成绩优异。

【顺德区华侨中学】

简况。华侨中学创建于1957年，是顺德最早的两所完全中学之一。目前共有30个教学班，1475名学生，140名教职员工。108位专任教师中有特级教师3人，高级教师62人，硕士研究生12人，研究生课程结业24人，区级以上学科带头人18人、骨干教师33人。近年来，学校践行“以人为本，全面发展”的办学理念，跃升为广东省国家级示范性普通高中。

办学成绩。近年来，学校先后被评为“广东省一级学校”、“广东省绿色学校”、

"广东省教育技术实验学校"、"顺德区先进学校"。2010年，学校先后荣获"国家'十一·五'科研规划重点课题优秀实验学校"、"第五届全国中小学优秀校内报刊评选活动一等奖"、"佛山市教育学会学术讨论活动优秀组织奖"、"顺德区教学研究室课题组优秀实验学校"、"顺德区团工作优秀奖"、"顺德区先进义工服务总队"等奖项或荣誉称号。近几年高考成绩优异：2004届学生郭达禧荣膺佛山英语状元；2006届学生黄祈德实现总分800分"零"的突破；2008届学生黎家健荣居顺德生物状元；2009届学生黄永祺独享顺德政治状元；历届重点、本科上线率、达成率、重点生源成材率均居全区前列。2010年高考，重点本科上线41人，重点生源成才率在全区同类学校中名列前茅；本科B线以上414人，首次突破本科上线400人大关。

职业教育

【概况】

顺德职业教育以高等职业教育为龙头，以中等职业教育为主体，以成人文化技术教育及岗位培训为延伸，构建起多层次、多元化的职业教育体系。顺德职业技术学院发挥龙头作用，全日制在校学生达10958人。全区共有13所中等职业技术学校，其中国家级重点9所，省级重点4所，在校学生29864人，教职工2003人。2010年，区梁銶琚职业技术学校、区中等专业学校被评为"国家中等职业教育改革发展示范学校"，龙江职业技术学校顺利通过"国家级重点中等职业学校"评估验收。

是年，顺德区教育局拓展中高职衔接对口招生试点，顺德职业技术学院对口招收中职毕业生规模扩大到8个专业共515人。探索职业院校三二分段中高职衔接人才培养计划，实现高职院校与中职学校重点专业5年连贯式对接。广泛开展校企合作，通过战略伙伴、交叉培训、工学交替、订单式培养等途径，拓宽职业教育办学资源和办学空间。进一步扩大中职学校招生规模，全年顺德中职学校接受粤东西北"双转移"学生3848人。大力培养技能型人才，单独组队参加广东省职业学校学生技能大赛，22人次获得15个项目金牌（第一名），占金牌总数的32.6%；57人次获得37个一等奖，占一等奖总数的29.8%，团体总分居全省第二名。28名选手代表广东省参加全国第四届职业院校技能大赛，获得6人次4项一等奖，13人次8项二等奖，8人次7项三等奖。区胡锦超职业技术学校参加全国首届中职学校学生技能作品展洽会，获得一等奖。

【顺德区中等专业学校（顺德区技工学校）】

简况。顺德区中等专业学校（顺德区技工学校）创办于1958年，实行两个牌子，一套班子，统一领导体制，是国家级重点中等职业学校、首批国家中等职业教育改革发展示范学校。学校设施完善，师资力量雄厚。多年来，学校秉承"面向社会，服务经济"的办学宗旨，走出一条学历教育与职业技能培训并举、校企互动、校校合作、富有鲜明特色的多元化的职业教育发展之路，成为"全国汽车运用与维修技能型紧缺人才培养培训基地"、"广东省中等职业教育实训中心"、"国家职业技能鉴定所"、"国家级定点考场"、"广东省特种作业人员安全技术定点培训单位"，是区众多职能主管部门的培训定点单位，培训超市闻名遐迩。

办学成绩。学校先后被授予“全国成人教育先进单位”、“全国德育工作先进集体”、“广东省先进学校”、“广东省文明校园”、“广东省绿色学校”、“佛山市先进单位”和“顺德区先进学校”等荣誉称号。毕业生就业率保持100%，高职类高考升学率100%。近年师生参加省级、国家级各类技能竞赛，成绩名列前茅。是顺德培养中等职业技术人才的重要基地，被誉为顺德企业的“黄埔军校”。

【顺德区梁銶琚职业技术学校】

简况。顺德区梁銶琚职业技术学校创建于1988年，由旅港邑彦梁銶琚博士捐资兴建，目前共有52个教学班，2607名学生，254名教职员工。142位专任教师中有特级教师1人，高级教师50人，硕士研究生16人，专业教师中“双师型”教师占81.3%，11人具有高级工程师、工程师、统计师等资格，4人具备高级技师资格，20人具备技师资格，31人具备高级工资格。学校本着“以就业为导向，以服务为宗旨”的办学思想，践行“以人为本，各展所能，扬长避短，让每一位学生都成才”的办学理念。学校现是国家级重点中等职业学校，全国中等职业学校改革发展示范学校建设项目学校，全国重点建设职业教育师资培训基地，全国数控技术技能型紧缺人才培养基地，国家职业技能鉴定所，广东省高技能人才培训基地。

办学成绩。学校先后被评为全国职业教育先进单位、全国德育工作先进集体、全国校企合作优秀学校、广东省职业教育先进集体、佛山市先进学校、顺德区先进学校。师生参加各类竞赛，783人次获省级以上奖励，325人次获国家级奖励。毕业生就业率多年保持100%。近年，学校坚持面向市场，以技能为本，以校企合作为载体，不断创新办学模式，努力探索零收费入学、零距离上岗的“双零模式”及“承包企业生产线的岗位培养模式”创新试验工作，开辟了一条培养高技能人才新路子，新华社、中国教育报等11家媒体先后多次进行报道，经验与做法成为广东省的典范。

高等教育

【概况】

顺德共有南方医科大学顺德校区、顺德职业技术学院2所高等院校，全日制在校学生达17781人。2010年，全区加强普通高考、成人高考和自学考试等各项工作，全年通过高考被高等院校录取的学生共12924人，其中普通类10552人，高职类2372人；全区报考全国成人高考4399人；报考全国自学考试14250人，全区自学考试在籍学生57184人。

顺德职业技术学院通过国家重点培育高等职业院校建设项目省级验收，并被确定为“国家示范性高等职业院校建设计划”骨干高职院校首批立项建设单位，并有《广东高校高效热泵技术工程技术开发中心》等4个项目获得省级立项。搭建产学研结合平台，顺德职业技术学院与顺峰餐饮公司合作成立顺峰学院，合作培养餐饮管理人才，标志着校企合作、产学研结合进入新阶段；与香港新世界酒店集团合作建立新世界酒店集团培训学院，标志走国际化发展道路取得突破性进展。顺德职业技术学院三期工程建设顺利推进，办学条件进一步改善；毕业生初次就业率继续位居全省高职类院校前列。

顺德职业技术学院第二届校董会第一次会议

【顺德职业技术学院】

◆简况　2010年，顺德职业技术学院进一步扩大招生规模，在校全日制学生达10958人，各类成人学历教育学员4876人，年内完成各类培训11000多人次。是年共有38个专业（含专业方向）2784名毕业生，参加就业的毕业生数为2774人，截至2010年9月1日，已就业2752人，初次就业率为99.21%，位居全省高职院校前列。7月，学校顺利通过国家重点培育高等职业院校建设项目省级验收。12月，学校被国家教育部、财政部正式确定为国家骨干高职院校第一批立项建设单位。4月，学校被授予“全国绿化模范单位”。

◆办学成绩　学校以国家重点培育高职院校和国家骨干高职院校建设为契机，以不断提高办学水平和人才培养质量为目标，深化管理体制和教育教学改革，全面加强内涵建设。一是继续深化教育教学改革。《制冷设备电气与控制系统检修》被列为2010年国家精品课程。学校已有国家级精品课程12门，省级精品课程20门。教育教学改革取得新成绩，获国家级教学成果二等奖1项，省级教学成果奖二等奖3项。学校共获得国家级教学成果二等奖3项，省级教学成果一等奖8项、二等奖4项。二是与国内行业龙头企业合作，开展人才培养、科技研发和技术服务。是年学院与合生盈富、顺峰集团、彩虹集团、陈老太饮食集团、星光珠宝有限公司等知名企业合作，开展定向培养，进一步加强校企育人工作。4月，与顺峰餐饮公司签订合作协议，成立顺峰学院，合作培养餐饮管理人才。三是全面实施素质教育，学生参加各类活动和比赛取得好成绩。该校学生在全国职业院校技能大赛决赛中获得一等奖1项、二等奖1项、三等奖2项的优异成绩，总成绩位居全国第六名。是年，学校有90多名师生参加世博酒店和餐饮的服务工作，416名学生参与广州亚运会亚运村运动员的餐饮和酒店住宿服务工作。被佛山市委、市政府授予“佛山市广州亚运会亚残运会先进集体”。四是科研工作取得新进展。热泵工程技术开发中心建设稳步推进，与广东奥马电器股份有限公司签订科研合作长期协议。杨叔子院士工作室

2010年7月14日，顺德职业技术学院与爱玛客服务产业（中国）有限公司就2010年“亚运会”餐饮项目签约

升级为区属院士工作室。顺德区科技交流活动中心挂牌成立。顺德职业技术学院经济社会发展研究中心成立。2010年签订横向科研合同50多份，合同金额达260多万元。钟卫平老师申报的《新型空间光学孤子簇及其全光控制的研究》项目获得2010年省自然科学基金项目立项，其与美国德克萨斯州立大学卡塔尔分校的Milivoj Belic教授（顺德职业技术学院名誉教授）共同申请的卡达尔国际合作基金项目（编号为NPRP09-462-1-074）获立项。五是稳步推进管理机构和人事制度改革。上半年完成管理机构调整优化，完成第三轮中层干部换届竞聘工作。下半年在定编、定岗、定员、定责的基础上，稳妥推进学校岗位设置管理改革和人事分配制度改革，组织开展全体教职工竞聘上岗工作。至年底，学校共有教职员工802人，其中专任教师500人，副高以上职称163人，研究生以上学历186人。有国家级教学团队1个，国家高等学校教学名师1人，广东省高等学校教学名师2人。六是根据《广东省教育综合改革试点总体方案》等文件精神，稳步推进学院的管理体制和运行机制改革，改革试点方案经省教育厅批准同意。科学编制《“十二五”发展规划纲要》，明确学院“十二五”期间的建设目标和思路。

（甘慕仪　陈文海）

特殊教育

【概况】

启智学校是顺德唯一一所特殊教育学校，全区形成以启智学校为主体，以普通学校随班就读为补充的特殊教育办学模式，保障残疾儿童接受九年义务教育。2010年，全区“三残”儿童入学率达99.42%，“三残”初中入学率88.36%。

【顺德区启智学校】

简况。顺德区启智学校是一所综合型寄宿制特殊教育学校，教育对象是听障、

顺德启智学校运动会

中度智障儿童。学校于1999年开办，学校现有25个教学班，300名学生，100多名教职工。在58名专任教师中，有特级教师1人，高级教师3人，硕士研究生3人，研究生课程结业40人，教师专业涵盖特殊教育、心理学等十几个专业。学校以“学生的利益高于一切”为宗旨，以“求真、向善，热爱人性之美”为理想，以“培养学生成为在社会中有尊严活着的人”为目标，探索特殊教育的专业化道路，形成“教育生活化、生活教育化”的办学特色。

办学成绩。学校与华南师范大学心理学专家合作，研创出中重度智障教育课程——“人性化课程”，构建起具有顺德特色的课程体系；从智障儿童的学习资源特点出发，提出大教育的观念，构建起生活育人、课下育人的教育内容体系，提高智障教育的整体效益。学校在特殊教育专业化的探索方面成果突出，成为全国参与国家智障课程标准编写的五所基层学校之一，是“国家人文科学研究基地心理应用研究中心——特殊教育研究基地”、“广东省弱智教育实验基地”。学校课程获得首届全国基础教育课程评比优秀奖、广东省中小学课程展示一等奖、顺德区科学技术进步二等奖。学校先后被授予“全国巾帼文明岗”、“佛山市师德建设先进单位”、“顺德区先进学校”等38次集体荣誉称号。学校学生参加2010年CKC杯全国纵横汉字输入法大奖赛，获智障组特等奖、听障组三等奖。

民办教育

顺德有各类民办教育机构327所，其中普通中小学19所，共823个班，在校学生34587人，幼儿园92所，托儿所184所，各类文化教育培训机构32所。2010年，区教育局加强民办教育行业管理，促进民办教育的优化提升。召开民办教育工作委员会理事会年会，改组民办教育管理机构，发挥区民办教育工作委员会的作用，推动民办学校的自我约束、行业的规范管理。推动制定《顺德区民办教育收费管理暂行办法》，经区人民政府审议颁布。逐步理顺“公有民办”办学体制问题，规范民办学校办学行为。加强民办学校招生管理与监督，规范民办学校招生、广告等办学行为。重点开展对北滘明阳学校、容桂新蕾学校、乐从颖林水藤学校等三所外来工子弟民办学校的帮扶工作，提升外来工子弟民办学校的办学质量和效益。（朱文彬）

文化·广电·档案

文化·广电·档案

文化

【概况】

“十一五”期间，顺德重大文化活动实现区、镇（街）互动、资源共享，这已成为推动全区文化活动蓬勃开展，保证基层群众享受基本文化权利的有效方式。顺德连续多年来坚持举办“顺德之春”文艺花会、“金秋嘉年华”、大众音乐欣赏月等品牌文化活动，挖掘、整合、提升顺德文化资源，营造欢乐和谐的城市文化氛围。不断加大对文化品牌的建设和扶持力度，粤剧、美术、书法、合唱、交响乐团等文化品牌建设取得扎实成绩。全区10个镇(街)中均安、容桂、大良3个镇(街)被中国曲协授予“中国曲艺之乡”称号，2008年顺德被中国文联、中国曲协整体授予“中国曲艺之乡”称号，顺德原创的粤曲作品摘取中国曲艺最高奖“牡丹奖”。2010年，中国音乐家协会顺德合唱基地正式签约成立。顺德各大文化品牌立足顺德独特的历史和人文优势，成为顺德文化的代表。通过文化品牌建设，顺德在全省乃至全国的知名度和影响力进一步提升。

【文艺创作】

2010年，由大良凤城少年宫·凤城少儿艺术团排演的佛山首部原创儿童原创剧《大侠虎虎羊》被列入“魅力佛山·精品荟萃”艺术精品展演剧目。广东省第八届少儿艺术花会上，养正西山小学创作的少儿舞蹈《悠悠艇仔情》、小金凤艺术团创作的少儿舞蹈《我爱藏羚羊》获得金奖，容桂蓓红幼儿园创作的幼儿舞蹈《斑马线最安全》获得银奖。顺德小金凤艺术团被评为省少儿艺术培训示范基地，《我爱藏羚羊》的主角小画家被评为少儿艺术之星。

2009年度顺德文化金凤奖共评选出精品奖80件，群英奖365件，组织奖单位6个，绩效奖单位1个，个人成就奖1个，成果奖作品1个，贡献奖单位3个。与上一年相比，2009年金凤群英奖获奖面进一步扩大，精品奖数量增多，作品类别从8项丰富到12项，小品、广播剧第一次入选精品奖，组织奖获奖单位也在逐年增加。

【基层文化活动】

2010年，顺德推进公共文化服务体系建设，先后在勒流、北滘等镇（街）建成10个通借通还流动服务点。其中勒流龙眼为首个实现与顺德图书馆计算机联网的流动图书服务点；北滘镇在成功建设4家通借通还流动服务点的同时，首次在人口密集的公共场所投放1台ATM自助借还机，为今后顺德引进RFID技术，建设ATM移动图书馆，实现24小时图书自助借还服务进行尝试。截止2010年12月底，全区有图书流动服务点58个，其中通借通还服务点14个。2010年，顺德艺术展览中心举办汕头中国画院作品展、方向中国画展等一系列高规格的各类画展、摄影展共计20余场，并全部免费向市民

2010年11月17日，“讲坛下基层”首场专题报告会在容桂街道举行

开放，大大丰富市民的文化生活。2010年春节过后，顺德演艺中心举办多场高品质的音乐演出，如台湾小巨人丝竹乐团2010大陆（顺德）巡演、“感动世界”顺德合唱载誉归来合唱音乐会、顺德（明日华府）城市文化艺术节系列活动、顺德音乐周系列活动等，提升市民的欣赏水平，进一步培育顺德演出消费市场。

【文化品牌建设】

顺德曲艺品牌继续发展。2010年，由省曲协、顺德区政府主办的“顺德戏曲新作粤港澳巡演”获得成功并受到港澳乡亲的盛赞。均安镇连续第四年承办广东省“明日之星”青少年曲艺大赛，中国曲协主席刘兰芳充分肯定顺德曲艺工作，盛赞“全国20多个曲艺之乡，均安搞得最好”。8月份，容桂青少年曲艺团代表广东曲协，参加在北京举行的第四届全国少儿曲艺大赛夺得二等奖。

顺德合唱团成绩斐然。7月在绍兴举办的“第六届世界合唱比赛”中，顺德派出4支参赛队伍获得1金4银的优异成绩，成为本届赛事中参赛队伍最多且全部获奖的县级城市。10月，顺德合唱团在由国家文化部和中国合唱协会主办的第二届星海国际合唱节上获得1金1银两项大奖。11月20日，中国音乐家协会顺德合唱基地正式签约成立。

顺德交响乐团服务基层群众。2010年全年，顺德交响乐团先后前往伦教、南方医科大学、容桂、陈村、北滘等基层社区、学校，共举办5场基层社区、2场校园演出。高雅音乐走进群众，为基层服务，也必将为提高顺德市民群众的艺术修养作出贡献。

【文物保护】

2010年，顺德有乐从陈家祠二期工程、乐从岑桑祖居、均安冰玉堂、均安三华中顺欧阳宗祠、杏坛明远桥及配套工程、杏坛苏氏大宗祠、龙江察院陈公祠、龙江陈彦野故居、伦教鸣石花园、大良大门李氏宗祠、清晖园旧园复原等10处文物单位开展或完成维修，其中均安冰玉堂、杏坛明远桥及配套工程、乐从岑桑祖居、均安三华中顺欧阳宗祠4处已完工，还对杏坛黄氏大宗祠、尤列故居开展了文化内涵充实工程。上述文物资源保护与开发工程共计支付文物维修资金576.5万元。

【镇街文化活动开展】

顺德10个镇（街）各自形成“文化凤城”、“多彩容桂”、“活力勒流”、“彩色乐从”、“锦绣龙江”、“水乡杏坛”等文化活动品牌，策划和开展丰富多彩的文化活动，丰富市民精神生活，提升区域文化品位。2010年，大良街道文化站策划和开展各类文化活动，扶持社会文化团体、协会，将德懿艺术馆引入顺峰山公园，建立起新的文化阵地；并将迎新倒数晚会、闹元宵民俗传统活动及文化沙龙和儿童剧这两个大良独有的文化品牌继续发扬光大。容桂举办历时半年的“多彩容桂·幸福家园”——2010年全民才艺大赛。伦教街道重点开展香云纱非物质文化遗产保护工作，专门成立香云纱产业开发工作组，成立“广东香云纱文化产业园区”、“香云纱文化遗产保护基地”。勒流街道举办第九届“星声悦耳”顺德流行歌手大赛和佛山市第二届全国“博澳城杯”家庭书法大赛。北滘镇配合区图书馆在全区率先试点ATM自助图书馆，为市民提供24小时图书自助借阅服务，初步在北滘形成公共图书馆服务网络。陈村镇继续进行镇级文艺创作的最高奖项“金蝶奖”评选，并正式更名为“黎简奖”文艺创作大赛。乐从镇连续4年举办“彩色乐从·Show魅力”大型文化下乡活动。龙江镇举办粤剧泰斗薛觉先的纪念活动，并继续开展两龙文化研究，顺德首部电视剧《家天下》也摄制完毕。杏坛镇在本地或受邀前往禅城、南海等地举办多场民俗节庆文化巡游活动。均安镇举办首届均安曲艺节，并连续第四年承办了广东省“明日之星”青少年曲艺选拔赛。

【文化产业发展】

2010年，顺德出台广东省第一个县域文化产业规划——《顺德区文化产业发展规划（2010~2020年）》，区文体旅游局根据《规划》指导，充分结合顺德实际，注重与传统文化相结合、与产业提升相结合、与顺德城市魅力相结合，规划和形成了有顺德特色的五大产业集群：创意设计产业集群、数字音像产业集群、美食文化产业集群、活化传统文化产业集群、园艺休闲产业集群。是年，全区各类文化企业数千家，文化产业增加值占GDP比重超过4.5%，顺德文化产业进入高速发展时期。

【新闻出版与版权工作】

2010年，顺德区文体旅游局完成对全区印刷行业、书报店档、非营利性出版物、电子出版物行业、音像制品单位的注册、年审、换证、注销工作。与区市场安全监管局密切配合，严打侵权盗版和非法出版物，在4月26日“世界知识产权日”前夕举行侵权盗版及非法出版物集中销毁活动，共销毁盗版光盘10余万张、非法出版物数万份。顺德区印刷包装协会组织多个行业交流活动。3月，组织80多家会员企业代表参观第十七届华南国际印刷工业展览会；10月份，应澳门印刷商会的邀请，有关人员赴澳参加2010两岸四地印刷发展论坛会和2010澳门国际印刷商品展。

【文联工作】

2010年7月11日，顺德区文学艺术界联合会第四次代表大会召开，顺德区委宣传部常务副部长、文体旅游局常务副局长张新杰当选新一届文联主席，并选举了新一届区文联领导班子成员。大会报告分享了顺德文联近5年文艺成果，对未来5年文联工作作初步部署。区文联各协会已有会员3097人，其中省级会员510人，国家级会员94人，年内开展丰富多彩的文化活动。7月20日，区戏剧曲艺家协会成功举办“顺德戏曲新作粤港澳巡演”；区音乐家协会组织顺德合唱团参加7月在浙江绍兴举行的第六届世界合唱比赛，获1金4银的优异成绩，成为本届赛事中参赛队伍最多且全部获奖的县级城市；10月，顺德合唱团又在由国家文化部和中国合唱协会主办的第二届星海国际合唱节上获得1金1银两项大奖；11月20日，中国音乐家协会顺德合唱基地正式签约成立。

【区属文化单位】

◆顺德图书馆　2010年，顺德图书馆工作成绩斐然，屡获殊荣。6月，成立内部学术研究机构顺德图书馆发展研究会，进行数字与传统图书馆发展方向的研讨，确立“立足大良，服务全区”服务指导思想，制定《顺德图书馆五年发展规划纲要(2011~2015年)》，为顺德图书馆未来的业务发展指明方向和道路。6月开始，针对中央、省、市、以及境外媒体对顺德的新闻报道，进行量化统计分析，并对重点舆情事件进行详细解读，编制成《顺德区舆情监测周报》，送呈政府各决策部门参阅。8月，根据业务发展需要，新增内设部门“基层服务部”，专职负责区内公共图书馆集群建设的各项业务工作。在已建成的流动服务点基础上，全年积极打造“顺德公共图书馆集群”，制定集群发展规划和集群管理规范，吸纳镇（街）一级图书馆加入集群，实现书证、文献、数字资源全流通，馆内资源全区共享的新服务模式。12月成功将容桂分馆和北滘大部分网点引入集群服务模式，分别建成集群分馆和服务点的示范镇街。1月，顺德图书馆连续第四次被国家文化部授予“全国一级图书馆”的殊荣。3月，图书馆少儿图书借阅部获得“顺德区巾帼文明岗”称号。

顺德图书馆

◆顺德文化馆　2010年5月，周本波同志开始担任顺德文化馆新馆长。是年，顺德文化馆与各个协会、社团及有关企业、学校等研讨顺德文化工作发展方向；到各个镇（街）文化站进行调研，了解各镇(街)开展活动情况；与一些企业、单位衔接，最大程度地争取社会对文化活动开展的支持；组织多项文化活动。7月中旬，区文化馆组织区属顺德合唱团、顺德必达少儿合唱团、容桂金声合唱团和大良实验中学晨曦合唱团参加在浙江绍兴举行的第六届世界合唱比赛，共获得1金4银奖项的优异成绩；10月，组织顺德合唱团参加在广东番禺举行的第十届中国合唱节暨第二届星海国际合唱节，获得1金1银。12月，区文化馆主管的顺德画院、顺德青少年民乐团、顺德青少年曲艺团挂牌成立。区文化馆主管的艺术团体增至8个。

◆顺德博物馆 顺德区博物馆占地面积5036米^2，建筑面积3983米^2。目前博物馆收藏有文物5844件，其中国家二级品85件，三级品1995件。2010年，博物馆共举办了“顺德当代美术家作品联展”、“顺德区博物馆征集文物精品展”、“2010年中国文化遗产日顺德文化遗产图片展”、“勿忘历史、警钟长鸣—纪念抗日战争胜利65周年大型图片展览”、“旅美书画家谭礼先生作品回乡邀请展”、“古钱币收藏展”等6个展览，吸引众多观众并赢得广泛赞誉。征集文物、物资共计454件用作新馆陈列。全面实施文物信息化管理，进一步完善文物保管工作。协助上级部门做好顺德区第三次全国文物普查的后续工作以及非物质文化遗产普查、申报工作。顺德区文物普查队获评“第三次全国文物普查先进集体”。

是年，博物馆新馆建设进展顺利。截止到年底，土建工作、外环境装修已全面完成，新馆陈列布展工作即将全面铺开。

◆顺德清晖园管理处 顺德区清晖园以园林建筑为依托，以收藏、研究、展示岭南古典园林建筑、传播岭南建筑文化和顺德优秀民俗文化为发展方向，定位为古建园林类博物馆。2010年，清晖园管理处以节日、民俗活动为契机，举办形式多样的文化活动。8月1~15日，举办“军歌嘹亮”——庆八一军旅书法作品展；9月19日，举行“我和清晖有个约会”——首期清晖园市民开放日活动；9月28日至10月7日，举办顺德区盆景协会成立30周年会员作品展；11月6日，举行顺德联谊总会第七届恳亲大会——顺德民俗文化嘉年华；11月23~31日，举办“顺德龙情——从武术巨星到中国文化形象”图片展览。以申国宝为契机，不断完善文物保护工作。为申报第七批国家重点文物保护单位，2010年，清晖园完成旧园修缮复原工程，并对船厅、碧溪草堂、澄漪亭、六角亭、惜阴书屋、古旧家具等进行维护保养，同时，加大对园内古树名木的养护力度。发挥对外窗口作用，出色完成政府及社会各界的接待任务。是年，清晖园接待各级政府、中外嘉宾43382人，接待游客242,794人，门票总收入为2,766,643元。

（张晓莺 张杰）

《珠江商报》

2010年，《珠江商报》社继续立足顺德，把握正确舆论导向，服务佛山、顺德的经济、文化和社会建设，新闻报道再上台阶。《珠江商报》获中国发展战略学会经济战略专业委员会等单位评为“推动中国社会进步最具贡献媒体”，是广东省唯一一个获此殊荣的媒体，报社总编辑黄荻获得“推动中国社会进步最具贡献个人”奖。经中国传媒大会专家评审委员会评审，《珠江商报》获得“金长城传媒奖·2010中国最具创新商报”荣誉。

通过版面报道、出版特刊、策划活动等多种形式，为佛山、顺德科学发展鼓与呼。2010年，该报先后推出系列报道20多个，重点报道1000余篇，如《顺德“特区”闯关——顺德大部制改革一周年》特别报道、“简政放权”系列报道、“转型路上——探析顺德经济发展态势”系列报道、“顺德转型进行时”调研报道、“龙腾

2010 年 9 月 1 日，顺德区委书记梁毅民视察《珠江商报》社

计划”系列报道、“顺德交通提速”系列报道等。出版特刊《顺德提速》、《金秋顺德》、《乡聚》、《倾城之链》、《顺德金地》等；全年共举办活动 12 场次，分别承办了顺德第一人民医院新址奠基仪式、顺德新城 CBD 启动仪式、顺德团委青年读书活动启动仪式、伦桂路奠基等启动仪式、顺德私房菜大赛、顺德农商行财经论坛、顺德城市文化艺术节等活动，主办了传媒大奖·餐饮业风云榜、传媒大奖·房地产风云榜、传媒大奖·汽车风云榜等。这些活动为报社进一步扎根顺德，服务顺德经济文化和社会进步起到积极推动作用。

参与地方经济文化建设，提高报业发展的市场化水平。经营中心编辑出版《顺德楼市》、《家具产业》、《教育周刊》、《健康周刊》、《消费导刊》、《汽车周刊》、《旅游美食》等行业周刊。《顺德时尚》是引导顺德时尚潮流的新锐月刊。报社成功举办第五届顺德私房菜大赛、第二届顺德房地产传媒大奖、首届城市文化艺术节等一系列贴近市场、服务经济的重大活动，取得良好社会效益和经济效益。

《顺德视角》杂志由顺德区委宣传部主管、顺德现代化研究中心和顺德社科联合主办，珠江商报社编辑出版、发行，是目前顺德唯一的理论宣传刊物。2010 年出版《顺德视角》共 11 期，发行范围包括：国内和省内有关领导、理论界人士、顺德各镇（街）主要领导和顺德党政及各部门有关领导、顺德各大企业负责人，派送到顺德各大消费娱乐公共场所。

珠江商报国内统一刊号 CN44—0148，网址：http://www.sc168.com。（伍趣琼）

广播 电视

【佛山电视台顺德分台】

佛山电视台顺德分台前身是成立于 1994 年 9 月的顺德电视台。2005 年并入佛

2010年9月1日,顺德区委书记梁毅民到佛山电台顺德分台视察工作

山传媒集团，成为佛山电视台顺德分台。2010年，该台直接经营的顺德频道全年节目播出6205小时，其中播发新闻3750条，拍摄制作专题969个，大型系列报道18个153集，电视直（录）播30场（次），引进各类节目41部计2560集，共77711分钟；频道实现安全播出8760小时；经营收入同比增长23%，创顺德频道经营收入历史记录。电视新闻作品《顺德缘何要当全国机构改革先锋？》获中国新闻奖电视评论二等奖。

新闻宣传重点突出。是年，电视台《顺视新闻》及各档新闻全年重点报道了：大部制实施一周年及容桂简政强镇改革情况、部门及镇街贯彻落实区委全会精神、政府加快经济增长方式转变相关举措、第三届岭南美食节、世界顺联恳亲大会、教育基金百万行、顺德区运会、李小龙文化节、交通建设（碧桂路、太澳高速、广珠轻轨通车）、第六次人口普查、顺德公交线路大调整等。派出多批采访组赴法国、环渤海、长三角、珠三角、云南等地采访顺德美食推介展、经济增长方式转变经验、云南旱灾等。《顺视新闻》先后推出《新年话开局》（10集）、《加快经济发展方式转变》(40集)、《上市促转型》、《回眸“十一五”，展望“十二五”》、《四海归心》(10集）等五组大型系列报道。广州亚运会举办期间，《顺视新闻》开设了《“亚运”全接触》、《“亚运”最前锋》栏目。

专题节目深度报道。《搜索全方位》栏目播出顺德好人风采榜（22期）、玩转世界杯（24期）、科学我至叻（50期）、顺德公交线路大调整（8期）、“飞地”中心沟移交珠海（8集）、“两龙文化”耀岭南、省职业技能大赛顺德赛区决赛（5期）、首届“美食大使”评选（8 期）、顺德申报永春拳之乡、顺德戏曲新作粤港澳巡演（6 期）等。精心策划拍摄了《风起南方——顺德大部制改革纪实》、《中心沟—永远的歌》、《永远的李小龙》、《扶贫开发：顺德英德同心同德》等大型电视专题片。其中，《永远的李小龙》作为文化交流项目还被推荐参加 2011 年美国播放展映。

发挥电视媒体优势，主动参与大型活动直（录）播。电视台全年完成陈村花市、大良元宵、龙江龙舟赛、区运会开幕式、美食大使总决赛、“幸福新路先行一步”高速路通车、碧桂路通车直播、亚运火炬佛山站传递、教育基金百万行等新闻现场与活动直录播 30 场，创分台直录播历史记录。

做好公益广告宣传。配合世博会、广州亚运、顺德恳亲大会等重大事件、区中心工作和特殊节日，策划制作播出公益宣传片 23 个。（卢运莲）

【佛山人民广播电台顺德分台】

2010 年，佛山电台顺德分台广播成为佛山电台主频率之一。一年来，佛山电台顺德分台发挥广播媒体优势，立足本土，创新思路，围绕区委区政府中心工作进行宣传服务，经营收入再创新高，达到 2000 万元。

配合顺德中心工作进行宣传。电台围绕区委、区政府和各部门中心工作，利用动态消息、专题、特别报道等，配合开展各项宣传，营造昂扬向上、团结奋进、开拓创新的良好氛围；另一方面，结合人民群众日常工作和生活实践，做好宣传教育工作，为群众所乐于接受。全年共播出新闻稿件 8465 多条，专题 723 多个，评论 301 条。《顺德交警配合广州亚运做好交通服务》被广东电视台等省级媒体大篇幅滚动采用。

为顺德社会、经济及各项民生事业发展做好舆论引导。电台《政风行风热线》共播出 48 期，接听市民电话 2380 多个。上线政府部门对市民来电全部现场或节目后 5 个工作日内给予回复，群众对回复满意率超过 85%。其中每月一期的《政风行风热线之镇街在线》，因为群众反映、咨询的内容涉及面广，问题比较复杂，电台更是将直播室搬到各镇（街）办公大楼直播，让尽可能多的镇（街）及其工作部门负责人能直接与群众沟通交流，及时解决群众提出的民生问题。《顺峰山下城市论坛》共举办 35 期，其中 7 期深入镇（街）举办，并首次在区外成功举办。4 月 24 日，配合全区的“规划到户、责任到人”扶贫工作，《顺峰山下城市论坛》工作小组远赴清远市连南县大古坳村，在古坳村中心小学举行《4.24 对口帮扶，如何做得更到位的论坛》，邀请省扶贫办领导做节目嘉宾。

配合区域中心工作，策划举办形式多样、群众喜闻乐见的各种户外活动。2010 年，分台举办户外活动 80 多场，其中参与人数千人以上的大型户外活动 10 项。连续举办两年的“地球一小时”低碳环保活动，参与人数达 8000 多人；配合岭南文化美食节的举办，策划举办 4 期《美食好镇》户外活动和节目，组织珠三角游客到大良、均安、勒流、龙江品尝当地美食，对顺德旅游美食品牌的推广起到促进作用。策划《城市无障碍设施宣传》，在互联网上广泛流传。

加强与区外媒体合作，对外宣传提升顺德形象。一是直接向上级媒体发稿，二是加强与周边电台的合作、合办或者联播节目。如与清远电台合作宣传顺德扶贫工作，与广州、中山、番禺、南海电台合办

顺德美食节目等等。（房斯霞）

【广东省广播电视网络股份有限公司佛山顺德分公司】

2010年初，广东省组建省级统一运营的广播电视网络公司：广东省广播电视网络股份有限公司，其中广东省广播电视网络股份有限公司佛山顺德分公司于9月10日成立，并正式承接顺德区有线广播电视网络的规划建设和经营管理业务。截至2010年12月31日，顺德共有数字电视用户45.6万户，终端68.4万个。顺德分公司实现经营指标持续增长，2010年业务收入比2009年增长8%。网络建设方面，顺德分公司完成全区机房（分前端）建设立项6个；光缆管道建设立项37个，共计敷设光缆80.15皮长公里，其中72芯或以上主干光缆18.205皮长公里，48芯或以下支线光缆61.945皮长公里；建设各类型管道32.152管孔公里，其中参建主干信息管道6.97管孔公里，镇街自建支线管道25.182管孔公里；全区分配网络改造建设立项9个，涉及改造用户（端口数）约5947户。新闻宣传方面，是年全区各支公司共播出新闻8246篇，其中时政宣传4122篇，民生新闻2523篇，其他类型新闻1601篇，播出专题284个。2010年内顺德伦教支公司拍摄制作《天路之行》纪录片在2010年全国科技DV影像大赛中获得组委会特别奖。（李巧娇）

档案　史志

【概况】

2010年，顺德区档案局围绕区委和区政府的中心工作，按照全年的工作部署，推进档案工作实现“两个转变”，建立“三个体系”，做好“四为服务”，开展档案管理和史志编研各项工作。

【档案基础业务建设】

2010年，该局继续加强档案基础业务建设。一是依法接收各类档案。年内共接收各类档案121906卷（宗）22605件，其中：文书档案3103卷，专门档案2893卷又22605件，城建竣工档案18516卷，房地产档案97394卷（宗）；新增照片1059张，资料29687册；接收现行文件144份。二是依法开展档案开放鉴定工作。完成第9批档案开放鉴定工作，共开放74个全宗档案1328卷。三是继续开展重点档案的抢救工作。完成5.6万页历史档案的修裱保护；对建设单位3万卷竣工档案进行标准化整理。四是进一步完善档案安全管理。抓住省档案局开展档案馆库安全大检查的契机，成立档案安全专项督查领导小组，加强和完善档案安全管理制度，重点是进一步强化和完善档案出入库管理制度、档案借阅制度等，对照相关标准进行自查，制定整改措施，进一步提升档案的安全保管和保护水平。

【做好机构改革和简政强镇事权改革后档案管理工作】

2010年，该局把大部制改革后档案管理作为年度工作重点，深入各有关单位进行调查摸底，在掌握档案室库和档案数量、存放、整理等情况的基础上，制定档案处置和加强管理的意见，并提请区府办发文，使有关单位开展档案处置具有清晰的指引，确保改革期间档案的妥善处置，防止档案的损毁与散失。根据各单位实际情况，指导新成立机构档案室库建设、档案整理、处置、移交等工作，及时修订档案管理制度汇编，重点是档案分类、编号、各类档案材料收集范围和保管期限、整理方法等。第三季度，针对简政强镇改革后镇街档案管理的新情况，10月召开镇街档案工作会议，贯彻和部署镇街改革后档案处置和档案管理工作。是年，先后举办了区属机关档案业务培训和容桂街道档案人员培训，12月举办1期以镇街各办、局档案人员为对象的业务培训。

【业务监督指导工作】

一是配合司法机关处置档案违法案件。针对2007年龙江镇仙塘村发生的村民违法封存村委会会计档案、致使档案遭受严重损毁的案件的立案审理，该局配合司法机关，对涉案的档案损毁程度进行认定。二是开展档案目标管理工作。年内完成档案目标管理单位4个，其中机关事业单位3个，村、社区档案目标管理单位1个。三是开展档案监督检查。1月对村、社区档案工作检查，共检查20个村、社区，检查结果为全部合格；11月对16个区属机关单位开展档案年检。四是为扶贫工作提供档案指导服务。根据扶贫工作组的实际情况，指导区扶贫办制定扶贫档案归档管理办法，举办驻村干部档案管理培训班；7月派出业务指导人员赴清远英德，以大良街办驻点为试点，指导和帮助其完成档案资料规范整理归档工作。五是开展档案业务培训。年内共举办各类培训7期，共培训739人次，其中8~9月，与佛山市档案局共同举办第一期档案人员岗位培训班。

【建设项目档案工作】

2010年，该局重点工程项目验收引进专家评审制度。通过区属各项目主管部门、监理公司、建筑公司的推荐评选，选聘47名行业人才为顺德区重点建设项目档案验收专家，聘期2年。项目档案验收从过去以档案部门为主转变为“以档案部门搭台、专家唱戏”的模式，并逐渐加大行业专家的参加比例。年内完成顺德一中高中部、容桂污水处理厂等12个重点建设项目档案验收，其中省重点1个，市重点11个，超额完成2010年重点建设项目档案验收计划。做好建设项目档案登记和跟踪指导。该局加强与项目建设单位、主管部门的沟通联系，明确各单位在项目档案中的职责分工，帮助建设单位理顺有关的业务对口方向。对新建或在建的新增重点建设项目，督促有关单位从立项开始就做好项目档案的收集和保管工作。年内共完成项目登记114个，其中省重点10个，市重点104个。

【档案信息化建设】

2010年，顺德档案局通过OA系统接收3万份电子文件，完善馆内网络档案管理系统，做好档案网页的维护和管理，及时补充现行文件和开放档案数据。开展档案数字化工作，把有关民生的档案作为重点，结合当前社保查档档案利用频繁的情况，完成利用率高的有关企业职工信息的档案资料数字化，共完成各类档案数字化10万页，同时将新接收的声像档案及时进行数字化。此外，在政府和房产部门的支持下，开始对房地产权档案的数字化工作，已完成有关的前期准备和招投标工作，10月起进入实施阶段。

【拓展档案服务功能】

一是推行档案服务承诺制度。将有关

服务的内容、依据、标准、时限、承办部门等事项，在电子政务网外网和办公区域内公布，同时要求各股室要严格落实各项规章、办事制度和工作纪律。二是做好档案史志利用服务。配合社保部门，为1978~1993年期间离开的原国有、集体企业的职工及下乡知青确认工龄提供档案服务，开辟“绿色通道”服务。年内接待来馆查档29520人次，共查阅各类档案81498卷次，出具产权证明18710份，复印资料69968页，查阅现行文件服务达24521人次(含网上点击数)。三是参与高校档案课程教学。2010年该局与高校共建教育基地有了新的发展，派员承担顺德职业技术学院《信息与档案管理》课程的授课任务。同时，区档案局依托高校人才培养基地这一平台，不断为本地区各级档案部门培养实用型的档案专业人才。是年，该局被评为“校企合作优秀单位”。

【党史地方志工作】

2010年，顺德区委党史研究室和区方志办在党史研究和地方志编纂方面工作内容多，成果丰硕，其中在全国地方志系统第二届年鉴评选中，该局编撰的2009年卷《顺德年鉴》被评为一等奖。一是继续开展《中共顺德地方史(二卷)》的编写工作，年底完成初稿。二是根据上级党史部门要求，对全区的革命旧址、遗址、遗迹开展全面普查工作，经过普查，顺德现存10处遗址。三是继续开展顺德综合年鉴的编纂出版工作和完成上级综合年鉴顺德部分的供稿。上半年完成2009年卷《顺德年鉴》的出版发行后，继续开展2010年卷《顺德年鉴》的编撰出版工作；完成《广东年鉴》和《佛山年鉴》顺德部分内容的组稿上报工作。四是汇编出版《铭记历史 毋忘国耻——抗战时期顺德人口伤亡和财产损失调研成果》。五是参与和协助《顺德，广州之南》(顺德读本)、《顺德好人颂》、《中心沟》纪念册及顺德书香节“好学顺德”博览会等策划、撰写、编辑和校核；补充和完善《佛山人物志》有关资料。

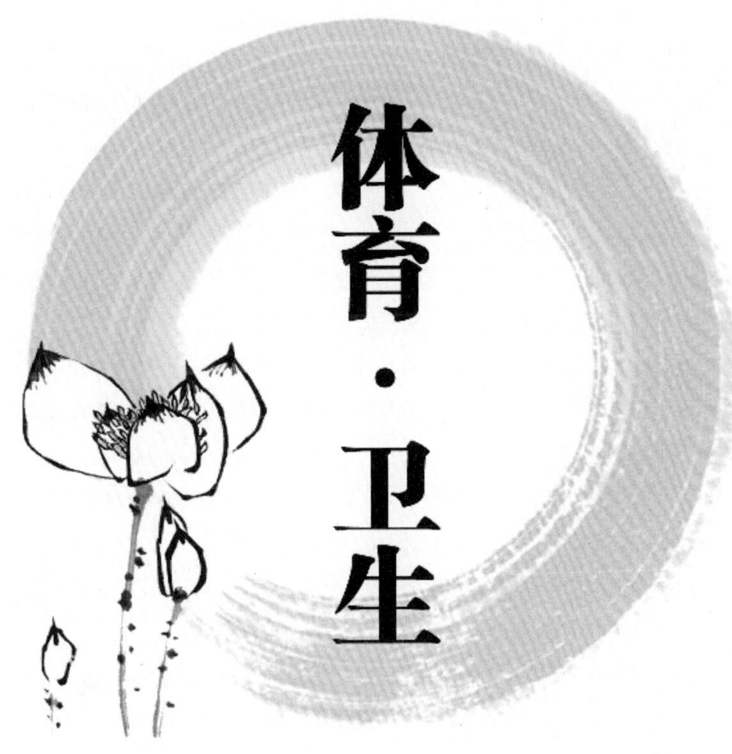

体育·卫生

体育·卫生

体育

【概况】

2010年，顺德体育工作坚决贯彻《全民健身条例》，实施“全民健身工程”，实现群众体育、竞技体育和体育产业的全面丰收。成功举办顺德区第十届运动会；参加世界级比赛获2项第一名，前八名7人次；在第十六届亚运会上，顺德18名运动员、2名教练员参赛，获得2金3银3铜的历史最好成绩；参加全国比赛14人次获6项第一名，前八名25人次；在广东省第十三届运动会上获得20金18银34铜的优异成绩；代表广东省参加第四届全国体育大会女子龙舟比赛囊括3项冠军；参加广东省第七届老年人运动会获得一等奖1个、二等奖2个的好成绩；体育彩票总销量突破2个亿，获广东省体育彩票工作突出贡献奖；区业余体校获“广东省高水平体育后备人才基地”称号。

【竞技体育成绩】

“十一五”期间，顺德运动员在各级各类比赛中均获得优异成绩（见下表）。

时间：2006~2010年　　单位（项）

级别	第一名	第二名	第三名	第四名	第五名	第六名	第七名	第八名	备注
世界	4	1	4	6	1			2	
国际	7	5	9	5	3	1	1		
全国	78	48	45	18	18	8	6	4	
广东省	74	62	82	25	22	21	20	24	

其中参加佛山市第七届综合性运动会，夺得160枚金牌，5867.5分团体总分，取得团体总分第一名、金牌总数第二名的历届最好成绩。参加广东省第十三届运动会（代表佛山），取得20金18银34铜的历届最好成绩。参加中华人民共和国第十一届全国运动会（本届全运会顺德共有35名运动员代表广东省参赛，有25人夺得名次），获得金牌8人次、银牌2人次、铜牌3人次、第四名8人次、第五名2人次、第六名2人次、第七名2人次、第八名1人次。参加第十六届亚运会上（顺德有20名运动员、教练员代表中国参赛），取得2金3银3铜、两个第四名、一个第六名的历届顺德区运动员参加亚运会最好成绩。

顺德区青少年活动体制建设取得明显成效，基本形成选才、训练、竞赛、输送的青少年业余培训体系。确定乒乓球、游泳等17个项目的网点训练学校61间。每年共组织11项区青少年体育竞赛，参赛运动员3000多人。“十一五”期间，共上送省级优秀运动队、军区运动队优秀运动员52名，上送省体校运动员57名，上送佛山市体校98名。

成功举办一系列国际、国内重大体育赛事。2006年圆满完成省运会顺德赛区的各项竞赛工作。2006~2009年，顺德共举办了全国游泳冠军赛暨2008年奥运会资格达标赛、2008年“松业杯”全国象棋锦标赛（个人）等10多项全国性和省级体育大赛。

【第十届顺德运动会】

2010年9~10月举行，于10月28日胜利闭幕。本次运动会上，全区10个镇（街）近7000多名运动员参加了17个大项419个小项的比赛，共决出722枚金牌、1538枚奖牌，共有30人次刷新26项顺德青少年纪录，其中4名运动员各打破两项区纪录。本届区运会是顺德近年来历届运动会中规模最大、参赛人数最多、媒体参与最广、社会影响最深远的一次体育盛会，调动了各单位、各街道、社区居民参与体育健身的积极性，营造了“全民健身、阳光顺德”的良好氛围，全民健身与运动竞技在市民中的影响力得到大幅度地提升。

【体育设施建设】

2010年，顺德在全区范围内选取基础条件好，并且具典型示范作用的大良新桂、容桂容里、勒流黄连、龙江陈涌、北滘林头村居5个居（村），区、镇（街）、村（社区）三级共建“全民健身示范村居”。以远远高于“广东省农民健身工程的标准”（一个篮球场、2张乒乓球台）建设，每个示范村居至少建设有2个标准化灯光篮球场、6张乒乓球台、6个羽毛球场、1条健身路径，组建不少于3支群众体育队伍，并常年开展群众活动。在陈村镇开展“全民健身示范镇”建设，陈村镇管辖的15个居（村）都按照“全民健身示范村居”的标准建设公共体育设施，以此带动全区公共体育设施建设。从是年开始，区委、区政府将上述指标纳入镇（街）工作考核内容，有效促进基层体育设施建设。至年底，全区共有各类体育场所2000个，其中篮球场700多个，全民健身路径接近300条，人均公共体育用地面积达0.45米^2（不含学校体育设施）。

【群众体育活动】

2010年，顺德群众体育蓬勃发展，群众体育意识普遍增强。区各级有关部门通过大量组织群众体育活动和利用各种媒体开展体育宣传，宣传正确的体育观、健康的生活观和科学的健身观，越来越多的顺德人从关心体育、支持体育到参与体育并成为体育人口，顺德经常参加体育活动的体育人口已占常住人口的50%，形成较为完善的全民健身网络。群众体育组织发展迅速，各类体育社团组织1千多个，其中区、镇级体育总会11个，区级单项体育协会13个，街道、事业单位体育组织200多个，村（社区）社团组织500多个，初步形成区、镇（街）、居（村）委会三级全民健身服务网络。社会体育指导员1500多人，按户籍人口计算平均每万人拥有社会体育指导员超过15名。

【区属体育单位】

◆顺德区业余体校　2010年，顺德业余体校工作斐然。3月被广东省体育局评为“广东省体育高水平后备人才基地”。在第十六届广州亚运会上，该校输送的6名学生中，梁嘉鸿在4×100米接力比赛中取得第一名，200米跑第四名；安妮获得女子手球项目冠军；郭均良、潘宁获得水球项目亚军；郭佳获得女子垒球项目亚军；胡永麟获得男子200米双人划艇项目第三名，参加人数、获奖名次均为历史之最。是年参加多个全国以上比赛获奖：参加世界级比赛获得第一名 2 人次、第三名 3 人次、第四名 3 人次、第五名 1 人次、第六名 1 人次、第七名 3 人次、第八名 1 人次；参加亚洲级比赛获得第一名 1 人次、第三名 6 人次；参加全国比赛获得第一名 7 人次、第二名 2 人次、第三名 5 人次；该校 142 名学生代表佛山参加广东省第十三届省运会，共取得 16 金、18 银、34 铜、总分 1256.5 分的好成绩。向上输送优秀体育人才，其中国家集训队 2 人，广东省队 9 人，广东省运动体育学校 11 人，佛山运动体育学校 36 人。为更好服务基层、配合各镇备战第十届顺德区运会，担任第十届顺德区运会 17 个大项中 12 个项目的裁判工作。

◆顺德区体育中心　2010 年，顺德区体育中心为约 9 万人（次）的区体校学生提供各类体育项目的训练场地。全年累计承办各类活动共 84 项，总参加人数（包括观众）约 22 万人（次），群众参与体育锻炼总人数约 9.5 万人（次）。为 30 多个基层单位的运动会进行组织筹划。安排临场裁判 800 多人次，编排记录单项体育赛事 60 多项，涉及 6000 多名运动员。另外还举行了中奥女子篮球赛、中日水球对抗赛、广东省职工运动会、省传统武术赛、顺德第九届歌手大赛，承办了顺德第十届运动会、顺德农商银行综合运动会、区中小企业篮球赛、区人民医院羽毛球赛等。

截至 12 月 7 日，顺德区体育彩票总销量超过 2.09 亿元，提前 24 天完成省中心交给的销售任务，并创销售量历年新高。其中电脑型销量为 15965.6378 万元，即开型销量为 4948.86 万元，为顺德区创造公益金 1607 万元，代扣代缴偶然所得税 380 万元。（何小雷　严伟）

医疗卫生

【概况】

2010 年，顺德大部制改革后深化运作的第一年，原区卫生局、区人口和计划生育局及区食品药品监督管理局职能有效整合，顺德区卫生和人口计划生育局（下称“区卫计局”）各项工作有序开展，配合做好医药卫生体制改革工作，推进公立医院运行机制改革和人事制度改革，推进医保规范化，严格医疗费用管理，提升卫生管理绩效，优化卫生资源配置，加强政风行风、医德医风建设，形成“大卫生”的新局面，顺德区医疗卫生工作再上新台阶。

是年，顺德区有医疗卫生机构 578 家，编制床位 7286 张，平均每千人口拥有病床 3.4 张，卫生技术人员 11333 人。全区医疗卫生机构向社会提供诊疗服务为 2438.44 万人次，住院 24.91 万人次，病床使用率 88.42%；平均寿命 77.09 岁。

【卫生惠民新政】

◆“家庭病床”服务　2010 年 3 月 1 日起，顺德在全区推出“家庭病床”服务并纳入职工医保报销范畴。

◆“名医进村居”活动　顺德卫计局从 2009 年 7 月启动“名医进村居”活动以来，坚持每月组织名医到各镇（街）、村（社区）开展“五个一”活动，实现卫生服务重心下移。已举行义诊 213 场，健康知识讲座 188 场，派出专家 2461 人次，服务基层群众 77223 人次，派发药品 85400 多元，赠送健康知识宣传资料 269000 多份，上门探视长期卧床病患者 284 人，派发慰

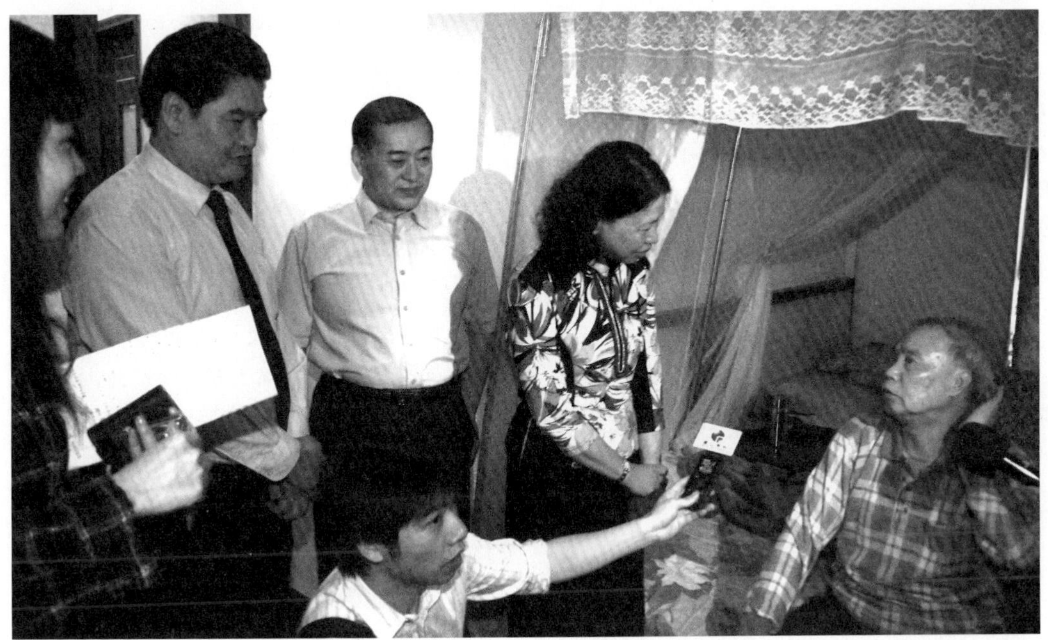

周爱群（右二）副区长调研家庭病床实施情况

问品43600多元。

◆推广“门诊预约挂号”服务　2010年，顺德卫计局除增加“12580”、“114”电话预约挂号服务外，筹划推出手机网上预约挂号系统，把和平创伤外科医院、同江医院（脑外科医院）等有专科特色的民营医院纳入挂号平台，让群众看病更方便和有更多的选择。

◆创新卫生信息化服务　年内，区卫计局大力推进公共卫生信息系统、公立社区卫生信息系统和数字化医院信息系统建设。为有效缓解医院门诊“三长一短”问题，推出“二代身份证”挂号服务，开发手机自助缴费系统。

◆加快区属医疗卫生机构建设　年内，顺德区第一人民医院易地新建工程奠基开工，工程项目报建、报批工作有条不紊地推进。顺德区中医院改建工程完成工程立项和招标工作。顺德区伍仲珮纪念医院扩建工程主体大楼预计于2011年1月封顶。

【医疗监管】

2010年，顺德卫计局进一步强化医疗服务质量管理，增强区域卫生实力。一是全面推进“医疗质量万里行”活动，改进医疗质量。加强对各级医疗机构的监管，督促落实三级医师查房、首诊负责等核心制度，规范病历书写等医疗行为，开展医疗损害责任专题培训，积极应对《侵权责任法》的实施。二是提升护理院感工作水平。贯彻落实护理核心制度，完善护士分层级管理，成立专业护理委员会；加强对各医院的院感病例和消毒灭菌效果的全面监控，开展专题督导检查，及时排查院感隐患，规范血液透析管理，强化医疗废物管理，防止院感暴发。三是进一步丰富惠民医疗服务内涵，落实药品分级使用管理、处方点评、临床药师等制度。大力推行临床路径管理工作，在区内15家医院试点开展。其中区第一人民医院被确定为广东省试点单位，2010年共入径130例，入径患者平均住院日较上年同期缩短2天，药物比例下降1.72个百分点。四是配合做好本区贯彻落实医改方案的各项工作。五是推进公立医院运行机制改革。与知名医学院校合作，将北滘医院移交南方医科大学成为其直属附属医院；加强区属医院对薄弱镇（街）医院的帮扶力度，将杏坛医院以托管模式移交给区第一人民医院管理。六是加强临床合理用药监管。成立“顺德区临床合理用药专家委员会”，召开医院临床合理用药研讨会，对辖区内15家医院开展临床合理用药督查。

【无偿献血工作】

2010年，顺德区卫计局加大无偿献血工作力度，在交通便利、人流集中的区域增设固定献血点，强化无偿献血宣传力度，提高群众献血积极性，无偿献血工作继续保持稳定、健康发展。年内全区无偿献血人数预计达2.6万人次，同比增长5.0%，采血量预计为826万毫升，同比增长7.8%，献血者满意率99.4%，医院的满意率为98.7%。

【基本门诊医疗】

2010年，顺德区卫计局进一步加强与社保部门的沟通联系，强化医保定点医疗机构管理，6月、12月联合开展了两次专项检查，督促各医疗机构认真履行医保服务协议，利用社保信息系统实施实时监控，规范诊疗行为，严格控制医疗费用，确保合理使用社保基金，使群众医疗费用负担进一步减轻。

【疾病预防控制】

◆概况　顺德区疾病预防控制中心是在原顺德卫生防疫站的基础上组建的卫生事业单位，与区卫生检验中心一个机构两块牌子，是顺德区疾病预防控制、公共卫生监测、卫生检验和健康教育的技术指导中心。中心内设置11个科室：办公室、总务科、质量控制管理科、宣教科、检验科、疾病预防控制科、公共卫生管理一科、公共卫生管理二科、消毒杀虫科、劳动卫生与职业病防治科、门诊部；现有职工120人，其中高级技术职称16人，占13%，中级技术职称人员30人，占25%，初级技术职称39人，占32.5%。中心主要负责疾病预防控制、公共卫生监测、卫生检验、卫生学评价、从业人员职业健康和体检等工作，以及承担公共卫生突发事件和救灾防病等问题的调查处理。

2010年，顺德疾控部门重点加强对甲型H1N1流感、手足口等重点传染病的监督监测和防控防治工作。继续加强艾滋病的防治，巩固结核病、麻风病、性病的防治成果。全年报告甲乙类传染病例5121例，发病率为270.20/10万；报告丙类传染病6565例，发病率183.62/10万。免疫规划工作不断规范，卡介苗、糖丸疫苗、百白破疫苗、麻疹疫苗、乙肝疫苗等疫苗基础免疫的接种率均达90%以上。

◆甲型H1N1流感防控　是年，顺德疾控中心加强疫情监测、报告、研判和分析，根据疫情发展态势制定相应防控措施，指导基层医院及时调整防控策略，落实重点人群疫苗接种工作，最大程度减轻疫情对人民群众身体的危害，全年报告甲型流感病例同比显著下降。是年全区接种甲流疫苗5万余支。

◆传染病防控　一是加强手足口病防控。疾控中心加强督导指导，及时调整防控措施，在5～6月疫情防控关键期，对14家医疗机构及15家托幼机构开展专项督导检查，规范医疗机构的诊疗流程，设立预检分诊点和启动发热门诊，严格执行消毒隔离规范，严防院内交叉感染。督促托幼机构落实晨检及因病缺勤追查登记工作，加强场所和物品消毒；加强手足口病防控知识宣传，在全区累计发放《预防手足口病》小折页27675份、宣传海报1950份。通过短信平台向全区幼儿及学生家长发送预防手足口病的手机短信，提醒广大家长共同做好防控工作，累计发送30万余人次。二是加强传染病报告与管理工作。全年报告甲乙类传染病例5809例，死亡7例，发病率为303.87/10万，死亡率为0.37/10万。报告丙类传染病7595例，死亡3例，发病率397.30/10万，发病较多的病种是手足口病（4314例）。三是加强各项传染病监测。包括腹泻病人霍乱监测4831人次，“三热”病人监测12932例，未发现阳性感染者。四是开展各类疫情调查处理。全年调查各类可疑传染病疫情80宗。广州“亚运会”前夕开展两次大规模布雷图指数专项调查，有效控制登革热等疾病传播。是年11月，伦教发生一例本地狂犬病疫情后，顺德迅速核实疫情、划定疫点，落实密切接触者保护措施，深入排查和搜索疫情，评估传播风险，联合相关部门开展流浪犬扑杀工作，开展狂犬病健康宣传工作，使疫情得到及时控制。

◆艾滋病防控　是年，疾控中心完成艾滋病抗体检测199663人次，新发现艾滋病感染者106例。积极推进艾滋病防控网络建立，在区妇幼保健院、区伍仲珮纪念医院增设两个自愿咨询检测点（VCT），全区VCT点增加到3个，进一步提高防治工作覆盖面。完成在押人员及戒毒人员艾滋病抗体筛查2078人，为1390名人员提供自愿免费咨询检测工作，完成6宗职业暴露调查处理。组织220名艾滋病感染者采血进行CD4淋巴细胞检查，动态掌握感染者健康状况，为30名本地户籍申请抗病毒治疗药物。加快全球基金艾滋病项目实施进度，完成艾滋病基线调查，到娱乐场所、企业、工地等重点场所开展以“遏制艾滋病、全民齐参与”为主题的艾滋病宣传培训。通过举办知识讲座、播放宣传短片、有奖问答等形式，在约5万名吸毒者、暗娼、流动人口、男男性行为等人群中开展

2010年4月15日，顺德举办2010年手足口病防治技术培训班

健康教育和高危行为干预，共派发宣传资料51300份，安全套107278个。通过落实基线调查、健康教育和行为干预三位一体的综合防控措施，进一步提高人群自我保护意识，有效控制顺德艾滋病传播。

◆计划免疫接种　一是提高疫苗接种服务效率。是年，疾控中心加强接种人员技术培训，严格执行疫苗保管、流通和接种规范。重点加强免疫规划管理信息化建设，建立区镇统一的信息平台，实现儿童预防接种信息全区共享。全年累计为常住和流动儿童接种一类疫苗790359针次，接种二类疫苗231303人次，卡介苗、糖丸疫苗、百白破疫苗、麻疹疫苗、乙肝疫苗等疫苗基础免疫的接种率均达90%以上。二是加强冷链设施建设。为保障疫苗质量安全，年底前完成区疾控中心冷库扩建，使冷库容积从21米^{3}扩大至50米^3。加强对各镇（街）医院冷库建设工作的帮扶补助，提高镇（街）疫苗管理条件。三是开展疫苗异常反应和相关疾病监测。及时调查处理疑似异常反应46宗，有效保障接种安全。全年完成麻疹疑似病例个案调查46例，其中实验室确诊22例，临床诊断2例，排除22例。调查处理新生儿破伤风病例10例。报告AFP病例3例。四是实施麻疹强化免疫工作。全区累计接种129329人，接种率99.07%。五是落实甲肝疫苗免费接种政策。按照广东省扩大免疫实施办法的要求，2009年1月1日后出生的儿童从11月1日起可享受甲肝疫苗免费接种。六是开展乙肝疫苗补种工作。区委区政府把15岁以下人群补种乙肝疫苗纳入2010年顺德区10项民生工程之一，上半年启动查漏补种工作，全区合计补种151179针次，工作完成率达100%。

◆地方病防控　是年，疾控中心全面推进以肝吸虫病普查普治为重点的地方病防控工作。在5个镇街的村居和幼儿园开展肝吸虫、蛲虫、钩虫等普查工作，提供免费粪检、B超和肝功能检查，共计完成粪检2540人次，为400名肝吸虫病人建立病历，使基层群众享受到便捷的地方病诊疗服务。

◆职业病防治　是年，疾控中心规范职业卫生监测评价工作，制定《建设项目职业病危害评价工作管理办法(试行)》，为企业委托评价提供具体指引。完成企业建设项目评价122项，其中预评价完成118项，控评4项。完成生产企业工作场所职业病危害因素日常检测338间次，有毒有害作业点4621个，总合格率为86.8%，粉尘作业点699个，合格率为87.0%。全年开展健康监护服务4.9万人次，受理职业病诊断申请75例，确诊职业病43例，其中42例为尘肺病，1例为苯中毒。从业人员健康证体检3.37万人次，驾驶员体检2.2万人次。

◆公共卫生监测　是年，疾控中心根据《食品安全法》及顺德大部制改革有关规定，重点加强食品安全事故风险评估能力建设，配合开展食品安全事故的现场流行病学调查。一是加强食品卫生监测。全年检测食品（用品）190间次，产品1309份，合格率98.09%。开展餐具监测4671间次105993份，合格率90.04%。联合相关职能部门开展食源性致病菌监测工作，抽检样品109份，合格率100%；开展本辖区内餐具集中消毒单位监测检验工作，共抽检12间企业，72份样品，合格率100%。配合广东省疾控中心营养与食品研究所监测抽检9间餐饮单位的生水产品20份。参与广州亚运会、美食节、恳亲大会、教育基金百万行等大型社会活动卫生保障；调查处理疑似食物中毒事件5宗。二是开展公共场所卫生监测。监测旅店业、文化娱乐场所公共浴室、理发美容业、游泳场所、医院候诊室、公共交通等候室等各类公共场所702间，检测39940项次。三是开展生活饮用水卫生监测。强化水质水样采样和保存技术培训，努力提高饮用水检测水平，是年辖区内的饮用水水质检测项目从原35项扩增至63项。监测出厂水、管网水、水源水、二次供水、城市末梢水、饮用净水等各类水样1946份。四是开展专项抽检。联合监督所开展旅业、美发美容、水厂、游泳场所、学校直饮水的专项抽检，抽检样品405份，合格率95.56%。五是加强消杀及虫媒监测。对256间医院、分院、个体诊所、卫生站医务室进行消毒质量监测，抽检样品3650份，合格率为96.22%，及时反馈消毒效果，落实整改措施，有效预防院感发生。对38间托幼机构预防性消毒效果进行监测，对全区11间卫生用品生产企业进行产品抽检和生产环境监测。按照《2010年顺德区病媒生物监测方案》，在中心城区及各镇（街）范围开展病媒生物监测工作，重点做好亚运场馆、恳亲大会的病媒生物监测工作。

◆卫生检验　是年，疾控中心加强实验室基础建设，区财政划出专项经费近200万元，按地级市要求筹建PCR实验室，派出2名专业人员到省、市疾控中心进修学习PCR检测技术，为申报流感监测网络实验室，开展甲型H1N1流感、手足口病等疾病的病原检测工作做好准备。开拓餐具沙门氏菌、志贺氏菌、金黄色葡萄球菌、尿中肌酐、工作场所空气有毒物质等项目检测。加强实验室生物安全管理，开展职业暴露生物安全应急演练，提高员工应对事故的应急处理能力，顺利通过省疾控中心、省职业病防治院的多项实验室质控考核。全年共完成化检6.6万项次、微检21万项次、临检118.1万项次检测任务。

◆健康教育与促进　是年，疾控中心重点对甲型H1N1流感和手足口病开展防控宣传，结合甲流疫苗接种、乙肝查漏补种、登革热防治和艾滋病全球基金项目等专项行动，深入企业、学校、村居、医院开展形式丰富、针对性强的健康教育和技能培训，共发放各类宣传折页和海报34475份（张）。加强企业职工健康促进工作，在大自然地板有限公司开展全民健康生活方式行动、公民健康素养促进行动及艾滋病宣传教育暨健康促进3个示范基地合作项目。开展健康教育专项调查，完成全球儿童安全网络顺德区儿童安全步行项目启动和全球成人烟草调查顺德村居入户调查项目2项国家级专项工作。加强控烟工作，严格执行办公场所内禁烟制度，顺利通过上级考核验收，成为顺德首批无烟医疗卫生机构。

【卫生执法监督】

◆概况　顺德卫生监督所是参照公务员法管理的事业单位，在编人员29人，承担公共卫生监督与执法工作。内设办公室、受理发证股、公共场所卫生监督股、职业卫生监督股、综合股和案件稽查股。2010年，在食品卫生监督职能移出后，该所主动对既往有投诉或处罚记录单位，及两年内新开业医疗机构进行监督以加强执法力度，期间立案13宗；全年共完成行政处罚30宗，罚没17.95万元。完善大部制改革后区卫生和人口计划生育局受理发证窗口的整合工作，承担原卫生、计生和药监3个部门共46项窗口业务。推进公共场所量化分级管理，新增公共场所A级信誉度单位76家。加强职业卫生监督，贯彻建设项目职业卫生审查的部门联动机制，落实67名职业病患者的维权工作。在发放就餐场所卫生许可证这项新业务上协调工商登记环节进行严格把关。开发从业人员健康证管理系统，统筹全区从业人员健康体检信息。下半年区政府全面推进简政强镇改革，区卫生监督所将职业病危害因素申报受理、部分公共场所卫生许可，以及除职业卫生外卫生行政处罚职能逐步下放到镇政府（街道办事处）。

是年，该所共受理建设项目和卫生许可申请2998份，发放卫生许可证2284个；受理职业卫生业务921宗；医师执业注册713宗，护士执业注册694宗；计划生育工作业务456宗；药品、保健品申请业务2394宗。

◆专项监督抽检　是年，该所开展集中式空调、消毒产品、以及涉水产品专项检查。抽取集中式供水单位6份水样，30家住宿场所65份用具，50家美发美容场所90份工具、用品，56家游泳场所224份水样，10家学校20份直饮水设施水样，14家餐饮具集中消毒单位150份产品，以及12家医疗机构消化内镜12份样品送区疾病预防控制中心检验，结果均合格。在对8家医疗机构的空气、物体表面、医护人员手部、在用消毒剂和消毒器械等进行消毒效果检测中，293份样品有3份不合格。

◆卫生监督量化分级管理　是年，区内已办理卫生许可证公共场所共3275家，其中需进行量化评级单位2322家，已量化评级1997家，已评A级单位148家。已取得卫生许可证集中式供水单位17家，全部接受量化评级，A级单位有10家。

◆职业卫生监督　该所对区内职业卫生技术服务单位进行全面督查；完成106宗建设项目职业卫生审查；承接上级下放职业病诊断鉴定工作；全年还开展有机溶剂、重金属作业和放射诊疗专项检查，跟进67名确诊职业病人的维权工作。

◆其他卫生监督　该所联合教育部门督促学校、托幼机构办理校内公共场所卫生许可，已审核发证图书馆33家，体育馆30家；接受申报直饮水设施申报备案141项，医疗保健室申报备案224家；制定工作评分表探索医疗机构现场监督的标准化操作，提升规范和效率。

◆案件稽查　职能调整后，该所卫生执法重点转变为查处非法行医和职业卫生案件。2010年主动开展对既往有投诉和处罚记录单位，及两年内新开业医疗机构进行专项监督，期间立案13宗。全年区卫生监督所完成行政处罚30宗，罚没17.95万元；其中医疗卫生24宗、职业卫生案件6宗。

◆宣传培训　是年，该所完成对乐从780家企业的职业卫生培训；每月于佛山电台顺德频道录制特约节目“卫生监督在线”；在《珠江商报》专版进行机构职能和卫生法律法规宣传；改版《顺德卫生监督》期刊；举行公共场所卫生信誉度A级单位授牌会议，继续开设新办证单位和年审换证单位管理人员培训班。（陈建峰）

【药品监督管理】

◆概况　2010年，顺德有药品生产企业11家，医院制剂4家，麻醉药品、第一类精神药品经营企业1家，第二类精神药品经营企业8家，药品批发企业17家，药品零售连锁企业3家，药品零售企业1210家；医疗器械生产企业40家，医疗器械批发企业48家，医疗器械零售企业126家；保健食品生产企业6家，保健食品批发企业16家，保健食品零售企业1543家；化妆品生产企业16家。药品零售企业中，位于偏僻农村的有251家，占全部药品零售企业20%，农村药品供应网点覆盖全区97.5%的自然村，基本解决农民的用药需求。

◆药械市场准入　严格执行标准，从源头把好药械市场准入关。是年，顺德区共办理药品、保健食品、医疗器械行政许可2323件。其中，核发《药品经营许可证》240家，注销84家；核发《保健食品经营企业卫生许可证》345家，注销76家；核发《医疗器械经营许可证》8家；GSP认证验收397家，注销46家；药学人员变更备案187家。

◆日常监管　建立健全覆盖生产、流通、使用环节的药品监管体系，逐步对基本药物实施药品电子监管。2010年合计完成1100多家“三品一械”生产、经营企业的日常监管，完成GSP认证370家、GSP跟踪检查140家。

◆稽查打假　注重日常监管和稽查打假相结合，加强与周边地区、相关部门的协作，将监管力量延伸至镇（街道），深入开展“三品一械”市场排查，加大力度打击制售假劣药品违法行为。全年共处理群众举报、投诉123宗，立案19宗，结案19宗，案件货值7.9万元，罚款金额29.98万元。抽检药械、保健品、化妆品475批次，完成医疗器械生产、批发企业和医疗机构药械日常监管257家。

◆诚信体系建设　2010年，区卫计局进一步从源头上抓好药品质量，对全区药品零售企业实施市场准入、存续、退出全过程动态监管，提高药品监督管理科学化、规范化水平。对全区2009年12月31日前开办的1028家药品零售企业实行信用评级管理，对药品零售企业进行综合量化评价，动态生成信用评价结果。其中A级企业507家，占总数49%；B级企业392家，占总数38%；C级企业101家，占总数10%；D级企业28家，占总数3%。

◆药品技术监督　年内完成各类药品检验433批次，其中监督抽验242批次，不合格30批次，靶向命中率达12.4%。投入150多万元采购办公设备和检验仪器，将区药检所办公场所搬迁到原区食品药品监管局大楼，规划办公用房面积2000米^2，达到120米^2/人的国家规定标准。

◆亚运安全专项整治　是年亚运会期间，区卫计局以辖区内亚运会定点接待酒店、供亚药品生产企业和亚运比赛场馆周边的医疗机构、药品经营企业为重点，开展兴奋剂专项整治和药品专项抽验工作，共检查含兴奋剂药品生产企业4家，医疗机构制剂室3家，共23个品规；检查药品批发企业17家，药品零售企业400多家，医疗机构15家，共1300多种药品，抽检涉亚运药品100余批次，合格率100%。

【公共卫生服务工作】

2010年，顺德区卫计局把促进公共卫生服务均等化的医改精神转化为群众看得到、摸得着的便民惠民服务，深入推进覆盖城乡的市民健康工程。一是开展乙肝疫苗补种工作。对15岁以下青少年等易感人群免费补种乙肝疫苗，从3月启动查漏补种专项工作以来，全区合计补种151179针次，工作完成率达100%。二是全面推进以肝吸虫病普查普治为重点的地方病防控工作，地方病防治工作覆盖城乡。在5个镇（街）的村（社区）和幼儿园开展肝吸虫、蛲虫、钩虫等普查工作，提供免费粪检、B超和肝功能检查，先后为400名肝吸虫病人建立病历，使基层群众享受到便捷的地方病诊疗服务。三是启动出生缺陷工作。继续大力推进“双免”（即免费婚检、孕检）工作，通过月报制度、考核制度、抓好“新婚班”教育和提供免费咨询等措施，使免费婚检、孕检率稳步提高。全区婚检率从上年的54.3%提高到是年的61.2%，参加免费孕检的孕妇达8914人。全区各产院均实施叶酸宣传和发放工作，实施4个月以来，服用叶酸产妇5927人。四是全面实施孕产妇住院分娩补助项目。11月15日起在全区13间产科医院实施孕产妇住院分娩补助项目，每位孕产妇住院分娩的补助标准为每人次500元，并实施限价分娩。五是继续深化妇幼保健工作。1月起在全区13间产科医院统一启用改版“出生医学首签记录”，加强出生证规范化管理。加强新生儿疾病筛查、新生儿听力筛查、高危儿管理工作，进一步完善网络管理体系。落实孕产妇死亡、围产儿死亡评审工作，组织孕产妇死亡、儿童死亡和出生缺陷三网监测督导检查。2010年度本地孕产妇死亡率为0，婴儿死亡率为0.375%，5岁以下儿童死亡率为0.494%，呈逐年降低的态势，各项指标基本达到妇儿工委10年规划的标准。六是全面开展健康教育。重点对甲型H1N1流感、手足口病开展防控、结核病防治等知识宣传，深入企业、学校、村(社区)、医院开展健康教育和技能培训，使卫生防病知识深入民心。

【社区卫生服务体系建设】

2010年，顺德区卫计局以提高社区卫生服务覆盖率为目标，一方面科学规划“十二五”期间站点的设置，另一方面会同有关部门加快解决项目推进中的瓶颈问题，全力协助相关单位按照计划完成建设任务，社区卫生服务网络不断完善。全年新增社区卫生服务站6间。已建成的社区卫生服务站73间，其中政府举办的61间、私人举办的12间，社区卫生服务覆盖率为87%。

【卫生科教】

◆开展全科医学教育　2010年，顺德区有9家公立综合医院成功创建为全科医学基地，其中区第一人民医院成功创建为“广东省全科医学教育理论培训基地”、“广东省全科医学教育临床实践培训基地”和“广东省全科医学教育社区培训实践基地”，桂洲医院、伦教医院和北滘医院成功创建为“广东省全科医学教育临床实践培训基地”和“广东省全科医学教育社区培训实践基地”，大良医院、勒流医院、乐从医院、均安医院、新容奇医院5家医院也成功创建为“广东省全科医学教育社区培训实践基地”。

全年全区有147名在社区工作的执业医生和241名在社区从事护理的执业护士接受全科医学岗位人员培训。8月份，全省第十四次全科医学岗位培训统考工作在顺德区举行，参加考试的医师、护士共355人，约占全市全年参加同类考试人员的一半，考生的合格率为75.8%，成绩合格率在各地级市考点中位居前列。

◆医学学科建设　是年，区第一人民医院微创外科和血液专科被佛山市卫生局评为“佛山市医学重点专科”，呼吸内科和病理科被佛山市卫生局评为“佛山市医学特色专科”。区卫计局制定《佛山市顺德区医学重点、特色专科建设实施方案（试行）》，组织专家资料审核和现场评审，评出11个“佛山市顺德区医学重点专科”和19个“佛山市顺德区医学特色专科”，进一步推动学术和科研进步。

◆继续医学教育　是年，区、镇（街）卫计局及各级医院均按要求成立继续医学教育委员会，制定相应的继续医学教育制度。全区共有国家级继教项目4项、省级继教项目4项、市级继教项目7项通过审批并顺利举办。区卫计局大力推进“广东省 CME 项目申报系统”使用，组织开发“顺德区 CME 项目申报系统”。从 12 月起，区级继续医学教育项目的申报、评审、年度统计报表等工作基本实现计算机网络化管理。全区开展继续医学教育的普及率和学科覆盖率均达到 100%，医疗机构大部分卫生技术人员学分达到规定要求，医通卡拥有率超过 95%。全年全区组织开展了 30 多场形式多样的培训，受训人数达 12000 多人次，共投入继续医学教育经费约 1510 万元。年内勒流医院成功创建为教学医院，全区已有 13 所医院成为广东省高等学校教学医院。

◆医学科研　采取多种措施保证申报课题的质量，追踪检查科研进度，及时协调解决实际问题，加强部门沟通协调，为课题的顺利完成提供基础条件，杜绝中标课题烂尾。2010 年顺德区共获得各级科技进步奖 10 项，申报获通过的省市各级立项达到 152 项，有 4 项科研项目通过成果鉴定。

【创卫工作】

2010 年，顺德区爱卫活动成效显著。年内开展了“今冬明春爱国卫生运动”、“爱国卫生月活动”、“环境卫生清洁行动”、“以灭蚊为重点的爱国卫生运动”等系列群众性爱国卫生运动，有效控制登革热等传染病的暴发流行，保障亚运会的平安顺利举办。勒流街道通过国家卫生镇复查，重获“国家卫生镇”称号；勒流街道东风村、杏坛镇海凌村、新联村和南华村 4 个村通过考核，获评“广东省卫生村”。至是年，顺德全区共有 160 个村（社区）创建成省卫生村。

【行风建设】

2010 年初，区卫计局召开全区卫生计生系统纪检监察纠风工作会议，各级领导签订党风廉政建设责任书，出台 6 份党风廉政建设规章制度，聘请特约廉政监督员。2010 年开展的重点工作，一是在全系统开展收受医药回扣专项治理工作，对区内 8 家医疗机构药品阳光采购执行情况进行抽查。二是对系统内 11 个社会团体进行“小金库”专项治理工作，进一步约束社团组织依法经营，规范资金管理。

（梁任之）

【区属有关医疗机构】

◆顺德区第一人民医院　概况。2010 年，顺德区第一人民医院职工总数 1912 人，其中专业技术人员 1532 人。医生 568 人，护士 683 人，医技人员 238 人。正高职称人员 42 人，副高职称人员 205 人，中级职称人员 443 人。博士 11 人，硕士 90 人。医院把创建“三甲”作为医院的中心工作，着力提高医疗质量，确保医疗安全，增强核心竞争能力和发展能力。1～12 月，门、急诊 183 万人次，比上年增长 10.7%，门、急诊平均日诊疗 6041 人次；住院 5.4 万人次，比上年增长 14%；抢救危重病例 1335 人次，抢救成功率 88.8%；治愈率 58.6%，好转率 36.1%；住院手术 1.3 万例次，比上年增长 10.7%；成份输血率达 100%，药品比率 39.2%。

创建三甲医院。创建“三级甲等综合医院”是 2010 年该院工作的主攻点。年初医院成立分级管理工作领导小组及三甲办公室，制定《创建三级医院实施方案》，成立 7 个创建工作组及督查组，按照《广东省医院评审标准与评价细则》，各组开展自查摸底。3 月医院召开“创三甲”全员动员大会；各科室成立“创建工作核心小组”。医院开发“档案文件管理系统”并培训，实现纸质记录本向电子记录本的转化；完成修改诊疗科目、设置一级科室、重新设置有关二级科室等创三甲配套完善工作；重新修订、补充、编制医院的制度、职责与应急预案；以医疗为重点，重新规范制定落实多项规章制度，完善伦理委员会工作制度及人员职责等医疗核心制度22项；修订及补充护理工作制度57项，工作职责17项，护理工作指引48项，护理应急预案33个；进行全院“三基理论”及医技药“心肺复苏”的全员培训与考核；完成创三甲医院的材料申报工作，召开创三甲誓师大会，全院动员。12月28～30日，接受省卫生厅的三级医院等级评审，并顺利通过。

持续改进医护质量。该院强化住院医师培训，重新修订《住院医师规范化培训管理实施细则》；开展临床路径试点及单病种质控工作，开展了4个病种的临床路径工作；开展病历质量评比活动，加强病历质量管理。坚持临床药师查阅病历及处方点评，每科均抽查5份以上病历进行用药分析。严抓用血安全，落实用血层级审批制度。完善临床护士分级管理，按层级护理人员分组管理病人；完善连续性（APN）排班，建立二线和三线值班制度；完善护理安全质量管理，制定11个专科护理质量安全目标以及护理安全制度。加大护理培训力度，制定专科护理指引25项，培训36次，建立手术室等5个专科护师制度。

开展多项优质服务措施。一是开展全员服务培训。是年5月，与新加坡服务管理培训公司签约为期1年的“优质服务体系建设工程全员培训”项目。二是实行外科门诊、病房一条龙管理，方便群众就医。三是做大做强教授门诊，并增设周六教授门诊。四是创新护理工作模式，全面实施护士管床责任制、小组责任制、床边工作制、床边记录制工作方式；建立流动护士站，开展每季度护理满意度调查，全年护理服务满意度达97%。五是改造取药流程，日调配处方数由2800张提高到3700张，取药时间控制在15分钟内。

全面提升专科建设。是年该院获得立项43项，其中省级4项，市级36项，区级3项；通过成果鉴定2项；申报各级科技进步奖10项。微创外科、血液内科成为市医学重点专科，呼吸内科、病理科成为市医学特色专科；心血管内科、泌尿外科、消化内科、肾内科、内分泌专科、重症医学科亦成为区首批医学重点特色专科。肿瘤科和血液风湿科独立分科，骨科拆分为一区和二区。制定全院教授大会诊制度，组织大会诊76例次。经医院学术委员会评审并开展的新技术、新项目共56项。购置彩超3台、移动式X光机1台、呼吸机3台，隆重举行佛山首台最先进的128层螺旋CT机的开机仪式。

规范教学工作。是年该院进行各级医师临床教学规范化培训共计181人，占77.4%；举办研究生俱乐部学术活动，第四期研究生课程班顺利开班；召开2008级2名在读研究生的开题报告会及6名研究生的学位论文答辩会。导师队伍不断壮大，胡允兆被遴选为具有招生资格的硕士研究生导师，9人被遴选为兼职硕士研究生导师。完成9所院校149名实习护生的临床带教任务。重视医生的继续教育，派出医生进修17人，学术交流68人次；举办院内学术活动10次共2000多人次。申请国家级继教项目5项、省级5项、市级6项。6月、9月份分别举办了国家级第二期和省级第一期继教项目《TBNA手把手学习班》，10月份举办了省级继教项目《腹腔镜疝修补术学术研讨会》。

接管杏坛医院。是年，该院与杏坛镇政府协商达成共识，接管经营杏坛医院，建立“顺德第一人民医院附属杏坛医院”，6月29日上午，举行签约和揭牌仪式。总院职能部门负责人参与附院对口职能部门的管理，逐步完善相关规章制度。协助附院成为区“驾驶人员一站式体检服务”定点医院；派出专家112人次在杏坛镇麦村、高赞、南朗、新联连续举办4场“名医进社区”大型义诊咨询活动。

民心工程深入民心。一是稳步推进易地新建项目，3月26日下午，在新院工地举行“易地新建奠基典礼”。二是规范两保管理，每月动态分析医院经济状况、两保定额使用情况、药比情况以及基本门诊合作医疗情况，并及时内网公布，通过区年度医疗保险工作考核。三是开展门诊基本医疗。2009～2010年度，该院基本医疗保险门诊参保人数18万人，接诊55万多人次，基金使用率98.95%。四是实施社保结算一站式服务。五是执行贫困优惠、优抚政策。办理贫困优惠7138人次，优惠金额14.8万元；办理优抚对象351人次，优惠金额1.1万元；办理老年人优惠19万人次，优惠金额71.4万元。

抓好防保院感工作。一是完善传染病报告系统，规范、及时直报传染病病例共6400例，开展相关传染病培训共6次。二是齐抓健教、社区和妇幼服务工作，开展“名医进村居，健康送万家”活动4次，举办卫生节日主题活动8次，讲座21次。3月起开展职工医疗保险家庭病床服务，争创新桂示范社区。免费孕检2951人，开展妇女免费增补叶酸及农村孕产妇住院分娩补助项目。三是推进无烟医院创建工作。四是体检中心率先实施检验条形码系统，确保5天出体检报告。五是做好做细院感工作，感染例次率为1.8%，漏报率为2.6%；开展消毒灭菌效果监测和环境卫生学监测，合格率为99%。

开展献爱心活动。是年，该院组织100多名员工参加“爱心血库”,无偿献血共计2.8万毫升；成立玉树抗震救灾医疗志愿队，组织向灾区群众捐款达11.1万元；为西南地区筹款达5.9万元。选派骨科和神经内分泌科专家前往四川甘洛县进行对口医疗支援。 (李恒寿)

◆顺德区中医院　概况。2010年，顺德区中医院继续推进医院管理年活动，加强中医内涵建设，落实质量管理措施，提升整体服务水平。是年该院设病床630张，拥有员工1011人。其中卫生技术人员754人，占总人数的74.58%；医生256人，护士351人，医技147人；有高级职称105人，中级职称205人，硕士研究生49人。门诊量864074人次，住院病人15683人次；急诊55901人次，手术6363人次，抢救危重病人537人次，中西医结合治疗率92.06%。全年临床用血341900毫升，其中成份输血99.94%。

加强中医内涵建设。是年，该院继续开展“以病人为中心，以发挥中医药特色优势”为主题的中医医院管理年活动，加强中医内涵建设。一是制定和落实中医特色优势措施，建立名中医工作室，打造名中医效应。二是健全考核制度，将中医药治疗参与率、中药饮片使用率纳入科室综合考核指标中，并继续评发“中医药事业发展促进奖”。三是加快中医人才的引进及培养，全年签订就业协议的高等院校毕业生51人，其中22人为中医专业（含中医研究生10人）。四是召开中医临床经验交流会，开展护理人员中医药知识竞赛等活动，营造中医药知识学习氛围。五是加强临床科室中医内涵建设，制定并实施常见病及重点病种的中医药特色诊疗方案。六是合理配置和应用中医诊疗设备，开展非药物中医疗法。七是设立重点专科建设基金，高标准打造中医重点专科，骨伤科、胸乳外科、康复科、放射科 4 个专科已建设成为顺德区重点或特色专科。八是健全中药药事管理工作，贯彻落实《医院中药饮片管理规范》，5 月起在三门诊试点使用中药饮片小包装。3 月 28 日，国家卫生部王国强副部长到医院视察中医工作；11 月 5 日，国家中医药局许志仁司长率专家团到医院检查中医医院管理年活动开展情况，并给予充分肯定。

加强医保管理。是年，该院与社保部门沟通，做好三大项目的对核工作。6 月 28 日，医院住院医疗信息系统与佛山市局信息系统顺利联网；10 月 28 日，医院基本门诊信息系统也顺利与顺德区社保局信息系统联网，入院登记及出院结算在同一个部门解决，缩短患者等候时间。医院还通过严把入院关、合理控制住院费用、强化用药监控等措施加强医保住院病人管理，提高社保基金的使用率。该院全年居民基本医疗门诊就诊总人次 57635 人，医疗总费用 199.07 万元，优惠金额 141.75 万元；职工基本医疗门诊就诊总人次 77925 人，医疗总费用 267.60 万元，优惠金额 227.43 万元。收治城镇居民基本医疗住院病人 6363 人次，收治城镇职工基本医疗住院病人 6838 人次。

加强护理质量管理。该院选派护理骨干参加专科知识及技术培训，鼓励护理人员多渠道提升学历水平；开展创建“优质护理服务示范工程”活动，创新护理模式，实行护理分组管理、护士分级使用的制度，对住院患者护理实行“大包干责任制”；探索和推广中医护理项目应用，其中应用四子散热敷预防 PICC 置管术后机械性静脉炎取得较好成效，已申报佛山市卫生局科研立项。

加强药事管理。是年该院坚持开展处方点评，规范处方书写与合理用药，全年共检查处方 8 万多张，发出处方点评报告 7 份；开展临床药学服务，药师参与查房和会诊、参加危重患者病案讨论，抽查在架病例 632 份，并发出《整改通知书》对药物治疗提出建议；配合做好药物不良反应监测，全年上报国家药品不良反应 16 例；做好药品使用动态管理，每月对抗菌药物与非抗菌药物使用量前 10 名的药物进行使用情况的动态分析，并监测医院细菌耐药情况，每季度印发《药敏试验临床报告》，为临床提供抗菌药物合理用药依据；健全新药引入申请制度，在新药引入会议召开前对临床递交申请的药物进行客观评价，为新药引入会议讨论提供参考资料，提高新药引入的合理性。

开展科教研体系建设。是年，该院落实《顺德中医院科技管理办法》的具体措施和激励机制，召开年度科学技术表彰大会，对 10 篇优秀论文及 1 项科技成果进行表彰奖励；开展课题申报讨论活动，全年有 4 项课题通过佛山市科技局立项，4 项课题申请广东省中医药局 2010 年建设中医药强省科研课题立项，1 项获得立项资助；实行继续教育学分全省联网管理，加强院内外继续教育培训；通过“量化考核、数据说话”客观评价医务人员带教质量，表彰 91 名个人和集体。2009 ~ 2010 学年接收各级院校实习生 115 人。

加强院感及防保工作。是年，该院开展前瞻性院感监测，将监测关口前移至在院患者，及时掌握全院和各科室的医院感染情况，全年抽查出院病历1846份，在架病历3384份，感染率为2.76%，均达标；加强多重耐药菌监测，并且狠抓重点部门（手术室、血透室、ICU等）的感染管理；多渠道开展培训，进行院感知识宣传，编印《医院感染管理通讯》，每季度通报各项监测、检查结果，并对存在问题进行改进；加强重点传染病防控管理，做好传染病疫情及时上报以及保密工作，全年收治、报告传染病病例1593例，无漏报，其中肺结核病151例，转介率100%，追踪率100%；规范接诊流程，做好个人防护，分期分批为一线医务人员进行疫苗接种；制定有效措施创建无烟医院；推进民心工程，开展家庭病床服务；规范各类体检，执行取消入学和就业体检中乙肝检测项目的政策，保护乙肝病原携带者的隐私权；完成2010年5000多考生的高考体检任务以及300多名的教师资格体检工作；配合交警做好驾驶员一站式体检数据免费传输服务工作。（劳静芳）

◆顺德妇幼保健院　概况。2010年，顺德区妇幼保健院职工总数552人，其中专业技术人员471人，医生168人，护士239人，医技31人。正高职称11人，副高职称45人，中级职称83人。硕士19人。全年门、急诊71万人次，比2009年增长23.8%；住院1.86万人次，同比增长30%；出生婴儿5900个，同比增长10%。

医疗管理。是年，妇幼保健院深入开展“优质服务，医疗安全年”活动，制定活动方案，进一步加强医院医疗管理。一是完善规章制度。编印《医疗核心制度》，制定医疗、护理、院内感染控制、公共卫生、预防保健五大线质控考核千分制标准。二是规范服务指标。印发《优质服务管理手册》、《护理温馨操作服务规范流程》和《优质服务质量考评标准》。三是组织“优质服务，医疗核心制度”知识竞赛，强化理论引导作用。四是加强科室的管理力度。对全院各科室进行每周一次优质服务质量及医疗安全质量考评，每月一次全面检查。

不断深化妇儿专科建设。是年，医院儿科、新生儿科、发育儿科、产科顺利通过区重点、特色专科评审。成立儿科研究所和妇产科研究所。医院儿科学系统初步完成二级学科分科，具体有新生儿科、小儿呼吸科、小儿消化科、小儿血液科、小儿免疫病学科、小儿泌尿科等。

妇幼保健工作。一是严抓孕产妇保健。2010年度全区共有产妇28940人，活产总数29043人，住院分娩率99.98%，剖宫产率35.67%，高危产妇3635例，占12.56%，高危妊娠管理率100%；产前筛查胎儿

2010年11月13日，顺德区第二届“妇幼保健杯”幼儿才艺大赛总决赛在大良顺峰山公园举行

16563例，接受产前诊断胎儿553例，确诊胎儿异常率22.97%，其中39例进行终止妊娠。低出生体重发生率5.82%，本区内发生孕产妇死亡3例，均为流动人口，1例产妇死亡，2例早期妊娠孕妇死亡，孕产妇死亡率为10.32/10万。全区接产人数29221，围产儿死亡率7.47‰，出生缺陷979例，出生缺陷发生率为335.03/万，比上年同期增加74.2%，与加强出生缺陷报告管理和提高诊断技术水平有密切关系。二是推进儿童保健。7岁以下儿童数为80214人，其中3岁以下儿童32960人，7岁儿童保健覆盖率98.76%，3岁以下儿童系统管理率96.58%，体弱儿建档管理307人，新生儿疾病筛查28349例，筛查率97.61% 新生儿听力筛查27935例，筛查率96.18%。高危儿监测报告3757例，报告率15.80%。三是关注计划生育技术和妇女保健。各项计划生育技术总例数67465例，计生技术并发症发生率为0.21%。妇科手术5136例，门诊妇科乳腺检查23035例。

推进“双免”工作。免费婚检方面，婚检率从2009年的54.3%提高到61.2%。各镇“新婚学校”进行知识讲座538场，受教育13564人。免费孕检方面，全区各镇计生部门2010年度发放“免费孕检卡”10381张，实际完成6项检查项目的孕妇共8914人，检出异常719人，异常情况检出率8.07%。

科研教学成果。2010年，该院院成功申报成为暨南大学（非直属）附属医院，儿科学、妇产科学领域再添3名硕士研究生导师。顺利完成国家医师资格考试实践技能考试基地工作。是年，医院市级科研立项5项。获市科技进步奖三等奖1项，区科技进步奖二等奖1项。举办继续教育项目有国家级1个，市级2个。

医院文化建设。是年，该院举办顺德区第二届“妇幼保健杯”幼儿才艺大赛，吸引近1000名1~6岁的小朋友报名参加，进一步提升医院形象。（郭毅蕴）

社会民生

社会民生

民政

【概况】

2010年，顺德区委社会工作部（区民政宗教和外事侨务局）全面落实好双拥优抚安置工作，推动基层政权建设，发展规范社会事务，促进社会组织发展，取得良好成效。围绕顺德区开展综合改革试验工作任务，深化社会管理和服务体制改革，推进简政强镇事权改革，全区民政事业实现新发展。

【双拥优抚工作】

◆拥军优属活动　2010年，为保证双拥工作顺利开展，顺德区借大部制改革的时机及时调整双拥工作领导小组，由区委常委、常务副区长、区民政宗教和外事局局长邓永强任双拥工作领导小组组长。通过开展形式多样、内容丰富的拥军优属活动，加深军民鱼水情。春节、“八一”前夕，区委、区政府组织慰问团慰问省军区、佛山军分区、市预备役团以及区内驻军，送上节日慰问金和节日慰问品。通过慰问区内困难优抚对象、召开座谈会等形式，慰问驻军指战员、军烈属等优抚对象。是年节日期间，全区拥军优属慰问经费的使用达400多万元。7月28日，顺德区在全省县级地区率先成立爱国拥军促进会。该会的成立，标志着顺德区社会化拥军工作取得新突破，对探索拥军工作新机制，不断扩大非公组织参与双拥共建活动的覆盖面，维护优抚对象特殊群体稳定等均具有重要意义。

◆优抚工作　是年，区民政部门全面落实各项优抚政策，保障优抚对象各项权益。一是根据自然增长机制不断提高抚恤补助标准。7月，按照全市统一部署提高烈属等重点优抚对象的抚恤补助标准。结合实际从2010年起将义务兵家属优待金标准从每户每年8600元提高到1万元，对2009年征集的52名进藏士兵制定特殊优抚政策，每年优待金3万元。二是完善重点优抚对象医疗保障制度。根据《佛山市抚恤补助优抚对象医疗保障办法》的有关规定，为各类抚恤补助优抚对象参保城镇职工基本医疗保险，为五老人员、参战涉核退役人员参保居民基本医疗，受惠优抚对象2800多人，每年参保费用80多万元。三是按照规定对抚恤补助优抚对象住院费用给予住院医疗补助，对烈属、七至十级残疾军人分别给予每人每月100元和150元门诊医疗补助。同时，区政府每年还拨出50万用于解决优抚对象医疗、生活的实际困难，是年共为177多名优抚对象办理临时困难补助，区、镇、村三级补助超过66万元。

◆安置工作　是年，区民政部门探索退役士兵培训新路子，完善发放安置金自谋职业政策。年内，顺德区共接收426名退役士兵，全区退役士兵按照32145元的标准发放安置补助金自谋职业，完善年度安置任务，自谋职率达100%。共有

304 名退役士兵参加一个月的短期培训，并全部取得中级技能证书，35 人报名参加 3 年高等职业技能培训，23 人被高等院校录取，31 人参加顺德职业技术学院举办的半年高级职业技能培训，全区退役士兵培训工作受到民政部和省民政厅有关领导充分肯定。

◆军休服务管理　至 2010 年底，顺德区共接收安置军休干部 16 人。区民政部门一直以来坚持以落实政治待遇和生活待遇入手，成立军队离退休干部党支部，每季度定期组织参加组织生活，学习国家方针政策，将其退休待遇纳入区属同级机关干部管理，保障其退休待遇与地方经济发展同步提高。每年还通过组织征文比赛、出外参观学习等活动，丰富军休干部晚年生活，增长他们的见识。（龙文）

【基层政权和社区建设】

2010 年，顺德各居（村）委会依法开展民主决策、民主管理、民主监督为主要内容的居（村）民自治。严格执行《村（居）民自治章程》、《居（村）规民约》和居（村）内各项管理制度；凡重大事项召开居（村）民会议或居（村）民代表会议审议通过；每月实行民主理财，定期公布居（村）务、财务。

2010 年，大良街道顺峰等 24 个社区被省命名为“六好”平安和谐社区，至此，全区共有省“六好”平安和谐社区 82 个。全面开展全区村务公开民主管理示范单位创建活动，大良街道等 8 个镇（街）、大良街道古鉴村等 76 个村达到省示范单位创建标准。

2010 年 10 月 9 日，区委社会工作部领导为老人发放长者津贴

【老龄工作】

至 2010 年底，顺德区 60 周岁以上老年人口 16.5 万人，占总人口的 13.7%，其中 80 周岁以上老年人 22300 人，约占老年人口的 13.5 %，100 周岁以上老年人 67 人。全区切实做好老年人优待服务，全年共办理老年优待证 12034 个，老年人凭证可享受医疗卫生、公交、文化娱乐等各项优惠，发放百岁老人长寿补贴金 65800 元。7 月 1 日起，顺德建立 80 周岁以上（含 80 周岁）老年人长者津贴制度，对全区 80~89 周岁、90~99 周岁、100 周岁以上（含 100 周岁）老人每月分别补贴 100 元、150 元和 300 元。不断完善老年人基础设施建设，全区共创建老年大学 9 所，星光老年之家 337 间，老年大学进社区授课达 600 多课时，受益老年人近 5000 多人次。8 月，顺德组队参加市第七届老年人运动会，共有 95 人参加 6 个项目的比赛，获得乒乓球、象棋、太极拳、功夫扇、木兰剑第 2 名，柔力球第 3 名的好成绩。

【地名管理】

2010年，顺德区共审批小区命名37个，商住楼宇命名74个，商住楼宇更名2个，审批路街巷命名2宗共16条道路。

（廖志强）

【民间组织管理】

2010年，顺德共有社会组织617个，其中社会团体354个，民办非企业单位263个；新登记社团51个，新登记民办非企业单位27个。为加快社会组织有序协调发展，区民政宗教和外事侨务局采取多种措施规范管理，培育社会组织。一是依法做好登记管理工作，加大对社会组织的扶持力度。在注册登记中，规范登记审批程序，做到名称、人员、场所、章程、资金“五把关”。通过加强政策指导、降低登记门槛、提供管理服务等不同方式扶持行业协会、公益慈善类社会组织和社区社会组织。二是开展社会组织调研工作，加强对社会组织的政策支持。配合区委区政府对部分社会组织进行调研，在调研的基础上，协同区府办草拟《关于进一步发展和规范我区社会组织的意见》文件。三是有序推进等级评估工作，提高社会组织的公信力。确定31个行业协会作为首批评估试点单位，并聘请第三方机构广东省社会组织评估中心进行评估。

【社会事务】

◆婚姻登记管理　2010年，顺德各婚姻登记处共办理国内婚姻登记11622对，国内离婚登记2481对，涉外、港、澳、台、华侨结婚登记79对，涉外、港、澳、台、华侨离婚登记20对。其中2010年10月10日寓意“十全十美”，当日全区11个婚姻登记处共办理婚姻登记549对，其中结婚登记548对，离婚登记1对。

◆收养登记管理　2010年，顺德共办理收养登记58例，解除收养登记1例。

（钟鸣）

【残疾人工作】

◆残疾人康复、精神病防治工作　2010年，顺德开展“视觉第一·光明行动”慈善活动复明手术工作，进行常规白内障复明手术1300多例，其中救济贫困家庭的白内障患者达200多例，救助金额达70多万元。在“创建全国白内障无障碍示范区”工作中，顺德区被全国残疾人工作办公室授予第一批“全国白内障无障碍区”称号。区残联组织207名符合条件的残疾儿童接受康复训练，财政安排经费279万元。开展孤独症儿童筛查工作，对全区39名疑似孤独症儿童进行筛查和评估。为11000多人次贫困精神病患者提供免费药物治疗，对家庭经济困难的精神病患者实行住院医疗补助；组织伍仲佩纪念医院医生先后到均安、陈村、龙江等镇，对573名精神病患者进行病理评估；做好“三无”精神病患者管理工作，财政安排经费155万元，全年共收治“三无”精神病患者达260多人次。对辅助用品用具有需求的残疾儿童进行调查摸底，全年免费为300多人发放辅助用品用具，共计24项539件。区残疾人服务中心、区威权康复服务中心、区创志残疾人就业培训中心、容桂仁爱园、勒流爱心服务中心5家机构，全年接诊、收治13000多人次患者，康复保健咨询解答3000多人次，每月收训智障、脑瘫、自闭症残疾儿童等185人；举办自闭症关爱日系列活动，提高社会对自闭症的认识；举办特殊儿童家长康复知识培训班。

◆残疾人就业和培训工作　是年，顺

2010 年 4 月 2 日，区残联举办世界自闭症关爱日系列活动

德区残联加强残疾人就业和培训工作。举办两期残疾人就业培训班，推荐残疾人就业 43 人次。组织 150 多名残疾人参加 2010 年顺德区春季人力资源供需见面洽谈会，42 人走上就业岗位。组织 48 名残疾人参加“残疾人职业能力评估”主体系统的在线测评操作。协助制定《顺德区分散按比例安排残疾人就业的实施意见》和《顺德区贯彻〈广东省残疾人就业保障金征缴暂行办法〉实施意见》及其相关工作。会同区人力资源和社会保障局、国税局、财税局，落实福利企业年审工作。

◆助残活动　是年春节和“助残日”期间，顺德共慰问 1.05 万多人次贫困残疾人，发放慰问金约 165 万元及慰问品一批。“助残日”期间，顺德区、镇（街）各有关部门举办丰富多彩的助残活动。顺德区残联举办“扶残助弱，大爱无僵”大型文艺活动；大良举办“助残日游园活动”；乐从实施《乐从慈善会特殊对象居家照料实施办法》，为生活不能自理的残疾人购买居家照料服务，设立“玫瑰爱心助残基金”，定向对困难残疾人的生活、康复、就业及培训等实施帮扶；陈村连续 11 年举行残疾人文体活动；容桂举办“扶残助弱，大爱无疆”文艺活动，在容桂天佑城举办“关怀互爱，携手同行”义卖活动，所得款 1.17 万元全部划入容桂慈善会残疾人专用基金；杏坛挑选 45 名优秀残疾人代表和扶残助残先进个人参加佛山一日游活动；均安组织居（村）委召开残疾人座谈会，并出资 20 万元，解决 18 户残疾人家庭的住房、医疗救助等问题。伦教组织居（村）民政干部到肇庆复退军人医院探望并慰问住院的伦教籍精神病人，并对 13 名残疾儿童发 2.6 万元的生活补助。

◆残疾人文体活动　是年，顺德区残联举办残疾人乒乓球、羽毛球选拔赛，对 18 周岁以下有运动天赋的残疾人进行集训。组队参加 2010 年佛山市残疾人乒乓球、羽毛球锦标赛，分别获得团体总分第二名的优良成绩。全年顺德区残疾人运动员23人次代表省、市参赛，其中，在广东省第六届残运会中获得金牌10枚、银牌6枚、铜牌5枚；广东省残疾人飞镖锦标赛中，获得金牌3枚；全国残疾人乒乓球锦标赛中，获得第四名1人次；全国聋人篮球锦标赛暨八残运预赛中，获得银牌4枚。

◆残疾人教育和权益保障工作　一是协助顺德区启智学校做好招生工作，推荐学生报读。二是协调做好2010年普通高考残疾人考生申报登记、考前指导和录取工作，顺德区共有6人被高等院校录取。三是举办顺德区第四期手语培训班。四是全年妥善处理残疾人来信4封、来访23起、来电280多次，切实维护残疾人的合法权益。五是开展全区适龄残疾儿童少年调查摸底工作，对全区学龄残疾儿童少年教育情况进行调查摸底。（李贵根）

人力资源管理

【概况】

2010年，顺德区就业局势平稳向好，全年全区城镇新增就业人数25088人，期末登记失业人数为12656人，登记失业率为1.78%。人力资源事业稳步发展，全区人才总量约为21.2万人，人才密度为17.47%。区人力资源和社会保障局推行劳动合同和集体合同制度，提高预防和处理劳动保障突发事件的能力，推动劳动关系和谐稳定发展；落实承接地级市管理权限，支持简政强镇事权改革，与各镇街签订《行政管理权限事项移交书》，下放116项管理权限到各镇（街）。

【就业和再就业】

◆就业概况　2010年，顺德区人力资源和社会保障局乘大部制改革的东风，将原来分设的劳动力市场和人才市场整合组建成人力资源市场，并在工作日举办公益性、全免费的“天天招聘会”，成为区内招工求职的主渠道、主平台，在应对春节后的季节性用工短缺中发挥重要作用。全年共举办“天天招聘会”232场，进场招聘单位10803个，向社会提供工作岗位79521个，共吸引60321人次入场应聘，与企业初步达成意向的求职者达29356人次。9月26日，举办“第六届顺德企事单位与毕业生研究生供需见面交流会”，吸引100多家顺德知名企事业单位进场招聘，

2010年9月26日，“第六届顺德企事业单位与毕业研究生供需见面交流会”现场

现场提供岗位929多个，其中面向硕士的岗位813个，面向博士的岗位116个，46所知名高校4000多名相关专业的研究生前来洽谈，与企业初步达成录用意向的约800人。

◆创建充分就业社区　是年，区人力资源和社会保障局继续开展创建充分就业社区工作，贯彻落实国家和省进一步加强就业再就业工作，截至2010年，67个社区被评为“广东省创建充分就业社区达标单位”，占全区92个社区的72.8%，数量及达标比例为全市之首。其中，北滘镇林头社区由于工作成绩突出，被省人力资源和社会保障厅评为省级充分就业社区，同时又被国家人力资源和社会保障部评为“首批国家级充分就业示范社区”，全省只有3个社区获得这个称号，全佛山是唯一1个。

◆促进高校毕业生成功就业　是年，顺德籍应届高校毕业生共有10154人，其中本科4117人，专科6026人。6月，区人力资源和社会保障局专门开展“顺德区高校毕业生就业服务月活动”，通过收集发布1万多个适合高校毕业生的就业岗位信息、举办高校毕业生专场招聘会、增设就业服务专窗、免费派发《高校毕业生就业指南》、电话卡和交通优惠卡等措施，促使7899人次的高校毕业生与企业达成就业意向。全年全区应届高校毕业生的初次就业率达94.1%。年内顺德共引进外地毕业生2272人，其中博士13人、硕士326人、本科1797人、大专136人。引进外地毕业生总数、博士、硕士引进人数均创历年新高。

◆推进农村劳动力转移就业　是年，区人力资源和社会保障局贯彻落实省委、省政府推进农村劳动力转移就业工作，促进顺德农村劳动力技能提升和稳定转移就业。年内，顺德实现转移本区农村劳动力8033人，接收省内市外农村劳动力就业15658人，新建立各类就业基地22个，积极开展农民工积分制入户城镇工作。年内先后举办多场各具特色的农民专场招聘会，开创性的将招聘会开到全征地村民的家门口。7月初在杏坛镇高赞村举办“杏坛镇征地农民专场招聘会”，吸引2640多名农民进场应聘，当场为752名被征地村民实现就近就业。

◆部署残疾人保障就业　根据省委、省政府的要求，顺德从2010年12月起，实施分散按比例安排残疾人就业和残疾人就业保障金征缴工作。区人力资源和社会保障局制定并提请区政府颁布《顺德区分散按比例安排残疾人就业实施办法》和《顺德区残疾人就业保障金征缴实施细则》，开展培训和宣传工作，先后组织区、镇（街）两级多个相关职能部门以及用人单位进行政策讲解和征缴系统业务培训。利用多种形式进行宣传报道，确保分散按比例安排残疾人就业和残疾人就业保障金征缴工作在12月全面实施。

◆加强外国人就业管理工作　2010年，“世博会”、“亚运会”（“亚残运会”）分别在上海、广州举办，按照上级部门对“世博”、“亚运”期间严格管理的要求，顺德区人力资源和社会保障局按照加强管理、提升服务原则，把好外国人就业审批管理关，确保“两个会”安全举办，截至12月，全区有365个外国人办理《外国人就业证》。

【专业技术人员管理】

◆企业博士后科研工作站建设　2010年，顺德区人力资源和社会保障局积极推动企业申报建立博士后工作站，获准建站2家，全区国家级企业博士后科研工作站总数达到20家。完成对美的集团公司等

10家企业博士后科研工作站的评估工作。组织11家设站企业到西安交通大学等20所高校招聘博士后科研人员，引进博士后11名。顺德建立企业博士后科研工作站以来，累计引进和培养博士后120名，开展科研项目研究185项，获得专利168项，为推进顺德经济社会发展和科技创新作出贡献。

◆日常管理服务工作　2010年，顺德区人力资源和社会保障局共完成41个专业、14588人（含会计、卫生专业5536人）的专业技术资格考试报名确认工作，以及14528人次的职称外语、经济专业、计算机应用能力考试考场组织工作。组织专业技术人员参加公共必修课培训5230人次。接受申报职称人数3052人，其中高级评审（考核认定）589人，中级评审（考核认定）1439人，初级评审（考核认定）1024人。4026人通过评审、考核认定或考试取得专业技术资格，其中晋升高级283人，晋升中级1727人，获得初级2016人。

【人才交流培训服务】

◆引进外地优秀在职人才　2010年，全区合共办理干部调入454人，同比增长13%，其中具有中级以上职称149人（副高以上职称24人），比上年增加16%，本科以上学历408人（其中硕士26人，博士3人），为顺德引进一批高层次人才。

◆开展人事代理服务　2010年，顺德区人力资源和社会保障局共办理人事档案挂靠7356人次，办理干部调出778人次，基于档案材料开具证明533件，借出档案448人次帮助代理人员办理党员转正或社保审核，并及时为往届毕业生办理转正手续5056人次，确认干部身份，有效保障其今后的相关权益。

◆组团外出招聘　2010年，顺德继续推进人才招聘团“千里求贤”工作，并成功开拓出全新线路。先后组织美的、海信科龙、广东碧桂园、彩虹集团、新宝电器、科达机电等50多家顺德知名企事业单位，分赴合肥、西安、武汉、成都、重庆、长沙等13个省（市）全国人才聚集城市招揽急需人才。此外，参加“广佛肇人才一体化大学生专场招聘会”，顺利完成第五届“山洽会”帮扶任务。

【劳动力市场管理】

2010年底，顺德区共有民营职业介绍机构69家，较上年减少11家。根据上级有关规定，对职业介绍机构的《职业介绍许可证》统一换发为《人力资源服务许可证》，实行规范管理。

【职业技能培训】

2010年，顺德参加职业技能培训人数超过4万人次，区人力资源和社会保障局核发国家职业资格证书35723本（其中：初级13553本、中级19336本、高级2433本、技师315本、高级技师86本）。高技能人才培训数量达2834人。免费培训本区失业人员2467人，培训后就业率为78%；举办创业培训班5期，参加培训138人，培训后创业人数42人，带动就业149人，发放创业优惠贷款22笔，共44万元。免费培训本省农村劳动力6727人。

【劳动竞赛】

2010年，广东省举办全省职业技能大赛，顺德区承办其中中式烹调师、中式面点师、家电装配工3个项目的总决赛任务。根据省市要求，结合顺德实际情况，全区共开展26个项目的竞赛活动，重点举办了中式烹调师、中式面点师、家电装配工、插花员、美容师、美发师、叉车工、农网配电工8个项目的预选赛；同时承办佛山市的3个项目。整个系列竞赛，顺德共有782人参加顺德区预选赛，294名选手参加佛山市选拔赛，118名选手参加全省总决赛，有8名选手获得全省竞赛的前8名。

【劳动保障监察执法】

2010年，顺德人力资源和社会保障局通过各种形式的劳动监察检查活动，共检查企业3452家，补办社会保险696人，及时清退企业欠薪共4343.7万元，涉及职工10418人。对违反劳动保障法律法规的用人单位依法立案查处案件248宗，作出行政处理决定2宗，行政处罚决定3宗，行政罚款7.25万元，当事人提出行政复议3宗，提起行政诉讼1宗，败诉率为零。及时处理涉及30人以上的集体劳资纠纷90宗，涉及10216人，涉案金额4058.1万元。

【劳动纠纷调解与仲裁】

2010年，顺德共处理劳动争议6789宗，涉及劳动者14620人，涉案标的16884万元；其中立案仲裁3051宗，涉及劳动者6258人，涉案标的8111万元，已结案2995宗，其中调解1560宗，占仲裁案件的52%；案外调解3738宗，涉及劳动者8362人，涉案标的8773万元；30人以上的集体争议20宗，涉及劳动者2262人，涉案标的2220万元。

【工伤认定】

2010年，顺德共收到工伤认定申请13117宗，受理13069宗（其中，认定为工伤或视同为工伤的12861宗，不认定为工伤或视同工伤的208宗），不予受理48宗。收到不服工伤认定提起行政复议91宗（维持91宗），行政诉讼47宗（其中：胜诉46宗、被撤销1宗）。　（刘巧滢）

社会保障

【社会救济】

◆城乡最低生活保障　2010年，顺德城乡居民最低生活保障标准为350元/人/月，全区核定的低保对象共9020户20111人，其中城镇4277户，9537人，农村4743户，10574人，全年低保救助金共3820.8万元（含分类救助），由区、镇（街）、居（村）按6.5∶2.5∶1的比例分担。顺德从2月开始启动物价联动机制，向低保、五保对象按相关标准及时发放临时生活补助金，确保困难群众的生活水平不因物价上涨而降低，全年共发放临时补贴金464万元。开展低保分类救助，2010年对符合分类救助的6714户、8915人发放分类救助金共450万元。

◆低保临界帮扶　年内，顺德将低保临界群体划分为两个级别：家庭人均月收入351~450元的为低保临界一级、451~500元的为低保临界二级。年底，低保临界对象共1488户5736人，其中城镇740户2571人，农村748户2805人。

◆五保户供养　年内，全区五保户共501人，每人每月生活供养费600元，全年共360.72万元。五保供养经费由区、镇（街）、居（村）按6.5∶2.5∶1的比例分担。

◆慈善助学　顺德慈善会配合政府构建完善的助学体系，对政府助学范围未覆盖的困难学生给予补充资助。一是对低保家庭子女就读大学二年级或以上年级的，或是低保临界一级家庭子女就读大学的，每人每学年补助5000元，低保临界二级的，每人每学年补助4000元；低保临界家庭子女就读高中、职中、中专的，每人每学年补助1200元。助学经费实行三级负担，比例按6.5∶2.5∶1分担。二是对低保临界家庭子女就读小学和初中的，推出社会，实行结对助学。助学标准：小学生每人每学年800元，中学生每人每学年1200元。全年共发放助学金503万元，受助学生共2356人。

◆医疗救助　年内，顺德10个镇（街）特殊危重病救助共1489人，三级特殊救助资金支出1819.03万元，其中区级开支748.1万元。为低保对象、五保对象投保城乡医疗合作保险（包括住院和门诊医疗），投保经费为每人450元，全年共支出款项920万元。为低保对象、低保临界对象、五保对象发放《顺德区医疗优惠证》，凭证可以享受免收挂号费及诊金，门诊、出诊、治疗费、“三大常规”检验费8折优惠。

◆自然灾害救助　一是做好每年6~9月的防汛防风工作，安排人员值班，到部分自然灾害临时庇护中心检查，督促做好受影响群众的转移安置和生活保障工作。二是继续开展全国综合减灾示范社区创建活动。2010年，每个镇（街）有一个社区创建全国综合减灾示范社区试点。三是做好冬令救济工作，根据困难群众的需要，购买御寒衣被派送到户。年内三级拨出冬令救济款物共90.09万元，物资6299件，5767户受惠。

◆临时救助　年内顺德10个镇（街）临时救济共2710户，三级发放临时救济款826.18万元。

◆流浪乞讨救助　区民政部门完善救助流浪乞讨人员交接手续、经费核查等工作程序，年内上送市救助站210人，费用支出69.7万元。

【社会福利】

◆养老福利机构　顺德现有养老福利机构14家，包括各镇（街）集体办敬老院12间，居（村）集体办敬老院1间、民办敬老院1间；共有床位2104个，入住人员1965个，工作人员496名，入住率93%，养护比例为1∶3.96。

◆颐养院管理　至2010年底，顺德区颐养院有床位276个，在院老人共204人，其中政府供养老人81人，自费老人123人，入住率为75%。工作人员60人，其中医护人员9名。

◆儿童福利院管理　2010年，顺德儿童福利院因原址改扩建工作，暂于顺德区大良沙头（顺德糖厂榴花园正门侧）作为临时安置场所。现有床位150个，收养弃婴童145人，其中30名残疾弃婴童送至专业康复机构作全托康复，在院工作人员41人，其中医护康复工作人员5人。2010年完成送养26宗，其中国内送养14宗，涉外送养12宗。

◆福利彩票销售　2010年，顺德共销售福利彩票2.93亿元，其中电脑票销售2.47亿元，刮刮乐4627万元，比2009年增长26%，占佛山市全市销售总额的34%。

◆福利企业管理　2010年，顺德区共有16家福利企业，共安置543名残疾人就业。通过每月认定工作，16家福利企业都能按时按要求为残疾员工发放工资，购买社会保险，并顺利完成退税工作。在区人力资源和社会保障局、区委社会工作部、国税局、地税局联合开展的年检工作中，区内福利企业年检全部合格。

◆居家养老　2010年，顺德区提供居

家养老服务的社会福利机构12个，服务对象2464人，服务人员663人，其中1840人为政府资助对象。此项服务全年财政投入经费628.83万元，其中区级财政投入377.298万元。

◆平安钟服务　经区政府批复同意，区财政拨款100万元，顺德全面启动平安钟项目建设。至年底，已有7个镇（街）开展了平安钟服务，服务对象635人，其中542人为政府资助对象。

◆慈善组织管理　2010年，顺德区已实现镇镇有慈善会的目标。区政府鼓励有条件的居（村）成立慈善组织，年内全区有169个村居成立慈善组织。

【殡葬管理】

2010年，顺德民政部门完成市、区两级的殡改考核工作；完成市对顺德2009年度区殡仪馆、飞鹅墓园的年检工作；抓好清明节安全拜祭和清坟巩固工作。清明节当天，飞鹅墓园以及各镇街公益性骨灰堂的祭扫工作顺利进行，没有发生不正常事故。　（刘巧滢）

【社保基金征集管理】

2010年，顺德共有参保单位46308个。其中职工养老保险：全区参保678354人（其中灵活就业59315人），比上年同期增74251人，增长率达12%，实现高基数下的高增长；基本养老保险收入为457476万元；共办理3739人次的基本养老保险关系转入、转出业务，其中转入金额9378438.53元，转出金额22451913.21元。职工基本医疗保险（含生育）：全区参保670150人，比上年同期增56752人，基本医疗保险（含生育）基金收入为185058万元。失业保险：全区参保636569人，比上年同期增48610人，失业保险基金收入为12615万元。工伤保险：全区参保683695人，比上年同期增46448人，工伤基金收入为13461万元。缴费工资和征缴率：养老、工伤、失业保险人均缴费工资为1796.8元，医疗保险（含生育）缴费基数为2070元，五险种的基金收缴率为99.56%。全区共办理企业年金方案备案38宗，共办理被征地农民社会保障审核25宗。顺德从11月1日起全面实施社会保险费地方税务机关全责征收。

2010年，顺德社保基金管理局科学分析佛山市下达的各项社保扩面征缴任务，制定切实可行的各镇街任务分配和奖惩办法，由区政府下达到各镇（街）。建立每月扩面通报制度，每月8日前向各镇（街）通报当前的社保扩面征缴情况。在督促参保单位年审和新办企业参保、企业实地稽查等工作中，加强与各镇街和各职能部门的联系配合，形成整体合力、联合执法。加强社保减员业务的把关工作，联合当地政府部门及村（社区），对只减不增的参保不足企业，要特别做好社保减员审核工作。是年社保扩面征缴工作取得新突破，参保人数、基金征收再创历史新高。

【职工养老保险】

◆概况　2010年，顺德继续按照企业职工基本养老保险制度的要求，以确保企业离退休人员基本养老金按时足额发放为中心，扩大基本养老保险覆盖范围，加强基本养老保险基金征缴，推进企业退休人员社会化管理服务。

◆基本养老金年度调整工作　根据党中央、国务院的要求，顺德在春节前完成2010年度基本养老金调整额的发放工作。参加调整的离退休人员共7万人，月均基本养老金从调整前的1243.88元增加至调整后的1386.87元，人均增加了142.99元/月，增幅为11.50%。

◆领取基本养老金资格验证工作　是年，顺德区社保局不断优化退休人员领取基本养老金资格验证办法，加大力度推行公安部门协查验证办法，加强监管力度，防止欺诈冒领基本养老保险基金。年内完成验证人数76285人，验证率达99.9%，退休人员安坐家中就可以完成验证工作。

◆基本养老金核发工作　2010年是顺德离退休人员新增人数最多的一年。1月开始，顺德推行城乡居民参加职工养老保险办法，有3.7万人办理退休手续申领养老金。基本养老金核发工作量剧增，相当于2009年全年业务量的两倍。顺德区社保局积极应对，安排工作人员加班加点，顺利完成大批量的待遇审核工作。

2010年，顺德区基本养老保险待遇支出15.61亿元。其中：符合享受按月领取基本养老金待遇的离退休人员达111664人(新增37548人)，累计发放基本养老金待遇15.32亿元；新增办理一次性养老待遇的退休人员491人，累计发放一次性养老待遇377.66万元；新增办理退休人员死亡待遇1511人，累计发放退休人员死亡待遇2442.89万元；困难补助人数31人，累计支付待遇8.5万元。

◆“3545”灵活就业参保人员享受政府补贴制度　为鼓励城乡居民积极参加职工养老保险，顺德区于2010年1月起推行《关于顺德区城乡居民参加企业职工基本养老保险有关事宜的通知》，对通知实施时已具有顺德区户籍5年（含5年，高技能人才及其家属具有本区户口的年限限制可适当放宽）以上且男已满45周岁、未满60周岁，女已满35周岁、未满50周岁的城乡居民，以灵活就业人员身份在顺德参加企业职工基本养老保险的，可享受政府给予的20元/月参保补贴。截至2010年12月31日，累计15.6万人次享受该项补贴，累计政府补贴544.51万元。

◆早期离开县以上国有集体企业人员一次性缴纳养老保险费　为了解决历史遗留问题，保障早期离开县以上国有集体企业人员（统称“早期下海人员”）的权益，顺德区根据省、市有关文件规定从2009年起开展早期下海人员一次性缴纳保险费工作。该项工作已顺利进行一年多，截至2010年底，顺德受理早期离开企业人员一次性缴纳养老保险费申请业务26228人，已缴纳养老保险费9232人。通过这一政策每月享受基本养老金3344人。

◆社保关系转移接续　1月，国家颁布实施社保关系转移接续政策。顺德社保基金管理局为保证政策平稳实施，工作人员深入企业宣讲新政策，强调新政策“建立终生保障”的好处，让广大职工认识、理解和支持新政策。由于各项工作跟进到位，措施得当，政策得到顺利实施，全区没有发生一起矛盾冲突。已为7675名参保人办理社保关系转移，他们的异地参保纪录将合并一起，将来年老后可以收到养老金。

【农村养老保险】

◆新型农村社会养老保险制度　从2010年1月1日起，顺德区根据省、市相关文件精神实施新型农村社会养老保险制度（以下简称新农保）。顺德结合本区实际推行的新农保制度有以下特色：一是普惠性。保障面从农村居民扩展到全体城乡居民；二是可转换性。新农保和职工养老保险两项制度设置双向互转通道，实现跨制度衔接，让顺德区居民有机会享受更高的职工养老待遇；三是待遇高。国家政策规定2010年新农保基础养老金为55元，顺德定为100元，比国家标准高近一倍；四是待遇叠加。新农保政策与现时顺德全征土地养老保障政策可以双轨运行，待遇叠加，被征地居民得到的保障更高。

新农保制度规定，年满60周岁且未享受职工养老保险长期待遇的本市户籍城乡居民，符合条件的，都可以按月领取养老金；参保缴费的参保人每月可享受政府参保补贴3元/人。2010年，顺德区参保人数达27万人，参保率高达92.4%。其中，享受按月领取新农保基本养老金的年满60周岁人员达93502人，人均养老金100元/月，累计发放待遇1.13亿元。

◆完全被征土地农村居民基本养老保障制度　从2009年7月1日起，顺德区在国家、省市有关征地农民养老保障制度的基础上，结合实际，推行具有顺德特色的征地农民养老保障制度。该制度为老年人提供基本生活保障，鼓励中青年人积极参加职工养老保险，享受较高水平的保障。2010年，顺德区共有41个股份社符合完全被征土地股份社资格，其中共有4799人享受老年生活津贴，108622人次享受参保补贴，累计发放老年津贴及参保补贴2649.07万元；死亡人员176人，累计支付死亡待遇35.2万元。

【失业保险】

2010年，顺德办理城镇户籍失业人员申领失业保险金102415人次，发放金额7011万元；办理农民合同制工人申领一次性生活补助11430人次，发放金额1268万元；办理失业人员丧葬抚恤27人次，发放金额64万元。

【职工基本医疗保险】

◆城镇职工基本医疗保险　2010年，顺德城镇职工住院基本医疗保险（不含生育住院）发生支付案约7.73万宗，发生医疗总费用约74388万元，支付总金额54530万元，平均支付率73%；门诊特定病种支付约40万宗，发生医疗总费用约15841万元，支付总金额约12266万元，平均支付率77%。

◆开办家庭病床业务　为提高全社会的疾病防治水平，保障群众身体健康，从2010年3月起在全区范围内开办城镇职工基本医疗保险“家庭病床”服务。符合住院条件、需要系统性治疗、行动困难和生活不能自理、符合病种要求的职工参保患者，可以享受这项服务。

◆实现市内医院现场结算　2010年6月开始，顺德社会保险管理启用佛山市医保信息系统，顺德职工医保参保人在全市的联网定点医院住院，或进行门诊特定病种治疗，均可在佛山市内医院办理现场结算手续，无须先自行垫付医疗费用，方便职工医保参保人跨区就医。

◆统一医疗费用结算办法　为加强佛山城镇职工基本医疗保险定点医疗机构医疗费用的结算管理，提高医疗保险基金使用效率，2010年12月11日，佛山市人力资源和社会保障局、市社会保险基金管理局联合制定并下发《佛山市城镇职工基本医疗保险定点医疗机构医疗费用结算管理试行办法》（佛人社〔2010〕655号），统一全市的社保局与定点医院的医疗费用结算办法，提升统筹基金管理水平。

◆市外就医申请　从2010年12月11日起，顺德职工医保已实行市级统筹，参保人到市内定点医疗机构就医不受限制，但若需到市外就医，则须办理严格的申请手续。

【城镇居民基本医疗保险（即农村合作医疗）】

顺德区城镇居民基本医疗保险包括住院保险和门诊保险两部分。城镇居民住院基本医疗保险根据《印发佛山市居民住院基本医疗保险市级统筹试行办法的通知》（佛府办〔2009〕151号）的规定，自2009年7月起实行市级统筹管理。城镇居民门诊基本医疗保险根据《印发顺德区城乡居民基本门诊合作医疗暂行办法的通知》（顺府发〔2007〕31号）的规定，自2007年7月起试行区级统筹管理。2010年，顺德城镇居民住院基本医疗保险发生支付案约7.91万宗，发生医疗总费用约61542万元，支付总金额约29597万元，平均支付率48%；城镇居民门诊基本医疗保险（含职工参加居民门诊）发生支付685万宗，发生医疗总费用约31513万元，人次均门诊费用46元，基金支付总金额约17551万元，人次均报销25.6元，平均报销率56%。

为进一步提高居民医保待遇水平，2010年7月起，顺德居民医保开办门诊特定病种业务，包括恶性肿瘤（放疗、化疗、热疗）、器官移植术后抗排斥治疗、慢性肾功能不全血液透析及腹膜透析治疗等3个病种。是年发生支付1597宗，医疗总费用约823万元，支付总金额约488万元，平均支付率59%。

【医疗保险管理】

◆定点医疗医院和定点药店管理　2010年，顺德审批1家城镇职工基本医疗保险定点医疗机构、28家城镇职工基本医疗保险定点零售药店，现共有定点医院27间（住院）和50间（门诊），定点药店93间。为使“两定机构”管理有规可依、有章可循，每个保险年度顺德社保局均与“两定机构”签订服务协议。顺德区基本医疗服务协议，是在全市医疗服务协议的基础上，结合顺德区实际修改形成。每个保险年度结束后，顺德社保局均根据过去一个年度的实践经验对服务协议进行修改、完善和细化条款。

◆医疗费用结算方法　根据《佛山市城镇职工基本医疗保险定点医疗机构医疗费用结算管理试行办法》（佛人社〔2010〕655号）精神，市内城镇职工基本医疗保险定点医疗机构按照“总量控制，定额管理，月度结算，年度清算”办法进行医疗费用结算管理。顺德于保险年度（2010年7月至2011年6月）执行该结算办法。顺德与区内定点医疗机构对居民医保住院费用实行“总额预付”的结算办法。2010年度，顺德城镇居民门诊基本医疗保险实行“包干结算”的医疗费用结算办法。

◆加强监督检查　为更好地管好用好居民医保统筹基金，顺德社保局制定《佛山市顺德区2010社保年度城镇居民基本医疗保险目标管理责任书》，进一步规范定点医院诊疗行为，杜绝虚假医疗，控制各项费用指标。11月，顺德社保局联同区卫生和人口计划生育局、定点医院三方共同签订该责任书，进一步提升定点医院的管理水平。为不断规范“两定机构”的医保业务操作，顺德社保局对定点医疗机构日常运作进行监管，联合其他相关部门组织不定期专项检查，以及年度考核检查，及时查处“两定机构”的各类违规行为。

【工伤保险】

2010年，顺德工伤保险基金总收入为13461万元，支出为7303万元，工伤保险基金结余6158万元。年内，顺德劳鉴会将劳动能力鉴定申请下放到镇一级社保经办机构办理，安排医疗专家现场办公，实现受理、检查、评定“一站式”服务，办理时间大大缩短。此外，重新建立医疗卫生专家库，聘任具有医疗鉴定专业知识和丰富实践经验的专家进行医学专业检查，使鉴定结论更具权威性和准确性，劳鉴工作水平得到进一步提升。

【生育保险】

2010 年，顺德生育保险发生支付案 9512 宗，发生医疗总费用约 3834 万元，支付总金额约 3734 万元，平均支付率 97%。生育保险基金严格按照《印发佛山市城镇职工基本医疗保险市级统筹实施办法的通知》(佛府〔2007〕64 号) 第三条规定:“在医疗保险单位缴费比例中，划出 0.5 个百分点建立生育保险基金。生育保险基金实行专户专账，独立核算，用于支付生育保险待遇”的规定执行。参保人生育就医管理基本参照医疗保险业务的相关规定实施。生育保险业务经办人员对参保人就医、申报、支付实行全程控制。针对非本市户籍的参保的已婚育龄妇女，顺德社保局与区卫生和人口计划生育局制定联合监控制度，该类人员除按规定提供身份证、准生证、新生儿出生证、住院收费收据、医生诊断证明、医院住院小结、费用清单、个人银行账户等资料外，还需要提供由所在单位、居住地居委会及居住地计生办公室三方盖章确认的《顺德区流动人口已婚育龄妇女计划生育情况证明表》，才能进行生育保险报销。 (刘巧滢)

人口与计划生育

【概况】

2010 年，顺德总人口约 231 万人，其中户籍人口 122 万人，当年户籍人口出生为 12435 人，人口出生率为 10.20‰，自然增长率为 0.478%，政策生育率为 97.19%(佛山市政府下达顺德区人口计划三项指标是：人口出生率 0.11%，人口自然增长率 0.6%，政策生育率 95%)。全区无政策外多孩出生的镇（街）有 4 个，分别是容桂、伦教、勒流、北滘；无政策外出生的村（社区）有 87 个，比上年增加 5 个，占村（社区）总数 43.5%，人口计划执行情况良好，低生育水平保持稳定，全面完成省、市下达的人口计划指标及“三为主”管理工作任务。

【流动人口服务和管理】

2010 年顺德流动人口总数约 109.24 万人，其中已婚育龄妇女 28.0565 万人，当年流动人口出生 1.17 万人，流动人口政策生育率为 91.43%，孕情检查率为 91.65%，已婚育龄妇女持证率为 80.71%，验证率为 96.99%。

2010 年，顺德区认真贯彻落实国家《流动人口计划生育工作条例》和省流动人口服务管理工作规范，加强流管、公安、教育、人力资源和社会保障等部门之间的沟通协作，完善出租屋和流动人口管理服务站岗位责任制考核办法，进一步强化流动人口的综合治理。区计生部门发挥人口计生技术服务网络作用，向实行计划生育的流动人口育龄夫妻免费提供国家规定的基本项目的计划生育技术服务，全区流动人口免费服务率达 100%。

【计生技术服务和管理】

2010 年，顺德计划生育技术服务机构共落实计划生育手术 4407 例，进行节育措施术后随访 20562 人次。共有 153555 名妇女参加了妇女常见妇科病普查，普查率（2年累计）92.40％。

本年度，顺德区进一步提高群众生殖健康水平，主要举措有：一是把免费妇科病普查作为促进妇女健康的重要措施，向育龄妇女宣传妇女常见病普查普治的重要性。同时，统筹镇（街）卫生、计生服务平台，为户籍人口已婚育龄妇女提供妇女常见病免费普查服务。二是加强出生缺陷干预。大力构建免费婚检、孕检、出生缺陷干预工程三位一体的的出生缺陷防御体系，新生人口素质得到有效提升。三是加强技术服务队伍的继续教育和职业化建设，开展科技大练兵活动，提高技术服务水平。以伦教街道为试点，稳步推进避孕药具进工厂，探索避孕药具发放新模式，进一步方便群众、服务群众。四是增添技术服务新亮点。区、镇两级服务机构全面完成外观形象改造。勒流街道投入100万易地新建计生服务所。

【计生利益导向机制】

2010年，顺德区卫计局围绕计生家庭，制定和落实一系列的利益导向机制，先后向5585人发放农村计划生育家庭奖励金、计划生育家庭特别扶助金和计划生育家庭节育奖励金共865万元。为解决城镇独生子女父母及无子女职工退休一次性奖励的历史遗留问题，区政府投入4852万元，为6998名符合奖励条件的对象发放奖励（生活补助）金，切实维护计生家庭的合法权益。

是年继续执行农村独生子女和纯生二女户女孩中考降分录取政策，全区共有1458名计生家庭子女享受优惠政策。

【计生宣传教育】

2010年，顺德区不断拓宽生育文化宣教平台。创建“两报一网”（即《顺德卫生和人口计生简报》、《顺德卫生和人口计生》小报和《顺德卫生和人口计划生育局网站》）信息报道平台，进一步推动政务公开；开办《生命之光》、《卫生与人口计生》等专题栏目，加大媒体宣传力度；举办形式多样的主题文艺活动，为广大群众送上欢乐和谐的人口文化和关爱女孩、男女平等的婚育新风尚。此外，顺德区还重点抓好伦教常教社区“阳光棕榈园”住宅小区人口文化休闲中心、《人生启航，重在优生——勒流街道出生人口素质教育基地》等宣教阵地的建设。至年底，“人生”系列人口文化基地已具规模，以精品化和系列化的方式开展人口计生宣教工作。各镇（街）继续加大投入，推进“三栏加长廊”、婚育分校、新家庭文化屋等基础阵地建设，其中容桂、龙江、乐从、均安、陈村等镇（街）的“三栏加长廊”覆盖率达到或接近100％。全区已基本建立起以“人生”系列人口文化基地为主导，以住宅小区人口文化休闲中心、三栏加长廊、婚育学（分）校、新家庭文化屋、企业计生协会会员之家等为基础的宣教阵地网络。（黄艺韵）

镇街风貌

大良街道

大良街道 2010 年度工作总结大会

大良是顺德区委区政府所在地，顺德区的政治、文化、教育、商贸中心，地处顺德的中部偏东，连接广州，毗邻港澳，是佛山市规划的第二个百万人口中心组团的城市核心。辖区面积 80.29 平方公里，下辖 19 个社区居委会和 2 个村委会，户籍人口 214881 人，流动人口 193721 人。2010 年，大良实现地方生产总值 278.01 亿元，实现全社会固定资产投资 45.98 亿元，银行储蓄存款余额 335.74 亿元，实际利用外资 15793.04 万美元。大良文化底蕴深厚，辖区内有清晖园、宝林寺、西山庙等名胜古迹。随着广珠城际快速轨道顺德段、太澳高速、珠二环高速公路、东新高速公路五沙段的逐步建成通车，大良作为珠三角西部重要交通枢纽的地位将进一步提高。

2010 年，大良深入推进品牌发展战略和标准化战略，支持先进装备制造业、高新技术产业和现代服务产业发展，扶持龙头企业做大做强。坚持“强化优势，加快融合，提升旧城，打造新城”的城市建设原则和“人性化、服务化、法制化”的城市管理理念，推进德胜河北岸开发建设，完善各项城市基础设施，努力打造宜居的人性之城，幸福的创业之城。建立“民生优先”的绩效导向型财政支出机制，大力发展社会各项事业，努力让广大市民分享到更多的改革发展成果，促进社会和谐稳定。大良，一个和谐优雅的宜居之城，一个充满活力和魅力的创业之城。

大良街道新年晚会上，领导撞响第一钟声

北区社区行政服务站工作人员的热情服务

新成立的社区行政服务站

端午游龙

大良吉之岛

大良的公共自行车服务系统

环境优美的大良医院

大良环市东路

顺博创意产业园

桂畔海晚霞

容桂街道城市园林绿化景观详细规划已进入设计阶段　（摄影：黄浩林）

容桂街道

容桂地处珠三角腹地，位于顺德区南部，南接中山，毗邻港澳，是顺德中心城区的重要组成部分，与新城区隔江相望，地理位置优越，交通便利，105国道、碧桂路、太澳高速贯穿而过，广珠城际轨道贯穿全境并在容桂设站。辖区面积80平方公里，下辖23个居委会，3个村委会，总人口45万，其中户籍人口20.07万。容桂素有“中国书画艺术之乡”、“中国曲艺之乡”、“中国盆景名镇”、“中国品牌名镇”等荣誉称号。经过改革开放30多年的发展，容桂已成为珠三角重要的工业制造基地，现有各类企业及个体工商户近2万家，超亿元企业97家、超十亿元企业16家、超百亿元企业2家，形成智能家电、信息电子、医药保健、化工涂料、机械模具等支柱产业，新兴产业、现代服务业迅速崛起，拥有中国驰名商标5个，中国名牌产品11个，广东省著名商标27个，广东省名牌产品25个。2010年，实现地区生产总值375.9亿元，规模以上工业产值1376.4亿元，工商税收41.98亿元，金融机构人民币年末存款余额364.9亿元，居民储蓄余额245.97亿元。

2010年2月28日，容桂举行无限容桂——容桂合并10周年图片展

“十一五”期间，容桂坚持以科学发展观统领经济社会发展全局，实现经济持续稳步发展，城市化进程不断加快，政府职能不断转变，市民生活明显改善，社会大局和谐稳定，形成较有利的产业、资金、技术、人才、体制、市场优势，行政服务优质高效，城市产业配套设施完善，社会治安良好，文化教育先进，社会风尚诚信实干，市民生活水平不断提高。2011年是“十二五”规划的开局之年。在新的历史起点上，容桂将围绕“创新发展，精品容桂，打造优质生活之城”的目标定位，坚定不移走内涵发展道路，着力提升产业、人文和城市环境，切实保障和改善民生，不断开创富裕和谐容桂新局面，推动容桂从传统城镇向现代城市跨越。

东部新区——容桂国家棒垒球训练基地

东城夕照（摄影：林锡璋）

铺轨中的广珠轻轨

南方医科大学

容桂——中国龙舟训练基地

容桂街道行政服务中心服务窗口

2010 年 1 月 24 日，容桂首批社工正式上岗

2010 年 8 月 21 日，中国社会工作教育协会第七届年会顺德容桂分论坛于容桂举办

2010 年 10 月 26 日，由广东省人民政府发展研究中心与《南方日报》社共同主办，容桂街道办事处承办的“2010 年珠三角镇域经济发展论坛”在容桂举行

伦教街道

伦教地处珠江三角洲腹地，位于顺德东部，是顺德百万人口中心城区的重要组成部分。总面积 59.2 平方公里，户籍人口约 8.2 万人，辖下有 8 个村和两个社区。伦教交通网络完善，广珠西线、105 国道、碧桂路、龙洲路等多条快速主干线贯穿其中，国家重点工程太（原）澳（门）高速、珠二环高速、广珠城际轻轨均穿过伦教，伦教东部将成为顺德中心城区快速干线的主要出入口。伦教还邻近顺德港、北滘港等重要港口，大宗物流往来通畅。近年来，伦教经济持续协调发展，综合实力不断增强，形成以电子信息、木工机械、玻璃机械、珠宝首饰、纺织服装和建材装饰六大特色产业为主的经济发展格局，先后取得“中国木工机械重镇”、“中国玻璃机械重镇”等荣誉称号。2010 年实现工农业总产值 365.26 亿元，其中工业总产值 359.54 亿元，税收收入 11.49 亿元，城乡居民储蓄存款余额 80.22 亿元。近年来，伦教街道积极调整、提升产业结构，引进和发展了新能源产业、休闲文化旅游业等战略性新兴产业，将逐步推进产业和城市转型升级，促进伦教经济、城市和社会事业全面发展。

当前，伦教在“一个基地（特色产业与先进制造业基地），两个中心（高品质生活居住中心和现代服务业中心）”发展定位的指导下，进一步促使传统制造业向高端发展，着力加快产业升级。积极引进新能源等新兴产业，加快推进香云纱文化产业园的建设，建设先进制造业基地；建成“伦教商会大厦”，构筑企业融资服务平台、产学研服务平台，不断提升企业服务水平。在实现发展方式转变的同时，伦教的第三产业迅速成长。国家级非物质文化遗产香云纱文化遗产保护示范区正在规划建设中；以国家 4A 级旅游景区长鹿农庄为龙头，突出其在顺德中心城区新规划“顺德新城”范围内水乡生态环境的核心地位，努力打造具有岭南水乡特色的休闲旅游业；规划建设一批环境优美的高星级酒店、大型商住小区、商业广场，推动休闲度假产业和商务会议产业等现代服务业的发展。作为顺德新城东部片区重要组成部分的伦教街道，正以水乡生态环境为依托，以休闲产业为龙头，力争建设成为环境优美、富有岭南水乡特色的产业发达的城乡型小镇。

2010 年 12 月 10 日，第十一届中国顺德（伦教）木工机械博览会在伦教街道举行

环境优美的城乡型小镇

2010年，伦教街道投资约500万元，建成绿道10.6公里

广东省“现代产业500强”——广东长鹿农庄休闲度假旅游示范区

2010 年 12 月 13 日，伦教街道公共决策咨询委员会成立，并顺利召开第一次全体大会

2010 年 7 月 30 日，伦教街道召开“简政强镇”事权改革动员大会，并举行了新行政机构的揭幕仪式

勒流街道

勒流地处佛山市顺德区地理中心，东连大良、伦教，西接龙江，南邻杏坛、容桂，北靠乐从、北滘，面积 92.62 平方公里，户籍人口 11.64 万人，流动人口约 16 万人，辖区有 5 个社区居民委员会，17 个村民委员会。原为镇建制，2006 年正式设置为勒流街道。勒流经济社会建设成效卓著，先后取得“广东省民间艺术之乡”、“广东省教育强镇”、“广东省文明镇”、“广东省科技创新专业镇”、“国际标准化名镇”、“国家卫生镇”以及连续获评“国家综合实力千强镇”等荣誉称号，2008 年被中国烹饪协会评为“中华美食名镇”。此外，“勒流翰墨”、“勒流龙舟”的美誉更是名闻遐迩。

勒流以工业立镇，工业实力雄厚，制造业发达，工业规模位居全区前列，是顺德著名的制造业生产基地。近年来，勒流经济产业发展突飞猛进。交通机械、金属制品、灯具照明、小家电等传统产业和汽车、LED 等战略性新兴产业蓬勃发展，勒流拥有富安、勒流港两大工业基地，各类工业企业 3000 多家，涌现出新宝（东菱）、富华、东泰等一大批在国内外拥有影响力的知名企业。超亿元的企业有 30 家，27 家企业纳入“龙腾计划”获得政策扶持；拥有国家火炬计划高新技术企业 1 家，全国电子信息百强企业 1 家，国家高新技术企业 35 家，省民营科技企业 77 家，在全区位居前列。2010 年，勒流工业总产值 530 亿元，税收 15.08 亿元，全社会固定投资 20.2 亿元，居民储蓄存款 98.79 亿元，工业用电量 11.59 亿度。

日新月异的勒流城市面貌

2010 年，勒流街道“携手慈善，情暖万家”捐赠仪式

宽敞明亮的勒流街道行政服务中心服务大厅

勒流庆祝教师节暨奖教奖学颁奖大会

2010年，顺德导轨及铰链联盟标准签订仪式在勒流街道举行

勒流街道教育系统组织开展丰富的文体活动

美轮美奂的新勒流中学

2010 年勒流“携手慈善，情暖万家”晚会

2010 年，勒流五金行业组团参展第三届中国国际工业设计创意博览会

繁忙的勒流港

陈村花卉世界全景

陈村镇

陈村地处珠三角核心，位于广州、禅城、番禺、南海、顺德五地交汇处，是顺德区的“北大门”，地理位置得天独厚。总面积 50.9 平方公里，常住人口 7.8 万人，流动人口 6.1 万人。下辖 7 个村委会和 8 个居委会。陈村自古人烟稠密，物产丰富，商业兴旺，清朝乾隆年间，与广州、佛山、东莞的石龙镇合称“广东四大名镇”，有“陈村谷埠”之称。素有“千年花乡”的美誉，早在二千一百多年前汉武帝时，陈村花卉就已经作为贡品每年进奉朝廷，在清朝的文献中就有陈村“村前弥望皆为花”的记载。陈村人杰地灵，是《三字经》作者区适子、清代作家黎简和现代雕塑艺术家梁明诚的故乡。

近年来，陈村紧紧围绕“宜商宜居绿色精品小城”目标，产业发展水平全面提升。第一产业形成以花卉种植业、农产品流通加工业为特色的农业格局；第二产业形成以金属材料加工业、机电制造业为主体的工业体系；第三产业形成以商贸、物流、会展业和旅游业为重点的多元化布局。花卉、机械特色产业驰名国内外。成功举办第五届中国花卉博览会、2006 中国（陈村）国际盆景赏石博览会、广东现代农业博览会，陈村花卉入选佛山市非物质文化遗产名录。机械装备业已形成配套产业链，并

获得“中国机械装备工贸名镇”称号。

陈村在产业发展的同时，城市化建设步伐不断加快，各项民生事业协调发展。推进“送路下乡”、“村村送公园”等工程，完成佛陈路、白陈路等主干道的道路提升和绿化改造工程，推进教育、医疗、水利、环保等方面的基础设施工程建设。陈村城市和社会发展得到各级肯定，先后被评为“广东省教育强镇”、“国家卫生镇”、“广东省文明镇”、“中国机械装备工贸名镇”、“世界盆景赏石园艺博览之都”、“广东省民间艺术之乡”、“广东最美乡村自然生态旅游示范点”等荣誉称号。

2010年12月23日上午，第三届广东省现代农业博览会在陈村镇花卉世界隆重开幕

2010年2月3日，第二十六届陈村迎春花市在陈村花卉世界隆重开幕，图为剪彩仪式完成后全体主礼嘉宾合影留念

陈村全景

2010陈村镇“黎简奖”文艺创作大赛评选现场活动，图为“黎简奖”评审众专家点评陈村镇艺术精品

2010陈村镇“黎简奖”文艺创作大赛评选现场活动，图为顺德书法家协会主席李良晖即席挥毫

璀璨的陈村夜色

宜居的生活环境

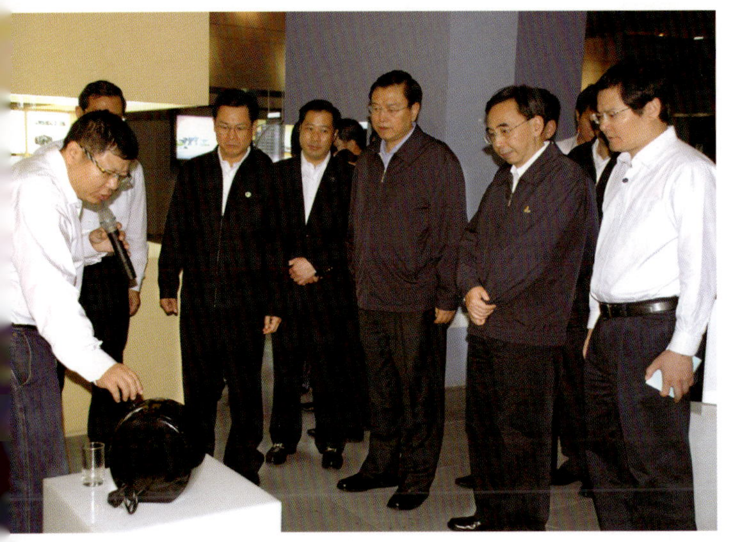

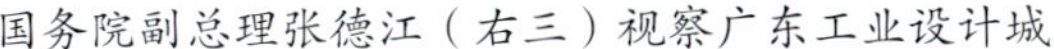
国务院副总理张德江（右三）视察广东工业设计城

2010 年 8 月 2 日，黄华华（前左一）调研广东工业设计城

北滘镇

北滘，古称“百滘”，意为“百河交错、水网密集”，位于佛山市顺德区的东北部，地理位置优越，水陆交通便利，区域内及周边有广珠西线、佛山一环、广州南站等交通设施连接穗港澳及华中地区。随着太澳高速及广珠城际轨道的相继开通，北滘正式迈入以高速、高铁为标志的“两高时代”。全镇总面积 92 平方公里，辖 18 个村（社区），户籍人口 11 万人，常住人口 30 万人。2010 年全镇本地生产总值 288 亿元，工农业总产值 1378 亿元，国地税收入 51.3 亿元，全镇职工年人均工资 23686 元，农民人均纯收入 11003 元，年末城乡居民储蓄余额 148.84 亿元。

北滘支柱产业主要包括家电、金属材料以及机械设备制造等。家电优势尤为显著，被誉为“中国家电制造业重镇”，产业集群程度高、产业链完善。2010 年，北滘以总部经济和工业设计创意产业提升产业规模和层次，以城市经济和现代物流引领现代服务业提速发展，全镇产业经济焕发新机与活力。北滘是顺德区三大总部发展基地之一，意向建设总部大楼的企业达 14 家，610 亩的总部经济区初具形态。广东工业设计城被评为“国家创新型工业产业化基地”，成功入选广东省现代服务业 500 强和省重点建设项目，并纳入《建设文化强省规划纲要》。北滘投资环境和市民生活环境日益优越，社会各项事业协调发展，荣誉满载。曾获得“全国先进基层党组织”、“全国文明镇”、“国家卫生镇”、“全国最佳乡镇”、“广东省教育强镇”、“广东省食品安全示范镇”等光荣称号。一个充满现代魅力的 6 平方公里新城正逐步呈现在人们面前。

2010 年 8 月 10 日，北滘镇举行村（社区）党组织换届选举动员大会

北滘镇简政强镇事权改革动员大会

北滘余荫园老年公寓

自行车道

美的集团举行销售突破千亿暨总部大楼落成庆典

2010 年 4 月 28 日，北滘镇举行中小企业活动周

北滘绿道示意图

龙江镇

龙江是国家重点镇、广东省中心镇，也是珠三角地方性中心和佛山城市组团之一，位于顺德西部，地属珠江水系冲积平原，因江水曲折迂回、势若游龙而得名。锦屏、龙峰二山将全镇分为龙江、龙山和里海三个自然区域，人称“二龙拱珠”。镇内土地肥沃，河网密布，水资源丰富，四季常青，生机盎然，是著名的岭南水乡之一。龙江历史悠久，名人辈出，是广东首个“省历史文化名镇”。全镇面积73.8平方公里，常住人口18.5万，其中户籍人口9.8万，辖内9个居委会，13个村委会，工商企业及个体户11154家。龙江经济以制造业为主，有家具、塑料、小家电、啤酒饮料、纺织服装、有色金属加工等六大支柱产业，占全镇工业总产值60%以上。镇内现有家具制造企业2200多家，荣获“中国家具制造重镇”、“中国家具材料之都”、“中国塑料建材产业之都”等荣誉称号。2010年实现工农业总产值345亿元。

热闹非凡的家具展览会

龙江镇行政服务中心挂牌

龙江新世纪农业园风光

顺德区龙江镇三联节制闸站工程

龙江人工湖住宅区

龙江爱心助学答谢晚会

佛山家具协会重阳慰问敬老院

龙江慈善会 2010 年度会员大会

平安钟助老服务启动

乐从金秋（摄影：陈狄青）

乐从镇

乐从风貌

乐从坐落在珠三角黄金腹地、佛山市中心城区南部，毗邻广州、靠近港澳。325国道穿越南北，佛山一环横贯东西，东平、顺德两条水道夹镇而流。面积约78平方公里，下辖4个居委会，19个村委会，常住人口约23万，旅居港澳及世界各地的海外乡亲6万多人。2010年，实现地区生产总值近117亿元，工业总产值约116亿元，地方财政收入约10亿元，全镇银行人民币存款余额近400亿元，全镇职工人均收入30618元、农民人均收入11031元。

乐从是著名的商贸名镇，现代商贸和物流业兴旺发达。家具、钢材、塑料三大专业市场享誉全球，是全国最大的钢铁贸易集散地。先后获得“中国家具商贸之都”、“中国塑料商贸之都”、“中国钢铁专业市场示范区 ”、“中国专业市场示范镇”等荣誉称号。电子商务高速发展，2010年，成为国家工信部授予的全国唯一的“国家级电子商务试点镇”。乐从镇人居环境优美，慈善氛围浓郁，教育、卫生、医疗、养老、社会保障等公共服务体系完善，是广东省居家养老服务示范中心创建点，荣获“广东省文明镇”、“广东省教育强镇”、“国家卫生镇”、“慈善中华行杰出贡献单位”等称号。

安居乐业（摄影：马祖源）

2010 年 4 月 10 日，乐从被中国物流与采购联合会授予“中国专业市场示范镇”与“中国钢铁专业市场示范区”荣誉称号

乐从镇于 2010 年 10 月 30 日至 31 日举办乐从塑料市场创建 20 周年暨“中国塑料商贸之都”授牌 5 周年庆典活动

2010 年 3 月 6 日，乐从镇举行迎“三八”国际劳动妇女节 100 周年大巡游活动

2010 年 4 月 7 日，顺德龙舟俱乐部暨乐从龙舟训练基地揭牌仪式在在陈登职业中学举行

2010 年 6 月 25 日至 6 月 29 日，2010 乐从镇“盛世精品”大型书画藏品展在乐从中学体育馆举行

2010 年 11 月 7 日，第七节顺德恳亲大会乐从乡亲回乡巡礼合影

杏坛镇

2010 年 7 月 30 日，杏坛镇召开简政强镇会议

杏坛位于顺德西南部，全镇总面积 121 平方公里，下辖 24 个村委会，6 个居委会，2010 年常住人口约 18.85 万人，其中流动人口约 5.92 万人，海外华侨港澳台同胞 5 万多人。镇内绝大部分是江河冲积平原，是珠江三角洲知名水乡，水乡文化氛围浓郁，被人们称誉为“顺德周庄”的逢简，具有“小桥流水人家”的岭南特色；位于昌教村被人称作“大宅门”的清朝台湾道台黎兆棠府第；龙潭村明代建筑龙母庙、五龙庙；散落在各村的历代皇帝钦赐的贞节石碑坊、百岁牌坊、书院、社学、宗祠、古桥、庵堂以及一大批古树名木；划龙船、唱龙舟、舞龙、锣鼓柜等传统民俗长盛不衰，衍生杏坛独具的岭南水乡民俗文化。是“广东省民俗艺术之乡”、“广东省教育强镇”、“国家卫生镇”。2010 年被授予“佛山市科学发展七大特色镇（街）”称号。

杏坛慈善百万行

2010年，杏坛经济实力明显提升，全镇地区生产总值突破100亿元大关，达到102亿元。行业龙头企业不断壮大发展，西部生态产业启动区开发建设取得突破性进展。创新体系逐步完善，年内全镇新增1家省级自主创新百强企业、2家省级高新技术企业，甘竹罐头成为中国驰名商标。城市功能逐步完善，商业氛围更加浓厚。建成绿道36公里，开展村（居）主题林建设，投入1600多万元提升主干道路绿化，全力打造绿色杏坛。优先发展民生事业，社会各项事业全面发展。成立杏坛慈善会和30个村（居）福利会，深入开展慈善募捐活动，募集各类善款4000多万元。组建镇属行政服务中心，集中设置39个服务窗口，成立30个村（社区）行政服务站，政府公共服务逐步向村（居）延伸。

2010年7月3日，杏坛慈善大巡游启动

杏坛新昌教小学奠基

第一批好村居试点逢简村

杏坛城区

逢简村水乡风景

杏坛水乡风采

均安镇

均安位于顺德西南部，毗邻中山、江门两市，镇辖面积 79.45 平方公里，户籍人口近 9 万人，外来务工人员 9 万多人，旅居港澳台的乡亲和海外华侨达 4 万多人，下辖 8 个居委会和 5 个村委会。镇内生态环境优美，河涌交错，山丘星罗棋布，有“顺德后花园”之称，保留着较大存量的土地和水乡的清新气息，先后被评为“广东省省级旅游度假区”和“广东省摄影协会创作基地”。主要景区有李小龙乐园、李小龙祖居及纪念馆、有 800 年历史的奎福古寺、自梳女冰玉堂、李氏宗祠、碧桂园高尔夫度假村等。均安有着深厚的历史文化底蕴，是国际武打巨星李小龙和清末探花李文田的故乡，均安曲艺和均安女篮是均安文体事业的两朵奇葩。2010 年，均安女篮夺得第九届广东省职工运动会冠军。

均安逐渐形成以牛仔服装为龙头，以汽车配件、磁性材料、化工涂料、皮革制品、家用电器、五金制品、塑料模具为主体的工业体系。2010 年，均安牛仔服装产业转型升级步伐加快，技术改造力度加大，牛仔服装创新中心改革加快，均逐步由劳动密集型向资本密集型、技术密集型转型升级。成功举办均安 2010 旅游美食文化节和 2010 李小龙文化节，旅游文化品牌进一步提升。环境保护工作成效显著，均安通过审核，获准由“全国环境优美乡镇”更名为“全国生态优美镇”。是年均安镇实现地区生产总值 78.8 亿元，工业总产值 183.8 亿元，农业总产值 14.2 亿元；财政一般预算收入 3.5 亿元，城乡居民储蓄余额 60.8 亿元；职工年人均收入 17690 元，农民年人均收入 9140 元。

李小龙铜像

2010 年 7 月 30 日，均安镇举行简政强镇事权改革动员大会，会上新成立的部门揭牌

为善不甘人后

敬老宴

正在建设中的马宁特大桥工程

百安路

均安李小龙乐园

镇街概况

镇街概况

大良街道

【概况】

大良是顺德区政府所在地，顺德的政治、文化、教育、商贸中心，地处顺德中部偏东，连接广州，毗邻港澳，是佛山市规划的第二个百万人口中心组团的城市核心。辖区面积80.29平方公里，下辖19个社区居委会和2个村委会，户籍人口214881人，流动人口193721人。大良文化底蕴深厚，辖区内有清晖园、宝林寺、西山庙等名胜古迹。

2010年，大良实现地方生产总值278.01亿元；规模以上工业产值284.72亿元；限额以上贸易住宿餐饮业营业额206.77亿元；全社会固定资产投资45.98亿元。银行储蓄存款余额335.74亿元；区级库税收16.96亿元；实际利用外资15793.04万美元。

【经济发展状况】

2010年，大良深入推进品牌发展战略和标准化战略，支持先进装备制造业、高新技术产业和现代服务产业发展，扶持龙头企业做大做强。颁布实施《大良街道现代服务业发展规划(2011~2016年)》，推动以知识化、集群化、链式化、融合化等为基本特征的现代高端生产性服务业发展，提升第三产业发展水平。彩虹（佛山）平板显示有限公司的OLED研发及产业化项目等7个纳入省现代产业500强的项目顺利落地建设，48家企业列入区“龙腾计划”目录，成为政府扶持企业转型提升的重点对象。推动五沙工业园OLED项目发展，做好整理五沙工业园地块、推动在建项目投产、完善历史工程建设等工作。

【城乡建设】

2010年，大良推进德胜河北岸开发建设。完善各项城市基础设施。支持区重点交通工程建设。配合做好区外联内畅交通工程建设。推进地质灾害治理、顺峰山公园提升改造、五沙社区公寓及公共设施项目和岭南美食风情展示中心、城区停车场等工程建设，完成城区防内涝排水改造和城区主干道路改造等工程。引入TC公共交通营运体系，24条TC公交线路运行。建设公共自行车服务系统，设置公共自行车租用服务站60个，投放公共自行车1300多辆，为市民的低碳绿色出行提供便利条件。开展城市环境综合管理工作。健全建筑工地、户外广告的资料数据库，加强对建筑工地、户外广告规范管理。发挥已建立的“数字城管”平台的功能和作用，整合城市管理资源，优化城市管理流程，形成完整、闭合、互通互联的城市综合管理数字化系统。

【社会各项事业】

2010年，大良大力发展文化事业，开展文化沙龙系列以及现代舞之夜、相约梁文道、对话周国平等文化活动，因地制宜地策划或引进文化产业项目，丰富市民文化休闲生活。加快教育基础设施建设步伐，新建顺峰小学、五沙幼儿园，扩建五沙小学；加大力度解决高中教育学位不足、学前教育发展不均衡问题。加大财政资金投入，完善医疗机构布局，提升社区卫生服务水平。按照“一村一策”的原则，对条件成熟的居（村）实施全征地居（村）股份社农村居民基本养老保障和新农保政策，落实兑现宅基地固化政策，有9个符合条件的社区股份社村民参保，其中达到60岁年龄标准的2125名原村民已享受到全征地基本养老保障待遇。落实辖区内帮扶“双到”工作责任，着力推进改善民生工作。开展社保扩面工作，辖区总参保人数达141782人。推进新型社区建设，五沙社区公寓地块改造项目入选为“2010年佛山市旧村居改造示范村居评选活动”项目。开展“共享一片蓝天”慈善募捐活动、2010凤城·圆梦行动，引导社会热心人士参与慈善公益事业。强化社会治安综合治理，建立“网格化”管理。完善社会治安重点地区排查整治工作措施，建设治安防控和社会管理长效机制。完善街道部门、居（村）行政服务站行政管理体制，提升行政管理效能。

【简政强镇事权改革】

2010年7月起，根据区委、区政府《关于“简政强镇”事权改革的实施意见》要求，大良有序推进简政强镇事权改革，规范完善各项制度，理顺街道各办（局）职能，街道各办（局）与区下放权限部门进行对接和沟通，有序承接3197项行政管理事项。设立街道行政服务中心，21个居（村）行政服务站，将政府服务延伸到居（村），推进居（村）行政事务与自治事务适当分离，探索建立政府治理与基层自治良性互动、有效衔接新机构。成立大良街道公共决策咨询委员会，聘请32位社会杰出人士为咨委会委员，进一步扩大公众对政府公共决策的参与度。

（李广东）

容桂街道

【概况】

容桂地处珠三角腹地，佛山市顺德区

容桂——中国龙舟训练基地

南部，是顺德中心城区的重要组成部分，面积80平方公里，下辖23个居委会、3个村委会，总人口45.4万，其中户籍人口20.07万。2010年，实现地区生产总值375.9亿元，规模以上工业产值1376.4亿元，工商税收41.98亿元，金融机构人民币年末存款余额364.9亿元，居民储蓄余额245.97亿元。城镇职工人均收入38675元/年，农民人均收入9842元/年。

【经济发展状况】

2010年，容桂自主创新进一步加强。投入500万元将中科院容桂工作站扩建成为技术转移基地，增加60多名专家联系企业、6个创新服务平台，通过“技术、项目、资金、人才‘四位一体’”的全新模式有效调动企业创新积极性；申报广东省科技计划项目37项、顺德区科技计划项目44项，新增省级工程技术研究开发中心1个、省级企业技术中心1个；建有企业博士后工作站7个，各级工程技术研究开发中心39个。企业上市和资本运营有新发展，2010年容桂已上市企业3家；9月，与中科院共建“国科容桂创业投资基金”，首期募集资金3亿元，为中科院落户项目和企业的科技项目提供风险投资。民营企业发展势头良好，年内资企业工商注册登记数同比增长13.83%，8家企业9个项目入选“广东省现代产业500强项目”，70家企业成功申报“顺德区龙腾企业”，金融业注册资本同比上升25.8%，科学研究、技术服务和地质勘查企业注册登记同比增长32.1%。

【城乡建设】

2010年，容桂启动德胜河南岸片区改造，东部城市景观中心渐露雏形。新桂洲医院正式动工，预计2012年底前完成主体工程；东湖公园一、二期建设基本完工；东部商务中心和菲尼斯欢乐度假城于年底动工；新有路公园段通车；现代体育公园内的足球场、漂移赛道已完成并投入使用，中国时尚球类运动南方基地、观音堂文化保育项目等重点工程如期推进。强制拆除违法用地、违规建设229处。完成容里电镀城的关停工作。推进外环路东升段、容奇大道中绿化“示范路”建设；实施德胜河南岸亮化工程；通过公开招标对居（村）治安管理、环境卫生、绿化管养、除“四害”等公共服务实行市场化管理。推进“水浸街”整治二期工程，容桂大道、新马路下水道改造完工，振华路、凤翔路等主干道路改造基本完成；加快推进三大排涝水利工程，新涌电排站汛前投入使用。规划建设全覆盖污水处理厂，第一污水处理厂二期完成厂区建设；第二污水处理厂一期完成规划。

【社会各项事业】

2010年，容桂制定2011~2020年中小学校建设规划，首批推进9间学校扩（改）建、8间学校运动场改造和4间学校的校安工程；推动胡锦超职校与新加坡英华美学院合作。健全社会保障体系，新型农村社会养老保险参保人数101650人；开展“4050”人员等失业培训班50期。加大社会救助力度，全年募集近1亿元，救助对象达5692人次，发放救助款达680万元；培育发展2家民营老人服务机构服务近600名老人；推广爱心捐助站社区分站，新增3个爱心捐助站社区分站。文体事业发展取得骄人成绩，成功举办第24届国际标准舞锦标赛、省汽车场地越野赛、广东省曲艺（器乐）等级考试、首届市民运动会、首届全民才艺大赛等多项高规格大型文体活动；在第16届亚运会上，容桂籍运动员获得1金1银；在第十届顺德区运动会上，容桂代表团夺得少年组四项第一、成年组三项第二。社会治安持续改善，110刑警类警情同比下降2.9%，刑事案件立案下降2.9%。幸福农贸示范市场创建工作完成。容桂法庭成立“交通巡回法庭”和“家事法庭”。

【中国科学院广州技术转移中心顺德基地正式挂牌】

2010年7月20日，中国科学院广州技术转移中心顺德基地在容桂正式挂牌。基地投入使用后，将着力打造解决行业共性问题的技术创新平台，以及现代科技创新服务、创新成果集中展示和技术交流培训平台，并建立科技成果转化风险投资基金和中科院人才引进办公室。

【容桂成立首家社会工作服务社】

2010年8月20日，容桂街道鹏星社工服务社挂牌成立，这是一家专业民办非营利社会组织（NGO），也是容桂首家社工服务社。容桂街道鹏星社工服务社成立后，主要负责容桂社工的招聘、培训、督导以及日常管理等工作，为机构、社区及家庭、个人提供专业化的社会工作服务。

【2010年珠三角镇域经济发展论坛】

2010年10月26日在容桂举行。本次论坛由广东省人民政府发展研究中心与南方日报社联合主办，容桂街道办事处承办，围绕“战略·攻略——传统城镇向现代城市的跨越之路”展开专家论剑，500多名中国著名专家学者、省市珠三角镇街主要领导、名牌企业精英等齐聚一堂，纵论传统城镇向现代城市的跨越之路，为整个珠三角乃至全国镇域深层次发展把脉解困。

（吴劲翔）

伦教街道

【概况】

伦教地处珠江三角洲腹地，位于顺德东部，交通网络完善，是顺德百万人口中心城区的重要组成部分。总面积59.2平方公里，户籍人口约8.28万人，辖下有8个村和2个社区。伦教历史悠久，距今1200年前已有居民点，是顺德蚕桑、丝织业中心和广东土丝手工业重镇。有不少蕴含浓厚乡情且享誉四方的特色产品，如伦教糕、羊额烧鹅、香云纱、黑胶绸等。

伦教区位优势近年来逐步凸显。随着太（原）澳（门）高速公路、珠二环高速、广珠城轨建成通车，伦教进入“高速和轻轨”时代，成为珠江西岸中部纵向横向交通交汇节点和连接东岸的“桥头堡”，是顺德中心城区融入珠三角一体化的门户。2010年，伦教实现工农业总产值362.26亿元，其中工业总产值356.54亿元，农业收入5.72亿元；全社会固定资产投资22.12亿元；税收收入11.49亿元；城乡居民储蓄余额80.75亿元。

【经济发展状况】

2010年，伦教在“一个基地（特色产业与先进制造业基地），两个中心（高品质生活居住中心和现代服务业中心）”发展定位的指导下，加快产业升级，推动文化产业和新能源产业快速发展。长鹿农庄休闲度假旅游示范区项目入选省“现代产业500强”，万辉珠宝城落成并逐步打造成创意设计型珠宝游基地。成功举办第十一届木工机械博览会、首届“顺德·伦教（中国）珠宝首饰创意设计大赛”。三爱化工获“中国驰名商标”称号。周大福珠宝和美涂士化工被认定为顺德区总部企业。三洲农产品交易中心投入营运，成为顺德最大的现代化农产品交易中心和物流基地。

【城乡建设】

2010年，伦教立足“产业发达的生态新城”的发展定位，大力完善城市功能配套、美化城乡环境，“绿环水绕”的岭南水乡特色宜居小镇渐露雏形。该镇以太澳高速、珠二环高速和广珠城轨通车为契机，加快完善与主要工程出入口的无缝对接；完成碧桂路快速化改造，TC公交投入运行。投资约500万元的“绿道”建设基本完成，建成区域绿道10.6公里；仕版、荔村“林业生态万村绿”工程通过验收，105国道沿线夜间亮化工程全面完成。大力优化水环境，龙田涌生物治理水质改善工程开始施工，大洲电排站、叠石电排站等一系列水利工程正在推进。

【社会各项事业】

2010年，伦教开展“交响音乐进村居”、“三月风华”巾帼健身大巡游、“周末开心舞台”等文化活动，丰富群众业余生活，荣获“全国妇女健身示范站点”称号。参加第十届区运会，金牌、总分均排名第三，创历史最好成绩。新翁祐中学建成招生，占地12万米^2；继续投入1500万元扶持村居民生福利工程，涉及市政配套、文化体育等方面共92个项目，完善村居基础设施，改善村居环境。

【第十一届国际木工机械（顺德）博览会】

2010年12月10~13日在华南国际木工机械交易中心（伦教展览馆）隆重举行。本届博览会的主题是“数控、绿色、安全——让生产更便利”，吸引来自国内外180多个知名品牌的木工机械设备和配件生产商到会参展，近万名海内外专业观众入场参观。博览会期间，还举办了“伦教木工机械检测中心落成剪彩”、“伦教木工推台锯、木工压机和喷漆机标准与专利双联盟发布”、“伦教木工机械集体商标运营发布”、“木工机械行业高峰论坛”等一系列相关活动。顺德木工机械博览会已经成为南中国木工机械行业最具影响力的展示和交流平台。

勒流街道

【概况】

勒流地处佛山市顺德区的中心部位，原为镇建制，2006年正式改建制设置为勒流街道，面积92.62平方公里，下辖22个村（社区），户籍人口11.64万人，流动人口约16万人。勒流文化艺术底蕴深厚，人杰地灵，人才辈出，是著名的侨乡，有众多乡亲旅居港、澳、台和世界各地；是龙舟之乡，承载和弘扬顺德人“团结、拼搏、求实、创新”，敢为天下先的精神；又是书画之乡，素有“勒流翰墨”之称；勒流美食文化更是源远流长，享有“厨出凤城，味在勒流”的美誉，2008年被中国烹饪协会授予“中华美食名镇”的荣誉称号。改革开放以来，勒流的经济和社会取得长足发展，城乡面貌日新月异。现在，勒流已发展成为名副其实的工业重镇，形成交通机械汽配、五金制品、灯具照明、小家电等为支柱的多元化产业格局，辖区内拥有一大批国家高新技术企业和省民营科技企业，拥有“中国滑轨产业基地”和“中国铰链产业基地”两个国家级基地。

2010年，勒流工业总产值530亿元；税收15.08亿元；全社会固定投资20.2亿元；居民储蓄存款98.79亿元；工业用电量11.59亿度。交通机械、金属制品、灯具照明、小家电等传统产业和汽车、LED等战略性新兴产业蓬勃发展，超亿元企业30家，27家企业被纳入“龙腾计划”获得政策扶持；拥有国家火炬计划高新技术企业1家，全国电子信息百强企业1家，国家高新技术企业35家，省民营科技企业77家。

【经济发展状况】

勒流以工业立镇定位，形成汽配、五金制品、照明灯具和小家电四大支柱产业，产业集群优势比较明显，配套能力比较强。全街道现有各类工业企业3000多家，其中，规模以上企业399家，年产值超10亿元企业5家。拥有富安和勒流港两大工业园区，总面积超万亩。近年来，街道党工委、办事处力促企业以科技创新提升竞争力。2010年，新增国家高新技术企业3家，省民营科技企业10家，在全区位居前列；新增省级企业技术中心1家，市级工程技术中心2家，区级工程技术研究开发中心1家；福田电器、碧丽饮水设备获“2010年广东省知识产权优势企业”；锐亚机械、赛特莱特、巴德富实业、碧丽饮水设备4家企业的5个产品荣获“广东省自主创新产品”；主导和参与制定国家和行业标准9项；拥有中国驰名商标1件，中国名牌产品5个，省著名商标8件，省名牌产品18个，企业累计申请专利8780件，授权专利8350件，专利申请量和授权量首次突破1000件，位居全区前列。第三产业发展步伐明显加快。广州港“穿梭轮船”勒流支线的开通带动物流经济发展；以博澳城为代表的房地产项目，成为支持街道经济发展的重要动力之一。农业发展以水产养殖为主，现代化农业发展迅速。鳗鱼养殖业是勒流农业养殖的重要特色产业，在广东和全国都占有重要地位，外延养殖面积达到3.1万亩。推行干式环保养猪新技术和“娃娃鱼”养殖，优化畜牧水产养殖结构。

【城乡建设】

2010年，勒流继续加强基础设施和城市建设，提高城市化水平。配合推进珠二环、一环南延线一期主辅道、一环南延线二期（含番村立交）、南国西路、伦桂路、乐龙路6项区以上重点交通工程建设，以及110千伏勒流港口变电站、110千伏新城变电站工程、220千伏世龙站配套110千伏南侧线路工程建设，打造现代交通和能源网络。加快城市公园和文化广场建设，推进龙冲路、港口路等工程扩建改造，落实沿线绿化、美化、亮化工程；污水处理厂一、二期工程已竣工投入运行；2010年投入6000多万元兴修水利工程，开展整治堤围、扩建泵站、自动化水闸、河涌整治等工程。推进“三旧”改造，完成“三旧”改造77个项目上报，其中超过5个项目已获区三改办认定。

【社会各项事业】

2010年，勒流全面发展各项社会民生事业。一是完善社会保障体系。做好“应保尽保”社会保障工作，大力度推进落实新农保、全征地农民养老保险制度，新农保参保率达到97%，待遇申领率达到100%；开展就业再就业培训，举办系列招聘会，进一步提高劳动就业服务水平；稳步推进低保救济、医疗救助工作，推广

“平安钟”服务工作；成功开展“携手慈善·情暖万家”大型慈善募捐活动，筹得善款4500万元，推动各村居福利和慈善事业发展。二是促进文教、卫生等社会事业发展。组织开展丰富多彩的文化体育活动，镇村二级联动，举办“博澳城杯”青少年书画大赛、“东菱杯”限高男子篮球公开赛、“新宝杯”乒乓球赛、羽毛球赛、醒狮巡游、“信合杯”长跑大赛、村居篮球赛、星声悦耳流行歌手大赛等系列活动；融资2亿多元推进江义初级中学、裕源小学、冲鹤小学、勒北小学等学校改薄工程；加快勒流二级医院和“广东省全科医学社区培训基地”建设，开展“名医进村居，健康送万家”、麻疹疫苗强化免疫、肝吸虫普查普治等工作，推进创建省卫生村，17个居（村）已获得“省卫生村”称号。（卢宇锋）

北滘镇

【概况】

北滘，古称“百滘”，意为“百河交错、水网密集”，位于佛山市顺德区的东北部，地理位置优越，水陆交通便利，区域内及周边有广珠西线、佛山一环、广州南站等交通设施连接穗港澳及华中地区。随着太澳高速及广珠城际轨道的相继开通，北滘正式迈入以高速、高铁为标志的“两高时代”。全镇总面积92平方公里，辖18个村（社区），户籍人口11.6万人，常住人口27万人。2010年全镇本地生产总值288亿元，工农业总产值1378亿元，其中工业总产值1370亿元，国地税收入51.3亿元，出口交货值405亿元，地方财政可支配财力14.6亿元，地方财政总支出13.6亿元。全镇职工年人均工资23686元，农民年人均纯收入11003元，年末城乡居民储蓄余额148.84亿元。

【经济发展状况】

2010年，北滘以总部经济和工业设计创意产业提升产业规模和层次，以城市经济和现代物流引领现代服务业提速发展，全镇产业经济焕发新机与活力。美的集团产能达3200万台微波炉的马龙微波工业园投入使用，全年销售收入超过1100亿元，成为广东首个销售收入突破千亿元的家电企业。碧桂园集团超额完成全年销售300亿元的目标，企业综合实力稳居全国大型房地产企业前列。全社会固定资产投资40亿元，同比增长17.8%，投资项目涉及制造业和第三产业。美的投资15亿元建设马龙微波炉基地；深圳等地大型房地产集团进驻北滘。美的总部大楼正式落成启用，成为民营企业依托优势产业转型发展的标杆，一批成长型中小企业加入实施总部经济的梯队，意向建设总部大楼的企业达14家，610亩的总部经济区初具形态。广东工业设计城被评为“国家创新型工业产业化基地”，成功入选省现代服务业500强和省重点建设项目，并纳入《建设文化强省规划纲要》；成功承办第五届“省长杯”工业设计大赛。顺德工业设计园完成改造，德国红点、北京电影学院等52家中外知名工业设计和文化创意企业相继落户。北滘港二期扩建工程投入使用。美的集团财务公司正式开业，成为广东省首家民营企业财务公司；盈峰、粤科钜华和盘古3家创业投资基金先后落户该镇。持续创新中小企业扶持工作。成立北滘青年企业家协会，搭建政企沟通新平台。完善“金种子”扶持政策，全年累计向113家中小企业发放扶持资金1500多万元，提供担保贷款6350万元。

【城乡建设】

2010年，北滘以规划引领城镇建设，重点打造现代城市功能格局，建设完善城市配套设施，城市面貌日新月异。完成东平新城东南片区控制性详细规划、北滘镇土地利用总体规划、广珠轻轨北滘站交通衔接规划、新城区总部经济区域空间概念规划等重大规划修编。金茂华美达广场酒店正式营业，新城区执法综合大楼交付使用，文化中心土建工程完成。大力推进南源路、工业大道等旧区路网改造，完善旧区路网交通配套和周边绿化工程，日处理8000吨工业污水预处理厂建设完成，推进污水管网三期建设。新增2条镇巴线路，覆盖西海、桃村等10个居（村），并与广珠轻轨北滘、碧江站接驳，全镇公交覆盖率接近90%，基本实现城乡公交设施一体化。全年投入800万元，建成绿道27公里，完成从佛山一环到林头大桥全长10公里绿道示范路段建设。西河一期扩宽整治工程、灰口涌疏浚工程、聚龙沙闸站等重点水利工程项目完成。“美化家园”工程建设在镇内各村居全面铺开，全年共完成绿化面积5.84万米^2、硬底化面积4.43万米^2。以迎亚运为契机，开展亮化工程。“三旧”改造提升城市发展空间，全镇已获认定批复的“三旧”改造项目5个，改造面积218亩；签约意向合作书项目8个，向社会公开推荐项目10个，涵盖旧工业区提升、工业改商住办公、旧村改造、旧城镇改造等项目。

【社会各项事业】

2010年，北滘继续推行多项特色鲜明的民生品牌创新工程，推动基本公共服务实现均等化，逐步实现多个民生“全覆盖”。林头、槎涌、桃村完成佛山市“十好”和谐文明村居创建工作，槎涌、黄龙等村居启用新的社区活动中心。社区、社团文化活动丰富多彩，全年共举办各类晚会活动以及公益讲座50多场，展览13个，电影放映252场，参与市民60多万人次。组织嘉纳仕摩托车越野赛、省轮滑赛、迎亚运龙舟大赛等各类体育活动30多项。该镇获省体育局颁发“广东省群众体育先进单位”称号。完成上僚小学、水口小学、莘村中学附属小学教育资源优化整合。北滘医院成功移交给南方医科大学管理，正式成为“南方医科大学直属医院”。南方医科大学公共卫生研究所、国际代谢病中心临床检测及诊疗基地相继落户北滘。乐业工程实施3周年，完成预定目标，“我工作，我快乐”的理念深入人心。“一村一坊”、“一村一就业基地”等工作措施成效显著，林头社区获得“国家级充分就业示范社区”称号，实现全镇失业登记率保持在2%以下。成立区内首家以企业为发起人的非公募捐基金会——盈峰慈善基金。敬老节期间，镇政府与美的集团联合对全镇1.4万名60周岁以上的老人进行慰问，共发放慰问金420万元；镇财政支持5000万元充实镇慈善基金，全年慈善救济、社会福利救助达3509人次。投资1500万元的老年公寓新大楼顺利封顶，余荫院被国家民政部评为“全国模范敬老院”。（曾文华　苏小慧）

陈村镇

【概况】

陈村位于广州、禅城、番禺、南海、顺德五地交汇处，是顺德区的“北大门”，总面积50.7平方公里，下辖7个村委会和8个居委会，常住人口7.8万人，流动人口

6.2万人。2010年实现本地生产总值96.2亿元，工农业总产值285.44亿元，其中工业总产值278.95亿元，税收收入10.8亿元，全社会固定资产投资38.74亿元，全镇居民储蓄余额104.7亿元。全镇职工年人均收入21995元，农民年人均纯收入9298元。

【经济发展状况】

2010年，陈村贯彻落实“提一、优二、快三”思路，三大产业发展水平有效提升。全年实现商业总销售102.16亿元，增长21.56%；其中，限上商业零售额8.77亿元，增长20%。大型商贸物流项目快速发展。国通物流城获省政府批准申报设立B型保税物流中心，德邦物流华南运作中心、顺联机械城五金配件工具市场正式开业。力源金属物流城二期交易市场15万米²完成建设。顺联万利酒店主体工程封顶，骏杰花园酒店、四季花园酒店加紧建设。会展业向市场化、专业化方向发展。2010年，陈村成功举办第四届中国（顺德）机械零部件展览会、第九届中国国际植物展览会暨第七届中国国际园艺资材展等多个专业展览会，协办第三届广东现代农业博览会。工业企业创新活力提升。全年陈村企业申报各级科技创新项目140多项，获扶持奖励资金1140多万元。科达机电、奔朗新材料获“2010年广东省自主创新100强”。全镇企业获授权专利296项，增长38.97%。22家企业入选顺德区龙腾企业。科达机电、申菱空调、奔朗新材料等5家企业共6个项目入选“广东省现代产业500强”。新设立院士工作室1间，新增广东省著名商标2件、广东省名牌产品2个。花卉传统产业升级。花卉世界旗下的淘花网独家供应亚运会、亚残运会所有颁奖花束，试点推广高档花卉大棚种植，以“公司＋农户”的经营模式，鼓励农民种植优质高值的花卉品种。

【城乡建设】

2010年，陈村高标准进行城市规划，完成新商圈概念规划，采取国际招标的方式完成文海河一河两岸概念性规划和城市设计方案，开展佛陈路沿线建设规划和产业布局规划。佛陈路快速化改造主体工程全面竣工；完成花卉大道路面、路灯及绿化提升改造工程；推进工业区路网建设，其中12条道路2座桥梁工程已完工；推进广明高速、华阳北路等重大基础设施的征地拆迁工作。加快推进新农村建设，完成改造村级道路28条，约20.47公里，提升改造6条入村大道，完成4个村居公园建设。花卉世界全面启动4A景区创建工作，10公里区域绿道示范段全面竣工，12.3公里的区域绿道全线路贯通，全镇新增、改造绿化面积4.24公顷。整治河涌22.1公里。全年启动“三旧”改造项目13个，占地面积1208亩，完成改造项目4个，通过认定项目4个，“三旧”改造有效开展。

【社会各项事业】

2010年，陈村不断加大教育事业投入，投入近1亿元全面提升中小学校的软、硬件建设水平，推进青云中学、仙涌小学扩建工程，陈惠南纪念中学、吴维泰纪念小学等6间中小学校运动场改造工程。积极参与区2010教育基金筹款活动，筹得善款1866万元。以“精品小城，幸福家园”为主题，开展“陈村镇社区文化节”，“陈村镇欢乐村居行”、“陈村镇首届体育节”等一系列文体活动，全年合共举办各类文体活动近600场，超过7万人次参与。举办“全民健身迎亚运”系列文体活动，在各村居举办持续2个多月，共236场的系列文体活动。开展创建“全民健身示范镇”工作，为每个居（村）新建或改造2个硬底化灯光篮球场，6张乒乓球台，6个羽毛球场，1条健身路径。年内共举办5场人力资源现场招聘会，达成就业意向5000多人次。广泛开展困难家庭救助活动，全年开展救助项目11个，受助人数达2600多人次。全年全镇受理信访案件总数294件，结案287件，办结率97.6%。计划生育率为97.58%，比区下达指标高出2.58个百分点。征兵工作连续27年被区评为全优单位。武装工作连续27年取得“征兵工作全优单位”称号。

【第二十六届陈村迎春花市】

2010年2月3日在陈村花卉世界隆重开幕。本届迎春花市，分为展览中心广场及展馆前厅的中心销售区和花卉大道桔果销售区。其中，中心销售区占地面积约为7000米^2，设有81个露天展位。本届陈村迎春花市创新开辟网购模式，满足不同消费群体的需求。据不完全统计，花市期间人流量36万人次，销售额13亿元。

【第四届中国（顺德）机械零部件展览会】

2010年4月20日在顺联国际机械博览中心隆重开幕。本届展会展出面积15000米^2，500多个标准展位，参展商300多家，汇聚了来自德国、日本、意大利、美国、瑞士等发达国家和地区的包括西门子、力士乐、油研、通快、欧姆龙等著名企业，以及国内数十自主品牌，各档次产品汇聚一地，将展会打造成“华南最大机械零部件采购平台”，并为企业提供“一站式”的比价和采购服务。连续4天的展会，吸引2.5万人次进场参观采购。

【第一届“黎简奖”文艺创作大赛】

2010年，陈村镇年度文艺创作的最高奖项——金蝶奖，正式更名为以陈村历史文化名人命名的“黎简奖”文艺创作大赛。6月，第一届“黎简奖”文艺创作大赛正式举行。大赛共有美术、书法、摄影、文学（含诗词）、舞蹈、戏剧曲艺6大比赛项目，除了舞蹈作品外，其他项目均参加现场评选。9月29日在陈村镇体育馆隆重举行颁奖晚会，来自国家、省、市、区的10多名专家评委从456件候选作品中精挑细选，5个项目的146件原创作品分获各类奖项。10月1~7日，陈村镇举办“黎简奖”文艺创作大赛文艺精品展，让广大人民群众共享文化发展的喜人成果，丰富广大市民节日文化生活。

【第六届中国（佛山）机械装备展览会暨第八届中国（陈村）机床及橡塑设备博览会】

2010年10月20~23日在顺联国际机械博览中心举行。本届展会展出面积达20000米^2，1000个标准展位，400家机械品牌企业亮相，参观观众约5万人次，展出品种包括金属加工机械、塑料机械、包装印刷机械、电气机械及设备、零配件及附件等，展览会期间还举行了数控机床发展论坛讲座，以及佛山制造业人才招聘会。其中，佛山制造业人才招聘会吸引企业145家进场招聘，提供岗位约1500个，参加人数达4000多人次，达成就业意向有354人。

【第三届广东现代农业博览会】

2010年12月23~26日在陈村花卉世

界举行。本届农博会由农业部和广东省政府联合主办，广东省农业厅、佛山市政府承办，共有21个地级以上市参展，参展企业达217家，展区总面积1.8万米^2，其中室内展区1.3万米^2，室外展区5000平方米；展示了粮油、果蔬、茶叶、禽畜产品、水产品、林特产品、花卉、种子种苗等18大类共计2000多个品种的名优农产品，以及先进实用农业机械和农资用品。农博会期间共达成111个项目签约总金额242亿元，现场销售农产品967.785万元，签订意向合同5900万元。（谢佛聪）

乐从镇

【概况】

乐从位于顺德西北部，佛山市新城区——东平新城，325国道、佛山一环贯穿全境，东平水道和顺德水道夹镇而流。全镇面积78平方公里，下辖4个居委会，19个村委会。户籍人口10万人，流动人口约13万人，旅居港澳及世界各地的海外乡亲6万多人，是广东省著名侨乡。2010年实现国内生产总值116.54亿元，商业销售689.87亿元，规模以上工业总产值115.2亿元，税收入库19.02亿元，金融机构本外币存款余额390.36亿元。

【经济发展状况】

2010年，乐从产业结构进一步优化。电子商务发展迅猛，获国家工信部授予“国家级电子商务试点”，成为全国唯一的镇级试点单位。抢占物联网信息产业发展先机，以“三旧改造”为契机，通过“政府引导，企业主办，政企联动”的模式，成功上马物联网信息产业园区启动项目。成立由世界顶尖设计大师组成的“罗浮宫家居国际创意联盟”，联合高等院校产学研机构，成功申报建立华南家具设计研究院。以总部形态力促产业升级，广东乐从钢铁世界项目开发取得重大突破，成功争取用地指标，罗浮宫国际家居总部大厦顺利动工。产业品牌不断擦亮，获得“中国专业市场示范镇”和“中国钢铁专业市场示范

2010年4月7日，顺德龙舟俱乐部暨乐从龙舟训练基地揭牌仪式在陈登职业中学举行

区”称号。金融服务蓬勃发展，进驻银行机构13家、70个网点。

【城乡建设】

2010年，乐从在各镇街中率先制定《乐从空间发展策略》；按照商流物流分离的原则，规划城市核心区和产业核心区，完成《顺德区乐从城市核心区概念规划》。全面启动禅西大道、岭南大道、汾江路（含吉祥路）、乐龙路、环镇路（西、北）、裕和路、华阳路和沙良河一河两岸环境整治（含乐平路整治）等8条大动脉的征地拆迁和建设工作。完成新沙滘小学等100多项市政工程，含融资建设共完成投资约4亿元。推进污水处理二期工程，建设魅力水乡，全年投入水利工程建设资金约1.1亿元。

【社会各项事业】

2010年，乐从农村集体经济收益和农民收入再创新高，全镇分红总额3.4亿，股东人均分红4544元，居全区各镇街首位。社保扩面指标完成107.69%，社保覆盖位居全区前列。乐从开通全区首个镇级人力资源网页。慈善事业蓬勃发展，全年共筹集善款1460万元，救助扶贫金额达668.7万元。圆满完成广州“亚运会”、“亚残运会”期间安全保卫任务；乐从派出所公安连续6年被公安部认定为“一级公安派出所”；成立综治信访维稳中心。成功摘掉省火灾隐患重点地区的“帽子”。教育建设加速进步，教育经费投入1.6亿元，居镇财政各项支出之首；协助建成东平小学、新沙滘小学投入使用。文体事业精彩纷呈，陈家祠完成二期修缮，陈家祠文化创意产业园规划逐步推进。（任沃宁）

龙江镇

【概况】

龙江是国家重点镇、广东省中心镇，也是珠三角地方性中心和佛山城市组团之一，位于顺德西部，地属珠江水系冲积平原，因江水曲折迂回、势若游龙而得名。锦屏、龙峰二山将全镇分为龙江、龙山和里海3个自然区域，人称“二龙拱珠”。镇内土地肥沃，河网密布，水资源丰富，四季常青，生机盎然，是著名的岭南水乡之一。全镇面积73.8平方公里，常住人口约23万，其中户籍人口9.8万，辖内9个居委会，13个村委会，工商企业及个体户11154家。2010年，全镇实现地区生产总

龙江镇平安钟助老服务启动

值120亿元，工业产值345亿元，商品销售总额51.5亿元，全社会固定资产投资34.8亿元，税收收入12.28亿元，人民币存款余额180.5亿元。近年来，随着经济社会快速发展，龙江先后获得国家、省、市有关部门授予中国家具制造重镇、中国家具材料之都、中国塑料建材产业之都、国家卫生镇、广东省技术创新专业镇、广东省教育强镇、广东省卫生镇、广东省历史文化名镇等荣誉称号。

【经济发展状况】

龙江经济以制造业为主，有家具、塑料、小家电、食品饮料、纺织服装等支柱产业。塑料建材产业为最大产业，各类塑料建材制造及上下游原材料商贸企业共220多家，产品包括各种塑料管材管件、线槽、塑板、助剂、电缆等，形成较完整的产业链，产品品种为全国最多。2010年，中国联塑上市，树起中国塑料管道产业领先的旗帜。家具产业是特色优势产业，镇内现有家具制造企业2700多家，产品齐全。2010年，该镇志豪家具产品荣获“广东省名牌产品”，造就家具产业的一道亮丽的风景。龙江也是全国最大的家具原材料集散地，拥有龙山材料城、豪俊材料城、亚太木业城、亚洲国际家具材料交易中心、龙城家具材料城和龙头家具材料城等6大专业市场。每年3月和9月举行“龙”家展和亚洲国际家具材料展两大专业展览会，吸引来自全球110多个国家和地区超130万人次的专业观众参观。是年，该镇7家企业8个项目入选广东省现代产业500强项目，33家企业入选顺德区“龙腾计划”。全镇现有中国驰名商标2个，中国名牌2个，广东省著名商标11个，广东省名牌产品14个。

【城乡建设】

龙江是珠江三角洲西部重要的交通枢纽之一，是海南及云、贵、川、桂等西部省（区）进入珠三角的门户。是珠二环、佛开高速、顺番路、龙高路、325国道、佛山一环南延线交汇之地，西江、北江流经辖区。2010年，龙江镇基础设施建设日臻完善，发展环境提升。该镇形成以盈信广场为中心的核心商圈，保利、碧桂园、佛奥等高端房产项目进驻，城市化建设步伐加快。新龙江医院建成，体育公园、新交通中心、新消防大楼、城区初中、东华小学正在加紧建设。新建开源变电站、致远变电站及苏溪变电站扩能工程。完成污水处理厂一期建设，污水处理能力达3万吨/日。

【社会各项事业】

2010年，龙江社会各项事业全面发展，获评“广东省历史文化名镇”，申报中国历史文化名镇、中国戏剧之乡。开展教育基金百万行募捐活动，引入社会力量助学，教育质量提高。开展“两龙文化”历史文化研讨系列活动，建设“两龙文化”，保存历史文化资源。举办“粤剧泰斗”薛觉先系列纪念活动。举办全国5人龙舟公开赛。电视剧《家天下》、长篇广播剧《龙江故事》在省级电视台、电台播出。该镇仙塘村龙狮队获省级会员资格。龙江书画名家刘仕祺作品入选上海世博会邮票珍藏版。全年该镇举办群众性文体活动186场次，全民健身氛围日益浓厚。强化公共就业服务，提供职位1.4万个，失业登记率控制在1.5%以下。社会保险扩面征缴工作取得实效，各居（村）如期推进新农保业务。启动平安钟服务，71名贫困老人受惠。村级福利事业稳步推进，20个居（村）成立福利会，9个居（村）成立职工互助基金。

2010 年全镇共出生 1122 人，出生率为 11.57‰，自然增长率为 5.75‰，计划生育率 96.52%，被市、区双双评为“2010 年度人口与计划生育先进单位”。

【入选为第二批广东省历史文化名镇】

广东省住房和城乡建设厅与省文化厅联合发出“粤建村〔2009〕6 号”文件，正式公布第二批广东省历史文化街区、名镇、名村名单，龙江镇入选为第二批省历史文化名镇，为顺德区乃至佛山市唯一的入选镇。历史上，龙江、龙山称作“两龙”，既有中原文化传统、又有古越遗风的赛龙舟、自梳女等经过长年整合而形成的习俗，还有“忠义儒林乡”的石牌匾、明清建筑、紫云阁、贞女桥、漱玉泉等历史代表性建筑，特别是左滩麻祖岗古贝丘遗址的发现，填补了顺德境内尚未发现过先秦时期文化遗址的空白。

为了更好保护龙江历史文化遗产，2009 年，龙江镇成立顺德第一个镇级历史文化研究会，并启动“两龙文化”系列研讨活动，例如重修两龙乡志、编写村志，在学校、社区等地方举行历史文化讲座。目前该镇正准备筹建薛觉先纪念馆和龙江粤剧艺术团，并推进多项遗址的修建工作，如陈岩野纪念公园和察院陈公祠的修建，对于麻祖岗遗址，将邀请省考古研究所的专家、学者进行全面发掘。

【第十七、十八届“龙”家具精品展览会和第七、八届亚洲国际家具材料博览会】

龙江每年 3 月和 9 月举行“龙”家展和亚洲国际家具材料展两大专业展览会，2010 年 3 月 17~20 日，第十七届“龙”家具精品展览会和第七届亚洲国际家具材料博览会分别在顺德龙江前进汇展中心和亚洲国际家具材料交易中心举办。本届“龙”家具展共有来自全国各地的 350 多家企业参展，家具材料博览会参展企业近 300 家。本届博览会期间，顺德家具研究开发院在亚洲国际家具材料交易中心正式揭牌。9 月 5 ~8 日，第十八届“龙家具”展览会和第八届亚洲国际家具材料博览会举行。本届“龙家展”共有来自全国 10 多个省、市的 410 多家企业参展；家具材料博览会，打造专业、规范、时效、科学四大特色，参展商近 300 家。展览期间，亚洲国际家具材料中心举行隆重的 C 区开业仪式。

（邓润和）

杏坛镇

【概况】

杏坛位于顺德西南部，全镇总面积 121 平方公里,下辖 24 个村委会，6 个居委会，2010 年常住人口约 18.8541 万人（其中户籍 12.9346 万人），流动人口约 5.9195 万人，海外华侨港澳台同胞 5 万多人。镇内绝大部分是江河冲积平原，是珠江三角洲知名水乡，水乡文化氛围浓郁；是“广东省民俗艺术之乡”、“广东省教育强镇”、“国家卫生镇”。2010 年全镇地区生产总值突破百亿元大关，达到 102 亿元，工业总产值 268.62 亿元，其中规模以上工业产值 257.36 亿元，商业销售总额 58.84 亿元，其中限额以上批发零售餐饮销售额 13.17 亿元，全社会固定投资 22.33 亿元，国地两税总收入 6.35 亿元。

【经济发展状况】

2010 年，杏坛经济实力明显提升。全镇规模以上民营企业 178 家，是杏坛主要经济和财税增长点。行业龙头企业不断壮大发展，西部生态产业启动区开发建设取得突破性进展，园区基础设施、浦项钢板项目和美的产业园加快动工建设。创新体系逐步完善，年内全镇新增1家省级自主创新百强企业、2家省级高新技术企业，新建3个市级工程技术中心，多个省、市、区级技改项目通过申报认定。甘竹罐头成为中国驰名商标，东原厨具、威捷极光、自然涂、宝丽雅被认定为广东省著名商标，常青树胶粘剂取得广东省名牌产品称号。该镇已拥有中国驰名商标2个，省著名商标8个，省名牌产品6个。是年，全镇实现农业生产总值11.39亿元，农民人均纯收入增加108元，农业稳步发展。第三产业加快发展。高标准规划建设海峻达“上苑”、君怡“金海岸”、佳兆业“可园”等大型房地产项目，配套建设四星级商务酒店，加快引进国际连锁餐饮店，杏坛城市功能逐步完善，商业氛围更加浓厚。

【城乡建设】

2010年，杏坛全面落实“南进、西拓、北优”发展思路，基本确立“一城两片区”发展格局。高富路、一环南延线拆迁工作取得突破；镇二环路北段建设进度加快；北河路、齐宁路、金登路的改造工程全面竣工；多条进村道路的建设加快推进，杏坛区域交通环境不断改善。总投资1.22亿元的东海、桑麻、百丈、靖涌等水闸和引水泵站工程基本竣工，堤围整治和闸站改造等工程顺利推进。建成绿道36公里，开展居（村）主题林建设，投入1600多万元提升主干道路绿化，全力打造绿色杏坛。制定内河涌综合治理方案，开展非卫生户厕改造，完成光华六队内河涌生物治污，疏浚河涌101公里。规划建设污水处理厂二期，整治废塑、电镀、漂染行业和工业锅炉，有效遏制废水、废物、废气的超标排放。2010年，该镇被授予“佛山市科学发展七大特色镇（街）”称号。

【社会各项事业】

2010年，杏坛优先发展民生事业，社会各项事业全面发展。实施“教育改薄”工程，全力发展优质均衡教育。投入2亿多元，建成新桑麻小学，加快建设新昌教小学，全面启动杏联中学饭堂、梁銶琚中学宿舍等多项校安工程建设。重视学前教育，推广特色教学，“一校一品”建设工作成效显著。强化技能培训，职校毕业生实现100%就业。先后举办“欢乐水乡闹元宵”、“龙潭水乡文化节”、“右滩民俗民间艺术巡游”、“居（村）才艺大赛”、“居（村）篮球赛”等特色文体活动200多场，放映公益电影300多场，惠及群众20万多人次，基层文化生活进一步活跃。按照“管办分离”原则，将杏坛医院交由区第一人民医院托管。深入开展“名医进村居”义诊活动，免费诊治2100多人。推进示范性社区卫生服务站建设，建成19个居（村）卫生所。全年慰问困难家庭、优抚对象、五保低保户、残疾人家庭3156户，累计发放低保、临救特救和助学金近1000万元。成立杏坛慈善会和30个居（村）福利会，深入开展慈善募捐活动，募集各类善款4000多万元。新农保实现全覆盖，农民生活更有保障。创新举办全征地农民专场招聘会，初步建成海凌五金座垫、联丰农场等就业基地，先后为100多名全征地农民解决就业问题。年内全镇举办各类型招聘会共5场，提供职位15076个，近5000人走上工作岗位。筹资400多万元，完成逢简明远桥、杏坛苏氏大宗祠的修缮，并在马齐等16个居（村）增设文物保育员。投入400多万元，新增60个视频监控点，基本覆盖主干道、重点场所等部位。深入开展“粤安10”和“创平安迎亚运”专项行动和重点治安整治，全年共破刑事案件451宗，查结治安案件1533宗。加大安全生产专项整治力度，安全生产事故同比下降12%。全面铺开“简政强镇”事权改革，综合设置13个职能部门。组建镇属行政服务中心，集中设置39个服务窗口，“规范、高效、便民”的一站式服务平台基本建成。成立30个村（社区）行政服务站，政府公共服务逐步向居（村）延伸，实现政府治理与基层自治分离。聘请38名社会精英组建镇公共决策咨询委员会，落实重大决策和重要事项咨询制度。

【“爱杏坛·爱慈善”大型募捐活动】

为弘扬“人道、博爱、奉献”的社会关爱精神，杏坛镇人民政府和杏坛慈善会从2010年5月19日起正式启动“爱杏坛·爱慈善”大型募捐活动。此次募捐活动的目的是进一步充实杏坛镇慈善会的慈善基金，从而更好地开展助孤、助残、助困、助学、助老、助医等慈善活动，为社会弱势群体提供更多、更及时地援助。7月3日，“爱杏坛爱慈善”慈善大巡游活动在顺德杏坛镇文化广场举行，社会各界热心人士以及香港杏坛同乡会、澳门杏坛同乡会的乡亲2000多人参加这一盛会。该慈善募捐活动一直持续到12月，共收到慈善捐款700多万元。（欧阳雪欣）

均安镇

【概况】

均安位于顺德西南部，毗邻中山、江门两市，镇辖面积79.45平方公里，户籍人口近9万人，外来务工人员9万多人，旅居港澳台的乡亲和海外华侨达4万多人，下辖8个居委会和5个村委会，是“中国牛仔服装名镇”、“中国曲艺之乡”、“中国民间文化艺术之乡”、“全国环境优美乡镇”、“广东省生态示范镇”、“广东省旅游度假区”，是国际武打巨星李小龙的故乡。2010年，均安镇实现地区生产总值78.8亿元；

均安豸浦敬老宴现场

工业总产值183.8亿元，其中规模以上工业产值138亿元，农业总产值14.2亿元；财政一般预算收入3.5亿元；工商税收入库6.6亿元，其中国税入库4.3亿元，地税入库2.3亿元；城乡居民储蓄余额60.8亿元；职工人均收入17690元/年，农民人均收入9140元/年。

【经济发展状况】

2010年，均安通过主动调整管理模式和营销策略，逐步由劳动密集型向资本密集型、技术密集型转型升级。联合《中国服饰》杂志开展“生态均安，绿色牛仔——产业链调查”活动，并组织企业参加国内外著名展会，均安牛仔区域品牌逐步擦亮。协助企业申请区级以上产学研项目，共有3间企业的4个项目申请，获得450多万配套资金。2010年受理报建报监工程50项，建筑面积58.2万米^2，造价7.27亿元；共办理商品房合同备案登记1230宗；全镇房地产销售税入库6359.4万元。骏景酒店成功通过四星级评审。成功举办均安2010旅游美食文化节和“2010李小龙文化节”，旅游文化品牌进一步提升。

【城乡建设】

2010年，均安加快推进北区商住中心控制性详细规划、凫洲河一河两岸控制性详细规划、李小龙乐园控制性详细规划以及110千伏菱溪变电站选址等工作的开展。500千伏狮洋至五邑输电线路均安段、一环东线南延线、横九路、均荷路改造、百安路跨线桥等市区重点建设项目以及文田中学、文化广场的收尾工程、体育公园、豸浦新冲水闸、蚬沙水闸、南面水闸、槎涌水闸工程以及新宁险段整治工程等一系列镇属重点工程项目加快建设，部分工程已竣工并投入使用。开展城管专项行动，加大市容环境卫生整治力度，遏制乱摆卖、环境污染、非法营运等现象。环境保护工作成效显著，2010年均安通过审核，获准由“全国环境优美乡镇”更名为“全国生态优美镇”。

【社会各项事业】

2010年，均安民生事业稳步发展，群众生活质量进一步提高。成功举办一系列以“阳光均安·和谐家园”为主题的文体活动，如元宵节文艺晚会、巾帼健身大巡游、“玉堂冰心”陈可之油画暨自梳女图片展、国际女篮四强邀请赛、第五届广东省青少年曲艺“明日之星”选拔赛暨首届均安曲艺节、2010李小龙文化节等，丰富群众精神文化生活。均安女篮夺得第九届广东省职工运动会冠军。加快推进畅兴产业基地、南沙及西线片的社区卫生服务站建设。全镇新型农村养老保险参保1.8万多人，居民医疗保险参保6.5万多人，参保率分别为90%和100%。三级发放低保救助金270万元；发放助学款84万元。13个居（村）委会全部成立福利会，全年镇级慈善会共筹款809万元。农村基层大局和谐稳定，连续5年立案下降、破案上升。7月底全面启动简政强镇综合改革工作，进行机构改革、承接区事权移交、创新人事管理以及行政服务等方面的改革，居（村）党组织换届选举工作顺利。

（罗均晖）

人物与荣誉

2010年度获全国先进单位称号名录

获奖单位	评定单位	先进称号
顺德区	中国游泳协会	全国游泳之乡
顺德区	中国烹饪协会	中国美食名城
顺德区文物普查队	国家文物局	第三次全国文物普查调查阶段突出集体
广东松下环境系统有限公司工会	中华全国总工会	全国模范职工之家
广东美的集团股份公司空调窗机分厂工会	中华全国总工会	全国模范职工小家
美的制冷家电集团广东美芝制冷设备有限公司卷线车间浸漆班	中华全国总工会	全国社会主义劳动竞赛先进班组
顺德区人民检察院	最高人民检察院	全国检察机关宣传先进单位
区发展规划和统计局	国家统计局	全国城乡划分清查先进集体
区经济普查办公室	国务院第二次全国经济普查领导小组	第二次全国经济普查国家级先进集体
顺德区梁銶琚职业技术学校	教育部办公厅、人力资源社会保障部办公厅、财政部办公厅	国家中职改革发展示范学校
顺德区中等专业学校	教育部办公厅、人力资源社会保障部办公厅、财政部办公厅	国家中职改革发展示范学校
区人力资源和社会保障局	人力资源和社会保障部	2010年中国劳动保障报新闻宣传工作先进单位
区飞鹅墓园管理处	民政部	全国殡葬工作先进单位
北滘镇余荫院	民政部	全国模范敬老院
顺德区第一次全国污染源普查办公室	国务院第一次全国污染源普查领导小组办公室、环境保护部、国家统计局、农业部	第一次全国污染源普查先进集体
顺德职业技术学院	全国绿化委员会	全国绿化模范单位
顺德职业技术学院	全国大学生心理咨询专业委员会	全国高职院校心理健康教育工作先进集体
佛山市顺德区第一人民医院	卫生部医疗服务监管司、《健康报》、《中国卫生》杂志社	全国百家“2010改革创新医院”
顺德出入境检验检疫局检务科	国家质量监督检验检疫总局	2010全国检验检疫系统“文明服务窗口”
容桂街道办事处	中华人民共和国国家人口和计划生育委员会	全国计划生育优质服务乡级示范站
北滘镇人民政府	中国国际城市化发展战备研究委员会	2010年中国城市化工业设计典范案例广东省顺德·北滘
大良实验中学	教育部	全国学校艺术教育先进单位
顺德边防检查站	公安部边防管理局	执法标兵单位

2010年度获省级(含省直部门)先进单位称号名录

获奖单位	评定单位	先进称号
顺德区政府	广东省人民政府	2010年度广东省金融稳定奖
顺德区委区政府办公室	广东省政府办公厅	2010年度信息报送先进单位
顺德区委办	广东省委办公厅	2010年度信息报送先进单位
顺德区	中共广东省委老干部局广东省体育局省老年人体育协会	优秀组织奖
顺德区文体旅游局	广东省第十三届运动会组委会	第十三届广东省运动会突出贡献单位
顺德区文体旅游局	广东省体育局	2009年度广东省体育彩票工作突出贡献奖
刘磊车队	广东省总工会	广东省工人先锋号
省储备粮管理总公司顺德直属库	广东省总工会	广东省工人先锋号
中国工商银行股份有限公司佛山顺德支行营业部	广东省总工会	广东省工人先锋号
中华人民共和国广东海事局佛山顺德海事处	广东省总工会	广东省工人先锋号
中国石化广东佛山石油分公司顺德加得力加油站	广东省总工会	广东省工人先锋号
顺德区人民检察院阳光检务试点工作实施小组	广东省人民检察院	集体二等功
顺德区人民法院	广东省高级人民法院	全省法院文化建设示范单位
顺德区人民法院	广东省高级人民法院	全省法院集中清理执行积案工作先进集体
顺德区人民法院	广东省高级人民法院	全省“无执行积案”先进法院
顺德区人民法院	广东省高级人民法院	全省法院党建工作先进集体
区发展规划和统计局	广东省统计局	省统计“五五”普法先进单位
顺德调查队	广东调查总队、广东省统计局	2010年广东城镇住户基本情况抽样调查工作先进单位
顺德调查队	广东调查总队	2010年度市县(区)调查队优秀统计分析报告二等奖
顺德调查队	广东调查总队	2010年度顺德调查队统计普法和执法工作三等奖

（续上表）

获奖单位	评定单位	先进称号
顺德调查队	广东调查总队	2010 年度统计调查业务工作考核评比结果：专项调查一等奖、统计分析二等奖、城镇住户调查、工业价格调查、消费价格调查、调查（经济）信息三等奖
顺德区经济促进局	第五届“省长杯”工业设计大赛组委会	广东省第五届“省长杯”工业设计大赛先进单位
顺德区经济促进局	广东省人民政府	2008 年度广东省节能先进单位
顺德区经济促进局	广东省人民政府	2009 年度广东省节能先进单位
顺德区地税局稽查局	共青团广东省委员会 广东省地方税务局	广东省青年文明号
顺德国税容桂税务分局	广东省国税局共青团广东省委员会	广东省青年文明号
区妇幼保健院产科	广东省卫生厅	四星级青年文明号
区疾控中心工会	广东省总工会	省模范职工小家
顺德区（整合宣教医技资源共建健康幸福家庭）	广东省计生委	全省人口和计划生育宣传教育创新项目
顺德区公安局	广东省公安厅	广东省科技强警示范县（区）
顺德区公安局	广东省公安厅	2009 年度全省县级公安机关执法质量考评优秀单位
顺德公安分局指挥中心	广东省公安厅	科技强警示范县（区）建设工作先进集体
北滘派出所	广东省公安厅	2009 年度全省优秀公安基层单位
顺德公安分局巡逻警察大队特警中队	广东省公安厅	2009 年度全省优秀公安基层单位
顺德公安分局交通警察大队伦教中队	广东省公安厅	2009 年全省公安交通管理部门预防交通事故先进单位
顺德公安分局刑事侦查大队二中队	广东省公安厅	集体二等功
顺德公安分局行动技术支队第七大队	广东省公安厅	集体二等功
容桂派出所	广东省公安厅	全省第六次全国人口普查户口整顿工作先进集体
勒流派出所	广东省公安厅	全省第六次全国人口普查户口整顿工作先进集体
顺德边防检查站	广东省公安边防总队	基层执法示范单位
顺德边防检查站	广东省公安边防总队	先进党委
顺德边防检查站	广东省公安边防总队	口岸查控先进单位

（续上表）

获奖单位	评定单位	先进称号
顺德国税容桂税务分局	广东省国税局	广东省国税系统文明单位
顺德出入境检验检疫局	广东出入境检验检疫局	2010 年广东局进出境动植物检验检疫工作先进集体一等奖
顺德出入境检验检疫局	广东出入境检验检疫局	广州亚运会旅邮检动植物检疫先进集体二等奖
顺德出入境检验检疫局	广东出入境检验检疫局	2010 年度检验监管工作先进集体
顺德出入境检验检疫局	广东出入境检验检疫局	2010 年度广东检验检疫系统供港澳食品安全保障先进集体
顺德出入境检验检疫局	广东出入境检验检疫局	广东检验检疫局“科技兴检”先进集体
顺德出入境检验检疫局	广东出入境检验检疫局	2010 年度广东检验检疫系统卫生检疫工作先进单位
顺德出入境检验检疫局检务科	广东出入境检验检疫局	广东检验检疫系统 2008~2010 年度检务先进集体
佛山市顺德区路桥建设有限公司容奇大桥收费站	广东省交通运输厅	2010 年节假日保通畅工作先进集体
共青团容桂街道委员会	共青团广东省委员会组织部	广东省五四红旗团委
佛山市顺德区国家税务局容桂税务分局	广东省国家税务局	广东省国税系统文明单位
容桂街道容奇港民兵营	广东省公安厅	亚运会亚残会安保工作先进单位
容桂街道海尾社区	广东省精神文明建设委员会	广东省文明社区
容桂街道南区劳动服务站	广东省劳动和社会保障厅	创建充分就业社区达标单位
容桂街道大福基社区	广东省劳动和社会保障厅	创建充分就业社区达标单位
容桂街道德胜社区	广东省劳动和社会保障厅	创建充分就业社区达标单位
容桂街道细滘社区	广东省劳动和社会保障厅	创建充分就业社区达标单位
容桂街道卫红社区	广东省劳动和社会保障厅	创建充分就业社区达标单位
容桂街道红旗社区	佛山市爱国卫生运动委员会	通过 2009 年度佛山市 A 类“广东省卫生村”考评
容桂街道南区社区	佛山市爱国卫生运动委员会	通过 2009 年度佛山市 A 类“广东省卫生村”考评
容桂街道上佳市社区	佛山市爱国卫生运动委员会	通过 2009 年度佛山市 A 类“广东省卫生村”考评

(续上表)

获奖单位	评定单位	先进称号
容桂街道四基社区	佛山市爱国卫生运动委员会	通过2009年度佛山市A类"广东省卫生村"考评
容桂街道海尾社区	佛山市爱国卫生运动委员会	通过2009年度佛山市A类"广东省卫生村"考评
容桂街道大福基社区	佛山市爱国卫生运动委员会	通过2009年度佛山市A类"广东省卫生村"考评
容桂街道红星社区	广东省民政厅	2009年度广东省"六好"平安和谐社区
容桂街道容山社区	广东省民政厅	2009年度广东省"六好"平安和谐社区
容桂街道四基社区	广东省民政厅	2009年度广东省"六好"平安和谐社区
容桂街道德胜社区	广东省民政厅	2009年度广东省"六好"平安和谐社区
容桂街道扁滘社区	广东省民政厅	2009年度广东省"六好"平安和谐社区
容桂街道大福基社区	广东省民政厅	2009年度广东省"六好"平安和谐社区
龙江镇苏溪社区居委会	广东省民政厅	"六好"平安和谐社区
龙江镇龙山社区居委会	广东省民政厅	"六好"平安和谐社区
龙江镇西溪社区居委会	广东省民政厅	"六好"平安和谐社区
龙江镇世埠社区居委会	广东省民政厅	"六好"平安和谐社区
顺德区龙江镇	广东省住房和城乡建设厅 广东省文化厅	第二批省历史文化名镇
龙江镇经济普查办公室	国务院经济普查办公室	第二次全国经济普查国家级先进集体
陈村镇	广东县域经济研究与促进会、中共广东省委党校省情研究中心	2009广东镇域经济综合发展力"广东百强·佛山十强"
北滘镇人民政府	广东县域经济研究与发展促进会	佛山顺德·北滘镇2009广东镇域经济综合发展力广东十强
北滘镇人民政府	广东省体育局	2006~2009年广东省群众体育先进单位
北滘镇人民政府	广东省科学技术厅	广东省"双提升"示范专业镇
北滘镇人民政府	广东省科学技术厅	广东省专业镇建设先进单位
均安镇人民政府	广东省科学技术厅	广东省"双提升"示范专业镇
均安镇党委办公室	广东省档案局	省特级档案综合管理单位

（续上表）

获奖单位	评定单位	先进称号
广东中侨五金电器制造有限公司	广东省名牌产品评价中心	广东省名牌产品企业
联塑科技实业有限公司	广东省科学技术厅	第二批广东省创新型企业
顺德职业技术学院	广东省高等学校心理健康教育与咨询委员会	2008~2009 年度广东省高校心理健康教育与咨询工作先进集体
顺德职业技术学院学生会	共青团广东省委员会、广东省学生联合会	广东省先进学生会
顺德区容桂胡锦超职业技术学校	广东省人民政府	广东省职业教育工作先进集体
顺德区乐从中心幼儿园	广东省教育厅	广东省一级幼儿园
顺德区容山中学	广东省环境保护厅、广东省委宣传部、广东省教育厅	广东省绿色学校
顺德区乐从中学	广东省环境保护厅、广东省委宣传部、广东省教育厅	广东省绿色学校
顺德区勒流中学	广东省环境保护厅、广东省委宣传部、广东省教育厅	广东省绿色学校
顺德区均安富教小学	广东省环境保护厅、广东省委宣传部、广东省教育厅	广东省绿色学校
顺德区嘉信幼儿园	广东省环境保护厅、广东省委宣传部、广东省教育厅	广东省绿色学校
顺德区乐从中学	广东省委宣传部、广东省精神文明建设委员会办公室、广东省教育厅、广东省公安厅、广东省司法厅、广东省安全生产监督管理局	广东省交通安全文明示范学校
顺德区养正西山学校	广东省委宣传部、广东省教育厅	广东省“书香校园”
顺德区均安仓门小学	广东省委宣传部、广东省教育厅	广东省“书香校园”
顺德区养正西山学校	广东省委教育工作委员会、广东省教育厅、广东省公安厅	广东省安全文明校园
顺德区北滘镇莘村中学	广东省委教育工作委员会、广东省教育厅、广东省公安厅	广东省安全文明校园

2010年度获全国先进个人(单项)称号名录

姓名	工作单位	评定单位	先进称号
游　斌	广东美的集团有限公司	国务院	全国劳动模范
黄其广	民建(退休)	中国关心下一代工作委员会、中央精神文明建设指导委员会办公室	全国关心下一代工作先进工作者
周子昌	顺德区人民法院	最高人民法院	全国法院办案标兵
莫子方	区发展规划和统计局	国务院第二次全国经济普查领导小组	第二次全国经济普查国家级先进个人
李景昌	区发展规划和统计局	国务院第二次全国经济普查领导小组	第二次全国经济普查国家级先进个人
杨丹云	区发展规划和统计局	国务院第二次全国经济普查领导小组	第二次全国经济普查国家级先进个人
唐　敏	区城市社会经济调查队	国务院第二次全国经济普查领导小组	第二次全国经济普查国家级先进个人
何展图	区城市社会经济调查队	国务院第二次全国经济普查领导小组	第二次全国经济普查国家级先进个人
李旭放	区城市社会经济调查队	国家统计局办公室	2010年全国城乡住户调查样本轮换工作先进个人
郭国防	区经济促进局	国务院第一次全国污染源普查领导小组办公室	第一次全国污染源普查先进个人
伍静州	顺德区卫生和人口计划生育局	国务院第一次全国污染源普查领导小组办公室　环境保护部　国家统计局　农业部	第一次全国污染源普查先进个人
梁永龙	公共信息网络安全监察大队	公安部	全国公安机关打击整治网络淫秽色情专项行动成绩突出个人
王千林	顺德区环境运输和城市管理局	国务院第一次全国污染源普查领导小组办公室、环境保护部、国家统计局、农业部	第一次全国污染源普查全国先进个人
何英麟	顺德区环境运输和城市管理局	国务院第一次全国污染源普查领导小组办公室、环境保护部、国家统计局、农业部	第一次全国污染源普查全国先进个人
余　明	顺德区环境运输和城市管理局	国务院第一次全国污染源普查领导小组办公室、环境保护部、国家统计局、农业部	第一次全国污染源普查全国先进个人
温桂照	顺德区环境运输和城市管理局	国务院第一次全国污染源普查领导小组办公室、环境保护部、国家统计局、农业部	第一次全国污染源普查全国先进个人
房洁新	佛山市顺德区第一人民医院	卫生部、总后勤部卫生部	2010年优质护理服务考核优秀个人
廖应魁	顺德出入境检验检疫局	国家质量监督检验检疫总局	全国检验检疫系统"窗口服务文明标兵"
何江红	顺德出入境检验检疫局	国家质量监督检验检疫总局	全国检验检疫系统"窗口服务文明标兵"
廖晓晖	中国人民银行顺德市支行	中国人民银行	2010年度青年岗位能手
欧阳应龙	均安镇党委办公室	国家第二次全国经济普查领导小组	第二次全国经济普查国家先进个人
赖朝辉	龙江镇安监办	国家安全监管总局	安全生产监管监察先进个人

2010年度获省级先进个人(单项)称号名录

姓名	工作单位	评定单位	先进称号
贾少谦	海信科龙电器股份有限公司	广东省总工会	广东省五一劳动奖章
刘景进	广东康宝电器有限公司	广东省总工会	广东省五一劳动奖章
钟家淞	广东万和新电气股份有限公司	广东省总工会	广东省五一劳动奖章
李　霓	顺德区人民检察院	广东省人民检察院	全省检察机关先进个人
黄敬军	顺德区人武部	广东省军区	广州亚运会亚残运会支援工作先进个人
胡顺彪	顺德区人民法院	广东省高级人民法院	个人二等功
周丽燕	顺德区人民法院	广东省高级人民法院	全省人民陪审员调解工作先进个人
宁　磊	顺德区委区政府办公室	广东省委办公厅	2009年度信息报送先进工作者
欧阳剑锋	顺德区委政府办公室	广东省委办公厅	2010年度报送信息先进个人
梁彦权	顺德区区委区政府办公室	广东省政府办公厅	2010年度报送信息先进个人
欧伟中	区文体旅游局	广东省体育彩票管理中心	2009年度广东省体育彩票工作先进工作者
郑江涛	区体育中心	广东省体育彩票管理中心	2009年度广东省体育彩票先进工作者
陈苏星	区发展规划和统计局	广东省统计局、广东调查总队	2010年广东城镇住户基本情况抽样调查工作先进个人
李丽萍	区发展规划和统计局	广东省统计局、广东调查总队	2010年广东城镇住户基本情况抽样调查工作先进个人
梁兆宏	经济促进局	第五届“省长杯”工业设计大赛组委会	广东省第五届“省长杯”工业设计大赛先进个人
姜　蕙	顺德区教育局	广东省人民政府	广东省职业教育工作先进个人
孙　亮	顺德职业技术学院	广东省人民政府	广东省职业教育工作先进个人

（续上表）

姓名	工作单位	评定单位	先进称号
侯文胜	顺德区中等专业学校	广东省人民政府	广东省职业教育工作先进个人
杨　松	顺德区大良聚胜小学	广东省教育厅	广东省特级都教师
韩亚兰	顺德区梁銶琚职业技术学校	广东省教育厅	广东省特级都教师
谢立清	顺德区乐从东平小学	广东省教育厅	广东省特级都教师
王红艳	顺德区容桂中学	广东省教育厅	广东省特级都教师
陈维坚	顺德区容山中学	广东省教育厅	广东省特级都教师
周玉坚	顺德区嘉信幼儿园	广东省总工会	广东省“五一”劳动奖章
万冬梅	顺德区北滘中学	广东省教育厅	广东省中小学名班主任
陈永刚	顺德区教育局	广东省环境保护厅、广东省委宣传部、广东省教育厅	广东省绿色学校（幼儿园）先进个人
周　晖	顺德区李兆基中学	广东省委教育工作委员会	广东省教育系统优秀党务工作者
施爱英	顺德区教师进修学校	广东省教师继续教育工作领导小组	广东省中小学教师继续教育工作先进个人
章传东	顺德区教师进修学校	广东省教师继续教育工作领导小组	广东省中小学教师继续教育工作先进个人
谭纪影	顺德区北滘林头小学	共青团广东省委员会、广东省教育厅、少先队广东省工作委员会	广东省优秀少先队辅导员
黄晓晴	顺德区第一中学	广东省教育厅	广东省优秀学生
黄海荣	顺德区梁銶琚职业技术学校	广东省教育厅	广东省优秀学生
岑炳聪	顺德区郑裕彤中学	广东省教育厅	广东省“三好学生”
吴　越	顺德区华侨中学	广东省教育厅	广东省“三好学生”
汤文燕	顺德区容山中学	广东省教育厅	广东省“三好学生”
赵　宇	顺德区杏坛中学	广东省教育厅	广东省“三好学生”
董淑欣	顺德区李伟强职业技术学校	广东省教育厅	广东省“三好学生”
何健谊	大良计生办	广东省计生局	2009年度人口与计划生育目标管理责任制考核优秀调查员
郭舜君	北滘计生办	广东省计生局	2009年度人口与计划生育目标管理责任制考核优秀调查员
刘玲玲	顺德区第一人民医院	广东省卫生厅	省青年岗位能手

（续上表）

姓名	工作单位	评定单位	先进称号
陈　超	容桂派出所刑警中队	广东省公安厅	个人二等功
潘志德	交通警察大队大良中队	广东省公安厅	2009年度全省“五好”交警
周卫和	交通警察大队容桂中队	广东省公安厅	2009年度全省“五好”交警
周锡开	顺德乐从派出所	广东省公安厅	个人二等功
郭新华	顺德公安分局刑事侦查大队	广东省公安厅	个人二等功
梁国强	顺德公安分局指挥中心	广东省公安厅	科技强警示范县(区)建设工作先进个人
周　嵘	顺德公安分局指挥中心	广东省公安厅	科技强警示范县(区)建设工作先进个人
廖志光	交通警察大队龙江中队	广东省公安厅	2009年度全省优秀人民警察
池文辉	北滘派出所北滘社区民警中队	广东省公安厅	2009年度全省优秀人民警察
黄志敏	陈村派出所刑警中队	广东省公安厅	2009年度全省优秀人民警察
司徒标	大良派出所社区警务中队	广东省公安厅	2009年度全省优秀人民警察
张海贤	均安派出所	广东省公安厅	2009年度全省优秀人民警察
吴　昌	乐从派出所刑警中队	广东省公安厅	2009年度全省优秀人民警察
温志锋	勒流派出所治安中队	广东省公安厅	2009年度全省优秀人民警察
邓健文	龙江派出所丰华社区民警中队	广东省公安厅	2009年度全省优秀人民警察
杜在辉	伦教派出所治安中队	广东省公安厅	2009年度全省优秀人民警察
梁伟枝	容桂派出所城西社区民警中队	广东省公安厅	2009年度全省优秀人民警察
麦庆然	杏坛派出所杏坛社区民警中队	广东省公安厅	2009年度全省优秀人民警察
廖亦泉	顺德公安分局政工室	广东省公安厅	2009年度全省优秀人民警察
黄锐建	容桂派出所	广东省公安厅	2009年度全省“五好”所队长
廖锐强	陈村派出所	广东省公安厅	2009年度全省“五好”所队长
汪　刚	顺德公安分局经济侦查大队	广东省公安厅	2009年度全省“五好”所队长

（续上表）

姓名	工作单位	评定单位	先进称号
陈炳根	交通警察大队机动中队	广东省公安厅	2010年春运道路交通安全管理工作先进个人
刘韵金	交通警察大队龙江中队副股级侦察员	广东省公安厅	2010年春运道路交通安全管理工作先进个人
冼锦培	交通警察大队大良中队	广东省公安厅	2009年全省公安交通管理部门预防道路交通事故先进个人
何碧耀	乐从派出所	广东省公安厅	全省公安机关思想政治工作优秀工作者
张海贤	均安派出所	广东省公安厅	全省公安机关思想政治工作优秀工作者
范少云	交通警察大队	广东省公安厅	全省公安机关思想政治工作优秀工作者
莫德富	顺德区公安局	广东省公安厅	个人二等功
黎建军	顺德区公安局	广东省公安厅	个人二等功
卢锡禧	北滘派出所	广东省公安厅	“粤警论坛”献计献策奖先进个人
罗智刚	顺德区环境运输和城市管理局	广东省污染源普查领导小组办公室	广东省第一次全国污染源普查先进工作者
黄锐强	顺德区环境运输和城市管理局	广东省污染源普查领导小组办公室	广东省第一次全国污染源普查先进工作者
梁裕诗	顺德区环境运输和城市管理局	广东省污染源普查领导小组办公室	广东省第一次全国污染源普查先进工作者
陈树辉	顺德区环境运输和城市管理局	广东省污染源普查领导小组办公室	广东省第一次全国污染源普查先进工作者

（续上表）

姓名	工作单位	评定单位	先进称号
欧阳德汉	顺德区环境运输和城市管理局	广东省污染源普查领导小组办公室	广东省第一次全国污染源普查先进工作者
萧浩智	顺德区经济促进局	广东省污染源普查领导小组办公室	广东省第一次全国污染源普查先进工作者
何裕祥	顺德区环境运输和城市管理局	广东省环境保护厅、广东省人力资源社会保障厅、广东省总工会	广东省广州亚运会环境质量保障监测技术比武暨全国环境监测专业技术人员比武选拔赛获团体第三名，二等奖
周洁卉	顺德区卫生监督所	广东省卫生监督所	广东省“十佳卫生监督员”
张佩霞	佛山市顺德区第一人民医院	广东省卫生厅	2010年广东省优质护理服务先进个人
周建生	顺德国税稽查局	广东省国税局	广东省国税系统优秀国税工作者
路东琪	顺德出入境检验检疫局	广东出入境检验检疫局	广东检验检疫局“科技兴检”先进个人
方剑锋	顺德出入境检验检疫局	广东出入境检验检疫局	TBT/SPS通报评议、技术性贸易措施研究工作突出贡献先进个人
石靖辉	顺德出入境检验检疫局	广东出入境检验检疫局	2009年度WTO与技术性贸易措施应对工作优秀调查员
廖兆森	顺德出入境检验检疫局	广东出入境检验检疫局	2009年度WTO与技术性贸易措施应对工作优秀调查员
云昌均	顺德出入境检验检疫局	广东出入境检验检疫局	2010年度广东局进出境动植物检验检疫工作先进个人一等奖
黄凤仪	顺德出入境检验检疫局	广东出入境检验检疫局	2010年度广东局进出境动植物检验检疫工作先进个人一等奖

（续上表）

姓名	工作单位	评定单位	先进称号
刘伟彬	顺德出入境检验检疫局	广东出入境检验检疫局	2010年度广东局进出境动植物检验检疫工作先进个人一等奖
吕俊锋	顺德出入境检验检疫局	广东出入境检验检疫局	2010年度广东局进出境动植物检验检疫工作先进个人二等奖
邓妙贞	顺德出入境检验检疫局	广东出入境检验检疫局	2010年度广东局进出境动植物检验检疫工作先进个人二等奖
谢丽金	顺德出入境检验检疫局	广东出入境检验检疫局	2010年度广东局进出境动植物检验检疫工作先进个人三等奖
袁　浩	顺德出入境检验检疫局	广东出入境检验检疫局	2010年度广东局进出境动植物检验检疫工作先进个人三等奖
单玉萍	顺德出入境检验检疫局	广东出入境检验检疫局	广州亚运会马匹检疫工作先进个人
陈剑光	顺德出入境检验检疫局	广东出入境检验检疫局	广东局2008~2010年度统计工作先进个人
廖应魁	顺德出入境检验检疫局	广东出入境检验检疫局	广东检验检疫系统2008~2010年度检务先进个人
许贤萍	顺德出入境检验检疫局	广东出入境检验检疫局	广东检验检疫系统2008~2010年度检务先进个人
郭莲英	顺德出入境检验检疫局	广东出入境检验检疫局	广东检验检疫系统2008~2010年度检务先进个人
林浩元	顺德出入境检验检疫局	广东出入境检验检疫局	广东检验检疫系统2008~2010年度检务先进个人

（续上表）

姓名	工作单位	评定单位	先进称号
王　蕾	顺德出入境检验检疫局	广东出入境检验检疫局	广东检验检疫系统2008~2010年度检务先进个人
翁翠萍	顺德出入境检验检疫局	广东出入境检验检疫局	广东检验检疫系统2008~2010年度检务先进个人
林雪贞	顺德出入境检验检疫局	广东出入境检验检疫局	2008-2010年度广东局原产地工作先进个人
吴德辉	顺德航道分局大良站	广东省人力资源社会保障厅主办、广东省交通运输厅承办	“广东省技术能手”和“广东省交通运输厅技术能手”称号
严瑞桐	佛山市顺德区路桥建设有限公司容奇大桥收费站	广东省交通运输厅	2010年节假日保通畅工作先进个人
司　伟	中国联通顺德分公司	广东省人民政府国有资产监督管理委员会、广东省经济和信息化委员会、广东省人力资源和社会保障厅、广东省财政厅、广东省总工会	第二十届广东省企业管理现代化创新成果二等奖
田奭宇	中国联通顺德分公司	广东省人民政府国有资产监督管理委员会、广东省经济和信息化委员会、广东省人力资源和社会保障厅、广东省财政厅、广东省总工会	第二十届广东省企业管理现代化创新成果二等奖
田奭宇	中国联通顺德分公司	中国联合网络通信有限公司广东省分公司	2010年优秀共产党员
匡瑶华	中国联通顺德分公司	中国联合网络通信有限公司广东省分公司	广东联通“金牌服务·十佳服务标兵”称号
匡瑶华	中国联通顺德分公司	中国联合网络通信有限公司广东省分公司	广东联通“wo的精彩营业人员销售技能大赛优秀奖”

（续上表）

姓名	工作单位	评定单位	先进称号
匡瑶华	中国联通顺德分公司	中国联合网络通信有限公司广东省分公司	2010 年度广东联通优秀共青团员
梁紫斐	中国联通顺德分公司	中国联合网络通信有限公司广东省分公司	广东联通“金牌服务·百佳服务标兵”称号
廖继行	中国联通顺德分公司	中国联合网络通信有限公司广东省分公司	中国联通广东省分公司“优秀员工”
张　望	容桂街道办事处	广东省公安厅	亚运会亚残会安保工作先进个人
胡炼即	容桂街道办事处	广东省第二次全国经济普查领导小组办公室	第二次全国经济普查先进个人
卢惠强	容桂街道办事处	广东省第二次全国经济普查领导小组办公室	第二次全国经济普查先进个人
周伟和	容桂交警中队	广东省公安厅	全省“五好交警”
蔡遥炘	乐从镇人民政府	广东省人民政府	广东省广州亚运会亚残运会先进个人
陈叙明	区环境运输和城市管理局乐从分局	广东省环保厅	广州亚运会、亚残运会环境保障工作先进个人
李礼图	均安镇党委办公室	广东省第二次全国经济普查领导小组	第二次全国经济普查广东省先进个人
文巍伟	联塑科技实业有限公司	广东省人民政府	广东省劳动模范
黎家鑫	龙江镇苏溪社区居委会	国务院经济普查办公室	第二次全国经济普查国家级先进个人
刘添华	龙江镇世埠社区居委会	广东省经济普查办公室	广东省第二次全国经济普查先进个人

社会经济统计资料

2010年佛山市顺德区国民经济和社会发展统计公报

2010年，全区人民在区委、区政府的正确领导下，坚持以邓小平理论和“三个代表”重要思想为指导，深入贯彻落实科学发展观，加快推进经济发展方式转变和经济结构调整，着力实施《珠江三角洲地区改革发展规划纲要（2008~2020年）》和《中共佛山市顺德区委佛山市顺德区人民政府深化综合改革试验领跑全国县域发展行动纲要（2011~2015）》，全力推进“现代产业之都、生活品质之城”建设，全区经济保持平稳较快发展，各项社会事业取得新的进步。

一、综合

初步核算，2010年全区生产总值（GDP）1935.57亿元，比上年增长14.5%。其中，第一产业增加值34.60亿元，增长3.8%，对GDP增长的贡献率为0.5%；第二产业增加值1223.60亿元，增长18.1%，对GDP增长的贡献率为77.5%；第三产业增加值677.37亿元，增长8.8%，对GDP增长的贡献率为22.0%。三次产业结构为1.8∶63.2∶35.0。在第三产业中，批发和零售业增长12.7%，住宿和餐饮业增长21.7%，金融业增长5.2%,房地产业增长9.0%。民营经济增加值1053.69亿元，增长14.8%。

全年居民消费价格总水平比上年上涨3.3%，其中，消费品价格上涨3.7%，服务项目价格上涨2.5%。分类别看，食品类上涨4.9%，居住类上涨5.5%，家庭设备用品及维修服务类上涨6.2%，医疗保健及个人用品类上涨2.2%，烟酒及用品类上涨3.7%，衣着类上涨1.4%，交通及通信类上涨0.3%，娱乐教育文化用品及服务类上涨1.4%。

年末全社会从业人员124.69万人，比上年末增长2.1%。全年推荐本地人就业2.06万人次。年末全区登记失业人员1.27万人，全区登记失业率1.8%。

图1 2006~2010年地区生产总值及其增长速度

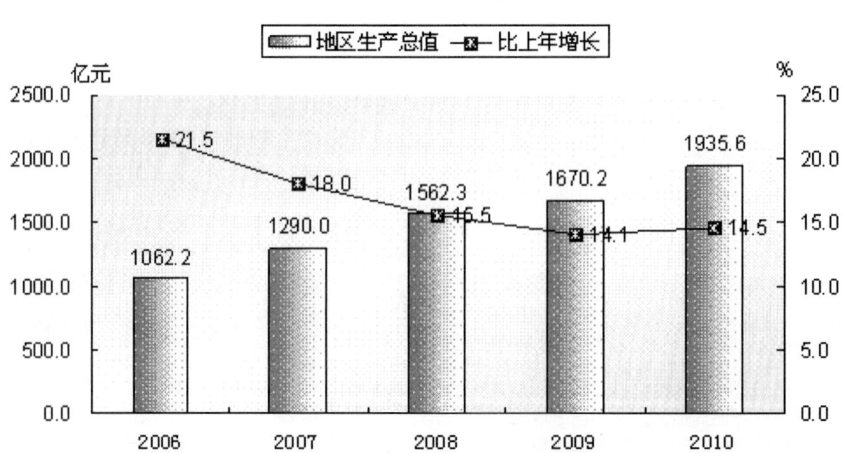

图 2　2006~2010 年居民消费价格涨跌幅度

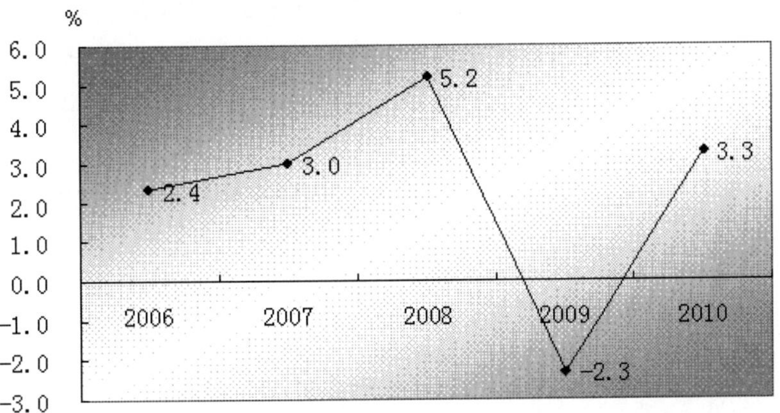

2010 年居民消费价格比上年涨跌幅度

单位：%

指标	价格指数	比上年涨跌幅度
居民消费价格	103.3	3.3
食品	104.9	4.9
其中：粮食	106.7	6.7
油脂	113.1	13.1
肉禽及其制品	101.9	1.9
鲜蛋	108.0	8.0
水产品	106.8	6.8
鲜菜	118.0	18.0
烟酒及用品	103.7	3.7
衣着	101.4	1.4
家庭设备用品及维修服务	106.2	6.2
医疗保健及个人用品	102.2	2.2
交通和通信	100.3	0.3
娱乐教育文化用品及服务	101.4	1.4
居住	105.5	5.5

据户籍人口统计，年末全区总户数 34.65 万户，比上年末增加 0.72 万户。总人口 122.54 万人，比上年末增加 1.21 万人。全年出生人口 13475 人，出生率 11.1‰；死亡人口 7466 人，死亡率 6.1‰；自然增长人口 6009 人，自然增长率 4.9‰。年末户籍人口的主要构成：男性占 49.7%，女性占 50.3%；18 岁以下人口占 20.6%，18~60 岁人口占 65.9%，60 岁及以上人口占 13.5%。

全年全社会用电量 131.08 亿度，比上年增长 14.3%，其中工业用电量 92.54 亿度，比上年增长 16.5%。

经济社会发展中存在的主要问题：产业转型升级和结构调整任务较为艰巨，资源环境约束突出，城乡居民增收难度加大，改善民生任务较为繁重。

二、农业

全年全区实现农业总产值 70.42 亿元，比上年增长 3.6%。其中，种植业 15.50 亿元，增长 6.0%；水产养殖业41.57亿元，增长1.9%；畜牧业10.32亿元，增长7.0%。

全年农作物及水果种植面积213769亩，比上年下降7.7%。其中，花卉种植面积45565亩，下降6.0%；水果种植面积6509亩，下降18.4%。全年蔬菜产量114415吨，增长2.1%；水果产量11111吨，下降10.8%。

全年肉类总产量51180吨，比上年增长7.2%。其中，猪肉产量35876吨，增长6.8%；禽肉产量15304吨，增长8.3%。全年水产品产量239238吨，比上年增长0.7%。其中，河涌捕捞853吨，下降3.1%；鱼塘养殖238385吨，增长0.8%。

2010年主要农产品产量及其增长速度

产品名称	计量单位	产量	比上年增长%
蔬菜	吨	114415	2.1
水果	吨	11111	-10.8
肉类总产量	吨	51180	7.2
其中：猪肉	吨	35876	6.8
禽蛋产量	吨	1147	11.5
水产品	吨	239238	0.7
其中：塘鱼	吨	238385	0.8
家禽饲养量	万只	2048.6	19.5
生猪饲养量	万头	80.69	1.2
生猪年末存栏量	万头	25.05	-9.7

三、工业和建筑业

全年全部工业完成总产值5235.06亿元，比上年增长21.4%。其中，规模以上工业企业完成工业总产值4995.06亿元，增长21.9%。

在规模以上工业总产值中，国有企业产值1.06亿元，增长60.1%；有限责任公司产值1228.94亿元，增长23.9%；股份有限公司产值1357.44亿元，增长40.6%；私营企业产值652.13亿元，增长1.5%；港澳台商投资企业产值1163.89亿元，增长18.3%；外商投资企业产值576.54亿元，增长13.5%。分轻重工业看，轻工业3371.63亿元，增长26%；重工业1623.43亿元，增长14.2%。轻重工比例由上年的64.5：35.5转变为67.5：32.5。

在规模以上工业总产值中，民营企业产值2355.14亿元，增长20.6%，对规模以上工业总产值增长的贡献率为45.4%。

在规模以上工业总产值中，八大支柱产业产值3990.25亿元，比上年增长22.4%。其中，家用电器制造业2094.89亿元，增长33.6%；机械装备制造业1056.67亿元，增长15.7%；电子通信制造业196.80亿元，下降4.3%；纺织服装制造业273.31亿元，增长13.4%；精细化工制造业145.74亿元，增长8.3%；家具制造业99.72亿元，增长19.8%；印刷包装业110.25亿元，增长5.7%；医药保健制造业12.87亿元，增长10%。

2010年1~11月，全区规模以上工业企业工业经济效益综合指数200.58。资产贡献率10.5%，资本保值增值率127.9%，资产负债率65.9%，流动资产周转次数2.44次，成本费用利润率4.4%，全员劳动生产率每年16.09万元/人，产品销售率93.6%。实现主营业务收入4013.55亿元，比上年同期增长24.8%。实现利润总额148.92亿元，比上年同期增长32.1%。实现利税总额230.42亿元，比上年同期增长35.1%。

全年资质等级以上建筑企业262家，

图 3　2006~2010 年规模以上企业工业总产值及其增长速度

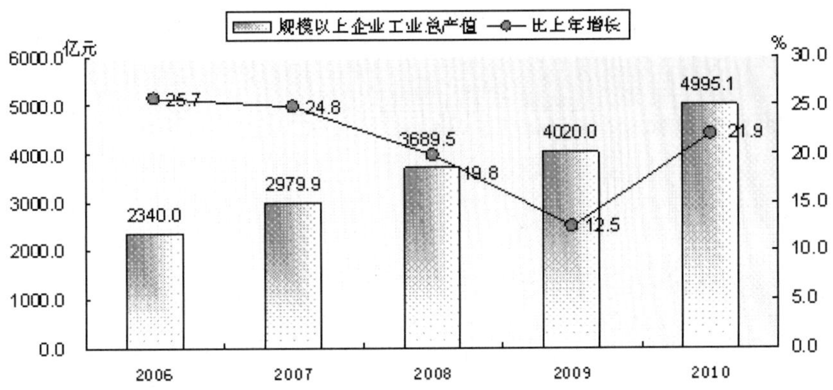

2010 年规模以上工业企业主要产品产量及其增长速度

产品名称	计量单位	产量	比上年增长%
配（混）合饲料	万吨	161.90	−8.2
布	万米	15306	20.7
服装	万件	25949	18.2
家具	万件	1222.21	9.3
涂料、油墨、颜料及类似产品	万吨	58.76	19.5
塑料制品	万吨	125.16	19.2
摩托车	万辆	16.44	57.6
交流电动机	万千瓦	202.28	41.2
变压器	万千伏安	1153.13	69.5
自行车	万辆	40.12	−82.9
家用洗衣机	万台	198.78	22.4
家用吸尘器	万台	750.80	84.1
家用电冰箱	万台	669.46	40.2
冷柜（含冷冻箱、冷藏箱）	万台	78.81	38.5
家用电风扇	万台	2165.91	23.9
家用空气调节器	万台	1789.46	71.6
吸排油烟机	万台	755.89	20.2
电热水器	万台	674.70	36.8
微波炉	万台	5134.66	22.9
电饭锅	万个	3742.92	8.6
家用电热烘烤器具	万个	1610.25	−5.1
燃气用具	万台	1638.01	9.8

2010年1~11月规模以上工业企业实现利润及其增长速度

单位：亿元

指标	利润总额	比上年同期增长%
规模以上工业	148.92	32.1
其中：国有及国有控股企业	0.01	-
集体企业	0.29	190.0
股份制企业	84.77	74.2
外商及港澳台投资企业	61.38	69.9
民营企业	2.47	7.4

比上年增长0.8%；完成施工产值159.18亿元，增长38.0%；实现利税总额17.49亿元，增长51.2%。全年全区建筑业企业实现增加值43.66亿元，同比增长9.7%。

四、固定资产投资

全年全社会固定资产投资392.7亿元，比上年增长14.6%。其中，基本建设投资140.2亿元，下降3.4%；更新改造投资88.7亿元，增长13.8%；房地产开发投资144.69亿元，上升40.2%。分投资主体看，外源型经济投资41.12亿元，下降8.1%；内源型经济投资351.63亿元，增长18.1%。其中民营经济投资127.82亿元，下降8.2%。分三次产业看，第一产业投资0亿元；第二产业投资95.03亿元，下降7.9%，其中工业投资94.94亿元，下降7.8%；第三产业投资297.7亿元，增长24.5%。

在房地产开发投资中，商品房住宅投资107.93亿元，比上年增长25.2%；全年商品房施工面积931.39万米²，增长50.4%。其中住宅784.96万米²，增长49.2%。商品房竣工面积119.99万米²，增长52.7%，其中住宅99.09万米²，增长43.7%。商品房销售面积298.32万米²，增长19.8%，其中住宅271.82万米²，增长20.1%。年末商品房空置面积26.64万米²，下降24.8%，其中住宅14.45万米²，下降24.1%。

图4　2006~2010年固定资产投资及其增长速度

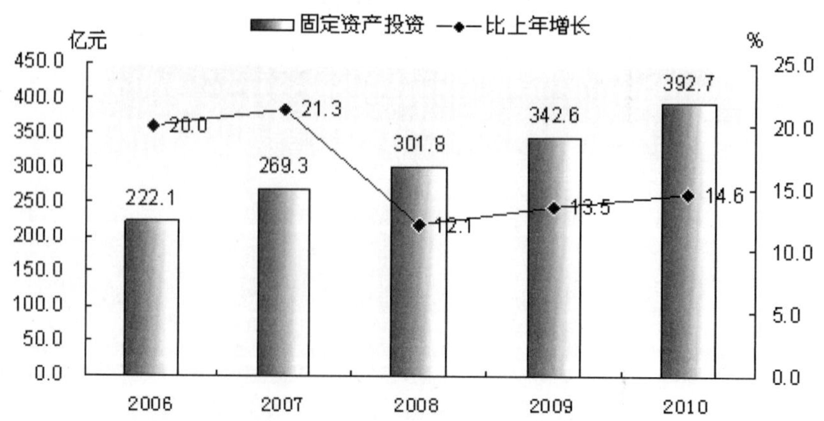

2010年分行业固定资产投资及其增长速度

单位：亿元

行业	投资额	比上年增长%	行业	投资额	比上年增长%
总计	392.7	14.6	汽车及配件	3.24	155.7
农、林、牧、渔业	0	—	电力、燃气及水的生产和供应业	4.59	-52.2
制造业	90.35	-3.2	建筑业	0.09	-60.4
其中：电子信息业	1.32	227.7	交通运输、仓储和邮政业	43.25	61.9
电器机械及设备	47.93	37.8	批发和零售业	1.49	-42.2
石油及化学	1.29	-57.9	住宿和餐饮业	2.22	-7.7
纺织及服装	8.53	-14.2	房地产业	166	34.5
食品饮料	0.06	-97.2	水利、环境和公共设施管理业	71.49	16.3
建筑材料	2.68	-16.7	教育	5.33	-52.1
森工造纸	0.79	-55.2	卫生、社会保障和社会福利业	4.96	56.0
医药业	0.30	31.3	文化、体育和娱乐业	0.45	-85.9

五、国内贸易

全年社会消费品零售总额539.7亿元，比上年增长19.3%。扣除物价因素，实际增长15.7%。分行业看，批发和零售业零售额467.5亿元，增长21.3%；住宿和餐饮业零售额72.2亿元，增长7.6%。

在限额以上批发和零售业零售额中，粮油类零售额比上年增长51.1%，肉禽蛋类下降18.7%，服装类增长15.6%，汽车类增长68.9%，石油及制品类增长28.1%，日用品类增长27.3%，体育娱乐用品类增长61.4%，文化办公用品类增长9.4%，通讯器材类增长31.7%，家用电器和音像器材类增长4.5%，家具类增长2.9%，化妆品类增长6.9%，金银珠宝类下降40.4%。

图5　2006~2010年社会消费品零售总额及其增长速度

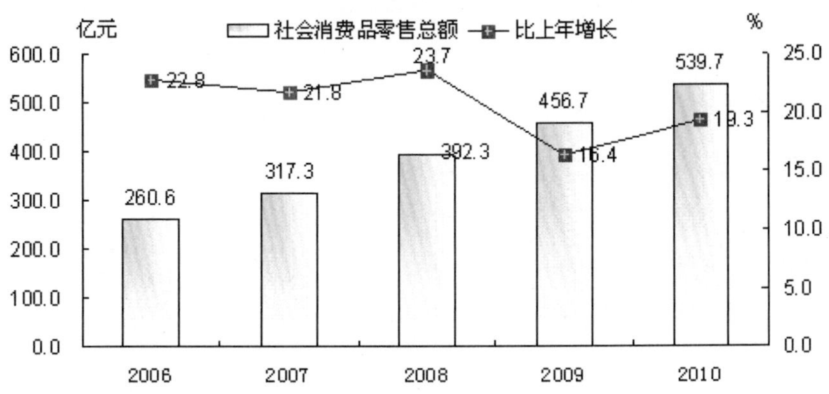

六、对外经济

全年进出口总额186.58亿美元，比上年增长25.5%。其中，出口144.31亿美元，增长30.1%；进口42.28亿美元，增长11.9%。出口大于进口102.03亿美元，比上年增加28.95亿美元。

2010年进出口总额及其增长速度

单位：亿美元

指　标	绝对数	比上年增长%	指　标	绝对数	比上年增长%
进出口总额	186.58	25.5	加工贸易	24.44	6.1
出口额	144.31	30.1	其中:机电产品	17.05	0.6
其中:一般贸易	71.82	52.5	高新技术产品	7.89	-17.8
加工贸易	71.91	12.9	其中:三资企业	30.62	11.3
其中:机电产品	115.48	30.3	内资企业	11.66	13.2
高新技术产品	12.44	-3.7	出口大于进口	102.03	39.6
其中:三资企业	107.10	25.5	其中:一般贸易	54.95	65.1
内资企业	37.21	45.4	加工贸易	47.47	16.7
进口额	42.28	11.9	其他贸易	-0.40	—
其中:一般贸易	16.87	22.1			

2010年对主要国家和地区进出口总额及其增长速度

单位：亿美元

国家和地区	出口额	比上年增长%	进口额	比上年增长%
亚洲	52.98	31.0	32.21	13.8
其中:港澳地区	19.27	28.2	0.77	2.1
非洲	5.79	32.9	3.52	39.6
欧洲	36.57	29.8	2.44	-1.3
拉丁美洲	14.43	82.9	1.06	-43.5
北美洲	31.32	15.7	2.56	13.2
大洋洲	3.21	8.5	0.48	33.8

全年实际利用外资59351万美元，比上年增长37.9%。其中，制造业占67.5%，房地产业占28.8%，电力、燃气及水的生产和供应业占0.5%，批发和零售业占2.9%。

2010年分行业外商直接投资及其增长速度

行业名称	项目数(个)	比上年增减(个)	实际使用金额(万美元)	比上年增长%
总　　计	88	32	59351	37.9
农、林、牧、渔业	0	0	22	175.0
制造业	40	16	40035	74.2
电力、燃气及水的生产和供应业	0	0	288	1415.8
建筑业	0	0	0	—
交通运输、仓储和邮政业	1	-1	103	-34.8
信息传输、计算机服务和软件业	1	0	6	-76.0
批发和零售业	30	13	1737	768.5
住宿和餐饮业	0	0	0	—
房地产业	6	2	17098	36.3
租赁和商务服务业	3	-2	58	-1.7
科学研究、技术服务和地质勘查业	6	4	2	-99.1

图6　2006~2010年进出口总额及其增长速度

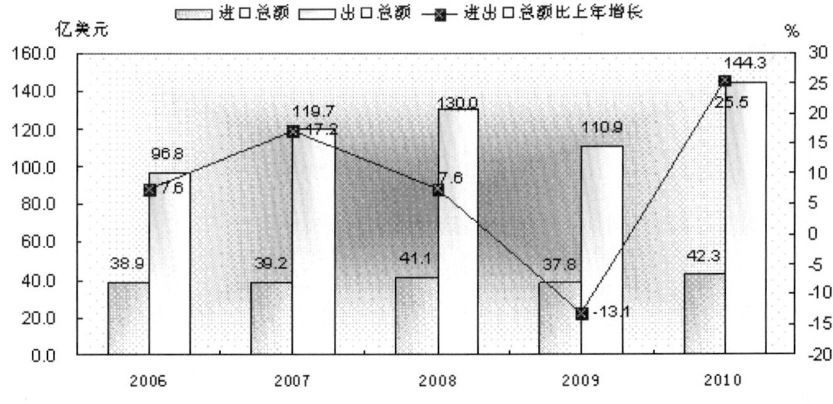

七、交通、邮电和旅游

全年交通运输、仓储和邮政业实现增加值61.18亿元，与上年持平。

全年内河港口完成货物吞吐量1237万吨，比上年增长0.7%；内河港口完成旅客吞吐量70万人次，比上年增长11.1%；港口码头泊位个数84个，比上年减少4个。

年末全区民用汽车保有量达到30.17万辆，比上年增长17.8%。其中，载客汽车23.13万辆，增长21.3%；载货汽车6.88万辆，增长7.8%。

全年完成邮电通信业务总量106.89亿元，比上年增长20.3%。其中，邮政业务

2010 年各种运输方式完成货物运输量及其增长速度

指标	单位	绝对数	比上年增长%
货物运输总量	万吨	5381	24.8
陆运	万吨	4666	29.9
水运	万吨	715	−0.6
货物运输周转量	亿吨公里	40.67	−38.2
陆运	亿吨公里	35.33	13.7
水运	亿吨公里	5.34	−84.6

2010 年各种运输方式完成旅客运输量及其增长速度

指标	单位	绝对数	比上年增长%
旅客运输总量	万人	6997	10.6
陆运	万人	6927	10.6
水运	万人	70	11.1
旅客运输周转量	亿人公里	24.95	46.0
陆运	亿人公里	24.13	47.5
水运	亿人公里	0.82	12.5

总量 2.41 亿元，增长 20.1%；电信业务总量 104.48 亿元，增长 20.3%。年末本地电话用户 95.04 万户，增长 2.7%；年末移动电话用户 366.07 万户，增长 18.8%。

全年全区旅游总收入 73.72 亿元，比上年增长 13.0%；旅游创汇 3.56 亿美元，增长 8.5%。全年共接待过夜游客人数 270.6 万人次，比上年增长 3.2%。其中，外国人 9.97 万人次，增长 4.0%；港、澳、台同胞 32.45 万人次，增长 2.9%；国内旅客 228.2 万人次，增长 3.3%。

八、财税、金融、证券和保险

全年全区实现税收收入 261.82 亿元，比上年增长 15.2%。其中，国税 174.94 亿

2010 年全区金融机构人民币存贷款及其增长速度

单位：亿元

指标	年末数	比年初增长%
各项存款余额	2481.65	16.9
其中：企业存款	443.85	12.5
居民储蓄存款	1500.57	13.5
各项贷款余额	1581.64	30.8
其中：短期贷款	575.71	52.5
中长期贷款	941.25	33.8

图 7　2006~2010 城乡居民人民币储蓄存款余额及其增长速度

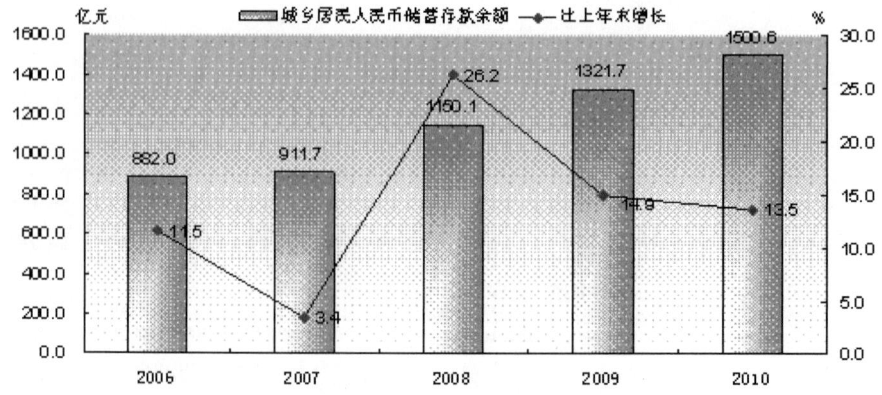

元，增长 13.4%；地税 86.88 亿元，增长 19.0%。地方财政一般预算收入 106.75 亿元，增长 19.6%。地方财政一般预算支出 134.55 亿元，61.6%。

年末全区金融机构人民币各项存款余额 2481.65 亿元，比上年末增长 16.9%。其中居民储蓄存款余额 1500.57 亿元，增长 13.5%。人民币各项贷款余额 1581.64 亿元，比上年末增长 30.8%。

年末股民户数 32.15 万户，比上年末增长 15.3%。全区证券市场股票交易总额 4981.83 亿元，比上年下降 9.5%。其中，买入 2476.59 亿元，下降 10.4%；卖出 2505.24 亿元，下降 8.6%。

年末全区共有各类保险公司 33 家。全年全区实现保费收入 38.89 亿元，增长 16.0%。其中，寿险业务保费收入 23.93 亿元，财产险业务保费收入 14.96 亿元，分别增长 11.7%和 23.6%。

九、教育和科学技术

全年教育总投资 33.16 亿元，比上年增长 27.9%。全区有普通高等学校 1 所，在校学生 10958 人；普通中学 62 所，职业中学 12 所，小学 153 所，在校中小学生人数共 296233 人；幼儿园 272 所，在园幼儿 69514 人；成人教育学校 1 所，在校学生 1612 人。全区各类学校及幼儿园共有教职员工 26629 人，其中专任教师 21476 人。适龄幼儿入园率为 99.9%；学龄儿童入学率 100%；小学毕业升学率 100%；初中毕业升学率 99.4%；高中毕业升学率 96.7%；适龄青年高等教育入学率 65%。

全区有省级工程技术研究中心 28 家，区级工程技术中心 105 家。全区共有各类专业技术人员 106095 人，比上年增长 2.0%。其中，高级职称 4172 人，中级职称 25486 人，初级职称 76437 人。全年申请专利量 10379 件，增长 22.4%；专利授权量 9697 件，增长 32.8%。年末拥有中国驰名商标 17 个，广东省名牌产品 112 个、广东省著名商标 100 个。

十、文化、卫生和体育

年末全区有文化事业机构 16 个，艺术表演场所 38 个，名胜风景区和文物保护区 33 个，博物馆 2 个。有公共图书馆 12 间，总藏书量 225 万册，比上年增长 11.0%。

图 8　2006~2010 年各类学校在校学生人数

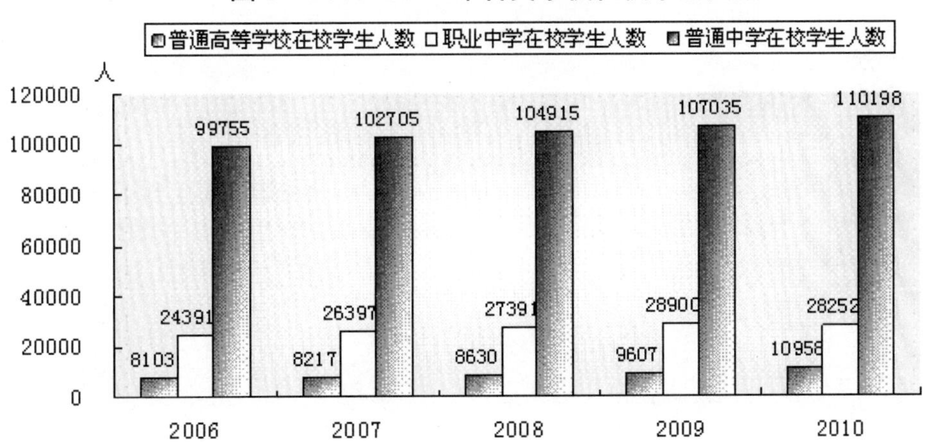

全年出版报纸(《珠江商报》)6008万份。

全年财政医疗卫生事业经费支出3.63亿元，比上年增长79.6%。年末全区共有各类卫生机构578个,增长2.7%，其中各类医院30个，门诊所（站）458家。拥有医院、卫生院床位7173张，增长8.6%。各类卫生技术人员11133人，增长11.2%，其中执业医师和执业助理医师3828人，注册护士4616人。

全年全区共举办大型体育活动312场次，参加人数83万人次。全区运动员参加各类体育竞赛获省级以上奖209项。其中，获世界级冠军9项；获国家级冠军19项；获省级冠军30项。在十六届亚洲运动会上，我区取得了2金3银3铜的好成绩。

十一、人民生活、社会保障与安全生产

据抽样调查,全年城镇居民人均可支配收入30618元，比上年增长7.7%，扣除物价上涨因素后实际增长4.3%。城镇居民人均消费性支出24045元，增长3.2%。城镇居民家庭恩格尔系数为31.8%。城镇居民消费支出中教育文化娱乐服务支出所占比重为14.6%。城镇居民现住房建筑面积人均45.91米²。城镇最高10%收入组人均可支配收入70642.38元，最低10%收入组人均可支配收入8719.2元。年末每百户城镇居民家庭拥有：摩托车87辆、家用汽车49辆、洗衣机109台、电冰箱110台、彩色电视机185台、家用电脑104台、组合音响60台、空调器266台、移动电话（含小灵通）265部。

年末全区参加基本养老保险职工67.84万人，比上年增长12.3%；参加基本医疗保险职工67.02万人，增长9.3%；参加工伤保险职工68.37万人，增长7.3%；参加失业保险职工63.66万人，增长8.3%；参加城镇居民医疗72.13万人，下降3.9%。全区各级共有敬老院14间，入住人数2076人。城镇和农村居民最低生活保障线每月350元/人。当年募集社会福利基金8387万元，发放救济款10611万元。

全年共发生各类事故1979起，比上年下降3.4%；死亡204人，受伤2048人，直接财产损失517万元，分别下降2.4%、3.8%和增长3.2%。其中，道路交通事故

图9　2006~2010年城镇居民人均可支配收入及其增长速度

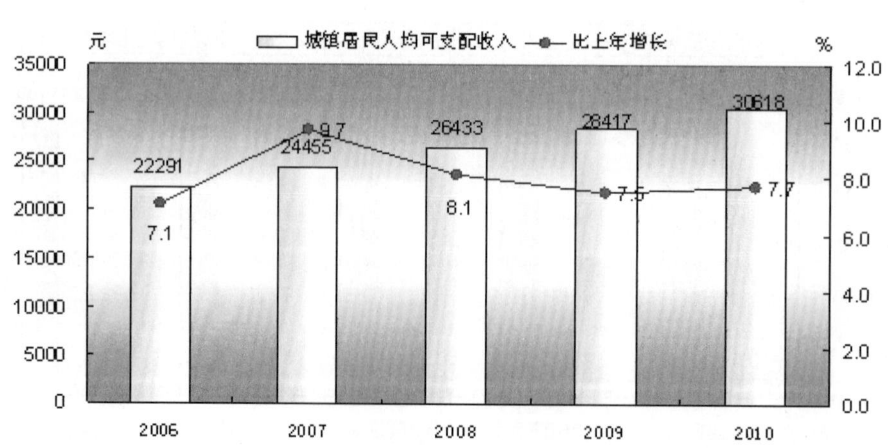

1954起，下降3.8%；造成死亡195人，受伤2048人，直接财产损失292万元，分别下降3.9%、3.9%和7.0%。亿元地区生产总值生产安全事故死亡率为0.11，道路交通万车死亡率为2.80，工矿商贸从业人员10万人死亡率为0.59。

注：

1. 本公报中2010年数据均为初步统计数，统计图中2006~2009年数据为年报数。
2. 规模以上工业经济效益指标，现行制度调查时期为1~11月。
3. 地区生产总值、各产业增加值绝对数按现价计算，增长速度按可比价计算。
4. 2010年人口普查结果要等国家批复，统计公报暂不公布常住人口及相关指标数据。

分镇(街)面积行政区

	土地面积(平方公里)	村委会(个)	居委会(个)		土地面积(平方公里)	村委会(个)	居委会(个)
合计	806.57	108	92	北滘	92.11	10	8
大良	80.29	2	19	乐从	77.85	19	4
容桂	80.27	3	23	龙江	73.85	13	9
伦教	59.30	8	2	杏坛	121.98	24	6
勒流	90.78	17	5	均安	79.45	5	8
陈村	50.70	7	8				

分镇(街)户数与人口

（计量单位：户、人）

	户数	人口		户数	人口
合计	346513	1225359	北滘	32088	116106
大良	66071	214881	乐从	30047	101166
容桂	59620	200729	龙江	24819	97706
伦教	23835	82818	杏坛	32253	129346
勒流	31678	116406	均安	22896	87948
陈村	23206	78253			

2010 年顺德区国民经济基本情况

	计量单位	2010 年	2009 年	增长%
一、人口、劳动力和土地面积				
年末总人口	万人	122.54	121.32	1.0
年平均人口	万人	121.93	120.80	0.9
年出生人口	人	13475	11214	20.2
年死亡人口	人	7466	6727	11.0
年末总户数	万户	34.65	33.93	2.1
年末全部从业人员数	万人	124.69	122.15	2.1
年末全区登记失业率	%	1.78	1.76	–
土地面积	平方公里	806.57	806.57	–
其中:建成区面积	平方公里	141.98	142.37	−0.3
二、综合经济				
生产总值(当年价)	万元	19510620	16701806	16.8
第一产业	万元	349297	321647	8.6
第二产业	万元	12027339	10275013	17.1
第三产业	万元	7133984	6105146	16.9
生产总值(2005 年价)	万元	17813817	15564477	14.5
第一产业	万元	279455	269824	3.6
第二产业	万元	11146683	9674560	15.2
第三产业	万元	6387679	5620093	13.7
三、农业				
农林牧渔业总产值	万元	704247	648067	3.6
蔬菜产量	吨	114415	112085	2.1
水果产量	吨	11111	12456	−10.8
猪肉产量	吨	35876	33597	6.8

(续上表)

	计量单位	2010年	2009年	增长%
禽肉产量	吨	15304	14133	8.3
禽蛋产量	吨	1147	1029	11.5
水产品产量	吨	237443	237469	0.0
四、工业				
全区工业企业数	个	14859	13474	10.3
全区工业总产值（当年价）	万元	50512827	42774351	15.9
企业单位数（规模以上）	个	2676	2709	−1.2
规模以上工业总产值（当年价）	万元	47852427	40199851	16.8
规模以上工业主要经济指标				
全部职工平均人数	万人	72.73	64.06	13.5
流动资产年末合计	万元	18497589	13174492	40.4
固定资产原值	万元	9254682	8055685	14.9
主营业务收入	万元	44571994	39386112	13.2
其中：主营业务税金及附加	万元	96698	108992	−11.3
利润总额	万元	2666090	1871488	42.5
五、交通、邮电、电力				
公路客运量	万人	6927	6263	10.6
公路货运量	万吨	4666	3591	29.9
水运客运量	万人	70	63	11.1
水运货运量	万吨	715	719	−0.6
内河港口货物吞吐量	万吨	1237	1229	0.7
邮电业务总量	万元	1068906	887709	20.3
电话交换机装机总容量	门	1045584	895668	16.7
年末本地电话用户数	部	950410	925231	2.7

（续上表）

	计量单位	2010年	2009年	增长%
全年用电量	万千瓦时	1310819	1146730	14.3
其中：工业用电	万千瓦时	925391	794421	16.5
城乡居民生活用电	万千瓦时	176908	162806	8.7
六、固定资产投资				
完成投资总计	万元	3927455	3426049	14.6
一、城乡固定资产投资	万元	2480544	2394326	3.6
其中：区及区级以上投资	万元	1439014	1278207	12.6
农村单位投资	万元	1041530	11161119	-6.7
1. 基本建设	万元	1402031	1451242	-3.4
2. 更新改造	万元	887180	779489	13.8
3. 其他投资	万元	191333	163595	17.0
其中：城镇私人	万元	72531	51346	41.3
其中：农村私人	万元	118802	112249	5.8
二、房地产开发	万元	1446911	1031723	40.2
七、市政公用事业				
城市居住人口	万人	231.05	196.77	17.4
水厂综合生产能力	万吨/日	188.9	188.9	0
年末供水管总长度	公里	2691.21	2649.06	1.6
全年供水总量	万吨	41593	40200	3.5
生活用水量	万吨	18787	18200	3.2
生活用水人口	万人	231.05	196.77	17.4
年末实有公共汽车营运数	辆	937	745	25.8
年末实有出租车汽车数	辆	1059	1059	0
液化石油气供气总量	万吨	14.45	14.37	0.6

(续上表)

	计量单位	2010 年	2009 年	增长%
其中:家庭用量	万吨	7.57	5.68	33.3
家庭用液化气人口	万人	231.05	196.77	17.4
年末实有铺装道路面积	万平方米	2180.24	2115.74	3.0
城市下水道总长度	公里	2487.80	2389.88	4.1
园林绿化面积	公顷	3479.95	3430.01	1.5
建成区绿化覆盖面积	公顷	3871.22	3815.79	1.5
工业二氧化硫排放量	吨	21800	22246	-2.0
工业二氧化硫去除量	吨	20711	16708	24.0
工业废水排放量	万吨	9349.73	9069.59	3.1
工业废水排放达标量	万吨	9032.37	8662.28	4.3
生活污水排放量	万吨	18390.55	15727.51	16.9
工业废气排放量	万标立方米	3495078	3487185	0.2
八、批发零售贸易与外经、旅游				
批发零售贸易业商品销售总额	万元	17788984	14238874	24.9
社会消费品零售总额	万元	5397140	4525882	19.3
外贸进口总额	万美元	422787	377979	11.9
外贸出口总额	万美元	1443058	1108836	30.1
其中:加工贸易	万美元	719108	637187	12.9
三资企业	万美元	1070984	853369	25.5
港澳地区	万美元	192696	150353	28.2
机电产品	万美元	1154842	769829	30.3
利用外资新签协议(合同)数	个	88	56	57.1
合同外资金额	万美元	66063	40915	61.5
实际利用外资金额	万美元	59351	43031	37.9

(续上表)

	计量单位	2010年	2009年	增长%
境外旅游者人数	人	424245	411351	3.1
(1)外国人	人	99726	95861	4.0
(2)港澳和台湾同胞	人	324519	315490	2.9
九、财政、金融、股票、保险				
财政预算内收入(全口径)	万元	3730925	3349863	11.4
其中:地方财政收入	万元	1800445	1654097	8.8
各项税收合计	万元	2618155	2272082	15.2
其中:国税	万元	1749353	1542189	13.4
地税	万元	868802	729893	19.0
财政预算内支出	万元	1970079	1407286	40.0
年末金融机构人民币存款余额	万元	24816462	21232604	16.9
其中:城乡居民储蓄年末余额	万元	15005653	13216608	13.5
年末金融机构人民币贷款余额	万元	15816439	12088742	30.8
股票总成交额	万元	49818270	55040453	-9.5
保费收入	万元	388900	335200	16.0
十、人民生活和物价				
城市居民人均可支配收入	元	30618.48	28417.05	7.7
城市居民人均消费支出	元	24045.43	23299.92	3.2
1 食品	元	7642.02	6913.03	10.5
2 衣着	元	1214.49	1064.56	14.1
3 居住	元	2625.47	2903.71	-9.6
4 家庭设备用品及服务	元	1578.03	1515.87	4.1
5 医疗保健	元	1159.25	1489.32	-22.2
6 交通和通讯	元	5537.61	5801.5	-4.5

（续上表）

	计量单位	2010年	2009年	增长%
7 教育文化娱乐服务	元	3515.51	2860.76	22.9
8 其他商品和服务	元	773.04	751.17	2.9
每百户拥有彩色电视机	台	185	185	0.0
每百户拥有家用电脑	台	104	105	−1.0
每百户拥有家用汽车	辆	49	48	2.1
每百户拥有空调器	台	266	262	1.5
居民消费价格指数(以上年为100)	%	103.3	97.7	3.3
其中:食品价格指数	%	104.9	100.0	4.9
商品零售物价指数(以上年为100)	%	103.1	97.0	3.1
十一、教育、科学、卫生、文化				
学校数:				
普通高等学校	所	1	1	0
普通中学	所	62	63	−1.6
职业中学	所	12	12	0
小学	所	153	162	−5.6
专任教师数:				
普通高等学校	人	500	521	−4.0
普通中学	人	7326	6831	7.2
职业中学	人	1662	1619	2.7
小学	人	7362	6892	6.8
在校学生数:				
普通高等学校	人	10958	9607	14.1
普通中学	人	110198	107350	2.7
职业中学	人	28252	28900	−2.2

（续上表）

	计量单位	2010年	2009年	增长%
小学	人	157783	154515	2.1
专业技术人员数	人	106095	104014	2.0
其中：中级技术职称以上人员	人	29658	27860	6.5
电影放映单位数	个	21	21	0
其中：影剧院	个	11	11	0
公共图书馆	个	12	12	0
公共图书馆总藏量	千册	2250	2027	11.0
卫生机构数	个	578	563	2.7
其中：医院	个	30	27	11.1
门诊部	个	458	422	8.5
卫生机构床位数	张	7173	6607	8.6
卫生技术人员数	人	11133	10014	11.2
其中：医生	人	3828	3736	2.5
卫生机构诊疗人次	万人次	1781	1680	6.0
人均预期寿命	岁	77.16	77.61	-0.6
十二、社会治安				
火灾起数	起	18	11	63.6
火灾死伤人数	人	3	0	-
火灾损失折款数	万元	172.40	144.80	19.1
交通事故宗数	宗	1981	2031	-2.5
交通事故死伤人数	人	2274	2333	-2.5
其中：死亡人数	人	195	203	-3.9
刑事案件立案数	宗	18953	19855	-4.5

注： 1. 人口数均取自公安局2010年统计年报表。

2. 卫生机构数按新统计口径统计。

2010年顺德地区生产总值

计量单位：万元

	2010年	2009年	增长%
地区生产总值	19510620	16701806	14.5
第一产业	349297	321647	3.6
第二产业	12027339	10275013	15.2
工业	11576843	9890300	15.3
建筑业	450496	384713	12.3
第三产业	7133984	6105146	13.7
交通运输、仓储和邮政业	647338	613650	8.2
信息传输、计算机服务和软件业	441196	392977	14.7
批发和零售业	1534617	1357017	10.1
住宿和餐饮业	378268	374089	0.1
金融业	600476	501187	16.6
房地产业	1182370	1019038	17.3
租赁和商务服务业	723762	532164	14.4
科学研究、技术服务和地质勘查	299994	227826	20.6
水利、环境和公共设施管理业	69678	76303	-9.2
居民服务和其他服务业	203423	166058	19.3
教育	360068	277092	28.0
卫生、社会保障和社会福利业	411844	328846	22.6
文化、体育和娱乐业	53616	44218	20.3
公共管理和社会组织	227334	194681	9.7

注：本表绝对数按当年价计算，增长速度按可比价计算。

2010 年顺德国民经济主要人均指标

	单位	2010 年	2009 年	增减百分比
每平方公里人口密度	人/平方公里	1512	1498	0.9
人平生产总值(当年价)	元	160015	138264	15.7
人平生产总值(2005 年价)	元	146099	128848	13.4
人平耕地面积	亩	0.095	0.101	−5.9
人平农业用地面积	亩	0.26	0.28	−7.9
人平社会消费品零售总额	元	44264	37810	17.1
人平城乡居民年末人民币储蓄余额	元	123068	109412	12.5
人平创财政收入(全口径)	元	30599	27731	10.3
全部职工年平均工资	元	38675	35772	8.1
城市居民人均可支配收入(抽样调查)	元	30618	28417	7.7
农民人均纯收入(抽样调查)	元	12543	11850	5.8
每万人口拥有在校中学生数	人	1135	1128	0.6
每万人口拥有在校小学生数	人	1294	1279	1.2
每万人口拥有卫生技术人员数	人	91	83	9.6
每万人口拥有病床位数	张	59	55	7.3

注：人均指标按户籍人口计算。

2010 年顺德区农业总产值

单位：万元

	总产值（当年价）	发展速度
合计	704247	103.6
1. 种植业	155010	106.0
2. 林业	85	102.2
3. 牧业	103236	107.0
4. 渔业	415704	101.9
5. 农林牧渔服务业	30212	101.0

2010年顺德全部工业总产值

单位：万元

	2010年 按当年价计	2009年 按当年价计	增长%
总计	50512827	42774351	15.9
一、规模以上工业企业	47852427	40199851	16.8
其中：轻工业	32317026	25912433	22.4
重工业	15535401	14287418	6.7
其中：国有企业	12347	6648	82.3
集体企业	60457	56077	5.8
股份合作企业			
联营企业	65751	38209	68.9
有限责任公司	12114852	9969172	19.3
股份有限公司	13626053	9306012	43.7
私营企业	5099586	6373534	-21.5
港澳台商投资企业	11317667	9644339	15.2
外商投资企业	5504386	4770418	13.2
其他企业	51328	35442	42.1
其中：大中型企业	32826081	23434351	37.5
二、规模以下工业企业及个体工业	2660400	2574500	15.2

注：2010年出厂价格指数为1.019，增长按可比价格计算。

2010年顺德实现工业总产值(当年价)亿元以上的工业企业名录(前100名)

排列次序	单位	排列次序	单位
1	美的集团有限公司	26	广东雄力电缆有限公司
2	广东格兰仕集团有限公司	27	广东华声电器实业有限公司
3	广东海信科龙电器股份有限公司	28	广东顺德浦项钢板有限公司
4	佛山市顺德周大福珠宝金行有限公司	29	广东万家乐燃气具有限公司
5	佛山市顺德区顺达电脑厂有限公司	30	佛山市顺德区信昌机器工程有限公司
6	广东东菱凯琴集团有限公司	31	广东泰科电子有限公司
7	浦项（佛山）钢材加工有限公司	32	广东松下环境系统有限公司
8	广东联塑科技实业有限公司	33	广东华润涂料有限公司
9	广东万和集团有限公司	34	广东惠而浦家电制品有限公司
10	广东省佛山市富日交通机械有限公司	35	佛山市顺德区汉达精密电子科技有限公司
11	佛山市顺德区海尔电器有限公司	36	广东顾地塑胶股份有限公司
12	广东申菱空调设备有限公司	37	佛山市顺德区震德塑料机械有限公司
13	佛山市宝钢不锈钢加工配送有限公司	38	佛山市顺德区前进实业有限公司
14	广东康宝电器有限公司	39	佛山市顺德区乐华陶瓷洁具有限公司
15	广东精艺金属股份有限公司	40	佛山市顺德区广顺饲料有限公司
16	广东盈然木业有限公司	41	佛山市顺德区利宝饲料有限公司
17	广东科达机电股份有限公司	42	广东中侨五金电器制造有限公司
18	广东富华工程机械制造有限公司	43	广东德冠包装材料有限公司
19	佛山裕顺福首饰钻石有限公司	44	广东雄风电器有限公司
20	佛山市顺德区宏创物资回收有限公司	45	广东海信多媒体有限公司
21	佛山市顺德五沙热电有限公司	46	佛山顺德矢崎汽车配件有限公司
22	顺特电气设备有限公司	47	广东亿龙电器股份有限公司
23	佛山市威奇电工材料有限公司	48	广东东箭汽车用品制造有限公司
24	佛山市顺德区粤铜金属制品有限公司	49	广东港丰电器有限公司(含托维环境亮化)
25	广东顺安达太平货柜有限公司	50	佛山市顺德区东泰五金精密制造有限公司

（续上表）

排列次序	单位	排列次序	单位
51	佛山市顺德区金丰漂染有限公司	76	佛山市顺德区本邦电器有限公司
52	佛山东海理化汽车部件有限公司	77	广东奔朗新材料股份有限公司
53	佛山市顺德区龙恒织造有限公司(含龙德纺织)	78	广东北电通信设备有限公司
54	佛山市顺德区蚬华多媒体制品有限公司	79	佛山市顺德区达美胶粘制品有限公司
55	佛山市顺德区联合电子有限公司	80	佛山市顺德区巴德富实业有限公司
56	佛山市顺德区顺流自行车厂有限公司	81	广东志达钢管制造有限公司
57	佛山市顺德区华日钢材制品有限公司	82	广东力天鞋业有限公司
58	广东伊之密精密机械有限公司	83	佛山市顺德区全兴水产饲料有限公司
59	广东顺威精密塑料股份有限公司	84	佛山市顺德区骏达电子有限公司
60	佛山市美涂士化工有限公司	85	佛山市顺德甘竹罐头有限公司
61	广东顺德酒厂有限公司	86	佛山市顺德区杏坛镇祥兴隆五金线材有限公司
62	佛山市顺德金纺集团有限公司	87	佛山市顺德区凯华电器实业有限公司
63	广东多纳勒振华汽车系统有限公司	88	广东东方树脂有限公司
64	周生生珠宝（佛山）有限公司	89	广东东方面粉有限公司
65	佛山市志豪家具有限公司	90	广东金型重工有限公司
66	广东白燕粮油实业有限公司	91	松柏(广东)电池工业有限公司
67	广东万昌印刷包装有限公司	92	佛山市顺德区小太阳磨砂材料有限公司
68	佛山市顺德区冠盛塑胶有限公司	93	佛山市顺德区金泰德胜电机有限公司
69	佛山市顺德区东荣金属制品有限公司	94	广东星浦钢材加工有限公司
70	汤浅蓄电池（顺德）有限公司	95	佛山市顺德区乐从彩印厂有限公司
71	佛山市顺德区磁电实业集团公司	96	广东锦力电器有限公司
72	佛山市顺德区泰明金属制品厂有限公司	97	丰田合成(佛山)汽车部品有限公司
73	佛山市顺德区奥特龙电器制造有限公司	98	广东飞腾针织服装有限公司
74	佛山市钜牛金属制品有限公司	99	佛山市顺德德力集团有限公司
75	广东大明铝合金型材有限公司	100	佛山市顺德区容桂万喜电器燃气具有限公司

2010年顺德企业景气指数

	一季度		二季度		三季度		四季度	
	2010年	2009年	2010年	2009年	2010年	2009年	2010年	2009年
总体状况	137.81	88.12	134.34	103.35	131.72	141.92	130.2	151.52
一、按行业门类分								
(一)工业	136	74.62	134.29	99.4	124.58	155.23	126.7	158.44
1. 制造业	137.38	76	135.61	101.21	125.54	155.72	127.22	159
2. 电力煤气及自来水生产供应	100	50	100	50	100	100	100	100
(二)建筑业	133.33	133.33	166.67	133.33	133.33	133.33	133.33	199.3
(三)交通、仓储及邮政业	100	25	100	50	133.33	50	100	133.33
(四)批发和零售业	151.19	120	130.11	110	151.19	110	131.19	132.59
(五)房地产业	150	100	150	116.67	150	100	166.67	128
(六)社会服务业	140	100	100	80	140	120	140	120
(七)信息传输、计算机服务和软件	166.67	200	200	200	166.67	200	166.67	166.67
(八)住宿和餐饮	100	100	66.67	66.67	133.33	66.67	100	100
二、按企业登记注册类型分								
(1) 国有企业	175	150	150	150	150	125	175	150

（续上表）

	一季度		二季度		三季度		四季度	
	2010 年	2009 年	2010 年	2009 年	2010 年	2009 年	2010 年	2009 年
(2) 集体企业	200	100	100	100	200	100	200	143.56
(3) 股份合作企业	100	100.00	100	100.00	100.00	100.00	100.00	100.00
(4) 有限责任公司	122.55	71.09	117.25	101.09	123.97	133.02	128.03	146.03
(5) 股份有限公司	198.82	100	180.22	107.66	147.17	197.55	128.57	199.88
(6) 私营企业	125	100	125	100	150	100	125	150
(7) 外商及港、澳、台企业	124.11	75.67	130.72	95.66	148.47	121.04	146.69	133.4
三、按企业规模分								
总大型	150.27	81.81	142.71	109.31	136.51	182.44	135	191.45
特大型		94.67		107.45		192.67		193.84
大型	179.79	58.23	171.73	112.5	123.89	164.88	130.35	187.35
中小型	125	89.13	122.06	95.65	129.85	108.7	125.76	115.91
中型		78.13		93.75		106.25		116.13
小型	107.41	114.29	111.11	100	111.11	114.29	107.69	115.38
四、特殊分组:上市公司	198.46	100	192.81	107.55	149.54	196.37	129.6	200

2010 年顺德全社会固定资产投资完成情况

单位：万元

	2010 年	2009 年	增长%
完成投资总计	3927455	3426049	14.6
一、城乡固定资产投资	2480544	2394326	3.6
其中：区及区级以上投资	1439014	1278207	12.6
农村单位投资	1041530	1116119	-6.7
1. 基本建设	1402031	1451242	-3.4
2. 更新改造	887180	779489	13.8
3. 其他投资	191333	163595	17.0
其中：城镇私人	72531	51346	41.3
其中：农村私人	118802	112249	5.8
二、房地产开发	1446911	1031723	40.2

2010 年顺德房地产开发经营情况

	计算单位	2010 年	2009 年	增长%
企业个数	个	198	211	-6.2
年末从业人员	人	6807	6428	5.9
房地产开发完成投资额	万元	1446911	1031723	40.2
土地开发投资额	万元	.-	34062	
完成投资额按工程用途分				
1. 住宅	万元	1079266	862427	25.1
2. 办公楼	万元	6650	2245	196.2
3. 商业营业用房	万元	79710	63630	25.3
4. 其他	万元	281285	103421	172.0
利税总额	万元	392046	323064	21.4
房屋建筑施工面积	万平方米	931.39	619.33	50.4
房屋竣工面积	万平方米	119.99	78.6	52.7
实际销售房屋面积	万平方米	298.32	249	19.8
实际销售额	万元	2192054	1409767	55.5

2010年顺德分镇(街)居民储蓄存款余额

单位：万元

	2010年	2009年	增长%
合计	15149564	13348020	13.5
大良	2623519	2362808	11.0
容桂	2499381	2211365	13.0
伦教	865035	774204	11.7
勒流	1007345	898024	12.2
陈村	1042590	873928	19.3
北滘	1612841	1380351	16.8
乐从	1959687	1666058	17.6
龙江	1405988	1277746	10.0
杏坛	806786	684525	17.9
均安	592542	534028	11.0
营业部	733850	684983	7.1

2010年顺德居民消费价格指数(上年同期价格为100)

项目名称	全年	比上年增长%
居民消费价格总指数	103.3	3.3
非食品价格指数	102.8	2.8
服务项目价格指数	102.5	2.5
工业消费品价格指数	102.9	2.9
扣除食品和能源价格指数	101.6	1.6
扣除鲜菜鲜果总指数	103.1	3.1
消费品价格指数	103.7	3.7
一、食品	104.9	4.9
1. 粮食	106.7	6.7
2. 淀粉	103.7	3.7
3. 干豆类及豆制品	112.4	12.4
4. 油脂	113.1	13.1

（续上表）

项目名称	全年	比上年增长%
5. 肉禽及其制品	101.9	1.9
(1)食用畜肉及副产品	100.9	0.9
(2)禽	103.2	3.2
(3)加工肉禽	102.8	2.8
6. 蛋	108.0	8.0
7. 水产品	106.8	6.8
(1)鱼	103.9	3.9
(2)其他水产品	114.9	14.9
8. 菜	116.6	16.6
9. 调味品	101.0	1.0
10. 糖	103.6	3.6
11. 茶及饮料	100.8	0.8
(1)茶叶	101.7	1.7
(2)饮料	100.2	0.2
12. 干鲜瓜果	102.6	2.6
13. 糕点饼干	101.8	1.8
14. 液体乳及乳制品	101.7	1.7
15. 在外用膳食品	104.0	4.0
16. 其他食品	101.5	1.5
二、烟酒及用品	103.7	3.7
1. 烟草	103.6	3.6
2. 酒	104.1	4.1
3. 吸烟、饮酒用品	99.8	-0.2
三、衣着	101.4	1.4
1. 服装	101.8	1.8
(1)男式服装	102.1	2.1
(2)女式服装	100.5	0.5

（续上表）

项目名称	全年	比上年增长%
(3)儿童服装	104.7	4.7
2. 衣着材料	100.6	0.6
3. 鞋袜帽	99.2	−0.8
(1)鞋	98.8	−1.2
(2)袜子	101.7	1.7
(3)帽子	99.3	−0.7
4. 衣着加工服务费	112.0	12.0
四、家庭设备用品及维修服务	106.2	6.2
1. 耐用消费品	101.6	1.6
(1)家具	109.2	9.2
(2)家庭设备	96.5	−3.5
2. 室内装饰品	100.0	0.0
3. 床上用品	104.1	4.1
4. 家庭日用杂品	101.1	1.1
5. 家庭服务及加工维修服务	114.5	14.5
五、医疗保健和个人用品	102.2	2.2
1. 医疗保健	103.0	3.0
(1)医疗器具及用品	105.9	5.9
(2)中药材及中成药	105.1	5.1
(3)西药	103.2	3.2
(4)保健器具及用品	101.4	1.4
(5)医疗保健服务	100.0	0.0
2. 个人用品及服务	101.0	1.0
(1)化妆美容用品	98.2	−1.8
(2)清洁化妆用品	100.7	0.7
(3)个人饰品	103.4	3.4
(4)个人服务	102.5	2.5

(续上表)

项目名称	全年	比上年增长%
六、交通和通信	100.3	0.3
1.交通	101.9	1.9
(1)交通工具	96.5	−3.5
(2)车用燃料及零配件	112.6	12.6
(3)车辆使用及维修费	102.0	2.0
(4)市区公共交通费	100.0	0.0
(5)城市间交通费	104.8	4.8
2. 通信	96.6	−3.4
(1)通信工具	84.9	−15.1
(2)通信服务	98.8	−1.2
七、娱乐教育文化用品及服务	101.4	1.4
1. 文娱用耐用消费品及服务	95.9	−4.1
2. 教育	101.5	1.5
(1)教材及参考书	100.3	0.3
(2)学杂托幼费	101.8	1.8
3. 文化娱乐类	100.6	0.6
(1)文化娱乐用品	100.3	0.3
(2)书报杂志	100.6	0.6
(3)文娱费	100.7	0.7
4.旅游	104.1	4.1
八、居住	105.5	5.5
1. 建房及装修材料	109.1	9.1
2. 租房	104.4	4.4
3. 自有住房	100.5	0.5
4. 水、电、燃料	106.3	6.3

文献选编

中共佛山市顺德区委 佛山市顺德区人民政府关于简政强镇事权改革的实施意见

（二〇一〇年七月十五日）

顺发〔2010〕9号，2010年7月15日印发

根据省、市关于简政强镇事权改革的精神和部署，在总结容桂街道试点经验的基础上，现就在全区各镇（街）推进该项工作提出如下意见。

一、指导思想

深入贯彻落实科学发展观，以转变政府职能、理顺责权关系为核心，简政放权，重心下移，完善机制，构建责权一致、分工合理、决策科学、执行顺畅、监督有力的镇级行政管理体制，促进政府职能向创造良好发展环境、提供优质公共服务、维护社会公平正义转变，建设公共服务型政府。

二、主要任务

（一）理顺区镇的责权关系，扩大镇政府（街道办事处）的管理权限。

1. 按照“宏观决策权上移、微观管理权下移”的原则，理顺区镇（街）之间的职责关系。区级主要负责全区经济社会发展规划、宏观政策的制订和实施，探索创新管理体制和运行机制，统筹重点区域、事项和项目发展，加强与完善对镇（街）的业务指导和监督考核。镇级主要负责经济社会发展的微观管理和服务，重点强化面向社区、企业和群众的市场监管、社会管理和公共服务职能。

2. 根据区镇的职责划分，在经济社会管理方面赋予镇（街）县级行政管理权限，依法下移相应的行政许可、行政执法及其他行政管理权，增强镇（街）对经济社会事务的管理能力。

3. 完善和延伸行政服务。推进镇（街）行政服务中心建设，建立完善区镇两级行政审批服务标准体系，加强信息化建设，推广网上审批，方便企业和市民办事。

4. 区属部门要做好对镇（街）用权的指导、培训、衔接和监督工作，明晰和完善行权程序，建立用权责任制，确保用权规范顺畅、有权必有责、用权必问责、违法必追究。

5. 按照事权和财权相统一的原则，进一步理顺区、镇（街）之间的财政分配关系，建立与落实“一城三片区”规划和事权改革相匹配的财力分配机制，增加镇（街）财力。完善转移支付制度，加大对经济相对欠发达镇（街）的补助，促进区域协调发展和基本公共服务均等化。

6. 建立完善以落实科学发展观为核心的镇（街）绩效考评机制，实行分类指导，引入居（村）委会和市民评议。

（二）理顺政府和社会的关系，建立协同治理格局。

1. 加强民主决策。在坚持和完善民主集中制的基础上，对镇（街）的财政预算、公共设施建设、社会事业发展等与市民利益相关的决策，完善专家论证、社会咨询、相关利益方听证以及网络问政等机制，扩

大公众对公共决策的参与度。各镇（街）成立公共决策咨询委员会，加强决策咨询工作。

2. 加大简政放权力度。推进行政审批制度改革，精简审批事项和环节；逐步将公民、法人和社会组织能够自主自律解决、市场机制能够自行调节的事项，通过授权、委托、购买服务等方式由政府转移给市场和社会办理，形成多元化的经济社会管理服务投入体系和运行机制，建设“小政府、大社会”。

3. 鼓励和支持各方力量参与社会建设。大力培育社会组织和社会工作机构，发展慈善福利事业和社区服务，建立社工队伍，鼓励公众参与志愿服务，加强对困难群体和边缘人群的社会救助、心理疏导和人文关怀，化解社会矛盾，建设和谐社会。

4. 完善政务公开和社会监督。全面推行镇（街）政务公开，推进镇（街）党政机关及其所属机构预决算在网络等新闻媒体公开。充分发挥新闻媒体、社会组织、居（村）委会、市民等社会力量的监督作用，建立内外结合的监督制度。

（三）理顺政府与社区关系，实现政府治理与基层自治的良性互动和有效衔接。

1. 深化社区公共事务管理体制改革试点工作。将社区（包含村）公共事务划分为行政事务和自治事务。区镇两级政府逐步统筹社区行政事务的管理和开支，在较大的社区或连片社区设立行政服务中心，作为镇政府（街道办事处）在社区的办事机构，负责办理行政事务。社区行政服务中心主任可聘请社区党组织书记担任。强化居（村）委会自治职能，在村（社区）党组织的领导下加强民主建设，办理法定事务，发展社区服务，兴办福利事业。按照责权利对等的原则，完善试点社区“两委”及工作人员的工资福利制度，提高其为当地服务的责任感和积极性。容桂街道要深化社区公共事务管理体制改革，继续探索经验，提供示范。其他镇（街）可根据自身情况，选择具备条件的社区开展试点工作。

2. 加强对农村发展管理的指导、支持和监督。加强对农村集体经济发展的引导和规划，增加农村集体经济组织的资产性收入，促进农民就业。健全民主议事制度，规范和完善村务财务公开及管理，探索建立农村集体资产管理交易平台，促进农村村务财务及资产管理交易的公开透明。

3. 加大政府对农村市政设施建设、社会事业发展、环境卫生、城市管理等方面的经费支持力度，加快城乡一体化发展步伐。

（四）理顺机构和人事关系，提高镇（街）的管理服务能力。

1. 推进机构改革。镇（街）设置综合性办事机构11个和双重管理机构2个，其中：设置党（工）委办公室、监察审计办公室、组织工作办公室、宣传文体办公室、综治信访维稳办公室等5个内设机构，设置经济促进局、社会工作局、财政局、人力资源和社会保障局、国土城建和水利局、卫生和人口计划生育局等6个直属机构，设置区市场安全监管局基层分局、区环境运输和城市管理局基层分局2个区镇（街）双重管理机构。政府（办事处）办公室、人大（工委）办公室与党（工）委办公室合署办公，挂公共决策咨询办公室牌子、法制办公室牌子；纪律检查（工作）委员会机关按有关规定设置，监察审计办公室与其合署办公；教育局和宣传文体办公室合署办公。人民武装部按有关规定设置，工会、共青团、妇联等群团组织按有关章程设置，归口社会工作局。镇（街）11个综合性办事机构以及2个双重管理机构的正职，由镇（街）党（工）委委员、副镇长（办事处副主任）兼任。

区国土城建和水利局基层国土城建管理所由区垂直管理调整为镇政府（街道办事处）管理，划入镇（街）国土城建和水利局。区司法局基层司法所由区垂直管理调整为镇政府（街道办事处）管理，划入镇（街）综治信访维稳办公室，加挂镇（街）司法所牌子。区市场安全监管局基层分局、区环境运输和城市管理局基层分局实行双重管理体制，以镇（街）领导为主，日常管理、人事任免和绩效考核由镇（街）负责。上级政府部门派出（驻）镇(街）机构的党群工作实行属地管理。

2.优化镇（街）领导职数和职务配备。根据上级及区委关于乡镇领导班子配备的有关规定，设镇（街）党政领导班子成员15名。镇（街）党政正职的职级配备按省有关文件规定执行。按照“先行先试、统筹兼顾、重心下移、上下衔接”的原则，完善镇（街）其他党政领导班子成员和中层干部的职级配备。

3.推进事业单位分类改革。明确事业单位的功能定位，不再保留承担行政职能的事业单位，将其职能划入镇（街）机关；条件成熟的事业单位可以与主管部门脱钩转制走向市场，由政府向其购买服务。对继续保留的事业单位加强财政保障，推动事业单位建立法人治理结构，完善人员聘用、财政供给和绩效管理机制。

4.深化人事制度改革。探索建立灵活的用人制度，对专业性较强的公务员职位和辅助性公务员职位实行聘任制；完善镇（街）机关聘员的聘用、工资福利、职务设置与管理以及考核、奖惩等机制，建立专业化的聘员队伍。

三、组织实施

各镇（街）要按照省、市关于简政强镇事权改革精神和区委、区政府的统一部署，结合自身实际，精心组织，开拓创新，扎实推进改革工作。区属有关部门要根据区的实施意见，抓紧制订出台配套政策文件，加强对镇（街）改革工作的业务指导，确保改革顺利推进。简政强镇事权改革工作于2010年7月启动，9月底前基本完成；镇（街）机构改革工作于2010年7月完成。

关于加快发展现代服务业的工作意见

顺府发〔2010〕25号，2010年6月18日印发

各镇人民政府、街道办事处，区属有关单位：

为贯彻落实《珠江三角洲地区改革发展规划纲要（2008~2020年)》和《广东省人民政府关于加快发展我省服务业的实施意见》(粤府〔2008〕66号），根据顺德产业发展规划和“一城三片区”城乡总体布局，结合实际，现就加快发展我区现代服务业提出如下意见。

一、指导思想

全面贯彻落实科学发展观，充分利用国际服务业转移和珠三角经济一体化发展的有利时机，立足产业基础，发挥比较优

势，以优先发展生产性服务业为重点，提高创新能力，促进服务业升级发展，构建高增值、多层次、强带动的现代服务业体系，把现代服务业发展成为确保我区经济增长、实现从“顺德制造”向“顺德创造”转变、构建现代产业体系的重要支撑性产业。

二、发展目标

从2010年起，服务业增加值年均增长18%以上，到2015年，服务业实现总量大幅增长、布局相对集中、结构明显优化、功能显著提升，服务业增加值超过1600亿元，占地区生产总值比重达到40%，服务业从业人数占全社会从业人数达到36%或以上，实现“10+100目标”：形成10个功能突出、集聚程度高、辐射能力强的服务业集聚区，培育100家业态先进、发展潜力大、经济效益高、示范性好的现代服务业企业。到2020年，服务业结构进一步优化，集聚效应进一步提升，服务业增加值占地区生产总值比重达到45%，对全国乃至世界有较强的服务能力，打造成具有国际较高水平的服务城市。

三、空间布局

根据顺德产业发展规划和“一城三片区”城乡总体布局，构建重点突出、业态集聚、功能完善、区域协调的服务业发展新格局，形成“三片四带”的空间布局。

（一）“三片”指三个功能片区，分别是：

1. 东部都市发展片，包括大良、容桂、伦教以及勒流和杏坛佛山一环南延线以东地区，属都市型生活中心，发展行政服务、社区服务、商业服务、高等教育、总部经济和高端服务业为主，尤其是沿广珠城际轨道站点，打造服务业集聚区、商务区和高端零售业集聚区；

2. 北部都市发展片，包括陈村、北滘、乐从和龙江，属承接广佛一体化辐射的重要门户，以采购展贸、现代物流、工业设计等生产性服务业为主；

3. 中南部城乡协调片，包括勒流和杏坛佛山一环南延线以西地区及均安，属健康休闲体验片区，以休闲度假和美食旅游等生活性服务业为主。

（二）“四带”是指“两纵两横”四条发展轴带，分别是：

1. 325国道展贸产业带，依托龙江、乐从的家具及材料专业市场，打造高层次、现代化的特色家居展贸产业走廊；

2. 105国道和广珠城际轨道商务物流带，依托德胜新区、陈村商贸物流区、大良城区商业中心、北滘新城等区域，发展商务区、区域商业中心、物流园、创意及研发孵化中心等现代服务业集聚区；

3. 潭洲水道滨河休闲商住带，依托陈村广佛商贸服务业节点、珠三角农业示范基地、花卉世界、北滘新城等，发展近郊大型零售、现代住宅产业等；

4. 容桂水道——顺德支流滨河生态休闲及教育带，依托杏坛水乡村落、勒流传统美食、马冈岛科技教育等资源，发展美食旅游、科技服务及教育产业等。

四、工作重点

按照有利于增强我区城市综合服务功能和提升服务业综合竞争力的原则，结合建设“阳光顺德”的战略部署，大力发展现代服务业，改造提升传统服务业，着力培育新兴服务业，重点发展总部经济、金融服务、现代物流、工业设计与文化创意、科技服务、会展、专业市场、职业教育与培训、现代商贸、美食旅游、健康休闲、社区服务等12类服务业。

（一）拓展生产性服务业，有效支撑制造业转型升级。

围绕我区的产业基础和产业特色，加

大总部经济、金融服务、现代物流等生产性服务业的发展力度，为顺德制造业进一步做大做强提供强有力的支撑。

1. 总部经济。

依托顺德雄厚的制造业基础，鼓励本土企业外置生产环节，实现从价值链低端的制造环节向高端的研发设计、营销管理等服务领域延伸，培育一批市场前景广阔、规模效益明显、处于行业领先地位的优势总部企业。加大招商力度，吸引国内外大型企业在顺德设立行使经营、管理、投资、研发、结算和纳税等职能的总部机构。结合“优二进三”和“双转移”战略的实施，建设龙江家具、容桂涂料、伦教珠宝首饰等专业产业总部基地，打造顺德特色总部经济基地。规划建设顺德新城、容桂东部新城、北滘新城等2~3个商务区，有针对性地吸引金融、咨询、设计、创意企业及总部基地进入。

2. 金融服务业。

逐步形成多层次、多元化的金融业发展格局。大力发展银行、证券、保险等金融行业，做大做强地方银行金融机构，推动顺德农村商业银行成功上市，以顺德农村商业银行为发起人跨区设立村镇银行。积极引入和扶持外资银行、国内银行及证券、保险、期货和投资性公司在我区设立区域性总部或分支机构。大力发展财务公司、金融租赁公司等新型的非银行金融机构，支持有条件的企业集团设立财务公司，结合我区优势产业先行先试发展融资租赁市场，为中小企业技术改造、设备更新和创新发展创造新路径。大力推动企业上市，支持企业发行短期融资券、中小企业集合债、集合票据、信托产品等。力争在我区设立多个小额贷款公司。加快发展经纪、咨询、审计、评估、拍卖、清算、律师、公证、仲裁等金融中介服务机构。推进社会信用体系建设，强化诚信激励和失信惩戒机制，建设企业和个人信用信息共享数据库。

加快金融创新步伐，推动虚拟经济与实体产业相互支持和相互渗透，通过政府引导设立创业风险基金、产业投资基金等。鼓励企业开展股权质押融资，争取成为国家知识产权质押融资试点。推动广东产权顺德交易所等机构开展非上市公众公司股权交易（OTC）股权托管和技术交易服务，打造区域性综合产权交易平台。

3. 现代物流业。

充分发挥顺德的区位、产业和交通优势，整合现有物流资源，合理布局发展物流业。依托交通枢纽、港区、工业园区、大型专业市场，建设一批具备国际调配运作能力的物流园区，重点推进顺德新港、华南（国际）采购与物流中心、国通保税物流中心、乐从钢铁物流加工贸易中心的建设。以家电、钢铁、家具、塑料四大行业电子信息平台为试点，推动物流信息平台建设。大力发展第三方物流，引导生产企业物流业务外包，引入具有综合服务能力的国内外物流公司，推动制造业和物流业融合发展，选择具有区域优势的物流节点，加快城市物流配送体系建设，逐步实现物流的社会化、专业化、信息化、规模化，将顺德建成珠三角重要的区域性物流中心。

4. 工业设计与文化创意产业。

通过推动工业设计产业集聚，创新资源和要素的优化配置，充分发挥工业设计对产业升级的加速器作用。重点推进广东工业设计城、顺德创意产业园、德胜创意产业园等创意设计产业园区建设，重点培育一批本土工业设计企业，引进一批国内外知名设计机构和企业，打造工业设计共性技术服务平台、成果孵化交易平台和人才培训教育平台，举办具有国际较高水平的工业设计创意博览会和工业设计大赛，把顺德建成省级乃至国家级工业设计服务外包基地。鼓励文化创意产业与相关产业联动发展，向科技、信息、体育、旅游、休闲等产业渗透，重点开发香云纱文化产业园、南国丝都文化主题园、孔雀廊创意广场等项目，建成以传承文化遗产、时尚设计开发、旅游体验为特色的文化创意产业集聚区。

5. 科技服务业。

建立以企业为主体、市场为导向、产学研合作、多元化的科技服务业体系。推动产学研紧密结合，支持企业与高校、科研机构开展技术需求、技术攻关、科技成果转化、人才培养等方面的合作，促进科技成果向现实生产力转化，重点建设产学研公共技术创新平台、产学研创新联盟、产学研结合示范基地和企业科技特派员工作站。依托高端产业区、特色产业基地等产业集聚区，建成一批集创新、创业、研发、孵化、信息于一体的科技服务园区。加快建设中科院佛山产业技术创新和育成中心顺德相关专业中心及专业化共性技术平台、广东省产品质量监督检验中心顺德分中心、华南家电研究院、顺德家具研究开发院、均安牛仔服装创新中心、顺德中山大学太阳能研究院、广东西安交通大学研究院等公共技术创新平台，加强区、镇两级生产力促进中心能力建设，鼓励社会资本投资建设各级重点实验室，支持企业组建各级工程中心和技术中心并对外开放服务，打造一批面向中小企业或先进制造业的科技服务示范机构。积极发展科技中介服务机构，通过政府采购和企业服务外包，扶持和培育各类技术评估、技术服务、技术培训、管理咨询、技术认证、专利代理等中介机构做专做强。

6. 会展业。

立足于本地特色产业优势，重点培育专业会展品牌和完善会展产业链，将顺德建设成为与广州和港澳地区资源互补、与珠三角其他城市产业会展错位的区域性会展中心。推动“一业一品”发展战略，重点培育家电、家具、花卉、专业机械、工业设计等具有国际影响力的专业品牌会展。完善会展服务体系，大力发展会展策划、会展广告、会展设计、展具制作、会展运输、会展旅游、会展软件开发、会展调查等配套服务企业。推进永久性现代化会展中心建设,建立其在全区展馆中的龙头地位，逐步实现集约办展。

7. 专业市场。

实施“一行一场”战略，一种特色优势行业重点扶持一个批发分销专业市场。把握乐从镇荣获“国家级电子商务试点镇”的机遇，进一步壮大发展钢铁、塑料等大宗商品网上交易平台。推广乐从成功、成熟的电子商务发展应用模式，实行有形市场与电子商务联动发展，有计划、有重点、分层次地推进一批传统专业市场的信息化、网络化改造，引导市场内部品牌化销售，实现商物分离，逐步由“现货、现金、现场”的传统交易向展贸型现代交易市场转型，重点提升市场的展示订货、交易结算、电子商务、产业联动、配套服务等功能。

8. 职业教育与培训业。

大力发展职业教育和职业培训，鼓励社会力量包括民间社团、慈善机构、企业协会等积极参与职业教育与培训。坚持政府统筹、校企合作、紧贴市场、服务社会的办学模式，以高等职业教育为龙头、中职教育为主体、成人文化技术教育及岗位培训为延伸，通过整合教育资源、统筹专业设置、提高办学档次等途径，重点扶持一批职业学院和中等职业学校，加快建设一批实训基地，培养适应我区乃至全省建设现代产业体系所需要的多层次、专业型、复合型人才，把顺德建成区域性职业技术人才培养基地。大力发展社区教育，把职业教育网点向劳动力集中的工业区延伸，开展农村劳动力转移培训和外来务工人员培训。进一步完善职业培训体系，针对不同需求开展岗前培训、失业培训、创业培训、在岗职业技能培训等。

（二）提升生活性服务业，打造宜居宜商现代都市。

重点发展现代商贸、美食旅游、健康休闲、社区服务等生活性服务业，打造商业网点发达、基础设施完善的集商贸旅游、休闲购物及健康保健为一体的宜居宜商现代都市。

1. 现代商贸业。

适应社会消费结构转型升级的需要，积极发展连锁经营、仓储式超市、电子商务等新型流通业态，运用现代服务技术和经营方式改造提升传统商贸业。鼓励商贸企业以连锁经营的方式，向广大村居拓展。结合旧城改造和新城建设，重点打造2~3个城市商圈，建设若干个集购物、餐饮、休闲、娱乐、景观于一体的大型购物中心，积极引进国内外知名商业巨头，发展高端零售业，放大品牌效应，力争成为国际商业巨头在中国布点的重要二线市场。积极发展新型高端折扣购物业态——奥特莱斯，充分利用我区家电、珠宝品牌的资源优势，融合工业设计发展集高端产品折扣专营、高端创新产品展销、文化创意工坊于一体的有顺德特色的奥特莱斯，丰富商圈的休闲文化元素。

2. 美食旅游业。

创新发展岭南美食特色文化，弘扬“顺德美食”品牌，办好一年一届的“顺德岭南美食文化节”，支持顺德餐饮名店通过连锁经营、特许加盟等形式向外拓展。加快餐饮业发展平台建设，推动大良美食风情街、勒流中华美食城等载体建设，支持顺德职业技术学院创建顺德菜创新研发中心和顺峰学院，为顺德菜走出顺德、走向国内外提供人才储备和技术基础。加强旅游与文化的融合互动，按照“旅游＋产业创意＋传统文化”的思路，重点推动碧江旅游创意产业园的开发，加快建设以长鹿农庄为龙头，清晖园、顺峰山公园、南国丝都为辅助的东片休闲度假旅游区，以及以顺德西部生态产业新区生态绿心、李小龙乐园和逢简水乡为核心的西片岭南水乡休闲度假区。围绕广佛一体化，加强两地旅游资源、服务的相互开放和企业合作。挖潜和整合我区旅游资源，加大对商务旅游、会展旅游、文化旅游、购物旅游、美食旅游等产品的开发力度，构建休闲旅游产业格局。

3. 健康休闲业。

以构建“阳光生活”为核心，重点发展高端医疗、专业体检和特色体育服务等健康休闲产业。发挥我区高水平的肿瘤、脑神经、手外科、早产儿救治等重点医疗专科和特色医疗专科优势，用相较于港澳的成本优势，发展以顶级设备和优质服务吸引国内外高端客户的高端医疗服务。大力发展专业体检机构，通过健康教育、健康检查、健康规划的“健康管理”手段，发展高品质、一站式的体检服务，引领“快乐体检”新时尚。结合我区传统中医药产业基础，进一步弘扬中医药养生保健法，实现更多消费群体对预防、保健、养生等高品质生活的追求。大力开展群众性体育运动，依托特色体育节庆活动传承咏春拳、武术、龙舟、均安女篮等体育文化，形成体育竞赛表演、健身娱乐及体育培训等为主体的体育服务业，申办和举办全国乃至国际性的武术、女篮、水上运动及小球运动等训练和赛事活动。

4. 社区服务业。

实施“便利消费进社区、便民服务进家庭”的“双进”工程，以满足社区居民生活需求为目标，健全便利店、家政、维修、养老托幼、医疗保健等服务网络，增强便民服务功能。加快社区服务产业化进程，大力培育1~2家社区服务品牌企业，通过连锁经营开展各类社区服务，形成规范化、标准化、个性化的居民服务。通过推进示范社区的建设，积极探索新型社区建设与服务运作机制。

五、保障措施

（一）加强组织领导。

成立区现代服务业发展工作专责小组，统一指导全区现代服务业的发展，统筹协调现代服务业发展中的重大问题。专责小组由分管副区长任组长，区发展规划和统计局、经济促进局、教育局、公安局、财税局、人力资源和社会保障局、国土城建和水利局、卫生和人口计划生育局、市场安全监管局、环境运输和城市管理局、文体旅游局等部门分管领导为成员。专责小组下设办公室，设在区经济促进局。各有关部门要高度重视现代服务业发展，根据工作职能明确分工，落实责任，加紧制定具体工作方案和政策措施，通力合作，确保现代服务业发展工作扎实有效推进。

（二）强化规划引领。

以“十二五”规划为指导，做好各类服务业专项规划和重点集聚区空间布局规划，落实科学发展观，保障规划严格执行。强化“三片四带”的功能区块建设，推动项目、土地、资金、技术、人才、政策等各类资源向现代服务业重点发展领域和集聚区集中，遏制低水平项目重复建设。

（三）加大政策扶持。

积极落实国家、省出台扩大内需政策以及涉及服务业相关措施，协助企业争取国家、省、市三级在服务业、流通等领域的资金和政策支持，每年在区促进经济发展专项资金中安排一定数额的服务业发展引导资金，重点支持服务业集聚区（示范区）、公共服务平台和重点项目建设以及新兴业态发展、品牌培育等，建设一批带动强、辐射广、效益高、前景好的现代服务业重点项目。结合我区“优二进三”发展战略，调整城市用地结构，逐步提高服务业用地比例，优先对商务服务集聚区、创意产业园、科技创业园、现代物流园及列入区现代服务业重点项目在用地上给予倾斜和保障。对通过三旧改造、城区企业搬迁、关停淘汰落后产能企业腾出的土地，在符合土地利用总体规划、城市规划的基础上，优先用于现代服务业发展并享有相关政策支持。支持采取土地租赁、收取土地年租金的方式，满足现代服务业短期用地需求，降低服务业发展的投入成本。

（四）大胆探索，先行先试。

通过大胆探索，在财税、土地、市场准入、技术创新、人才引入、信贷支持、价格调整等方面实行先行先试政策，积极推进现代服务业标准化建设，破除制约服务业发展遇到的体制、机制、资金、人才等障碍，形成有利于服务业发展的宏观制度环境和微观运行机制，为全省乃至全国服务业的改革发展提供经验和示范。充分发挥政府资金的引导和杠杆作用，设立创业投资基金，坚持政府引导、市场运作、规范管理、支持创新的原则，由政府牵头，本土企业为资金募集对象，委托基金管理公司操作，主要投向符合我区产业政策的处于起步期或成长期的高新技术产业和现代服务业项目，把顺德打造成华南地区乃至全国通过金融创新推动产业升级的最佳案例。

（五）打造服务业发展集聚区。

结合“三片四带”的规划布局，依托轨道交通、港口等重大基础设施项目，全力打造一批定位准确、特色鲜明、辐射带动能力强的现代服务业集聚区。立足我区产业特色，重点建设商务集聚区、工业设计与创意产业园、科技创业园、现代物流园、大型专业市场、文化休闲旅游区等。引入规范的管理机构，高效组织开展集聚区的建设和运营，大力推进集聚区技术创新平台、公共服务平台建设，实现资源共享，提高信息化、集约化程度，增强我区现代服务业集聚区的核心竞争力。选择业态新颖、规划完善、条件成熟的集聚区申报省级、国家级的现代服务业集聚区试点，力争在管理模式以及土地、资金、税收等政策环境上实现新的突破。

（六）构建方便、快捷和环保的城市交通系统。

加快推进包括轨道交通、高速公路和城市快速路等快速路网建设，打造区内半小时生活圈和对接珠三角主要城市1小时生活圈。构建以自行车和步行为主的慢行交通系统，增强城市公共空间活力。大力发展公共交通TC模式，科学规划公交线路和停靠点，尽量向居住区、商业区、工业园等城市功能区延伸，最大限度满足居民生活和商务活动需要，大力提升顺德公交的整体水平。

（七）扩大对外开放，深化粤港澳合作。

抓住CEPA系列政策先行先试的有利契机，结合粤港合作框架协议，加强与港澳在金融、物流、会展、科技、中介服务等现代服务业领域的合作，主动承接和重点引进港澳的金融、现代物流、国际营销、研发设计、创意产业、测试认证及大型商务设施等优势生产性服务业项目，支持港澳金融机构和高端服务业企业在我区设立分支机构。积极学习和借鉴港澳服务业高效的管理经验和优良的营商模式，提升我区服务业管理水平。

（八）加大招商选资力度。

通过“走出去”与“请进来”、“国际”与“国内”并举的方式，加大现代服务业招商选资力度。以服务业发达的国家和地区为重点对象，组织开展针对各类服务业集聚区或特定服务业领域的专题招商或推介会，推动区域性、国际性服务业合作，重点加大对高端服务业特别是金融租赁、高端特色零售、高端医疗和体检机构等新兴服务业的引资奖励力度。

（九）加大人才引进和培育力度。

积极引进科技研发、创意设计、金融商务、现代物流等我区急需的行业领军人才或高端人才，重点从环境营造、工作方式、激励机制、后勤服务等方面着手，在户籍管理、出入境、社会保障、子女入学、职称评聘等方面切实提供便利，吸引其扎根顺德工作和创业。加快服务业各类专业人才培育，引导顺德职院及各类培训机构加强现代服务业相关学科建设，增设紧缺专业，鼓励服务业优势企业联合社会力量建立服务业人才实训基地，开展多种形式的在岗人员资格培训，提升服务业从业人员的整体素质和服务水平。

佛山市顺德区人民政府

二〇一〇年六月十八日

顺德区加强街道财政预算监督暂行办法

顺府发〔2010〕3号，2010年1月26日印发

为进一步加强我区各街道财政预算的审查监督，促进街道经济和社会各项事业协调发展，根据《中华人民共和国地方各级人民代表大会和地方各级人民政府组织法》、《中华人民共和国预算法》、《广东省预算审批监督条例》等有关法律法规，结合我区实际，现就加强街道财政预算监督工作制定以下办法：

一、预算、决算的审查和批准

（一）街道办事处(以下简称街道办)在区财政部门的指导下，依法组织好年度财政预算、调整预算、财政决算的编制工作。

（二）人大街道工委按照区人大常委会的授权，对本街道财政预算草案、财政预算调整方案、财政决算草案组织实施初步审查。

（三）街道的财政预算草案、财政预算调整方案及财政决算草案在街道党政联席会议审定后，提交人大街道工委组织本街道的区人大代表进行初审。街道办按照初审意见修改完善后报区政府审定，并由区政府提交区人大常委会审批。区政府财政部门依照区人大常委会的审批意见，批复街道办执行。

（四）人大街道工委组织初步审查时，主要审查以下内容：预算编制的指导思想、方针、原则，预算安排贯彻国家法律、法规和财政政策的情况；预算收支平衡的情况，预算收支规模与本街道国民经济和社会发展相适应的情况；预算收入的真实性、完整性；预算支出结构的合理性，保证机构正常运转基本支出情况，保证教育、卫生、社会保障等重点民生支出情况；其他需要重点审查的内容。

（五）街道办要认真研究处理人大街道工委及区人大常委会的意见。人大街道工委要将意见采纳情况及时向区人大常委会报告。

（六）街道上年财政决算草案及当年财政预算草案应在1月底前报区政府。

（七）区人大常委会收到区政府关于街道财政预算草案、财政预算调整方案及财政决算草案的报告后，在1个月内批复区政府。区财政部门应当自批准之日起5个工作日内批复街道办执行。

二、预算执行的监督

（一）预算年度开始后，在区人大常委会批准街道预算前，街道办可按照上年同期的预算支出数额安排支出，待预算批准后，按照批准的预算执行。

（二）人大街道工委对本街道预算执行情况、重点收支项目执行情况、重大政府投资建设项目资金使用情况以及政府担保贷款资金的使用和偿还情况等进行专项检查，并将检查结果向区人大常委会报告。

（三）区财政部门应当加强对各街道财政预算执行的指导和监督，及时将预算执行中的重大情况向区政府报告。必要时由区政府向区人大常委会报告。

（四）区审计部门依法对街道预算收支

执行情况和决算以及其他财政收支情况进行审计。街道办应当按照有关审计意见，对存在问题及时整改，对违纪违规的行为进行纠正或处理。人大街道工委应当加强对街道整改情况的跟踪监督。区审计部门要将街道纠正情况和处理结果向区人大常委会报告。

三、附则

（一）本办法自2010年1月1日起实施。

（二）本办法所列财政预算草案、财政预算调整方案、财政决算草案（预算执行情况）格式由区财税局统一制定。

（三）过去我区有关街道财政预算监督的规定与本办法不一致的，按本办法执行。

（四）人大街道工委可设立财政经济组开展财政预算监督工作。财政经济组一般不少于5人，成员可聘请有财经或审计工作经验的本届区人大代表或其他专业人员兼任。

顺德区加强镇财政预算监督实施办法

顺府发〔2010〕4号，2010年1月26日印发

为进一步加强我区各镇财政预算的审查监督，促进镇经济和社会各项事业协调发展，根据《中华人民共和国预算法》、《广东省预算审批监督条例》等有关法律法规，结合我区实际，现就加强镇财政预算监督工作制定以下实施方法：

一、预算的审查和批准

（一）镇预算编制必须符合国家法律、法规和财政政策，量入为出、收支平衡，不虚列预算。收入预算的编制应当与本镇经济和社会事业发展相适应；支出预算的编制应当统筹兼顾、确保重点，体现公共财政的要求，贯彻厉行节约的方针。镇预算草案应按照综合预算编制，反映镇全部收支情况。其中每年上级补助固定项目应列入预算。

（二）镇人民代表大会按照区人大常委会的要求，通过法定程序产生镇人民代表大会预算审查委员会（以下简称镇人大预算审查委员会）。镇人大预算审查委员会应不少于7人组成，成员从有财经或审计工作经验的本届镇人大代表中产生。镇人大预算审查委员会应当依据法律法规对本级财政预算、决算进行审查，为镇人民代表大会依法履行职权提供依据。

（三）镇政府年度财政预算草案应在召开镇人民代表大会15日前送交镇人大预算审查委员会进行初步审查。镇人大预算审查委员会对预算草案进行，初步审查时，主要审查以下内容：预算编制的指导思想、方针、原则，预算安排贯彻国家法律、法规和财政政策的情况；预算收支平衡的情况，预算收支规模与本镇国民经济和社会发展相适应的情况；预算收入的真实性、完整性；预算支出结构的合理性，保证机构正常运转基本支出情况，保证教育、卫生、社会保障等重点民生支出的情况；为实现预算拟采取的各项措施的可行性；其他需要重点审查的内容。

（四）镇政府要认真研究处理镇人大预算审查委员会的意见，并将意见采纳情况及时向镇人大预算审查委员会通报。

（五）镇政府按照初步审查意见对财政预算草案完善后，提请镇人民代表大会审查批准。镇政府财政预算草案经镇人民代表大会审查批准后，报区政府备案。镇财政部门自预算批准之日起30日内批复给本级各部门。

（六）在预算执行中财政收支发生较大变化时，镇政府应当编制预算调整方案。方案应列明调整的原因、项目、数额、措施并附相关说明。预算调整方案提请镇人民代表大会审查批准。在镇人代会闭会期间，镇政府预算调整方案先由镇人大预算审查委员会进行审查批准，并报下一次镇人民代表大会审议确认。如镇人民代表大会对预算调整方案有修改意见的，按镇人民代表大会意见执行。

二、决算的审查和批准

（一）预算年度终结后，镇政府应根据年度预算收入和支出执行结果，编制本级决算草案。

（二）决算草案的编制，必须符合法律、行政法规和财政政策，做到收支数额准确、内容完整。决算草案应当按照镇人民代表大会批准的预算所列科目编制，按预算数、调整预算数以及实际执行数分别列出，并作出说明。

（三）决算草案在召开镇人民代表大会15日前送交镇人大预算审查委员会初步审查后，报镇人民代表大会审查批准。经镇人民代表大会审查批准后报区人民政府备案。

三、预算执行的监督

（一）预算年度开始后，在镇人民代表大会批准镇财政预算前，镇政府可以按照上年同期的预算支出数额安排支出，待预算批准后，按照批准的预算执行。

（二）镇人民代表大会闭会期间，镇人大预算审查委员会应当了解本级预算执行情况。每年7月镇政府应向镇人大预算审查委员会报告上半年预算执行情况及下半年财政工作意见，以及本镇政府担保贷款资金的使用和偿还情况。

（三）区财政部门应当加强对镇财政预算执行的指导和监督，及时将预算执行中的重大情况向区政府报告。必要时由区政府向区人大常委会报告。

（四）区审计部门依法对镇预算收支执行情况和决算以及其他财政收支情况进行审计。镇政府应当按照有关审计意见，对存在问题及时整改，对违纪违规的行为进行纠正或处理。镇人大预算审查委员会应当加强相关整改情况的跟踪监督。区审计部门要将镇政府纠正情况和处理结果向区人大常委会报告。

四、附则

（一）本办法自2010年1月1日起实施。

（二）本办法所列财政预算草案、财政预算调整方案、财政决算草案（预算执行情况）格式由区财税局统一制定。

（三）过去我区有关镇财政预算监督的规定与本办法不一致的，按本办法执行。

顺德区金融机构支持中小企业发展考核奖励办法

顺府办发〔2010〕1号，2010年1月4日印发

第一条 为进一步鼓励和引导金融机构增加对中小企业有效信贷投入，加大金融业对全区中小企业发展的支持力度，根据《顺德区金融支持中小企业发展实施方案》（顺府办发〔2008〕152号）制定本考核奖励办法。

第二条 本办法所称的中小企业，是指在本区境内工商管理部门注册登记，在本区境内税务部门依法纳税，年销售收入在5000万元以下（含5000万元）且当年末在辖区内金融机构贷款余额1000万元以下（含1000万元）的各种所有制形式的企业（含个体工商户、合伙企业以及其他经济组织）。

第三条 本办法所称的金融机构，是指在本区依法设立的存款性及非存款性银行类金融机构、小额贷款公司。

第四条 本办法所称的金融机构中小企业贷款考核奖励资金，是指区政府专项用于鼓励和促进金融机构支持中小企业信贷投放的引导性财政奖励资金。

第五条 考核奖励对象为顺德区内各金融机构。

第六条 考核内容。

（一）全年各金融机构对中小企业贷款增长率；

（二）全年各金融机构对中小企业贷款净增额；

（三）全年各金融机构对中小企业贷款累放增长率；

（四）全年各金融机构对中小企业贷款累放额。

第七条 考核指标的计算及权重。

（一）指标计算。

1. 区内各金融机构当年对中小企业发放贷款增长率，即〔（当年末对中小企业发放贷款余额－上年末对中小企业发放贷款余额）÷上年末对中小企业发放贷款余额〕×100%；

2. 区内各金融机构当年对中小企业发放贷款净增额，即当年末对中小企业发放贷款余额－上年末对中小企业发放贷款余额；

3. 区内各金融机构当年对中小企业发放贷款累放增长率，即〔（当年末对中小企业发放贷款累放数－上年末对中小企业发放贷款累放数）÷上年末对中小企业发放贷款累放数〕×100%；

4. 区内各金融机构当年对中小企业发放贷款累放额，即当年末对中小企业发放贷款累放数－上年末对中小企业发放贷款贷款累放数。

（二）指标权重。

1. 贷款增长率权重：0.2；

2. 贷款净增额权重：0.3；

3. 贷款累放增长率权重：0.2；

4. 贷款累放净增额权重：0.3。

（三）本考核奖励办法不包含以下中小企业贷款统计口径。

1. 贷款主体是事业单位、公资办辖属的企业、个人；

2. 票据融资；

3. 信托贷款；

4. 委托贷款。

第八条 2010至2011年，区财政每年安排300万元专项资金，用于对支持中小企业发展贡献率高的金融机构进行表彰奖励。

第九条 奖项设置。

（一）金融机构中小企业贷款综合排名奖。按照全区金融机构当年对中小企业发放贷款综合排名的高低，排名前7名单位获奖。

（二）金融机构中小企业贷款增长率奖。按照全区金融机构当年对中小企业发放贷款增长率的高低，排名前6名单位获奖。但是，凡当年对中小企业贷款增长率低于全区金融机构当年对中小企业发放贷款平均增长率的金融机构，不得参评该奖项。

（三）金融机构中小企业贷款净增额奖。按照全区金融机构当年对中小企业发放贷款净增额的高低，排名前6名单位获奖。但是，凡当年对中小企业发放贷款新增额为负数的金融机构，不得参评该奖项。

（四）金融创新奖。凡对支持中小企业贷款在制度创新、机构创新、产品创新、服务创新等方面成绩突出的单位获金融创新奖，获奖单位4名。

第十条 成立奖励评审专责组，负责奖项评审。奖励评审专责组由区财税局局长任组长，主管金融工作的副局长任副组长，成员单位由人民银行顺德支行、佛山银监顺德办事处、区财税局（金融办）、区经济促进局组成。专责组日常工作由区金融办承担。

第十一条 奖励申报。

（一）各金融机构每月向人民银行顺德支行、佛山银监顺德办事处报送对中小企业发放贷款报表、新发放企业清单及相关文字说明作为奖励评审依据。

（二）各金融机构于本年结束后向区金融办提出奖励申请，经人民银行顺德支行、佛山银监顺德办事处初审后，由评审专责组成员单位会审签署评审意见后报区政府审批。

第十二条 对弄虚作假获得奖励的，除全额收回已发放的奖金、取消其申报资格以外，还将给予通报批评。

第十三条 本办法自2009年起实施，暂定执行两年。统计指标从2009年1月1日起计算，以年度为周期考核。

顺德区房屋安全管理办法

顺府办发〔2010〕21号，2010年2月12日印发

第一条 为加强我区房屋安全管理，保障房屋安全，避免房屋安全事故发生，根据有关法律法规并结合我区实际，制定本办法。

第二条 房屋安全管理遵循预防为主、防治结合、规范使用、确保安全的原则。

第三条 区国土城建和水利局为我区的房屋安全管理行政主管部门，负责组织实施本办法。

各镇（街）及其城市建设管理部门负

责辖区内房屋的安全监督、日常管理、建立房屋安全信息档案以及组织房屋安全排查等工作，并协助组织实施危险房屋的解危工作。

区发展规划和统计局、公安局、财税局、市场安全监督管理局、环境运输和城市管理局以及消防、电力、出租屋和流动人口管理等部门应当按照各自职能，协同做好房屋安全管理工作。

第四条 区、镇（街）应当建立用于房屋安全普查、危险房屋抢修、应急抢险等事项的房屋安全管理专项经费。房屋安全管理专项经费纳入区、镇（街）财政预算。

第五条 区国土城建和水利局应当定期组织全区的房屋安全普查，建立房屋安全动态信息管理制度。

各镇（街）应在区国土城建和水利局的指导下，开展房屋安全日常排查监控工作，建立房屋安全台账，及时更新房屋安全信息，并于每季度第一个月的15日前将辖区内最新的房屋安全台账报区国土城建和水利局汇总。

第六条 台风或暴雨来临前，各镇（街）应组织相关部门联同各居（村），对存在安全隐患的房屋作重点检查，根据实际情况及时疏散迁移群众。台风或暴雨过后，再次进行全面检查，并及时更新房屋安全档案，补充新增加的危险房屋信息。

第七条 房屋所有人是房屋安全的直接责任人。房屋所有人、使用人应定期对其房屋进行安全检查，发现有严重损坏或危及安全的异常迹象时，应及时申请鉴定机构进行房屋安全鉴定。

房屋所有人或使用人未按要求对房屋进行安全鉴定造成事故的，房屋所有人应承担相应法律责任。

房屋所有人、使用人对房屋进行加建、维护及装饰装修活动时必须符合有关法律法规和技术规范，不得影响房屋安全。

第八条 房屋可能存在危及相邻人、房屋使用人等利害关系人的安全隐患的，利害关系人可以要求房屋所有人或使用人申请房屋安全鉴定机构进行鉴定。

第九条 对存在安全隐患的房屋，房屋所有人或使用人未委托鉴定的，区国土城建和水利局可向其发出《催办房屋安全鉴定通知书》。

第十条 在确认房屋为危险房屋后，房屋安全利害关系人有权要求房屋所有人采取必要安全保护措施，排除危险。

第十一条 出租房屋应符合安全使用条件，不符合安全使用条件的房屋，不得出租，有关部门不得为其办理租赁登记。已出租房屋在使用期内出现结构性房屋安全隐患的，房屋所有人应委托鉴定机构进行鉴定，经鉴定符合安全使用要求的，可继续使用；不符合安全使用要求的，不得继续用于出租，有关部门应依法注销该房屋的租赁登记。

第十二条 流动人口与出租屋管理部门应加强辖区内出租屋的房屋安全巡查工作，发现存在安全隐患的房屋时应及时通知房屋所有人或承租人，并通报所在镇（街），情况严重的，应立即组织疏散人员。

第十三条 房屋安全鉴定机构在鉴定过程中发现C级以上（含C级）危险房屋的，应立即将该房屋的《房屋安全鉴定报告》报区国土城建和水利局。

第十四条 区国土城建和水利局应根据《房屋安全鉴定报告》，将C级以上（含C级）的危险房屋记入产权档案系统，并向房屋所有人发出《危险房屋处理通知书》。

第十五条 房屋所有人必须按照《房

屋安全鉴定报告》的意见对房屋进行解危治理。

因房屋所有人未及时治理而对他人造成损失的，由房屋所有人承担法律责任；给他人造成生命财产损失，已构成犯罪的，由司法机关依法追究刑事责任。

第十六条 C级以上（含C级）危险房屋的所有人未按照《房屋安全鉴定报告》的意见及时治理，危及公共安全的，可由区国土城建和水利局直接或者指定有关单位代修，或者采取其他强制措施解除危险。

房屋存在严重安全隐患但房屋所有人未申请进行房屋安全鉴定的，区国土城建和水利局在采取上述强制解危措施前应指定房屋鉴定机构进行鉴定，鉴定结论应告知房屋所有人、无法确定所有人的，告知房屋的实际管理人。

第十七条 房屋所有人进行抢险解危需要办理各项手续时，各有关部门应给予支持，及时办理，以免延误时机发生事故。

经人力资源和社会保障部门核定的低保、特困家庭需进行危险房屋鉴定或治理的，可向区国土城建和水利部门申请减免房屋鉴定费用，并可向人力资源和社会保障部门申请危险房屋改造救助。

第十八条 危险房屋可能危及到公共安全，有下列情况之一的，区国土城建和水利局可指定有关单位进行治理：

（一）房屋权属不明晰，无法确定房屋所有人的；

（二）所有人死亡且无法确定继承人的；

（三）所有人下落不明又无合法代理人履行房屋安全责任的；

区国土城建和水利局在指定有关单位治理危险房屋前应当发布公告，公告的期限不得少于六十日，但房屋安全鉴定机构认为危险房屋确需立即治理的，可在公告期间同时治理。

第十九条 危险房屋危及公共安全需要进行紧急治理的，可以在办理相关手续的同时采取必要的解危措施。

第二十条 各镇（街）应当设立房屋应急抢险救援组织，储备充足的抢险救援物资与设备，保证在发生紧急救援事件时物资与设备能及时到位。

第二十一条 房屋应急抢险遵循属地管理原则。

因台风、暴雨、火灾等事故导致房屋出现突发性险情时，房屋所有人及使用人必须立即采取妥善的处理措施，积极进行应急抢险。

区国土城建和水利局、各镇（街）、各应急抢险指挥机构在知悉房屋突发性险情后，应当及时到场处理，实施房屋应急抢险。

第二十二条 区国土城建和水利局、各应急抢险指挥机构在组织实施房屋应急抢险时，可根据实际情况采取下列措施：

（一）切断电力、可燃气体和液体的输送；

（二）划定警戒区，实行局部交通管制；

（三）利用邻近建筑物及有关设施。

公安、消防、电力、燃气等部门应当给予必要的协助。

第二十三条 本办法由区国土城建和水利局负责解释，自2010年4月1日起实施。

顺德区规范门(楼)牌设置管理办法

顺府办发〔2010〕37号，2010年4月2日印发

第一条 为适应我区城市建设、社会发展的需要，方便群众的工作和生活，进一步规范门(楼)牌管理，根据《中华人民共和国国家标准地名标志(GB17733-2008)》(以下简称《国标》) 等有关规定，结合我区实际，制定本办法。

第二条 区公安局负责本区门（楼）牌的设置、编号、安装及日常管理工作。各镇（街）、各村（社区）负责协助公安机关做好相关协调工作。

第三条 房屋地址编号的规则为：区+镇（街）+村（社区）+标准地名+楼盘名称+幢号+门牌号。村（社区）、标准地名、楼盘名称三项中，有缺项可不必填写，一个楼盘只有一幢（栋、楼、座）的，缺省幢（栋、楼、座），其余的项目必须填写。

标准地名是指经区民政宗教和外事侨务局（原民政局）批准命名或备案的街、路、巷等。

楼盘名称是指经区民政宗教和外事侨务局（原民政局）批准命名或备案的花园、住宅区、大厦等房地产名称，不能附带一期、二期等名称。楼盘名称应用国家公布的规范汉字填写，在冠以街、路、巷等名后，可并列小区名称。

幢号是指一座独立的、同一结构的、包括不同层次的建筑物使用的编号（用阿拉伯数字填写）。建筑物下面为裙楼，上面为多幢塔楼且使用完全独立的，裙楼和各塔楼均作独立幢处理。整个楼盘内的幢号应以阿拉伯数字按顺序编排，不得重复。

门牌号包括层号及房号（用阿拉伯数字填写）。幢内每个楼梯的控制面积称为一个户，如：门牌为1205号，即指12层5号。

第四条 门（楼）牌是指标示院落、独立门户、楼房名称的地名标牌。门（楼）牌应由公安机关统一编号，任何单位和个人不得随意自编、乱编门（楼）牌号。门（楼）牌的设置必须按顺序编号，杜绝乱编“吉利号”，不得跳号、缺号或附带其它标识以免造成管理上的混乱。

第五条 门（楼）牌号编制和使用遵循“尊重历史，保持相对稳定，方便查找，便于管理，预留空号，规范统一”的原则。

（一）大型门（楼）牌一般应设置在高层楼房或机关、团体、学校、工厂、部队、医院等单位适宜安装门（楼）牌的建筑物上；

（二）小型门（楼）牌一般设置在低层楼房或平房院落、临街住宅和铺面房上；

（三）对自然村房屋编号，采用一栋一门一号原则；

（四）一个院落只设置一个门（楼）牌号。一院多门的，可根据具体情况确定一个正门编号，其余的设置旁门或后门编号。旁门、后门门牌的名称、编号，应与正门门牌的名称、编号相一致。能明显看出属于同一院落的附属门，可不设置旁门门牌；

（五）用于生产经营的地下防空设施

(不包括高、多层楼房地下室)，有出入门的，应设置门（楼）牌号；

（六）违章建筑物和未经有关部门批准改变建筑用途的，不予编门牌号。

第六条 门(楼)牌按以下方法进行编号：

（一）路街巷两侧均有门户的，按一侧编单号、另一侧编双号的原则编排，仅一侧有门户的，则只编单号或双号；

（二）封闭小区在临主干道入口处先编定一个主号，再从主入口处按顺序编排幢(栋、楼、座）号；

（三）住宅楼幢（栋、楼、座）应按由东向西（坐北朝南的楼房）或由北向南(坐西朝东的楼房）的顺序设置；

（四）楼内各套房间应分层编排户号。十层以下的楼房，户号采用三位数，如一层为101、102，二层为201、202等，十层以上的楼房，采用四位数，如十二层为1201、1202等；

（五）住宅小区商铺，以小区名称、楼(座）号及楼层为内容编号；

（六）房屋改建而多出门牌的，可以空留，门牌不够的，用附号“之一、之二、……”补充，具有历史意义建筑物的门牌必须保留其历史编号；

（七）幢（栋、楼、座）、楼层、户号统一使用阿拉伯数字（小写体）编号。

第七条 门（楼）牌按照以下顺序进行编排：

（一）路街巷如为东西走向，由东向西编排，北侧编单号，南侧编双号；

（二）路街巷如为南北走向，由北向南编排，西侧编单号，东侧编双号；

（三）路街巷如为东北—西南走向，由东北向西南编排，西北侧编单号，东南侧编双号；

（四）路街巷如为西北—东南走向，由西北向东南编排，西南侧编单号，东北侧编双号；

（五）路街巷如为不通行的胡同，可不分走向，由入口向里编排，左侧编单号，右侧编双号；

（六）农村或自然村的路街巷，可不分走向，由靠近村口入口方向向里编排，左侧编单号，右侧编双号；

（七）路街巷如为垂直或相交于河流、山岗的，可由靠近河流或山岗的一侧开始延伸按顺序编号，左侧编单号，右侧编双号。

（八）按单双编号的街道，相对的两个号码尽量保持接近，若按顺序编排相距太远，可10米间距留一空号，以保持单双号对应；

（九）住宅区的楼房应从东北方向起按S型的顺序编排，住宅区地形较为复杂的，可本着衔接易找的原则编排；

（十）因城市建设等原因造成缺号不得将后面的号往前提，在空号间新增加的号应用最前一个号编号，号与号之间无空号而需要编号的，以前一号的附号编号；

（十一）在建、待建地段应按10米间距留一空号，地形较复杂的，可本着衔接好找的原则编排；

（十二）区内跨越两个以上镇（街）的道路、大街，其两旁的门（楼）牌由区级协调编码。

第八条 门（楼）牌的制作要求统一规格、统一材料、统一式样、统一价格。门（楼）牌的规格、材料、式样应符合《国标》(GB17733-2008）要求。

第九条 大型楼牌，应根据楼房的高低程度确定安装门（楼）牌的具体位置。

高层楼房、综合商贸建筑、花园等，门（楼）牌可安装在3至4层中间，被其他建筑遮挡的，可安装在4至5层之间，即距地面9米以上。

低层楼房的门（楼）牌应安装在距地面4.5米高处，其它门牌可安装在门（框）的右侧墙上，距地面2米高。

一条街或一个住宅小区的门（楼）牌，应安装在一个水平线上。

第十条 建筑物的建设单位或个人在建筑物地面以上首层完工且门口、楼梯位置确定后30日内，可凭下列资料向建筑物所在地镇（街）派出所申请门（楼）牌号：

（一）新建、改建小区，要提交标准地名批准的文件和建筑总平面图；

（二）老街区、老居民住宅小区增建新房、增开新门而申请门（楼）牌的，要交验旧产权证及规划验收合格证；

（三）搭建的临时房屋，要交验有关部门发给的临时占地批准文件和简易平面图；

（四）用于生产经营的地下防空设施（不包括高、多层楼房地下室）已形成门的，交验人防、工商等部门同意营业的许可证明和简易平面图；

（五）建筑物由单位投资建设的，须提供工商执照及其复印件；建筑物由个人投资建设的，须提供建筑物产权人的居民身份证及复印件；

（六）国土部门核发的《建筑用地批准书》；

（七）规划部门核发的《建设用地规划许可证》、《建设工程规划许可证》以及红线图、房屋四围图。

第十一条 申请人安装门（楼）牌应到派出所户政部门领取《申请安装门（楼）牌申请表》，连同有关证明文件到房屋所在地派出所户政部门办理门（楼）牌的审核及领取手续，当地户政部门受理后15个工作日内出具《门（楼）牌号码申领（变更）通知书》并电话通知申请人，如因特殊情况不能编制，应向申请人说明理由。

第十二条 因旧城区改造重建造成门（楼）牌混乱的，公安机关应重新编列门（楼）牌，并及时书面通知建筑物产权人，新门（楼）牌更换安装后，旧门（楼）牌可过渡使用三个月。门（楼）牌出现重号的，应进行个别修正。

第十三条 区民政宗教和外事侨务局应及时将新命名、更名的街路、巷等标准地名的批复文件抄送区公安局。

第十四条 商品房开发建设单位在签订售房协议、房管部门在发放房产证时，必须使用公安机关编制的门（楼）牌号码。

对未取得公安机关编制的门（楼）牌号码的，房管部门应告知业主先到公安机关办理门（楼）牌编号。业主在申办房屋产权证时，需向房管部门提交《门(楼）牌申领（变更）通知书》。

第十五条 办理门（楼）牌的工本费按以下办法收取：

（一）建筑物属于机关、团体、大院、企事业单位、市（村）民的，其门（楼）牌的工本费由物业所有者支付；

（二）居民楼内的户号牌，其工本费由户主支付；

（三）居民住宅区（楼）的门牌、楼牌，其工本费由房屋管理单位支付；

（四）新开发尚未交付使用的小区，其号牌工本费由开发商支付；

（五）农村“五保户”、城乡低保户免收门牌的工本费。

第十六条 门（楼）牌的工本费收费标准，区公安局报区发展规划和统计局审核后，由区人民政府核定。

第十七条 因建筑物门面装修需暂时拆除门（楼）牌的，必须在门面装修施工结束时，重新钉挂门（楼）牌。

第十八条 任何单位、个人都有保护门牌标志的义务，凡未经审批建档的门（楼）牌不受法律保护。

除公安机关外，任何单位和个人均不得擅自变更或移动门（楼）牌。

损坏门（楼）牌的要负责赔偿；私自设置、变更、移动、毁坏、盗窃门（楼）牌的，由公安部门依法处理。

第十九条 本办法由佛山市顺德区公安局负责解释，自2010年6月1日起施行。我区之前制定的有关管理规定与本办法不一致的，以本办法为准。

顺德区基本农田保护补贴实施办法

顺府办发〔2010〕47号，2010年5月11日印发

第一条 为切实保护耕地，保障承担基本农田保护任务者的利益，确保经济社会的可持续发展，根据《中华人民共和国土地管理法》、《中华人民共和国土地管理法实施条例》、《基本农田保护条例》、《广东省基本农田保护区管理条例》等规定，结合我区实际，制定本实施办法。

第二条 基本农田保护补贴范围为顺德区土地利用总体规划划定的基本农田保护区内且已依法签订基本农田保护责任书的基本农田。

第三条 基本农田保护补贴对象为已依法签订基本农田保护责任书、承担基本农田保护任务的责任单位（下称责任单位）。

第四条 基本农田保护补贴资金实行全区统筹，区、镇（街）两级负担，区、镇（街）负担比例为7∶3。各镇（街）当年负担的补贴按上年该镇（街）所占区下拨税收分成的比例计算。

第五条 基本农田保护补贴资金标准为500元/亩·年。

第六条 基本农田保护补贴资金发放条件：

（一）按规定签订基本农田保护责任书；

（二）依法保护和管理基本农田；

（三）严格按规定使用上年度的基本农田保护补贴资金（第一年度除外）。

第七条 基本农田保护补贴按以下流程审批发放：

（一）责任单位于每年12月依据与所在镇人民政府（街道办事处）签订的基本农田保护责任书，向所在镇（街）国土管理部门提出基本农田保护补贴申请。

（二）镇（街）国土管理部门会同镇（街）农村管理部门根据各自职责，组织实地检查，结合责任单位日常基本农田保护工作情况，在申请表中就是否同意发放补贴加具意见，并说明理由。

（三）报所在镇人民政府（街道办事处）审核并加具意见。

（四）报区委社会工作部审核并加具意见。

（五）报区国土城建和水利局审核并加具意见。对同意发放的，于次年2月底前将申请年度的基本农田保护补贴资金拨付

到相关镇（街）财政所设立的专门账户。

第八条 补贴资金使用范围。每年度补贴资金总额的20%作为农业基础设施建设专项资金，其余部分必须按以下先后顺序使用：

（一）城乡居民基本医疗保险（含住院和门诊）等；

（二）农村社会养老保险等社会保障；

（三）责任单位成员代表大会决定的其他使用方式。

严格实行专款专用。责任单位将资金使用方案报所在镇人民政府（街道办事处）审批同意后，镇（街）财政所方可将相应资金拨付至责任单位专门帐户。

第九条 各责任单位要将补贴资金收入、开支情况按农村财务管理制度要求定期在村务公布栏公布，接受群众监督。

第十条 每年由区委社会工作部牵头会同区财税局、国土城建和水利局、镇（街）等部门不定期对各责任单位的基本农田保护、补贴资金等使用情况进行检查，同时接受区政务监察和审计局的监督检查和审计。

检查发现责任单位不依法保护和管理基本农田的，需按有关法律法规进行查处，取消其申请基本农田保护补贴资金的资格，并暂停审批其补贴资金使用的申请，直至恢复原状、补划或改正，并经区委社会工作部牵头会同区国土城建和水利局、所在镇人民政府（街道办事处）等部门复核属实。

检查发现责任单位不按规定使用补贴资金的，暂停审批其补贴资金使用的申请直至其改正。

第十一条 区国土城建和水利局须会同相关部门就基本农田保护范围、保护职责、不依法保护基本农田所产生的法律责任及处罚措施等事项向责任单位进行公示。

第十二条 本实施办法由区国土城建和水利局负责解释,自发文之日起实施。

顺德区科技型中小企业技术创新专项资金管理暂行办法

顺府办发〔2010〕53号，2010年5月26日印发

第一章 总则

第一条 根据《印发广东省科技型中小企业技术创新专项资金管理暂行办法的通知》（粤财工〔2009〕119号）、《关于进一步加大地方科技型中小企业技术创新基金专项投入的意见》（粤科函高字〔2010〕129号）、《关于同意设立区科技型中小企业技术创新专项资金的复函》（顺府办函〔2010〕240号）等文件精神，设立顺德区科技型中小企业技术创新专项资金（以下简称“专项资金”）。为规范专项资金管理，提高财政资金的使用效益，特制定本办法。

第二条 本办法所称专项资金，是指经顺德区人民政府批准设立，在区科技经费中统筹安排，主要用于扶持顺德区科技型中小企业技术创新项目、纳入上级科技创新基金（资金）项目以及项目组织评审等相关费用支出。

第三条 专项资金的使用和管理应遵守国家有关法律、行政法规和相关规章制度，遵循诚实申请、公正受理、统筹安排、规范管理、注重绩效、择优支持、加强监管、专款专用的原则。

第四条 区经济促进局负责组织项目申报、评审、管理，下达专项资金项目计划，对项目实施情况进行监督检查。区财税局负责专项资金管理，办理专项资金拨付手续，对专项资金使用情况进行监督检查和开展绩效评价工作。

第二章 申报条件、范围和方式

第五条 申报项目的企业应具备以下条件：

（一）项目必须符合国家产业、技术政策，技术含量较高，技术创新性较强，无知识产权纠纷；

（二）在顺德区境内依法注册成立，具有独立企业法人资格，实收资本不少于30万元，近五年内没有重大违法行为记录；

（三）主要从事高新技术产品的研制、开发、生产和服务业务，每年用于高新技术产品研究开发的经费不低于年营业收入的5%（申请当年新注册成立的企业不受此款限制）；

（四）职工人数不超过500人，具有大专以上学历的科技人员占职工总数的比例不低于30%，直接从事研究开发的科技人员占职工总数的比例不低于10%；

（五）企业管理层有较高的经营管理水平，有较强的市场开拓能力，有良好的经营业绩，资产负债率低于70%，有健全的财务管理机构，有严格的财务管理制度和合格的财务人员；

（六）企业规模、项目自有匹配资金符合当年度《广东省科技型中小企业技术创新专项资金申请指南》的要求。

第六条 专项资金优先支持以下项目：

（一）参与国际标准、国家标准、行业标准、地方标准制定企业的项目；

（二）拥有自主知识产权，并且市场前景好、市场容量大的项目；

（三）科技成果转化项目，利用高新技术改造传统产业的项目，在国际市场上有较强竞争力并能形成出口创汇的高技术项目；

（四）以企业为主体的新型产、学、研联合创新的项目，院地合作项目，科技特派员入驻企业项目；

（五）国家级和省级高新技术产业园区、孵化基地内的高技术服务项目，包括设计创意行业等；

（六）引进消化吸收再创新取得自主知识产权的项目；

（七）企业间的合作项目，特别是以大企业带动小企业的科技项目。

第七条 根据《广东省科技型中小企业技术创新专项资金申请指南》要求，科技型中小企业技术创新项目分为创新项目（包括初创期企业创新项目、成长期企业创新项目）、重点创新项目两类。专项资金以无偿资助、贷款贴息等方式给予支持，单个项目的支持金额为：初创期企业创新项目支持不低于20万元，成长期企业创新项目支持不低于30万元，重点创新项目不低于60万元。

（一）无偿资助。

1. 主要用于科技型中小企业技术创新活动中新技术、新产品研究开发及中试放大等阶段的必要补助，包括原材料、设备购置及使用费、试验外协、专项业务费等与技术创新项目直接相关的支出；

2. 项目新增投资一般在1000万元以下，资金来源基本确定，投资结构合理，项目实施周期不超过2年（生物、医药类的药品项目可放宽至3年）；

3. 企业需有与申请专项资金资助等额以上的自有资金匹配。

（二）贷款贴息。

1. 主要用于支持产品具有一定的技术创新性、需要中试或扩大规模、形成小批量生产、银行已经贷款或有贷款意向的项目，项目立项后，根据项目承担企业提供的银行贷款有效合同及项目执行期内的有效付息单据核拨贴息资金；

2. 项目新增投资在3000万元以下，资金来源基本确定，投资结构合理，项目实施周期不超过3年；

3. 企业需有与申请专项资金资助等额以上的自有资金匹配。

第八条 同一年度内，一家企业只能申请一个项目和一种支持方式。申请企业应根据项目所处阶段，选择一种相应的支持方式，不得重复申报。已获得专项资金支持的企业，必须在已立项项目验收合格后方可申请新项目。

第三章　项目申报和审核

第九条　项目申报。

（一）区经济促进局根据省科技厅与财政厅联合制定和发布的年度《广东省科技型中小企业技术创新专项资金申请指南》，结合顺德区的产业发展需要，明确年度重点支持范围和具体要求。

（二）镇、街道科技主管部门按照本办法和年度申报通知，发动和组织辖区内企业申报。

（三）企业按照有关的要求进行申报，并保证申请材料真实可靠。

（四）区经济促进局、区财税局采取公开方式受理企业申请并进行受理审查。受理审查内容包括资格审查、形式审查及内容审查。受理审查合格的项目，方可进入评审阶段。

第十条　项目评审。

（一）实行专家评审与行政决策相结合的立项审批制度。根据年度的工作实际，评审采用如下两种方式之一进行：

1. 按照广东省科技型中小企业技术创新专项资金年度工作的要求，参加全省的联合评审。

2. 由区经济促进局会同区财税局组织召开专家评审会，按公平、公正、公开的原则，负责对项目的市场前景、技术创新性、技术可行性、风险性以及申报企业的经营管理水平等进行评审。

（二）区经济促进局根据专家评审意见形成项目初步计划，报区人民政府审批。经批准的项目通过网站等途径向社会公告，公告发布之日起1周内为立项项目异议期。经公告没有异议的，正式办理立项及资金拨付手续。对于项目存在重大异议的，应按程序进行复议。

（三）属于以下情形之一的单位项目，不给予支持：

1. 在享受各级政府财政资助中有严重违约行为的；

2. 近3年内发生过未按规定进行工商年检或者税务登记、纳税申报的；

3. 因涉嫌违法正在被有关行政部门立

案查处或者被行政处罚后未满2年的；

4. 面临正在进行的有可能影响该企业正常经营活动的诉讼或者仲裁的；

5. 单位主要财产因债务纠纷已被或正面临人民法院采取保全措施或强制执行措施的。

第四章　项目和专项资金管理

第十一条　经区政府批准立项的专项资金项目，由项目承担单位与区经济促进局签订项目合同书，纳入科技计划项目管理。

第十二条　区经济促进局作为项目管理单位，负责项目的日常监督管理和验收工作。项目的实施必须严格按照项目合同书的要求执行，实施期间承担单位须在每年12月30日前向区经济促进局提交项目年度执行情况的书面报告。

第十三条　项目合同内容原则上不能变更。如遇目标调整、内容更改、项目负责人变更、不可抗力因素等对项目执行产生重大影响的情况必须及时向区经济促进局提出书面报告，由区经济促进局审查后按规定办理有关调整手续。

第十四条　项目承担单位须在项目完成后3个月内向区经济促进局提出项目结题验收申请，由区经济促进局组织专家，联合区财税局对项目进行结题验收。未能按合同规定时间完成项目任务的，承担单位应在合同规定项目完成时间前1个月内向区经济促进局提出项目延期申请。

第十五条　项目验收时，项目承担单位除按项目验收要求提交有关验收资料外，还须提供企业承诺配套项目资金的财务专项审计报告。

第十六条　区财税局作为专项资金的管理部门，负责办理专项资金的拨付，并对专项资金进行绩效评价。

第十七条　专项资金的使用与管理要严格执行国家有关财务制度规定，项目承担单位须设立项目专账财务管理制度，保证专项资金专款专用。对违反专项资金专款专用原则的行为，将按照《财政违法行为处罚处分条例》的有关规定进行处理。

第五章　附 则

第十八条　本办法由区经济促进局负责解释。

第十九条　本办法自印发之日起实施。

顺德区城乡居民最低生活保障制度实施办法

顺府发〔2010〕24号，2010年6月7日印发

第一章　总 则

第一条　为完善我区城乡居民最低生活保障制度，切实保障我区城乡居民的基本生活权益，根据国务院《城市居民最低生活保障条例》和《广东省城乡居（村）民最低生活保障制度实施办法》的规定，

结合我区实际，制定本办法。

第二条 本办法所称的城乡居民最低生活保障制度（以下称低保制度），是指对家庭人均月收入低于本区当年低保标准并符合相关条件的我区城乡居民实行差额救助和春节、中秋节日补助的社会救济制度。

第三条 建立低保制度，遵循低保与法定赡养、抚养、扶养相结合，鼓励劳动自救，并保障城乡居民与社会经济发展水平相适应，实行公开、公平、民主的原则。

第四条 低保标准由区人力资源和社会保障局会同区发展规划和统计局、区财税局制订，经区人民政府批准后向社会公布，并且随着我区生活必需品的价格变化和人民生活水平的变化适时进行调整。

第五条 为进一步做好扶贫济困工作，使处于低保边缘的困难群众得到帮助，倡导通过调动社会各方力量，因应低保临界群众的实际困难和需要，开展形式多样的帮扶工作。

第二章 工作职责

第六条 区人力资源和社会保障局是我区组织和实施低保工作的行政管理部门，负责指导、监督低保实施工作，制定低保管理规范性文件，制定每年度低保资金预算和决算报告，审核低保申请人提供的收入证明，并做好低保对象的劳动就业岗前培训和优先推荐就业的工作。

第七条 区财税局对区人力资源和社会保障局提出的下一年度低保资金的预算进行审核，设立低保专户，根据区人力资源和社会保障局提供核定的低保对象名单，通过国库支付中心委托银行将低保资金按时下发到户。

第八条 卫生和人口计划生育部门协助提供低保申请对象落实计划生育措施和缴清社会抚养费的证明。

第九条 公安、税务、国土城建和水利、市场安全监管、金融等部门以及其他了解低保申请人家庭经济状况的单位和个人应当配合做好申请人家庭经济状况的核查工作，如实提供相关证明材料。

第十条 发展规划和统计、教育、人力资源和社会保障、国土城建和水利、卫生和人口计划生育、广播电视、供水、供电、通信等部门或单位在各自的职责范围内，在制定或执行有关政策时应对低保和低保临界对象给予尽可能的帮扶。

第十一条 区政务监察和审计局依法对全区低保资金的管理和使用情况进行定期或不定期审计、检查，确保低保资金使用安全。

第十二条 各镇人民政府、街道办事处按照本办法和工作要求，配合区人力资源和社会保障局组织落实低保工作；受区人力资源和社会保障局委托对居民享受低保待遇的申请进行审批；做好年度低保资金的预算，按月上报下一个月低保金发放名册；依法调查处理骗取、冒领低保金的违法行为；组织、协调和指导各种社会力量开展社会帮扶工作。

第十三条 村委会（社区居委会）设立低保服务窗口，接受城乡居民的低保申请并为居（村）民提供咨询服务，组织对申请人的情况进行调查核实，加具意见上报，并负责组织对低保工作进行民主管理和监督，做好本办法第二十五条、第二十六条规定的两次公示。

第三章 申请条件

第十四条 本办法所称家庭经济状况

主要包括家庭收入和家庭财产两项指标。家庭收入是指家庭成员在一定期限内拥有的全部可支配收入，包括扣除缴纳的个人所得税以及个人缴纳的社会保障支出后的工薪收入、经营性净收入、财产性收入和转移性收入等。家庭财产是指家庭成员拥有的全部存款、有价证券、住房公积金、房产、车辆等财产。

第十五条 低保待遇申请应以家庭为单位提出，本办法所称的家庭成员指家庭中具有法定赡养、抚养或者扶养关系的人员：

（一）夫妻；

（二）父母与未成年的子女、养子女、继子女、非婚生子女；祖父母、外祖父母与父母双亡的未成年孙子女、外孙子女；

（三）子女与无生活来源的父母（养父母、继父母）；孙子女、外孙子女与子女亡故的祖父母、外祖父母；

（四）兄、姐与父母双亡或父母无力抚养的未成年的弟、妹；

（五）父母与丧失劳动能力或虽未完全丧失劳动能力，但收入不足以维持生活的子女，尚在校就读的确无独立生活能力和条件的子女。

第十六条 申请低保待遇的应同时具备以下基本条件：

（一）具有我区户籍 3 年或以上的家庭；

（二）按本办法第四章的规定核查后，其家庭人均月收入低于我区当年低保标准的家庭。

第十七条 有下列情形之一的人员，不予低保待遇：

（一）因法定赡养、抚养、扶养人不履行赡养、抚养、扶养义务而致生活困难的；

（二）有吸毒、赌博等违法犯罪行为的；

（三）家庭成员中年满 18 周岁有劳动能力但无就业的人员（在校读书、服兵役除外），经公共就业服务机构推荐就业两次以上而无实现就业，且未能出具有正当理由而不能就业的证明的。

有以下情况之一的家庭，不予低保待遇：

（一）不按要求提供申请低保所需材料，或不配合开展家庭经济状况核查的；

（二）家庭成员中有违反计划生育法律法规的行为，未落实计划生育措施或未缴清社会抚养费的；

（三）申请时，家庭财产（不包括房产、车辆）人均超过当年低保标准 2 倍以上的；

（四）申请前 3 年内有一次性大额收入的，自收到之日起扣减当年低保标准 2 倍生活费用和家庭成员在此期间患危重病需要治疗的医疗自费金额后，至申请时仍有余额的；一次性大额收入包括征地补偿款所得、家庭财产转让或变卖所得、博彩收入等；

（五）有自购或自建住房未满 3 年且家庭城镇人均住房建筑面积或农村人均年底住房面积超过本区人均标准的；家庭成员患危重病或长期因病卧床不起或家庭主要劳动力身故的除外；城镇人均住房建筑面积或农村人均年底住房面积以区发展规划和统计局每年公布的上年度调查统计数据为准；

（六）拥有住房 2 套或以上的，经鉴定为危房的除外；

（七）拥有汽车，或未经同意使用空调器的；若在享受低保待遇期间，有新购汽车或安装空调器的，从下月起即予取消该家庭低保待遇；

（八）有较大投资经营项目或大操大办

婚丧事的；

（九）自费安排家庭成员在小学至高中阶段择校或进入民办学校就读，或自费出国读书、留学的。

第十八条 同时符合下列条件的残疾人可单列享受低保待遇：

（一）年满18周岁；

（二）残疾等级为一、二级，智力残疾、精神残疾可延至三、四级；

（三）父超过60周岁，母超过50周岁，且其父母仅靠退休金或其他子女赡养而维持生活；

（四）除父母外，没有其他法定赡养、抚养、扶养的义务人。

第四章 家庭收入核算办法

第十九条 家庭收入计算时间原则上按申请前12个月的家庭收入为准，具体包括：

（一）上年度股份分红；

（二）在职人员的工资、奖金、津贴、补贴，离退休人员的离退休金，失业人员的失业救济金，农村股份社发放的各种老年福利金及其他养老金：

1. 有退休金收入的家庭，在申请低保待遇时，按照当年低保标准扣除家庭中有退休金待遇的老年人的生活费后，剩余部分纳入家庭收入计算；

2. 被拖欠的工资、失业保险金、养老金亦应计入家庭收入，但连续3个月或以上未领到或未足额领到的，可按实际收入计算。被拖欠的部分付清之后，家庭经济收入发生变化的，须向受理申请部门办理变更手续。

（三）家庭成员中有企事业单位病退、内退及在职但长期休病假人员的，其收入按实际收入计算；

（四）从事个体经营或其他有偿劳动而无法核实的，其收入按当年本区职工最低工资标准计算；

（五）家庭财产中的租赁及其他投资和经营性净收入；

（六）家庭成员继承或受赠财产、股本、股息、利息、红利、有价证券等；

（七）住房公积金；

（八）在法定就业年龄内有劳动能力而断续就业或未就业的城乡居民，按以下年龄段计算其收入，但在全日制高等院校或普通高中、职中就读和服兵役者除外：

1. 18～40周岁的居民，经公共就业服务机构或其他部门推荐就业，本人服从安排而未实现就业的，按实际收入计算；无正当理由而拒绝就业的，其收入按当年本区职工最低工资标准计算；

2. 40～50周岁的居民，经公共就业服务机构或其他部门推荐就业，本人服从安排而未实现就业的，按实际收入计算；无正当理由而拒绝就业的，其收入按当年本区当年职工最低工资标准的80%计算；

3. 50～60周岁的男性居民，经公共就业服务机构或其他部门推荐就业，本人服从安排而未实现就业的，按实际收入计算；无正当理由而拒绝就业的，其收入按当年本区职工最低工资标准的60%计算。

（九）60周岁以上的男性居民，50周岁以上的女性居民，尚有劳动能力，且仍在就业或经营的，按其实际收入计算；

（十）非共同生活的赡养、抚养、扶养义务人给予被赡养、抚养、扶养人的赡养、抚养、扶养费，计入被赡养、抚养、扶养人的家庭收入；

（十一）有就业的残疾人的个人实际收入；

（十二）无正当理由而不就业的有劳动能力的家庭成员的实际收入；

（十三）扣除以下合理开支的在职人员因终止或解除劳动关系所领取的生活补助费或一次性经济补偿金：

1. 本人按规定每月应缴纳的社会养老保险费、基本医疗保险费；

2. 其子女当年在校就读须缴纳的费用；

3. 需支付直系亲属的住院医疗费自费部分。

（十四）其他家庭收入。

不进行失业登记视同拒绝就业。

每个赡养、抚养、扶养义务人支付的金额最低按当年低保标准的50%计算。

赡养、抚养、扶养义务人属低保对象的，其支付给被赡养、抚养、扶养人的赡养、抚养、扶养费，不计入被赡养、抚养、扶养人的家庭收入。

正当理由是指妇女在哺乳期或需要照顾危重病家属等。

合理开支自领取生活补助费或一次性经济补偿金时起至申请低保时止。

第二十条 以下人员可按无收入计算：

（一）除有实际就业外，肢体残疾一、二级，智力残疾、精神残疾一到四级的残疾人；

（二）身患危重病的；

（三）长期因病卧床不起的；

（四）由区劳动能力鉴定委员会或其他法定机构出具的无劳动能力证明的。

第二十一条 家庭成员中存在法定赡养、抚养、扶养关系的，除本办法第十八条所述情况外，家庭成员的收入原则上一并列入计算；虽户籍相同，但不存在法定赡养、抚养、扶养关系的人员的收入不列入计算。

第二十二条 下列收入不计入家庭收入：

（一）优抚对象根据国家规定领取的抚恤金和各种补助金、慰问金；

（二）各级人民政府给予的一次性奖励、慰问金和荣誉津贴；

（三）在校学生获得的奖学金、助学金、生活津贴、困难补助；

（四）各级政府和部门、村委会（社区居委会）、慈善机构、社会各界给予的救助款物和慰问金；

（五）享受计划生育政策的各项补助金；

（六）见义勇为奖励金；

（七）丧葬费；

（八）法律、法规、规章规定的其他不计入家庭收入的收入。

第五章　低保申请和审批程序

第二十三条 低保申请采取集中办理方式，每年办理一次，年中因特殊情况造成生活困难的，采用临时救济办法解决。

第二十四条 申请低保待遇时，由户主以家庭为单位向户籍所在村委会（社区居委会）提出申请。

应当提交的基本条件方面的证明材料：

（一）《顺德区城乡居（村）民最低生活保障申请审批表》；

（二）户口簿及家庭成员身份证；

（三）有违法生育的，提供已落实计划生育和处罚措施证明；

（四）有学生的，提供学生证或校卡，或在校证明；

（五）有残疾人的，提供《残疾人证》；

（六）已离婚的，提供离婚协议书或法院的判决书；

（七）家庭成员不在本区内同一户籍

的，可在任何一方户籍所在地共同申请，其他不同户籍的家庭成员必须提供其户籍所在地出具的没有享受低保待遇的证明；

（八）在法定就业年龄内无劳动能力的，必须提供区劳动能力鉴定委员会或其他法定机构出具的无劳动能力证明。

应当提交的家庭收入方面的证明材料：

（一）有退休、病退人员的，提供退休待遇核定表；

（二）有领取失业救济金人员的，提供社保部门出具的失业救济金待遇证明；

（三）有工作单位的人员，提供所在单位出具的个人收入证明。

应当提交的家庭财产方面的证明材料：

（一）家庭经济状况申报表及诚信声明授权书；

（二）有房产的，提供房产产权证明；

（三）全部家庭成员在各银行开户使用的银行存折（卡）、住房公积金存折及近一年度的证券交易清单；

（四）属个体工商户或投资经营的，提供营业执照和近一年度个人所得税及相关税收缴交凭证。

第二十五条 村委会（社区居委会）收到申请人的申请材料之日起10个工作日内，对申请材料进行调查核实，并邀请居（村）民代表参与初审评议，经过村（社区）“两委”审核后，将审核名单在本村委会（社区居委会）宣传栏公示，公示时间5日，对公示无合理异议的，签署审核意见后将有关材料和表格上报镇人民政府（街道办事处）。

第二十六条 镇人民政府（街道办事处）在收到村委会（社区居委会）上报材料之日起10个工作日内进行审核，并对申请作出批准或不予批准的决定。

村委会（社区居委会）根据镇人民政府（街道办事处）的审批名单进行第二次公示，公示时间5日，对公示无合理异议的，由村委会（社区居委会）将公示情况上报镇人民政府（街道办事处）。

公示期满且无合理异议的，镇人民政府（街道办事处）自公示期满之日起7个工作日内根据区人力资源和社会保障局的委托批准低保待遇申请，并颁发《顺德区低保证》；决定不予批准的，由所在镇人民政府（街道办事处）书面通知申请人，并说明理由。

第二十七条 任何单位和个人对公示结果有异议的，镇人民政府（街道办事处）应当对异议进行核实，在公示期满后10个工作日内作出处理决定，并将处理结果告知提出异议的单位或个人。

第二十八条 如果村委会（社区居委会）因特殊原因未能受理申请的，可由镇人民政府（街道办事处）直接受理申请，并依法审核、审批。

第二十九条 镇人民政府（街道办事处）可以通过入户调查、邻里访问和信函索证等方式对申请人的家庭经济状况、致困原因、就业意向和实际生活水平等情况进行调查核实。

第三十条 人力资源和社会保障部门可以到相关部门以及其他了解申请人家庭经济状况的单位核查申请人家庭的各项经济状况，各相关部门、单位应当配合人力资源和社会保障部门做好申请人家庭经济状况的核查工作，如实提供相关证明材料。

第三十一条 镇人民政府（街道办事处）在低保审核工作完成后，应将低保对象审定名单及相关报表、调查资料报区人力资源和社会保障局备案。

第三十二条 低保临界标准每年由区人力资源和社会保障局核定和公布，有关低保临界对象的审查核定参照本办法有关规定执行。

第六章 低保资金发放的形式和分担比例

第三十三条 低保资金由区、镇（街）、村（社区）或股份社三级共同负担，各自列入本级财政预算。其中，区负担65%，镇（街）负担25%，村委会（社区居委会）或股份社负担10%。对个别申请人家庭成员户籍跨村（社区）或跨镇（街）的，低保资金由申请地按上述比例分担。

第三十四条 原则上在每月10日前完成当月低保资金发放。

低保人员的春节、中秋节补助金标准每年由区人力资源和社会保障局上报区政府审定。

低保人员的春节、中秋节日补助金发放后，凡遇上级要求发放的标准不高于我区的，不再另行安排发放；若上级要求发放标准高于我区的，补发超额部分。

第七章 管理和监督

第三十五条 区人力资源和社会保障局应加强对各镇（街）低保工作的指导、检查和监督，在低保受理审批期间到镇（街）、村（社区）检查，定期或不定期落户抽查，确保低保工作依法开展。

第三十六条 镇人民政府（街道办事处）应当对低保对象实施动态管理，通过申请人申报、张榜公示、接受群众投诉举报等方式，及时掌握低保对象及其家庭经济状况变化情况，保证他们享受的待遇与实际情况相符。

第三十七条 区人力资源和社会保障局、镇人民政府（街道办事处）和村委会（社区居委会）根据各自职责，严格按照有关低保档案管理规定，分级建立低保档案，实施制度化、规范化管理。

第三十八条 低保对象在享受低保待遇期间，出现不符合本办法第三章规定的条件的，经审核，由区人力资源和社会保障局委托镇人民政府（街道办事处）发出《停保通知书》，并收回该对象的《顺德区低保证》，取消低保待遇。

第八章 法律责任

第三十九条 低保对象有下列行为之一的，停发低保金，并由区人力资源和社会保障局给予批评教育或者警告，追回其冒领的低保金；情节恶劣的，处冒领金额1倍的罚款；涉嫌犯罪的，依法移送司法机关处理：

（一）采取虚报、隐瞒、伪造等手段，骗取享受低保待遇的；

（二）享受低保待遇期间，家庭收入情况好转，不按规定告知管理审批机关，继续享受低保待遇的。

第四十条 违反本办法，相关部门无正当理由不出具相关证明材料或出具虚假证明材料的，由人力资源和社会保障部门提请或移送其主管部门、任免机关或监察机关依照有关规定处理。

第四十一条 低保工作人员有下列行为之一的，由任免机关或监察机关依法对负有责任的领导人员和直接责任人员给予处分；涉嫌犯罪的，依法移送司法机关处理：

（一）违反本办法规定的权限、条件和程序实施审核和审批的；

（二）与他人串通，伪造材料，冒领、多领低保金的；

（三）玩忽职守、徇私舞弊或者贪污、挪用、冻结、扣压、拖欠低保金的。

第四十二条 申请人对不予受理低保申请、不予批准享受低保待遇或者减发、停发低保金的决定以及行政处罚决定不服的，可以依法申请行政复议；对行政复议决定仍不服的，可以依法提起行政诉讼。

第九章 附 则

第四十三条 本办法中的危重病是指患有恶性肿瘤、慢性肾功能衰竭（尿毒症）、风湿性心脏病、先天性心脏病、急性心肌梗塞、强直性脊椎炎、肝硬化、急性重症肝炎、血液病、急性期脑中风、严重脑外伤、重度以上烧伤、严重的意外创伤或经本区镇（街）级以上医疗机构或区外县级以上医疗机构核定的重大疾病。

第四十四条 本办法中的公示时间和异议处理时间不计入审批时间。

第四十五条 本办法由区人力资源和社会保障局负责解释。

第四十六条 本办法自2010年7月1日起实施。顺德区人民政府《印发顺德区城乡居民最低生活保障制度实施办法的通知》（顺府发〔2005〕40号）同时废止。

顺德西部生态产业启动区工业项目准入条件试行办法

顺府办发〔2010〕61号，2010年6月17日印发

为规范顺德西部生态产业启动区的招商引资工作，保证落户项目质量，提高土地资源利用效率，合理发展被征地居（村）预留发展用地，将其打造成我区先进制造业的集聚地，根据《关于发布和实施〈工业项目建设用地控制指标〉的通知》（国土资发〔2008〕24号）、《印发顺德区工业用地公开交易暂行办法的通知》（顺府办发〔2008〕106号）及《关于进一步优化土地公开交易环境加强土地市场管理的通知》（顺府办发〔2009〕123号）等文件，结合我区实际，制定本办法。

一、适用范围

本办法适用于顺德西部生态产业启动区的新落户工业项目。顺德西部生态产业启动区规划总面积18.6平方公里，具体范围详见附图（红线范围内），由顺德科技工业园开发中心直接开发建设、招商和管理。

二、工业项目准入条件

（一）产业类别及产品。

1. 产业类别：鼓励发展I类工业，控制和限制II类工业，禁止III类工业，其中以生活科技产业、绿色环保产业、信息智能产业、现代医药产业为主。列入国土资源部、国家发展改革委员会《限制用地项目目录》和《禁止用地项目目录》的项目禁止入园。

2. 入园项目所生产的产品应属国家科

学技术部、财政部、国家税务总局共同编制的《中国高新技术产品目录2006》中列明的产品。项目量产后，高新技术产品年产值占项目年总产值比重不低于40%。

（二）购地项目。

1. 外资项目注册资本不低于500万美元，内资项目注册资本不低于3000万元人民币。

2. 项目从完成厂房工程建设之日起计算，一般应在1年内进入试产阶段，两年内进入投产阶段，3年内进入量产阶段。

3. 项目首期固定资产投资强度（含购地款，下同）不低于220万元/亩，属于国土资源部《关于发布和实施〈工业项目建设用地控制指标〉的通知》（下称《通知》）（国土资发〔2008〕24号）中投资强度要求高于220万元/亩的行业按《通知》标准执行。项目进入量产阶段后当年实现年纳税总额强度（政策性退税可视为已纳税，下同）不低于30万元/亩。

4. 高新技术企业投资项目若在园区内设立省级或以上研发中心，且本科学历或以上专业技术人数占新公司总人数35%以上的，其固定资产投资强度可按本条第3款的80%执行，但不得低于《通知》对所属行业的要求。

5. 项目建筑密度不低于40%、不高于60%，绿地率不高于20%。

6. 项目的容积率按下表执行，下表未提及的其他项目容积率一般不低于1.5。特殊项目确受生产工艺和生产设备限制的，经规划部门核实批准后可适当下调容积率，但不得低于0.8。建筑物层高超过8米的，在计算容积率时该层建筑面积加倍计算。

7. 用地面积75亩或以下的项目应在交付土地之日起6个月内动工建设，18个月内竣工并申请竣工验收；用地面积超过75

序号	所属行业类别	容积率
1	智能家电	≥2.0
2	机械装备与模具（含汽车及其配件）	≥0.8
3	太阳能光伏	≥1.2
4	光电	≥1.2
5	生物医药	≥1.2
6	电子信息	≥1.5
7	新材料	≥1.2

亩的项目应在交付土地之日起8个月内动工建设，24个月内竣工并申请竣工验收。

8. 根据建设部门的有关规定和节能标准，项目的建（构）筑物必须采用环保节能技术进行建设，包括采用环保建筑材料和可再生能源技术。

（三）订造厂房项目。

1. 外资项目注册资本不低于250万美元，内资项目注册资本不低于1500万元人民币。

2. 项目的经营年限必须在20年以上。

3. 按项目用地面积计算，项目首期固定资产投资强度不低于150万元/亩。从厂房交付使用之日起第3年年纳税总额强度不低于40万元/亩。

4. 高新技术企业投资项目若在园区内设立省级或以上研发中心，且本科学历或以上专业技术人数占新公司总人数35%以上的，其固定资产投资强度可按本条第3款标准的80%执行。

5. 项目占地面积不低于10亩。

（四）租赁标准厂房项目（含租赁购地项目闲置厂房的项目）。

1. 租赁项目的经营年限必须在5年以上。

2. 租赁项目须符合园区的产业导向。

3. 租赁项目入园须通过顺德科技工业

园开发中心审批。

（五）入园项目应提供拟投资项目的可行性研究报告或情况说明书。

（六）入园项目须符合有关环保、安全等规定。

（七）入园项目须符合国家、省、市、区等各级有关节能减排的规定。

三、用地指导起叫(始)价

工业用地指导起叫（始）价原则上不低于当期区政府公布实施的工业用地基准地价，具体项目的起叫（始）价以区招商引资项目用地联审小组审定或国土部门公布的为准。

四、购地项目建设保证金

为规范项目建设和投资行为，投资方须按购地面积缴纳不低于150元/米^{2}的建设保证金（特殊情况除外）。顺德科技工业园开发中心负责建设保证金的收取、管理和返还，根据项目建设进度分期退回。具体如下：

（一）世界500强、中国500强企业或其控股50%以上的子公司投资项目，以及广东省现代产业500强项目免交建设保证金。

（二）顺德区年纳税规模达亿元以上企业以及“龙腾企业”投资的新项目免交建设保证金。

（三）除上述两种情况以外的项目在取得《土地成交确认书》后应按照土地拍卖的公示文件要求办理有关的项目设立手续，在与顺德科技工业园开发中心签订入园投资协议之日起10个工作日内，按购地面积支付建设保证金。

（四）项目按时动工兴建并完成主体厂房地面建设（±0.00），自投资方提交施工报告并经顺德科技工业园开发中心核实之日起10个工作日内退回已缴纳建设保证金的20%。

（五）项目按时完成建筑工程（以建设部门出具的验收合格证明为准）并投（试）产之日起10个工作日内退回已缴纳建设保金的40%。

（六）项目按时实现入园投资协议中规定的有关经济指标后，自递交合法有效的审计报告之日起10个工作日内退回建设保证金的余款。

（七）在退回上述建设保证金的当期，按同期国家公布的活期存款利率计算相应的利息一并退回。

五、具有自主知识产权的科技创新型项目、“海归”创业项目和区级或以上重点项目等按“一事一议、特事特办”的原则，由顺德科技工业园开发中心报管委会或区政府审批。

六、本办法同时适用于本启动区内居（村）预留发展用地的引入项目。

七、当本办法的（部分）条款与上级部门最新公布实施的相关政策法规不符时，按照最新的政策法规执行。

八、本办法由顺德科技工业园开发中心负责解释，自公布之日起实施。

顺德区博物馆(新馆)文物征集管理办法

顺府办发〔2010〕82号，2010年7月22日印发

第一章　总则

第一条　为规范我区博物馆（新馆）的文物征集工作，依照《中华人民共和国文物保护法》、《博物馆藏品管理办法》、《文物认定管理暂行办法》（文化部令第46号）、《文物藏品定级标准》（文化部令第19号）、《关于做好顺德区博物馆（新馆）文物征集工作的通知》（顺府办发〔2008〕9号）、《佛山市顺德区人民政府关于征集历史文物的通告》（顺府办发〔2008〕10号）的规定，制定本办法。

第二条　本办法所称文物，是指可移动文物，具体包括：

（一）顺德在清代及其之前各历史朝代的官方和民间的文物、文献及各类资料等；

（二）顺德在民国至1949年的文物、文献及各类资料等；

（三）建国后顺德重大历史事件、活动的实物、文物及各类资料等；

（四）顺德著名侨领、侨胞、侨会的文物、文献及各类资料；

（五）具有科学价值的古脊椎动物化石和古人类化石；

（六）与新馆陈列展览有关的其他文物与标本资料。

第三条　区博物馆文物征集工作领导小组负责我区博物馆（新馆）文物征集的指导、协调和监督工作。领导小组组长由区分管文体旅游工作的领导担任，副组长由区委区政府副秘书长、区文体旅游局常务副局长、区民政宗教和外事侨务局副局长担任，成员包括区司法局、财税局、文体旅游局、民政宗教和外事侨务局有关负责人。领导小组主要职责是：

（一）审批文物征集年度工作计划和经费开支计划；

（二）定期听取文物征集工作进度和情况汇报；

（三）解决文物征集工作中遇到的问题。

第四条　区博物馆文物征集工作领导小组下设办公室（以下简称区征集办），办公室设在博物馆，办公室主任由区文体旅游局分管文物工作的领导担任，副主任由区文体旅游局文物科科长、区博物馆馆长担任。区征集办主要职责是：

（一）负责文物征集工作的具体实施，管理文物征集资金，起草文物征集年度工作计划和经费预算；

（二）根据年度文物征集工作开展情况，提交年度文物征集工作绩效报告；

（三）负责聘请省内外文物鉴定专家（具文博馆员以上或国家文物进出口责任鉴定员资格）及市场行家开展相关文物征集工作；

（四）定期向区博物馆文物征集领导小组汇报工作进度和情况。

第五条　各镇人民政府、街道办事处

和区各有关部门应组织力量对本辖区、本系统内有关顺德历史的实物资料开展征集活动，对所发现的实物资料要及时做好收集、整理，并移交区征集办。

区直属单位现存的历史文物（如档案）、史志部门现存的改革开放历史实物资料和图片、报业和广电单位现存的顺德历史图片影像资料等，由区征集办根据《顺德历史陈列大纲》展示的宣传需要进行采集，有关单位应无偿提供、借展或复制，做到资源共享。

第二章　文物征集的要求

第六条　文物征集人员由区征集办、区博物馆的工作人员以及文物专家共同组成。

征集文物时，应有3名文博助理馆员以上资格的征集人员在场。

第七条　文物征集采取以下方式：

（一）接受公民、法人和其他组织的捐赠；

（二）接受文物所有人的委托，对文物代为保管；

（三）由文物所有人将文物出借给区博物馆展示；

（四）对持有人自愿出售的文物，以双方认可的合理价格进行收购；

（五）参与拍卖行竞拍；

（六）对以本条第（一）至（五）项方式无法获得的文物，可借助现代科技手段进行复制或仿制。

第八条　捐赠品分有偿和无偿两种。捐赠品纳入区博物馆后，所有权属区博物馆所有。无偿捐赠品的捐赠人对其捐赠物品的使用有监督检查的权利，对捐赠项目有权直接或者委托有关单位和个人进行检查。有偿捐赠品可给予适当的捐赠奖金，捐赠奖金由捐赠方与区征集办协商确定，最高额度不超过所捐赠文物估价的三分之一。对捐赠人统一颁授捐赠证书、在捐赠品陈列展出或分开出版图录时注明其姓名。捐赠价值较高文物的，可举办一定形式的捐赠仪式。

第九条　受托对文物进行保管的，区博物馆应确保托管人的隐私和托管品的安全。托管品所有权归托管人所有，区博物馆在征得托管人同意的前提下，拥有托管品的使用权。具体托管办法由区博物馆制订。

第十条　文物所有者将文物出借给区博物馆进行定期展示的，双方应对借展期限、费用及意外赔偿等事宜进行商定，并履行相关法律手续。

第十一条　收购社会流散文物、个人所属文物，坚持持有人自愿出售的原则。

收购文物时，应由区征集办副主任以上职务人员带队，2名文博助理馆员职称和1名文博馆员职称的征集人员在场。经鉴定，如2名以上（含2名）征集人员同意收购后，由区征集办负责与文物所有人协商收购价格，按本办法第十七条规定的审批权限报批后，方可支付资金收购。

第十二条　参与拍卖行竞拍方式征集文物的，经2名征集人员同意，由2名专家提出鉴定意见和竞拍价上限后，按本办法第十七条规定的审批权限报批，并在竞拍的7日前向区博物馆文物征集工作领导小组报告和提交竞拍品的详细资料。

第十三条　区征集办在文物征集回来后，应在征集当天办理完毕登记入库手续，并在5个工作日内列入文物总账和分类账，在15个工作日内完成文物藏品档案和藏品信息卡片制作。

第十四条 文物征集过程中所搜集到的所有资料，应在5个工作日内交由区博物馆保管部门统一保管。文物的登记入库应由区征集办主任和经手的保管员签名确认。

第三章 文物征集资金的管理

第十五条 文物征集资金由区财政安排，分期划拨。

第十六条 文物征集资金用于对有偿捐赠品奖励、支付文物借展费用、支付文物收购（竞拍）价格，以及用于文物复制的费用开支。文物征集资金不得用于人员经费、征集文物相关差旅费及其他公用经费开支。

第十七条 文物征集资金的使用应严格按照经审批的文物征集年度经费开支计划执行。单件（套）文物征集所需资金开支按以下权限审批：

（一）3万元以下（含3万元）的，由区征集办副主任联合审批；

（二）3万元以上10万元以下（含10万元）的，由区征集办一名副主任审核后报区征集办主任审批；

（三）10万元以上的，报区博物馆文物征集工作领导小组审批。

第十八条 文物收购回来后，应以合法发票作为会计核算凭证。

第十九条 文物征集资金的使用情况，由区财税局、文体旅游局、政务监察和审计局负责监督检查。

第四章 法律责任

第二十条 文物征集工作人员与他人串通，故意提高征集费用以谋利的，按照有关规定进行处理。

第二十一条 弄虚作假，虚报费用为个人谋取不正当利益的，除没收其不正当收益外，给予行政处分；构成犯罪的，依法追究刑事责任。

第五章 附 则

第二十二条 本办法由区文体旅游局负责解释。

第二十三条 本办法自公布之日起施行。

顺德区小企业创业基地认定及扶持资金管理办法

顺府办发〔2010〕91号，2010年8月11日印发

第一条 为加快我区经济发展方式转变，进一步优化产业结构，延伸产业链条，增强产业配套服务水平，提升特色产业集群竞争力，培育新兴产业，促成大、中、小企业梯度成长，提升我区经济发展的质量和水平，结合国家、省推进小企业创业基地建设的政策精神，根据《关于促进中小企业发展的工作意见》（顺府发〔2005〕49号）及龙腾计划等相关要求，制定本办法。

第二条 顺德区小企业创业基地（以

下简称“创业基地”)，是指依托政府闲置物业、大型专业市场、民营资本兴建的园区或其他闲置场所进行统一规划、统一建设、统一管理，配套完善，专门为特色产业提供创业用地，为创业者提供场所，培育新兴产业的特定区域。

创业基地内的小企业，是指年营业收入3000万元以下、员工30人以上（服务业10人以上)、大专以上学历或考取中级工以上职业技能证书的人员在30%以上(服务业50%以上)，符合我区鼓励发展的高端制造业或现代服务业企业。

第三条 区政府每年根据当年财政支出情况对创业基地内符合条件的企业进行租金补贴。

第四条 区经济促进局和区财税局共同负责创业基地认定的组织、协调、认定等相关工作。

各镇（街）经济促进局负责做好当地创业基地申报材料的核准，推荐上报及日常指导等工作。

第五条 同时符合下列条件的，基地运营服务单位（镇、街道，行业商会、开发商或运营商）可申报创业基地：

（一）符合我区产业发展规划和新兴产业布局，突出某一产业特色，属于我区重点扶持和培育的产业，如智能家电、机械装备与模具、环保设备、新能源、珠宝首饰、新材料、生物医药等制造型产业，以及软件与信息服务、工业创意设计、家具设计、服装设计等服务型产业。

（二）创业基地投资建设单位具有独立法人资格并成立2年以上，所建基地产权清晰，并且已办理国有土地使用权证或房地产权证。

（三）创业基地规划科学、布局合理，道路、通讯、水电等基础设施齐全，租金标准不高于我区同期同类物业租金的平均水平。

（四）创业基地已建成可供出租的厂房或办公场所，其可供出租或出售的面积不低于10000米^2。

（五）创业基地成立独立法人资格的运营服务单位，运营服务单位有固定的办公场所和健全的财务管理制度，负责基地的运行、物业管理与服务。

（六）具有较为清晰可行的为入驻企业提供各类共性服务的公共服务平台相关规划，并且发挥一定的服务功能。

第六条 申请认定创业基地应提交如下申报材料：

（一）创业基地投资建设单位营业执照及相关介绍材料；

（二）创业基地规划布局图、可行性研究报告及基地建设实施方案；

（三）《顺德区小企业创业基地认定申请表》(附件)；

（四）创业基地运营服务单位章程、工商营业执照（含年检记录）复印件、机构人员名册和财务管理制度；

（五）创业基地特色产业招商计划；

（六）创业基地基础设施、配套服务功能基本情况（含公共服务平台规划和建设情况)；

（七）创业基地国有土地使用证或房地产权证及其他相关材料。

第七条 创业基地认定办法如下：

（一）创业基地每年认定一次，申报时间为每年3月份。

（二）符合申报条件的创业基地运营服务单位，可向各镇（街）经济促进局申报。各镇（街）经济促进局要对申报材料的真实性、完整性进行初审，提出推荐意见，于每年3月底前将申报材料一式两份报送区经济促进局。

（三）区经济促进局会同区财税局对申报材料进行审核，并提出初步名单，报区政府同意后确定为“顺德区小企业创业基地”。

第八条 创业基地经区政府公告或授牌后，可用“顺德区小企业创业基地”的名义开展招商推介活动；在同等条件下，可优先享受各级相关部门对中小企业的各类扶持政策；并择优推荐申报国家、省小企业创业示范基地等相关荣誉和称号。

第九条 区政府对创业基地内同时符合下列条件的企业给予补贴，并提供市场开拓、融资担保、创业投资、撮合与龙腾企业的配套协作等方面的支持与服务：

（一）符合创业基地的产业特色和我区鼓励发展的高端制造类初创企业或现代服务类初创企业（具体产业和行业范围见附件3）。

高端制造业类初创企业指拥有专利技术，产品已从设计研发到产业化小批量生产阶段，并能实现可持续发展、低碳节能、绿色环保、技术先进、产品市场前景良好的工业企业。现代服务类初创企业指能为我区特色产业提供配套、重点为中小企业提供中介服务的企业。

（二）企业注册地在创业基地内，租用场地期限在3年期以上，并持续在基地内生产和经营。

（三）购买基地内物业或租用基地内第三方物业的企业，须符合本条第（一）、（二）款要求。

（四）制造类企业员工人数30人以上，大专或考取中级工以上职业技能证书员工不低于企业总人数的30%；服务类企业员工人数10人以上，大专或考取中级工以上职业技能证书员工不低于企业总人数的50%。

第十条 对符合本办法第九条规定的创业基地内企业按下列标准补贴：

（一）租用面积150米^2（含）以下的，补贴租金总额的50%；租用面积150米^2（不含）以上的，补贴租金总额的25%。单个企业每年最高补贴6万元，最多连续补贴24个月。

（二）购买基地厂房自用的企业或租用基地内第三方物业的企业，参照本条第（一）款补贴标准，并根据经区政府核定的该小企业创业基地租金补贴标准，对正在生产经营的企业进行补贴，最多连续补贴24个月。

（三）对企业的股东、夫妻或同一户口簿家庭成员购买基地厂房用于企业生产办公场所，可以认定为该企业自购基地内物业，按本条第（二）款进行补贴。

第十一条 申请补贴应提交下列材料：

（一）《顺德区小企业创业基地企业租金补贴申请表》；

（二）租用合约复印件或房地产权证；

（三）上一年度租金发票复印件；

（四）企业营业执照（含年检记录）复印件；

（五）企业员工名册（含学历证明）；

（六）符合第十条第（三）款情况的需提供工商管理部门出具的股东证明，或结婚证书、户口簿复印件；

（七）其他需要提供的材料和凭证。

第十二条 已认定创业基地的运营服务单位于每年3月底前汇总企业的上报材料装订成册提交至各镇（街）经济促进局进行初审，区经济促进局会同区财税局对申请材料进行审核后，报区政府审批。区政府审批同意后，由区财税局按国库支付有关规定拨付补贴资金。

第十三条 相关管理要求如下：

（一）创业基地应接受各镇（街）经济促进局对其为中小企业服务方面工作的指导、组织和管理。

（二）已认定的创业基地，每两年提交如下材料报所在镇（街）经济促进局申请复审。

1. 近两年来创业基地建设推进情况汇报材料；

2. 近两年来创业基地招商情况汇报材料；

3. 近两年来创业基地公共服务平台建设情况汇报材料；

4. 其他需要补充的证明材料。

（三）区经济促进局会同区财税局共同受理创业基地的复审工作。

（四）对未能达到如下条件和出现如下情况的创业基地，不能通过复审，并取消其顺德区小企业创业基地资格和称号，创业基地内企业不再享受租金补贴。

1. 创业基地认定两年少于20家符合产业特色的企业入驻，或认定四年少于50家符合产业特色的企业入驻的；

2. 符合创业基地特色产业入驻企业数低于入驻企业总数的1/2，基地产业特色不明显的；

3. 对创业基地建设基础设施和公共服务平台建设没有实施进展，不配合提供基地企业数据统计及运行情况分析，达不到创业基地建设目标、示范带动效果或运营不善的。

（五）对提供虚假材料获取创业基地租金补贴的企业，区有关部门将依据相关法律法规追回下拨的补贴资金。

第十四条 区经济促进局每年对创业基地的建设情况进行跟踪反馈，评价其经济效益和社会效益。

第十五条 本办法由区经济促进局负责解释。

第十六条 本办法自2011年1月1日起实施至2013年12月31日止。

附件：

顺德区小企业创业基地认定的产业范围及可享受区财政资金补贴企业的行业范围

一、高端制造业

（一）家用电器产业。

1. 智能、节能型洗衣机

2. 智能、环保、节能空调

3. 智能、环保、节能电冰箱

4. 太阳能热水器

5. 热泵热水器

6. 空调压缩机、磁控管等家用电器的关键零部件

7. 数字电视产品

8. EVD视盘机

9. 数字式音响设备

10. 智能、环保、节能小家电

（二）电子信息产业。

1. 液晶型显示器

2. 便携式电脑

3. 网络安全设备

4. 电脑输入输出设备

5. 基于大容量存储的移动多媒体数字

产品

6. 教育、游戏终端产品

7. 智能交通管理系统及设备

8. 数字音频技术、智能数字会议设备

9. 数字式视象服务器

10. 3G 系统设备与多媒体信息终端

11. 宽带无线接入相关产品（SCDMA、WLAN、Wi-Fi、Wi-MAX 等）

12. GSM、CDMA 和固网设备

13. 电信网连接分配系统和综合布线系统（含通信光、电缆及相关设备）

14. 光通信元器件及设备

15. 智能传感器

16. 专用集成电路

17. 家电产品中配套控制电路部件

18. 基于 RFID 的电子标签产品

19. 新型显示器件

20. 嵌入式智能家电控制器及系统

21. 嵌入式软件开发平台

22. 集成电路设计

23. 机床数控设备及系统

24. ERP/MRPII 应用软件开发和系统实施

25. 信息管理咨询服务系统

26. 信息化监理服务系统

27. 电子商务软件开发和实施系统

28. 信息系统集成服务系统

29. 建筑智能化工程设计和实施

30. 广播电视工程（含数字电视）设计和实施

31. 数字家庭信息中心

32. 普通纸传真机

33. 新型显示器

（三）机械装备与模具制造业。

1. 高速、精密数控机床及数控系统

2. 数控机床关键零部件及刀具

3. CNC、MC、FMS 木工机械系统

4. 大型、高速、精密、数控伺服压力机

5. 大型、精密、专用铸锻件技术及设备

6. 金属制品多工位及精密压力成型技术及设备

7. 智能化低压开关设备（尤其是用于无功补偿、谐波处理的开关设备）

8. 220KV 及以上电压等级高压开关主设备

9. 500KV 及以上超高压交直流输变电设备

10. 10 ~ 35KV 低损耗干式变压器、新型绝缘干式变压器

11. 清洁能源发电输变电设备制造（核电、风力发电、太阳能、潮汐等）

12. 大型、高速、高精度注塑机

13. 高效节能型注塑机

14. 五层共挤（旋转牵引）下吹水冷式吹膜机

15. 双工位、双层共挤、四模腔全自动吹瓶机和五层共挤双工位吹瓶机

16. 数控化纤机械、棉纺织机械、印染与后整理机械、针织机械和非织造布机械

17. 自动化高速多色成套印刷设备

18. 环境监测仪器及测控系统

19. 用于机械产品开发的先进试验、检测及计算机软硬件技术开发设备

20. 安全生产及环保检测仪器新技术设备

21. 在线自动测试技术系统

22. 新型传感器技术及设备

23. 蓄冷（热）技术及设备

24. 非金属模具

25. 水处理设备

（四）汽车配件业。

1. 汽车、摩托车发动机、关键零部件系统设计开发

2. 汽车大型注塑件制造

3. 汽车重要部件的精密锻压、多工位压力成型及铸造

4. 自动变速箱、重型汽车变速箱等汽车关键零部件制造

5. 转向系统（传统及电动助力转向系统）及其零部件制造

6. 专用车、半挂车、旅居车装备及其相关零部件制造

7. 多连杆悬架系统

8. 汽车电子产品（电子专用设备、电子控制燃油喷射系统、汽车行驶记录仪、车载电子监控系统、智能交通通信设备、工业交通自动化测试设备、汽车导航系统、汽车轮胎报警器、汽车电子装饰物等）及其关键零部件制造

9. 汽车模具设计及制造

10. 汽车安全防护系统研究开发

11. 车辆尾气净化装置

12. 汽车 NVH 特性研究

13. 压缩天然气、氢燃料、合成燃料、液化石油气、醇醚类燃料汽车和混合动力汽车、电动汽车、燃料电池汽车等新能源汽车关键零部件（如电动汽车用动力电池，混合动力控制单元等）开发及制造

14. 汽车轻量化及环保型新材料制造

（五）家具制造业。

1. 智能家具

2. 绿色环保家具

3. 新型高分子塑料家具

4. 现代竹藤家具

5. 玻璃金属家具

（六）纺织服装业。

1. 天然纤维纺织品高档化、功能化的整理

2. 功能化、差别化的化学纤维

3. 特种印染整理织物、功能性印染织物、环保印染织物

4. 高仿真化纤面料

5. 高档非织造布、产业用布

6. 利用可再生资源的新型纤维（聚乳酸纤维、溶剂法纤维素纤维、动物蛋白纤维、竹纤维）等

7. 环保型生态纺织物整理加工技术

8. 高档纺织品生产、印染和后整理加工

（七）精细化工（涂料）业。

1. 环保高档涂料：水性涂料、UV 固化涂料、高档木漆涂料、氟碳涂料、粉末涂料、汽车修补涂料、其他专用涂料

2. 高档油墨

3. 新型环保助剂及功能性、高纯、专用助剂

4. 高性能磁性材料

5. 新型精细无机化工产品

6. 新型生物化工产品、专用精细化学品和膜材料生产

7. 新型染料及其中间体

8. 新型环保型油剂等纺织专用化学品

9. 高纯、专用级化学试剂

10. 新型环保型造纸化学品

11. 粘合剂（水性粘合剂、辐射固化粘合剂、汽车专用粘合剂等）

12. 新型生物高分子材料

13. 高机能性、多功能性、环保适性塑料包装材料

14. 新型塑料保温板、医用塑料等新型塑料产品

15. 新型建筑用塑料制品、工程塑料及低成本化、新型塑料合金

16. 新一代饲料添加剂、食品添加剂

17. 功能性化妆品

（八）医药保健业。

1. 重组技术制药产品

2. 基因工程药物

3. 动植物反应器制药产品

4. 纳米技术药物

5. 蛋白质工程药物

6. 基因抗体工程和重组疫苗

7. 中药现代化新产品、二次开发的药品

8. 新型诊断试剂

9. 新型药用包装材料及其技术开发

10. 核酸类原料药及小剂量、高精尖原料药

11. 疑难杂症的治疗药物

12. 新型释药系统制剂及新型的高精辅料

13. 新型诊断、治疗、化验、理疗、保健用器械仪器和设备制造

14. 保健食品

（九）其他制造类企业。

1. 轻质、高强、节能、环保等新型墙体材料

2. 优质环保节能的绝热隔音材料、防水材料和新型建筑密封材料

3. 高性能环保型复合装饰板材及以胶粘剂、高档水泥纤维板为基材的高档装饰板材

4. 优质环保型摩擦与密封材料生产

5. PP-RPE 塑料供水管

6. 高档建筑五金件水喉器

7. 结构性、功能性生态建材

8. 有机硅（汽车用硅橡胶、高档建筑密封胶、电子用导电橡胶）

9. 超细粉体材料

10. 高档、超薄微晶玻璃

11. 有色金属复合材料

12. 新型合金材料

13. 纳米复合材料

14. 新型包装材料

15. 生态棉

16. 生物芯片

17. 微型传感器、生物传感器

18. 特种纸及纸板

19. 低定量、高强度的包装用纸和纸板

20. 细瓦楞纸

21. 智能节能照明产品和控制装置

22. 太阳能光伏、太阳能照明产品

23. 新一代功能食品、绿色食品

24. 生物活性饲料及肥料饲料

25. 微机电一体化类产品

26. 钢材深加工产品

27. 蔗渣、竹材料餐具

28. 变频器

29. 新型动力系统（锂电池、纽扣型超级电容器等）

二、现代服务业

1. 产品检测认证机构

2. 工业（抄数）设计、CNC 模具设计

3. 知识产权、商标代理服务

4. 律师、会计、税务师事务所

5. 企业管理顾问与咨询

6. 企业营销策划、品牌推广

7. 服装设计

8. 家具设计

9. 工艺美术、广告设计制作

10. 珠宝手饰设计、加工、鉴定

11. 动漫娱乐产品设计及制作

12. 影视、音像、出版等文化创意产业产品设计及制作

13. 游戏开发、软件设计、时尚设计

14. 建筑与园林设计

15. 文艺作品创作

顺德区民办教育收费管理暂行办法

顺府办发〔2010〕102号，2010年9月8日印发

根据《中华人民共和国价格法》、《中华人民共和国民办教育促进法》、《广东省实施〈中华人民共和国民办教育促进法〉办法》、《价格违法行为行政处罚规定》等法律法规，并对照《教育收费公示制度》(计价格〔2002〕792号)、《民办教育收费管理暂行办法》(发改价格〔2005〕309号)以及省、市、区有关文件精神，为进一步规范民办学校收费行为，保障民办学校和学生的合法权益，促进民办教育事业的健康发展，现结合我区实际，制定本办法。

一、适用范围

本办法适用我区范围内由国家机构以外的社会组织或者个人利用非国家财政性经费举办的各类中小学校、学前教育机构(幼儿园、托儿所)及经教育行政部门审批的非学历教育培训机构(以下简称“民办学校”)。

二、收费项目

1. 民办中小学收费项目包括学杂费、住宿费、服务性收费和代收费四项。

中小学服务性收费包括校外活动费、伙食费、午休管理和课后(非工作时间)托管费、校车费；代收费包括作业本费、校园一卡通工本费、校服费、组织学生在校外军训(含学工学农)发生的食宿费、体检费。

2. 民办学前教育收费项目包括保育教育费、寄宿费、假期留园费、代收代支费四项。

学前教育代收代支费包括伙食费、体检费、生活用品费、外出活动费、车辆接送费。

3. 非学历教育培训收费项目包括学费(或培训费)、住宿费、代收代支费三项。

三、定价原则

民办学校的收费，应以合理的教育成本和回报率作为定价基础，根据“以生养校、按质(级)评价、优质优价”的原则确定收费标准。

1. 承担学历教育的民办学校收费，实行政府定价管理。需调整的于每年3月底前由民办学校提出书面申请，报区教育部门审核并加具意见后，提交区物价部门审批。

2. 承担非学历教育的民办学校收费实行备案制管理。学前教育机构需调整的于每年4月底前由所在镇(街)教育行政主管部门统一审核后，并报区物价部门和教育部门备案。

四、收费管理

1. 民办中小学校的学杂费和住宿费按学期收取。服务性收费和代收费，参照公办学校的收费项目进行管理。

2. 民办学前教育机构的保育教育费、寄宿费按学期(月度)收取，代收代支费按实际发生金额当(次)月收取，并遵循“自愿选择、据实收取、单独管理、专款专用、及时结算、不得营利、定期公布”的原则。

3. 民办非学历教育培训机构统一按学习周期收费。

4. 民办学校学杂费按照“老生老办法、新生新办法”的原则执行。插班生按照所插班级的收费标准执行。

5. 民办学校不得以“教育储备金”的变相方式，向学生一次性收取3～6年的学杂费。不得提前向学生预收学位费。学校自行组织学生入学考试，不得向学生收取报名考试费、咨询费、资料费等。

6. 民办学校在招生简章或广告中公布的收费标准，必须是经物价部门审批或备案过的标准；如未经审批或备案，必须在公布时如实说明。

7. 民办学校不得在正常教学期间以开办特色班、实验班、兴趣班、培训班、提高班以及组织补课（习）、学科竞赛为由另行收取费用。确需开办的，必须经区教育部门批准，并以家长、学生自愿为原则，不得变相收费。

8. 民办学校利用课余时间举办夏令营、冬令营的，必须以家长、学生自愿为原则，将活动方案和收费项目、标准报区教育部门和区物价部门备案。

9. 民办学校在收费标准经核准或备案后，须按规定到区物价部门申领《广东省收费许可证》，实行亮证收费。

五、退费规定

民办学校学生经批准休学、退学、转学以及提前结业的，学校必须在办理手续后的5个工作日内按规定退费：

1. 因办学单位刊登、散发虚假招生简章（广告）或其他违反国家规定的行为造成学生退学的，办学单位应全额退还学生所缴费用，造成学生损失的应依法承担赔偿责任。

2. 民办中小学学生注册缴费后未入读的，办学单位应退还所缴学杂费、住宿费的90%；入读时间未满一个月的退还70%；入读时间满一个月（含一个月）不满两个月的退还50%；入读时间满两个月（含两个月）不满三个月的退还30%；入读时间满三个月（含三个月）的，所缴学杂费、住宿费不予清退。其他服务性收费和代收费按公开帐目的实际数予以结退。

3. 民办学前教育机构学生中途退学、转学的，参照民办中小学退费管理规定执行。伙食费等代收代支费按公开帐目的实际数结算，已购实物（非校产部分）的，退还该实物或现金。

4. 民办非学历教育培训机构学生开课前申请退费的，办学单位应全额退回收取的学费（或培训费）、住宿费；完成1/5学时及以下的，核退70%学费（或培训费）、住宿费；完成1/5～2/5（含2/5学时）学时的，核退60%学费（或培训费）、住宿费；完成2/5～3/5（含3/5学时）学时的，核退40%学费（或培训费）、住宿费；完成3/5以上学时要求退学的，不退学费（或培训费）、住宿费。

5. 学生因死亡或疾病中途退学的，所缴学费、住宿费按受教育者实际在校时间计算清退。例如民办学校的学杂费、住宿费清退标准＝每学期学杂费、住宿费÷5个月×（5－学生实际在校月数），在校时间未满一个月的按一个月计算；其他民办教育机构应按学习周期依此类推。入学时缴交的教材资料费不予退还，其他代收费据实清退。

6. 私自离校和因自身原因按规定被学校开除学籍或因触犯刑律不能继续学习的，所缴学（杂）费、保育教育费、住宿费不予清退。

7. 学生入读时间从正式上课（含军训）

之日计起。

六、本办法从 2010 年秋季入学起施行。

附件：1. 民办学校收费审批提交材料

2. 非学历民办教育机构收费备案提交材料

3. 民办学校申领《广东省收费许可证》办事指南

附件 1

民办学校收费审批提交材料

1. 申请书（原件 1 份，需附收费制定或调整方案、法规政策依据、调价的现实理由和可行性分析）；

2. 申请单位有关成本的财务报表（原件 1 份）；

3. 其他与成本相关的资料（原件 1 份）；

4. 区教育行政部门出具的审核意见（原件 1 份）；

5. 纳入《广东省价格听证目录》和《广东省政府制定价格成本监审目录》的项目，还需提供经注册会计师或税务、审计等政府部门审计的年度财务审计报告（原件 1 份）；

6. 区教育行政部门及区物价部门要求提交的其他材料。

附件 2

非学历民办教育机构收费备案提交材料

1. 书面申请报告（原件 1 份，需说明制定或调整收费标准的依据和理由）；

2. 开办批文、《办学许可证》副本（复印件 1 份，并交原件查对）；

3. 新学年（或学期、学习周期）收费项目及标准（原件 1 份）；

4. 民办幼儿园（托儿所、非学历教育培训机构）教育成本监审表（近两年，原件 1 份）；

5. 区教育行政部门出具的审核意见（原件 1 份）。

附件3

民办学校申领《广东省收费许可证》办事指南

1. 初次办理。

（1）填写《广东省收费许可证申请表》（须经区教育行政部门审核盖章，原件1份）；

（2）资质证明材料（复印件1份）；

（3）收费许可文件（复印件1份）。

2. 到期换证。

（1）填写《广东省收费许可证申请表》（须经区教育行政部门审核盖章，原件1份）；

（2）旧证（原件1份）。

3. 变更内容。

（1）填写《广东省收费许可证申请表》（须经区教育行政部门审核盖章，原件1份）；

（2）旧证（原件1份）；

（3）变动内容相应的具体文件（原件1份）。

顺德区机动车停放管理办法（试行）

顺府办发〔2010〕120号，2010年9月21日印发

第一章　总则

第一条　为规范和加强我区机动车停放场所的规划、建设和管理，维护交通秩序和改善城市环境，根据有关法律、法规的规定，结合本区实际，制定本办法。

第二条　本区行政区域内机动车停放场所的规划、设计、建设、使用和管理活动，适用本办法。

第三条　本办法所称停车场，是指供各种机动车停放的露天或室内场所，包括公共停车场、专用停车场和临时停车场等。

公共停车场是指主要供社会车辆停放的场所，包括专业停车场、配套停车场、道路停车泊位等。专业停车场是指专门为提供停车服务而建设（即非建筑物配套）、具有独立产权的停车场所；配套停车场是指公共建筑、商业建筑、大（中）型建筑物及居住区配建的停车场所；道路停车泊位是指依法施划及规定使用时间、占用道路停放机动车辆的场所。

专用停车场是指主要供本单位、本居住区车辆或者危险化学品运输等专用车辆停放的场所。

临时停车场是利用闲置空间、公共场地等临时设置供机动车辆停放的场所。

停车场分为营业性停车场和非营业性停车场。营业性停车场是指为机动车辆提供有偿停放保管服务的停车场；非营业性

停车场是指无偿供车辆停放的停车场。

第四条 机动车停车场的规划、建设、管理及道路停车泊位的施划、管理，遵循统一规划、合理布局、依法管理、方便群众、确保交通安全畅通的原则。

第五条 区城市管理委员会办公室为本区机动车停放管理的统筹协调工作机构，监督检查各相关职能部门、各镇（街）对本办法的落实情况。

规划行政管理部门负责本区机动车停车场的规划管理工作，编制公共停车场专业规划，制定建筑物停车位配建指标，会相关职能部门审查停车场规划方案，指导编制镇（街）停车场专项规划。

城建行政管理部门负责停车场的建设管理工作，会相关职能部门审查停车场建设方案和验收停车场建设工程，参与编制镇（街）停车场专项规划。

价格行政管理部门负责机动车停放保管服务收费管理工作，制定停车收费标准，对停车收费行为实施监管。

公安管理部门负责监督道路停车泊位的使用和管理，查处影响交通秩序、消防安全的违法停放车辆行为，参与编制镇（街）停车场专项规划。

城市管理部门负责对违法占用道路停车泊位的执法管理，参与编制镇（街）停车场专项规划。

各镇人民政府、街道办事处负责编制本镇（街）停车场专项规划，组织辖区内的公共停车场建设和道路停车泊位施划工作，管理本级政府投资兴建的停车场及施划的道路停车泊位。

纪检监察、宣传、综治、国土、房管、财税、工商、交通运输、公有资产管理等部门按照各自职责，协同做好机动车停放管理相关工作；各公共服务机构要做好单位辖区对内、对外的停车管理工作。

第六条 本区停车保管服务收费根据不同性质、不同类型的营业性停车场分别实行政府定价、政府指导价、市场调节价，具体实施细则由区价格行政管理部门另行制定。

第七条 各级政府应加快公共交通发展，加大停车设施建设，相关职能部门应加强对城市规划建设、公共交通、调控汽车入户等配套政策的研究和制定。

第二章 停车场的规划与建设

第八条 公共停车场专业规划由规划部门根据城市总体规划、城市道路交通安全管理和城市建设发展的需要进行编制，并根据本区发展的实际情况适时调整。

各镇（街）根据本区公共停车场专业规划，结合本辖区的停车需求和交通情况，协调规划、城建、公安、城市管理等部门编制辖区停车场专项规划。

第九条 公共停车场的设置应当符合本区公共停车场专业规划和镇（街）停车场专项规划，并与新区开发、旧区改造、道路建设等相衔接。

第十条 规划部门根据有关规划管理技术规定，结合本区实际制定建筑物停车位配建指标，并根据城市发展情况适时调整；配建指标应向社会公示。

新建的公共建筑、商业街区、居住区、大（中）型建筑物等应配建停车场，配套停车场的停车位配置须达到建筑物停车位配建指标要求。配建停车场应与主体工程同步设计、同步施工、同步验收，不按规定执行的，行政管理部门不予核发《建设工程规划许可证》、《验收合格证》；验收合格后，应及时予以公示并投入使用。

在居住区内入口附近，应按该区配建车位数的一定比例设置访客停车位；访客停车位的位置应当明确标示，停车位不得挪作他用。访客停车位的比例由规划部门在制定建筑物停车位配建指标时一并确定。

第十一条 改建、扩建公共建筑、商业街区、居住区、大（中）型建筑物的，应当按照相关标准增建、配建停车场（停车位）。增建、配建停车场（停车位）的设计方案与主体改建、扩建工程同步设计、同步施工、同步验收。不按规定执行的，行政管理部门不予核发《建设工程规划许可证》、《验收合格证》；验收合格后，应及时予以公示并投入使用。

第十二条 已建成的公共建筑、商业街区、居住区、大（中）型建筑物，应配建停车场而未配建或停车场地不足的，按照规划建设程序逐步补建和扩建。

在公共交通与自用车辆换乘的地段，应当根据交通需求和交通空间规划建设停车场，方便市民停车或换乘。

大型绿地开发、广场建设应当利用地下空间规划建设停车场。

第十三条 停车场的设计方案必须符合有关停车场设置标准和设计规范，并符合保障道路交通安全畅通的要求。

第十四条 建设专业停车场，应当经规划、城建部门审批，审批部门应将审批结果及时抄送公安、城市管理部门。

第十五条 公共停车场应当按照下列要求配置相应设施：

（一）具有符合规定的照明、消防、排水、安全监控等设备设施；

（二）具有符合规定的安全警示标志、停车标志标线和相关设施；

（三）地面要有铺装，室内停车场应有通讯设备；

（四）营业性停车场应配置计时计费设施，公示管理单位名称及其监督电话。

有条件的公共停车场应当根据城市道路和建筑物无障碍设计相关规范为残疾人设置专用停车位。

第十六条 在公共停车场不能满足社会停车需求的区域，在不影响行人、车辆通行的情况下，所属镇（街）可以在城市道路范围内施划道路停车泊位，也可以利用闲置空间、公共场地等设置临时停车场（位）。

第十七条 道路停车泊位施划应符合公安部《城市道路路内停车泊位设置规范》（GA/T850—2009）的要求，施划方案应当征求规划、城建、公安、城市管理等部门的意见。

施划道路停车泊位应当严格实行总量控制。在专业停车场服务半径 200 米范围内，一般不得设置道路停车泊位。各镇（街）每年会同规划、城建、公安、城市管理等部门对道路停车泊位的设置和使用情况进行评估，并及时调整。调整道路停车泊位的，应当提前 15 日向社会公告。

第十八条 交通运输部门会同规划、公安、城市管理等部门，制订辖区公交车、出租车停靠区和专用停车泊位布点规划，并规范设置标志、标牌、标线等设施；专用停车泊位应专门用于公交车、出租车停放，其他车辆不得占用。

第十九条 在居住区内，居住区配建停车场（位）不能满足业主（住户）和访客的停车需求的，可以利用区域内的道路或者其他公共场地施划临时停车泊位，泊位施划需经业主大会表决通过，报所属镇人民政府、街道办事处同意后实施。镇人民政府、街道办事处应就施划方案征求规划、城建、房管、公安、城市管理等部门的意见。

第二十条 鼓励企事业单位、社会组织以及个人投资建设公共停车场。投资建设公共停车场可以享受的优惠政策，由区人民政府另行制定。

物业管理区域、大型建筑物的人民防空地下室应在符合人民防空相关法律、法规规定，满足停车条件的情况下，用于停放车辆。

第三章 公共停车场管理

第二十一条 政府投资建设的营业性公共停车场（含道路停车泊位）、临时停车场，应当通过经营权招标或者拍卖等法定途径确定经营管理单位，并签订委托经营管理合同，订明退出机制；政府招标、拍卖停车场经营权的收入用于停车设施建设、维护和停车管理。其他单位、社会组织、个人投资建设的营业性公共停车场，由投资建设单位经营管理，也可以通过委托、租赁、招标等形式确定经营管理单位。

非营业性公共停车场、临时停车场，属政府投资建设的由本级政府组织安排管理，属其他单位、社会组织投资建设的由投资建设单位安排管理。

第二十二条 公共停车场应当向公众开放。任何单位和个人不得擅自将已建成的公共停车场挪作他用或者停止使用。

改变公共停车场的使用性质的，应当经规划部门批准。规划部门应将审批结果及时告知公安、城市管理部门。

单位、社会组织或者个人需要临时占用公共停车场（含道路停车泊位）作为非停车之用时，应征得公安、城市管理部门同意。

停车场改变使用性质或停止使用的，停车场管理单位应提前15日向社会公告。

第二十三条 营业性停车场的经营者，应当依法办理工商、税务登记、物价收费等相关手续，并向税务部门申请领取专用发票后，方可进行经营。

第二十四条 营业性停车场的经营者应当依照行业管理规范和相关法律、法规从事经营管理活动，并遵守下列规定：

（一）根据停车场设置标准和设计规范及本办法相关规定，配置齐全停车场的相应设施，并保障设施正常使用；

（二）制定停车保管、安全保卫、消防等管理制度和服务规范；

（三）工作人员统一着装、佩戴服务标志；

（四）指挥车辆有序进出和停放，维护停车场的环境卫生；

（五）保障停放车辆安全，防止车辆丢失、损坏；

（六）设置醒目统一的停车场标志牌，公示停车规则、管理单位名称及其监督电话；

（七）严格执行停车收费规定，在醒目位置标明收费标准和收费方式，使用税务部门监制的统一票据；采用自动计费收费方式的，要明示自动计费收费设施的使用说明和故障报告电话，并加强自动计费设施的维护保养。

第二十五条 在公共停车场停放车辆的人员，应当遵守下列规定：

（一）遵守公共停车场的停车规则和管理制度，不得损坏停车设备、设施；

（二）服从停车场工作人员指挥，安全、有序停放车辆；

（三）不得装载易燃、易爆、有毒有害等危险物品进入停车场，不得在停车场内吸烟、破坏消防安全和环境卫生；

（四）在营业性停车场内停车的，须按规定支付停车费。

第二十六条 道路停车泊位由所属镇（街）统一组织施划，并根据不同区域的停车需求和交通情况，规定道路停车泊位的使用时段。其他任何单位或个人不得擅自设置、撤销道路停车泊位，不得设置障碍影响道路停车管理秩序。道路停车泊位的经营者不得擅自扩大占路面积。

在道路停车泊位停放车辆，应当按照交通标志和规定的使用时段，从顺行方向停放在泊位标线内，车身不得超出停车泊位标线范围。在道路停车泊位内停放车辆的人员，应当遵守本办法第二十五条的规定；实行收费的道路停车泊位使用交费凭据的，应当将交费凭据放置在车辆前挡风玻璃内明显位置，以备查验。

第二十七条 经营性停车场（道路停车泊位）不按规定进行经营管理，有下列情形之一的，车辆停放人有权拒付停车费：

（一）不按规定标准收费；

（二）工作人员未佩带服务标志；

（三）不使用专用发票的。

第四章　居住区机动车停放管理

第二十八条 居住区建设单位按规定配建的停车设施，应当首先提供给本居住区的业主、住户使用；居住区的范围按原建设项目《建设工程规划许可证》界定。

居住区的建设单位应当按照配置比例，将车位、车库以出售、附赠、出租等方式提供给业主使用。建设单位依法取得车位、车库权属登记后方能出售车位、车库；出售车位、车库的，应当提前1个月以书面形式告知本居住区全体业主，并公示拟出售车位、车库的产权证明文件和出售价格。

一套住宅的业主在本居住区拥有的停车位一般不能超过该居住区的停车位配置比例（即规划用于停放汽车的车位、车库与房屋套数的比例），拟出售车位、车库数量少于本住宅区房屋套数时，每户业主最多只能购买1个车位、车库。

在满足上述条款的规定后，停车位有空余的，经业主大会表决通过，可以出售或优先出租给本居住区内已经拥有车位的业主，也可以临时出租给本居住区以外的单位或个人使用，但租用期限不得超过6个月。

第二十九条 居住区内的机动车停放保管服务，可由具备停车管理经营范围的物业服务企业提供，也可委托专业停车经营管理单位提供。

第三十条 提供居住区机动车停放保管服务的经营管理单位，应当履行与业主或业主委员会签订的停车管理委托合同义务，依照行业管理规范和相关法律、法规从事经营管理活动；除须遵守本办法第二十四条相关规定外，还应当遵守下列规定：

（一）与采取月租等方式固定租用停车位的业主、用户签订停车保管收费服务协议，协议应当包括双方当事人、车辆基本情况、双方的权利义务、收费价格、管理责任、管理期限以及违约责任等内容。

（二）设置识别卡证或标志发给固定租用停车位的人员和拥有停车位的业主，并有专人或设施对临时进出居住区的车辆进行计时计费登记。

（三）分别划定固定租用停车位和临时停放停车位，指挥车辆有序进出和停放于适当位置，督促车辆停放人遵照停车规则。

第三十一条 在居住区停放车辆的人员，应当遵守本办法第二十五条的相关规定，遵守居住区的物业管理和停车管理制度；固定租用停车位的，应当依照停车保管收费服务协议履行按时交费等义务。

第三十二条 公安、房管、城市管理等部门和居（村）民委员会应当加强对居住区机动车停放管理的指导和监督，及时处理停车管理纠纷。

第五章 附 则

第三十三条 鼓励企业事业单位的专用停车场对外开放。对外开放的专用停车场的管理，适用本办法的有关规定。

在有重大活动，公共停车场不能满足社会停车需求时，专用停车场应当按照公安机关的要求，在满足自身停车需求的基础上向社会开放。

停放危险化学品运输车辆的专用停车场不得停放其他社会车辆。

第三十四条 鼓励发展停车场行业协会，制定和完善行业管理规范，实行停车场经营管理行业自律。政府有关职能部门应当加强对停车场行业协会的工作指导。

第三十五条 违反本办法相关规定的，由规划、国土、城建、房管、价格、公安、工商、城市管理等相应行政管理部门依法处理；造成他人损失的，应当依法承担民事责任。

第三十六条 公安部门通过记分、限制车辆管理服务等措施，加大违法停车执法力度；有关部门应建立管理平台，共享监控、车管、执法信息，实现停车管理智能化、信息化。

第三十七条 物业服务企业从事停车管理服务的，房管部门应将停车管理纳入物业服务质量评价体系；有关部门应加强对物业管理小区、大厦的检查，督促管理单位做好停车管理工作，作为评先选优和企业资质评定的依据。

第三十八条 相关部门要结合职能设置并公开举报监督电话和公众信箱，接受社会公众咨询和监督机动车停车管理的各项工作。

第三十九条 本办法由区人民政府办公室负责解释。

第四十条 本办法自公布之日起施行。

顺德区分散按比例安排残疾人就业实施办法

顺府发〔2010〕40号，2010年11月19日印发

第一条 为保障残疾人劳动权利，促进残疾人就业，依法推进我区分散按比例安排残疾人就业工作，根据《中华人民共和国残疾人保障法》、《残疾人就业条例》和《广东省实施〈中华人民共和国残疾人保障法〉办法》等法律法规的规定，结合我区实际，制定本实施办法。

第二条 本区行政区域内的国家机关、团体、企业、事业单位、民办非企业单位等用人单位，应按本实施办法安排残疾人就业。

前款所称的用人单位，包括在本区登

记的外地驻顺德的单位和企业，私营企业，香港特别行政区、澳门特别行政区居民以及台湾同胞和华侨投资的企业，外商投资企业。

第三条 区人力资源和社会保障局受本级政府委托，承担本行政区域内分散按比例安排残疾人就业工作；区人力资源和社会保障局所属的残疾人就业服务机构，负责实施按比例安排残疾人就业的组织、管理和服务工作。

区委组织部、社会工作部、区发展规划和统计局、经济促进局、财税局、市场安全监管局、社会保险基金管理局等部门，依照各自职责配合做好分散按比例安排残疾人就业工作。

第四条 分散按比例安排残疾人就业实行年度审查制度。用人单位应在每年4月1日至6月30日，到区人力资源和社会保障局所属的残疾人就业服务机构办理按比例安排残疾人就业年审。

在规定时间内不办理按比例安排残疾人就业年审的用人单位，视为未安排残疾人就业，要按规定缴纳残疾人就业保障金。

第五条 分散按比例安排就业的残疾人，必须符合下列条件：

（一）持有《中华人民共和国残疾人证》或者《中华人民共和国残疾军人证》（1~8级）；

（二）符合法定就业年龄；

（三）有一定的劳动能力和就业要求。按比例安排残疾人就业属政策性导向安置。用人单位应优先招用本区残疾人就业，确需跨地区招用残疾人的，应报残疾人就业服务机构登记备案。

第六条 用人单位应当按不低于上一年度平均在职职工人数的1.5%比例安排残疾人就业。其中，安排1名盲人或者一级肢体残疾人就业的按安排两名残疾人计算。

对本单位职工的残疾直系亲属在同等条件下可优先安排招用。

第七条 用人单位安排残疾人就业达不到1.5%比例的，每少安排1名残疾人，按当地统计部门公布的上一年度在职职工年平均工资标准的80%缴纳残疾人就业保障金。逾期不缴纳残疾人就业保障金的，除补缴欠缴数额外，还应当自欠缴之日起，按日加收5‰的滞纳金。

按比例计算不足1人的部分，依照前款标准按实际比例数缴纳残疾人就业保障金。

第八条 用人单位在职工的招聘、转正、定级、晋升、职称评定、劳动报酬、生活福利和劳动保险等方面，不得歧视残疾人。

安排残疾人就业的用人单位，应当根据残疾人的残疾程度安排适宜的工种和岗位，加强职业技术培训，提高其劳动技能和技术水平。

第九条 用人单位安排残疾人就业，应当与残疾职工依法签订1年以上劳动合同，并为其办理养老、医疗、失业、工伤、生育等社会保险；依法签订或解除劳动合同，应当自依法签订或者解除、终止劳动合同之日起30日内报送经办的残疾人就业服务机构备案。

第十条 用人单位安排残疾人就业，可以通过残疾人就业服务机构推荐或到各院校直接录用残疾人毕业生，也可以自行向社会招聘。

第十一条 用人单位办理残疾人就业年审应提供填写完备的《按比例安排残疾人就业年审表》。已安排残疾人就业的，还应提供以下材料：

（一）《残疾人职工登记表》；

（二）残疾人职工身份证、《中华人民共和国残疾人证》或者《中华人民共和国残疾军人证》（1～8级）原件和复印件；

（三）用人单位与残疾人职工依法签订的劳动合同或服务协议；

（四）上年度1月、6月、12月发放工资的有效凭证；

（五）由区社会保险费征收机构确认的用人单位为残疾人职工缴纳社会保险费的有效凭证等材料。

残疾人就业服务机构为已办理就业年审的用人单位开具《按比例安排残疾人就业年审认定书》。

第十二条 财政全额供给经费的机关、团体、事业单位应缴纳的残疾人就业保障金或滞纳金从公用经费中列支。企业、民办非企业、财政补贴和自收自支的团体、事业单位等用人单位缴纳的残疾人就业保障金从管理费中列支，滞纳金从税后利润中列支。

第十三条 因连续两年亏损、破产等原因需要缓缴、减缴或者免缴残疾人就业保障金的用人单位，应在办理年审时，向区人力资源和社会保障局提出书面申请。申请条件及审批程序按《关于用人单位申请缓、减、免缴残疾人就业保障金有关问题的通知》（粤残联〔2001〕13号）有关规定执行。

第十四条 残疾人就业保障金实行财政专项管理，接受审计部门的审计监督。

残疾人就业保障金专项主要用于下列开支：

（一）补助城镇残疾人就业前职业培训费用；

（二）有偿扶持残疾人集体从业、个体经营；

（三）用于农村残疾人生产劳动技能培训；

（四）经区财税局批准，适当补助残疾人就业服务机构和直接用于残疾人就业工作的其他开支。

第十五条 用人单位执行分散按比例安排残疾人就业规定和维护残疾职工劳动权益的有关情况纳入劳动年审范围，由人力资源和社会保障部门进行劳动监察，加强监督。残疾人就业服务机构对少报在职职工人数或者多报录用残疾职工人数的用人单位，应当责令其改正和补交应缴残疾人就业保障金和滞纳金。

第十六条 残疾人就业服务机构以及政府有关行政部门的工作人员玩忽职守、徇私舞弊，或者平调、挪用、贪污残疾人就业保障金的，由其所在单位或者上级主管部门给予行政处分。构成犯罪的，依法追究刑事责任。

第十七条 对安排残疾人就业工作成绩突出的单位，由区人力资源和社会保障局提请区人民政府给予表彰。

第十八条 本办法由区人力资源和社会保障局负责解释。

第十九条 本办法自2010年12月1日起施行。

顺德区堤围防护费征收管理实施办法

顺府发〔2010〕41号，2010年11月16日印发

第一章 总 则

第一条 为加强顺德区堤围防护费的征收、使用和管理，根据《中华人民共和国防洪法》、《广东省河道堤防管理条例》、《广东省堤围防护费征收使用管理办法》、《关于加强堤围防护费收费标准管理等问题的通知》（粤价〔2009〕213号）等法律法规规定，结合我区实际，制订本实施办法。

第二条 凡在我区水行政主管部门管理的河道堤防工程受益范围内(含堤内、堤外)的生产经营企业、其他经营单位和个体工商户，应按本实施办法缴交堤围防护费。

第三条 区国土城建和水利局是堤围防护费的主管部门，负责堤围防护费征收办法的拟定和堤围防护费的使用、管理；区财税局负责堤围防护费的代征、核算和使用监督，区国土城建和水利局依照行政委托程序向区财税局办理委托代征手续。

第二章 堤围防护费征收标准

第四条 堤围防护费以缴费人应申报、缴纳的增值税、营业税的营业额(销售额)作为计费依据，按以下费率征收：

（一）一般商业企业按1.0‰计征。

（二）从事专业批发的商业企业按0.5‰计征（企业名单由区国家税务局提供）。

（三）外贸流通企业按0.45‰计征（企业名单由区经济促进局提供）。

（四）工业、其他行业按1.2‰计征。

（五）确定为总部经济的企业按1.0‰计征（具体名单由区政府发文确定）。

第五条 未经省人民政府批准，地方各级人民政府和各单位无权减免堤围防护费。

第六条 企业的堤围防护费在经营年度据实支付，列入当年企业生产经营成本。

第三章 堤围防护费的申报、征收和对账

第七条 堤围防护费按属地原则随流转税同征同管同查，由缴费人向其属地的地方税务机关申报缴纳。

实行汇总缴纳流转税的缴费人，向其流转税汇总申报地的地方税务机关申报缴费。

依法代扣代缴税款的扣缴义务人以及受地税部门委托代征税款的单位，在代扣、代征税款时一并代扣、代征堤围防护费。

第八条 堤围防护费实行按月随流转税申报征收，即缴费人经营当月的堤围防护费，应于月度终了后15日内，到区地方税务局申报纳税时一并缴纳。

区地方税务局代征堤围防护费应统一使用税收票证。

第九条 对不按规定期限申报或逾期不.缴纳费款的，由区地方税务局负责催

报、催缴；对经催报、催缴仍未申报、未缴费的业户，区地方税务局应报送区国土城建和水利局审核，审核后移交区环境运输和城市管理局发出行政处罚决定书，责令其限期申报（或清缴）堤围防护费；逾期仍不履行行政处罚决定书的，区环境运输和城市管理局依法申请人民法院强制执行。

第十条 区地方税务局比照税款的划解制度，将所征收的堤围防护费及时足额划解到国库。区国库按照省与市、县 1:9 的比例就地分成划缴入对应的国库。

第十一条 区地方税务局于每月 5 日前编制月报表，将上月堤围防护费的收取情况以书面形式或电子文件送区国土城建和水利局备案。

第四章 退费管理

第十二条 对缴费人当月发生多征、错征、误征堤围防护费的，从下期应缴费款中抵减。确需退库的，由缴费人填写《退费申请书》，连同税务登记证（副本）、缴费凭证、开户情况证明等相关资料，向缴费地方税务机关提出申请，地税部门审核后送区国土城建和水利局复核，复核无误后送区财税局核定，核定后办理退付。

第五章 堤围防护费的使用和管理

第十三条 堤围防护费属行政事业性收费，实行收费许可证和收费公示制度。

堤围防护费纳入同级财政实行“收支两条线”管理，由国土城建和水利局全额统筹使用，专款用于水利工程的建设、管理、维护、更新改造和堤防管理单位正常的管理开支。

任何单位和个人不得截留、挤占和挪用堤围防护费的征收、使用和管理应接受区物价、财政、审计部门的检查和监督。

第十四条 堤围防护费的代征费通过预算支出按堤围防护费的 4% 提取，用于代征、协征过程中的费用开支。

第六章 附则

第十五章 本办法由区国土城建和水利局负责解释。

第十六章 本办法自 2011 年 1 月 1 日起执行。原顺德市人民政府 2003 年 1 月 6 日发布的《顺德市堤围防护费核定、征收和管理实施细则》（顺府发〔2003〕2 号）同时废止。

顺德区限价商品房管理暂行办法

顺府发〔2010〕42号，2010年11月16日印发

第一章　总则

第一条　为构建多层次的住房供应结构体系，解决中低收入家庭的住房困难问题，遏制房价过快上涨，根据《国务院办公厅关于促进房地产市场平稳健康发展的通知》（国办发〔2010〕4号）、《国务院关于坚决遏制部分城市房价过快上涨的通知》（国发〔2010〕10号）的有关规定，结合本区实际，制定本办法。

第二条　本区限价商品房（以下简称“限价房”）是指政府公开出让商品房用地时，同时设定最高销售价格、套型面积和销售对象等限制条件，由开发建设单位（以下简称“开发企业”）通过公开竞争取得土地使用权，并严格按照限制条件进行开发建设和销售的商品房。

第三条　本办法适用于本区范围内限价房的建设、销售、管理、申请和审批等。

第四条　区国土城建和水利局负责统筹、协调、指导和监督实施本办法，负责对限价房购买者资格审批的监督检查和获批主体的备案，负责编制限价房建设年度计划。

区发展规划和统计局负责做好限价房建设用地规划、立项，以及会同区国土城建和水利局制定最高销售价格等工作。

各镇人民政府、街道办事处是属地范围限价房建设和管理的主责单位，负责组织落实限价房建设年度计划。

各镇（街）国土城建和水利局负责属地范围限价房资格终审、公示、建档等工作。

各居（村）委会负责属地范围限价房资格的受理申请、初审等工作。

第二章　限价房的开发建设

第五条　限价房开发建设方式包括集中新建和开发配建，套内建筑面积一般在60～90平方米。

集中新建是指政府选取独立地块，设定土地的最低出让价格，并对房屋的最高销售价格、套型面积和销售对象等方面提出限制条件，由开发企业通过公开竞争取得土地使用权后开发限价房。

开发配建是指在经政府批准的特定商品房开发项目中，设定一定比例的商品房作为限价房销售。

第六条　限价房用地应当以招标、拍卖、挂牌等公开交易方式出让。严禁以限价房名义取得土地使用权后，开发企业擅自改变土地用途或违反限制要求开发建设和销售。

第七条　配建限价房的可售总套内建筑面积占整个商品房项目计算容积率的住宅总建筑面积的比例一般为5%～10%。

若批准配建限价房的商品房项目需分期建设的，应在首期项目建设中，配建全

部限价房。

第八条 开发企业应对其建设的限价房工程质量负最终责任，并应出具《住宅使用说明书》及《住宅质量保证书》，确保工程质量和使用安全。

第九条 限价房的勘察、设计、施工和监理，应当选择符合资质要求和具有良好社会责任的企业实施。

第三章 限价房的申请和审批

第十条 限价房申请人应为单身个人（包括未婚、离异和丧偶）或已婚夫妻双方。申请人必须同时符合以下条件：

（一）单身个人或夫妻至少一方具有本区户籍、在本区工作和具备完全民事行为能力；

（二）单身个人或夫妻双方男性须满25周岁，女性须满23周岁；

（三）单身个人或夫妻双方没有违反《广东省计划生育条例》；

（四）单身个人或夫妻双方人均经济收入符合本区公布的限价房准购经济收入标准；

（五）单身个人或夫妻双方在本区人均拥有住房面积符合本区公布的限价房准购居住面积标准。已签订拆迁补偿协议的房屋可不计入人均拥有住房面积；

（六）单身个人或夫妻双方没有在申请之日前3年内出售或以其他方式转让房产面积累计超过本区公布的面积标准；

（七）单身个人或夫妻双方没有宅基地及宅基地固化资格。

人均月收入、人均拥有住房面积和人均转让房产面积标准均以《顺德区限价商品房销售对象条件通告》公布为准，计算范围均以单身个人(1人)或夫妻双方(2人)计算，其他家庭成员不纳入计算范围内。

第十一条 属镇（街）财政投资开发的限价房项目，可由镇人民政府、街道办事处参照第十条的规定，自行制定申请条件，并报区国土城建和水利局批准。

第十二条 符合条件的申请人只可购买一套限价房。若原租住公房的，所购限价房交付使用后，六个月内必须退出原租住的公房。

第十三条 限价房项目取得《预售许可证》后，居（村）委会才能受理属地户籍居（村）民的购房申请。

第十四条 限价房申请审批程序如下：

（一）申请人到户籍所在地居（村）委会领取申请表格并如实填写，以及提交户籍、收入、住房、计生等相关证明材料；

（二）居（村）委会在申请材料符合要求之日起，5个工作日内完成初审，并将申请材料和初审意见转送属地镇（街）国土城建和水利局；

（三）镇（街）国土城建和水利局在收到申请材料之日起，10个工作日内完成终审，并在相关网站和《珠江商报》公示申请人情况，公示期限为15日。对公示有异议的组织或个人应书面提出，并重新调查核实，经公示无异议或经核实异议不成立的，由镇（街）国土城建和水利局建立限价房申请档案；

（四）镇（街）国土城建和水利局将通过终审和公示的人员名单和相关情况报区国土城建和水利局备案，并由区国土城建和水利局进行抽查。若抽查发现不符合条件的申请人，将由镇（街）国土城建和水利局取消资格，并予以退件。

第十五条 各级审核单位对不符合条件的申请人应予以退件，并书面告知退件原因。

第四章　限价房的销售

第十六条　限价房项目的最高销售价格应参照地块出让时，同一地段、同一类型普通商品房市场交易平均价的70%确定。

具体限价房项目销售价格的制定办法，在土地公开出让前向社会公布。

第十七条　开发企业销售限价房的实际价格不得超过土地出让时确定的最高销售价格，并应根据不同楼层、不同朝向等因素适当考虑下浮。

第十八条　开发企业在申请办理预售前，应制定销售方案，其内容包括限价房销售价格明细表、销售各环节的时间安排等。

销售方案应报区国土城建和水利局备案，并在批准预售后，与《商品房预售许可证》一起向社会公布。

第十九条　获批购买限价房的申请人将通过抽签决定选房顺序。选房顺序可按如下次序优先考虑：

（一）已婚且属首次购房的申请人；

（二）单身且属首次购房的申请人；

（三）不属首次购房的申请人。

首次购房是指申请购买限价房的单身个人或夫妻双方及其未成年子女在本区人均拥有住房面积为零（已办理《商品房买卖合同》交易登记备案的视为已有住房）。

若申请人属享受抚恤补助的优抚对象，在上述顺序的同等条件下可优先选房。具体选房办法在抽签选房前公布。

第二十条　限价房销售结果应定期向社会公布。

第二十一条　法院处置限价房产权的，拍卖所得款应首先向政府补交土地收益价款，剩余拍卖款由法院依法处理。经拍卖后的限价房作商品房处理。

土地收益价款应当按照交易发生时基准房价的30%计算。基准房价是指行政区域内已核发房地产权证、不包括装修的住宅的区域平均价格。

第五章　限价房的管理

第二十二条　限价房最高销售价格标准、套内建筑面积标准、销售对象条件标准、配建比例及套数、配套商业面积等情况实行动态管理，并以具体项目用地出让前的公布为准。

第二十三条　开发企业不按抽签结果出售或向未取得资格的市民出售限价房的，视为无效，产权登记部门不予办理购房合同备案和权属登记，并由属地镇（街）国土城建和水利局责令开发企业限期退款和收回房屋，并且企业全体股东5年内不得再以任何开发企业名义参与限价房项目的投标。

第二十四条　限价房项目配套车位、配套商业设施的租售管理和物业管理应当按照国家、省、市有关规定执行。

第二十五条　限价房项目办理确权2年后，仍有剩余限价房未售的，开发企业可以向区国土城建和水利局申请取消销售价格和销售对象的限制要求，经审核同意并就剩余面积补交土地收益价款后，开发企业可将限价房作商品房自行处置。

补交土地收益价款的标准应当按照批准取消限制要求时基准房价的30%计算。

第二十六条　限价房房地产权证权属人应为申请限价房的单身个人或已婚夫妻双方，并在房地产权证中备注房屋性质和相关权利限制。

第二十七条 限价房自办理房地产权属登记之日起2年内不得出租(借)或转让。

2~5年期内出租（借）或转让的，应向政府补交土地收益价款，土地收益价款应当按照出租（借）或转让时基准房价与限价房原购买价格差价部分的100%计算。

5年期满后出租（借）或转让的，土地收益价款应当按照出租（借）或转让时基准房价与限价房原购买价格差价部分的70%计算。

限价房用于出租（借）或转让后，同一申请主体不得再申购限价房。

第二十八条 经核实，购房人以虚假资料骗购限价房，或违反本办法有关规定的，视为购房人自愿放弃所购限价房的房屋权利，并按照以下规定处理：

（一）书面通知购房人、开发企业和办理按揭的银行，限价房产权归开发企业所有，开发企业代购房人偿还银行按揭余贷后，可单方申请办理产权转移登记，并向政府补交土地收益价款。土地收益价款应当按照本办法第二十七条规定计算；

（二）若限价房原购房价扣除开发企业代购房人偿还的银行按揭余贷、向政府补交的土地收益价款和产权转移税费等款项后仍有余额的，在购房人搬出所购买的限价房后，开发企业退回余额给购房人；

（三）依法追究购房人的法律责任，若购房人属国家公职人员的，由行政监察机关给予行政处分；

（四）可将购房人相关信息移送中国人民银行的征信机构载入公民个人诚信档案；

（五）永久取消购房人及其配偶申请购买限价房、申请廉租房和经适房的资格；

（六）开发企业收回的限价房可作商品房销售。

第二十九条 相关单位提供虚假证明的，由其上级主管部门或监察部门依法追究相关责任人员的责任。

第三十条 各机关应建立限价房审批绿色通道，加快办理有关手续。

第三十一条 机关工作人员存在渎职、徇私舞弊、受贿等行为的，由行政监察机关给予行政处分；构成犯罪的，移交司法机关依法处理。

第三十二条 转让或退出限价房的，本人应当结清水费、电费、煤气费、电视费、电话费、物业管理费及其他应当由本人承担的相关费用。

第三十三条 任何单位或个人有权对违反本办法规定的行为向区国土城建和水利局举报。

第六章　附则

第三十四条 本办法由区国土城建和水利局负责解释。

第三十五条 本办法自2011年1月1日起施行。

顺德区管道燃气两部制气价实施方案(修订)

顺府办发〔2010〕12号，2010年1月28日印发

区政府2008年6月19日批准的《顺德区管道燃气两部制气价实施方案》试行期已满，现根据试行一年多来的实际情况，对该方案进行修订。

一、两部制气价的说明

（一）基本概念。

两部制气价由容量气价和计量气价两个部分组成。其中：

容量气价是用于对燃气企业投入固定资产成本的补偿。包括市政管网、生产性用房折旧费等。容量气价按容量基价和使用年限、用气量计算。容量基价指按设计供气能力计算的每立方米气分摊的固定资产折旧费。

计量气价是用于对燃气企业运营成本（期间费用）的补偿。包括气源价、市政管网和生产性用房以外的固定资产折旧费、经营费用、利润、税金等。即为用户每月按计量基价和实际用量计付的燃气费。计量基价指每立方米的销售单价，是以扣除市政管网和生产性用房折旧费及其利息，加利润、税金后的总值除实际供气量计算。

（二）价格定价形式。

终端用户销售气价实施容量气价加计量气价的两部制气价定价形式。计算方式为：

两部制气价 = 容量气价 + 计量气价

容量气价 = 容量基价 × 每户容量基数

容量基价 = 年固定资产折旧额（含设备贷款利息，下同）÷ 年设计供气能力

计量气价 = 计量基价 × 实际用气量

计量基价 =（成本费用总额—固定资产折旧额 + 税金 + 利润）÷ 年实际供气量（不小于设计供气能力的60%）

二、基本收费标准

（一）容量气价。

1. 民用：1392元/户；

2. 民用外：由燃气企业按省规定的工程造价计算方式与用户商定。

（二）户内初始配套费用。

户内设施初始配置统一为：计量表、总阀、自动调压阀各1个，架空式DN15镀锌组管12米，拷克2个，胶管3米，预留燃气具连接端口2个。

费用标准：计量表为普通计量表的，950元/户；计量表为IC卡智能表的，1150元/户。

（三）计量基价：由物价部门根据每一时期的燃气实际成本制定。

三、容量气价及相关费用的交付

从2008年6月19日《顺德区管道燃气两部制气价实施方案》实施之日（以项目的《建筑工程施工许可证》的发证日期为准）起，新建商品房的容量气价和庭院管网及户内初始配置设施的费用计入商品房销售价格中，用户购房时不需另交。其中庭院管网建设费用，由燃气工程安装企业与房地产开发企业按省工程造价计算方式和实际工程量双方协定。

容量气价及计量气价由我区管道燃气

特许经营单位（佛山市顺德区港华燃气有限公司（以下简称“顺德港华”）收取。容量气价具体收取标准如下：

1. 从本文执行之日起新建的商品房（以项目的《建筑工程施工许可证》的发证日期为准），由房地产开发企业按新标准（1392元/户）的标准向顺德港华缴交。先按规划审批户数预交，最后以房地产权登记部门的确权户数多退少补。

2. 从2008年6月19日《顺德区管道燃气两部制气价实施方案》实施之日起，至本文执行前一日建设的商品房（以项目的《建筑工程施工许可证》的发证日期为准），由房地产开发企业按《顺德区管道燃气两部制气价实施方案》的规定的标准（1150元/户）向顺德港华缴交。但2008年6月19日前已签定售楼合同的，由顺德港华按1150元/户的标准向用户收取容量气价。

3. 2008年6月19日前，已建设且已配备瓶组燃气供应设施的住宅小区（以项目的《建筑工程施工许可证》的发证日期为准），在置换天然气时用户免交容量气价。已由瓶组液化石油气转换为管道天然气且已向顺德港华交纳了容量气价的用户，按实际缴交的金额由顺德港华以抵扣燃气费用的形式予以退还。

4. 未配置管道燃气设施的现有住宅，如需安装管道设施，可自行聘请有资质的管道燃气安装公司进行施工安装，费用由用户分担；容量气价在接驳使用天然气时，由用户按1392元/户的标准向顺德港华缴交。

5. 本文执行之日前，房地产开发企业与顺德港华已签供气合同、容量气价标准和收取方式合同的，仍按合同约定执行。

四、优惠措施

低保户凭民政部门颁发的《广东省城乡居（村）民最低生活保障金领取证》可享受计量气价按80%计算的优惠。

五、本实施方案由2010年2月2日起正式实施，此前规定与本实施方案不符的，以本方案的规定为准。

2010年中共佛山市顺德区委文件选目

序号	文件名称	文号	发文单位	时间
1	关于区委常委区长副区长政务委员分工的通知	顺发〔2010〕2号	区委、区政府	2010.1.26
2	印发顺德区党政领导干部及工作人员问责暂行规定的通知	顺发〔2010〕4号	区委、区政府	2010.3.19
3	中共佛山市顺德区委 佛山市顺德区人民政府关于推进集体林权制度改革的实施意见	顺发〔2010〕5号	区委、区政府	2010.5.7
4	中共佛山市顺德区委关于批转区依法治区领导小组顺德区2010年依法治区工作要点的通知	顺发〔2010〕6号	区委	2010.5.7
5	中共佛山市顺德区委关于学习贯彻《中国共产党党员领导干部廉洁从政若干准则》的意见	顺发〔2010〕7号	区委	2010.5.20

（续上表）

序号	文件名称	文号	发文单位	时间
6	中共佛山市顺德区委 佛山市顺德区人民政府关于简政强镇事权改革的实施意见	顺发〔2010〕9 号	区委、区政府	2010.7.15
7	中共佛山市顺德区委 佛山市顺德区人民政府关于聘任顺德区公共决策咨询委员会委员的决定	顺发〔2010〕11 号	区委、区政府	2010.9.12
8	中共佛山市顺德区委 佛山市顺德区人民政府深化综合改革试验领跑全国县域发展行动纲要(2011~2015 年)	顺发〔2010〕12 号	区委、区政府	2010.9.21
9	印发《关于进一步加强集约利用土地的规定》的通知	顺发〔2010〕13 号	区委、区政府	2010.9.21
10	关于区委常委区长副区长政务委员分工的通知	顺发〔2010〕14 号	区委	2010.9.27
11	中共佛山市顺德区委 佛山市顺德区人民政府关于建立现代社会工作制度的意见	顺发〔2010〕15 号	区委、区政府	2010.9.28
12	中共佛山市顺德区委 佛山市顺德区人民政府关于深化医药卫生体制改革的实施意见	顺发〔2010〕16 号	区委、区政府	2010.12.6

2010 年中共佛山市顺德区委办公室文件选目

序号	文件名称	文号	发文单位	时间
1	转发佛山市人民政府办公室关于支持顺德区开展综合改革试验工作第二批下放行政管理权限事项的通知	顺办发〔2010〕4 号	区委办、区政府办	2010.1.20
2	印发落实顺德区 2010 年政府工作报告各项工作方案的通知	顺办发〔2010〕14 号	区委办、区政府办	2010.2.22
3	印发佛山顺德区发展规划和统计局主要职责内设机构和人员编制规定的通知	顺办发〔2010〕16 号	区委办、区政府办	2010.3.5
4	印发佛山市顺德区经济促进局主要职责内设机构和人员编制规定的通知	顺办发〔2010〕17 号	区委办、区政府办	2010.3.5
5	印发佛山市顺德区国土城建和水利局主要职责内设机构和人员编制规定的通知	顺办发〔2010〕18 号	区委办、区政府办	2010.3.5
6	印发佛山市顺德区市场安全监管局主要职责内设机构和人员编制规定的通知	顺办发〔2010〕19 号	区委办、区政府办	2010.3.5

（续上表）

序号	文件名称	文号	发文单位	时间
7	印发佛山市顺德区人民法院主要职责机构设置和人员编制规定的通知	顺办发〔2010〕23号	区委办、区政府办	2010.3.17
8	印发佛山市顺德区人民检察院主要职责机构设置和人员编制规定的通知	顺办发〔2010〕24号	区委办、区政府办	2010.3.17
9	印发关于建立和完善我区党(工)委党组中心组学习制度意见的通知	顺办发〔2010〕26号	区委办、区政府办	2010.4.19
10	印发加强村(社区)党支部书记队伍建设意见的通知	顺办发〔2010〕40号	区委办	2010.6.2
11	印发村(社区)党组织换届选举工作意见的通知	顺办发〔2010〕41号	区委办、区政府办	2010.6.2
12	印发关于在全区党的基层组织和党员中深入开展创先争优活动实施意见的通知	顺办发〔2010〕42号	区委办	2010.6.22
13	印发佛山市顺德区环境运输和城市管理局职能配置、内设机构和人员编制规定的通知	顺办发〔2010〕43号	区委办、区政府办	2010.6.18
14	关于开展2010年纪律教育学习月活动的意见	顺办发〔2010〕51号	区委办印发	2010.7.2
15	印发顺德区公共决策咨询委员会工作暂行办法的通知	顺办发〔2010〕71号	区委办、区政府办	2010.10.29
16	印发2009~2010年度顺德区政府服务创新奖和公务员创意奖评选活动方案得通知	顺办发〔2010〕72号	区委办、区政府办	2010.10.27
17	印发顺德区领导干部公开接待群众来访日制度的通知	顺办发〔2010〕77号	区委办、区政府办	2010.11.30
18	印发关于违反集约利用土地规定的问责及处分细则的通知	顺办发〔2010〕81号	区委办、区政府办	2010.12.23

2010年中共佛山市顺德区人民政府文件选目

序号	文件名称	文号	发文单位	时间
1	关于启用顺德区二手房地产基准房价评价系统的公告	--	区政府	2010.1.1
2	印发顺德区加强街道财政预算监督暂行办法的通知	顺府发〔2010〕3号	区政府	2010.1.26
3	印发顺德区加强镇财政预算监督实施办法的通知	顺府发〔2010〕4号	区政府	2010.1.26
4	关于禁止销售燃放烟花爆竹和燃放孔明灯的通告	顺府发〔2010〕5号	区政府	2010.2.1
5	关于调整区三防指挥部成员的通知	顺府发〔2010〕6号	区政府	2010.2.3
6	佛山市顺德区人民政府关于表彰我区2009年度纳税大户的决定	顺府发〔2010〕7号	区政府	2010.2.10
7	关于调整土地开发成本及收益标准的通知	顺府发〔2010〕8号	区政府	2010.3.1
8	佛山市顺德区人民政府关于做好清明节期间拜祭安全工作的通告	顺府发〔2010〕10号	区政府	2010.3.11
9	印发阳光顺德幸福家园社会发展规划纲要的通知	顺府发〔2010〕12号	区政府	2010.3.15
10	关于深化行政审批制度改革工作的实施意见	顺府发〔2010〕13号	区政府	2010.3.17
11	关于启用顺德区二手房地产基准房价评价系统的通告	--	区政府	2010.3.31
12	印发顺德区优质企业成长工程(龙腾计划)实施方案的通知	顺府发〔2010〕14号	区政府	2010.3.31
13	佛山市顺德区人民政府关于表彰2009年度获得广东省卫生村荣誉称号的村(社区)的决定	顺府发〔2010〕15号	区政府	2010.4.12
14	关于确定我区2010年社会抚养费征收标准的通知	顺府发〔2010〕17号	区政府	2010.4.29
15	佛山市顺德区人民政府关于授予程凤芹等41位同志顺德区优秀护士称号的决定	顺府发〔2010〕18号	区政府	2010.5.10
16	关于表彰2009年度顺德文化金凤奖的通报	顺府发〔2010〕20号	区政府	2010.5.21
17	印发顺德区防汛应急预案的通知	顺府发〔2010〕22号	区政府	2010.5.26

（续上表）

序号	文件名称	文号	发文单位	时间
18	印发顺德区城乡居民最低生活保障制度实施办法的通知	顺府发〔2010〕24号	区政府	2010.6.7
19	关于加快发展现代服务业的工作意见	顺府发〔2010〕25号	区政府	2010.6.18
20	佛山市顺德区人民政府关于认定美的集团有限公司等300家企业为顺德区龙腾企业的决定	顺府发〔2010〕26号	区政府	2010.6.29
21	印发顺德区突发性地质灾害应急预案的通知	顺府发〔2010〕27号	区政府	2010.6.23
22	印发顺德区突发环境事件应急预案的通知	顺府发〔2010〕28号	区政府	2010.6.28
23	印发顺德区科学技术奖励办法的通知	顺府发〔2010〕29号	区政府	2010.6.22
24	佛山市顺德区人民政府关于表彰记三等功人员的通报	顺府发〔2010〕30号	区政府	2010.7.30
25	关于禁止船舶在相关河段内停泊的通告	顺府发〔2010〕31号	区政府	2010.8.17
26	佛山市顺德区人民政府关于移交行政管理权限事项的公告	顺府发〔2010〕34号	区政府	2010.9.14
27	印发顺德区关于促进机械装备制造业发展实施方案的通知	顺府发〔2010〕35号	区政府	2 010.9.6
28	印发顺德区分散按比例安排残疾人就业实施办法的通知	顺府发〔2010〕40号	区政府	2010.11.19
29	印发顺德区堤围防护费征收管理实施办法的通知	顺府发〔2010〕41号	区政府	2010.11.16
30	印发顺德区限价商品房管理暂行办法的通知	顺府发〔2010〕42号	区政府	2010.11.16
31	佛山市顺德区人民政府关于2009年度科学技术奖励的决定	顺府发〔2010〕43号	区政府	2010.12.9
32	关于划定顺德区高污染燃料禁燃区的通告	顺府发〔2010〕44号	区政府	2010.12.10
33	印发顺德区应对价格异动事件工作预案的通知	顺府发〔2010〕45号	区政府	2010.12.10
34	印发顺德区人民政府贯彻《国务院关于进一步加强企业安全生产工作的通知》实施意见的通知	顺府发〔2010〕46号	区政府	2010.12.9

2010年中共佛山市顺德区人民政府办公室文件选目

序号	文件名称	文号	发文单位	时间
1	印发顺德区金融机构支持中小企业发展考核奖励办法的通知	顺府办发〔2010〕1号	区府办	2010.1.4
2	印发顺德区村改(并)居人员生育政策实施意见的通知	顺府办发〔2010〕4号	区府办	2010.1.13
3	关于调整我区城市(村镇)基础设施配套费收费标准的通知	顺府办发〔2010〕9号	区府办	2010.1.14
4	关于批转《顺德区管道燃气两部制气价实施方案(修订)》的通知	顺府办发〔2010〕12号	区府办	2010.1.28
5	印发顺德区推进三旧改造工作实施意见的通知	顺府办发〔2010〕19号	区府办	2010.2.5
6	印发顺德区政策性生猪保险实施方案的通知	顺府办发〔2010〕20号	区府办	2010.2.12
7	印发顺德区房屋安全管理办法的通知	顺府办发〔2010〕21号	区府办	2010.2.12
8	印发2010年顺德区深化行政审批制度改革工作计划的通知	顺府办发〔2010〕28号	区府办	2010.3.26
9	印发落实顺德区优质企业成长工程(龙腾计划)各项工作方案的通知	顺府办发〔2010〕30号	区府办	2010.3.31
10	关于表彰顺德区2009年度人大建议和政协提案优秀承办单位优秀承办个案的通报	顺府办发〔2010〕32号	区府办	2010.4.9
11	印发顺德区规范门(楼)牌设置管理办法的通知	顺府办发〔2010〕37号	区府办	2010.4.2
12	关于确定顺德区2010年住房保障工作有关标准的通知	顺府办发〔2010〕38号	区府办	2010.4.14
13	印发顺德区全面实施居住证制度工作方案的通知	顺府办发〔2010〕45号	区府办	2010.4.30
14	印发顺德区基本农田保护补贴实施办法的通知	顺府办发〔2010〕47号	区府办	2010.5.11
15	印发顺德区科技型中小企业技术创新专项资金管理暂行办法的通知	顺府办发〔2010〕53号	区府办	2010.5.26
16	印发顺德区全面试行社区矫正工作方案的通知	顺府办发〔2010〕57号	区府办	2010.6.10
17	印发顺德西部生态产业启动区工业项目准入条件试行办法的通知	顺府办发〔2010〕61号	区府办	2010.6.17
18	关于进一步加强审计整改工作的意见	顺府办发〔2010〕68号	区府办	2010.6.17
19	转发关于明确新建民用建筑修建防空地下室标准的通知	顺府办发〔2010〕74号	区府办	2010.7.9
20	关于对顺德户籍老年人发放长者津贴的通知	顺府办发〔2010〕79号	区府办	2010.7.19

(续上表)

序号	文件名称	文号	发文单位	时间
21	印发顺德区建筑节能中长期发展规划(2010~2020)的通知	顺府办发〔2010〕80号	区府办	2010.6.23
22	印发顺德区构筑社会消防安全防火墙工程工作方案的通知	顺府办发〔2010〕81号	区府办	2010.6.29
23	印发顺德区博物馆(新馆)文物征集管理办法的通知	顺府办发〔2010〕82号	区府办	2010.7.22
24	印发阳光顺德幸福家园社会发展规划纲要主要任务分解方案的通知	顺府办发〔2010〕83号	区府办	2010.7.26
25	印发顺德区小企业创业基地认定及扶持资金管理办法的通知	顺府办发〔2010〕91号	区府办	2010.8.11
26	印发顺德区防御暴雨应急预案的通知	顺府办发〔2010〕97号	区府办	2010.8.16
27	转发《关于佛山市顺德区行政复议工作有关问题的公告》的通知	顺府办电〔2010〕140号	区府办	2010.8.26
28	关于批转《顺德区民办教育收费管理暂行办法》的通知	顺府办发〔2010〕102号	区府办	2010.9.8
29	关于开展质量强区活动的意见	顺府办发〔2010〕103号	区府办	2010.9.19
30	印发顺德区防台风应急预案的通知	顺府办发〔2010〕104号	区府办	2010.9.18
31	关于调整顺德区中小企业信用担保基金行业扶持范围的通知	顺府办发〔2010〕108号	区府办	2010.9.19
32	印发《顺德区机动车停放管理办法(试行)》的通知	顺府办发〔2010〕120号	区府办	2010.9.21
33	关于批转《顺德区机动车停放保管服务收费管理实施细则》的通知	顺府办发〔2010〕121号	区府办	2010.9.21
34	印发顺德区贯彻落实《中共佛山市委佛山市人民政府关于贯彻落实<珠江三角洲地区改革发展规划纲要(2008~2020年)的实施意见>》工作方案的通知	顺府办发〔2010〕122号	区府办	2010.9.30
35	关于促进我区节能环保和自主创新产品政府采购工作的通知	顺府办发〔2010〕123号	区府办	2010.9.29
36	印发顺德区干式无臭养猪项目专项资金管理办法的通知	顺府办发〔2010〕129号	区府办	2010.9.6
37	印发顺德区安全生产委员会成员单位安全生产工作职责的通知	顺府办发〔2010〕130号	区府办	2010.10.14
38	印发关于加快闲置土地处置和促进已供建设用地开发利用意见的通知	顺府办发〔2010〕132号	区府办	2010.10.26
39	印发顺德荣誉市民优惠待遇的通知	顺府办发〔2010〕134号	区府办	2010.11.1
40	印发关于推进高档花卉大棚种植实施方案的通知	顺府办发〔2010〕137号	区府办	2010.11.5

（续上表）

序号	文件名称	文号	发文单位	时间
41	印发顺德区残疾人就业保障金征缴实施细则的通知	顺府办发〔2010〕138号	区府办	2010.11.19
42	关于废止《关于明确我区结合民用建筑修建防空地下室工作范围的通知》的通知	顺府办发〔2010〕139号	区府办	2010.11.12
43	关于启用“佛山市顺德区人民政府土地管理专用章”等印章的通知	顺府办发〔2010〕145号	区府办	2010.11.17
44	关于印发顺德区加强摩托车管理实施方案的通知	顺府办发〔2010〕146号	区府办	2010.11.16
45	印发顺德区创建全省残疾人社区康复示范区活动方案的通知	顺府办发〔2010〕148号	区府办	2010.11.18
46	印发顺德区道路客运站场管理暂行规定的通知	顺府办发〔2010〕149号	区府办	2010.11.30
47	印发顺德区医药卫生体制改革近期重点实施方案(2009~2011年)的通知	顺府办发〔2010〕150号	区府办	2010.12.6
48	关于进一步完善查处取缔无证无照经营行为长效工作机制的意见	顺府办发〔2010〕151号	区府办	2010.11.24
49	关于调整区防治艾滋病工作委员会成员和工作职责的通知	顺府办发〔2010〕156号	区府办	2010.12.13
50	关于印发顺德区奖励和保障见义勇为人员实施办法的通知	顺府办发〔2010〕157号	区府办	2010.12.9
51	印发顺德区高档花卉大棚种植扶持专项资金管理办法的通知	顺府办发〔2010〕158号	区府办	2010.12.15
52	关于废止部分规范性文件的通知	顺府办发〔2010〕160号	区府办	2010.12.20
53	关于贯彻实施顺德区经营性房地产项目停车位配套标准及建设要求的通知	顺府办发〔2010〕161号	区府办	2010.12.18
54	关于印发顺德区执行国家基本药物制度实施方案(试行)的通知	顺府办发〔2010〕162号	区府办	2010.12.21
55	关于修订《关于规范饮食娱乐服务业经营管理的通知》中配套停车位要求的通知	顺府办发〔2010〕163号	区府办	2010.12.18
56	关于印发顺德区工业用地公开交易办法的通知	顺府办发〔2010〕165号	区府办	2010.12.29
57	关于切实做好我区建设项目职业卫生评审工作的意见	顺府办发〔2010〕167号	区府办	2010.12.18
58	关于印发顺德区政务网站及信息公开管理暂行办法的通知	顺府办发〔2010〕168号	区府办	2010.12.31
59	关于印发顺德区促进工业设计创意产业发展实施办法的通知	顺府办发〔2010〕170号	区府办	2010.12.24

主题索引

说明

1. 本索引采用主题分析法，款目按主题词首字拼音排列。

2.“主题索引”中的篇目题、分目题和次分目题用黑体字表明，其余用中等线字排印。

3. 索引后面的数字表示内容所在的页码，数字后面的拉丁字母（a、b）表示该页自左向右的栏别。

4. 本刊的“特载”、“特辑”、“大事记”、“人物与荣誉”、“文献法规”等篇目均未作索引。

A

B

C

D

F

G

H

J

R

S

T

W

X

Y

Z